Vogt · Basile Ier et la Civilisation byzantine

Albert Vogt

# Basile I<sup>er</sup>
## empereur de Byzance (867 - 886)

# et la Civilisation byzantine
# à la fin du IX<sup>e</sup> siècle

1973

Georg Olms Verlag
Hildesheim · New York

Dem Nachdruck liegt das Exemplar der
Universitätsbibliothek Marburg zugrunde.
Signatur: VII n C 1341$^{\text{a-e}}$
Die fehlenden Seiten 339, 340, 349 und 350
wurden von der Niedersächsischen Staats-
und Universitätsbibliothek Göttingen
zur Verfügung gestellt.
Das Format des Nachdrucks ist geringfügig kleiner
als das der Vorlage.

Mit freundlicher Genehmigung des Verlages A. & J. Picard, Paris
Nachdruck der Ausgabe Paris 1908
Printed in Germany
Herstellung: fotokop wilhelm weihert kg, Darmstadt
ISBN 3 487 04920 1

# BASILE I<sup>er</sup>

EMPEREUR DE BYZANCE (867-886)

ET

## LA CIVILISATION BYZANTINE

A LA FIN DU IX<sup>e</sup> SIÈCLE

# BASILE I$^{er}$

EMPEREUR DE BYZANCE (867-886)

ET

# LA CIVILISATION BYZANTINE

A LA FIN DU IX$^e$ SIÈCLE

PAR

Albert VOGT

## THÈSE

*Présentée pour le Doctorat
à la Faculté des Lettres de l'Université de Paris*

PARIS

LIBRAIRIE ALPHONSE PICARD ET FILS

LIBRAIRE DE LA SOCIÉTÉ DE L'ÉCOLE DES CHARTES ET DES ARCHIVES NATIONALES

82, Rue Bonaparte, 82

1908

A   Monseigneur   Alfred   BAUDRILLART

Recteur de l'Institut Catholique de Paris

A   Monsieur   l'Abbé   Henry   THÉDENAT

Membre de l'Institut

*In memoriam præteriti, in spem futuri.*

**A. V.**

# INTRODUCTION

Ce travail sur le règne de l'empereur Basile et l'administration impériale à la fin du IX<sup>e</sup> siècle doit sa naissance et son achèvement aux leçons et aux conseils de M. Charles Diehl, professeur à la Faculté des Lettres de Paris. C'est lui qui par son enseignement a éveillé en moi, comme en plusieurs de ses élèves, le goût des choses de la vieille Byzance et m'a initié au dur labeur d'une préparation technique qui ne va pas sans d'assez grandes difficultés. Aussi, arrivé au terme de cette étude est-ce à lui que s'adresse toute ma reconnaissance, sachant bien que si ce travail porte en lui quelque mérite c'est à la direction et à l'intérêt qu'a bien voulu y prendre ce maître des études byzantines en France que je le dois.

Le règne de Basile I<sup>er</sup> n'avait pas eu encore son historien. Moins bien partagés en cela qu'une foule de petits seigneurs obscurs d'Occident dont nous savons, jusque dans le détail, la vie, la politique et l'influence, les grands basileis de Byzance attendent, presque tous sans exception, un biographe qui fasse revivre leurs règnes souvent très glorieux, toujours très civilisateurs. Parce qu'ils parlèrent grec et s'occupèrent de théologie, parce qu'ils vécurent sous d'autres cieux et s'habillèrent à l'orientale, parce qu'ils s'entretuèrent parfois d'assez brutale façon et se livrèrent à trop d'intrigues de cour, on les a laissés dormir en leurs sarcophages, méprisés et oubliés. Flagrante injustice de l'histoire — une des plus grandes et des plus inexplicables — qui pèsera longtemps encore, sans doute, sur la mémoire des empereurs byzantins et que cependant ils n'ont point méritée. On l'a remarqué bien souvent, en effet. Si l'Europe moderne est ce qu'elle est, fille de la Grèce et de Rome par la culture intellectuelle comme par les traditions politiques, c'est en partie aux empereurs byzantins qu'elle le doit. Sans eux, l'Islam eût passé sur nos terres, détruisant les trésors artistiques et littéraires de l'antiquité, imposant par la force à nos pères une civilisation qui n'était point faite pour eux, créant pour des siècles peut-être, en nos états d'Europe, une société factice dans laquelle l'Arabe eût été le maître et l'indigène l'esclave. Si Basile I$^{er}$ avait été vaincu tout à la fois en Asie et en Italie, Musulmans et Manichéens auraient infailliblement envahi une à une toutes nos provinces d'Occident et de la civilisation chrétienne comme de la civilisation antique il ne fût rien resté. Là est le vrai service qu'a rendu à l'Occident l'Orient byzantin ; là le véritable intérêt de cette histoire, dramatique et émouvante à ses heures comme une vivante tragédie.

Et ce n'est pas même tout. Grâce aux efforts des Basileis, durant neuf siècles, Rome a continué à vivre, Rome avec ses institutions, ses traditions, sa législation. Tandis que, péniblement, après les invasions, l'Europe occidentale cherchait à se reconstituer, luttant contre la barbarie, là-bas sur les rives du Bosphore un grand empire organisé, en possession d'une très haute civilisation et d'une sève de vie très riche, continuait à se développer ou du moins à se maintenir, apportant à la Russie, aux Etats balkaniques, voire même à l'Italie, à l'Allemagne et à la France, son art, sa science, sa jurisprudence et sa foi religieuse, formant ainsi, bien plus tôt et bien plus directement qu'on ne le croit d'ordinaire, l'Europe du moyen-âge et celle des temps modernes. Et cependant, aujourd'hui encore, tous ces efforts, toutes ces luttes, tous ces triomphes et tous ces revers, sont ensevelis en de méchants textes, souvent mal édités, quelquefois même tout à fait inédits. La France du xvii$^e$ siècle chercha, une première fois, à faire au sein de cette histoire inconnue une féconde expédition qui fut sans lendemain. Il fallut le renouveau des études historiques au xix$^e$ siècle pour que de jeunes savants en quête de thèses de doctorat s'aventurassent en cette forêt presque vierge. Le premier fut M. Rambaud. Il ne fit que passer. Ce furent MM. Schlumberger et Diehl qui, en France, ont véritablement attaché leur nom à ces études et ont ainsi préparé la voie à leurs élèves présents et futurs. Pour moi, disciple de l'un et de l'autre, j'ai cherché en ce travail à retracer tout à la fois l'histoire du fondateur de la maison macédonienne et à esquisser une étude méthodique des institutions byzantines à la fin du IX$^e$ siècle, ce qui n'avait pas encore été tenté. Sur la seconde partie de cette étude, je ne me fais aucune illusion. Mieux que personne je sais ce qu'elle a d'incomplet, d'incertain, d'hypothétique. Pour la mener à bien, il eût fallu reprendre chaque institution à son point de départ et la suivre en ses développements successifs. Néanmoins, j'ose espérer que cette étude ne sera pas tout à fait vaine et qu'elle pourra servir désormais de jalons en attendant de plus décisifs travaux. Si ce but est atteint, je me croirai suffisamment récompensé d'un travail qui fut long mais qui n'a jamais manqué ni d'intérêt, ni d'imprévu.

*Ce 14 juillet 1907.*

A. V.

# ÉTUDE CRITIQUE DES SOURCES

Une étude très longue et très détaillée des sources qui ont servi de base au présent travail serait ici sans objet, attendu, d'une part, que la chose a été faite — et bien faite — dans deux ouvrages de premier ordre : celui de M. Hirsch qui a pour titre « Byzantinische Studien » et dans « l'Histoire de la littérature byzantine » de M. Krumbacher, auxquels on peut ajouter les ouvrages de M. Rambaud « l'Empire byzantin au $x^e$ siècle, Constantin Porphyrogénète », de M. Diehl « Etudes byzantines » et de M. Gay « L'Italie méridionale et l'Empire byzantin » ; attendu, de l'autre, que plusieurs sources, et non des moindres, se trouveront étudiées au cours de ce travail en des chapitres spéciaux : telles les sources juridiques. Il suffira donc de rappeler brièvement les principaux documents qui ont été le plus fréquemment employés, d'en indiquer la date et la valeur historique, renvoyant pour plus ample discussion aux travaux que nous venons de signaler comme à ceux que nous pourrons indiquer au bas des pages quand l'occasion s'en présentera.

Nous pouvons grouper sous quatre chefs les principales sources que nous avons consultées. Ce sont : 1° les historiens et les chroniqueurs ; 2° les livres juridiques ; 3° les documents religieux ; 4° enfin les œuvres diverses des écrivains du temps, comme les ouvrages de géographie, de stratégie, etc., auxquels nous joindrons les sources monumentales,

## I. — Historiens et Chroniqueurs

I. La première et la plus importante source de renseignements que nous possédions se trouve être, sans contredit, l'œuvre des historiens et des chroniqueurs. Pour l'époque qui nous occupe, une œuvre de grande importance se présente tout d'abord à nous : c'est la *Vie de Basile* que composa son petit-fils, l'empereur Constantin VII [1]. Écrite entre 945 et 959 [2], par un homme qui fut surtout un souverain de cabinet, car il fut historien, artiste, littérateur et point du tout soldat, elle a pour but de glorifier et de perpétuer l'illustre et chère mémoire du fondateur de la maison macédonienne, de la disculper de tous les crimes qu'en secret on lui imputait et de la donner comme une leçon vivante et féconde en héritage aux futurs Empereurs qui naîtraient de son sang [3].

Cette vie nous est parvenue, insérée à sa place chronologique, dans la collection des « biographies impériales » que composa au xe siècle celui qui se fit le « continuateur de Théophane ». Elle se trouve au chapitre V. Mais il n'est pas nécessaire d'une longue et minutieuse étude pour s'apercevoir qu'elle n'est point de la même main que les autres « Vies ». A la différence des notices qui l'encadrent, elle se présente à nous comme une œuvre littéraire complète qui ne relève ni de ce qui la précède ni de ce qui la suit. Elle a un exorde et une fin, elle contient des récits qui ont déjà été faits dans d'autres parties de la chronique, enfin, chose remarquable, son auteur se nomme, ce qui n'est le cas pour aucune des œuvres similaires qui l'accompagnent. Aussi cette vie a-t-elle un intérêt tout particulier. Par certains côtés, elle possède, évidemment, une valeur de premier ordre car son impérial auteur était en bien meilleure situation pour rappeler les faits et gestes de son grand-père que les simples historiens ou chroniqueurs. Il avait à son service les récits qui lui furent rapportés dès son enfance, les traditions qu'il put trouver encore vivaces au Palais et malgré ses plaintes et ses regrets sur la pauvreté des archives et sur le peu de renseignements qu'il y trouva [4], les actes officiels du règne qui devaient être nombreux. Mais aussi, et précisément pour toutes ces raisons, l'œuvre de Constantin Porphyrogenète, doit-elle être lue avec précaution, voire même avec défiance. Certes, il est bien renseigné, mais sa biographie est un pané-

---

1. « Ἱστορικὴ διήγησις τοῦ βίου καὶ τῶν πράξεων Βασιλείου τοῦ ἀοιδίμου βασιλέως ἣν Κωνσταντῖνος βασιλεὺς Ῥωμαίων ὁ τούτου υἱωνὸς φιλοπόνως ἀπὸ διαφόρων ἀθροίσας ἰηγημάτων τῷ γράφοντι προσανέθετο. »
2. Krumbacher, p. 253.
3. *Vit. Basil.*, ch. I, p. 228.
4. Cf. Rambaud, *op. cit.*, p. 141 et seq.

gyrique, un hymne de louange à la gloire de son grand-père, peut-être une réponse à d'autres biographies moins bienveillantes. Dès lors, il n'est pas étonnant qu'il voile certains faits, qu'il explique de façon peu véridique certains autres et qu'il embellisse à plaisir les très réelles qualités de son aïeul. Sans parler des origines fabuleuses qu'il assigne à sa famille, qu'on cherche, par exemple, ce qu'il dit des meurtres de Bardas et de Michel III et l'on verra que, d'après sa version, Basile ne fut coupable ni de l'un, ni de l'autre assassinat, qu'il n'y prit même qu'une part très indirecte, bien mieux qu'il chercha de tout son pouvoir à sauver la vie de son bienfaiteur. Qu'on cherche, de même, comment est raconté la très grave affaire du mariage de Basile et l'on trouvera qu'il n'est jamais fait mention de Marie, première femme du futur empereur, jamais de son divorce et que, sous sa plume, Eudocie Ingerina devient une épouse accomplie, aussi belle que vertueuse, véritable mère de tous les enfants dont Basile dut se charger. Si un affreux mystère pèse sur les origines de la famille macédonienne, si les Empereurs qui un temps régnèrent sur Byzance eurent tous, pour père, un bâtard, ce sont là des questions sur lesquelles il ne faut pas aller chercher éclaircissements et solutions dans le récit de Constantin VII. L'auteur ne pose pas de semblables problèmes et ne paraît pas se douter que d'autres, autour de lui, les posaient pour les résoudre contre lui. — Ceci dit, il n'en reste pas moins que la *Vie de Basile Ier* est un document de première valeur par les renseignements qu'elle fournit sur un grand nombre de questions, par les détails de tous ordres dont elle abonde, par le souci des choses administratives qu'elle manifeste, fait unique à cette époque [1], par la thèse enfin qu'elle soutient et qui permet aux historiens de contrôler les récits qui sont parvenus par la plume des chroniqueurs.

II. Indépendamment de la « Vie de Basile », nous devons à l'activité littéraire et scientifique de Constantin VII deux autres ouvrages d'histoire : le *Livre des Thèmes* et celui de l'*Administration de l'Empire*. Certes, on a beaucoup médit de ces deux documents, — du premier surtout — et les historiens qui les ont étudiés, déçus dans leur attente, trompés par ce que les titres semblaient leur promettre, se sont vengés en critiquant

---

1. Hirsch, p. 242.

avec amertume l'impérial écrivain. Et cependant, quelles que soient les erreurs, les ignorances et les lacunes de l'un et l'autre livre, ils n'en sont pas moins, pour autant, les seuls documents que nous possédions sur la géographie et l'administration de l'Empire aux ix$^e$ et x$^e$ siècles, les seuls témoins aussi de l'activité politique des Empereurs. Ils méritent donc, malgré leurs défauts, une étude attentive.

Le livre des « Thèmes » a pour but, comme l'indiquent les lignes par lesquelles il commence, de faire connaître les diverses provinces de l'Empire, leur nom et leur histoire. Un tel essai n'était pas, dans la littérature byzantine, une grande nouveauté. Constantin VII avait eu des prédécesseurs qu'il connaissait, du reste, suffisamment pour les copier, parfois servilement, au grand dommage de la vérité : Etienne de Byzance et Hiéroklès. On a conjecturé avec raison, ce semble [2], que ce livre des Thèmes fut un exercice d'école que Constantin composa dans sa jeunesse. Ce qui est sûr, c'est qu'à lui seul, il n'inspirerait aucune confiance. Trop souvent, en effet, l'auteur ne fait que reproduire la notice de Hiéroklès, le « συνέκδημος », écrite sous Justinien, sans s'occuper de savoir si l'état de choses existant au vi$^e$ siècle était le même au x$^e$ ; trop souvent, il paraît être — chose qui serait étrange pour un souverain — d'une incroyable ignorance sur l'organisation de son empire ; trop souvent, enfin, ses renseignements consistent à chercher des étymologies fantaisistes, à fabriquer des histoires invraisemblables, à décocher des traits malicieux à l'adresse de certains de ses sujets : toutes choses qu'un empereur en fonction se fût gardé de faire, apparemment. Mais, heureusement, le livre des « Thèmes » trouve ailleurs correctifs ou confirmations. Les sceaux, les géographes arabes, surtout le livre « de l'Administration de l'Empire » — œuvre postérieure et plus mûrie — aident souvent, soit à compléter, soit à redresser les renseignements fournis par Constantin et permettent ainsi de se servir utilement de son travail.

Le livre des « Thèmes » se divise, naturellement, en deux

---

1. Τοῦ σοφωτάτου βασιλέως Κωνσταντίνου τοῦ Πορφυρογεννήτου περὶ τῶν θεμάτων τῶν ἀνηκόντων τῇ βασιλείᾳ τῶν Ῥωμαίων πόθεν ἔσχον τὰς ὀνομασίας καὶ τί σημαίνουσιν αἱ τούτων προσηγορίαι καὶ ὅτι τὰ μὲν αὐτῶν ἀρχαΐζουσι, τὰ δὲ νέαν ἐκτήσαντο, τὴν προσηγορίαν. — Cf. Diehl, *Études byzantines*, p. 276 et seq.

2. Rambaud, *op. cit.*, 165-166.

grandes parties, suivant la division même de l'Empire. L'une a pour objet les thèmes d'Orient, l'autre les thèmes d'Occident. L'auteur passe en revue chaque province et dit ce qu'il croit en savoir. Souvent c'est peu de chose. La plupart du temps, le nom de la capitale n'est pas donné et même, parmi les villes qui figurent sur la liste propre à chaque thème, il arrive plus d'une fois qu'il y a des erreurs assez graves. Jamais l'auteur n'indique quel est le gouvernement qui préside aux destinées de la province, comment fonctionne l'administration provinciale, quelle est la richesse ou l'importance de chaque partie de l'Empire. L'intérêt du livre des « Thèmes » réside surtout pour nous dans le fait que, par lui, nous pouvons nous rendre compte des provinces existant au $x^e$ siècle et, par voie d'élimination, grâce aux renseignements qu'il fournit, de celles qui n'existaient pas encore au $ix^e$. Pour le reste, les renseignements de Constantin sont à peu près sans intérêt [1].

III. Il n'en va pas de même du livre de l'*Administration de l'Empire*. Cet ouvrage que Constantin VII composa pour son fils « couronné de Dieu », Romain le Jeune, âgé de quatorze ans environ, fut probablement publié en 953 [2]. L'Empereur avait alors quarante-huit ans. Il était donc dans la pleine maturité de l'âge ; il avait acquis l'expérience des affaires, la connaissance des hommes et des choses ; il pouvait instruire son fils en même temps que la postérité.

L'avant-propos nous renseigne, du reste, avec exactitude sur le but et le contenu du livre: En donnant à son fils une sorte de manuel diplomatique qu'il pût lire et apprendre dès sa jeunesse, Constantin VII a voulu préparer Romain à son futur métier de roi. Dans ces cinquante trois chapitres, en effet, il n'est guère question d'autre chose que d'administration: administration ou politique étrangère, puisqu'il indique quels sont les peuples en rapports avec Byzance et quel genre de rapports entretiennent entre eux les gouvernements, quelles sont les origines, l'histoire, les mœurs, les institutions, les vœux de ces peuples ; administration intérieure, puisqu'il signale les changements comme les faits qui se sont produits à la Cour et dans l'Empire. Aussi est-ce parce que l'écrivain a voulu faire

---

1. Cf. Diehl, *Etudes byzantines*, p. 276 et seq.
2. Rambaud, *Empire grec au $x^e$ siècle*, p. 172.

œuvre d'éducateur, qu'à la différence du « livre des Thèmes » le livre de « l'Administration de l'Empire » se recommande par son exactitude, son ordre et sa valeur historique. On sent, à le lire, que tout ici a été étudié et contrôlé. Ce serait eu vain qu'on chercherait en ces pages les hors-d'œuvres sans fin, la science rétrospective, livresque et scolaire, qui déparent le livre « des Thèmes ». Le « De Administrando » est un ouvrage destiné à la vie pratique et quotidienne. C'est pour cela qu'il mérite à nos yeux créance et autorité.

IV. Enfin, sous le nom de Constantin VII comme auteur, nous possédons une *vaste compilation* qui a pour titre sur l'unique manuscrit arrivé jusqu'à nous : « Ἔκθεσις τῆς βασιλείου τάξεως Κωνσταντίνου τοῦ φιλοχρίστου καὶ ἐν αὐτῷ τῷ Χριστῷ τῷ αἰωνίῳ βασιλεῖ βασιλέως· υἱοῦ Λέοντος τοῦ σοφωτάτου καὶ ἀειμνήστου βασιλέως σύνταγμά τι καὶ βασιλείου σπουδῆς ὄντως ξάιον ποίημα[1]. » — Cette œuvre, d'une importance capitale pour l'histoire des institutions byzantines, fut donc composée, si l'on en croit le titre, en partie du moins, sous le règne du petit-fils de Basile, afin de rehausser le prestige de la personne impériale aux yeux des étrangers comme des nationaux[2]. Il ne saurait entrer dans le cadre de nos recherches de discuter cette attribution comme la date approximative de son apparition ; aussi bien, du reste, ces questions n'ont-elles pas pour le règne de Basile une très grande importance. Ce qui le serait beaucoup plus, assurément, ce serait de pouvoir dater chacun des chapitres dont se compose cette étrange encyclopédie, faite de pièces et de morceaux de tous âges et de tous genres[3]. Or, ce travail critique n'est pas toujours très aisé[4]. Sans doute, il arrive que les sources sont expressément indiquées — tels les chapitres empruntés au patrice Pierre, par exemple — ou que les évènements racontés datent d'eux-mêmes tout un chapitre ; mais, le plus souvent, nous n'avons aucun indice qui nous permette d'assigner une époque quelconque à tel passage qui peut être aussi bien du

1. Migne, CXII, p. 74. Ce manuscrit se trouve actuellement à Leipzig
2. *Cerem.*, p. 78.
3. Le livre des Cérémonies est loin, en effet, de nous donner uniquement des « Cérémoniaux » d'époques diverses. Aux chapitres de cet ordre, se trouvent mêlés des chapitres traitant des sujets les plus variés : guerre, avènements d'Empereurs, tombeaux qui se trouvaient aux Saints Apôtres, etc. (Rambaud, *op. cit.*, p. 128 et seq.).
4. Diehl., *Etudes byzantines*, p. 293 et seq.

vi<sup>e</sup> siècle que du x<sup>e</sup> : ce qui ne va pas sans de graves inconvénients. Pour le règne de Basile et l'histoire des institutions de son règne, nous avons, heureusement, quelques chapitres exactement datés. Les uns ont trait aux campagnes de l'Empereur et à son retour à Byzance ; d'autres à l'administration. C'est le cas entre autre de la célèbre notice de l' « artocline » Philothée qui a servi de base à toute une partie de notre étude. Cette notice fut écrite en l'an 900 — donc quatorze ans après la mort de Basile — par Philothée à la demande de quelques-uns de ses amis [1]. L'intention qui a présidé à sa composition fut de fixer définitivement les règles à suivre pour le placement à table des officiers impériaux. Ce travail se rattache, probablement, à l'ensemble des réformes que paraît avoir tentées l'Empereur Léon VI pour rendre à sa cour gloire et éclat. Mais, il ne faut pas l'oublier ; le règne de Léon VI n'est qu'un aboutissant, une conclusion. C'est le couronnement du règne de Basile I. Les Basiliques, par exemple, eurent leur point de départ dans les travaux du Macédonien ; la réorganisation administrative fut, de même, commencée par lui, aussi bien, du reste que la réorganisation de la cour impériale. C'est dire, par conséquent, que la notice de Philothée, quoiqu'écrite quelques années après 886, garde pour le règne de Basile toute sa valeur. On peut d'autant moins douter de ce fait que, d'une part, l'artocline a soin d'indiquer les modifications introduites par Léon VI et que, de l'autre, les récits des chroniqueurs viennent confirmer l'existence des magistrats dont il donne l'énumération. La seule réserve critique à faire porte donc, non pas sur les renseignements qu'il fournit, mais sur la tradition paléographique. N'ayant qu'un manuscrit, il est assez malaisé de corriger les erreurs de lecture et de copie qui, évidemment, se sont glissées dans le texte et le rendent, parfois, ou incomplet ou incompréhensible [2]. Néanmoins, telle qu'elle est, la notice de Philothée nous est d'un inappréciable secours parce que seule, parmi les documents qui nous sont parvenus, elle donne une énumération complète des hauts fonctionnaires

---

1. Elle se trouve au livre II, ch. LII, Migne, p. 1292.
2. A quoi il faut ajouter que l'édition — la seule — que nous possédions fut faite en un temps où l'on n'avait pas l'habitude d'un grand apparat critique. Reiske en la publiant et en l'annotant a surtout fait œuvre de philologue.

de la cour et seule, elle fait entrevoir, bien que très imparfaitement, le mécanisme compliqué de l'administration byzantine avec ses ministères variés et leur nombreux personnel.

Indépendamment de la notice de Philothée qui a pour nous l'avantage d'être exactement datée, le « Livre des Cérémonies » fournit d'autres renseignements qu'il n'est pas possible de négliger. Parmi ces renseignements, les uns sont certainement postérieurs à Basile I ; mais ils rapportent des faits qui se sont passés sous son règne et fournissent des éléments d'information souvent très précieux. C'est par le fameux chapitre sur les « tombeaux » que nous connaissons la mère de Basile, Pankalo, et plusieurs autres détails intéressants sur sa famille. C'est de même par le chapitre qui a trait aux guerres de Basile que nous pouvons avoir une idée de l'organisation de l'armée comme des moyens stratégiques dont on disposait au temps du Macédonien. D'autres renseignements, au contraire, ne nous sont arrivés que par l'intermédiaire de chapitres écrits à des époques aussi diverses qu'indécises, ce qui infirme, à première vue, leur autorité, si l'on veut s'en servir pour étudier les institutions d'une époque déterminée. Néanmoins, il est un cas où ces renseignements peuvent être utilisés. C'est quand ils sont simplement l'expression d'un état de choses qui n'a jamais beaucoup varié : le cérémonial. S'il serait, en effet, souverainement dangereux d'étudier ces passages pour y chercher des titres de fonctionnaires ou des indications d'ordre topographique, par exemple, il n'en va plus de même quand on leur demande des détails sur les cérémonies. Or, ces détails sont parfois d'une grande importance, car ils font mieux comprendre quelle idée Byzance se faisait de ses institutions. Il est bien certain que les prières, les exhortations, le cérémonial en un mot, dont était entourée la promotion d'un cubiculaire, je suppose, jette un jour très lumineux sur les fonctions mêmes des chambellans attachés à la personne du Basileus. Quelle que soit la date à laquelle de tels chapitres ont été écrits, l'historien peut, je crois, s'en servir, ne serait-ce que pour commenter d'une façon plus claire et plus vivante les droits et les devoirs attachés à une charge dont on connaît par ailleurs et l'existence et le rôle. Du reste une minutieuse critique des passages concernant les institutions byzantines montre avec évidence, qu'en règle générale, ce sont moins les attributions dévolues aux grands dignitaires de la cour qui se sont modifiées dans la suite des âges, que l'existence même de ces dignitaires. Lorsqu'une fonction tombait en desuétude ou devenait un simple titre honorifique — ce que nous savons presque toujours, soit par les chroniqueurs, soit par le livre même des Cérémonies — les prérogatives attachées à cette charge tombaient d'elles-même ou étaient transmises à d'autres fonctionnaires ; mais tant que durait la fonction, il ne semble pas qu'il y ait eu d'importantes modifications dans les attributions qui lui étaient dévolues. Qu'on étudie le rôle de « l'Eparche de la Ville » par exemple, et l'on verra que dans ses grandes lignes, au $IX^e$ siècle comme au $VI^e$, son histoire est la même, que ses préroratives sont les mêmes et ses obligations aussi [1]. D'où il suit que l'essentiel, en abordant l'étude des institutions byzantines, est de connaître exactement les fonctions existantes à une époque déterminée — en quoi les chapitres non datés du livre des Cérémonies ne sauraient être d'aucune autorité — puis ensuite de fixer le caractère spécial de chaque fonction, dans la mesure du possible, et en cela alors tous les renseignements du livre, prudemment employés, peuvent être de la plus grande utilité.

V. Aux côtés de Constantin VII vivait à Byzance un historien dont l'œuvre est arrivée jusqu'à nous. C'est *Genesios*. Son ouvrage composé de quatre livres, retrace l'histoire des Empereurs Léon V, Michel II, Théophile, Michel III et Basile. Malheureusement pour nous, Genesios, petit-fils d'un logothète de Michel III, Constantin, n'a pas donné aux deux dernières « Vies » le développement qu'elles auraient dû avoir. Tout au contraire. Il réunit dans son quatrième livre les deux histoires de Michel et de Basile et résume brièvement les principaux faits de chaque règne. C'est là une chose d'autant plus regrettable pour la postérité que, premier historien de l'époque qui l'a précédé, il a beaucoup utilisé, dit-il, les récits oraux et les souvenirs qu'il a trouvés dans sa famille ; mais c'est aussi, probablement, ce qui explique son silence. Ecrivain aux ordres de l'Empereur, Genesios a dû taire ou expliquer les forfaits de toute nature attribués à Basile $I^{er}$, tâche singulièrement délicate pour un homme qui connaissait, sans aucun doute, la vérité.

---

[1]. Cf. Le mémoire d'Ouspenskij « L'éparche de Cple ». *Mémoires de l'Institut archéologique russe de Constantinople*, 1899, IV, 2, p. 79 et seq.

Ne pouvant donc être tout à la fois bon courtisan et sincère historien, Genesios a préféré se taire et résumer rapidement deux vies qui s'offraient à lui pleines d'embûches et de difficultés. Tous les renseignements qu'il nous fournit, comme la façon dont il les présente, se retrouvent chez Constantin VII. Il n'y a, par conséquent, pas lieu de nous arrêter longuement sur son histoire des Empereurs, pour le règne de Basile. On y peut glaner de-ci de-là quelques utiles indications ; elle n'est pas, cependant, pour nous un filon d'exploitation très riche.

### B. — *Les Chroniqueurs.*

A certains égards, les chroniqueurs sont autrement plus intéressants à consulter que les historiens, parce qu'ils sont indépendants. Si les uns travaillent, comme Genesios, à la solde de l'Empereur, d'autres — et c'est le plus grand nombre — écrivent soit pour le plaisir d'écrire, soit pour faire œuvre d'activité politique. Sans doute eux aussi ont leurs graves défauts. Comme les deux historiens dont nous avons parlé, ils se copient impudemment ; comme eux, ils sont pleins de partialité ; comme eux, ils aiment le merveilleux, les présages et les miracles. J'en sais même qui pour un peu ne se feraient pas trop prier pour écrire de nouveau un « *De morte persecutorum* » politique, à l'usage des amis de Basile. Mais tout cela ne fait pas qu'ils ne soient pour nous de la plus grande utilité. A part la continuation de Théophane, les chroniqueurs sont tous ennemis de la famille impériale. Ils représentent le parti politique qui demeura fidèle à Michel III et ne cessa de combattre le Macédonien. Ils sont donc les porte-voix de tous les mécontents, de tous ceux qui, pour une raison ou pour une autre, boudèrent le nouveau régime ; ils sont les défenseurs attitrés de la tradition qui faisait de Basile un tout autre personnage que celui dont nous parle le Porphyrogénète. A ce seul titre déjà, les Chroniqueurs seraient du plus haut intérêt. Mais ils font mieux encore. Ils nous expliquent les contradictions, les silences, les embarras des panégyristes de Basile. Grâce à eux, nous devinons quelques-uns des dessous de cette politique parfois étrange et qui déroute, quelques-unes des raisons qui expliquent l'incompréhensible triomphe du fondateur de la maison macédonienne. Certes, ils ne donnent pas à Michel des qualités et des vertus qu'il serait difficile de lui trouver ; mais ils toisent Basile à sa juste grandeur en racontant sa vie morale, ses meurtres, son mariage et en posant, d'une façon suffisamment nette, le problème terrible de la légitimité. Eux seuls, en effet, affirment que Léon VI naquit, non pas de Basile, mais de Michel et de sa concubine Eudocie Ingérina, qu'il fut, par conséquent, bâtard ainsi que toute sa descendance.

VI. La première chronique qui se présente à nous, par ordre d'ancienneté, est celle qui a nom « *La continuation de Théophane* ». Elle commence avec Léon V pour se terminer avec le règne de Romain II. C'est donc l'histoire byzantine de 813-961 qu'elle déroule devant nous : précisément l'époque qui nous occupe. Six livres composent cette chronique [1]. Le quatrième contient la « Vie de Michel » ; le cinquième la « Vie de Basile ». De ce dernier nous n'avons rien à dire ici puisque c'est la vie même de Basile écrite par Constantin Porphyrogénète dont nous avons déjà parlé. Le quatrième livre nous fournit de nombreux renseignements sur la vie de Michel avant l'arrivée de Basile et sur les évènements qui le marquèrent ; mais ces renseignements doivent être vérifiés. D'un bout à l'autre du livre, l'auteur, en effet, s'efforce d'abaisser Michel, de ternir sa réputation, de montrer ses folies afin d'exalter Basile au point d'en faire « l'homme nécessaire » qui seul pourra mettre un terme à une situation déplorable et inaugurer un règne réparateur. Bien entendu, nous retrouvons dans ce livre la tactique adoptée par Constantin et Genesios pour légitimer la conduite et les meurtres de Basile. Les uns comme les autres s'efforcent de prouver son innocence et sa vertu et de montrer qu'il était appelé au trône par le vœu unanime de tous les sujets.

Avec la Continuation de Théophane nous quittons les amis et les avocats de la famille macédonienne. Les chroniqueurs dont nous allons maintenant dire quelques mots sont tous des ennemis déclarés de Basile et comme tels, ils ne le ménagent point, pas plus que sa famille. C'est l'autre son de cloche que par eux nous entendons et, en vérité, l'un et l'autre nous donnent des dissonances assez fortes. Malheureusement ces chroniqueurs n'ont pas toute l'autorité qu'ils semblent de

---

[1]. Les quatre premiers livres sont l'œuvre d'un contemporain de Constantin VII. Le sixième est postérieur. Il date probablement du règne de Tzimiscès ou de Basile II (Rambaud, p. 545-546).

prime-abord avoir. Et cela pour deux raisons. D'abord, parce qu'il est évident qu'ils sont, eux aussi, mais en sens inverse, d'une partialité flagrante à l'égard de Basile ; puis, parce qu'ils se copient les uns les autres sans aucune vergogne. Tel fait qui pourrait à première vue, paraître confirmé par plusieurs témoignages, n'est, en réalité, avancé que par un seul auteur plusieurs fois recopié sous des noms différents. Et c'est ce qui rend aussi toute étude critique de cette époque si difficile, pour ne pas dire impossible. Sur quels principes s'appuyer pour rejeter une version plutôt qu'une autre? Nous voyons que deux traditions parallèles existent dont l'une est perpétuellement opposée à l'autre. Entre les deux, il n'est pas toujours possible de choisir faute de renseignements impartiaux. On est donc, parfois, forcément amené à se contenter de simples hypothèses.

VII. Comme Théophane, le chroniqueur Georges Moine, dit Hamartolos, le pécheur, qui termine sa chronique à la mort de Michel III, vers 863, eut au $x^e$ siècle d'assez nombreux continuateurs. De sa chronique, telle qu'elle est arrivée jusqu'à nous, c'est donc la *suite anonyme* qui nous intéresse. Elle raconte, en effet, les règnes de Michel III, de Basile et des Empereurs byzantins, jusqu'en 948 suivant quelques manuscrits, jusqu'en 1071, 1081, 1143 suivant d'autres. Mais la partie la plus importante de cette continuation est la première, celle qui traite des évènements écoulés entre les années 842 et 948[1]. Elle fut écrite, suivant la tradition paléographique, au début du règne de Nicéphore Phocas, par un logothète dont le nom ne nous est pas connu et qu'on a parfois assimilé au logothète et magister Syméon. Dans son état actuel, la Continuation de Georges Moine est représentée par quatre manuscrits. Les trois premiers — Paris, Moscou, Münich — ont un texte presque semblable. Le quatrième, celui du Vatican, s'éloigne sensiblement des autres, non pas, en vérité, dans les parties qui rapportent les mêmes évènements, car celles-là sont tout à fait semblables, mais il s'en éloigne par les renseignements assez nombreux qu'il est seul à donner. Il est donc probable que nous possédons deux rédactions de cette Continuation dont aucune ne répond à la rédaction originale. Aucune, non plus, probablement, ne fut écrite pour faire suite, de propos délibéré, à

---

1. Krumbacher, *Byzant. Litter.*, p. 354-55.

la Chronique de Georges Moine. Elle se trouvèrent soudées l'une à l'autre à une époque impossible à préciser. Du reste, entre la Chronique de Georges Moine et sa Continuation tout diffère, et il suffit de les parcourir pour se rendre compte, par les évènements qui sont racontés comme par ceux qui sont omis que le rédacteur s'est très peu soucié de lier dans son récit les deux Chroniques qui ne sont unies dans les manuscrits que par un pur hasard. Quel est maintenant l'intérêt de cette chronique ? Comme nous l'avons dit, il est tout entier dans la tournure d'esprit et dans les sympathies du chroniqueur. Chez lui, les choses religieuses occupent une place très restreinte. Tandis que chez Georges Moine, les querelles religieuses, les affaires iconoclastes, par exemple, dominent tout le récit, chez le logothète, au contraire, elles jouent un rôle très secondaire. Ce n'est pas là qu'il faut aller chercher des renseignements bien nombreux sur Photius et le schisme. Non. L'attention du chroniqueur est ailleurs. Elle se porte sur les intrigues de cour, sur les machinations qui précèdent la chute des Empereurs, sur tous les faits qui dessinent la physionomie d'un règne ou d'une époque. Et tout cela est écrit avec beaucoup de détails, d'exactitude et de clarté. Sans doute, l'auteur n'aime pas Basile et ne se gêne pas pour dire ce qu'il en sait. Volontiers, il serait plein d'indulgence pour Michel dont il voile les fautes et qu'il se garde bien d'injurier. Néanmoins, il semble relativement impartial et juste et si, en vérité, il s'est parfois trompé, d'une façon générale, cependant, on peut faire fonds sur ses dires et accepter sinon toutes ses appréciations, du moins les faits tels qu'il nous les raconte[1].

VIII. A la chronique de Georges Moine, il faut ajouter celle de *Léon le Grammairien*, car l'une et l'autre sont assez proches parentes. Comme la plupart des chroniqueurs de cette époque, Léon, après avoir retracé l'histoire du monde, des origines à Léon V, raconte les règnes « des plus récents empereurs », c'est-à-dire, qu'il va de Léon V à la mort de Romain Ier. Or si dans la première partie de sa compilation, Léon a largement puisé dans la Chronique de Georges Moine, dans cette seconde partie, il copie purement et simplement la continuation du chroniqueur, parfois mot à mot, parfois en

[1]. Hirsch, *Byzant. Studien*, p. 57 et seq.

l'abrégeant. Il en résulte donc qu'au point de vue historique, cette chronique est pour nous sans grand intérêt [1].

IX. Sous le nom de *Syméon Magister* nous possédons une chronique qui s'étend de l'avènement de Léon l'Arménien à l'avènement de Nicéphore Phocas, et qui fut vraisemblablement écrite sous le règne de ce prince. Cette chronique, publiée d'après un manuscrit de Paris, n'a rien à voir avec la véritable chronique de Syméon Magister. Celle-ci, vaste compilation qui commence aux origines du monde, pour s'arrêter à la mort de Romain Lécapène, n'est pas encore publiée. C'est donc à un Pseudo-Syméon que nous avons affaire. Comme la chronique de Léon le Grammairien, l'œuvre de ce Syméon est étroitement apparentée aux chroniques de Théophane et de Georges Moine. Les auteurs ont, du reste, agi de la même façon. Ils copient textuellement ou abrègent leurs prédécesseurs. Cependant Syméon a connu d'autres sources. Il fait de nombreux emprunts à la chronique du logothète, continuation de celle de Georges, qui devient pour le règne de Michel et de Basile sa source principale ; il n'ignore nullement l'histoire de Genesios qu'il utilise beaucoup à propos du règne de Michel ; quand il le peut, il recueille les sources orales qu'il trouve sur son chemin [2]. Mais est-ce à dire pour autant que cette chronique ne laisse deviner aucune trace de personnalité? Bien au contraire. Le caractère et les opinions du chroniqueur se découvrent assez facilement, malgré ses plagiats. Très vite le lecteur se rend compte qu'il a affaire à un homme au fond assez crédule qui croit à toutes sortes de choses mystérieuses : songes et présages et qui raconte cela fort sérieusement. Au surplus il a des haines violentes. Photius surtout l'exaspère, lui qui est partisan du patriarche Ignace ; Basile comme Michel sont, de leur côté, loin de lui plaire et par là se trouvent assez malmenés. Aussi, bien que les erreurs et les préjugés aient dans sa chronique une place malheureusement trop grande, le Pseudo-Syméon mérite-t-il cependant une étude attentive. Indépendamment des questions de dates et des faits empruntés à des sources que nous connaissons par ailleurs, nous trouvons parfois chez lui des renseignements nouveaux (tel le portrait de Basile) ; surtout nous décou-

---

1. Hirsch, *Byzant. Studien*, p. 100.
2. Sym. Mag., *Vit. Mich. et Théod.*, ch. XXXIV, p. 733.

vrons une attitude politique assez curieuse qui fut probablement commandée par les affaires religieuses.

X. Enfin, avant de terminer cette étude sur les chroniqueurs, il faut encore signaler le nom de *Cedrenus*. Ce chroniqueur écrivit, probablement au début du xiie siècle, sa « σίνοψις ἱστοριῶν » ou histoire universelle qui va jusqu'en 1057. Cette œuvre n'a pas pour nous un grand intérêt parce qu'elle n'est qu'une servile copie d'autres chroniques que nous connaissons par ailleurs. Il en va, de même, du reste, des chroniqueurs postérieurs.

## II. — Livres juridiques

Il est inutile de faire ici une critique des sources juridiques qui peuvent servir à l'histoire des institutions byzantines du règne de Basile Ier. Ce sera, en effet, l'objet d'une bonne partie du chapitre consacré à l'œuvre législative de l'Empereur. Pour connaître la valeur et l'histoire du Prochiron et de l'Epanagoge c'est donc au deuxième chapitre consacré à l'étude de l'administration du règne que nous renvoyons.

Indépendamment de ces deux ouvrages de droit, nous avons un document d'ordre législatif très intéressant à signaler. C'est le Livre du Préfet « Τὸ ἐπαρχικὸν βιβλίον » publié en 1893 par M. Nicole d'après un manuscrit de Genève. Ce texte capital pour l'histoire des institutions comptait à l'origine un nombre de chapitres que nous ignorons, vingt-deux étant seuls parvenus jusqu'à nous. L'Empereur dont il est question dans cet ouvrage n'est autre que Léon VI, ainsi que l'a prouvé sans aucun doute possible M. Nicole dans la préface donnée à son texte. Quant à la date exacte de sa composition, nous l'ignorons. Le grand intérêt de ce « Livre » réside tout entier dans le fait qu'il nous permet de connaître assez bien quelles étaient les attributions et fonctions de l'éparche ; comment se trouvaient groupés les divers corps de métiers de la capitale ; quelles étaient enfin les lois qui régissaient le commerce byzantin. Nous avons là une série de renseignements que nous pouvons considérer comme officiels et datés, par les années mêmes du règne de Léon VI, avec une suffisante précision.

### III. — Documents religieux

Le texte officiel des deux conciles tenus sous Basile est la source principale qui nous fait connaître la grave affaire de la déposition de Photius et de son rétablissement postérieur, comme la conduite politique de Basile en cette occurrence. Grâce aux nombreuses pièces lues en séance, grâce aux interrogatoires adressés aux prévenus, aux discussions qui surgissent, nous pouvons nous faire une idée des griefs imputés au Patriarche, de la façon dont Rome et les légats comprirent et traitèrent le schisme, de la conduite enfin de Basile en toute cette affaire. Les lettres des Papes comme celles des ennemis de Photius complètent pour nous le dossier accusateur. Malheureusement nous n'avons pour plaider la cause du Patriarche qui de très rares documents et encore ces documents — telles les lettres de Photius lui-même — sont-ils plus que sobres en renseignements précis. Le plus souvent les lettres de Photius sont énigmatiques, vagues ou insignifiantes quand elles ne sont pas une longue lamentation. En somme c'est le plus souvent de la pure rhétorique. Très rares sont les exemples contraires. On voit, en examinant de près les pièces favorables que Photius eut pour lui un certain nombre d'adhérents recrutés surtout, semble-t-il, dans le haut clergé et dans la noblesse de cour, qu'il paraît même avoir compté en son parti des personnages comme S. Euthyme le Jeune, mais nulle part nous ne pouvons découvrir les raisons qui militaient en faveur de son innocence personnelle ou en la justice de sa cause. Tandis que le réquisitoire dressé contre lui, se présente à nous très serré et très accablant, aucune voix indépendante ne s'élève pour parler en sens contraire. Bien plus, qu'on écoute Rome ou qu'on écoute Byzance, une chose paraît assurée, c'est, qu'en somme, les amis les plus connus de Photius, Grégoire Asbestas, Santabarenos, par exemple, ses partisans les plus actifs, Bardas et Michel III n'étaient guère des personnages particulièrement recommandables, présomption toujours grave contre un accusé.

Les vies de saints, à leur tour, et en tout premier lieu le fameux panégyrique de S$^t$ Ignace par Nicétas[1] David, évêque

---

1. On a essayé en ces dernières années d'enlever à Nicétas la paternité de cette œuvre pour l'attribuer à quelque auteur de beaucoup postérieur aux

de Dadybra en Paphlagonie vers 890, sont à des titres divers de précieuses sources d'information. Nicétas est un partisan passionné d'Ignace, un fervent de l'orthodoxie, un ennemi déclaré de Photius et de Basile. Il écrit sa vie du Patriarche Ignace pour faire œuvre d'édification et de piété[1], à la façon de ses autres panégyriques, sans doute vers la fin de sa vie car il semble bien que lorsqu'il composa son œuvre tous les héros de son histoire étaient morts jusque et y compris Santabarenos[2]. Il connaît donc pour l'avoir vécue l'histoire qu'il nous rapporte : on le voit bien à certaines remarques personnelles. Ce qu'il pardonne le moins à Basile comme aux légats, c'est de n'avoir pas en 869 terminé d'une façon définitive l'affaire du schisme, d'avoir louvoyé et finalement d'avoir permis le retour futur de Photius au pouvoir. Son panégyrique plein d'informations curieuses, de faits qu'en vain nous chercherions ailleurs, doit donc être, malgré cela, étudié avec la plus grande précaution. Naturellement, il passe sous silence tout ce pourrait être défavorable à Ignace. Il glisse rapidement sur sa famille et ne dit rien de la guerre de Bulgarie dans laquelle fut défait Michel Rhangabé, ce qui amena l'insurrection de Léon. Néanmoins, ce panégyrique abonde en traits trop précis ; il est trop révélateur d'un état d'âme : il évoque avec trop de vie, de couleur et de mouvement l'époque dont il s'est fait l'historien pour que nous puissions n'en pas faire usage. A côté d'exagérations manifestes et de violences de langage poussées parfois très loin, mieux qu'aucun autre, il nous explique l'enchaînement chronologique des choses, nous montre les hommes agissant et nous renseigne sur divers points d'institutions ecclésiastiques. Bien plus, en somme, le parti pris une fois mis à part, les faits qu'il nous raconte se présentent souvent à nous, quand nous pouvons les contrôler, comme relative-

---

évènements. M. Papadopoulos Kerameus s'est [fait le champion de cette théorie qui ne semble pas avoir son point d'appui sur des raisons purement critiques et scientifiques. Aussi a-t-il trouvé jusque parmi ses coréligionnaires des contradicteurs. M. Vasiljevskij, en effet, a repris l'étude des arguments de Papadopoulos Kerameus pour arriver à rendre d'une façon définitive le panégyrique à Nicétas et au IXe siècle finissant. On trouvera un résumé complet en allemand de la discussion qui s'est poursuivie en grec et en russe, dans la *Byzant. Zeitschrift*, IX, 268-276, 1900.

1. *Vit. Ign.*, 560-565.
2. *Ibid.*, 564.

ment exacts. Que nous comparions son récit à la lettre de Stylianos, un autre violent ennemi de Photius, à la version du *Liber Pontificalis*, à celle d'Anastase le Bibliothécaire et aux lettres des Papes, aux délibérations du Concile et au récit des chroniqueurs, nous finissons par reconnaître en tous ces documents un fonds commun de faits et de jugements qui semblent bien définitivement acquis.

Quant aux autres vies de saints, nous avons essayé d'en faire l'usage qu'elles méritent. Critiquement étudiées, ces œuvres de louange et de piété peuvent apporter à l'historien d'instructifs détails, non pas, en général, sur les affaires politiques et religieuses de l'époque qu'elles ignorent ou déforment, mais sur les institutions civiles et ecclésiastiques. Il est bien certain que lorsqu'un hagiographe nous rapporte, à l'occasion, soit d'un miracle, soit d'un fait quelconque, le titre, la fonction d'un personnage, lorsqu'il cite telle institution monacale ou administrative, lorsqu'il souligne tel trait de mœurs pris dans la vie quotidienne, toutes choses en soi sans corrélation avec son but apologétique et parénétique, il y a tout lieu de croire qu'il dit vrai et que son témoignage vaut pour l'époque où il écrit.

Enfin, il est un document historico-religieux de trop grande importance pour que nous puissions ici le passer sous silence. C'est la fameuse préface écrite par Anastase en tête des actes du Concile de 869 pour éclairer le Pape. Ce document auquel il faut joindre les notices du *Liber Pontificalis*, écrites probablement sous sa dictée, sinon par la plume du fameux bibliothécaire, sont à utiliser, mais avec la réserve que comporte l'histoire même d'Anastase. En écrivant sa Préface, en faisant composer ses vies de Nicolas Ier et d'Hadrien II, il laisse — nous le remarquerons — percer toutes ses préventions, il arrange les choses à sa façon. De plus, il ne faut pas oublier que ses écrits sont destinés à relever l'autorité et le prestige du Pape. Tout cela fait que ces documents ne sont pas toujours très exacts et sont toujours très partiaux.

## IV. — Documents divers

Parmi les documents que nous avons utilisés le plus souvent et qui ont besoin d'un éclaircissement, il en est trois à signaler.

Nous faisons plus d'une fois usage d'une pièce de vers publiée par M. Brinkmann en tête de son texte d'Alexandre de Lycopolis sur les Manichéens. De l'œuvre d'Alexandre, nous n'avons rien à dire : elle paraît être du IVe siècle[1] ; mais Photius en faisait le plus grand cas et c'est sans doute lui qui réédita l'œuvre d'Alexandre à l'époque des guerres de Basile contre les Pauliciens, entre 869 et 871, et y ajouta les vers qui la précèdent. C'est une œuvre de flatterie destinée à exalter la piété, la magnanimité, la grandeur de Basile et à le féliciter de combattre les Manichéens[2]. Ces vers firent probablement partie de cette littérature adulatrice que, durant son exil, Photius employa comme moyen de revenir au pouvoir[3].

A ce genre se rattachent les exhortations de Basile à Léon, œuvre de piété et de savante flatterie, probablement écrites par Photius comme tendrait à le prouver l'étroite parenté qui unit cette œuvre à la lettre authentique du Patriarche adressée au prince de Bulgarie. Avis, conseils, exhortations sont les mêmes, même idée aussi de la grandeur royale, des devoirs qu'elle impose, des droits qu'elle confère. Ces exhortations sont arrivées jusqu'à nous en deux recensions différentes, identiques quant au fond, mais l'une plus développée que l'autre. La plus longue est divisée en 66 paragraphes réunis les uns aux autres par un acrostiche.

Enfin le troisième document dont nous avons fait usage et qui est sujet à quelque discussion est la fameuse « Taktike » de Léon VI. Zachariæ l'avait enlevée à Léon VI pour en donner la paternité à Léon l'Isaurien. M. Mitard, dans un article de la *Byzantinische Zeitschrift* très intéressant, a apporté un certain nombre d'arguments qui paraissent assez solides en faveur de l'attribution traditionnelle. Du reste, en soi, cela n'est pas de grande importance. Comme le faisait remarquer dernièrement M. Vari, les règles et ordonnances stratégiques n'ont jamais varié dans l'essentiel de leur contenu. Ce sont surtout les termes qui se modifiaient. Or, il semble bien, qu'en son ensemble, la terminologie de la Taktike est semblable à celle des autres sources du Xe siècle, surtout au Livre des Cérémonies, spécialement dans le Clétorologe.

---

1. Batiffol, *Anciennes littérat. chrét. La littérat. grecque*, p. 131[1].
2. Brinkmann, vers 215-217.
3. *Ibid.*, p. XXIX.

# SOURCES [1]

ANASTASE LE BIBLIOTHÉCAIRE : Préface au VIII<sup>e</sup> concile (Mansi, XVI, p. 1. Migne, *P. L.* CXXIX[1]).
ANONYME DE COMBEFIS : *Chronographica narratio* (*Anonym. Combef.* Migne, P. G., CVIII).
BASILE I. *Basilii imperatoris Romanorum exhortationum capita sexaginta sex ad Leonem filium* (*Exhort.* Migne, P. G., t. CVII).
*Basilicorum Libri LX* (Ed. Ernst Heimbach, Leipzig, 1833-70, 6 vol.).
*Basilii notitia* (in Georges de Chypre, Edit. Gelzer, p. 27).
BERNARD LE MOINE. *Itinéraire* (Molinier, *Itinera Hierosolit.*, 1879).
BŒCKH. *Corpus inscriptionum græcarum* (*Inscriptiones christianæ*, t. V).
BRINKMANN. *Alexandri Lycopolitani contra Manichæi opiniones disputatio* (Leipzig, 1895).
CEDRENUS. *Compendium historiarum* (Cedren., Migne, P. G., CXXI).
CODINUS. *De officiis et officialibus Magnæ Eccles. et aulæ Cpolitanæ* (Migne, P. G., CLVII).
CONSTANTIN VII PORPHYROGÉNÈTE. *Historia de vita et rebus gestis Basilii inclyti imperatoris* (*Vit. Basil.* Migne, P. G., CIX).
— *De Cerimoniis aulæ byzantinæ* (*Cerem.* Migne, P. G., CXII).
— *De Thematibus* (*De Them.* Migne, P. G., t. CXIII).
— *De Administrando imperio* (*De adm.* Migne, P. G., CXIII).
CONSTANTIN LE RHODIEN. *Description des Saints Apôtres* (Ed. Legrand-Reinach, *Revue des Etudes grecques*, IX, 1896).
*Ecloga Leonis et Constantini* (Ed. Zachariæ von Lingenthal, *in Collectio librorum juris græco-romani ineditorum*).
EDRISI (Traduct. Jaubert, Paris, 1840).
*Epanagoge legis Basilii et Leonis et Alexandri* (Ed. Zachariæ von Lingenthal, Leipzig, 1852, *in Collectio librorum juris græco-romani ineditorum*).
*Euchologion* (Ed. Goar, Paris, 1647).
— Ed. Dmitrijevskij (Kiev, 1901).
*Genesios. Historia de rebus constantinopolitanis* (*Genes.* Migne, P. G., CIX).
GEORGES DE CHYPRE. *Descriptio orbis romani* (Ed. Gelzer, Leipzig, 1890).
GEORGES LE MOINE CONTINUÉ (*Georg. M. C.* Migne, P. G., CX).

---

[1]. Nous indiquons, entre parenthèse, les abréviations les plus courantes dont nous nous sommes servis ; à moins d'indication contraire nous citons toujours d'après la *Patrologie* de Migne. Nous traduisons les titres des ouvrages russes consultés.

## SOURCES

*Hadriani II Papæ Epistolæ* (Mansi, XV, 819 et Migne, *P. L.*, CXXII).
*Heortologion byzantinon* (Ed. Gédéon, Constantinople, 1905).
IBN HORDADBEH. *Le Livre des routes et des provinces* (Ed. de Gœje, *Bibliotheca Geographorum arabicorum*. Pars VI, Leyde, 1889) et Barbier de Meynard, *Journal asiatique* (VI⁰ série, t. V, 1865).
*Joannis VIII Papæ Epistolæ* (Mansi, XVIIª, XVIIIª ; Migne, *P. L.*, CXXVI. *Neues Archiv.*, t. V, 1879, Ewald, *Die Papstbriefe der Brittischen Sammlung*).
*Juris ecclesiastici græcorum monumenta* (Ed. Pitra, Paris, 1846-1868, 2 vol.).
*Juris orientalis libri III* (Ed. Bonefidius, Paris, 1573).
*Juris græco-romani tam canonici quam civilis tomi duo* (Ed. Leunclavius, Francfort, 1596).
*Jus græco romanum* (Edit. Zachariæ von Lingenthal, 7 partes, Leipzig, 1856-1884).
KODAMA (Ed. de Gœje à la suite d'Ibn Hordadbeh, *Bibliotheca Geographorum arabicorum*, t. VI) et Barbier de Meynard, *Journal asiatique* (VI⁰ série, 1865, t. V).
LÉON VI (le Sage). *Tactika* (Migne, *P. G.*, CVII).
— *Novellæ constitutiones* (Migne, *P. G.*, CVII et *Jus græco-romanum*, pars III).
LEO GRAMMATICUS. *Chronographia* (*Leo Gram.*, Migne, *P. G.*, CVIII).
*Liber Pontificalis* (Ed. Duchesne, Paris, 1886-1892, 2 vol.).
*Livre du Préfet* (Ed. Nicole, Genève, 1893).
LIUTPRAND. *Antapodosis*.
— *Relatio de legatione Constantinopolitana* (Ed. *Monumenta Germaniæ historica*, fol. Scriptores, t. III, Hanovre, 1839).
LOUIS II. *Lettre de Louis II à Basile* (*Historiens des Gaules et de la France*, t. VII, p. 572).
MAÇOUDI. *Prairies d'or* (Trad. Barbier de Meynard, Paris, 1861-1877).
MAÏ. *Patrum nova Bibliotheca* (t. IV, Rome, 1847).
MANSI. *Sacrosancta Concilia* (Ed. nov. Paris, 1902. T. XV, XVI, XVII).
*Martyribus (De sanctis) Manuele, Georgio, Petro, Leone, etc. in Bulgaria* (A. A. S. S. *Januier*, II, p. 441).
*Monumenta græca ad Photium ejusque historiam pertinentia* (Ed. Hergenröther, Regensburg, 1860).
*Nea Taktika* (in Georges de Chypre, Ed. Gelzer).
NICETAS BYZANTINUS. *Nicetæ refutatio epistolæ regis Armeniæ confutatio dogmatum Mahomedis* (Migne, *P. G.*, CV).
NICETAS DAVID. *Vita S. Ignatii archiepiscopi Constantinopoli* (*Vit. Ignat.*, Migne, *P. G.*, CV).
*Nicolai I Papæ Epistolæ* (Mansi XV. *P. L.*, CXIX).
*Nomocanon* (Ed. Pitra *in Juris eccles. græc. monum.*).
PACHYMÈRE. *Œuvres* (Migne, *P. G.*, CXLIII, IV).
PHOTIUS. *Contra Manichæos libri quatuor* (Migne, *P. G.*, CII).
— *Epistolæ libri tres* (Migne, *P. G.*, CII).
— Λόγοι καὶ ὁμιλίαι (Ed. Aristarchos, Constantinople, 1900, 2 vol.).
— *Novæ sanctæ Dei Genitricis ecclesiæ descriptio* (Migne, *P. G.*, CII).
PIERRE DE SICILE. *Historia Manichæorum* (Migne, *P. G.*, CIV).
*Prochiron* (Ed. Zachariæ von Lingenthal, Heidelberg, 1837).

*Scriptores originum Constantinopolitarum* (Ed. Preger, Leipzig, 1901-1907, 2 vol.).

*Stephani V Papæ Epistolæ* (Mansi XVI, XVIII. Migne, *P. L.*, CXXIX).

STYLIANOS. *Epistola ad Stephanum Papam* (Mansi, XVI).

SYMÉON MAGISTER. *Annales* (*Sym. Mag.* Migne, P. G., CIX).

*Synaxarium Ecclesiæ Constantinopolitanæ* (Ed. Delehaye, *Propylæum ad A. A. S. S. Nov.* Bruxelles, 1902).

THEOGNOSTE. *Libellus ad Nicolaum Papam in causa Ignatii archiepiscopi Cons tantinopolitani* (Mansi, XVI ; Migne, P. G., CV).

THEOPHANES CONTINUATUS. *Chronographia* (*Vit. Theoph.*,*Vit. Mich.*, etc., Migne, P. G., CIX).

*Typika* (Ed. Dmitrijevskij, Kiev, 1895).

*Vita S. Antonii* (Ed. Papadopoulo Kerameus, *Monumenta græca et latina ad historiam Photii pertinentia*, I. Pétersbourg, 1899).

*Vita S. Demetriani episcopi Chytri.* (Ed. Grégoire, *Byz. Zeits.*, 1907, I).

*Vita S. Eudokimou* (Ed. Loparev, Petersbourg, 1893).

*Vita S. Euthymii* (Ed. de Boor, Berlin, 1888).

*Vita S. Euthymii* ('Επιτάφιος, Ed. Papadopoulo Kerameus, *Monumenta*, I).

*Vita S. Euthymii junior.* (Ed. Petit, *Orient Chrét.* 1903, n<sup>os</sup> 2 et 4).

*Vita S. Eustratii* (Ed. Papadopoulo Kerameus, Ἀνάλεκτα Ἱεροσολυμιτικῆς σταχυολογίας, Petersbourg, 1891, V).

*Vita S. Hilarionis* (Ed. Vasiljev, *Recueil de la Société orth. russe de Palest.*, 1888, t. IV).

*Vita S. Ireneæ hegumenæ* (*A. A. S. S. Juillet*, VI).

*Vit. S. Joannicii* (*A. A. S. S. Novembre*, II).

*Vit. S. Josephi Hymnographii* (Ed. Papadopoulo Kerameus, *Monumenta*, II).

*Vit. S. Lucæ Stylitæ* (Ed. A. Vogt, *Analecta Bollandi*, 1909).

*Vit. S. Nicolai Studiti* (Migne, P. G., CV).

*Vita Sæ Theodoræ imperatr.* (Ed. Regel, *Analecta byzantino-russica* (Pétersb., 1891, et *A. A. S. S. Février*, II).

*Vita Sæ Theodoræ Thessaloni.* (Ed. Arsenij, Yourjev, 1899).

*Vita S. Theodori Edess.* (Ed. Pomjalovski, Pétersbourg, 1892).

*Vita S. Theophani Confess.* (Ed. Krumbacher, *Sitzungsberichte der philos. philol. und der hist. Classe der K. K. Akademie der Wissensch. zu München*, 1897, I, p. 371).

*Vita Sæ Theophano* (Ed. Kurtz, *Zwei griechische Texte über die hl. Theophano, die Gemahlin Kaisers Leo VI*, Pétersbourg, 1898).

ZONARAS. *Epitome Historiarum* (Migne, P. G., CXXXV).

WOLF VON GLANWELL. *Kanonessammlung des Kardinals Deusdedit..... I. Die Kanonessammlung selbst* (Paderborn, 1905).

OUVRAGES CONSULTÉS

ABOBA, *Fouilles publiées par l'Institut archéologique russe de Constantinople.*

ANDERSON. *The Campaign of Basil I, against the Paulicians in 872* (*The Classical Review*, 1896, 10).

## SOURCES

AUDOLLENT. *Les Veredarii* (*Mélanges d'archéologie et d'histoire de l'Ecole de Rome*, IX, 1889).

BANDURI. *Imperium orientale* (Paris, 1711, 2 vol.).

BATIFFOL. *Anciennes littératures chrétiennes ; la littérature grecque* (Paris, 1897).

BAYET. *L'art byzantin* (Paris, s. d.).

BELJAJEV. *Byzantina* (Pétersbourg, 1893, 2 vol., en russe).

— *La Chalkoprateia* (*Annuaire de l'Université impériale russe d'Odessa.* Partie byzant., 1892, en russe).

BÉNÉCHEVITCH. *La Collection canonique des XIV titres depuis le deuxième quart du VII<sup>e</sup> siècle jusqu'en 883*. Contribution à l'histoire très ancienne des sources juridiques de l'Eglise greco-orientale (Pétersbourg, 1805, en russe).

BEURLIER. *Le Chartophylax de la grande Eglise de Constantinople*. Compte rendu du III<sup>e</sup> Congrès scientifique international des Catholiques tenu à Bruxelles du 3-8 sept. 1894. V<sup>e</sup> section, *Scienc. histor.*, p. 253.

BEYLIÉ (DE). *L'Habitation byzantine* (Paris, 1902).

BOCK. *Die byzant. Zellenschmelze der Sammlung A. v. Swenigorodsko* (Aix-la-Chapelle, 1896).

BRÉHIER. *Le schisme oriental au XI<sup>e</sup> siècle* (Paris, 1899).

BOOR (DE). *Der Angriff der Rhós auf Byzanz* (*Byz. Zeits.*, IV, 1895).

BRIGHTMAN. *Byzantine imperial coronations* (*The journal of theolog. Studies*, VII, 1901).

— *Liturgies eastern and western* (Oxford, 1896).

BROSSET. *Collection d'écrivains arméniens* (Pétersbourg, 1874, t. I).

CONYBEARE. *The Key of truth. A Manuel of the paulician church of Armenia* (Oxford, 1898).

COTELERIUS. *Ecclesiæ græcæ monumenta* (Paris, 1677-1686, 3 vol.).

COTLARCIUC. *Die Besetzungsweise des Patriarchalstuhles von Cple* (*Archiv. f. Kathol. Kirchenrecht*, 1903).

CUMONT. *Formule grecque de renonciation au judaïsme* (*Wiener Studien*, XXIV, 1902).

— *La Conversion des Juifs à Byzance au IX<sup>e</sup> siècle* (*Journal du ministr. de l'Instruct. publiq. de Belg.*, Bruxelles, 1903).

DIEHL. *Etudes byzantines* (Paris, 1905).

— *L'art byzantin dans l'Italie méridionale* (Paris, 1894).

— *Figures byzantines* (Paris, 1905).

— *L'illustration du Psautier dans l'art byzantin* (*Journal des Savants*, VI. Juin, 1907).

DU CANGE. *Constantinopolis Christiana seu descriptio urbis Cpolitanæ. Familiæ augustæ byzantinæ* (*Historia byzantina duplici commentario illustrata*, Paris, 1680).

— *Glossarium mediæ et infimæ græcitatis* (Lyon, 1688).

DUCHESNE. *Les premiers temps de l'Etat pontifical.* (*Revue d'histoire et de littérat. relig.*, 1896-1898).

— *Origines du Culte chrétien* (Paris, 1898).

— *Provincial romain au XII<sup>e</sup> siècle* (*Mélang. d'arch. et d'hist. de l'Ecole franç. de Rome*, I, 1904).

DULAURIER. *Recherches sur la chronologie arménienne* (ouvrage formant les prolégomènes de la collection intitulée : *Bibliothèque historique arménienne*, t. I, Paris, 1859).

DZAVACHOV. *Les réformes ecclésiastiques dans l'ancienne Géorgie* (action religieuse de Georges Svjatogorec (*Journal du ministère de l'Instruction publique*, février, 1904, S. Pétersbourg, en russe).

ERSCH ET GRUBER. *Enzyklopädie der Wissenschaften* (Leipzig, 1867-1868).

EVANGELLIDIS. Ἱστορία τῆς Τραπεζοῦντος (Odessa, 1898).

FALLMERAYER. *Geschichte der Halbinsel Morea* (Stuttgart, 1830-36, 2 vol.).

FICKER (Gerhard). *Eine Sammlung von Abschwörungsformeln* (*Zeits. für Kirchengeschichte*, 1906, IV, t. XXVII).

FERRADOU. *Des biens des monastères à Byzance* (Bordeaux, 1896).

FRIEDRICH. *Une lettre d'Anastase le Bibliothécaire* (*Sitzungsberichte der philos. phil. u. der hist. Classe der Akad. der Wissens. zu München*, 1892, Heft III).

— *Der ursprügliche, bis Georgios Monachos nur theilweise erhaltene, Bericht über die Paulikianer* (*Ibid.*, 1896, I).

FUNK. *Die Berüfung der ökonom. Synoden des Altertums* (*Histor. Jahrbuch der Görres Gesellschaft*, XIII, 1892).

GASQUET. *L'Empire byzantin et la Monarchie franque* (Paris, 1888).

GAY. *L'Italie méridionale et l'Empire byzantin* (Paris, 1904).

GELZER. *Abriss der byzantin. Kaisergeschichte* (Krumbacher, *Byz. Litter.*).

— *Die Genesis der Themenverfassung* (Leipzig, 1899).

— *Das Verhältniss von Staat und Kirche in Byzanz* (*Hist. Zeitsch.*, t. LXXXVI, 1901).

— *Ungedruckte und ungenung veröffentlichte Texte der Notitiæ episcopatuum* (Munich, 1901).

GERLAND. *Photios und der Angriff der Russen auf Byzanz 18. Juni 860* (*Neue Jahrbüch. für das Klass. Altertum*, 1903, XI).

GFRÖRER. *Byzant. Geschichten* (Gratz, 1872-1873, 3 vol.).

GŒTZ. *Geschichte der Slavenapostel Konstantinus u. Methodius* (Gotha, 1897).

GILLMANN. *Das Institut der Chorbischöfe im Orient* (Munich, 1903).

GINZEL. *Geschichte der Slavenapostel Cyrill und Method und der slavischen Liturgie* (Vienne, 1861).

GRAEVEN. *Frühchristliche und mittelalterliche Elfenbeinwerke in photograph. Nachbildung* (Rome, 1898-1900, 2 vol.).

HARNACK. *Das karolingische und das byzantinische Reich in ihren wechselseitigen politischen Beziehungen* (Göttingen, 1880).

HÉFELÉ-DELARC. *Histoire des Conciles* (Paris, 1876-1871, t. V et VI).

HEIMBACH. Ἀνέκδοτα (Leipzig, 1838-1840, 2 vol.).

— *Ersch u. Gruber* (Leipzig, 1867-1868, I. Sek. Th. 86, p. 191).

HERGENRÖTHER. *Photius, Patriarch von Kple, sein Leben, seine Schriften und das griech. Schisma* (Regensburg, 1867-69, 3 vol.).

HERTZBERG. *Geschichte der Byzantiner und des osmanischen Reiches* (Berlin, 1883).

HEYD. *Geschichte des Levantehandels im Mittelalter* (Stuttgart, 1879, 2 vol.).

HIRSCH. *Byzantin. Studien* (Leipzig, 1876).

JAFFÉ. *Regesta pontificum romanorum* (Leipzig, 2ᵉ éd., 1885, 2 vol., t. I).

JIRECEK. *Geschichte der Bulgaren* (Prague, 1876).
JAGER. *Histoire de Photius* (Paris, 1854, 2ᵉ édit.).
KALLIGAS. Μελέται καὶ λόγοι (Athènes, 1882).
KARAPET TER MKRTTSCHIAN. *Die Paulikianer im byzant. Kaiserreiche* (Leipzig, 1893).
KLEINCLAUSZ. *L'Empire carolingien, ses origines et ses transformations* (Paris, 1902).
KONDAKOV. *Miniatures d'un psautier grec du IXᵉ siècle de la collect. Chludov à Moscou* (Moscou, 1878, en russe).
KRUMBACHER. *Byzantinische Litteratur* (Munich, 3ᵉ éd., 1897).
KURTZ. *Des Klerikers Gregorios Bericht über Leben, Wunderthaten... der hl. Theodora v. Thessalonich* (*Mém. de l'Académ. impériale de S. Pétersb.*, VIIIᵉ série, t. IV).
LABARTE. *Le Palais impérial à Constantinople* (Paris, 1881).
— *Histoire des Arts industriels au Moyen-Age* (Paris, 1864-1866, 4 vol. et 2 albums).
LAMMER. *Papst Nicolaus I. und die byzant. Staatskirche* (Berlin, 1857).
LANGLOIS. *Collection des historiens anciens et modernes de l'Arménie* (Paris, 1869, t. II).
LAPÔTRE. *L'Europe et le S. Siège à l'époque carolingienne. Le Pape Jean VIII* (Paris, 1895).
— *De Anastasio bibliothecario* (Paris, 1887).
LAUER. *Le trésor du Sancta Sanctorum au Latran* (*Mémoires et monuments de la fondat. Piot* T. XV, f. 1 et 2, 1907).
LEBEAU. *Histoire du Bas-Empire* (Paris, 1757-1784, 30 vol.).
LEBEDEV. *Le Clergé de l'Eglise, du temps des Apôtres au IXᵉ siècle* (Moscou, 1905, en russe).
LEGER. *Cyrille et Méthode* (Paris, 1868).
LEQUIEN. *Oriens Christianus* (Paris, 1740, 3 vol.).
LETHABY a. SWAINSON. *The Church of Sancta Sophia Constantinople* (London, 1894).
LOMBARD. *Constantin V* (Paris, 1902).
LYNCH. *Armenia* (Londres, 1901, 2 vol.).
MARCOVIC. *Gli Slavi ed i Papi* (Zagabria, 1897, 2 vol.).
MAASSEN. *Geschichte der Quellen und der Litteratur des canon. Rechts im Abendlande bis zum Ausgange des Mittelalters* (Graz, Paris, 1870).
MARIN. *Les Moines de Constantinople depuis la fondation de la ville jusqu'à la mort de Photius* (330-898).
— *De Studio cœnobio Constantinopolitano* (Paris, 1897).
MARQUARDT. *De l'organisation financière chez les Romains* (Trad. franç. Paris, 1888, *in* : *Manuel des Antiquités romaines*, t. X).
MARQUART. *Osteuropæische und ostasiatische Streifzüge* (Leipzig, 1903).
MARTINOV. *La légende italique des saints Cyrille et Méthode* (*Revue des Quest. hist.*, 1884).
MILLET. *L'art byzantin* (in : Michel, *Histoire de l'Art*, I, 1).
MILLINGEN. *Byzantine Constantinople. The Walls of the city and adjoing historical sites* (London, 1899).
MITARD. *Etudes sur le règne de Léon VI* (*Byz. Zeits.* XII, 1903).

MOLINIER. *Histoire des arts appliqués à l'industrie* (Paris, s. d., 4 vol., t. I et IV).
MORDTMANN. *Esquisse topographique de Constantinople* (Lille, 1892).
MONNIER. L' « Ἐπιβολή » (*Nouv. Revue histor. de droit jranç. et étrang.*, 1892, 1894, 1895).
MONTFAUCON. *Palæographia græca* (Paris, 1708).
— *Bibliotheca Coisliniana* (Paris, 1715).
MORTREUIL. *Histoire du droit byzantin* (Paris, 1843-1847, 3 vol.).
MURALT. *Essai de Chronologie byzantine* (Pétersbourg, 1855, 2 vol.).
NEUMANN. *La situation mondiale de l'Empire byzantin avant les Croisades* (Trad. franç. Paris, 1905).
— *Die byzantin. Marine* (*Historische Zeitschrift*, 1898, t. II).
NISSEN. *Die Regelung des Klosterwesens im Rhömerreiche bis zum Ende des IX. Jahrh.* (Hambourg, 1897).
NORDEN. *Das Papsttum und Byzanz* (Berlin, 1903).
OMONT. *Fac-similés des miniatures des plus anciens manuscrits grecs de la Biblioth. nationale du VI$^e$ au XI$^e$ siècle* (Paris, 1902).
OUSPENSKIJ. *Organisation militaire de l'Empire byzantin* (*Bulletin de l'Institut archéol. russe de Constantinople*, VI, I, 1900, en russe).
— *L'Eparche de Constantinople* (*Ibid.*, IV, 2, 1899, en russe).
PAPADOPOULO KERAMEUS. Ψευδονικήτας ὁ Παφλαγών καὶ ὁ νόθος βίος τοῦ πατριάρχου Ἰγνατίου (Viz. Vremen. VI, 1899).
— Ἡ ψευδωνυμία καὶ ἡ νοθεία τοῦ Νικητείου βίου τοῦ πατριάρχου Ἰγνατίου (Νέα Ἡμέρα, 1899).
PANCENKO. *Catalogue des sceaux de la Collect. de l'Institut archéolog. russe de Constantinople* (*Bulletin*, VIII, 3, 1903 ; IX, 3, 1904, en russe).
— *La propriété rurale à Byzance. La loi agraire et les actes des monastères* (*Bulletin*, IX, 1 et 2, 1904, en russe).
PARGOIRE. *L'Eglise byzantine de 527-847* (Paris, 1905).
— *Hieria* (*Bulletin de l'Institut archéol. russe de Constantinople*, IV, 2, 1899).
— *Le Monastère de S. Ignace et les cinq plus petits îlots de l'Archipel des Princes* (*Ibid.*, VII, 1, 1901).
— *Les SS. Mamas de Constantinople* (*Ibid.*, IX, 3, 1904).
— *Les Monastères doubles* (*Ech. d'Orient*, Janv. 1906).
PALMIERI. *Studiosi religiosi*, t. I et II, 1900-1902.
PASPATI. Βυζαντιναὶ μελέται (Constantinople, 1877).
PETIT. *Arménie* (*Dictionnaire de théologie catholique* de Vacant).
PICHLER. *Geschichte der kirch. Trennung zwischen Orient u. Occident* (Munich, 1864).
RALLI ET POTLI. Σύνταγμα τῶν θείων καὶ ἱερῶν κανόνων (Athènes, 1852-1859, 6 vol.).
RAMBAUD. *L'Empire grec au X$^e$ siècle. Constantin Porphyrogénète* (Paris, 1870).
— *De byzantino hippodromo et circensibus factionibus* (Paris, 1870).
— *Le Sport et l'Hippodrome à Constantinople* (*Revue des Deux Mondes*, 1871, 15 août).
RAMSAY. *The historical Geography of Asia Minor* (London, 1890).
— *The cities and bishoprics of Phrygia* (Oxford, 1895, 2 vol.).
RICHTER. *Quellen der byzantin. Kunstgeschichte* (Wien, 1897).

## SOURCES

Rohault de Fleury. *La Sainte Vierge* (Paris, 1878).
Salzenberg. *Altchristliche Baudenkmäler von Kple vom V bis XII Jahrh.* (Berlin, 1854).
Schlumberger. *Sigillographie de l'Empire byzantin* (Paris, 1884).
— *L'Epopée byzantine* (Paris, 1896-1905, 3 vol.).
— *Mélanges d'archéologie byzantine* (Paris, 1895).
— *L'ile des Princes* (Paris, 1884).
Schaube. *Handelgeschichte der romanischen Völker des Mittelmergebietes bis zum Ende der Kreuzzüge* (Munich, 1906).
Schulz. *Der byzantin. Zellenschmelz* (Francfort, 1890).
Sideridos. Ἐπανόρθωσις ἀφηγήσεων γεγονότων τινῶν ἐπὶ αὐτοκράτορος Ἡρακλείου τοῦ Λ (Constantinople, 1904).
Skabalanovic. *L'Eglise et l'Empire byzantins au XIe siècle* (Pétersb., 1884, en russe).
Sokoljskij. *Dn caractère et de l'importance de l'Epanagoge* (*Viz. Vrem.* I, 1894, en russe).
Sokolov. *Le droit de propriété dans l'Empire greco-romain* (Moscou, 1896, en russe).
— *L'élection des Patriarches à Byzance, de la moitié du IXe siècle à la moitié du XVe* (843-1453) (Pétersbourg, 1907, en russe).
Strzygowski. *Die byzant. Wasserbehälter in Kple* (*Byz. Denkem.*, II, Vienne, 1893).
— *Die Miniaturen des serbischen Psalters der königl. Hof und Staatsbibliothek zu München* (*Denkschriften der Wiener Akademie*, *Phil. Hist. Classe*, t. LII, II, Th. Wien, 1906).
— *Inedita der Architektur und Plastik aus der Zeit Basilios I, 867-886* (*Byz. Zeit.*, III, 1894).
Testaud. *Des rapports des puissants et des petits propriétaires ruraux dans l'Empire byzantin au Xe siècle* (Bordeaux, 1898).
Thopdschian. *Die inneren Zustände von Armenien unter Asot I* (Hall, 1904).
— *Politische und Kirchengeschichte Armeniens unter Asot I und Smbat I* (Berlin, 1905).
Tikkanen. *Die Psalter Illustration im Mittelalter* (Helsingfors, 1895).
Tournebize. *Histoire politique et religieuse de l'Arménie* (*Revue de l'Orient chrétien*, 1903).
Unger. *Quellen der byzant. Kunstgeschichte* (Vienne, 1878).
Vailhé. *Bulgarie* (*Art. du Dictionn. de Théolog. cathol.* Vacant).
— *Constantinople* (IVe *Concile et Eglise*) (*Dict. de Théol. Cath.* Vacant).
Vari. *Zur Ueberlieferung mittelgriechischer Taktiker* (*Byz. Zeits.*, 1906).
Vasiljev (A.). *Anecdota græco-byzantina*, I (Moscou, 1893).
— *Byzance et les Arabes* (Pétersbourg, 1900-1902, 2 vol., en russe).
— *Les origines de l'Empereur Basile le Macédonien* (Vizantijski Vremenik, t. XII, 1905, en russe).
Vasiljevskij. *Matériaux pour servir à l'histoire intérieure de l'Empire byzantin* (*Journ. du minist. de l'Inst. publiq.*, 1879-1880, vol. 202 et 210, en russe).
— *Défense de l'authenticité de la « Vita Ignatii », écrite par un contemporain et par Nicetas* (*Viz. Vrem.* VI, 1899. Réponse aux objections de M. Papadopoulo Kerameus, en russe).

WEIL. *Geschichte der Chalifen* (Stuttgart, 1846-1862, 5 vol.).
WULFF. *Die Koimesiskirche in Nicäa und ihre Mosaïken* (Strasbourg, 1903).
ZACHARIÆ VON LINGENTHAL. *Historiæ juris græco-romani delineatio* (Heidelberg, 1839).
— *Geschichte des griechisch-römischen Rechts* (Berlin, 1892, 3 Aufl.).
— *Zur Kenntniss des römischen Steuerwesens in der Kaiserzeit* (Mém. de l'Acad. impér. des Sciences de Pétersb. **VI**, 9, VII<sup>e</sup> sér., 1863).
— *Ueber den Verfasser und die Quellen des (Pseudo-Photianischen) Nomocanon in XIV Titeln* (Mém. de l'Acad. des Sciences de S. Pétersb. VII<sup>e</sup> série, t. XXXII, 16, 1885).
— *Zum Militärgesetz des Leo* (Byz. Zeits., II, 1893).
ZHISHMAN. *Die Synoden und die Episkopal-Aemter in der morgenländ. Kirche* (Vienne, 1867).
— *Das Stifterrecht in der morgenl. Kirche* (Vienne, 1888).

## PRINCIPAUX PÉRIODIQUES UTILISÉS

*Die Abhandlungen der philos. philol. Classe der K. bayer. Akademie der Wissenschaft* (Munich).
*Analecta Bollandiana* (Bruxelles).
*Archiv für slavische Philologie* (Berlin).
*Byzantinische Zeitschrift* (Munich).
*Echos d'Orient* (Constantinople).
*Journal asiatique* (Paris).
*Journal du Ministère de l'Instruction publique* (Pétersbourg).
*Journal des Savants* (Paris).
*Oriens Christianus* (Rome).
*Revue d'Archéologie* (Paris).
*Revue de l'Orient chrétien* (Paris).
*Revue des Etudes grecques* (Paris).
*Revue de Numismatique* (Paris).
*Römische Quartalschrift* (Rome).
*Sitzungsberichte der k. bayer. Akademie der Wissenschaften* (Munich).
*Recueil de la Société orthodoxe de Palestine* (Pétersbourg).
*Vizantijskij Vremenik* (Petersbourg).

# BASILE I

ET

# L'EMPIRE BYZANTIN A LA FIN DU IX<sup>e</sup> SIÈCLE

LIVRE I

CHAPITRE PREMIER

L'EMPIRE BYZANTIN, DE LA MORT DE THÉOPHILE A LA RETRAITE
DE THÉODORA (842-846).

Le 20 janvier 842, un long cortège conduisait aux SS. Apôtres les restes de l'Empereur Théophile qui venait de mourir de la dysenterie, laissant pour unique héritier un enfant âgé de trois ans[1]. Malgré ses fautes et ses erreurs, le règne de Théophile n'avait manqué ni de grandeur, ni d'éclat. Il s'en allait laissant à sa femme Théodora et à son fils Michel un pouvoir fort et respecté, des finances prospères, une administration sage et réglée et la paix aux frontières de l'Empire. Une seule question sérieuse était demeurée sans solution, question toujours grosse de difficultés et d'orages, voire même de révolutions : la question religieuse. Franchement, ouvertement, Théophile avait été iconoclaste et, au dire des chroniqueurs, cruel dans la persécution. Le clergé orthodoxe — les moines surtout — eut à souffrir pour sa foi. Evêques, prêtres et religieux furent chassés de leurs églises et de leurs monastères, envoyés en exil, torturés, mis à mort. Sur le trône patriarcal, l'Empereur avait fait monter un homme tout dévoué à ses croyances, intelligent et instruit,

---

[1]. Theoph. Cont., *Vit. Mich.*, ch. XL, p. 152

mais de mauvaise réputation : le patriarche Jean et tout cela, semble-t-il, contre le vœu des populations qui restaient secrètement attachées au culte des images. Là était pour la régente et son fils le point noir de la situation et le véritable danger.

L'Impératrice qui prenait, à cette heure, les rênes du gouvernement était une femme de tête : intelligente, capable de grands desseins et d'audacieux projets qu'elle savait réaliser, avant tout habile administratrice. Née d'une famille de fonctionnaires paphlagoniens, elle avait épousé, peu après la mort de Michel II d'Amorion, le jeune Empereur Théophile [1]. Tout entière à ses devoirs d'épouse et de mère, elle ne semble pas avoir joué grand rôle politique du vivant de son mari qui, sans doute du reste, ne l'eût pas toléré ; mais elle dut observer et, tenace comme elle l'était, profiter des leçons qu'elle pouvait recueillir au fond de son gynécée impérial. Personne n'ignorait, en effet, que Théodora comme sa famille était restée fidèle « iconodoule ». Théophile lui-même savait que sa femme possédait des icônes qu'elle vénérait et baisait en secret [2] ; il n'ignorait pas même qu'elle élevait avec soin ses enfants dans l'amour du culte défendu, et qu'en cela, elle était aidée par sa belle-mère elle-même, l'impératrice Euphrosyne. Il s'en fâchait ; interdisait les visites au monastère de Gastria [3] ; jurait de punir sévèrement les transgresseurs de ses lois ; mais c'était bien en vain. Les images continuaient à être honorées au palais impérial, grâce à l'habileté de Théodora, qui, patiemment, attendit des jours meilleurs.

Déjà aussi apparaissait chez l'impératrice, si du moins il faut en croire les chroniqueurs, ce goût pour les spéculations financières et ce perpétuel souci d'augmenter sa fortune qui fut un des traits caractéristiques de son gouvernement. La légende rapporte même, qu'elle avait des bâtiments de commerce qui sillonnaient les mers à son profit et qu'un jour, Théophile apprit à son grand étonnement qu'un magnifique vaisseau qui venait d'entrer dans le port et qu'il avait remarqué était la

---

1. Theoph. Cont., *Vit. Theoph.*, ch. v, p. 104 ; Sym. Mag., *ibid.*, ch. i, p. 685 ; Georg. Moine, col. 1008.
2. Theoph. Cont., *ibid.*, ch. v, p. 104-105 ; Sym. Mag., *ibid.*, ch. vi, p. 689 ; Cedrenus, i, col. 988-989.
3. Theoph. Cont., *ibid.*, ch. v, p. 104-105 ; Sym. Mag., *ibid.*, ch. vi, 689 ; Cedrenus, i, col. 988-989.

possession de la Basilissa elle-même. C'était là pour un Byzantin une inconcevable dérogation à la dignité impériale. Il se rendit donc le lendemain au port, fit décharger le navire et ordonna, à la grande colère de Théodora qui fut pour ce fait sévèrement admonestée, de mettre le feu à la cargaison. « Jamais jusqu'ici, dit-il, on n'avait vu un empereur romain faire métier de négociant[1] ». Vraie ou fausse, cette histoire peint en pieds l'impératrice qui allait, durant près de quinze ans, gouverner l'Empire comme tutrice de Michel III.

A ces rares qualités de l'intelligence, Théodora joignait aussi celles du cœur. Très attachée à son mari qu'elle pleura et regretta longtemps, on la vit, dès les premiers jours de son gouvernement, hésiter entre la sagesse politique et les promesses qu'elle avait faites à Théophile à l'heure de sa mort. Son souvenir l'accompagna au-delà de la tombe et c'est un spectacle bien byzantin que celui de cette femme, maîtresse du plus grand empire alors existant, s'humilier devant de pauvres moines comme devant de puissants évêques pour obtenir de ceux « qui détiennent sur terre les clefs du paradis » la rémission des fautes terrestres de son impérial époux. On essaya bien, en vérité, de jeter plus tard sur la conduite de la veuve quelques légers soupçons ; mais quand on songe à la facilité avec laquelle les chroniqueurs racontent tous les bruits qui circulaient de leur temps sur les mœurs privées des souverains, quand on songe, par ailleurs, à la conduite de la plupart des basilissai qui s'assirent sur le trône impérial, de la première Théodora à Zoé en passant par Théophano, on peut négliger, ce semble, ces racontages intéressés pour reconnaître, qu'en somme, la femme de Théophile resta fidèle à la mémoire de son époux. Du reste, Théodora était trop fière de caractère, trop religieuse aussi pour s'abaisser ainsi à de vulgaires amours. On le vit bien à la mort de Théoctistos, son premier ministre. Autoritaire et vindicative, sa colère fut grande contre les meurtriers, car elle se rendait compte que par derrière l'autorité du ministre qu'on brisait, c'était la sienne propre qu'on attaquait. Comme une fois déjà, à propos du patriarche Jean, elle ne

---

1. Cedrenus, p. 985. Theoph. Cont. *Vit. Theoph.*, IV, 101-104. Cette histoire a un intérêt tout particulier parce qu'elle tend à montrer qu'aux débuts du IXe s. le monopole de l'Etat sur la vente du blé, établi par Justinien, était alors tombé en désuétude.

recula pas devant les moyens violents pour perdre son frère
Bardas ; mais quand elle vit qu'il était inutile de résister, elle
descendit noblement du trône, ne voulant pas troubler davantage l'Empire et voir, à cause d'elle, couler le sang de ses propres sujets [1].

A côté de l'Impératrice, Théophile mourant avait eu soin de
placer un conseil de tutelle. Sans doute la situation générale
était assez bonne et l'empire suffisamment affermi pour qu'on
n'eût pas à craindre les agitations révolutionnaires qui, d'ordinaire, troublaient si profondément à Byzance toutes les minorités. Néanmoins, Théophile avait pris ses précautions. Avant
sa mort, il avait demandé solennellement au Sénat et à tous
les grands dignitaires de la cour de reconnaître la régence de
sa femme et de respecter l'enfance de son fils, comme aussi de
continuer à proscrire les images et de maintenir Jean sur le
trône patriarcal. Mais cela ne pouvait — et à juste titre — lui
paraître suffisant. Il choisit donc son premier ministre, le
logothète Théoctistos, le magistros Manuel, et Bardas, frère [2] de
la régente, pour aider Théodora, la diriger dans le maniement
des affaires de l'Etat et l'empêcher, comme il le pressentait, de
donner à la politique de la maison phrygienne une nouvelle
direction. La jeune Impératrice pouvait cependant se passer de
conseillers. Elle était assez intelligente et assez habile pour gouverner toute seule. Elle le prouva bientôt. Du reste, Théoctistos
était un homme médiocre. Général infortuné, il n'était guère
plus heureux diplomate ; mais c'était un souple instrument
entre les mains de la régente. Elle le garda donc et rapidement
sa fortune alla grandissant. Fidèle à l'impératrice, celle-ci pouvait agir par elle-même, sûre qu'il n'entraverait pas ses desseins et qu'il approuverait tous ses actes ; aussi, malgré les
colères et les haines que ses défaites répétées et en Crète et en
Asie-Mineure lui avaient justement méritées à Constantinople,
Théodora conserva-t-elle son logothète et s'appuya-t-elle cons-

1. Theoph. Cont., *Vit. Mich.*, xx, p. 185 ; Sym. Mag., xiii, p. 720 ; Cedrenus, p. 1044.

2. Theoph. Cont., *Vit. Mich.*, i, p. 164 ; Genesios et Cedrenus ne nomment pas Bardas ; mais à voir l'importance de son rôle au début du règne de Michel, il semble bien que la continuation de Théophane a raison de le nommer parmi les tuteurs du jeune souverain. La Chronique dite de Siméon Magist., Léon Gramm., Georg. Moine font même mourir Manuel avant Théophile.

tamment sur lui. De conseiller, il devint confident et tandis que les autres tuteurs de Michel, plus gênants par leurs capacités mêmes, se voyaient relégués au second plan, Théoctistos, lui, entrait si bien et si à fond dans l'affection de la régente que le jour vint où sa présence continuelle à la cour fut jugée nécessaire. Des appartements spéciaux lui furent réservés, une garde lui fut donnée et sa faveur s'étala assez ostensiblement pour que les méchantes langues fissent courir le bruit qu'une union illicite s'ébauchait entre l'impératrice et son premier ministre, prélude, évidemment, d'un mariage qui donnerait le trône à Théoctistos au détriment du souverain légitime [1].

On ne comprendrait guère cette imméritée faveur donnée à Théoctistos par une femme aussi clairvoyante que l'était Théodora sans l'hypothèse qu'elle y trouvait son avantage pour gouverner plus librement. Car si Théoctistos était un incapable, toujours prêt à approuver, certes il n'en allait pas de même du magistros Manuel. Sous le règne de Théophile, il s'était couvert de gloire dans les campagnes militaires qu'entreprit l'Empereur contre les Perses et les Sarrasins. Par deux fois, il avait sauvé son maître [2], grâce à sa valeur et à son énergie, et il avait donné aussi trop de preuves de son dévouement à l'ordre établi pour être suspecté d'ambitions impériales. Déjà âgé quand Théophile mourut, il avait courageusement refusé la couronne que le peuple, par ses acclamations, voulut lui offrir [3] et sa parenté avec Théodora devait, ce semble, lui ouvrir toutes grandes les portes du palais. Ce fut cependant, le contraire qui arriva. Seul, il résista d'abord au désir qu'avait l'impératrice de rétablir les images [4] et, peut-être bien, faut-il voir là la raison de sa retraite presque immédiate. Tandis que l'influence de Théoctistos grandissait, la sienne diminuait. Le premier, il dut quitter la cour pour aller habiter sa maison près de la citerne d'Aspar et ne vint plus au palais que lorsque les affaires de l'Etat le réclamaient. Sa demi-disgrâce dura jusqu'à sa mort qui précéda celle de Pétronas à très courte distance [5].

1. Theoph. Cont., *Vit. Mich.*, ch. xix, p. 184. Genesios, 1101.
2. Lebeau, *Histoire du Bas-Empire*, xiv, p. 472 et 493.
3. Cedrenus, 1024. Genesios, p. 1089.
4. Cedrenus, 1024; Theoph. Cont., *Vit. Mich.*, i, p. 164; Genesios, 1092.
5. Theoph. Cont., *Vit. Mich.*, xviii, p. 184; xxv, p. 197, Cedrenus, 1040, 1041, 1049; Genesios, 1101. Il accompagna cependant Michel dans sa campagne

Mais l'homme qui, bientôt, allait devenir le vrai maître de l'Empire était le frère de l'impératrice. Bardas. Par l'intelligence, Bardas était supérieur à tous ceux qui l'entouraient. Ses ennemis eux-mêmes s'accordent à reconnaître en lui[1] un habile diplomate, très versé dans les affaires, très au fait de l'administration, énergique et volontaire à l'égard de sa sœur. Les qualités militaires lui manquaient, en vérité ; mais il avait pour le servir son propre frère, Pétronas [2], et plus tard son fils, Antigone, qu'il créa domestique des scholes [3], l'un et l'autre, sans doute, destinés à l'aider dans ses ambitieux projets. Malheureusement, si brillantes que fussent ces qualités, elles étaient gâtées et neutralisées par une complète absence de scrupule moral et c'est ce qui le perdit. De bonne heure son plan fut probablement arrêté. Laissant à Théoctistos le soin de se perdre en allant sur les champs de bataille recueillir des défaites et à Pétronas le soin de lui préparer, par l'armée, le chemin du trône, il résolut de s'insinuer dans l'esprit de son faible neveu en flattant ses instincts mauvais et sa vanité d'adolescent. Lui aussi fût jugé gênant au début de la régence et exilé de la cour; mais il avait des moyens d'arriver à l'oreille de l'enfant et, par l'intermédiaire de son ami Damianos [4], il rentra peu à peu en faveurs et revint à la cour. Dès lors la voie était pour lui tout indiquée. Il fallait évincer Théoctistos et Théodora, déclarer Michel, majeur, et prendre la place de la régente pour de là se hisser sur le trône. Peut-être Bardas aurait-il réussi dans son dessein si, d'une part, il n'avait trouvé sur sa route le jeune paysan qui allait être Basile I$^{er}$, et si, de l'autre, il ne s'était pas aliéné beaucoup de sympathies par son immoralité même. Car sa sage administration — en dehors toutefois de la question financière — son amour de la justice[5], son zèle pour les choses de l'esprit [6] ne pouvaient pas contrebalancer l'impres-

---

d'Asie en 858 et le sauva du milieu des ennemis. (Th. Cont., *Vit. Mich.*, ch. xxiv, 193, xxv, 197.)

1. *Vit. Ignat.*, p. 504.
2. Cedrenus, 1040 et 1048; Theoph. Cont., *Vit. Mich.*, xvi, 181.
3. Theoph. Cont., *Vit. Mich.*, xxv, 193 ; Sym. Mag., xxiii, 725 ; Georg. Moine, 1049.
4. Sym. Mag., xiii, 720 ; Léon Gramm., 1068 ; Georg. Moine, 1045.
5. Cedrenus, p. 1056. Theoph. Cont., *Vit. Mich.*, xxx, 208.
6. Cedren, p. 1049-1052. Genesios, 1116 ; Theoph. Cont., *Vit. Mich.*, xxvi, p. 200.

sion fâcheuse que faisaient dans tous les milieux ses relations avec sa propre belle-fille, comme la persécution odieuse qu'il souleva contre le vénéré patriarche Ignace. Néanmoins, grâce à son habileté et à sa perfidie, au moment où Basile le Macédonien apparaît à la cour, Bardas est sur le chemin du trône et s'apprête à renverser sa sœur l'Impératrice de concert avec son neveu Michel.

S'il est un reproche qu'on peut adresser à Théodora c'est bien celui d'avoir étrangement négligé, semble-t-il, l'éducation morale de son fils. De bonne heure, elle le confia à un pédagogue taré [1] qui n'eut pas de peine à éveiller tous les mauvais instincts d'un enfant qui, naturellement déjà, n'avait guère de qualités. La légende, en vérité, raconte bien que l'Impératrice fit venir à Constantinople pour le donner comme compagnon à son fils, le futur apôtre des Slaves, Constantin-Cyrille ; mais outre que le fait paraît très invraisemblable [2], ce n'est pas la compagnie de ce pieux et chaste jeune homme qui aurait pu contrebalancer les détestables leçons de ses maîtres et les exemples plus déplorables encore des jeunes gens qui entouraient Michel. De bonne heure, en effet, tout un groupe de « μάλακοι » s'attacha aux pas du souverain et flatta ses plus basses passions. Faible et insouciant par nature, il préférait les chevaux, les jeux, la chasse, au dur travail qui devait le préparer à continuer l'œuvre de sa mère [3]. L'hippodrome avait pour lui des charmes tout particuliers et, jusqu'à son dernier jour, on put revoir à Byzance les scènes scandaleuses qui déshonorèrent la Rome de Néron : un empereur conduisant des chars aux cris de joie de l'assistance et faisant des cochers et des lutteurs en renom son habituelle compagnie. Naturellement ses mœurs privées étaient au niveau de ses occupations favorites. Dès l'âge de quatorze à quinze ans environ, il avait, indépendamment de son cortège de favoris, une maîtresse qui, plus tard, devint célèbre en montant sur le trône : Eudocie Ingerina. Théodora, pour rompre cette union illicite, dut, sur l'avis de Théoctistos, marier au plus vite son fils avec une autre jeune fille de meilleure réputation : Eudocie,

---

1. Theoph. Cont., *Vit. Mich.*, xix, 184 ; Cedrenus, 1041.
2. En 842, en effet, Constantin avait déjà une quinzaine d'années environ. (Martinov, *Rev. des Quest. Hist.*, juillet 1884, p. 142, note 2).
3. Cedrenus, 1044 ; Georg. Moine, 1037 ; Sym. Mag., ix, p. 716 ; xiv, 720. Theoph. Cont., *Vit. Mich.*, xxi, p. 185-188. Léon Gramm., p. 1061,

fille du Décapolite [1] ; mais, pour autant, Michel ne fut pas assagi. Ses nuits de débauche continuèrent comme par le passé, Il s'enivrait jusqu'au matin, parodiait avec ses amis Gryllos, Théophile et autres les cérémonies religieuses qu'il transformait en scènes ordurières, puis, allait courir, nuitamment, les rues de Byzance pour effrayer de paisibles passants. Le jour même, on le voyait parfois escorté de ceux qu'il appelait « ses évêques et ses métropolitains » odieusement travestis, partir à la rencontre des processions religieuses, jeter le trouble et le scandale parmi les fidèles, disperser et maltraiter les groupes pieux à la tête desquels se trouvait le patriarche. D'autres fois, au contraire, il se plaisait à arrêter de pauvres femmes et « pour faire comme le Christ » les obligeait à le recevoir à dîner [2].

Telle était cette cour de Byzance aux environs de 856. Sauf Théoctistos qui se trouvait être un étranger, les autres membres du gouvernement central étaient tous — chose très remarquable — parents de Théodora. Manuel était son oncle, Bardas et Pétronas, ses frères, Antigone, son neveu, Théophylitzès, un des plus grands seigneurs de l'Empire, son cousin [3]. Il ne pouvait guère se faire, dans de telles conditions, que des compétitions nombreuses ne se produisissent pas, qui fatalement devaient enrayer la bonne administration de l'Empire. Et c'est de fait ce qui arriva. Dès le premier jour de la régence de Théodora, la lutte s'engagea entre ces frères ennemis et se poursuivit jusqu'à la retraite de l'Impératrice. Théoctistos tout-puissant n'eut rien de plus pressé que d'éloigner Manuel, Bardas, Pétronas pour gouverner seul avec la régente ; puis, insensiblement, les ambitieux essayèrent de rentrer en grâce et Bardas, en s'appuyant sur son neveu, tout comme Théoctistos s'appuyait sur Théodora, finit par être assez puissant pour, à son tour, évincer Théoctistos jusqu'au moment où, de la même manière, Basile le supplantera définitivement. Cependant Théodora fut assez forte pour brider, durant quelques années, cette anarchie inté-

1. Georg. Moine, 1037 ; Sym. Mag., ix, 716,. Léon Gramm., 1061. Nous connaissons un questeur qui porta le même nom, Théodore Décapolite à l'époque de Constantin VII.
2. *Vit. Ignat.*, p. 528 ; *Vit. Basil.*, xx et xxi, p. 257-260 et seq., Sym. Mag., xvii et seq., p. 721 et seq. Le souvenir de ces débauches frappa si fort les contemporains que le souvenir en est arrivé jusqu'au Concile de 870, can. 16 (Mansi, xvi, p. 169).
3. *Vit. Basil.*, x, 240.

rieure et, soit au dedans, soit au dehors, accomplir quelques grandes choses.

Au-dessous du pouvoir central, représenté par Théodora et son conseil, et qui était absolu, un seul grand corps mérite d'être mentionné parce que nous le voyons fonctionner assez régulièrement à cette époque : c'est le sénat. Qu'était le sénat? Comment se recrutait-il? Ce n'est pas ici le lieu de le rechercher. Qu'il suffise de dire que les historiens le mentionnent assez fréquemment et par le rôle qu'il joue nous pouvons conjecturer que son influence était grande. Comme par le passé, il devait approuver l'élection de l'Empereur et celle du patriarche[1], entériner ses ordonnances, siéger dans toutes les grandes affaires civiles et religieuses [2]. Sous Théodora et Basile, il paraît avoir eu aussi un droit de contrôle sur les finances comme sur les dépenses de la cour [3]; mais comme autrefois à Rome, jamais il ne fut à Byzance assez puissant pour contrebalancer l'absolutisme impérial quand le pouvoir était entre de fermes mains. Le seul fait que Théodora se préoccupa dans le rétablissement des images de l'opinion du sénat, mais pour passer outre, prouve tout à la fois que si ce n'était point là un corps purement honorifique, ce n'était point non plus une institution très puissante, capable d'imposer sa volonté et, à l'occasion, de faire une révolution. De sa grandeur passée, il gardait certains privilèges et certains honneurs, mais pas d'autorité effective.

## II

Dès que le pouvoir de Théodora fut légalement reconnu par la noble proclamation du magistros Manuel, au cirque, le lendemain de la mort de Théophile, tranquillisée dès lors par le calme momentané des esprits, ses regards se portèrent sur

[1]. Genesios, 1117; Sym Mag., XIII, 720 ; Georg. Moine, 1048; Léon Gramm., 1069.
[2]. Genesios, 1097 ; Georg. Moine, 1008; Léon Gramm., 1040; Mansi, *Sacrosancta Concilia*, t. XVI, 19 et 20; 134. Zonaras, Migne, t. CXXXV, p. 11.
[3]. Cedrenus, 1044 ; Theoph. Cont., *Vit. Mich.*, xx, 185 ; *Vit. Basil.*, XXVIII, 272.

la question religieuse qui seule divisait, à cette heure, ses sujets. Elle comprit bien vite que l'Empire avait besoin de repos et d'unité morale pour faire face aux ennemis du dehors : sarrasins, slaves, bulgares, qui le menaçaient à l'extérieur, et continuer sa marche civilisatrice. Or, il n'y avait qu'une solution possible au problème : c'était le rétablissement des images et le rappel des exilés. Personnellement favorable à l'orthodoxie, elle savait aussi que Théoctistos comme Bardas étaient gagnés à ses vues[1]. Elle hésita cependant. Le souvenir de son époux et des promesses que, disait la rumeur publique, elle lui avait faites à son lit de mort de ne jamais rétablir le culte des images et de maintenir toujours sur le trône le patriarche Jean la hantait, moins cependant peut-être, que l'inconnu dans lequel elle allait se précipiter. Car si le conseil de régence que Théophile lui avait donné était favorable à ses projets, — sauf Manuel — elle devait compter néanmoins avec le sénat, beaucoup de hauts fonctionnaires, des évêques, le patriarche surtout, adroit et tenace, qui tous attachés à l'hérésie ne céderaient pas facilement[2]. Finalement, toutefois, guidée par son instinct politique, comme par le sentiment populaire, dès le 11 mars 843, elle proclama solennellement la fin du schisme et rappela les exilés[3]. Cette première mesure réussit pleinement. Les troubles qu'elle pouvait faire naître n'eurent pas lieu. Seul, Jean fut enfermé dans un monastère pour y finir ses jours et Théodora lui donna un successeur en la personne de Méthode[4].

Enhardie par ce premier succès qui fortifiait son pouvoir, Théodora voulut mettre un terme à toutes les agitations religieuses qui ne cessaient de renaître sous une forme ou sous une autre dans ses Etats. Elle décida donc la conversion par la persuasion ou par la force des Pauliciens et des Zeliks (nouvelle secte qui ne faisait que de naître)[5]. Malheureusement le

---

1. Cedrenus, 1024 ; Georg. Moine, 1029 ; Sym. Mag., I, 708; Genesios, 1089; Léon Gramm., 1061.
2. Cedrenus, 1025. « καταστροφὴν τῆς ζωῆς καὶ τῆς βασιλείας ἔκπτωσιν »: Theoph. Cont., *Vit. Mich.*, II, 164.
3. De Boor, *Byz. Zeit.*, IV, 1895, p. 449-453.
4. Cedrenus, 1028; Georg. Moine, 1029-1032 ; Theoph. Cont., *Vit. Mich.*, III, 165 ; Sym. Mag., III, 713 ; Genesios, 1096 ; Léon Gramm., 1061.
5. Genesios, 1100 ; Theoph. Cont., *Vit. Mich.*, XII, 176; Sym. Mag., VI, 716. Peut-être n'était-ce même qu'un autre nom des Pauliciens. Cf. Art. Friedrich, *Sitzungsberichte der bay. Akad.*, 1896, p. 67.

résultat de cette croisade fut pour Théodora tout autre qu'elle ne l'avait espéré. Les trois officiers impériaux qu'elle envoya combattre les Pauliciens, hommes cupides et brutaux, trouvèrent plus simple de procéder par massacres épouvantables plutôt que par douceur. Aussi, loin de ramener à l'obéissance une secte religieuse, du reste, dangereuse et qui comptait des adhérents, non seulement dans les campagnes, mais dans les villes et jusqu'à la cour [1], ils poussèrent ces malheureux à la révolte ouverte et à la trahison. 10.000 moururent dans les supplices et leurs biens furent confisqués. Le plus grand nombre passa en Asie sous la domination clémente et intéressée de l'émir de Mélitène, Ibn-Abd-Allah. Ils y fondèrent plusieurs villes, entre autre Téphrice [2], et aidés des Arabes jetèrent longtemps le trouble sur les frontières de l'Empire jusqu'au jour où Pétronas, d'abord, Basile ensuite durent leur déclarer ouvertement la guerre [3].

Cette politique religieuse eut sur l'avenir une très grande influence. Par la proclamation de l'orthodoxie, Théodora, en effet, s'assurait la bienveillance de l'Eglise qui partout rentrait triomphante ; elle faisait plus encore : elle l'assujétissait au pouvoir impérial. Dès lors, patriarches et évêques furent entre les mains du basileus qui les considéra comme de respectables, mais simples fonctionnaires. Toute l'organisation religieuse devint de plus en plus un rouage de l'Etat au même titre que l'armée et l'administration ; il ne fut pas plus permis au patriarche de s'élever contre la volonté impériale que cela ne l'était à un stratège quelconque et ainsi une compénétration perpétuelle du double élément religieux et laïque s'opéra dans la société byzantine au grand détriment des deux pouvoirs. Le fait, en vérité, n'était du reste pas nouveau car dès la fondation de Byzance cette tendance se manifesta, encouragée qu'elle était par la présence même de l'Empereur. Cependant c'est surtout à partir du IXe siècle que l'alliance se scella plus étroite entre le Patriarche et le Basileus, alliance tout entière, il faut le dire, au profit de l'Empereur. Et c'est ce qui explique l'étonnement et la colère des chefs du pouvoir quand ils ren-

---

1. Phot., *Cont. Manich.*, Migne, CII, t. IV, p. 182.
2. L'actuelle Divreky au N.-O. de Mélitène dans le Pont Méridional.
3. Theoph. Cont., *Vit. Mich.*, XVI, p. 180-181 ; Cedrenus, 1037 ; Hertzberg, *Geschichte der Byzantiner u. d. Osman. Reiches*, p. 137.

contrèrent sur leur route de grands caractères comme Ignace et Polyeucte, nobles successeurs des Athanase et des Chrysostome, pour contrecarrer leurs desseins et leur parler le langage de la conscience. Cette situation équivoque ne pouvait durer longtemps. Il fallait qu'une scission ou une capitulation intervint et l'affaire de Photius en fut la première manifestation. L'Empereur, d'une part, devait, par tous les moyens, chercher à dominer le patriarche : il le fit son obligé par l'élection. Le patriarche, d'autre part, devait soit se soumettre, ce qui n'était pas possible, et cependant arriva, soit briser un joug qui l'enchaînait lui et son ministère. Or pour cela il n'avait que deux chemins à prendre : ou réunir sur sa tête la double couronne royale et religieuse, à l'exemple de son confrère de Rome, mais alors rompre avec le pape, ou s'appuyer sur lui et reconnaître avec toutes les autres églises sa suprématie et son autorité. Et ce fut aussi tout le rêve de Photius d'abord, de Kerularios ensuite. En réalité Photius rompit avec Rome non pas tant pour des raisons personnelles et dogmatiques que dans l'espérance d'acquérir pour son Eglise une plus grande liberté et Basile, lui-même, se rendit si bien compte du danger que cette conduite du patriarche pouvait faire courir à l'Empire, qu'un des constants soucis de sa politique, au début de son règne, fut de dégager l'autorité impériale des questions religieuses [1]. Ce ne fut que plus tard, quand Photius eut reconquis sur l'Empereur tout son ascendant, que les choses changèrent. Basile alors reprit la politique de ses prédécesseurs. Il voulut avoir le patriarche sous son autorité et pour cela ne trouva rien de mieux que de faire entrer son fils Etienne dans les ordres. Il devint naturellement patriarche, lors de la seconde déposition de Photius en 886. Ainsi donc, à l'heure même où Théodora semble rendre à l'Eglise la paix et l'unité, elle l'engage dans une impasse au fond de laquelle va se livrer un des plus redoutables conflits de pouvoir que l'histoire ecclésiastique ait enregistrés. L'Empereur en sortira momentanément vainqueur ; mais en réalité, malgré Basile Ier qui, généreusement, mit tout en œuvre pour réparer le mal, il aura reçu une blessure dont il ne guérira pas. Si les projets d'union depuis Kerularios sillonnent toute l'histoire de Byzance jus-

---

1. Voir plus bas la politique religieuse de Basile Ier.

qu'en 1453, ce n'est guère, on l'a fort bien remarqué [1], pour des raisons religieuses ; mais uniquement pour des raisons politiques. Seule, une union forte, sincère et durable avec Rome eût pu, peut-être, sauver l'Empire byzantin de la domination turque [2].

Avec la question religieuse, une des grandes préoccupations de Théodora, au cours de sa régence, fut le trésor. Malgré les magnifiques et nombreuses constructions de Théophile, l'impératrice avait trouvé, à sa mort, outre d'innombrables richesses artistiques que son fils se chargera de faire rapidement disparaître, plusieurs centaines de kentenaria d'or [3] monnayé, sans compter l'argent monnayé ou non. Théodora augmenta encore le trésor de ses économies et de sa fortune personnelles si bien que lorsqu'elle se retira la situation financière était très prospère [4], au moins pour l'époque. Malheureusement, la régente, si énergique en général, ne sut pas s'opposer aux folles dépenses du jeune empereur. Dès que l'âge eut éveillé en lui les premières passions, Michel commença à dilapider le trésor [5]. Il lui fallait de l'argent pour ses chevaux, ses cochers, ses amis et la régente comme Théoctistos le lais-

1. Norden, *Das Papsttum und Byzanz.*
2. Il ne s'ensuit pas, de cette politique religieuse de Théodora, comme on l'a trop souvent répété, qu'elle ait arrêté tout développement et tout essor de vie dans l'Eglise grecque. Non, malgré la main-mise de l'Etat sur l'Eglise, cette dernière continua à lutter courageusement chaque fois que le besoin s'en fit sentir pour réprimer les abus, réformer les mœurs et tendre, dans la mesure du possible, vers l'idéal religieux et moral que le christianisme propose à ses enfants. Voir à ce sujet le fort intéressant article de M. Dzavachov sur l'histoire des réformes ecclésiastiques dans l'ancienne Géorgie *(Journ. du Ministère de l'Instruction publique*, février 1904).
3. Le kentenarion valait 100 litrae byzantines. Suivant Dureau de la Malle, une litra pesait 326 grammes 33 d'or et vaudrait environ 1034 francs de notre monnaie actuelle. (Cf Rambaud, *Emp. byz. au* $x^e$ *s.*, p. 1574, et plus bas, administration financière).
4. Les chroniqueurs ne sont pas absolument d'accord sur la fortune laissée par Théodora à son départ. La *Vit. Mich.* (xxi, 185) donne 1090 kentenaria d'or, Cedrenus (1044) de même, ainsi que Sym. Mag. (xiv, 720 ; Genesios, 1105). Constant. Porphyr. *(Vit. Basil.*, xxvii, 268), donne quelques détails. Il dit qu'à la mort de Théophile il y avait au trésor 970 kentenaria d'or monnayé, sans compter l'argent monnayé ou non (Cedrenus dit qu'il y avait 3000 kentenaria d'argent) et que Théodora y ajouta 30 kentenaria d'or, ce qui fait 1000 kentenaria, soit environ 1 million 34 mille francs, fortune bien modeste pour un Empereur byzantin.
5. Theoph. Cont., *Vit. Mich.*, xx, 185 ; xxi, 188. *Vit. Basil.*, xxvii, 268 et seq. Sym. Mag., xiv, 720.

saient faire. Ce ne fut que le jour où il réclama pour son précepteur des dignités et des honneurs[1], qu'il reçut un refus net : « Il ne faut, répondit Théoctistos, conférer les dignités de l'Empire qu'à ceux qui en sont dignes et point à ceux qui ne le sont pas[2]. » Ce refus allait être gros de conséquences. Michel devenait un mécontent, enclin à recevoir et à admettre toutes les calomnies, à nouer toutes les intrigues, à croire tous les flatteurs. Malgré les efforts de Théodora pour gouverner avec sagesse et dignité, il ne pouvait pas se faire que sa politique ne mécontentât pas. Ambitieux éconduits, iconoclastes froissés, parasites voluptueux vinrent donc se grouper autour de Michel pour combattre la régente. A la tête du parti était Bardas. Grâce à ses adulations, il ne tarda pas à avoir l'oreille du maître et il ne lui fut pas difficile de faire entendre à l'Empereur le langage des passions : « Les choses sont mal administrées, lui disait-il. Théoctistos vous tient éloigné des affaires, vous l'héritier de Théophile ; il veut épouser votre mère ou une de vos sœurs, et vous, vous aurez les yeux crevés[3]. » Pures imaginations, sans doute, mais qui pouvaient, peut-être, ne pas manquer de vraisemblance. Il est bien certain, en effet, que dans une cour où tout le gouvernement, central et provincial, se trouve confié à une seule famille, sans autre contrôle étranger que celui de l'ambition ou de la haine de parents malheureux, de graves négligences pouvaient être commises. Cela est, du reste, d'autant moins étonnant que tout ce monde de grands fonctionnaires ne paraît pas résider beaucoup dans les gouvernements provinciaux. Théophylitzès, par exemple, un cousin de Théodora, semble bien être stratège du Péloponnèse, mais il réside à Byzance[4]. Pétronas, frère de Théodora, est stratège des Thracésiens[5]. Cela ne l'empêche pas de courir l'Empire, à la tête de troupes ramassées dans divers thèmes, pour combattre l'ennemi et d'être souvent à Constantinople. Bien plus, les deux pouvoirs, civil et militaire, sont si peu distincts que non seulement dans les thèmes, mais à Byzance

1. Theoph. Cont., *Vit. Mich.*, xix, p. 184 ; Cedrenus, 1041.
2. Theoph. Cont. *Vit. Mich.*, xix, 184.
3. Theoph. Cont., *Vit. Mich.*, ibid. Cedrenus, 1041 ; Léon Gramm., 1068 ; Genesios, 1101 ; Georg. Moine, 1045.
4. *Vit. Basil.*, x, 240 ; xi, 241 ; xii, 244 ; Sym. Mag., x, 716.
5. *Vit. Mich.*, xxv, 193 ; xxii, 189 ; Cedrenus, 1040.

même, on voit Théoctistos, d'abord, Bardas, ensuite, quoique premiers ministres, prendre parfois la haute direction de l'armée et commander en chef une expédition. Et cela, en vérité, ne devait guère être favorable à la bonne marche des affaires dans une administration aussi compliquée que l'était forcément celle de l'Empire byzantin. Ce n'est pas, cependant, ces considérations qui semblent avoir beaucoup ému l'Empereur. La grandeur de l'Empire et son administration l'intéressaient fort peu : ses plaisirs étaient sa seule occupation. La pensée, toutefois, d'être libre enfin de toute tutelle, si peu gênante qu'elle fût, le remplit d'espérance et c'est pour cette raison qu'il autorisa le premier meurtre de son règne personnel : celui de Théoctistos [1]. Ce lâche assassinat entraînait forcément avec soi la démission de Théodora et, par là-même, l'élévation de Bardas. C'était en 856, époque à laquelle Basile le Macédonien entrait au service de l'Empereur.

III

Au cours de la régence de Théodora, l'Empire semble avoir été assez tranquille à l'intérieur et, à en juger par quelques puissantes familles aristocratiques de province, dans un état de grande prospérité. Sans doute ses limites s'étaient resserrées autour de la capitale depuis l'époque de Justinien et d'Héraclius, mais tel qu'il était encore au IXe siècle et tel qu'il devint au Xe sa puissance paraissait redoutable aux ennemis et rassurante aux populations qui l'habitaient. Du reste, avec son cortège de fonctionnaires civils et militaires, il semblait à tous qu'il était bien défendu. Chaque thème, même dans les Slavinies, avait son gouverneur, byzantin d'origine, comme ce Méthode à Thessalonique qui devint célèbre dans l'histoire religieuse du IXe siècle par la mission qu'il alla fonder avec son frère Constantin-Cyrille en Moravie [2]. Pas plus dans les provinces que dans la capitale, l'avènement de Théodora n'amena de révolution et l'histoire ne nous a laissé qu'un seul

---

1. Theoph. Cont., *Vit. Mich.*, XIX et XX, p. 185; Sym. Mag., XIII, 720; Genes., 1101-1103; Cedren., 1041; Georg. Moine, 1045; Léon Gramm., 1069.
2. Lapôtre, *L'Europe et le Saint-Siège*, p. 100.

souvenir d'une révolte importante durant le gouvernement de la régente : celle du Péloponnèse. Au IXe siècle, le Péloponnèse ou Achaïe faisait partie, au point de vue administratif, des thèmes d'Europe. C'était, au dire de Constantin Porphyrogénète, le sixième en liste [1]. En tous cas, il était relégué parmi les thèmes d'Europe, c'est-à-dire parmi les thèmes d'importance secondaire [2]. Il avait à sa tête un stratège, mais qui loin de commander sur quarante villes importantes dont deux métropoles : Corinthe et Patras [3], pourrait bien n'avoir régné que sur des ruines, sauf pour quelques-unes de ces villes [4]. Néanmoins toute vie n'était pas éteinte dans ce pays que Constantin Porphyrogénète semble si mal connaître [5]. Le commerce était prospère à Corinthe ; la grande féodalité puissante : telle cette Danielis dont nous aurons à parler plus loin. Mais à côté de l'élément grec, depuis de longs siècles déjà, et surtout depuis Constantin Copronyme, vivaient des Slaves, souvent assez turbulents. Séparés du reste de la population hellénique, les Milinges et les Ezerites — deux des plus importantes colonies slaves du Péloponnèse — étaient confinés sur les pentes du Taygète et de là semaient la terreur sur tout le pays. Les déprédations, le vol, l'incendie étaient leurs armes favorites. Des régions grecques qui les avoisinaient immédiatement, aux portes de Patras, ils dominaient le pays par la terreur. On les voyait s'allier aux Sarrasins d'Afrique et autres lieux [6] et malgré l'héroïque défense des habitants, parfois aidés, suivant la légende, de saint André lui-même, ils semblaient maîtres du pays. Sous Michel III, aux environs de 849, eut lieu une de ces insurrections périodiques, peut-être celle-là plus terrible que les autres, qui exigea une énergique répression. Le stratège du Péloponnèse que Constantin Porphyrogénète appelle Théoctistos Bryennios et que Zonaras identifie avec le tuteur de l'Empereur, partit pour Corinthe, centre de son gouvernement [7], emmenant avec lui des Thraces, des Macédoniens,

---

1. *De Them.*, p. 124. Dans le clétorologium de Philothée qui est plus ancien, il n'y a pas de distinction numérique.
2. Rambaud, *op. cit.*, p. 179.
3. *De Them.*, p. 124.
4. Ramb., *op. cit.*, p. 167.
5. *Ibid.*, pp. 167, 221, 222.
6. *De Admin.*, ch. XLIX et L, p. 369, 373.
7. *Ibid.*, ch. XLIX, p. 369.

d'autres troupes encore. Les populations slaves de la plaine furent facilement soumises ; mais il n'en fut pas de même des Ezérites et des Milinges qui restèrent cantonnés dans leurs montagnes. Le stratège, faute de mieux sans doute, se contenta de leur imposer un tribut qu'ils payèrent jusqu'au règne de l'Empereur Romain [1].

C'est très probablement, à cette occasion, que le maître de Basile, Théophylitzès, qu'il faut peut-être identifier avec le Théoctistos de Constantin VII, alla à Patras pour les affaires de l'Etat, envoyé qu'il fut par Bardas. En tous cas c'est à cette époque que le futur empereur Basile fit connaissance avec ce pays et avec sa mère spirituelle : la veuve Daniélis [2].

L'Empire était donc relativement calme à l'intérieur. Malheureusement, il n'en allait pas de même à l'extérieur où plus que jamais les deux grands ennemis de Constantinople se faisaient menaçants : les Sarrasins et les Bulgares. D'une part, les Sarrasins d'Afrique, sous leur émir Abu'l Abbas Mohammed I, promenaient leurs ravages sur toutes les côtes de la Méditerranée, de l'Italie à la Grèce. La Sicile et la Crète étaient leur point d'attache naturel. Aussi, en 842, s'emparent-ils de Messine, en 845 de plusieurs autres places fortes. Déjà, en 831, ils avaient conquis Palerme [3]. Constantinople était menacée comme l'était vers cette même époque (844) Athènes, par ces hordes restées barbares jusque dans leur admirable civilisation. Pour comble de malheur, à l'ouest de l'Europe, en Espagne, la cour de Cordoue conquérait, elle aussi, donnant la main à leurs frères d'Afrique qui les aidaient à maintenir leur domination sur la Sardaigne et les Baléares. L'Italie, de son côté, fléchissait, Bari tombait aux mains des Arabes en 841 [4], tandis qu'à l'est, les Sarrasins d'Asie-Mineure ravageaient côtes et terres, se rapprochant toujours davantage de Byzance et de son territoire immédiat. Ainsi donc les Arabes, comme dans une immense chaîne de fer enfermaient, au sud, l'Empire byzantin et l'Europe elle-même et faisaient de la Méditerranée leur entrepôt et leur centre de ravitaillement. Il fallait, naturellement, essayer de briser cette chaîne en divers endroits,

1. *De Adm. Imp.*, ch. L, p. 373.
2. Theoph. Cont., *Vit. Basil.*, ch. XI, p. 241.
3. Gelzer. Abriss., p. 970 Krumbacher. Hergenröther, *Photius*, I, 341.
4. Hertzberg, *op. cit.*, p. 136. Vasiljev, I, p. 165.

s'emparer de quelques places fortes, d'îles et de côtes surtout, pour couper les communications de l'ennemi et le refouler sur ses terres tout en protégeant les rivages chrétiens. C'est ce qu'essaya de faire Byzance. Sous Théodora, la première préoccupation du gouvernement fut d'attaquer un des points stratégiques les plus importants, l'île de Crète, en 843, que les Arabes possédaient depuis le règne de Michel II [1]. Malheureusement, comme cela n'arriva que trop souvent à Byzance, au cours de son histoire, Théoctistos, réunissant en ses mains les pouvoirs civils et militaires, voulut aller lui-même combattre les Sarrasins et ce fut la cause d'une épouvantable défaite. Les Arabes, au dire des chroniqueurs, n'étaient point prêts à la guerre. Ils n'imaginèrent donc rien de mieux que de répandre, avec beaucoup de présents, de fausses nouvelles de Constantinople. On disait qu'une révolution avait éclaté, qu'un général avait pris en mains le pouvoir, que Théodora abandonnait son logothète. Bref, Théoctistos prit peur et rentra à Byzance pendant que les Sarrasins accomplissaient leurs ravages habituels [2]

A l'est, les choses n'allèrent guère mieux. La première ou la seconde année de la régente, probablement en 842, une grande flotte sarrasine voulut aller attaquer Constantinople sous le commandement d'Abu Dinar [3]. Elle n'eut que le temps d'arriver à destination. Un orage la dispersa et elle alla misérablement échouer au promontoire des Kibyrrhéotes, à Chelidonia [4] C'était là un accident. Sur terre, l'émir de Mélitène, uni déjà probablement aux Pauliciens, persécutés par Théodora, fut plus heureux. Théoctistos qui avait voulu de nouveau commander les troupes impériales se laissa battre à Mauropotamos [5], ce qui amena l'éloignement de Bardas qui lui avait amèrement reproché son échec, mais point la soumission des armées sarrasines (844).

Au nord, l'Empire avait affaire aux Bulgares et aux Slaves de toutes contrées. Sous les règnes précédents, les Bulgares avaient profondément troublé les frontières, ravagé, pillé et emmené captives sur les bords du Danube de nombreuses popu-

1. Georg. Moine, 1005. Vasiljev, I, p. 154.
2. Georg. Moine, 1036 ; Léon Gramm., 1061 ; Sym. Mag., vii, 716.
3. Byz. Zeit., X, 297 ; Vasiljev, donne la date de 842, I, p. 153.
4. Georg. Moine, 1033.
5. Sym. Mag., viii, 715.

lations byzantines. De ce côté, Andrinople, comme aux iv° et v° siècles, était le centre des opérations de l'une et l'autre armée. Dès le début de la régence de Théodora, les Bulgares recommencèrent leurs incursions en Thrace et Macédoine [1]. Quelques chroniqueurs racontent même qu'ils envoyèrent à Constantinople des ambassadeurs pour déclarer officiellement la guerre à Théodora, ayant appris qu'une femme avait succédé à Théophile [2]. Quoiqu'il en soit de ce fait et des belles réponses qu'on attribue à l'Impératrice, Théodora envoya une armée châtier les rebelles. La chronique dite de Syméon Magister laisse entendre que cette répression eut lieu vers la fin de la régence [3] et c'est probable car, vaincus et soumis à un lourd impôt [4], ils ne tardèrent pas à s'adresser à Michel III qui mit fin pour un temps à leurs guerres incessantes.

Enfin il y avait l'Occident. Comme l'Empire byzantin, l'Italie et la France étaient dans une mauvaise passe. La mort de Louis le Pieux avait excité toutes les convoitises de ses fils qui ne songeaient qu'à se tailler des royaumes dans l'empire paternel et point du tout à continuer l'œuvre de leurs deux aïeux. La grande croisade proposée contre les Sarrasins par Théophile à Louis n'avait aucun attrait pour les nouveaux souverains et de 842 à 867 toute relation entre les deux cours semble interrompue [5]. En Italie, la division et l'anarchie étaient à leur comble. Le Pape commandait à Rome, des ducs à Bénévent, des consuls et des évêques à Naples. Les villes de la grande Grèce : Amalfi, Gaète, luttaient péniblement ainsi que la Calabre contre les invasions des Sarrasins, tandis qu'au-dessus de toutes ces principautés et de ces dissensions intérieures la grande et malheureuse figure de Louis II cherche à faire reconnaître sa précaire autorité. Deux fois, il entre à Bénévent et, malgré d'importants succès contre les Arabes, il ne peut les déloger de Bari et de l'Italie. Dans de telles conditions que pouvait Byzance pour faire respecter son autorité de suzeraine? Elle aurait dû, tout à la fois, combattre Louis II, les cités auto-

1. Georg. Moine, 1044 ; Léon Gramm., 1068.
2. Cedrenus, 1036 ; Genesios, 1100 ; Sym. Mag., xxi, 725.
3. Sym. Mag., xii, 717 et xxi, 725. En tous cas elle eut lieu après la mort de Méthode qui mourut le 14 juin 847.
4. Léon Gramm., 1068.
5. Gasquet, *L'Empire byz. et la monarchie franque*, p. 328.

nomes de la côte, les Sarrasins. C'en était trop pour une femme aux prises, elle aussi, avec de graves difficultés. Il fallait attendre, pour renouer, entre Byzance et l'Occident, des rapports diplomatiques qui puissent avoir quelques conséquences pratiques, la venue d'un homme assez fort pour lutter avec succès à l'est et à l'ouest, sur terre et sur mer. Basile Ier essaya d'être celui-là.

C'est alors que Théodora dut abandonner le pouvoir à son fils Michel. L'assassinat de Théoctistos lui signifiait son renvoi. Elle pouvait, du reste, s'en aller fière de son œuvre et si l'avenir lui paraissait chargé d'orages et de luttes sanglantes, si elle devinait que la prédiction de la vieille sorcière sarrasine à Théophile [1], pourrait bien un jour se réaliser en faveur d'un nouveau venu à sa cour, homme de basse naissance, mais de grande volonté : Basile, elle se rendait le juste témoignage qu'elle laissait l'Empire fort et riche à l'intérieur, respecté au dehors et que les succès futurs des armes byzantines lui devraient quelque reconnaissance par l'habileté que son gouvernement avait su mettre à les préparer.

7. Theoph. Cont., *Vit. Theoph.*, xxvii, 136.

# CHAPITRE II

ORIGINES DE BASILE. — SON HISTOIRE JUSQU'A SON AVÈNEMENT.
SES RAPPORTS AVEC BARDAS ET MICHEL III.

I

Sous le règne de Michel Rhangabe (811-813) vivait aux environs d'Andrinople une humble famille de cultivateurs dont le nom allait être bientôt illustre grâce à l'aîné des garçons. Personne alors ne se doutait qu'on trouverait un jour à ces pauvres gens dont le lopin de terre était, sans doute, l'unique avoir[1] un patrimoine de noblesse et de vertus qu'ils ne se connaissaient point et que, sans hésitation aucune, on les ferait descendre des Arsacides et de Constantin ! Mais ce qu'ils savaient bien, eux, c'est qu'ils étaient pauvres, que, depuis longtemps déjà, ils habitaient le pays et que de très modestes alliances avec les paysans des environs[2] composaient toute leur généalogie. Il est toutefois possible, et même probable, qu'ils aient eu, comme l'affirme Constantin VII, en leurs veines du sang arménien mêlé, cependant à beaucoup de sang slave[3],

1. Theoph. Cont., *Vit. Basil.*, ch. v. p. 233.
2. *Ibid.*, IV, p. 232.
3. Tous les chroniqueurs byzantins, à la suite de Constantin VII, donnent une origine arménienne à la famille de Basile. Seuls les écrivains arabes : Hamzas, Elmacin et Maçoudi disent qu'il était Slave. Samouel d'Ani donne même le lieu d'origne de sa famille : Thil dans la province de Taron où plus tard Basile fit construire une église (Brosset, *Collection d'historiens arméniens*, t. II, p. 427). M. Rambaud et depuis M. de Boor (*Vit. Euthymii*, p. 130) ont opté pour l'origine arménienne et apporté leurs preuves à l'appui. A leurs témoignages on peut en ajouter un autre : celui de la *Vit. Basil.*, ch. XII, 244, où Constantin raconte que Basile, jeune homme, était lié avec le patrice Constantin, père du patrice Thomas qui vivait à l'époque de Constantin VII parce qu'ils étaient du même pays : Arméniens tous deux. — Le plus vraisemblable, à mon avis, c'est que la famille de Basile pouvait bien être arménienne par ses ancêtres, mais qu'elle s'était fortement slavisée, et depuis longtemps, par suite de mariages avec les Slaves très nombreux dans cette

chose qui, du reste, n'avait rien d'étonnant car, à cette époque, les Arméniens étaient nombreux dans l'Empire. Quant à les faire descendre des rois arméniens, perses et assyriens, comme de Philippe, d'Alexandre et de Constantin, c'était là pure légende[1] qui, sans doute, ne circula que plus tard lorsque la dynastie macédonienne se fut solidement assise sur le trône[2].

C'est dans cet humble milieu de paysans provinciaux que naquit Basile aux environs de 812. Il eût probablement grandi dans l'heureuse médiocrité de ses ancêtres, uniquement adonné au travail des champs, si un évènement imprévu n'avait brusquement arraché sa famille du sol qu'elle habitait.

L'Empire était alors en guerre avec la Bulgarie. L'empereur Nicéphore (802-811) avait été tué dans une sanglante mêlée le 26 juillet et son fils Staurakios si gravement blessé que le pouvoir fut confié à son beau-frère Michel Rhangabe. Byzance ne pouvait rester sous le coup d'une telle défaite. La lutte reprit donc, grâce à l'énergique intervention de Théodore, abbé du monastère du Studion[3]; mais ce fut pour courir encore au devant de nouveaux revers. Michel fut vaincu à Versinicia le 22 juillet 813[4] par le célèbre prince bulgare Krùm qui résoluement marcha sur Constantinople. Dans la ville « protégée de Dieu » la révolution, d'autre part, venait d'éclater. Le plus grand général de l'Empire, Léon, un Arménien, profitant de la terreur et du mécontentement de tous, avait détrôné Michel, l'avait revêtu du froc monacal, exilé, lui et sa famille, dans un

---

partie de l'Empire si bien, qu'en fait, elle était slave. Seulement Constantin, qui, peut-être, copia la généalogie fabriquée par Photius pour rentrer en grâce auprès de Basile (Sym. Mag., VII, 750) trouva qu'il était plus glorieux de faire sortir sa famille d'Arménie, pays indépendant et allié de Byzance (Tournebize, *Histoire politique et religieuse de l'Arménie*, dans l'*Orient Chrétien*, 1903, p. 220) plutôt que des peuples slaves qui vivaient sous l'autorité impériale, étaient pauvres et regardés par les habitants de l'Empire comme de race inférieure. Cf. l'article tout récent de Vasiljev « Origine de l'Empereur Basile le Macédonien ».

1. *Vit. Basil.*, ch. II. On sait quelle fut la fortune de cette légende. Quand Anne de Russie, fille de Jaroslav et petite-fille d'Anne de Byzance, sœur de Basile II, épousa Henri Ier de France, elle donna à son fils le nom de Philippe en souvenir de sa descendance avec Philippe de Macédoine. D'où le nom de Philippe dans la maison de France !

2. Cedrenus, 1069; Genesios, 1128; et encore Zonaras au XIIe siècle ne se fait-il pas faute de trouver plaisants les écrivains qui ont osé avancer la chose. Zonaras, XVI, 29. — Liutprand, *Antapodosis*. L. I, § 8, p. 276.

3. Theoph., p. 999.

4. Jirecek, p. 145.

monastère et s'était fait proclamer Empereur. Pour Byzance l'évènement n'avait rien que d'heureux. Krùm, blessé sous les murs de Constantinople, au faubourg pératique de S<sup>t</sup> Mamas [1], fut obligé de lever le siège et de rentrer en Bulgarie, brûlant et saccageant tout ce qui se trouvait sur son passage. Andrinople qui avait vaillamment tenu tête aux Bulgares, durant ces guerres interminables, fut, de nouveau, assiégée et cette fois tomba au pouvoir de l'ennemi. Les habitants furent décimés et réduits en esclavage. Dix à douze mille hommes, sans compter les femmes et les enfants, furent emmenés « sur les rives du Danube [2]. »

Parmi ces infortunés se trouvaient, avec l'évêque d'Andrinople, Manuel, les parents de Basile et l'enfant lui-même « encore dans les langes [3]. » C'est là, en terre bulgare, que se passèrent l'enfance et la jeunesse du futur basileus. Il grandit aux côtés de son père et de sa mère Pancalo [4], à la façon, sans doute, des petits Bulgares, c'est-à-dire sans grande instruction. Constantin VII raconte que son père fut son unique précepteur et que s'il ne posséda pas, comme Achille, de Chiron pour l'éduquer, ni de maîtres comme Lycurgue et Solon, du moins eut-il, ce qui est bien préférable, la sagesse paternelle pour guide dans l'acquisition de toutes les vertus [5]. Et c'est probablement vrai. De culture intellectuelle, Basile en manqua toujours. Il ne sut même jamais écrire et, plus tard, quand sur le trône il voulut quelque peu s'instruire, comme Charlemagne, il dut s'adonner à un travail acharné. Malheureusement, l'éducation morale de ses parents, dont le zèle religieux était cependant plein d'ardeur, fut, elle aussi, sans grande influence sur la vie de leur fils. Moralement et intellectuellement l'enfant s'annonçait mal : seule, sa force physique pouvait lui ouvrir un chemin dans le monde et c'est ce qui arriva. La vie de ces déportés n'avait pas, du reste, que des charmes et de longs loisirs propres au développement de la culture littéraire. Il semble bien que pendant les premières années qui suivirent leur exil, l'existence leur fut relativement

---

1. Pargoire, *Les Saints Mamas de Constantinople*, p. 267.
2. Georg. Moine, 980-81. — Léon Gramm., 1064.
3. *Vit. Basil.*, IV, 232. A.A. S.S. Janvier, 441.
4. *De Ceremon.*, p. 1208,
5. *Vit. Basil.*, VI, 236.

douce. Non seulement ils étaient libres, en plein pays païen, de pratiquer leur religion, mais, en bons orthodoxes qu'ils étaient, ils cherchèrent à répandre autour d'eux l'Evangile[1]. Du vivant de Krùm, leur évêque Manuel, aidé de ses compatriotes, convertit beaucoup de Bulgares à la foi ; mais à l'avènement d'Omortag ou Mortagon (819)[2] les choses changèrent. Les progrès du christianisme indignèrent le nouveau roi et la persécution commença. L'évêque Manuel mourut martyr avec beaucoup d'autres Byzantins parmi lesquels Basile put compter plusieurs de ses parents[3].

Ainsi grandissait et se développait Basile au milieu d'une famille dont il était l'aîné et qui allait sans cesse se multipliant[4], tandis que sur l'Empire régnèrent successivement Léon V l'Arménien et Michel d'Amorion[5]. Cependant la situation des exilés ne pouvait toujours durer. Depuis la prise d'Andrinople, les Basileis avaient dû lutter sans relâche contre les Sarrasins et dans cette lutte ils avaient probablement oublié leurs lointains sujets captifs. Mais, heureusement pour eux, ils allaient bientôt trouver aides et protecteurs et rentrer en « Romanie. » L'histoire de ce retour est, en vérité, fort obscure. La *Vita Basilii*, Cedrenus, Zonaras[6] racontent qu'à la suite de défaites répétées, les Bulgares durent laisser partir les Byzantins. Georges Moine et Léon le Grammairien[7] donnent des détails plus précis, mais qui ne peuvent faire illusion. Leur incohérent récit montre avec évidence qu'ils ignoraient tout de la géographie comme de l'histoire bulgare de cette époque et que, sans doute, ils ont utilisé, sans la comprendre, une légende postérieure dénuée de toute réalité historique[8]

1. Cedrenus, 1072.
2. Cedrenus l'appelle « Κρυτάγων » 1072.
3. *Vit. Basil.*, IV, 232.
4. *Ibid.*, VII, 236.
5. Léon le Gramm., 1065.
6. *Vit. Basil.*, IV, 232 ; Cedrenus, 1072 ; Zonaras, XVI, 29.
7. Georg. Moine, 1040 ; Léon le Gramm., 1064. Il faut noter toutefois que le texte de l'un est la copie identique de l'autre.
8. Léon le Gramm. et Georg. Moine racontent que sous le règne de Théophile (829-842) résidait en Macédoine un stratège du nom de Kordylès. Ce stratège avait un fils Bardas qui fut chargé de gouverner en lieu et place de son père les Macédoniens qui vivaient « au delà du Danube, πέραν τοῦ ποταμοῦ Δανουβίου ». Plein de jeunesse et d'ardeur, Bardas demanda à l'Empereur des vaisseaux pour ramener en leur pays les exilés, ce qui fut accordé. Mais « Baltimer » qui régnait alors sur les Bulgares s'y refusa et

Le seul point qui paraisse certain c'est que Basile avait vingt-cinq ans quand il revint en Macédoine [1]. C'était pour lui le moment de se faire une situation d'autant plus que son père était mort quelques huit ou dix ans auparavant [2], laissant sa femme dans la gêne et une nombreuse famille à élever. A l'aîné [3] incombait le soin de remplacer le chef de famille. Basile entra donc, d'abord, au service du stratège de Macédoine, Tzantzès [4] ; mais ce ne fut pas pour longtemps. D'autres lieux l'attiraient. Chez le gouverneur, en effet, il ne gagnait pas sa vie et, d'autre part, l'agriculture ne donnait rien [5], tandis que, disait-on, à Constantinople, ceux qui ont

la guerre fut déclarée aux déportés, Les Macédoniens mirent à leur tête Kordylès et Tzantzès et leur succès fut complet. Ils tuèrent et firent prisonniers beaucoup de Bulgares. D'où alliance des Bulgares et des Hongrois. Sur ces entrefaites les Huns ou Hongrois arrivèrent et promirent aux Macédoniens de les laisser partir moyennant un tribut. Ce qu'ils refusèrent. Ils durent subir un combat, mais grâce à un certain Léon de la race des « Gemostoi » ils purent regagner leur patrie. — Ce récit n'a évidemment aucun sens. D'abord qu'étaient ces Macédoniens qui vivaient au delà du Danube ? La Bulgarie d'alors s'étendait entre l'Isker et la mer d'une part, le Danube et les Balkans de l'autre. Or l'autorité impériale s'arrêtait aux frontières macédoniennes, c'est-à-dire à la montagne qui séparait les deux Empires. Au delà du Danube, c'était le territoire des Petchènègues. De plus, vraisemblablement, les exilés devaient être cantonnés aux environs de Preslav, résidence habituelle du prince bulgare (Jirecek, p. 131), si l'on en croit la légende de la pomme que le souverain donna, un jour, au jeune Basile (*Vit. Basil.*, IV, 232). Du reste la *Vit. Basil. (ibid.)* dit simplement qu'ils furent conduits dans le pays des Bulgares *(ibid.)*. Or, même en admettant qu'ils eussent été relégués dans la grande place forte des Bulgares, sur le Danube, à Drster (le moderne Silistria) — ce qui expliquerait l'emploi des vaisseaux — on ne saisirait pas bien pour autant la raison d'un gouverneur byzantin dans ce pays. Mais ce qui est plus grave c'est l'étrange confusion de noms donnés aux souverains bulgares. Dans l'espace de cinq lignes, Léon et Grégoire leur donnent deux noms différents. C'est Baltimer qu'il faut, sans doute, identifier avec Vladimir, père de Syméon, comme le disent très justement Léon et Georges, qui régna de 838 à 893 ; c'est Michel « le Bulgare », probablement le même que Boris dont le nom fut changé à son baptême et qui régna de 852-888. Il est vrai qu'on pourrait discuter sur ce Michel et refuser d'y voir Boris ; mais il serait étrange qu'on appelât ainsi un autre personnage que le roi dans son propre pays. Vraisemblablement en Bulgarie tous les Michel étaient bulgares et si les chroniqueurs disent Michel « le Bulgare » c'est bien qu'ils voulaient parler du souverain lui-même. Cf. au sujet de l'histoire de Bulgarie à cette époque, le t. X du *Bulletin de l'Inst. Arch. russe de Constantinople*. Les fouilles d'Aboba.

1. Georg. Moine, 1041.
2. *Vit. Basil.*, VII, 236.
3. *Ibid.*
4. Sym. Mag., XI, 717 ; Léon Gramm., 1065.
5. *Vit. Basil.*, VII, 236.

un peu de savoir-faire et d'habileté peuvent arriver à la fortune, aux honneurs, à la gloire [1]. Pourquoi donc ne pas quitter le sol ingrat de Macédoine? Du reste, racontent les chroniqueurs byzantins, toujours grands amis du merveilleux, son étoile l'y conduisait et des songes comme des signes nombreux étaient là pour le décider à demander à sa mère ce lourd sacrifice [2]. N'avait-elle pas révélé elle-même qu'un jour, ayant laissé son fils couché en plein soleil dans les champs, un aigle par trois fois était venu l'ombrager de ses ailes? N'avait-elle pas vu, en un rêve, sortir de son sein « comme autrefois la mère de Cyrus » un arbre d'or immense, chargé de fleurs et de fruits d'or qui couvrait de ses rameaux la maison tout entière, et, une autre fois, Elie le Thesbite lui prédisant que Dieu donnerait à son « cher fils » le sceptre de l'Empire, l'exhortant par là à le laisser partir pour Constantinople [3]?

Basile vainquit donc les hésitations et l'amour maternels et, un jour, prit le chemin de Byzance n'ayant pour toute fortune que sa force, son intelligence et son ambition [4]. Il arriva ainsi un dimanche soir dans la ville impériale, harassé de fatigue et couvert de poussière. Il franchit pour la première fois la « Porte d'Or » et s'en alla s'étendre sous le porche d'une église quelconque pour y dormir un peu. Cette église était celle du monastère de S$^t$-Diomède que, plus tard, Basile devait magnifiquement faire restaurer en témoignage de sa reconnaissance car ce fut là que sa fortune naquit. Continuant leurs merveilleux récits sur les années de jeunesse du futur Empereur, les chroniqueurs ont, en effet, poétisé et embelli, au gré de leur imagination, ces humbles débuts de Basile. A les en croire, le martyr Diomède, dès les premières heures de la nuit, aurait éveillé brusquement l'higoumène du monastère, Nicolas, pour lui ordonner d'aller recevoir l'Empereur à la porte de l'église. Naturellement, le moine n'en fit rien, croyant avoir rêvé, et se rendormit profondément. Un second appel n'eut pas plus de succès. Le saint alors, rempli de colère, frappa durement son serviteur qui se décida à sortir et à appeler « Basile » comme Diomède l'avait ordonné. Basile, fort surpris de cette étrange

---

1. *Vit. Basil.*, vii, 236.
2. *Ibid.*, vii, 236; Genesios, 1129; Cedrenus, 1073.
3. *Ibid.*, viii, 237.
4. *Ibid.*

intervention, se leva pour répondre à l'higoumène qui l'emmena à l'intérieur du cloître où il lui fit savoir — non sans l'avoir honorablement traité — ce qui venait d'arriver [1]. La réalité fut sans nul doute, beaucoup plus simple et plus banale que cette gracieuse légende. Le plus vraisemblable est que Basile fit d'une façon quelconque connaissance avec l'higoumène Nicolas qui s'intéressa à lui et, grâce à ses hautes relations, le mit, comme Basile le désirait [2], au service d'un grand seigneur, parent de l'Empereur, et peut-être stratège du Péloponnèse, Théophylitzès [3]. Comme tous ses pairs, Théophylitzès avait autour de lui une véritable petite cour, modelée sur la cour impériale. Là, comme au Palais, on aimait les jeunes hommes beaux et forts, grands lutteurs et bons cavaliers. Basile ne tarda pas, dans un tel milieu, à se faire remarquer par toutes ses qualités physiques et à devenir le « protostrator » chéri du maître [4]. Aussi Théophylitzès le choisit-il, pour l'accompagner dans son gouvernement quand il se rendit à Patras [5] afin de régler certaines affaires d'Etat. Dans cette province, comme un peu partout dans l'Empire, de puissantes maisons féodales commençaient à se former, par suite du relâchement de l'administration centrale et des incursions slaves de plus en plus fréquentes. Eloignées de Constantinople et du gouvernement impérial qui ne pouvait que très difficilement intervenir d'une façon efficace, ces maisons accaparaient toute la richesse du pays — le sol surtout et les esclaves — et bientôt devinrent une véritable pépinière d'empereurs et de révoltés, redoutables à tous, à l'Empereur constamment menacé, à la province qu'elles appauvrissaient et réduisaient à un état voisin du servage.

A Patras, la grande famille des « δυνάτοι » était celle de la veuve d'un certain Daniélis. La fortune et la puissance de cette femme était telle, qu'elle aurait pu marcher de pair avec toutes les souveraines [6]. Par sa situation, elle eut, sans doute, affaire avec Théophylitzès et par là même avec Basile qui, naturelle-

1. *Vit. Bas.*, IX, 240 ; Cedrenus, 1073 ; Sym. Mag., XI, 717 ; Léon Gramm. 1065.
2. *Ibid.*, IX, 240.
3. *Ibid.*, IX, 240.
4. *Ibid.*, IX, 240.
5. *Ibid.*, XI, 241.
6. *Ibid.*, XI, 241.

ment, lui plut, comme il eut l'heur de plaire à bien d'autres en sa vie. Il avait, du reste, assez de qualités physiques pour que la pieuse veuve le remarqua d'elle-même sans avoir besoin, comme le rapportent les chroniqueurs, de l'intervention d'un pauvre moine, assis en prière dans l'église de Saint-André qui se serait levé au passage de Basile pour le saluer — ce qu'il n'avait jamais fait pour personne — du titre d'Empereur[1]. En tous cas, que la noble matrone ait reçu une prédiction ou que son cœur ait seul parlé, le résultat fut le même pour Basile : elle s'éprit pour lui de la plus vive affection, si bien que lorsque Théophylitzès s'en retourna à Byzance, elle voulut loger chez elle l'heureux protostrator qu'une maladie, venue à propos empêcha de partir à la suite de son maître. Cette amitié fut pour Basile une aubaine inattendue. Le rusé paysan comprit vite le parti qu'il pouvait tirer de sa familiarité avec Daniélis pour sa fortune présente et future. Tout en protestant, au nom de son humble origine[2], contre les caresses et les bontés de celle qui voulait devenir sa mère adoptive, il accepta — ce qui ne lui coûtait guère — de s'unir par un lien de fraternité spirituelle avec son fils Jean[3] ; il promit — ce qui ne l'engageait pas beaucoup — de donner à sa bienfaitrice, une fois Empereur, toute la province à titre de souveraine ; il emporta — ce qui valait mieux pour lui — de grandes richesses de Patras : de l'or, des esclaves, des vêtements et l'assurance d'une amitié qui ne se démentit jamais[4]. Dès lors Basile était riche. Il pouvait commencer à faire figure dans le monde. En fils aimant, il envoya de nombreux secours à ses parents pauvres de Macédoine[5] ; en homme habile, il ne se laissa pas griser par sa fortune naissante. Il resta au service de Théophylitzès. Bien lui en prit, du reste, car les évènements allaient le servir au mieux de ses intérêts et lui ouvrir enfin les portes du palais impérial.

Deux faits, de bien modeste apparence cependant, achevèrent de le rendre célèbre à Byzance et d'asseoir sa fortune. Sa force herculéenne en fut seule la cause. Un jour, Antigone, fils du César Bardas, voulut donner un grand dîner en l'honneur de

1. *Vit. Basil.*, XI, 244 ; Cedren., 1077.
2. *Ibid.*, XI, 244.
3. *Ibid.*
4. *Ibid.*
5. *Ibid.*

son père. Toute la haute société byzantine, sénateurs, patrices, parents, amis, furent conviés à la table du jeune domestique des scholes. Au nombre de ceux-ci était Théophylitzès. Suivant l'usage en honneur à Byzance, comme du reste à la cour, des rois francs, nulle grande réception n'avait lieu sans des jeux et des combats. Antigone n'eut garde de manquer à cette habitude, et, au cours du repas, des lutteurs bulgares firent leur entrée avec l'insolence qui leur était coutumière, dans la salle du festin. L'un d'eux surtout se croyait invincible. Théophylitzès proposa alors de faire venir son protostrator pour se mesurer avec lui : ce qui fut accepté. La force de Basile l'emporta ; il fut vainqueur aux acclamations de l'assistance qui crut, à n'en pas douter, que cette journée, pour Byzance valait une bataille. « A partir de ce jour, la renommée de Basile se répandit dans la ville et il devint célèbre[1]. »

L'autre évènement fut décisif. L'Empereur venait de recevoir un cheval que nul ne pouvait dompter. Présent du stratège du thème des Boukellaires, Nasar[2], cet étalon de race était d'un grand prix ; mais dans sa fureur de ne pouvoir le monter, Michel parlait déjà de lui couper les pieds de derrière quand Basile s'offrit à le dompter. L'Empereur, charmé de l'adresse et de la force de ce jeune paysan, ne voulut pas laisser plus longtemps à Théophylitzès un tel homme, Il le confia à son hétériarche André pour qu'il s'occupât des chevaux. Désormais sa situation était faite : Basile avait franchi le seuil du palais. On était en 856[3].

## II

Nous avons vu au chapitre précédent quelle était la situation de l'Empire et particulièrement de la cour en cette année 856. Le meurtre de Théoctistos laissait le champ libre à l'ambition de Bardas et la faiblesse de son insouciant neveu semblait devoir favoriser tous ses projets. Théodora n'allait pas tarder à quitter la cour pour être envoyée en exil, elle et ses filles, au

1. *Vit. Basil.*, XII, 244-45 ; Cedren., 1080 ; Genes., 1132.
2. Léon Gramm., 1061 ; Contin. de Georg. Moine, 1052.
3. *Vit. Basil.*, XIII, 245 ; Léon Gramm., 1064 ; Cedren., 1080-81 ; Cont. de Georg. Moine, 1037 ; Genes., 1134.

couvent de Karianos, si bien qu'aucun obstacle apparent ne se dressait plus entre Bardas et le trône. Celui qui allait brouiller toutes les cartes ne comptait pas encore.

Il est très curieux de constater à travers les récits des chroniqueurs avec quelle souplesse toute slave, Basile sut se glisser petit à petit dans l'intimité de l'Empereur. Nul doute qu'il n'ait, comme Bardas, tablé sur le caractère et les vices de Michel III pour se faire une large place au soleil ; mais tandis que l'oncle s'acheminait vers le trône par l'éclat du luxe et la splendeur impériale de son entourage [1], Basile, lui, s'y achemina par une humilité déguisée et de tous les jours qui lui donna le succès. Il était évident que dans la lutte qui ne pouvait manquer de s'engager un jour ou l'autre entre le César byzantin et le paysan slave, le dernier mot resterait à Basile. Il semble même que Bardas n'ait pas tardé à s'en rendre compte, confusément du moins, et à pressentir en lui l'ennemi insaisissable et inavoué que l'intuition devine à défaut des preuves de la raison, et qu'il avait introduit imprudemment à la cour [2]. Et cependant, au début du règne personnel de Michel, au lendemain de l'assassinat de Théoctistos, qui eût osé prédire qu'un simple valet d'écurie s'attaquerait bientôt au premier personnage de l'Empire après le Basileus ? Michel, en effet, reconnaissant à son oncle de l'avoir débarrassé d'une tutelle qu'il se figurait gênante et dangereuse se jeta tout d'abord dans les bras de Bardas qu'il créa, tout de suite, après la mort de Théoctistos [3], magister et domestique des scholes, puis, peu après, au lendemain d'une conjuration que Théodora essaya d'ourdir contre son frère et qui échoua, curopalate avec toute la direction des affaires — chose que l'Empereur trouvait trop ennuyeuse pour lui et qu'il était, du reste, parfaitement incapable de conduire à bien. Ce fut donc Bardas qui, durant l'espace de dix ans, devint le vrai maître de l'Empire. Basile, de son côté, était confiné dans ses écuries. Il ne laissait, cependant, passer aucune occasion de s'approcher de Michel qui le prit vite en amitié et l'éleva au rang déjà recherché de « protostrator ». C'est ainsi qu'un jour, par exemple, la cour se trouvant en chasse au lieu qu'on appelait « Φιλοπάτιον » un loup, tout à coup, se précipita au milieu des chasseurs qui

---

1. Genesios, 1117.
2. *Vit. Basil.*, xiv, 248.
3. Sym. Mag., xiii, 720 ; Cont. de Georg. Moine, 1048 ; Léon Gramm., 1069.

se débandèrent rapidement, effrayés par cette subite irruption. Basile portait, suivant sa dignité, le bâton de l'Empereur. Dès qu'il vit le désarroi général, il se précipita sur la bête et armé du « ραβδούκιον » impérial il lui fracassa la tête, aux grands applaudissements de l'assistance [1]. Il n'en fallait pas tant à Michel pour s'amouracher d'un homme, alors dans toute la force de l'âge ! Aussi est-ce bien probablement la crainte de voir Basile trop puissant auprès de l'Empereur, grâce à ses qualités physiques, plutôt que l'idée d'être, un jour, supplanté par lui, qui fit dire à Bardas un de ces mots qu'on trouve généralement après coup, mais qui expriment toutefois assez exactement la pensée du moment : « Je crois bien que cet homme sera la ruine de toute notre race [2]. » Et cela est si vrai que, quelques jours plus tard, Michel en présentant son nouveau protégé à sa mère ne trouva rien de mieux à lui répondre pour calmer ses alarmes — car elle aussi eut la même pensée que Bardas et crut reconnaître en lui, disent les chroniqueurs, le successeur de son fils, l'homme prédit à Théophile — que ces simples et stupéfiantes paroles qui dépeignent celui qui les prononce : « Vous augurez mal de cet homme, ma mère ; c'est un simple et un ignorant ἰδιώτης καὶ πανὺ ἀφελής, mais il est d'une force prodigieuse [3]. »

Quoiqu'il en soit de ces histoires de chroniqueurs, un fait paraît se dégager pourtant avec certitude : c'est que, d'une part, Basile sut prendre assez vite un ascendant de plus en plus considérable sur l'Empereur et que de l'autre, Bardas, dès l'origine manifesta à son égard les sentiments peu tendres que le temps ne devait guère modifier [4].

Tandis donc que Basile, dans ses obscures fonctions, préparait sa fortune à venir et s'attachait à l'Empereur, l'accompagnant, comme c'était sa fonction, dans ses plaisirs du cirque et souriant, en y prêtant la main, à ses honteuses passions [5], Bardas gouvernait en son nom propre l'Empire byzantin. Fatale dualité qui allait admirablement servir le rusé Macédonien !

Le premier soin de Bardas fut, naturellement, de se débarrasser

1. *Vit. Basil.*, ch. xiv, 248.
2. *Ibid.*
3. *Vit. Basil.*, ch. xv, 249 ; Léon Gramm., 1068.
4. *Vit. Basil.*, ch. xiv, 248.
5. Voir plus bas, ch. iii.

de sa sœur l'Impératrice et de ses nièces, ses filles, en les envoyant en exil, au monastère de Karianos d'abord, puis ensuite à Gastria [1]. Malheureusement pour lui, les choses n'allèrent pas sans difficultés et, pour ne pas se rendre même peut-être exactement compte de la portée de ses actes, il semait imprudemment, dès son arrivée au pouvoir, les germes d'une querelle qui devait rapidement détruire son œuvre, sa personne et sa famille. Bardas, en effet, arrivait au gouvernement précédé d'une détestable réputation : on l'accusait de relations coupables avec sa belle-fille Eudocie [2]. Si la chose n'avait pas été très publique et très certaine, l'Eglise n'eût probablement pas osé donner, par son intervention, à un simple bruit la réalité d'un fait ; mais la chose parut assez sérieuse au patriarche Ignace, pour qu'il tentât d'abord un avertissement, puis à l'Epiphanie 858 qu'il se résolut à frapper un grand coup en interdisant à Bardas la réception de l'Eucharistie [3]. Ce fut là, comme le dit Nicétas David, « le commencement des scandales et l'origine du trouble de l'Eglise. » Profitant de cet affront qui pouvait menacer jusqu'à son pouvoir dans une société telle que celle de Byzance, il résolut de se venger en obligeant le Patriarche à faire lui-même ce que, sans cette heureuse circonstance, il n'aurait su comment faire, c'est-à-dire à tondre l'Impératrice et ses filles de ses propres mains et à leur ouvrir ainsi par la force les portes du couvent. Bien entendu, Ignace refusa de concourir à un acte que condamnaient et les canons ecclésiastiques et son loyalisme et sa reconnaissance. Il se retrancha derrière le serment qu'il avait prêté à Théodora lorsqu'elle l'appela à gouverner l'Eglise [4] et attendit tranquillement l'heure du châtiment. Il ne se fit pas longtemps attendre. Le 23 novembre 858 [5] il

1. *Vit. Ignat.*, 505 ; Léon Gramm., 1069 ; Sym. Mag., ch. XIII, 720.
2. *Ibid.*, 504 ; Theoph. Contin., *Vit. Mich.*, xxx, 208 ; Sym. Mag., ch. xxviii, p. 728. Cf. *Vit. S. Eustat.*, 389, 33.
3. *Ibid.*, 504.
4. Nous aurons occasion de revenir sur ce curieux serment qui éclaire d'un jour très particulier l'histoire des rapports de l'Eglise et de l'Etat à Byzance à cette époque.
5. Aristarch. Eisag. 6.; Hergenröther, I, 372, donnent la date du 23 nov. 857 ; mais cette date ne me paraît pas possible.

En effet : 1° au moment des affaires d'Ignace, Bardas n'est encore que domestique des scholes (*Vit. Ignat.*, 504).

2° Le premier pontificat d'Ignace dura onze ans (*Vit. Ignat.*, 512). En outre il remonta sur le trône patriarcal le 23 novembre 867 après neuf années d'exil

était envoyé en exil dans l'île de Térébinthe, quelques semaines seulement après la réclusion de Théodora[1]. Si, pour Bardas, la situation intérieure s'éclaircissait sur un point par le départ de l'Impératrice, elle devenait singulièrement inquiétante sur un autre par l'exil du Pontife. Ignace, le 26 novembre, refusa d'abdiquer le pouvoir[2] et peu de temps après Photius fut fait patriarche (24-25 décembre). C'était le début d'une persécution violente contre Ignace et ses tenants[3] qui s'ouvrait, persécution qui obligea Rome à intervenir, qui fut un des principaux griefs que Byzance n'allait pas tarder à formuler contre le gouvernement et qui prépara le mécontentement général dont bénéficia Basile.

La question religieuse, résolue ainsi par la force, permit à Bardas de s'occuper sérieusement de l'administration et de distribuer libéralement par son activité et son intelligence quelques années de réelle prospérité à l'Empire. Sous son impulsion l'école de la Magnaure fut créée, ou tout au moins relevée[4]. Un des plus grands savants du IXe siècle, Léon le Philosophe, en prit la direction effective, assisté des hommes les plus cultivés de son temps. L'instruction, par trop abandonnée depuis un siècle, fut remise en honneur et prépara la brillante renaissance, littéraire, théologique et philosophique de l'époque qui suivit. Grâce à la munificence de son protecteur, la nouvelle école fut richement dotée et, grâce à sa surveillance assidue, on y travailla[5]. Puis reprenant dans l'ordre judiciaire les traditions de Théophile, Bardas aimait à venir lui-même siéger au cirque

---

(*Vit. Ignat*, 544) De plus, Nicetas (559) dit qu'Ignace demeura un peu plus de trente ans au pouvoir et que son second pontificat dura dix ans.

3° L'ambassade envoyée à Rome par Photius n'y arriva qu'en 860 pour en repartir avec des lettres datées du 25 sept. (Duch., *Lib. Pontif.*, 168[13]). Il semble qu'on aurait laissé passer bien du temps entre la déposition d'Ignace et cette ambassade.

Il semble donc que la date du 23 nov. 858 est préférable à celle de 857.

Nous avons donc comme dates fixes : élévation d'Ignace au patriarcat, juin 847 ; déposition, 23 novembre 858. Toute l'erreur d'Hergenröther vient de ce qu'il fait mourir Méthode en 846.

1. *Vit. Ignat.*, 505. Cf. Regel, *Vita Theod. Analecta byzantino-russica*, p. xv (Petersbourg, 1891).
2. *Ibid.*, 505 ; Aristarch. Eisag. η.
3. Theoph. Contin., *Vit. Mich.*, ch. XXXII, p. 209 ; Genes., 1120.
4. *Ibid.*, ch. XXVI, p. 200 ; *Vit. Ignat.*, 504.
5. Theoph. Cont., *Vit. Mich.*, ch. XXVI, 200 et 208 ; Cedren., 1052 ; Genes., 1116.

pour prendre part aux procès importants et empêcher l'injustice de s'y commettre. C'était pour lui, paraît-il, un honneur auquel il tenait beaucoup que d'être appelé « ami d'une juste sentence : « ἐραστὴς νομίζεσθαι ταύτης τῆς γνώμης φιλοτιμούμενος » [1]. Mais pour autant, Bardas ne s'oubliait pas. Il voulait arriver à l'Empire et il en prenait les moyens [2]. Les dignités et les honneurs dont il disposait en maître absolu servirent à lui gagner des amis de plus en plus nombreux. Il en faisait échange pour lui-même et pour les autres « comme un jeune fat change d'habit, ὥσπερ τις νέος γαῦρός τε καὶ φιλότιμος τὰς ποικίλας τῶν πρὸς τέρψιν στολάς » [3], mais aussi comme un homme habile qui veut atteindre un but. Son frère Pétronas fut créé en 863 domestique des scholes [4] et à sa mort sa charge fut confiée à Antigone [5] ; Symbatios, son gendre, devint, après la mort de Théoctistos, logothète du drône [6], et ce fut, sans doute, pour donner à quelque important personnage dont il voulait gagner l'amitié, la fonction très recherchée et très influente de parakimomène, qu'il envoya, au début de 865, son ancien ami Damianos finir ses jours au couvent, sous le plus futile prétexte [7]. Lui-même, du reste, après s'être approprié tout le pouvoir impérial [8], se fit donner le titre de César à l'époque des fêtes de Pâques 865 ou 866 [9]. Il touchait donc au faîte des honneurs ; mais déjà

1. Theoph. Cont., *Vit. Mich.*, ch. xxx, 208 ; Cedren., 1056.
2. *Vit. Basil.*, ch. xvi, 249.
3. Th. Cont., *Vit. Mich.*, ch. xxvi, 197.
4. Th. Cont., *Vit. Mich.*, xxv, 193.
5. Léon Gramm., 1069 ; Georg. Moine Cont., 1049.
6. Georg. Moine Cont., 1057.
7. Cedren., 1084 ; Léon Gramm., 1073 ; *Vit. Basil.*, xvi, 249.
8. Genes., 1108 ; *Vit. Ignat.*, 528.
9. Cette date est très incertaine. Aristar. la place au 17 avril 860 (Eisag. ϰϛ), Hergenr. en 862 ou 863 (I, 469), Gelzer au 26 mai 866. Si le quantième ne me paraît pas possible attendu que Bardas fut créé durant les fêtes de Pâques, je crois que la date de 866 ou 865 est assez vraisemblable. En effet, Pétronas reçut le titre de domestique des scholes après sa brillante campagne contre l'émir de Mélitène en septembre 863 (Vasiljev, 199, *Vit. Mich.*, xxv, 193). C'est donc que le titre était vacant par suite de la promotion de Bardas à la charge de curopalate. Peu après il fut fait César (*Vit. Ignat.*, 528). En tous cas il paraît certain que sa promotion eut lieu après la conversion de Michel de Bulgarie en 864 (Lapôtre, p. 49) et après le retour des légats à Rome à la suite du concile réuni par Photius (*Vit. Ignat.*, 525-527). Or ce concile eut lieu en hiver 862-863. C'est donc après 863 et même 864 qu'il faut placer l'élévation de Bardas. Genesios seul donne une date ferme : à Pâques, indict. 10, ce qui reporterait l'évènement à 863. Mais cette date fait évidemment difficulté.

cette étrange loi que Socrate appelait la « loi du retour des choses » semblait s'affirmer pour lui d'une inquiétante façon. L'Empereur l'abandonnait pour Basile. Son premier échec eut lieu précisément à propos de ce Damianos qu'il fit destituer, convaincu qu'il allait pouvoir offrir la charge vacante à un ami. Ce ne fut pas sans surprise qu'il vit l'Empereur, d'abord peu pressé de donner un successeur à l'eunuque disgracié, élever tout à coup Basile à la fonction convoitée en le créant patrice [1]. Pour Bardas le coup fut sensible. « J'ai chassé le renard, dit-il à ses amis, mais j'ai introduit le lion. Il va tous nous dévorer [2]. » Dès lors entre ces deux hommes une haine profonde se déclara. Il fallait que l'un ou l'autre disparut « ὑπεϐλέποντο ἀλλήλους, ζητοῦντες πῶς ἕτερος τόν ἕτερον ἀνέλῃ » et ce ne pouvait être que par la violence [3].

Pendant ce temps, Michel continuait à mener joyeuse vie. Avec des comédiens et des cochers, il gaspillait le trésor ; avec des femmes il scandalisait Byzance [4]. Il n'était pas difficile d'agir sur un esprit aussi faible. Pourvu qu'on flattât son amour-propre, qu'avec lui on fût obscène et qu'on prît plaisir à ses amusements hippiques, on était sûr d'avoir son oreille. Basile, à ce titre, était tout-puissant. Depuis l'heure où il avait été fait parakimomène, il vivait dans l'intimité du Basileus, couchait aux pieds de son lit, suivant l'étiquette, et ne le quittait point. Ourdir une conjuration contre le César, dans de telles conditions, n'était point malaisé, si c'était dangereux. Basile n'hésita pas. Entre les deux ennemis qui, l'un et l'autre, se voulaient mal de mort, les chances étaient à peu près égales. Il fallait toutefois au Macédonien un appui auprès de l'Empereur dans la lutte qu'il allait engager. S'il était, en effet, l'ami écouté quand il s'agissait de jeux et de plaisirs, avec cet instinct de race qui est propre aux rois, Michel comprenait que Bardas lui était indispensable quand il s'agissait de gouverner l'Empire et de gaieté de cœur il n'aurait point consenti à le sacrifier. Il importait donc de perdre le César auprès de Michel III. Par un coup

1. *Vit. Basil.*, ch. xvi, 249. — Pour le mariage de Basile voir plus loin.
2. Cedrenus, 1084.
3. Sym. Mag., xl, 737 ; Georg. Moine Cont., 1056 ; Léon Gramm., 1073 ; Cedren., 1064 et 1084.
4. *Vit. Basil.*, ch. xxxvii, 213-215 ; Theoph. Cont., *Vit. Mich.*, ch. xxi, 188 ; Sym. Mag., xiv, 720, 721 ; Cedren., 1044.

d'habileté incomparable, Basile s'aboucha avec le logothète Symbatios, gendre de Bardas et, sous la foi des plus solennels serments, lui raconta que l'Empereur avait pour lui la plus singulière amitié et que, sans son beau-père, il l'élèverait volontiers au rang de César. Cette pensée fut pour Symbatios une révélation. Son titre de logothète n'allait donc pas être vain ; il pourrait gouverner à son tour ! Il accepta d'entrer dans la conjuration formée par Basile et tous deux se mirent en devoir de convaincre Michel que le César en voulait à sa vie. Tant que Basile avait parlé, Michel s'était contenté de rire ; mais les confidences du propre gendre de Bardas l'effrayèrent et dès lors il ne songea plus qu'à se défendre[1]. Virtuellement Basile était vainqueur. Mais s'il avait gagné l'Empereur, il ne pouvait se dissimuler que Byzance et l'armée étaient pour le César[2]. En somme, à part la question religieuse, Bardas avait admirablement gouverné. A l'intérieur, il avait fait régner la justice et rendu à Constantinople le lustre des lettres qu'elle avait perdu. A l'extérieur, il avait vaillamment, par son frère Pétronas et ses généraux, combattu les Arabes et remporté sur eux d'éclatantes victoires. Les Bulgares avaient conclu la paix ; leur prince en 864 s'était fait baptiser et avait pris le nom de Michel. Des missionnaires, comme Cyrille et Méthode, étaient allés porter aux peuples païens la foi de l'orthodoxie et l'amour de Byzance. La civilisation « romaine » s'était répandue et par elle le commerce avait prospéré. Tant de bienfaits valaient au César une légitime popularité. En outre — et c'était encore plus grave — tous les grands postes de l'Empire étaient occupés par ses amis, depuis le Patriarcat jusqu'aux chefs de l'armée et aux gouverneurs civils qui comptaient bien, probablement, voir, un jour, régner leur protecteur[3]. Enfin Bardas n'ignorait rien de la conjuration qui se tramait contre lui et à la moindre alerte il était si bien prêt à se défendre qu'il avait fait revenir en ville Antigone avec de nombreuses troupes. C'est pourquoi Basile résolut, de concert avec l'Empereur, d'éloigner Bardas de Constantinople en l'obligeant à suivre Michel III dans une expédition contre les

---

1, Sym. Mag., XL, 737 ; Léon Gramm., 1076 ; Georg. Moine Cont., 1057.
2. *Ibid.*
3. *Vit. Basil.*, ch. XVII, 252.

Arabes[1]. Au fond, il semble bien que le César avait des craintes plus sérieuses qu'il ne voulait le laisser paraître. Il se sentait fort et sa vanité répugnait à trembler devant un parvenu. Et cependant de noirs pressentiments le hantaient[2]. Aussi quand il se décida, malgré le conseil de ses amis, à partir comme chef de l'armée[3], il se rendit avec l'Empereur et Basile à Sainte-Marie de Chalkopratia et demanda qu'on jurât devant le Patriarche et sur le sang du Christ, de ne rien entreprendre contre sa vie durant l'expédition[4]. Naturellement le serment fut prêté : Basile n'en était pas à un scrupule près.

L'armée se mit en marche immédiatement après les fêtes de Pâques qui tombaient en cette année 866 le 7 avril, pour le thème des Thracésiens afin de se diriger ensuite sur la Crête[5]. Arrivée à l'embouchure du Méandre, au lieu qu'on appelait « Κήποι » les jardins[6], elle s'arrêta pour camper et se préparer à la traversée qui devait avoir lieu le 27 ou le 28. Deux tentes furent élevées, l'une pour l'Empereur, l'autre pour le César. Par un hasard, peut-être bien voulu[7], la tente de l'Empereur fut placée dans un bas-fond tandis que celle de Bardas se trouvait sur la hauteur. Au dire de Constantin VII, le fait fut très remarqué et causa une grande rumeur[8]. Ce qui paraît certain, c'est que les amis de Bardas et ses serviteurs, sachant la scène qui allait se jouer, l'avertirent du danger qu'il courait. Il ne voulut pas tenir compte de leur dire et au matin du 21 avril, vers neuf heures[9], il se dirigea plein de dédain, entouré d'un splendide cortège, du côté de la tente de l'Empereur pour lui annoncer que l'armée était prête et qu'elle pouvait, sur son ordre, faire voile vers la Crête[10]. Basile qui avait eu soin, sous prétexte de

---

1. Georg. Moine Cont., 1057. Vasiljev, *Byzance et les Arabes*, I, 204.
2. *Vit. Basil.*, ch. xvii, 252 ; Theoph. Cont., *Vit. Mich.*, ch. xl, 217, 220 ; Sym. Mag., xli, 740 ; Genes., 1124 ; Cedren., 1065.
3. Sym. Mag., xl, 737 ; Georg. Moine Cont., 1057 ; Léon Gramm., 1076.
4. Sym. Mag. ; *ibid.* ; *ibid.*
5. Theoph. Cont., *Vit. Mich.*, ch. xl, 220 ; Sym. Mag., xlii, 740 ; Georg. Moine Cont., 1060.
6. *Vit. Basil.*, ch. xvii, 252 ; Genes., 1124. Léon Gramm., 1076. Theoph. Cont., *Vit. Mich.*, xl, 220. Ramsay, p. 111.
7. Cedren., 1065. C'était en tous cas contraire à l'étiquette, telle du moins qu'elle nous l'est révélée par les Taktika de Léon VI.
8. *Vit. Basil.*, ch. xvii, 252.
9. Sym. Mag., xlii, 740 ; *Vit. Basil.*, ch. xvii, 252 ; Theoph. Cont., *Vit. Mich.*, ch. xl, 220 ; Léon Gramm., 1077.
10. Léon Gramm., 1077.

manœuvre, de faire éloigner Antigone et ses troupes [1], était décidé à en finir avec un jeu qu'il savait fort risqué. Dès que le César se fut approché de Michel pour le saluer, lui-même s'avança et sur un signe convenu, tous les conjurés s'apprêtèrent à frapper leur victime. Basile donna le premier coup, après quoi chacun s'acharna sur le corps de Bardas qui fut mis en pièces et honteusement déchiqueté [2]. Du César, il ne resta rien que la mâchoire inférieure qu'on conserva longtemps dans une petite urne en ce même monastère de Gastria où Théodora était religieuse et fut ensevelie [3].

Basile était donc vainqueur. Il n'avait que faire, dès lors, d'une expédition en Crête. On rentra à Byzance ; mais ce ne fut pas sans difficultés. L'armée, à la nouvelle du meurtre, essaya de se révolter. Il fallut toute l'énergie du drongaire Constantin, parent, mais ennemi de Bardas, et grand partisan de Basile [4] — nous l'avons déjà vu — pour réprimer une sédition qui pouvait être fatale à l'Empereur et à son parakimomène et convaincre chacun que le César avait été tué légitimement à cause de ses insolentes prétentions et de ses ambitieux projets [5]. Ce fut, du reste, à partir de cet instant, la thèse de la cour et la raison qu'elle donna du lâche assassinat de Bardas [6].

Le peuple, cependant, ne paraît pas avoir jugé de même le meurtre qui venait d'être commis. Michel et Basile rentrèrent à Constantinople sans triomphe, la conscience chargée d'un lourd crime. L'Empire était privé de son plus habile défenseur et plus que jamais les esprits chagrins pouvaient, à l'horizon des choses, voir s'accumuler les sujets d'angoisse et d'inquiétude. Aussi la population ne fut-elle pas aimable à l'égard de ses maîtres. Des murmures accueillirent le cortège impérial et un

1. Genes., 1125.
2. *Vit. Basil.*, ch. xvii, 253 ; Theoph. Cont., *Vit. Mich.*, ch. xl, 220 ; Léon Gramm., 1077 ; Sym. Mag., xlii, 740-41 ; Cedren., 1065.
3. *De Cerem.*, 1208.
4. Genes., 1121, 1128.
5. Cedren., 1067 ; Genes., 1128 ; Theoph. Cont., *Vit. Mich.*, ch. xl, 221.
6. Le récit de Constantin Porphyrogénète et des chroniqueurs attachés à la cour est évidemment tout différent. Pour eux, Basile ne fut pour rien dans le meurtre du César. La faute en doit être imputée à Symbatios seul. La *Vit. Mich.* fait intervenir Basile au moment décisif, mais en remarquant qu'il n'agit de la sorte que pour sauver l'Empereur menacé et mû uniquement par l'éminence du danger et les suppliantes objurgations de Michel (ch. xl, 220, 221). La *Vit. Basil.* répète la même chose (ch. xvii, 253). D'autres chroniqueurs taisent tout simplement son nom.

moine se faisant l'écho des pensées de beaucoup s'écria tout à coup : « Tu as fait un bon voyage, Basileus, tu as tué ton propre parent. Malheur à toi pour avoir fait cela. » Sur l'heure ce fut le moine qui fut malheureux [1], mais sa prédiction ne devait que trop se réaliser et sans beaucoup tarder. Le premier soin de Michel fut, comme il l'avait fait autrefois pour Bardas, au lendemain de l'assassinat de Théoctistos, de combler Basile de ses faveurs. Incapable de diriger l'Empire de ses propres mains et n'ayant pas encore d'enfants [2], il résolut d'élever Basile à la plus éminente dignité aulique en le créant « magistros et fils adoptif » d'abord, puis bien peu de jours plus tard, le dimanche de la Pentecôte, 26 mai, coempereur [3]. D'un bond Basile était monté plus haut que Bardas. Il obtenait ce que son ennemi avait toujours rêvé. La cérémonie fut, comme elle devait l'être, magnifique. La veille au soir, le protovestiaire impérial prévint Photius [4] de la fête qui allait avoir lieu. Immédiatement, à l'étonnement général, deux trônes furent dressés à Sainte-Sophie et le lendemain, devant la foule plus curieuse que sympathique, Michel s'avança, ayant à ses côtés Basile en habit de parakimomène. La procession arriva ainsi à l'iconostase et tandis que l'Empereur montait à l'ambon, ayant à ses pieds Basile, un « asecretis » Léon Castor, commença à lire la proclamation du Basileus. Il expliquait à son peuple qu'un complot avait été machiné contre sa vie par Bardas et que, sans ses fidèles serviteurs Symbatios et Basile, il eût été tué. Bardas avait reçu la juste peine de son crime. Basile désormais le remplacerait et allait être créé empereur. Tout le monde applaudit et Basile reçut la couronne aux cris de « Longues années à Michel et à Basile [5] ! »

De tout cela, cependant, un homme n'était point satisfait. C'était ce pauvre Symbatios que Basile avait si bien joué. Furieux de voir son titre de César lui échapper, il demanda à être nommé stratège du thème des Thracésiens [6] et abdiqua sa

1. Sym. Mag., XLII, 741 ; Georg. Moine Cont., 1061.
2. Cedren., 1068 ; Theoph. Cont., *Vit. Mich.*, ch, XLIII, 221 ; *Vit. Basil.*, ch. XVIII, 253.
3. Theoph. Cont., *Vit. Mich.*, XLIII, 221 ; Georg. Moine Cont., 1062 ; Nicctas, 537 ; Genes., 1136.
4. Léon Gramm., 1077.
5. Sym. Mag., XLIII, 741 ; Georg. Moine Cont., 1061 ; Léon Gramm., 1080.
6. *Vit. Basil.*, ch. XVIII, 253.

charge de logothète [1], puis partit avec Georges Piganis soulever la province contre le nouvel Empereur. Sa révolte fut terrible, mais de courte durée. Piganis fut pris le premier, Symbatios ensuite. Ils furent mutilés : l'un eut les yeux crevés l'autre un œil arraché et une main amputée et la révolte put être ainsi apaisée [2].

Mais pour autant, Basile n'en était pas plus aimé. A peine eût-il ceint le diadème que les envieux le poursuivirent de leurs calomnies et les amis de Bardas de leur haine, De tous côtés on fit parvenir à Michel des libelles accusant son collègue de le vouloir tuer [3] et sans doute après la scène de « Κῆποι » n'en fallut-il pas beaucoup à l'Empereur pour se défier d'un homme qui maniait si facilement l'épée et le mensonge. Du reste, Michel était-il capable d'aimer longtemps quelqu'un ? Le premier venu, s'il savait le flatter, était certain de se voir honoré des familiarités impériales et de supplanter son prédécesseur. Basile n'échappa pas à la règle. Il put s'apercevoir assez vite que Michel n'était plus pour lui l'ami d'autrefois et qu'un vulgaire batelier du nom de Basiliskianos commençait à prendre le chemin qu'il avait suivi lui-même pendant plusieurs années [4]. S'il faut en croire les panégyristes de Basile, Michel aurait été froissé de voir son impérial associé s'éloigner des orgies dans lesquelles ils avaient jusque-là vécu tous les deux et des remontrances qu'il se permit d'adresser à son bienfaiteur [5]. Il est bien douteux, cependant, que cela soit. Basile, même pour soigner son prochain avènement, n'avait pas de ces délicatesses et le dernier repas qu'il prit avec Michel le laisse bien deviner. Tout simplement, outre une question de ménage dont nous parlerons plus loin, l'étoile de Basile s'éteignait d'elle-même, comme s'éteignent les étoiles de la chance et du bonheur quand il n'y a pas pour les faire de nouveau briller une énergique volonté. Basile avait cette volonté : c'est ce qui le sauva. Quand il vit que Michel ne cherchait plus qu'une occasion de le faire mourir [6] et qu'un soir après des courses qui avaient été pour Michel un triomphe, pris de vin, il osa

1. *Vit. Basil.*, ch. xviii, 256 ; Georg. Moine Cont., 1064.
2. *Ibid.*, ch. xviii, 256-57.
3. Genes., 1136.
4. Léon Gramm., 1081 ; Georg. Moine Cont., 1068.
5. Cedren., 1068 ; *Vit. Mich.*, ch. xliii, 221 ; *Vit. Basil.*, ch. xxiv, 264.
6. Cedren., 1068 ; *Vit. Mich.*, ch. xliii, 224 ; *Vit. Basil.*, ch. xxv, 265.

offrir ses sandales de pourpre à son nouveau favori et le présenter ainsi au Sénat pour qu'il agréât ce singulier empereur [1], Basile n'y tint plus. Il profita d'un dîner auquel il se trouva invité quelques jours plus tard, à Saint-Mamas, à l'occasion d'une chasse dans laquelle — entre parenthèse il faillit être tué sur l'ordre de l'Empereur, — pour se débarrasser d'une façon définitive de son dangereux collègue. Se levant de table sur la fin du repas, il s'éloigna un instant sous un prétexte quelconque et pendant que Michel continuait ses libations et se livrait à ses obscènes plaisirs, il s'en alla fausser les serrures de la chambre impériale et revint prendre part à la fête nocturne jusqu'au coucher de l'Empereur. Comme à l'ordinaire, il le reconduisit lui-même à son lit et le laissa entre les mains de ses cubiculaires, surpris et effrayés de ne pouvoir fermer la porte, pressentant quelque sinistre évènement. Chacun, toutefois, ne tarda pas à s'endormir de ce lourd et immobile sommeil qui suit les banquets prolongés. Pendant ce temps, Basile avait réuni ses amis, les mêmes qui déjà avaient pris part au meurtre de Bardas, et bientôt les abords de la chambre impériale furent envahis par les conjurés : Symbatios et Marianos, frères de Basile, Constantin Toxaras, Asyléon, son cousin et d'autres. Basile entra le premier, suivi d'un Bulgare, Pierre. Au bruit de leurs pas, le cubiculaire Ignace se réveilla et devinant tout, voulut s'opposer par la force à l'acte qu'il voyait déjà perpétré. Il fut vite réduit à l'impuissance, grâce à la vigueur du Bulgare ; mais tout ce bruit réveilla à son tour l'Empereur, complètement dégrisé ; sans peine il comprit que son heure était venue. Jean Chaldios se précipita sur lui et d'un coup de glaive lui coupa les deux mains ; un Perse, Jacobitzès, jeta Basiliskianos à bas de son lit. Il ne restait qu'à achever l'œuvre commencée. Tandis que Basile parlementait sur ce qu'il convenait de faire, Asyléon rentra résolument dans la chambre et sans pitié plongea son épée dans le ventre de Michel qui, assis sur son lit, se lamentait à la vue de ses moignons ensanglantés, reprochant à Basile sa perfide ingratitude. Les viscères impériales s'en allèrent ensanglanter les dalles de marbre : L'Empereur était mort. Byzance qui entrait, en cette

---

[1]. Cedren., 1068 ; *Vit. Basil.*, ch. xxv, 265 ; Theoph. Cont., *Vit. Mich.*, ch. XLIII, 224 ; Georg. Moine Cont., 1068.

nuit du 23 au 24 septembre, dans l'année 867 recevait un nouveau souverain et une nouvelle dynastie [1]. Michel disparaissait à l'âge de vingt-huit ou vingt-neuf ans, après avoir régné un an et quatre mois avec Basile.

Au dehors, pendant cette scène tragique, une violente tempête faisait rage sur la mer. On était à Saint-Mamas, au bord de la mer, de l'autre côté de Constantinople et l'essentiel, le coup fait, était de s'emparer du palais impérial. Basile et les conjurés se rendirent donc au plus vite au «πέραμα» pour de là traverser sur Constantinople. Ils abordèrent à la maison d'un Perse, Eulogios. Tous ensemble escaladèrent le mur d'enceinte du palais du côté de la mer, se firent ouvrir les portes du palais par l'hétériarche de service, Ardabasde et Basile put prendre ainsi possession immédiate de sa nouvelle demeure. La cour, elle, était restée à St-Mamas. Basile la fit revenir solennellement dès le lendemain, tandis qu'il envoyait un obscur cubiculaire, Paul, ensevelir précipitamment les restes de Michel III au monastère de Chrysopolis [2]. De tous les amis de l'Empereur, personne ne lui restait fidèle en cet intant, sinon sa mère et ses sœurs qu'il avait si cruellement outragées et si indignement traitées. Elles seules furent là pour déposer sur sa tombe leur pardon et leur prière [3].

## III

Tels sont les faits que les chroniqueurs nous ont transmis ; mais ces faits ne sont en réalité que le cadre extérieur de l'histoire et la manifestation des sentiments intimes de ceux qui les provoquèrent. Aussi est-ce à démêler les causes véritables des évènements dont le souvenir nous est parvenu qu'il faut arriver si l'on veut en saisir tout le sens et la portée. Comment donc et pourquoi, Basile a-t-il pu accomplir la révolution qui l'a porté au trône, lui et sa famille ? C'est la question qu'il s'agit d'examiner.

Dix années durant, Bardas avait su, par son intelligence et

---

1. *Vit. Ignat.*, 540.
2. L'actuelle Scutari.
3. Georg. Moine Cont., 1068 ; Sym. Mag., XLVIII, 748.

son activité, faire face à tous les dangers qui menaçaient l'Empire et lui donner le calme et la prospérité dont il avait besoin après la rude secousse iconoclaste. Mais c'était là l'œuvre d'un homme et l'ordre qui, grâce à lui, semblait régner partout était en réalité plus superficiel que profond. L'anarchie était toujours prête à renaître. D'abord la question religieuse avait provoqué beaucoup de mécontentement et les esprits se trouvaient très divisés. Dans le clergé comme parmi les dignitaires de l'Empire, à la ville comme à la cour, il y avait deux camps bien tranchés : les uns, partisans d'Ignace, les autres de Photius ; puis la conduite de Michel III n'était guère faite pour lui gagner des sympathies. Très vite, les gens de bien furent écœurés de ses désordres et se déclarèrent contre lui [1]. Enfin on avait toujours à redouter les ennemis du dehors : Arabes, Bulgares, auxquels étaient venus se joindre les Russes, en juillet 860. Aussi, comprend-on facilement l'inquiétude qui s'empara de Byzance à la mort du César. Son énergie et son autorité avaient pu endiguer tous ces éléments révolutionnaires et les empêcher de détruire l'ordre établi ; mais lui disparu, on pouvait craindre les pires malheurs. Michel, en effet, était incapable de se faire respecter. Il n'essaya même pas. Dès son retour à Byzance, il reprit sa vie accoutumée et ses plaisirs favoris. Toujours retiré dans son palais de S$^t$-Mamas, situé en dehors de ville, près de son cirque privé, il continua à s'occuper exclusivement de ses chevaux et de ses courses et à ouvrir largement à ses amis — cochers et courtisans — le trésor impérial. Ni les désordres intérieurs, ni les bruits de guerre ne pouvaient parvenir jusqu'à lui. Il ne tolérait même pas qu'on vint lui en parler [2]. Et puis, à son dévergondage moral se joignait son incrédulité bien connue et si déjà on trouvait ses compagnies habituelles, scandaleuses, on lui pardonnait encore bien moins ses parodies grossières des plus saints mystères de la Religion et ses plaisanteries de mauvais goût sur l'Eglise et le clergé. Constantinople, divisée sur la personne du patriarche, ne l'était plus sur la question dogmatique et sa piété traditionnelle, qu'en l'occurrence, la superstition et la crainte des vengeances célestes venaient exalter, était toute prête à se révolter

---

1. Cedren., 1061 ; Genes., 1121.
2. Cedren,, *ibid.* ; *Vit. Mich.*, ch. xxxv, 212.

contre un souverain qu'elle jugeait aussi méprisable que dangereux. La haine des honnêtes gens, d'une part, les malédictions du clergé de l'autre, commencèrent donc à discréditer aux yeux de chacun le gouvernement de Michel [1].

Mais il y avait plus. Les folles dépenses de l'Empereur avaient ruiné le trésor. Sans compter, il distribuait à ceux qui lui plaisaient et le flattaient des sommes considérables [2] qui appauvrirent le trésor au point que le jour vint où, n'ayant plus rien à donner à ses amis, impuissant à faire face aux dépenses nécessaires, il dut ordonner la fonte des objets d'art que Théophile avait amassés au palais, des précieux habits brodés d'or qui servaient aux grandes solennités, de toutes les richesses, en un mot, qui faisaient la gloire de Byzance et l'admiration des barbares [3]. Des réserves de Théodora et de Théophile, il ne restait plus rien et de toutes ces prodigalités, l'Empire était seul à n'avoir pas profité. Ces mesures, du reste, se trouvèrent promptement, elles aussi, insuffisantes. Il fallut trouver de nouveaux expédients et naturellement, comme toujours, ce furent les couvents et les riches qui, les premiers, furent mis à contribution. Par ordre du Basileus, on rançonna les églises et les monastères [4], voire même on les pilla. La confiscation des fortunes privées suivit de près celle des monastères et c'est, si l'on en veut croire Constantin VII, ce perpétuel besoin d'argent qui amena les cruautés inqualifiables de Michel III. Dès qu'une personne avait cessé de lui plaire, sous le plus futile prétexte, on la mutilait et on lui saisissait ses biens. Chaque nuit d'orgie amenait ainsi quelque nouvelle condamnation que parfois l'Empereur lui-même regrettait au matin [5]. On comprend que sous un tel régime où seule faisait loi la capricieuse volonté d'un jeune homme affaibli par l'intempérance et corrompu par tous les excès, ceux qui possédaient pussent se juger en danger dans leur vie et leurs richesses [6] et fussent très disposés à acclamer

1. Theoph. Cont., *Vit. Mich.*, ch. XLIII, 224 ; *Vit. Basil.*, ch. XX et XI, p. 257, 260 ; Genes., 1121.
2. Sym. Mag., XIV, 720-721 ; *Vit. Basil.*, ch. XVI, p. 249.
3. *Vit. Basil.*, ch. XXIX, 272 ; Theoph. Cont., *Vit. Mich.*, ch. XXI, 188 ; Sym. Mag., XV, 721.
4. *Vit. Basil.*, ch. XXVII, 269.
5. Cedren., 1068 ; *Vit. Basil.*, ch. XXVII, 268, 269 ; Theoph. Cont., *Vit. Mich.*, XLIII, 224 ; Liutpr. Autapod., I, § 9, 276.
6. *Vit. Basil.*, XXVII, 268-69.

au premier signe l'homme assez fort pour leur rendre la paix dont ils avaient joui jusque-là. Aussi est-il assez vraisemblable, même en faisant une large part aux exagérations de Constantin et des apologistes de Basile, très disposés, naturellement, à peindre le règne de Michel sous les plus noires couleurs afin d'excuser plus facilement le nouveau Basileus, que de cet état de choses personne ne voulait plus.

Enfin, précisément à l'heure où tout allait au plus mal dans le gouvernement intérieur de l'Empire, on signala tout à coup de nouvelles agitations sarrasines aux frontières, préludes d'une action militaire. La situation était d'autant plus grave que les troupes qui, depuis longtemps déjà, n'avaient pas été payées, faisaient mine de se révolter [1] et que tous ces grands généraux d'autrefois, Manuel, Pétronas, qui avaient si souvent sauvé et l'Empire et son chef, étaient morts sans laisser derrière eux des successeurs capables de les remplacer. Il fallut donc, en hâte, monnayer différents objets pour un millier de kentenaria et les envoyer aux stratèges [2]. A ce prix, la révolte fut évitée. Mais un dernier caprice de l'Empereur vint mettre le comble à l'indignation générale et augmenter les appréhensions de tous les bons citoyens. Un télégraphe optique, très heureusement imaginé par Léon le Philosophe sous Théophile, à l'aide de feux, mettait en communication les frontières extrêmes de l'Empire du côté des Arabes — la Cilicie — avec le palais impérial. Dès qu'une invasion était annoncée, les feux s'allumaient de collines en collines et arrivaient jusqu'au Phare, contigu au Palais, où suivant l'heure à laquelle les feux avaient été allumés on savait quel évènement militaire était signalé. Or un jour — peu de temps avant le meurtre de Michel — de grandes courses étaient données à S$^t$-Mamas en l'honneur de la naissance du futur Léon VI quand un protonotaire du logothète arriva subitement annoncer qu'on signalait les feux, que le territoire était envahi. Une panique générale s'en suivit. Personne ne fit plus attention aux courses que dirigeait l'Empereur en personne. Furieux de voir ses talents méconnus et ses plaisirs interrompus pour si peu de choses, Michel fit détruire immédiatement son télégraphe sûr qu'ainsi, dit-il, pareille mésaven-

---

1. Sym. Mag., XV, 721.
2. *Ibid.*

ture ne se reproduirait plus [1]. Vraiment c'en était trop. Tout le monde se révolta : sénat, principaux citoyens, fonctionnaires, armée [2] et ouvertement on parla de chasser l'Empereur « parce que les affaires des Romains étaient mal administrées et qu'il n'y avait plus de sûreté pour personne [3]. »

Cet état de choses ne pouvait évidemment durer et c'est probablement dans l'espoir d'arrêter la révolution que Michel nomma Basile, co-empereur. Mais, comme par le passé, le Macédonien profita de sa situation et du mécontentement de tous pour faire à son profit la révolution que son impérial collègue avait de justes raisons de redouter et c'est ce qui lui permit de s'emparer sans difficultés de la ville et du gouvernement. Aussi n'est-il pas invraisemblable qu'en fait, après le coup d'Etat du 24 septembre, comme le dit Constantin, le sénat, la noblesse et l'armée aient sans peine acclamé le nouvel Empereur [4]. Si son nom n'était pas populaire, si sa réputation n'était pas sans tâche, si surtout il avait sur la conscience deux meurtres assez lâches, on pouvait du moins espérer que ce robuste paysan serait un bon soldat et ce rusé Slave un habile administrateur. On était heureux, en tout cas, de voir monter sur le trône un homme qui avait connu la pauvreté et savait par expérience quelle dure vie était faite par les riches à tous les humbles et les petits ; on était heureux de penser qu'il ne permettrait plus désormais de pressurer et de faire du mal à ceux dont il tenait par son origine même et que des réformes, une amélioration dans l'état de choses existant, rendrait au nouveau gouvernement l'énergie que l'ancien avait perdue dans les festins et l'ivrognerie [5] et c'est probablement de tout cœur que les factions du cirque purent crier, suivant l'usage, « longue vie à l'Empereur Basile ! »

1. Theoph. Cont., *Vit. Mich.*, xxxv, 212 ; Cedren., 1061 ; Sym. Mag., xlvi, 744.
2. *Vit. Basil.*, 253 ; Cedren., 1085.
3. *Vit. Basil.*, xviii, 253-56 ; *Vit. Mich.*, xliii, 221, 224.
4. *Vit. Basil.*, xix, 257.
5. *Vit. Basil.*, xix, 257 ; Cedren., 1088.

# CHAPITRE III

LA PERSONNE DE L'EMPEREUR. — SON CARACTÈRE. — SES IDÉES.
LA FAMILLE IMPÉRIALE. — LA COUR.

I

Basile avait cinquante-cinq ans environ au moment où, par le meurtre de Michel III, il devenait seul maître de l'Empire. Il était donc sur le retour de l'âge, à cette époque de la vie où le commun des hommes en a fini avec les illusions de la jeunesse et les ambitions de la maturité et ne se laisse plus guère prendre aux longs rêves d'avenir. Mais Basile était fils de ces fortes races de paysans montagnards pour lesquels l'existence paraît devoir être sans terme parce que la santé, la vigueur, l'équilibre des facultés semblent leur permettre une verte et prolongée vieillesse. Il avait trouvé que même à son âge une trône vaut un assassinat et, puisqu'il l'avait obtenu, il était bien décidé à y monter pour accomplir une grande œuvre. Son physique, du reste, attestait qu'il pouvait compter sur de longues années de vie. Comme aux jours lointains où il était en service chez Théophylitzès, il avait conservé sa grande et belle stature, ses larges épaules, sa force herculéenne, son teint foncé tout resplendissant de santé. D'épais sourcils, se rejoignant à la naissance du nez, encadraient ses yeux légèrement tristes et sa figure, d'ordinaire grave, s'assombrissait encore quand le poids et le souci des affaires venaient l'accabler[1], quand aussi, peut-être, l'image de ceux qu'il avait fait périr se dressait devant ses yeux comme un remords qu'on n'efface pas. Ce remords, Basile semble l'avoir traîné avec lui durant tout son règne comme le forçat son boulet et sa piété, affectée, étrange même chez un tel homme, n'est peut-être

1. Sym. Mag., I, 748.

bien que l'expression de l'effort incessant qu'il fit pour s'en débarrasser. Aussi comme l'écrivain romain, auteur de la Vie du Pape Hadrien [1], est-on parfois tenté, à n'étudier que la conduite de Basile après son avènement, de donner presque raison à ses panégyristes contre ses adversaires et de croire, qu'en définitive, il put bien être innocent du double crime dont il profita. Mais si les faits parlent assez haut contre lui pour qu'on ne puisse s'y tromper, il n'en demeure pas moins qu'en Basile l'Empereur nous apparaît sous un tout autre jour que l'ancien ami de Michel III et c'est surtout ce dernier aspect qui, naturellement, a frappé tous ses contemporains.

Dès son avènement, en effet, à l'encontre de son prédécesseur, Basile afficha des sentiments religieux très marqués qui ne le quittèrent plus. Chaque jour, nous raconte son petit-fils, il s'en allait prier le Seigneur pour le succès de ses entreprises, prenant saint Michel et le prophète Élie comme intercesseurs [2]. De retour à Constantinople, après ses campagnes militaires, son premier soin était de visiter les églises pour rendre grâce à Dieu de ses bienfaits et sa reconnaissance se traduisait chez lui en constructions religieuses magnifiques qu'il ne se lassait point de semer sur toute l'étendue de son vaste empire.

Sans doute, comme le remords, la politique dut inciter cette dévotion subite. Basile avait eu sous les yeux l'exemple de Michel III dont l'impopularité était allée grandissante avec son incrédulité et il sentit, dès le premier jour, la nécessité d'appuyer son autorité sur la religion de ses sujets. Pour cela il se montra respectueux de l'orthodoxie, protecteur et ami du clergé, propagateur de la foi chrétienne; mais cependant, il serait injuste, je crois, de refuser à Basile toute sincérité. A lire, en effet, les recommandations nombreuses qu'il adresse à son fils sur la foi, sur l'honneur à rendre aux prêtres, sur la vertu à pratiquer, comme ses solennelles déclarations au concile qu'il réunit, au début de son règne, en faveur d'Ignace, on sent qu'en cet homme tout n'était pas feinte et hypocrisie et que vraiment la religion avait fini, sur le tard, par inspirer sa conduite. Ses relations habituelles, du reste, à défaut d'autres preuves, seraient là pour confirmer le changement

---

1. Lib. Pontif., *Vit. Hadr.*, p. 178.
2. *Vit. Basil.*, XLI, 288.

qui s'opéra en lui. Les moines devinrent ses conseillers et ses amis. Il se plaisait à les recevoir, à les inviter à sa table, à leur demander le secours de leurs prières. Dès qu'il apprenait qu'un religieux, par la sainteté de sa vie, était l'objet de la vénération des hommes, il le mandait à la cour pour s'entretenir avec lui et le consulter [1]. Tout, jusqu'à ses lectures pieuses et à celles qu'il conseille à son fils [2], nous découvre les sentiments intimes qui l'animaient véritablement [3]. Sa piété, toutefois, ne fut pas stérile. Elle s'épancha au dehors en œuvres charitables qui lui valurent un étonnant renom de douceur et de bonté. Au lendemain de son avènement, il distribue au peuple de nombreuses largesses [4] et bientôt, sous son impulsion, des hôpitaux, des maisons de retraite, des hôtelleries s'ouvrirent pour les malades et les vieillards [5]. Volontiers, il répétait à son fils : « La piété consiste à soulager ceux qui sont dans le besoin, εὐσέβεια ἡ τῶν δεομένων ἐστὶ μετάδοσις. Estime que tu as perdu ta journée si tu n'as fait de bien à personne. C'est le moyen d'obtenir miséricorde du souverain roi [6]. » Ces sages conseils, Basile les pratiquait lui-même. Tous ceux qui l'avaient autrefois servi et aidé, tous ceux qui lui avaient montré quelque attachement étaient sûrs de ne pas se voir oubliés [7] et l'équité envers tous, surtout envers les pauvres et les petits, devint la loi qu'il imposa à tous ses fonctionnaires, comme le meilleur moyen de rendre les hommes heureux. Nulle oppression, nulle injustice n'étaient par lui tolérées et nous verrons à propos de ses réformes législatives et administratives quelles étaient, à cet égard, sa surveillance et sa sévérité [8]. « Il est étonnant, disait-il, comme les sujets examinent les affaires des princes. En observant la justice, le souverain obtient deux avantages à la fois : il se met à couvert des calomnies et forme, par son exemple, les hommes à la vertu [9]. »

1. *Vit. Basil.*, LXXII, 329.
2. *Exhort.*, IV, B.
3. *Vit. Basil.*, LXXII, 329.
4. *Vit. Basil.*, XXIX, p. 272. C'était, du reste, l'usage à Byzance (cf. Theoph., p. 992).
5. Genes., 1153.
6. *Exh.*, IX, C.
7. *Vit. Basil.*, LXXIII, 332 ; Léon Gramm., 1088-1089.
8. *Vit. Basil.*, LXXII, 331 ; XC, 361.
9. *Exh.* XXXI, D.

Aussi comprend-on facilement l'enthousiasme de quelques-uns de ses contemporains qui depuis longtemps n'avaient vu un aussi vertueux souverain. « Il est doux, bon, libéral, calme, pacifique, sage, juste, ami du Christ, fidèle observateur de sa loi ; il aime la paix ; il est généreux pour les pauvres et pour les villes, » dit un poète anonyme [1] et c'est par un magnifique portrait de Basile que Nicétas de Byzance commence sa lettre pour réfuter un livre quelconque attribué à Mahomet. « Que dirai-je de sa façon très sage de gouverner l'Empire ; de sa conduite paisible à l'égard de l'Eglise ; de son équité, de sa patience et de sa bonté, de ses bienfaits et de sa libéralité, de sa foi, de son zèle, à faire prêcher l'Evangile du Christ, car il ne supportait pas que les corps des barbares seulement fussent mis en fuite s'il n'avait aussi divisé leurs âmes impies par la parole à deux tranchants de la vérité [2]. »

Et tout cela est vrai ; mais ce n'était là qu'un des côtés du caractère de Basile, le résultat d'une volonté chez lui bien arrêtée où entraient tout à la fois le besoin d'expier son crime, l'espérance de se le faire pardonner et le légitime désir de rendre populaire son gouvernement. C'était le côté que la foule connaissait. L'autre était moins séduisant, aussi le dissimulait-il aux regards du public pour ne le laisser paraître qu'à l'ombre du palais, dans le cercle restreint de ses familiers. Tandis qu'en effet, l'Empereur se faisait, par nécessité et habileté politique, indulgent et bon à l'égard de ses ennemis, magnanime pour ceux qui, comme Symbatios, Piganis, Ooryphas, au début de son règne, Kourkouas et ses conjurés plus tard, cherchèrent à le faire mourir [3], il n'en fut plus de même avec les siens. Alors son caractère colère, violent, emporté, apparaissait tout entier et ses antipathies le conduisaient à de véritables injustices. Pour son fils putatif, Léon, il fut toujours un mauvais père. Après l'avoir contraint par la force à épouser Théophano [4], sur un faux rapport de l'abbé Théodore, dit Santabarenos, ami de Photius, il le fit enfermer plusieurs mois en prison et voulut même lui faire crever les yeux [5] ;

1. *Anonyme.* Cité par Brinkmann, 93 et seq., 131, 140, 157.
2. Nicétas de Byzance, *Refutatio,* p. 670-672.
3. *Vit. Basil.*, XVIII, 257 ; XLV, 293. Sym. Mag., II, 749 ; Brink., *Anonym.,* 190 et seq.
4. *Vit. S. Euthym.*, ch. VII, § 8, p. 128-129.
5. Léon Gramm., 1092 ; *Vit. Basil.*, ch. c, p. 365.

pour sa sœur Thécla il fut d'une rigueur inouïe [1], et, sans trop approfondir la chose, il envoya en exil Nicétas qu'on disait amoureux de l'impératrice [2]. Ses meilleurs serviteurs pouvaient toujours craindre quelque revirement dans son amitié et un hagiographe anonyme, habitué de la cour, ami de la famille de sainte Théophano, nous montre bien, à propos de la démarche qu'essaya de faire auprès de Basile, Stylianos Zaoutzès, son protospathaire, pour la délivrance de Léon, la terreur qui régnait autour de l'Empereur [3]. Il faut dire, cependant à sa décharge, qu'au terme de sa vie, il ne fut peut-être plus entièrement responsable de tous ses actes. La mort de son fils aîné, Constantin, lui donna un coup dont il ne se releva pas et les agissements de Santabarenos semblent bien avoir, plus ou moins, égaré sa raison. Alors, tandis qu'il s'adonnait à la magie et devenait par sa crédulité même le jouet du moine intrigant, il se faisait vindicatif, cruel, soupçonneux [4]. N'est-ce pas lui qui ordonnait d'enfermer le phargan qui l'avait sauvé lors de la dernière chasse qui précéda sa mort, bien que sans le courage de cet homme il eût été perdu [5]? Léon le Grammairien dit positivement que Basile devint fou. « διὰ τό φίλτρον ὅπερ εἰς αὐτὸν εἶχεν ἐπλάνα [6]. » Aussi Nicétas David qui écrivit vraisemblablement peu après la mort de Basile, ayant en mémoire les dernières années de la vie du grand Empereur comme sous les yeux les résultats de sa politique religieuse, ne se gêne-t-il pas pour en dire tout autant et ajouter même qu'il était naïf, léger, vaniteux [7], jugement injuste car on n'apprécie pas tout un règne d'après quelques années de vieillesse et d'affaiblissement mental.

En réalité, Basile était merveilleusement souple, intelligent et énergique. D'instinct, il voyait le but à atteindre, la route à suivre et, sans hésiter, quelque grandes que pussent être les difficultés, il allait de l'avant. En lui s'unissaient à un très haut degré les qualités et les défauts des trois races dont il était issu. De l'Arménie, il tenait l'habileté, le sens pratique des

---

1. Léon Gramm., 1088 ; Georg. Moine Cont., 1077.
2. *Ibid.*, 1089,
3. *Vit. S, Theoph.*, p. 11 et seq.
4. Léon Gramm., 1092-93.
5. *Vit. S. Euthym.*, p. 2.
6. Léon Gramm., 1092.
7. *Vit. Ignat.*, p. 549.

affaires, la volonté de fer, un peu aussi la ruse et l'hypocrisie (les affaires religieuses de son règne le prouveront). De la Slavie, cette âme fuyante, si difficile à analyser où les plus étranges contrastes se heurtent et se froissent, faite de douceur, d'idéal, de bonté, de religion avec de subits retours à la violence, à la cruauté, à la basse immoralité. De Byzance enfin le goût du grand, du beau, l'amour de la science et de la civilisation, l'esprit de conquête qui l'anima aussi bien dans ses guerres que dans sa politique d'expansion religieuse, l'esprit d'autorité et de gouvernement enfin qui en firent un des plus grands et des plus complets souverains du Moyen-Age byzantin.

Tous ces éléments divers, nous les retrouvons dans son caractère d'une part, dans l'idée qu'il se fit du pouvoir impérial de l'autre. Qu'est-ce donc que l'Empereur dans la pensée de Basile ?

Jusqu'à son dernier jour, Byzance garda intact, comme un héritage du passé, la conception païenne que Rome lui avait léguée du pouvoir impérial. Le Christianisme, tout vainqueur qu'il fût, n'arriva pas à détruire l'idée qu'on se faisait de l'Empereur : dieu vivant qui prend place à sa mort par l'apothéose parmi les divinités qu'on adore. Il ne put que la modifier, la transposer, l'adapter à la foi nouvelle qu'il prêchait. Si l'Empereur n'est plus un dieu, c'est du moins un homme si haut placé sur l'échelle des êtres, qu'au-dessus de lui il n'y a que Dieu seul. Il détient en ses mains le pouvoir politique comme l'autorité religieuse et sa mission sur terre consiste à faire respecter la foi chrétienne aussi bien que la loi de l'Empire. Il est au-dessus de toute loi car la loi n'est que l'expression de sa propre volonté et Dieu seul peut lui demander compte des actes qu'il commet. — Cette conception fut celle de Constantin comme de Justinien et c'est par ce dernier qu'elle s'est transmise aux Empereurs byzantins. Basile Ier la reprit à son tour, mais pour la préciser et surtout en dégager les obligations qui par là incombent à tout véritable souverain. « Personne n'est sur terre au-dessus de l'Empereur, écrit-il à son fils, et personne ne te peut commander ; mais au ciel, tu as toi-même un roi ; et, de même que Dieu a soin de toute chose, ainsi toi, tu ne dois rien négliger[1] car l'Empereur est responsable devant Dieu des

---

1. *Exh.* XLI, B.

crimes qui se commettent dans l'Empire quand ces crimes s'y commettent par sa faute[1]. Bien plus, l'Empereur représente Dieu même et son pouvoir, il le tient directement de lui[2]. Il trône dans son palais, invisible aux regards de la foule ou ne se montre à ses sujets qu'entouré d'un immense cortège de magistroi et de patrices qui rappellent les apôtres[3] et c'est en toute justice, dit le poète anonyme que nous avons déjà cité, que Basile pouvait se faire appeler « souverain de toutes choses, Dieu et maître[4]. » Aussi comme Dieu, l'Empereur doit-il être bon et bienfaisant, juste et impartial. « L'Empereur, dit Basile au titre II de l'*Epanagoge*, a la garde, la surveillance de la loi. Il ne doit ni punir par antipathie, ni faire le bien par affection, mais comme celui qui dans les jeux distribue les prix, il offre simplement des récompenses à ceux qui les ont méritées[5]. » Et dans ses exhortations il ne craint pas de dire « que l'Empereur observe le premier la loi, car s'il la viole, il s'en suit de graves inconvénients et l'Etat s'en va à sa perte[6]. Le meilleur roi est celui qui a de bons magistrats, capables de préserver les sujets de toute injustice[7]. Aussi, parce que son pouvoir vient de Dieu, parce que sa dignité a quelque chose de sacerdotal, l'Empereur doit-il veiller à conserver intactes les prescriptions de la loi de Dieu, comme les dogmes définis aux sept conciles œcuméniques, défendre la sainte et indivisible Trinité, les prérogatives de Jésus-Christ homme-Dieu, en un mot être d'une orthodoxie irréprochable. Et enfin, père de son peuple, l'Empereur doit assurer à ceux qui possèdent, la paisible jouissance de leurs biens, il doit s'efforcer de rendre ces biens à ceux qui les ont perdus, il doit chercher, par sa justice, sa sagesse, son zèle, à les faire acquérir à ceux qui peinent et travaillent[8]. Bien administrer l'Etat, c'est tout d'abord avoir grand soin d'augmenter la fortune publique, force d'une nation, mais à la condition, toutefois, que ce ne soit point aux

---

1. *Exh.* XXXVII, C.
2. *Vit. S. Theoph.*, § 2, p. 2.
3. *Cerem.*, 1181.
4. Brinkmann, v. 137.
5. *Epan.*, t. II, § 1, II, p. 65.
6. *Exh.* XXXVII, B.
7. *Ibid.*, XXXVI, D.
8. *Epan.*, II, p. 65-66.

dépens de la justice, car « il ne faut point récolter dans les larmes [1]. »

Telle est la très haute et, ainsi comprise, très chrétienne conception que Basile se faisait de son pouvoir absolu, celle qu'après lui Léon VI insérera dans les Basiliques [2] et dont les grandes lignes se trouvaient déjà, mais dépouillées de ce caractère profondément religieux, dans l'œuvre législative de Justinien. Cependant ce n'est là, en réalité, qu'une théorie dont, en pratique, on peut facilement se libérer. Basile l'a-t-il fait? Ce que j'ai dit de son caractère prouve, je crois, que non. Parfait orthodoxe, il l'a été ; juste et bienfaisant aussi, du moins dans les affaires générales de l'Empire. Il a fait plus encore, car le grand souci de son gouvernement a toujours été de relever de toutes façons le prestige impérial. Or, c'était par la réalisation dans sa vie quotidienne de ce haut idéal qu'il pouvait, évidemment, le mieux atteindre le but qu'il se proposait. C'est ce qu'il n'a jamais négligé. Sans parler de la magnificence dont il aimait à s'entourer, construisant, à son usage personnel, d'admirables palais qu'il se plaisait ensuite à embellir, rétablissant d'anciennes coutumes propres à rendre la dignité impériale respectable à tous, comme la prétendue loi de Constantin qui voulait que tout Empereur fût né dans la chambre de porphyre et donc qu'il fût porphyrogénète [3] cherchant même dans de menus détails d'étiquette l'occasion d'inculquer à ses sujets le culte de l'Empereur [4], l'exemple seul qu'il donnait de son activité administrative était bien fait, assurément, pour grandir aux yeux de ses contemporains la dignité impériale qu'il avait si injustement usurpée et que Michel III avait avilie par ses hontes et ses désordres. Chaque jour, on pouvait voir Basile s'en aller tour à tour écouter les procès et intervenir à l'occasion, recevoir les plaintes de ceux qui s'adressaient directement à lui, surveiller ses magistrats [5]. « L'Empereur, disait-il, doit

1. *Exh.*, XXXVI, A.
2. *Basil.*, II, vi, p. 87.
3. Liutp. Antap., I, § 6 et 7, p. 276.
4. Le *De Administrando* raconte, par exemple, qu'avant Basile les souverains se servaient pour leurs promenades en mer d'un « ἀγράριον », ou gondole de pourpre. Basile, lui, se fit construire un « δρομώνιον » vaisseau beaucoup plus grand que l'ἀγράριον et s'en servit deux fois avec majesté *(De Adm.*, li, 385).
5. Cedren., 1089.

veiller à ce qu'aucune injustice ne se commette car c'est en lui seul que les sujets lésés peuvent avoir recours [1]. » Par ses mains passaient toutes les nominations afin que « les cerfs ne commandent pas aux lions, mais les lions aux cerfs [2] » et c'est lui qui en personne allait parfois surveiller ses soldats avec lesquels il aimait à vivre et dont, joyeusement, il supportait les souffrances [3]. Enfin, chose très remarquable pour un parvenu et un ignorant comme lui qui ne savait pas même écrire [4], il comprit que la souveraineté n'est vraiment grande et féconde, quels que soient, par ailleurs, ses gloires militaires et ses bienfaits réparateurs, que lorsqu'à sa couronne brille le fleuron de la science et de la civilisation. C'est elle, la science, qu'un empereur doit prendre pour sa reine, « αὕτη γὰρ καὶ βασιλείαν κοσμεῖ καὶ τοὺς βασιλεύοντας ἀειμνήστους ἀποτελεῖ [5] » et donner à ses sujets car elle est nécessaire à tous, chefs et particuliers, « οὐ μόνον βασιλεῦσιν, ἀλλὰ καὶ ἰδιώταις [6] » et c'est une honte pour un Etat quand les enfants demeurent sans éducation : « ὁ πονηροὺς καὶ ἀπαιδεύτους ἐῶν ἅπασαν τὴν πολιτείαν ἀδικεῖ [7]. » Aussi, tandis que lui-même se plaisait, au milieu de ses nombreuses occupations, à lire, tantôt les grands faits des généraux et des empereurs d'autrefois, tantôt des ouvrages de morale et de spiritualité et faisait, de sa main inexpérimentée, un choix des choses les meilleures qu'il avait lues pour les imiter ensuite [8], il traçait à son fils tout un programme littéraire où l'étude de l'éloquence marchait de pair avec celle des modèles qu'il jugeait les meilleurs à la formation d'un futur Empereur comme « Isocrate, Salomon et Jésus fils de Sirach [9] ». On sait que ces conseils furent suivis et que Léon VI devint orateur.

Ainsi donc Basile ne se contenta pas de formuler la théorie du gouvernement absolu tel qu'il le comprenait avec tous ses contemporains. Il voulut « vivre » cette théorie et la réaliser dans son administration et sa conduite personnelle. C'est grâce

1. *Exh.*, XLIV, C.
2. *Exh.*, XLV, B.
3. *Vit. Basil.*, ch. XL, p. 285.
4. *Ibid.*, ch. LXXII, p. 329.
5. *Exh.*, XXI, A.
6. *Ibid.*
7. *Exh.*, LII, D.
8. *Vit. Basil.*, LXXII, 329.
9. *Exh.*, LIII, D, LV, B.

à cet effort, du reste, qu'il réussit à rendre populaires à Byzance son nom et sa famille et parvint, pour un temps, à créer une dynastie issue du principe d'hérédité [1].

II

Basile ne fut pas seul à monter sur le trône de Byzance. Depuis longtemps déjà, il avait une famille qui allait, par la force des choses, profiter de la fortune de son chef. Etrange famille, du reste, sur laquelle plane un mystère que les chroniqueurs ne parvenaient plus à éclaircir même au $x^e$ siècle, dont ils parlent souvent, mais pour se contredire toujours les uns les autres, et qu'ils ont livrée aux recherches des historiens comme une indéchiffrable énigme. Peut-être, cependant, même à onze siècles de distance, en réunissant avec soin les renseignements épars qui nous sont parvenus, n'est-il pas impossible d'arriver à résoudre, en partie du moins, ce difficile problème des mariages de Basile.

Tout jeune probablement, sans doute au temps où il était encore en Bulgarie, Basile épousa une enfant de Macédoine, Marie [2]. Qu'était cette jeune fille ? Basile l'emmena-t-il avec lui à Byzance ? c'est ce qu'aucun choniqueur ne nous dit. Elle n'apparaît liée au nom du futur Empereur qu'en 865, au lendemain de la chute de Damianos, au moment où Michel créa son favori patrice et parakimomène, et pour disparaître tout de suite. L'élévation de Basile, en effet, semble avoir eu pour conséquence son divorce d'avec Marie et son mariage avec une autre. Pourquoi ? Marie était-elle de naissance trop inférieure, se conduisait-elle mal, avait-elle à se plaindre de son mari, ou ce second mariage fut-il simplement caprice de souverain ? C'est ce qu'il

[1]. Malgré les efforts de Basile, le principe d'hérédité n'entra jamais dans les mœurs byzantines. Déjà Léon VI, mourant, recommande au Sénat et à Alexandre, son fils Constantin car « il veut qu'il soit son successeur. » Constantin, cependant, avait été couronné du vivant de son père par Euthymios (Cedren., II, 1160-62).

[2]. On voit par nombre de récits hagiographiques comme par les lois des Empereurs que les Byzantins se mariaient très jeunes, entre douze et quinze ans. Il n'y a pas de raisons pour croire que Basile attendit même son retour d'exil, époque à laquelle il avait vingt-cinq ans, pour se marier.

est impossible de savoir. Néanmoins un fait demeure certain : Basile divorça et l'Empereur renvoya Marie chez ses parents avec de l'argent. Puis Michel lui fit épouser sa propre concubine, Eudocie Ingerina[1]. Mais pour agir de la sorte Basile devait avoir non seulement un prétexte, mais une sérieuse raison, car nulle part nous ne voyons, même ses pires ennemis, même l'Eglise, si intransigeante sur ce chapitre[2], faire la moindre allusion malveillante à ce divorce bien connu, et considérer Eudocie autrement que comme sa femme véritable[3]. Tout le monde, après la mort de Michel, tint pour légitimes les enfants issus de cette union et, du vivant même de l'Empereur, la seule chose qui se disait, c'est qu'Eudocie demeurait, malgré son mariage, l'amie préférée du Basileus. Pour nous donc une première chose nous échappe, c'est la raison de ce divorce comme la raison pour laquelle, malgré les lois et les canons, Basile put épouser une autre femme du vivant de la première sans que personne n'ait protesté ni sur le moment, ni plus tard. Quant à Eudocie, c'était une courtisane de grande famille. Elle appartenait à cette maison des Martinakioi, illustre déjà au temps de Théophile et qui devait bientôt compter parmi ses membres une sainte, Théophano, première femme de Léon VI[4]. Très belle, très séduisante, l'Empereur l'aima dès avant son mariage avec l'autre Eudocie, fille du Décapolite que sa mère et Théoctistos l'obligèrent à épouser pour empêcher son union avec Eudocie Ingerina. Jusqu'à sa mort, du reste, Eudocie vécut avec Michel sous le regard bienveillant de Basile qui l'avait épousée en 865, donnant en échange de ce

---

1. Sym. Mag., XL, 737. La *Vit. Basil.*, (XVI, 249) ignore, naturellement, toute cette histoire. Elle ne connait qu'Eudocie Ingerina, femme très belle, très noble, très vertueuse, modèle de toutes les Impératrices, épouse légitime et unique de Basile, mère de Constantin et de Léon (XXIX, 272). De même Genes., 1133 ; Cedr., 1084.

2. Nicolas Ier lui-même écrit à Eudocie une lettre qui commence ainsi : « Nihil regia. »

3. Si la législation mise en vigueur par le Prochiron existait déjà au sujet du divorce, il ne serait pas impossible que ce fût Marie elle-même qui eût demandé l'annulation de son mariage. Son époux était adultère par le fait de ses relations avec Eudocie. Elle avait donc droit au divorce et qui plus est, à une somme d'argent. Les présents de Basile, dans cette hypothèse, auraient donc été un dû que son épouse était en droit de réclamer (*Proch.*, XI, 7, p. 76).

4. *Vit. S. Theoph.*, p. 49, 1. Cedren., 1084.

cadeau à son impérial ami sa sœur, Thécla [1]. Au soir du 23 septembre, Eudocie était encore à Saint-Mamas auprès de l'Empereur. Aussi Basile qui avait tout toléré l'envoya-t-il solennellement chercher le lendemain du crime pour l'introduire dans le palais impérial comme basilissa souveraine. C'est là, désormais, qu'elle vécut, entourée de sa cour, peut-être aussi légère qu'autrefois [2], tandis que la femme de Michel était renvoyée chez ses parents [3]. Eudocie Ingerina mourut peu après le mariage de son fils Léon, c'est-à-dire vers 882 [4].

Une seconde question se pose maintenant. C'est celle des enfants. Tous les chroniqueurs, amis ou ennemis, disent qu'au moment de son avènement, Basile avait deux fils : Constantin et Léon [5]. Or, qu'étaient ces enfants? De qui étaient-ils réellement fils?

Constantin était le plus âgé des deux. Nature généreuse et vaillante, probablement doué d'une belle intelligence, il promettait de marcher sur les traces de son père [6] qui l'aimait à l'exclusion de tous autres. Il ne tarda pas à l'associer à l'Empire, aux environs de 870 [7], à l'emmener avec lui dans ses campagnes militaires et à rêver pour lui le plus brillant avenir. C'est dans l'espérance d'une union entre ce fils et Irmengard que les légats de Louis II vinrent à Byzance en 869 [8] et c'est lui que son père voulut avoir pour compagnon en 877 dans sa guerre contre Germanikia. Malheureusement la mort vint le frapper vers la fin de 879 alors qu'il était dans toute la fleur de la jeunesse : « ἐν τῇ ἀκμῇ τῆς νεότητος [9] » laissant son père inconsolable, prêt à toutes les folies, jusqu'à faire construire une église qui porta son nom [10].

De ces quelques maigres renseignements, nous pouvons conjecturer que Constantin naquit aux environs de 859, peut-être plus tôt encore, car en admettant que pour l'historiographe

1. Sym. Mag., xl, 737; Léon Gramm., 1076. Cf. Rambaud, p. 154 et note.
2. Sym. Mag., xii, 753. Léon Gramm,, 1089.
3. Sym. Mag., xlviii, 748.
4. *Vit. S. Theoph.*, 7.
5. *Vit. Basil.*, xxix, 272 ; Sym. Mag., viii, 752 ; Genes., 1137.
6. *Vit. Basil.*, xcviii, 361.
7. Son nom figure, en effet, avec celui de Basile en tête du Prochiron.
8. Gasquet, *op. cit.*, 412.
9. *Vit. Basil.*, xcviii, p. 361.
10. Voir plus bas : gouvernement intérieur.

« la fleur de la jeunesse » indiquât l'âge de 16 à 17 ans, il faut tenir compte cependant du fait que l'Empereur emmena son fils à la guerre, fait qui prouve évidemment que ce fils n'était plus un enfant et qu'il devait avoir une vingtaine d'années au moins. Mais alors en 859, il n'était point question pour Basile d'épouser Eudocie. Marie était encore sa femme légitime et c'est vraisemblablement elle qui fut mère de Constantin. D'autre part, à cette époque, Michel n'avait point d'enfants et Constantin ne peut pas davantage être fils de Michel qu'il ne le fut d'Eudocie Ingerina, quoiqu'en disent les chroniqueurs. « La rumeur publique » disait vrai en affirmant que Constantin était fils de Basile [1]. On comprend dès lors parfaitement la douleur profonde de Basile lorsqu'il vit son seul et unique enfant, celui sur lequel il comptait pour continuer sa lignée disparaître brusquement, forçant l'assassin de l'Empereur légitime à rendre au fils de sa victime, Léon, l'héritage paternel. Aussi bien, est-ce ce qui explique la raison étrange et incompréhensible à première vue, pour laquelle, dès la mort de Michel, Léon fut tonsuré [2]. L'Empereur espérait, sans doute, empêcher par là cet importun de revendiquer jamais son droit à l'héritage paternel. Il n'avait pas compté sur les hasards de la vie et de la mort [3].

Peut-être est-ce aussi de ce premier mariage que naquirent les quatre filles mystérieuses dont il est si discrètement parlé — comme de Constantin lui-même — dans la Vie de l'Empereur écrite par Constantin VII et dont le « livre des Cérémonies » seul nous a laissé les noms [4] : Anastasie, Anne, Hélène, Marie. Basile les relégua toutes quatre au couvent de Sainte Euphémie, par motif de piété, dit la *Vita*, sans doute aussi pour qu'on n'en parlât pas trop. Et, en vérité, il n'y a pas mal réussi car les chroniqueurs les ignorent totalement [5].

L'autre fils était Léon. Il naquit vraisemblablement à

---

1. Georg. Moine Cont., 1081 ; Léon Gramm., 1089 ; Sym. Mag., xvii, 753.
2. *De Cerem.*, 1156.
3. Du Cange, *Fam. byz.*, p. 140, avait formulé déjà, mais sans donner de preuves bien péremptoires, l'hypothèse que Constantin était fils de Marie.
4. *Vit. Basil.*, ch. xxxv, 280 ; Cedren,, 1092 ; *Cerem.*, 1209.
5. L'une d'elles cependant se maria puisque Basile avait un gendre Chrystophore qui fut un jour le vainqueur de Chrysochir (Voir plus bas, les affaires militaires).

St-Mamas, le 1ᵉʳ décembre 866[1] alors que Basile était déjà co-empereur, une année à peine avant la mort de Michel. Sur ses origines il ne peut guère y avoir de doute. Malgré le silence de la *Vita* qui ne le nomme qu'incidemment avec Constantin comme fils de Basile et d'Eudocie[2], sauf à la fin du règne et sans faire nulle part mention de sa naissance, tous les chroniqueurs s'accordent à lui donner pour père Michel III et pour mère Eudocie Ingerina[3]. Il était donc illégitime et fils de l'adultère. Cela n'empêcha pas toutefois l'Empereur de fêter joyeusement cette naissance par des jeux et des festins. Et cependant la venue au monde de cet enfant n'avait rien de réjouissant. Elle allait hâter pour sa part la décision des plus graves évènements. Michel, en effet, ne fit couronner Basile que parce qu'il était sans enfants[4]. S'il avait voulu simplement lui confier la direction des affaires, il aurait pu le nommer César, comme Bardas, ou lui donner tout autre titre. Il n'avait nul besoin de lui faire entrevoir sa propre succession. La naissance de Léon modifia singulièrement les choses et il n'est pas impossible qu'elle fût une des raisons qui brouillèrent les deux souverains. L'Empereur devait tenir à ce que son fils, tout illégitime qu'il ait pu être, régnât ; Basile pouvait espérer la même gloire pour le sien. Aussi la solution de la difficulté était-elle la même pour les deux Basileis : il fallait que l'un ou l'autre disparût. C'est ce qui arriva. Au cours de cette année 866, Michel, comme Basile, cherchèrent subitement le moyen de se faire mourir. On sait que ce fut Basile qui l'emporta. Peut-être, en vérité, n'y a-t-il là qu'une coïncidence fortuite. Elle méritait cependant, je crois, d'être signalée. En tous cas elle explique bien des choses. Il n'est pas étonnant, dès lors, que Basile n'ait jamais aimé ce fils qu'il était obligé d'adopter comme sien, d'abord, puis d'associer à son gouvernement. Aussi le lui fit-il bien sentir. Par la force, au cours de l'hiver 881-882, il l'obligea à épouser une jeune fille qu'il

---

1. Léon Gram., 1081. Georg. Moine, 1066, donne comme date de la naissance de Léon le 1ᵉʳ septembre.
2. *Vit. Basil.*, xxxiv, 280.
3. Léon Gram., 1081 ; Georg. Moine Cont., 1066 ; Zonar., xvi, 33 ; Sym. Mag., xlvi, 744. Ce dernier chroniqueur confond la naissance de Léon avec celle de Constantin.
4. *Vit. Basil.*, xviii, 253.

n'aimait pas, Théophano [1] et quelques mois plus tard, sous l'influence de Théodore dit Santabarenos, il le fit jeter en prison, lui, sa femme et sa petite fille et parla même de lui faire crever les yeux : tout cela, sous prétexte que Léon en voulait à sa vie [2]. Il fallut l'énergique intervention de Photius pour empêcher l'Empereur de mettre à exécution son projet ; il fallut, racontent les chroniqueurs, la crainte de voir sa popularité disparaître et l'intervention des grands de la Cour pour le décider, après trois mois de réclusion, à rendre à Léon sa place et sa dignité [3]. Or, il est à remarquer qu'à cette époque si Constantin était mort, Basile avait de nouveau un fils légitime, né depuis son avènement : Alexandre. Est-ce pour laisser à cet enfant la place occupée par Léon que Basile essaya de faire disparaître le fils de Michel ? C'est là une question impossible à résoudre ; mais c'est là aussi une seconde et étrange coïncidence qui montre qu'il y avait au sein de cette famille un mystère qu'on essayait de cacher et que la foule ignorait. Aussi bien est-ce sans doute le véritable motif pour lequel Basile associa à son autorité tous ses fils, sauf Etienne, le plus jeune, qui, né en 870, fut fait clerc et devint patriarche de Constantinople sous le règne de Léon VI à Noël 886 [4]. Du vivant de Constantin, l'Empereur pouvait donner la couronne à Léon VI sûr qu'il était que l'aîné serait basileus et ainsi les apparences se trouvaient sauvegardées ; à la mort de ce dernier il s'empressa de couronner Alexandre [5], quoique tout enfant, dans l'espérance qu'il supplanterait un jour Léon : ce qu'il essaya, du reste, de faire lui-même, immédiatement, en l'incarcérant.

Une telle conduite n'est guère, ce semble, le fait d'un père, surtout d'un souverain à l'égard de l'aîné de ses enfants. Mais il y a même une chose plus étrange encore. C'est la conduite de Léon, au lendemain de son avènement. La mémoire de son père putatif parut le préoccuper très peu, celle de Michel beaucoup plus car la première mesure qu'il ordonna fut qu'on

1. *Vit. S. Euth.*, 105 et 126.
2. Cedren., 1132.
3. *Vit. Basil.*, C, p. 364-65. Sym. Mag., XXI, 760.
4. Georg. Moine Cont., 1089.
5. L'*Epanagoge* seule, postérieure à 879, porte le nom de Léon avec celui de Basile et d'Alexandre.

allât chercher solennellement le corps de l'Empereur, déposé
à Chrysopolis, et qu'on le ramenât à Constantinople où de
magnifiques funérailles lui furent faites aux SS$^{\text{ts}}$-Apôtres,
comme s'il voulait par là manifester aux regards de tous qu'il
entendait tenir sa couronne non de Basile mais de Michel et
qu'il avait conscience de renouer une chaîne monarchique
brisée, un jour, par le grand parvenu.

## III

Comme dans toutes les monarchies, autour de la famille
impériale se groupait, à Byzance, le monde de la Cour : hauts
fonctionnaires chargés soit d'un gouvernement, soit d'une
administration ; militaires de tous ordres et de tous grades ;
dignitaires auliques, admis au conseil du prince ou simplement à sa suite ; amis personnels du Basileus dont parfois
l'influence dépassait singulièrement la charge ou la dignité
qu'ils possédaient. Cette immense foule anonyme composée
de seigneurs venus de tous pays, parfois de toutes conditions
sociales, où l'eunuque de basse extraction pouvait coudoyer
des rois et les « barbares » de l'Occident, de savants pontifes et
d'illustres généraux, fut, à Constantinople plus encore qu'ailleurs, un des facteurs principaux de la civilisation et de l'histoire byzantines. Avec l'armée qui, du reste, s'y trouvait
largement représentée, elle suscita toutes les révolutions ou
sanctionna tous les changements de dynastie ; par ses représentants les plus accrédités elle gouverna, de fait, l'Empire et
lui donna toujours la direction politique qu'elle désirait. Aussi
n'est-il pas sans intérêt et sans utilité de connaître d'un peu
près son organisation et sa hiérarchie, au moins à l'époque où
Basile I$^{er}$ gouverna.

La Cour impériale ainsi que toute l'administration byzantine,
eut pour origine la Cour des Empereurs romains. Mais avec le
temps, les circonstances, les guerres civiles et politiques,
plusieurs des principaux rouages d'autrefois se trouvèrent
modifiés. De nombreuses et importantes fonctions tombèrent
en désuétude, furent totalement abolies ou devinrent de
simples dignités auliques comme celles de consul, de pro-

consuls, etc., tandis que de nouveaux emplois et de nouvelles charges furent créés de toute pièce [1].

A l'époque de Basile Ier les gens de cour se divisaient en deux catégories bien distinctes : les simples dignitaires auliques, personnages sans fonctions administratives et sans situation officielle, honorés seulement d'un titre « ἀξίωμα » qui, une fois conféré, ne pouvait plus leur être enlevé [2] et les dignitaires auliques chargés, pour un temps, d'un office quelconque, militaire ou civil (ἀξιώματα καὶ ὀφφίκια) conféré par leur titre lui-même et dont la nomination était faite par un édit (διὰ λόγου) [3]. Cet office était en soi essentiellement transitoire [4]. Chacune de ces deux grandes catégories se subdivisait elle-même en plusieurs autres suivant l'importance de la charge ou de la dignité [5]. En outre, comme autrefois à Rome et dans le haut Moyen-Age byzantin, chaque famille avait son quali-

1. Le *Livre des Cérémonies* est, à cet égard, tout particulièrement instructif. Grâce à sa composition faite à l'aide de documents d'époques très variées qui s'échelonnent entre le ve et le xe siècle, nous retrouvons les noms d'une foule de hauts fonctionnaires qui disparurent ou naquirent suivant les évènements. Tel est le cas, par exemple, pour l'augustalis d'Alexandrie, pour le κόμης τῶν ἀδμησιόνων qui disparurent l'un avec la perte de l'Egypte, l'autre avant le xe siècle, probablement vers la fin du vIII[e]. Tel est le cas aussi, entre beaucoup d'autres, pour le titre de Basileopator qui fut créé par Léon VI en faveur de son beau-père ; pour celui de sébastocrator qui date des Comnènes (cf. Diehl, *Etudes byzantines*, p. 293 et seq). Une étude comparative du *Livre des Cérémonies*, de l'ouvrage de Codinus et des titres fournis par la Sigillographie fournirait les éléments d'une histoire assez complète des principales dignités et fonctions byzantines.

2. *Ceremon.*, 1297. Cela est si vrai que les anciens magistroi devenus moines continuaient à faire partie de leur classe de noblesse (*ibid.*, 1416).

3. La distinction entre les dignités données « διὰ βραβείων » ou par la remise d'un insigne et les fonctions données « διὰ λόγου » ne souffre qu'une exception : c'est pour les clercs qui sont toujours nommés « διὰ λόγου » (*Ceremon.*, 1336).

4. Je dis « en soi » parce que nous avons des exemples, comme on le verra plus loin, d'enfants destinés, dans leur âge mûr, à succéder à leur père, même dans d'importantes fonctions telles que celle de stratège. Le fait est important parce qu'il semble indiquer qu'il y avait dans les thèmes des familles qui héritaient des charges de leurs ascendants. Toutefois, en admettant même que le fait rapporté par l'hagiographe qui écrivit la vie de Théophane soit exact, ce qui n'est pas prouvé, il ne faut pas perdre de vue les prescriptions concernant les stratèges et que nous retrouverons plus bas au chapitre de l'administration intérieure.

5. La catégorie des dignitaires sans fonction comprenait dix-huit titres divisés en deux classes : l'une sénatoriale (συγκλητικοί), l'autre purement aulique (προσελευσιμαῖοι) *Ceremon.*, 1300 ; l'autre catégorie comprenait soixante députés groupés en six classes,

ficatif propre qui ne changeait pas forcément avec les dignités diverses dont pouvait être revêtu chacun de ses membres. C'est ainsi, par exemple, que les Martinakioi étaient περίβλεπτοι et Constantin Martinakios, père de Théophano, femme de Léon VI, portait le titre d' « illustre » et cela, semble-t-il, avant d'avoir été appelé à la dignité de patrice [1].

La Cour se composait donc de seigneurs ayant un qualificatif, attaché soit à leur maison, soit à une charge autrefois remplie et une dignité quelconque, comportant ou non une fonction, dignité toujours personnelle et donnée directement par l'Empereur. Naturellement, toutes les grandes dignités étaient entre les mains de la famille impériale ou des familles apparentées avec elle et seuls quelques favoris de l'Empereur pouvaient y aspirer. Michel Rhangabe fut curopalate avant d'être empereur ; Théodora donna aux siens plusieurs des premières charges de l'Empire et, d'une façon générale, le titre de César, du reste peu fréquent dans l'histoire byzantine, fut presque constamment octroyé à des fils d'empereur [2]. L'âge souvent paraît n'avoir pas beaucoup importé pour l'obtention de certaines fonctions, même militaires. C'est ainsi que l'empereur Nicéphore créa son petit-fils Ignace « domestique des Icanates », charge qu'il n'eut jamais occasion d'exercer [3] ; et l'on voit Antigone, fils de Bardas, à la tête d'un important commandement militaire bien qu'encore très jeune, tout comme Théophane, à la mort de son père, reçut, presque enfant, confirmation pour lui du titre de son père : stratège de la mer Egée [4]. A cela il y avait plusieurs raisons. A lire, en effet, avec attention les auteurs byzantins, il semble qu'on puisse deviner l'existence d'une filière hiérarchique assez rigoureuse entre les diverses dignités et fonctions. Bardas, Basile, Stylianos Zaoutzès n'arrivèrent au plus haut degré de l'échelle sociale qu'après avoir passé, quoique assez rapidement, par les échelons inférieurs. Chacun, par exemple, avant d'être César, co-empereur, basileopator, fut fait magistros et remplit des charges de moindre importance à celle qu'il eut dans la suite [5] et comme,

1. *Vit. S. Theoph.*, § 2, p. 11.
2. Diehl., *op. cit. passim.*
3. *Vit. Ignat.*, p. 492.
4. *Vit. Théoph.* Ed. Krumbacher dans les *Sitzungsberich... der Akad. der Wissensch. zu Münch*, 1897, p. 390.
5. Cf. p. e. pour Stylianos, *Vit. S. Euth.*, p. 95.

d'autre part, certaines charges paraissent n'avoir eu qu'un seul titulaire à la fois, il fallait de toute nécessité que la jeunesse entrât de bonne heure dans ce « cursus honorum » qu'elle devait parcourir. Mais il y avait plus. Chaque nouvelle dignité était libéralement payée par celui qui la recevait, et en un temps où les trésors impériaux s'alimentaient difficilement, c'était pour le fisc, comme pour les fonctionnaires auliques un moyen facile de s'enrichir en spéculant sur l'ambition humaine. Nous savons, en effet, par Georges Moine qu'on reprocha beaucoup à l'empereur Nicéphore, dont l'avarice était proverbiale, d'avoir créé, pour augmenter ses ressources, de nombreuses dignités[1] et à lire dans le Clétorologe de Philothée la liste des dons innombrables que le nouvel élu devait faire à tous les dignitaires du palais, on conçoit facilement la tentation que pouvait avoir l'Empereur de distribuer largement, voire même à des enfants, des titres ou fonctions de tous genres. Aussi bien est-ce à cette époque qu'on commence surtout à trouver sur les sceaux, pour un seul personnage, la mention de multiples titres et fonctions. En général, jusqu'au viiie siècle finissant, les légendes sont courtes : un nom, un titre ; mais dès les débuts du ixe siècle apparaissent, timidement d'abord, puis ensuite très ostensiblement, une foule de titres variés. Au temps de Basile cette nouvelle habitude qui, peut-être, correspond par ailleurs à une réorganisation de la Cour et à l'éclat plus grand que lui donne le chef de la maison macédonienne, est en universel usage et le sceau de Stylianos Zaoutzès qui nous est parvenu se trouve ainsi libellé : « Stylianos, magistros, anthypatos, patrice, protospathaire impérial et logothète du drôme[2]. » De ce fait on pourrait citer de multiples exemples. Déjà, du reste, Théoctistos, au dire de Genesios, était patrice, logothète et préfet du caniclée[3], ce qui prouve bien qu'au début du ixe siècle la mode de porter plusieurs titres et de posséder plusieurs fonctions à la fois, mode qui alla toujours en s'accentuant, tendait à se généraliser[4].

1. Georg. Moine Cont., ch. xvii, p. 976.
2. Schlumberger, *Sigill. byz.*, p. 439.
3. Genesios, 1097.
4. Ce fut à l'époque des Comnènes que la fureur des titres les plus divers semble avoir atteint son apogée. On créa alors des protonobilissimes, des protocuropalates, etc. Entre tous ces dignitaires il y avait un ordre de pré-

Ceci posé, parcourons les divers titres dont se composait la hiérarchie byzantine. Comme le dit Philothée dans le Clétorologe, il y avait dix-huit titres n'impliquant, par soi, aucune fonction réelle, titres purement honorifiques, donnés par l'Empereur pour récompenser ses amis, tout comme, dans nos cours modernes, un souverain délivre des titres de comte et de marquis à ceux qu'il veut honorer. Le plus haut de ces titres était celui de :

1° *César*. Au IX⁰ siècle il ne fut donné qu'une fois — à Bardas — peu avant sa mort, au moment où il allait atteindre l'Empire. Comme autrefois à Rome, le César était toujours de famille impériale ou allié à la famille impériale, vivant presque sur le même pied que le Basileus « παρομοία τῆς βασιλικῆς δόξης » qui seul lui était supérieur. Aussi, son élection et son sacre révétaient-ils des formes particulièrement solennelles à en juger par le récit des fêtes qui furent données à l'occasion de l'élévation du fils de Constantin V à cette dignité le 2 avril 768 [1]. L'armée, comme il convenait pour l'élection et le sacre d'un homme que la destinée pouvait conduire au trône, prit une part active à ces cérémonies avec le sénat et le patriarche qui pontifia ce jour-là ainsi qu'il le fit au IX⁰ siècle quand Michel associa Basile à son pouvoir suprême. Jusqu'à l'époque d'Alexis Comnène ce titre demeura le premier de la hiérarchie aulique. Il ne descendit au troisième que par la création de

---

séance exactement défini et très minutieusement observé. La règle générale était, qu'à titre égal, un fonctionnaire avait le pas sur un simple dignitaire aulique et qu'entre gens également titrés la préséance était réglée, non d'après l'âge ou toute autre considération, mais d'après la date de promotion. (Cf. p. e. *Ceremon.*, 1342).

Si l'on pouvait conclure, pour le IX⁰ siècle, quelque chose d'un évènement qui se passa au XI⁰ siècle, et que Psellos raconte à propos de son futur gendre, on aurait peut-être la clef de l'énigme qui nous cache l'explication de ces titres multiples. De l'histoire de Psellos, en effet, il faut conclure que l'élévation d'un titulaire à un grade supérieur n'entraînait pas pour lui la perte de son grade inférieur et qu'en certaines circonstances graves, si l'Empereur, malgré la règle générale rayait d'une dignité un membre prévaricateur, les grades inférieurs qu'il avait pu avoir ne lui étaient point enlevés « *ipso facto* ». On comprend dès lors l'utilité pour un fonctionnaire de mentionner tous les titres par lesquels il a passé. (Psellos, V, 204-212).

1. *Ceremon.*, 472 et Diehl, *op. cit.* Il est peu probable qu'en un siècle le rôle social du César se soit modifié. Ce que l'on sait du train de vie de Bardas, de son autorité, de sa puissance, permet, je crois, de regarder pour vrai au IX⁰ siècle ce qui le fut au VIII⁰ concernant cette institution.

ceux de despote et de sébastocrator. Le titre du César dans les acclamations était celui d'« εὐτυχέστατος ». L'insigne qui lui était remis par l'Empereur était la couronne sans croix. Il portait une tunique « chrysopersique »[1].

2° *Le Nobilissime* (ἡ τοῦ νωβελισίμου ἀξία). Le nobilissime portait, comme insigne, une tunique de pourpre et d'or (le διβητήσιον), la chlamyde et la ceinture que l'Empereur lui remettait solennellement à l'église le jour de son élévation[2]. De droit il s'asseyait à la table impériale en compagnie du Patriarche, du César, du curopalate, de la patricienne à ceinture et plus tard du Basileopator. Lui aussi, naturellement, était généralement un membre de la famille impériale, souvent un fils d'Empereur, comme Nicétas, quatrième fils de Constantin dont il est parlé au chapitre XLIV du livre des Cérémonies. Son titre dans les acclamations était celui d'« ἐπιφανέστατος ». Les sceaux des xiie et xiiie siècles nous donnent parfois le titre de protonobilissime, dignité qui, sans doute, naquit à l'époque des Comnènes[3].

3° *Curopalate* (ἡ τοῦ κουροπαλάτου ἀξία). Comme le nobilissime le curopalate portait une tunique rouge et or, une chlamyde et une ceinture. Son nom indique quelle était originairement sa fonction. Il était grand maréchal du Palais, charge qui devint purement honorifique et ne s'accordait, en dehors de la famille impériale, qu'aux souverains et à quelques rares privilégiés. C'est ainsi que sous Constantin Copronyme Artabasdos qui avait épousé la sœur du basileus fut curopalate[4]. De même au ixe siècle Michel Rhangabe, Bardas, furent élevés à cette dignité. Depuis Léon VI la charge de curopalate paraît avoir été héréditaire dans la famille des princes d'Ibérie[5] ; mais il ne semble pas toutefois qu'elle ait été, dès lors, l'unique apanage de cette famille car les sceaux nous ont livré le nom de personnages qui ne paraissent pas avoir été des princes d'Ibérie[6].

---

1. Léon Gramm., p. 1080.
2. Je ne veux pas dire par là que *seul* le nobilissime avait le droit de porter le διβητήσιον, mais seulement que c'était son habit de cérémonie. (Cf. la longue note de Beljaev, *Byzantina*, ii, p. 51 et 52, note 1 où l'auteur s'efforce d'expliquer ce qu'était le διβητήσιον et qui avait le droit de le porter.
3. Cf. Du Cange, au mot Νωβελισίμος.
4. Georg. Moine, 933.
5. *De Adm.*, xiv, p. 349 ; Rambaud, *op. cit.*, p. 513.
6. *Sigill.*, 490.

Du reste, cette dignité perdit bientôt de son éclat premier. Vers les xiie et xiiie siècles l'on eut des protocuropalates et à l'époque de Codinus elle était reléguée au quinzième rang dans la hiérarchie. La femme du curopalate s'appelait κουροπαλάτισσα.

4° *Patricienne à ceinture* (ἡ τῆς ζωστῆς πατρικίας ἀξία). Cette dignité était la plus haute que pouvait revêtir une femme — la seule que l'Empereur conférait lui-même aux dames de la cour, Lorsque Théodora épousa Théophile, sa mère Théoctista fut créée patricienne à ceinture[1]. C'était la première dignitaire de la cour de l'Impératrice où son rôle paraît avoir été de présider à la toilette de la Basilissa[2]. Comme les patrices, elle recevait au jour de sa nomination les plaques d'ivoire sur lesquelles était inscrits son nom et sa dignité.

5° *Magistroi* (ἡ τῶν ἐνδοξοτάτων μαγίστρων ἀξία). Les titres qui précèdent sont, en quelque sorte, hors cadre car ils appartenaient en fait à la famille impériale et à ses alliés. Aussi le premier titre à proprement aulique était-il celui de magistros. Au ixe siècle nous avons de nombreux exemples de seigneurs qui le portèrent et nous voyons, par la vie même de Basile, que s'il était le plus haut titre de la hiérarchie byzantine, celui au delà duquel il n'y avait, en général, pour les particuliers, plus lieu à rien prétendre, encore fallait-il que même les princes le reçussent avant d'arriver à ceux qui leur étaient plus spécialement réservés. Bardas ne fut pas magistros dès le mariage de sa sœur ; Pétronas ne reçut ce titre qu'à la fin de sa vie comme récompense de ses succès militaires et Basile n'obtint cette distinction qu'assez tardivement. On ne voit pas, au reste, que de fort grands seigneurs soient arrivés jusque-là. Nous connaissons pour l'époque même de Basile, le nom de trois magistroi dont deux siégèrent au Concile de 869. C'étaient Christophore et Théodore. Le troisième était Manuel. Le nombre des magistroi ne paraît pas avoir été limité — du moins aucun texte grec ne le dit — bien que Liutprand[3] fixe à vingt-quatre le nombre des magistroi présents à la distribution de cadeaux qu'il vit

---

1. Theoph. Cont., *Vit. Théoph.*, v, 104.

2. Il y a, en effet, discussion sur le mot « Ζωστή ». La patricienne était-elle Ζωστή parce qu'elle portait une ceinture ou parce qu'elle avait pour fonction, primitivement du moins, d'habiller l'Impératrice ? Combefis opine en faveur de la première hypothèse, Du Cange en faveur de la seconde, et les textes qu'il cite semblent bien lui donner raison (cf. Du Cange, Ζωστή).

3. *Autapod.*, l. vi, § 10, p. 339.

faire par l'Empereur; ce qui semble certain, c'est qu'ils formaient comme une classe bien distincte de noblesse, ayant à leur tête un protomagistros et, entre eux, un ordre de préséance parfaitement établi [1]. Leur signe distinctif était la tunique blanche brodée d'or « στίχαριν [2] » et une ceinture de cuir ornée de pierres précieuses « βαλτίδις ou βαλτίδιον » que l'Empereur leur remettait. Aux IXe et Xe siècles nous voyons les magistroi faisant toujours partie des cérémonies officielles comme premier corps constitué. Il est probable enfin que la dignité de magistros était l'une des dignités dites sénatoriales (συγκλητικοί), car il est des magistroi cités parmi les chefs du sénat [3].

6° *Proconsuls* (ἡ τῶν ἀνθυπάτων ἀξία). Les proconsuls recevaient leur titre de l'Empereur qui leur remettait un diplôme de parchemin teint en pourpre (κωδίκελλος), Ce diplôme, sans doute, faisait mention de la date d'élévation de son titulaire car, dans les réceptions, Philothée a soin de dire qu'ils prennent place suivant leur rang et leur promotion [4], d'après leur codicille. Cette dignité était assez fréquemment donnée. Tous les grands fonctionnaires de l'Empire pouvaient y prétendre après avoir passé par le patriciat. Voilà pourquoi nous trouvons soit dans le Clétorologe [5], soit sur les sceaux, la continuelle alliance des deux dignités : proconsul et patrice, car, suivant la règle générale, le patrice pour être fait proconsul ne perdait pas son premier titre. Naturellement les proconsuls en charge avaient le pas sur ceux qui n'étaient honorés que du titre ; ceux-là, à leur tour, avaient le pas sur les patrices en charge, à moins, exception unique, qu'ils ne fussent stratège des Anatoliques ou domestique des scholes. Ces deux grands fonctionnaires, alors même qu'ils n'étaient que patrices avaient le pas sur tous les proconsuls. Il semble que cette dignité était surtout accordée aux fonctionnaires militaires ; cependant le Clétorologe [6] mentionne

---

1. Nous trouvons au IXe siècle le titre de protomagistros plusieurs fois mentionné (Genes., 1097 ; *Vit. Euth.*, II, p. 3). De même dans le Clétorologe à propos de certains dîners impériaux, un magistros seulement prend part à la cérémonie et le terme de μάγιστρος μάγιστρος (1341) deux fois répété équivaut peut-être à protomagistros (cf. *ibid.*, 1360).
2. *Ceremon.*, p. 380, 1304.
3. *Ibid.*, 1360.
4. *Ibid.*, 1344, 1345.
5. p. e. *Ibid.*, 1344.
6. *Ibid.*, 1344. Il ne faut pas confondre, je crois, ce titre purement

quelques rares fonctionnaires civils qui peuvent en être revêtus.

7° *Patrices* (ἡ τῶν περιβλέπτων πατρικίων ἀξία). Comme les proconsuls, les patrices tenaient leur titre directement de l'Empereur. Eux aussi recevaient un diplôme « écrit en forme de loi », dit Philothée [1] et renfermé dans une sorte de coffret fait de plaques d'ivoire ornementées. Si le nouvel élu recevait son titre sans aucune charge officielle il était dit « ἄπρατος » ; dans le cas contraire il était « ἔμπρατος » ou « μεσόπρατος » suivant que ses fonctions étaient militaires ou civiles [2]. Comme le titre de proconsul — et plus encore — cette dignité ainsi que les autres dignités inférieures était très répandue. Tout haut fonctionnaire l'obtenait car nous voyons que la plupart des personnages historiques dont les sources byzantines nous ont laissé le nom furent honorés du titre de patrice, Les eunuques eux-mêmes, ainsi que les étrangers recevaient le patriciat : tel, au IX° siècle, ce Damianos que Bardas fit destituer de sa charge de parakimomène — et si la lecture d'une légende de sceau (πρι) patrice est exacte, il faudrait admettre que des ecclésiastiques aussi, comme ce Jean, chef du clergé de l'Eglise impériale des Blachernes, pouvaient prétendre à ce titre [3]. Comme les magistroi, ils semblent bien faire partie de la classe sénatoriale et l'importance donnée encore au sénat — quel qu'il fût du reste — au VIII° siècle dans les cérémonies de la promotion des patrices [4] tendrait à le prouver, Un patrice avait droit au titre de « περιφανέστατος [5] ».

8° *Protospathaires* (ἡ τῶν πρωτοσπαθαρίων ἀξία). *Spatharocandidats* (ἡ τῶν σπαθαροκανδιδάτων ἀξία). *Spathaires* (ἡ τῶν σπαθαρίων ἀξία). Ces trois dignités viennent dans le Clétorologe de Philothée aux huitième, dixième et onzième rangs. Je les réunis ensemble parce qu'elles forment comme les trois degrés d'un

---

aulique avec la fonction de proconsul d'un thème, fonction d'ordre judiciaire que nous retrouverons plus loin.

1. *Cerem.*, 1394.
2. *Ibid.*, 500 et 1436.
3. Schlumberger, *Sigill.*, p. 149. Il me semble cependant qu'il n'y a pas de raisons pour ne pas lire « primicier ». Le titre de patrice pourrait cependant se défendre en admettant que ce prêtre ait obtenu cette dignité avant son entrée dans les ordres. En tous cas c'est le seul exemple connu, que je sache, d'un ecclésiastique patrice.
4. *Ceremon.*, 500.
5. *Epanag.*, XI, § 10, p. 89.

même ordre de noblesse. L'insigne distinctif du protospathaire était un collier garni de pierres précieuses et serré autour du cou ; celui du spatharocandidat, un collier d'or orné de pierres précieuses mais qui pendait sur la poitrine (μανιάκιον κεγαλασμένον) ; celui du spathaire, enfin, une épée. D'ordre originairement militaire, cette dignité finit par être conférée aussi à de simples civils comme à des juges, à des orphanotrophes, à des fonctionnaires fiscaux. Les sceaux, comme les textes, prouvent qu'elle était très libéralement octroyée à chacun. Il y avait des protospathaires dans l'armée ; il y en avait au palais ; il y en avait dans les provinces [1]. Aussi était-ce une dignité très fréquemment conférée aux eunuques. D'où la distinction nettement existante aux IXe et Xe siècles entre les protospathaires eunuques et les autres (εὐνοῦχοι et βαρβάτοι). Comme toutes les dignités byzantines, les spathaires, protospathaires, etc., eurent à l'origine une fonction qui bientôt ne fut plus qu'un titre honorifique, donné, en général, suivant la fonction remplie. C'est ainsi que l'on trouve, par exemple, des stratèges qui sont simplement protospathaires, mais point qui soient spathaires, ni même spatharocandidats [2], dignités inférieures conférées à leurs subalternes. Cependant, outre ce titre de noblesse, il semble bien qu'il y avait encore au Palais, même au Xe siècle, des spathaires en fonction. Ils devaient porter devant l'Empereur ses armes : la lance et le bouclier [3]. Quoiqu'il en soit, c'est sans doute le caractère nettement militaire de cette classe qui empêchait les ecclésiastiques d'y prétendre et nous savons qu'il fallut au clerc Ktenas toute sa richesse et les cadeaux dont il combla Léon VI pour décider l'Empereur, qui trouvait une telle promotion impossible et indigne de sa majesté, à l'élever au protospathariat et lui permettre ainsi de prendre son rang dans la galerie du Lausiacon [4]. Enfin le titre de protospathaire semble avoir été l'apanage de certaines fonctions déterminées. Constantin Porphyrogénète parle longuement du protospathaire, «τῆς φιάλης [5] » sur lequel nous reviendrons à propos de la marine ; le

1. C'est ainsi que Basile conféra cette dignité à son frère spirituel, Jean, fils de la veuve Danielis (*Vit. Basil.*, I, 74, p. 333).
2. *Ceremon.*, 1345 et seq. Voir cependant quelques exceptions au chapit., de l'admin. provinciale.
3. *Ceremon.*, 109.
4. *De Adm.*, p. L, 384.
5. *Ibid.*, LI, 388.

Clétorologe, des protospathaires « τῶν βασιλικῶν [1]. » Le protospathaire portait le qualificatif de « μεγαλοπρεπής ».

9° *Dishypatoi* et *hypatoi* (ἡ τῶν δισυπάτων ἀξία ; ἡ τῶν ὑπάτων ἀξία). Ces deux titres de noblesse sont inscrits dans le Clétorologe aux neuvième et douzième rangs. Ils correspondent aux termes bien connus de deux fois consul et consul. A l'encontre du spathariat, cette dignité, du reste, très rarement indiquée par les chroniqueurs du ɪxᵉ siècle, paraît avoir été exclusivement conférée à des civils car le dishypatos comme le consul ne paient de gratification (συνήθειαι) à aucun fonctionnaire militaire. On décorait de ces titres pompeux les chefs de bureaux des chancelleries de Byzance et des thèmes, comme les chartulaires, notaires [2], etc. Dans les réceptions ils étaient reçus avec la quatrième classe dont ils faisaient partie. Ce titre, cependant, pour le ɪxᵉ siècle se retrouve assez fréquemment en un thème spécial de l'Empire : c'est en Italie. M. Schlumberger cite plusieurs sceaux provenant soit de Sicile, soit de Sardaigne, soit de l'Italie méridionale et qui portent mention d'une dignité qui pour être déchue à Byzance [3] avait peut-être encore en ces pays reculés gardé quelque chose du prestige de son ancien éclat [4].

10) *Stratores* (ἡ τῶν στρατόρων ἀξία). *Candidats* (ἡ τῶν κανδιδάτων ἀξία). *Mandatores* (ἡ τῶν βασιλικῶν μανδατόρων ἀξία). *Vestitores* (ἡ τῶν βεστητόρων ἀξία) [5]. *Silentiaires* (ἡ τῶν σιλεντιαρίων ἀξία). *Stratelates* (ἡ τοῦ στρατηλάτου ἀξία) [6]. Ce sont les plus infimes dignités auliques, celles qu'on donnait aux fonctionnaires de province et aux notables terriens tout comme dans nos pays monarchiques d'Europe se rencontrent assez fréquemment les titres d'écuyer, de conseiller privé (Hofrath, Geheimer Hofrath), voire même de chambellan et de camérier. Et la comparaison me semble d'autant plus frappante qu'alors comme aujour-

1. *Ceremon.*, 1321.
2. *Ceremon.*, 1352, 1364. Les sceaux nous donnent aussi, pour le ɪxᵉ siècle, plusieurs exemples de commerciaires des dépôts publics portant ce titre (*Sigill.*, 112, 197).
3. Léon VI, *Novelle*, 94.
4. Par exemple, sceau de Théodote dishypatos, patrice, protospathaire diœcète de Sicile (p. 215) ; sceau de Théodote, consul et duc de Sardaigne 222) ; sceau de Grégoire, consul et protonotaire de Sicile (p. 215).
5. Le terme de « Βεστήτωρ » me paraît être, d'après les sceaux, celui qui le plus fréquemment employé au ɪxᵉ siècle.
6. Ou mieux apoéparche « ἀποέπαρχος. »

d'hui ces dignités purement honorifiques répondaient à un service de cour existant. Tandis qu'en effet il y avait dans les provinces des stratores, des candidats, etc., qui étaient les uns fonctionnaires civils comme ce Joseph protospathaire, candidat et commerciaire de Thessalonique [1], les autres à l'armée comme Hypatios strator impérial et turmarque de Marmaritzion [2], les autres dans les chancelleries ou en fonction dans les thèmes [3], les autres à la tête de l'administration d'une ville comme Jean, candidat et archôn de Christopolis [4], ou même en passe de devenir stratège comme Théophane, qui reçut, bien que tout enfant, à la mort de son père, avec la promesse de lui succéder un jour comme stratège de la mer Egée, le titre de strator [5], il en était aussi qui remplissaient réellement leurs fonctions au Palais. Les écuries impériales avaient des stratores ; les cérémonies, leurs silentiaires ; les troupes palatines, leurs candidats. Quand les titulaires de province venaient à la cour, ils avaient leur place dans les réceptions et les dîners et peut-être avaient-ils le droit de faire effectivement le service que leur titre indiquait. Dans ce cas ils dépendaient tous — consuls, vestitores, silentiaires, apoéparches — d'un grand chef, le cérémoniaire « ὁ ἐπὶ τῆς καταστάσεως » [6]. Ils étaient dits « συγκλητικοί » non qu'ils fussent sénateurs, mais simplement parce qu'ils fonctionnent au palais [7].

Tandis qu'il y avait dix-huit classes dans l'ordre nobiliaire dont les titulaires formaient, à proprement parler, la cour de l'Empereur, dans l'ordre administratif il y avait soixante charges ou fonctions données par rescrit de l'Empereur (διὰ λόγου) et se répartissant en 7 classes. C'était celles des :

1) *Stratèges* qui comprenait vingt-six fonctionnaires à savoir

1. Schlumberger, *Sigill.*, p. 105.
2. *Ibid.*, p. 171.
3. *Ibid.*, p. 122.
4. *Ibid.*, p. 114.
5. *Vie de Théophane*, éd. Krumbacher, *op. cit.*, p. 390. S<sup>t</sup> Eudokimos reçut de la même façon le titre de candidat.
6. *Cerem.*, p. 1332.
7. C'est dans le même sens qu'il faut entendre, je crois, la distinction de Philothée entre les dignitaires ταγματικοί, θεματικοί, συγκλητικοί et c'est, ce me semble, la clef du passage obscur dans lequel Philothée parle de ces mêmes dignitaires qui » τῇ συγκλήτῳ ἁρμόζονται » *(Cerem.*, 1308). En tous ces endroits, il ne s'agit nullement de l'institution appelée le Sénat. (Cf. *Cerem.*, p. 1333).

les chefs militaires des divers thèmes de l'Empire et les οἱ ἐκ προσώπου.

2) *Domestiques* qui comprenait sept fonctionnaires : le domestique des scholes ; le domestique des excubiteurs ; le drongaire de la veille « τῆς βίγλας ; » le domestique des Icanates ; le domestique des Nombres « τῶν νουμέρων » ; le domestique des optimates ; le comte des murs. On les appelait tous « ὀφφικιάλιοι. »

3) *Juges* qui comprenait trois fonctionnaires : le préfet de la ville ; le questeur ; le fonctionnaire préposé aux pétitions : « ὁ τῶν δεήσεων. »

4) *Secreticoi* ou fonctionnaires attachés aux grandes administrations de l'Empire, comprenant onze fonctionnaires : le sacellaire, le logothète τοῦ γενικοῦ ; le logothète de l'armée ; le logothète du drôme ; le chartulaire du sacellaire ; le chartulaire du vestiaire ; le protoasecretis ; le fonctionnaire chargé du trésor privé (ὁ τοῦ εἰδικοῦ) ; le grand curateur ; le curateur τῶν Μαγγάνων, de Manganes ; l'orphanotrophe.

5) *Démocrates* comprenant deux fonctionnaires : le démarche des Verts et celui des Bleus.

6) *Stratarches* comprenant cinq fonctionnaires : l'hétériarche ; le drongaire de la flotte ; le logothète des troupeaux ; le protospathaire des basiliques ; le comte τοῦ στάβλου.

7) *La classe des fonctions personnelles* (εἰδικαὶ ἀξίαι) au nombre de sept : le basileopator ; le recteur ; le syncelle ; le chartulaire du caniclée ; le protostrator ; le cérémoniaire (ὁ τῆς καταστάσεως) ; le domestique des basiliques.

Comme nous retrouverons tous ces fonctionnaires dans leur administration propre, je crois inutile de m'arrêter ici à chacun d'eux plus longuement. Il est cependant une chose à remarquer. C'est que deux des titres cités par Philothée dans le Clétorologe : le basileopator et le recteur, sont des titres nouveaux que les textes antérieurs au règne de Léon VI ne connaissent pas. Nous savons l'origine du titre de basileopator ; mais nous ignorons celle du titre de recteur. Ce qui paraît certain, c'est que cette dernière fonction — la plus grande de l'Empire dès le xe siècle — est inconnue des écrivains antérieurs à cette époque. L'auteur anonyme du cérémonial usité au viiie siècle pour la promotion des grands dignitaires de l'Empire l'ignore complètement et les premiers textes qui en

parlent sont contemporains d'Alexandre, frère de Léon VI [1].
Au xe siècle elle a tout son éclat. Le livre des Cérémonies lui
donne le pas sur tous les autres fonctionnaires et Liutprand la
cite avant tout autre dans la distribution des présents à laquelle
il assiste. On peut donc conclure de cela que le rectorat fut
créé par Léon VI pour honorer un personnage quelconque ; et
c'est, sans doute, le premier cérémonial usité à cette occasion
qui nous est conservé au chapitre IV du second livre des Cérémonies.

Naturellement, chacun de ces grands fonctionnaires a sa
suite ou son bureau (προέλευσις) composé de divers fonctionnaires subalternes. Nous les indiquerons avec leurs chefs respectifs aux chapitres spéciaux consacrés à l'administration
dont ils relèvent.

On peut remarquer, par l'énumération qui précède, qu'en
réalité, sauf quelques fonctionnaires de second ordre, les titulaires de charges uniquement auliques n'étaient pas très nombreux. La raison en est qu'à Byzance, comme dans toutes les
cours orientales, les offices du palais étaient aux mains d'eunuques riches et puissants qui, eux aussi, se trouvaient groupés en deux classes, parallèles et semblables à la double hiérarchie des dignitaires et fonctionnaires de l'Empire. Suivant
qu'ils avaient un titre ou fonction, l'Empereur leur donnait le
« βραβεῖον » où les nommait « διὰ λόγου », exactement comme
il le faisait pour ses autres sujets. Entre les uns et les autres
il n'y avait qu'une différence, c'est que les eunuques accomplissaient les fonctions que leur titre signifiait.

Il y avait pour les eunuques huit grandes dignités :

1) *Les* νιψιστιάριοι *ou* νιψηστιάριοι, que nous pourrions appeler
les baigneurs de l'Empereur, étaient, parmi les eunuques, les
dignitaires les moins élevés. Ils recevaient, comme insigne, un
vêtement (καμίσιον) de lin et une sorte de grand manteau de
soie appelé le « φιάλιον ». Dans les cérémonies, quelques-uns
d'entre eux se trouvaient à la grande porte de l'Augusteon
pour présenter à l'Empereur le bassin dans lequel il pouvait
se laver les mains [2].

2) *Les cubiculaires* (ἡ τοῦ κουβικουλαρίου ἀξία) formaient une

---

1. Du Cange, article Ῥαίκτωρ. La vie de St Euthyme parle du recteur Jean
à propos de la mort d'Alexandre en 913 (*Vit. Euthym.*, XXI, p. 70).
2. *Cerem.*, p. 121.

classe très nombreuse. C'étaient les officiers au service habituel de l'Empereur. Leur insigne était un vêtement de soie et d'or, le « παραγαβδίον ou παραγαύδιον ». La cérémonie de leur promotion, racontée au chapitre XXV du II⁰ livre des Cérémonies qui, pour être peut-être postérieure au IX⁰ siècle, n'en garde pas moins son intérêt pour cette époque, donne de curieux détails sur l'importance de cette dignité et fonction. Les préposites, — leurs chefs hiérarchiques — font, par l'intermédiaire de l'un d'eux, de graves recommandations au nouvel élu : qu'il se garde bien, sans l'avis de l'Empereur, de porter la main sur un homme qui porte la barbe (βαρβάτος) ; qu'il ne s'adonne pas à l'ivrognerie ; qu'il ne soit ni vain, ni léger et ne s'occupe point des choses qui ne le regardent pas : qu'il se garde bien aussi d'avoir des relations avec les hommes pervers et désireux de nouveautés (lisez : qui essaient de fomenter des révolutions) ; qu'il n'aille pas répandre au dehors les secrets de l'Empereur ; qu'il honore tous les dignitaires du palais, ceux qui lui sont supérieurs ou égaux en dignités, tout le sénat, surtout les préposites ! « Voici, dit la formule de promotion, quelle dignité tu reçois. Songe que la sainte porte dont la garde t'est commise, tu la tiens de Dieu même ; surveille-toi toi-même afin que jusqu'à la fin de ta vie tu observes ces avis et, qu'orné des plus belles vertus, tu obtiennes aussi de notre Empereur de plus hautes dignités et que tu deviennes illustre dans le sacré couboucleion [1]. »

Ces recommandations pouvaient n'être pas dépourvues d'utilité quand on songe à l'influence qu'avaient forcément de tels personnages et quelle facilité leur était donnée de faire aboutir toutes les conjurations. Ce sont ces cubiculaires qu'on désignait, suivant le palais où leurs fonctions les appelaient, du nom générique de « οἱ ἐπὶ τοῦ κουβουκλείου, οἱ ἐπὶ τοῦ χρυσοτρικλίνου ; οἱ κοιτώνιτες [2]. » En outre, chaque service impérial avait ses cubiculaires. Les uns étaient attachés aux chaussures, d'autres à la barbe, d'autres à la chevelure [3].

[1]. Cerem., p. 1160.
[2]. C'est ainsi, par exemple, que nous avons le sceau de Pardos cubiculaire et ἐπὶ τοῦ κοιτῶνος (Sigill., 526). Suivant la règle générale, les eunuques attachés à tel palais déterminé, pouvaient naturellement avoir plusieurs titres supérieurs à celui de cubiculaire. Ils pouvaient être primiciers, patrices, etc.
[3]. Cerem., 1281 et note 88. Nous trouvons parfois la mention de cubi-

3) *Spatharocubiculaires* (ἡ τοῦ σπαθαροκουβικουλαρίου ἀξία). Ils portaient une épée à poignée d'or et avaient au palais une dignité d'ordre militaire, à la différence des cubiculaires ordinaires qui étaient civils.

4) *Les ostiarii* (ἡ τῶν ὀστιαρίων ἀξία) portaient un bâton d'or muni d'une pomme enrichie de pierres précieuses. Sortes de portiers, ils se tenaient auprès du voile (βῆλον) et introduisaient, suivant leur rang, les différentes classes de dignitaires et de fonctionnaires

5) *Les primiciers* (ἡ τῶν πριμικηρίων ἀξία). Les primiciers avaient, comme insigne distinctif, une tunique blanche et sur les épaules un manteau brodé d'or représentant des chevaux. Eux aussi faisaient auprès de l'Empereur un service régulier car nous savons par le Clétorologe que la gratification n'était point la même suivant que le nouvel élu devait avoir, ou pas, le droit de présenter l' « imation » impérial [1]. Comme fonctionnaires, ils avaient sous leurs ordres les dietarii qui se succédaient chaque semaine. Tous relevaient du grand papias.

6) *Les protospathaires eunuques* (ἡ τῶν πρωτοσπαθαρίων ἀξία). Comme les autres protospathaires, les eunuques portaient le collier et la tunique blanche. Ils avaient souvent des fonctions militaires ou civiles.

7) *Les préposites* (ἡ τῶν λαμπροτάτων πραιποσίτων ἀξία). C'était la grande fonction du palais. Aucune cérémonie ne se faisait, civile ou religieuse, qu'ils ne fussent aux côtés de l'Empereur. Aussi étaient-ils toujours soit protospathaires, soit patrices, et c'était les plaques de patrice mais sans les codicilles que l'Empereur leur remettait au jour de leur élévation. L'origine de cette fonction datait de loin. Primitivement à Rome, l'Empereur avait son « præpositus sacri cubiculi » qui remplissait des fonctions analogues aux préposites du IXe siècle. Puis avec le temps cette charge se dédoubla. Aux IVe et Ve siècles, nous avons le « præpositus sacri palatii » et le « præpositus cubiculi » qui étaient tantôt eunuques, tantôt pas. Mais dès le Moyen-Age ils sont toujours pris parmi les eunuques [2]. Comme cham-

---

culaires « διὰ πόλεως » urbains, par opposition, sans doute aux cubiculaires qui vivaient dans d'autres palais situés en dehors de Constantinople *(Cerem., Ibid.)*.

1. *Cerem.*, 1336.
2. Reiske, *Cerem.*, note 13, ch. I, p. 83.

bellans en titre de l'Empereur, ils avaient autorité sur tous les dignitaires eunuques qui, au jour de leur élévation, leur paient la gratification. Ce sont eux, en outre, qui transmettent les ordres du Basileus à tous les dignitaires auliques et reçoivent de leurs mains dans les cérémonies les divers insignes qu'ils remettent à l'Empereur. Par exemple, ils offrent à l'Empereur, les cierges ; ils lui mettent la couronne sur la tête, etc. [1]. Enfin quel était leur nombre ? C'est là une question à laquelle nulle part nous ne trouvons de réponse précise. Cependant en confrontant les différents passages du Livre des Cérémonies on peut remarquer que, dans tous les passages qui parlent de plusieurs empereurs, il est fait mention des préposites ; dans ceux qui parlent d'un seul empereur, nous ne trouvons trace que d'un préposite [2]. D'autre part nous pouvons faire la même remarque pour la maison de l'Impératrice, ce qui semble bien indiquer qu'il y avait un préposite par cour, mais un seul, chef unique de chaque maison impériale, ayant sous ses ordres tous les cubiculaires. Baanès paraît avoir été préposite de Basile ; Théodore, préposite de Constantin [3].

8) Enfin venait pour les eunuques la grande dignité de *patrice*. Alors l'Empereur leur remettait les insignes complets de patrice : les tablettes d'ivoire et les codicilles.

Indépendamment de ces dignités réservées aux eunuques, dignités qui leur conféraient, comme nous venons de le voir, certains privilèges et certaines fonctions palatines, la carrière des honneurs leur restait encore ouverte. Comme les autres sujets de l'Empereur ils pouvaient prétendre à toutes les charges de l'Empire, sauf, toutefois, à celles d'éparche, de domestique et de questeur [4]. Cependant, il y avait, en outre, au palais certaines grandes charges qui leur étaient généralement réservées [5].

1. *Cerem.*, ch. I et pp. 117, 120, 121.
2. P. e. ch. IX, p. 237 et seq. Cf. surtout le chapitre sur la promotion du préposite p. 525. Le texte est du VIII$^e$ s. Il y a deux empereurs. Or il est fait mention d'un préposite, l'autre étant à créer. L'Empereur fait un signe : « κἂν τε πραιπόσιτος ἕτερός ἐστι... »
3. Mansi, XVI, p. 18.
4. *Cerem.*, 1340.
5. Nous savons, en effet, par l'exemple des personnages que nous connaissons par ailleurs, comme Basile lui-même et probablement Nicétas, qu'il y avait à cette loi des exceptions.
C'est sans doute à cela que fait allusion Ibn Hordadbeh quand il dit

1) *Le parakimomène* (ὁ παρακοιμώμενος τοῦ δεσπότου). C'était le compagnon habituel de l'Empereur, celui qui, pour traduire mot à mot l'expression grecque, couche à côté de l'Empereur et avait mission de veiller sur son sommeil. Il paraît avoir généralement porté le titre de patrice. Comme pour toutes les fonctions occupées par des eunuques, on s'inquiétait peu en nommant un titulaire à cette haute et importante charge, de sa famille et de ses antécédents. On cherchait surtout un homme de confiance, un ami de l'Empereur. C'est ainsi qu'au IXe siècle le parakimomène de Michel III était ce Damianos que nous connaissons bien. Il était de race slave et devait sa situation à Bardas qui l'avait pris — et pour cause — en amitié. Quand arriva l'heure de sa disgrâce, il fut, suivant le droit de l'Empereur, déposé de sa charge qui passa au nouvel ami de Michel, Basile[1] qui reçut en même temps le titre de patrice[2]. Nous savons par Constantin Porphyrogénète[3] que son grand-père ne nomma point, au cours de son règne de parakimomène. Ce fut l'empereur Léon VI qui renoua cette tradition. Le parakimomène portait le scaramangion et l'épée[4].

2) *Le protovestiarios* (ὁ πρωτοβεστιάριος τοῦ δεσπότου). Comme tous les corps de fonctionnaires, les vestiarioi ou préposés à la garde-robe impériale avaient un chef. Avec le temps, ce chef devint un très haut personnage qui, vraisemblablement, ne s'occupait plus du vestiaire de son maître, mais paradait à ses côtés comme grand officier. Sa fortune alla même tellement en grandissant que Codinus le cite au sixième rang des fonctions auliques. Vers la fin du règne de Basile, le protovestiaire en charge s'appelait Procopc.

3) *Le chef de la table impériale* (ὁ ἐπὶ τῆς τραπέζης τοῦ δεσπότου). Il y avait deux eunuques préposés à la table impériale. L'un était au service de l'Empereur, l'autre à celui de l'Impératrice.

---

qu'il y avait à Constantinople quatre cents « préposites » portant des manteaux vert brochés or. Ces « préposites », qui étaient sans doute les cubiculaires, étaient les conseillers du roi chargés d'exécuter ses ordres et ceux des patrices. D'entre eux, on choisissait les hauts fonctionnaires de Constantinople et les chambellans du roi (Ed. de Goeje, p. 81).

1. Ce qui prouve que cette charge était avant tout donnée à un confident alors même qu'il n'était pas ennuque.
2. *Vit. Basil.*, ch. XVI, 249.
3. *De admin.*, L, p. 384.
4. Léon Gramm., 1077.

Ils avaient sous leurs ordres tous les officiers chargés du service de table du Basileus, ceux probablement que les sceaux désignent sous le nom de « δομέστικοι τῆς ὑπουργίας [1] » et ces « ἐγγιστιάριοι » chargés de faire apporter sur la table les immenses pièces d'argenterie que des hommes n'eussent pu apporter et qui faisaient l'admiration de Liutprand [2]. Au IXe siècle, nous connaissons le sceau du préfet de la table d'Eudocie, le protospathaire Nicétas que Basile, par jalousie, fit reléguer dans un couvent.

4) *L'échanson* (ὁ πιγκέρνης). Aux deux préfets de la table, correspondaient les deux échansons dont nous savons assez peu de choses. Ils jouaient, sans doute, le même rôle que nos grands échansons des cours franques et allemandes du Moyen-Age.

5) *L'artocline* (ὁ ἀρτοκλίνης, ὁ ἀρτικλίνης). L'artocline était un fonctionnaire qui semble d'après. Philothée, artocline lui-même, avoir eu pour charge spéciale le placement à table des convives et l'office d'appeler, à leur tour, les dignitaires et fonctionnaires invités par le souverain [3]. A lui revenait le soin de connaître avec précision la tabelle des grades et le nom des personnages afin de montrer à chacun « de la main droite avec un geste adapté » la place qu'il devait occuper. L'artocline pouvait être protospathaire [4]. Ils étaient plusieurs fonctionnaires portant ce titre. A lui revenait en outre le droit de jeter aux factions à certaines fêtes les sacs de monnaies, les « ἀποκόμβιαι » que donnait le souverain [5].

6) Enfin venaient les fonctionnaires chargés des palais impériaux, sortes de premiers grands portiers de la cour. Le *papias* (παπίας). Le Clétorologe en mentionne quatre : le papias du grand palais et son lieutenant, le deutéros ; le papias de la Magnaure ; le papias de Daphné. Aux jours des cérémonies, chacun avait ses attributions propres qu'il exerçait effectivement. Le premier de tous ces portiers était le papias du grand palais, chargé d'ouvrir et de fermer les portes donnant directement sur la chambre à coucher de l'Empereur. Il avait sous

1. *Sigillogr.* p. 5o1.
2. Reiske, note 45, p. 265.
3. *Cerem.*, 1340.
4. *Ibid.*, 1348.
5. *Ibid.*, 225.

ses ordres tous les services intérieurs du palais et les employés qui y étaient attachés comme les lampistes, les chauffeurs, etc. Le deutéros s'occupait spécialement des objets à l'usage de l'Empereur : ameublement, vestiaire, etc [1].

Indépendamment de ces fonctionnaires en titre et de ces dignitaires auliques, l'Empereur avait auprès de lui quelques ministres chargés d'assurer au Palais certains services importants. Les trois principaux étaient le grand maître des cérémonies « ὁ τῆς καταστάσεως », le protospathaire des basiliques et le protostrator. Le premier était une sorte d'introducteur et de chef du protocole. Il ne paraissait en fonction qu'à certaines solennités pour présenter au Basileus les premiers dignitaires de l'Empire. Le plus souvent c'étaient les préposites qui faisaient le service de chefs des cérémonies. Lui, du reste, était un fonctionnaire de haut rang, ayant sa place dans la liste des soixante grands personnages de l'Empire, sans arriver cependant — en général du moins — au patriciat. Son titre le plus habituel était celui de protospathaire [2]. Sous ses ordres un ministère était constitué, composé d'un personnel de dignitaires auliques remplissant à la Cour des emplois divers : les hypatoi, les vestitores, les silenciaires, les apoeparches, les synkletikoi. On le voit, de son autorité relevaient tous les dignitaires de rang inférieur. Il est probable que tous les personnages de l'Empire qui portaient un de ces titres, venaient se ranger autour du chef de bureau dont ils relevaient. Leurs noms figuraient sur les registres correspondants à leur dignité et aux jours de cérémonies ou de service chaque chef avisait ceux qui devaient ou pouvaient être présents au palais. C'était sans doute dans ces bureaux que s'élaboraient les nombreux « Cérémoniaux » qui virent le jour à Byzance, comme c'était là que se réglaient la marche des fêtes, processions, entrées triomphales, mariages et funérailles d'Empereurs, etc., et que se conservaient les traditions et coutumes en usage à la Cour.

*Le protospathaire des basiliques* (ὁ πρωτοσπαθάριος τῶν βασιλικῶν) était un ministre du même genre ; mais tandis que le maître

---

1. *Cerem.*, 1336-1337.
2. C'est du moins ce qui ressort du Clétorologe. Il n'est nulle part nommé parmi les fonctionnaires pouvant être décoré des titres d'anthypatos et de patrice (p. 1344) ; mais bien parmi les fonctionnaires pouvant être protospathaires (p. 1348).

des cérémonies n'avait sous sa juridiction que les dignitaires d'ordre civil, le protospathaire lui, paraît n'avoir eu que des dignitaires d'ordre militaire. Comme le maître des cérémonies, en effet, le protospathaire préside certaines cérémonies du palais, telles que les promotions aux dignités auliques [1]. C'est lui qui, dans ce cas, introduit le nouvel élu au Chrysotriclinium, lui dicte ce qu'il doit faire et le revêt de l'habit propre à sa dignité [2]. Mais la preuve qu'il régit au palais les dignitaires d'ordre militaire, c'est la composition même de son bureau. De lui dépend le domestique des basiliques (ὁ δομέστικος τῶν βασιλικῶν) qui avait sous ses ordres les basiliques du palais, c'est-à-dire probablement la foule de ces fonctionnaires de second ou troisième ordre comme les maglabites, les scribones et autres gens d'armes, huissiers, appariteurs et massiers, choisis pour former autour de l'Empereur le cortège d'honneur [3]. Il est, du reste, assez curieux de remarquer, à l'appui de cette hypothèse que toujours dans les cérémonies, il est fait mention de deux catégories bien distinctes de participants : d'une part, les magistroi, les anthypatoi, les patrices et les « autres synkletikoi » ; de l'autre, les basiliques (βασιλικοὶ ἄνθρωποι). Il est donc, ce semble, assez naturel d'admettre la distinction que nous avons faite et de donner au « Domestique des Basiliques » la direction de ce personnel qui n'avait, du reste, de militaire que l'apparence extérieure. Un second bureau relevant du protospathaire des basiliques était celui des spathaires « τοῦ σπαθαρικίου » ou de l'hippodrome. A lui appartenait, sans doute, la classe innombrable des spathaires et spécialement des spathaires en fonction, ceux qui portaient les armes de l'Empereur, lance et bouclier [4]. Eux-mêmes, du reste, recevaient comme insigne de leur fonction, une épée [5]. Le troisième bureau formant le ministère du protospathaire des basiliques était celui des « candidats » (κανδιδᾶτοι) dont la fonction était, elle aussi, militaire puisqu'ils formaient, à pied et à cheval, comme la garde du corps de l'Empereur [6]. Leur

---

1. *Cerem.*, p. 1297.
2. *Ibid.*
3. *Ibid.*, pp. 356, 404.
4. *Ibid.*, p. 109.
5. *Ibid.*, p. 1301.
6. *Ibid.*, p. 440.

nom venait de l'habit blanc qu'ils portaient. Enfin, le dernier bureau du protospathaire était celui des « mandatores impériaux » courriers du Basileus, chargés de porter à qui de droit et spécialement aux stratèges, les ordres du souverain. Ils avaient une verge comme insigne de leur fonction [1]. Eux aussi paraissent bien avoir eu une sorte d'organisation militaire comme tous les personnages relevant de ce bureau d'ordre essentiellement aulique.

Enfin, il faut ranger parmi les grands fonctionnaires attachés au service de la cour. le protostrator et les deux démarches. *Le protostrator* peut assez bien se comparer à notre maréchal du haut Moyen-Age. Comme en Occident, à Byzance, le chef de l'écurie impériale était un grand seigneur, appartenant à la liste des soixante fonctionnaires pouvant être patrices et anthypatoi. Mais sa fonction n'était pas pour lors purement honorifique car il avait sous ses ordres le bureau chargé du service dont il était le chef. Néanmoins, l'Empereur pouvait toujours lui confier momentanément d'autres fonctions, surtout des fonctions militaires comme ce fut le cas pour ce Baïanos, protostrator de Basile dont Constantin VII nous raconte les machinations contre Apostyppis, machinations qu'il paya de sa vie [2]. Son ministère se composait de trois départements : les stratores ou écuyers avaient la charge spéciale des chevaux ; les armophylakes (ἁρμοφύλακες) celle des voitures ; les stablokomites (σταβλοκόμητες) celle des écuries impériales. On sait que ce fut parmi les stratores que Basile fut inscrit lorsqu'il entra au service de l'Empereur Michel.

Quant aux *démarches* (οἱ δήμαρχοι) c'étaient les chefs des deux grandes factions du cirque, factions dans lesquelles se rangeaient probablement tous les habitants de Constantinople. Au IXe siècle, ces deux corps étaient déjà bien déchus. D'organes officiels du peuple qu'ils avaient été, réclamant au cirque et dans la rue, à la face du souverain, des droits, des libertés, de la justice, fomentant les révolutions et faisant les coups d'Etat ; d'associations régionales à caractère militaire, pouvant à l'occasion défendre leur quartier, les factions étaient devenues une institution de pure cérémonie, uniquement propre à rehausser

---

1. *Cerem.*, p. 324.
2. *Vit. Basil.*, LXVII, p. 321.

l'éclat des pompes impériales et à maintenir les traditions du cirque[1]. Comme déjà au vi⁰ siècle, il n'y avait plus à Byzance au ix⁰ siècle que deux grandes factions, commandées chacune par un démarche, membre de la liste des 60 et pouvant revêtir les grandes dignités auliques, la faction des Vénètes ou Bleus et celle des Prasinoi ou Verts. Les deux autres, en vérité, les rouges et les blancs, existaient bien encore[2], mais chacune se rattachait à l'un des deux grands partis existants : les rouges marchant avec les verts, les blancs avec les bleus. De leur organisation militaire et régionale passée, les factions avaient gardé quelques vestiges en la personne des archontes et des deux gitoniarches (οἱ γειτονιάρχαι) ou chefs de quartier[3], peut-être aussi, dans le groupement indiqué au Livre des Cérémonies pour le x⁰ siècle, en « περατικοί » et en « πολιτικοί » propre à chaque faction. On avait, en effet, les Vénètes « peratikoi » et « politikoi » ; les Verts « peratikoi » et « politikoi. » En outre, au-dessus des démarches se trouvaient les démocrates, tous par ailleurs chefs militaires. Le démocrate des Bleus était le domestique des scholes ; celui des Verts le domestique des Excubiteurs[4]. Les deux autres factions n'avaient à leur tête que les démarches des Verts et des Bleus. Quant aux autres bureaux des démarches ils étaient tous d'ordre cérémonial. Les deux démarches avaient chacun leur lieutenant, le « deutérevon » qui devait être, en fait, le véritable chef, de la faction et l'organisateur des fêtes, le démarche étant un grand personnage, titulaire purement honoraire. Un chartulaire avait pour chaque faction la garde des archives ; les notaires passaient les actes tandis que le « poète » composait les pièces

---

1. Cf. à ce sujet Rambaud, *De byzantino hippodromo*, et son article de la *Revue des Deux-Mondes* : « Le Sport et l'Hippodrome à Constantinople. » M. Rambaud a nié toute influence politique aux factions. Néanmoins, il semble bien que la plupart des émeutes qui ensanglantèrent Constantinople eurent d'autres causes que de simples rivalités de cirque. Quand le peuple était mécontent du souverain, que de graves injustices avaient été commises ou que les impôts étaient trop lourds, les factions s'agitaient et faisaient au souverain des représentations bruyantes qui tournaient facilement en émeute. Si, du reste, les factions n'avaient été que des clubs hippiques, on comprendrait mal le haut rang donné aux chefs de faction. L'Empereur présidait lui-même à l'élévation du démarche et de son lieutenant.

2. *Vit. Mich.*, ch. xxxvi, p. 213
3. *Cerem.*, p. 1436.
4. *Ibid.*, p. 212-216.

de circonstances. Des chantres, des cochers, des protia (πρωτεῖα) et des demotai (δημόται) comprenant sans doute les κράκται ou héros, les μαίστορες, etc., complétaient le personnel propre à chaque faction.

A côté de la cour du Basileus, il y avait celle de la Basilissa et celle des princes, à l'occasion. Chacune de ces cours était composée de la même façon que celle de l'Empereur. Un grand nombre de dignitaires femmes entourait l'Impératrice et faisait auprès d'elle un service actif. C'étaient les koitonissai, les koubouklareai, la protovestiaria et son cortège de vestiariai, la primikirissa, etc. En outre, elle avait son personnel d'eunuques dont le chef était le Préfet de la table de l'Impératrice (ὁ τῆς τραπέζης τῆς Αὐγούστης). Il avait sous ses ordres le préposite, les ostiaires, les cubiculaires, etc. Enfin tous les dignitaires de la cour impériale qui étaient mariés avaient droit de partager avec leur épouse, mais avec leur épouse seule[1] le titre qu'ils portaient. Il y avait par conséquent des magistrisai, des patriciennes et des anthypatisai, des strategisai et des éparchisai[2], etc., que l'Impératrice recevait à certains jours tandis que l'Empereur recevait les maris. Le premier personnage de la cour de l'Impératrice était la patricienne à ceinture[3].

1. *Basilic.*, l. VI. T. I, § 1, 8, p. 140.
2. *Cerem.*, 260.
3. *Ibid.*, 1341.

# LIVRE II

## LE GOUVERNEMENT INTÉRIEUR DE BASILE I<sup>er</sup>

### CHAPITRE PREMIER

LES PREMIERS ACTES PUBLICS. — L'ADMINISTRATION FINANCIÈRE.

Au lendemain du meurtre de Michel III, Basile, maître du Sacré Palais, n'avait plus qu'à se faire proclamer. Ce fut son premier acte. Le préfet de la ville, Marianos, s'en alla au Forum et, devant le peuple et l'armée assemblés, annonça que désormais Byzance n'avait plus qu'un seul maître en la personne de Basile [1]. De son côté, l'Empereur entouré du Sénat recevait, probablement en ce même instant, les félicitations de la cour et, l'âme subitement convertie aux choses de la Religion, consacrait « au Christ-Roi » son Empire et sa personne. Première et touchante pensée du matin après les horreurs de la nuit [2] ! Ensuite, conformément à l'usage, Constantinople se mit en devoir d'aller solennellement rendre grâce à Dieu en son temple de Sainte-Sophie. Basile, accompagné de la nouvelle Impératrice et de ses enfants, escorté de tous les dignitaires et fonctionnaires présents, se dirigea vers l'église, distribuant avec la libéralité qui convient à un homme qui veut se rendre populaire, de nombreuses sommes d'argent, don traditionnel de joyeux avènement que les Byzantins appelaient « ὑπατεία » et qu'il tira, fait remarquer son petit-fils, de sa bourse privée [3], après quoi, seul Empereur, il se mit à l'œuvre.

1. Sym. Magist., II, 749 ; Léon Gramm., 1085 ; Georg. Moine, 1072.
2. *Vit. Basil.*, XXVIII, 272.
3. *Vit. Basil.*, XXIX, 272.

La première mesure que Basile eut à prendre, fut d'ordre financier. On se souvient de quelle lamentable façon Michel avait dilapidé le Trésor. Il fallait, de toute nécessité, mettre bon ordre à cet état de choses. Basile convoqua donc son sénat et les principaux fonctionnaires de son gouvernement — sans doute ceux qui étaient chargés des finances — et ouvrit en leur présence le trésor impérial, situé à l'une des extrémités de la galerie appelée « Diabatica du Triconque[1]. » Il était à peu près vide. De toutes les richesses d'autrefois il ne restait plus que trois kentenaria et neuf sacs de miliarisia[2] ! Le livre des dépenses fut, par bonheur, retrouvé chez un vieillard, le protospathaire eunuque Basile et, grâce à cette découverte, on se rendit compte de certaines malversations qui demandaient une prompte réparation. Le conseil voulait que tous ceux qui, du vivant de Michel, avaient largement et indûment puisé dans le trésor, fussent astreints à rembourser le montant des sommes prises. En bon prince, Basile se contenta de la moitié, ce qui ramena immédiatement trois cents kentenaria dans les caisses publiques[3]. Puis le trésor privé de l'Empereur « τὸ εἰδικόν » fut, à son tour, ouvert. On y trouva de précieux débris des richesses passées que les Basileis avaient accumulées au Palais. Là gisaient, pêle-mêle, des restes d'or provenant des œuvres artistiques que Michel avait dû faire fondre un jour pour payer ses soldats[4] : le platane, les griffons, les lions, l'orgue, les habits impériaux, etc. Pour le nouveau Basileus c'était la richesse. Il n'avait qu'à faire monnayer les lingots comme le projetait Michel et sa fortune privée augmentait sur-le-champ. C'est ce qu'il fit plus tard. Enfin, paraît-il, la Destinée ayant décidé de gâter jusqu'au bout l'heureux Macédonien, il découvrit, caché en terre, un trésor qui le mit tout à fait à l'aise[5]. Mais ce n'était là, en réalité, qu'une affaire secondaire. Ce qu'un souverain gaspille, un autre peut l'économiser à condition, toutefois, que la gestion de la fortune publique soit sérieusement conduite. Malheureusement, tel n'était pas le cas à Byzance.

1. Labarte, p. 71.
2. *Vit. Mich.*, xxi, p. 188 ; *Vit. Basil.*, xxix, 272 ; Sym. Mag., xv, 721. Il y avait encore au trésor 13 kenteneria au dire de ce dernier chroniqueur.
3. *Vit. Basil.*, xxix, 272.
4 *Vit. Mich.*, xxi, 188 ; Cedren., 1089.
5. *Vit. Basil.*, xxix, 272.

A l'avènement de Basile de graves questions se posaient qu'il fallait essayer de résoudre sans retard car elles avaient, par la force même des choses, un contre-coup funeste sur la bonne administration financière de l'Empire. La plus importante était la question sociale, la question des riches et des pauvres.

Nous ne connaissons aucune nouvelle de Basile à ce sujet ; mais nous savons que la chose le préoccupa fort. En homme avisé et pratique, il préféra, probablement, prendre de sérieuses mesures quotidiennes plutôt que de faire des lois toujours transgressées et qui n'apportent en général aucune amélioration dans la société. Cependant, Constantin Porphyrogénète laisse entendre que son grand-père envoya des ordres dans toutes les provinces à ce sujet. Quoi qu'il en soit, le conflit était grave. La féodalité s'était de toute part établie de nouveau sur les terres de l'Empire et fondait son autorité, comme en Occident, sur la richesse terrienne [1]. La famille de Daniélis était une de ces familles souveraines. De Patras où elle habitait elle dominait sur une grande partie du Péloponnèse qu'elle possédait par ses immenses propriétés assez semblables aux anciens « latifundia » ; de nombreux esclaves vivaient à l'ombre de ses métairies. Chez elle comme autrefois à Rome, tout se faisait dans sa maison. Elle avait des esclaves pour chaque genre de travaux [2] et à lire la liste des magnifiques cadeaux qu'elle apporta ou envoya à Byzance, on peut se rendre compte de l'opulence d'une de ces familles féodales [3]. Quand elle mourut, elle laissa une immense fortune, mobilière et immobilière, à l'Empereur Léon qui put, avec les innombrables esclaves dont il hérita, prélever trois mille d'entre eux pour créer en Longobardie une colonie prospère [4].

Evidemment c'était là pour l'Empire un danger considérable. Loin du pouvoir central, ces grandes et puissantes familles ne songeaient qu'à s'étendre, à pressurer les habitants

---

1. Cf. le Chapitre sur la civilisation byzantine. Qu'il suffise de rappeler ici qu'il faut entendre le terme « d'esclave » dans un sens souvent fort large. Le plus généralement les esclaves sont nos serfs d'Occident, paysans attachés à la glèbe et soumis à des lois propres.
2. *Vit. Basil.*, ch. LXXIV, p. 333.
3. Un autre exemple des richesses incroyables que pouvaient posséder les grands seigneurs, indépendants sur leurs terres, est celui de l'Empereur Basile II. Cf. Schlumberger, *Epopée Byzantine*, I, 310.
4. *Vit. Basil.*, ch. LXXVII, p. 336.

libres qui vivaient sur leurs terres et à accaparer leurs biens et leurs personnes quand ils ne pouvaient payer les redevances convenues. De ce fait, naturellement, les plus criants abus naissaient à l'envi et l'impôt ne pouvait plus rentrer au trésor qui s'appauvrissait de jour en jour. Basile songea donc, comme le firent ses prédécesseurs et le feront ses successeurs, à régler cette situation. Seulement, chose remarquable, il ne paraît pas en avoir voulu à l'organisation même de la féodalité. Nous ignorons, en vérité, s'il tint, une fois Empereur, sa parole de jeune homme : de donner à Daniélis la pleine possession des terres sur lesquelles elle habitait[1] ; mais en tous cas, il demeura toujours en termes non équivoques avec cette noble matrone qui lui céda, en bien propre, nombre de grandes propriétés[2]. Lui-même semble, du reste, s'être assimilé parfois aux seigneurs féodaux et avoir agi comme eux tous. C'est ainsi, par exemple, qu'il décida que dorénavant les palais impériaux auraient leurs domaines et revenus propres, fruit de l'agriculture et qu'ils devraient suffire à l'entretien de la table et des bâtiments impériaux[3]. C'étaient donc des terres avec leurs habitants que Basile incorporait à chaque nouvelle résidence qu'il construisait ou réparait et cela pour couvrir les frais généraux qui en résultaient. Sans doute, en publiant cette ordonnance, l'Empereur entendait alléger les impôts qui, de ce chef, pesaient sur les paysans et les pauvres[4] ; sans doute encore il dut acquérir régulièrement ces domaines, s'il ne les possédait déjà. Cependant, le fait seul d'agir de la sorte ne couvre-t-il pas les pratiques, moins légales quant aux moyens, identiques quant aux résultats, des maisons féodales ? Dans un cas comme dans l'autre, c'est toujours le grand seigneur qui augmente ses territoires *aux dépens de la petite propriété*. Aussi, le projet de Basile dans ses réformes financières et judiciaires, ne va-t-il nullement à combattre la classe des « δυνατοί » mais seulement, et par détour, quelques-unes de leurs pratiques d'accaparement. Ce qu'il voulut simplement, c'est protéger le pauvre contre le riche, le faible contre le puissant afin que l'injustice ne se puisse plus commettre. Cette façon de faire

1. *Vit. Basil.*, xi, 244.
2. *Ibid.*, ch. lxxv, 333.
3. *Ibid.*, ch. xci, p. 353 ; Cedrenus, 1128.
4. *Ibid.*

évidemment ne dépassait pas la limite de ce que pouvait se permettre tout seigneur féodal. Sa conduite fut loin d'être aussi révolutionnaire que celle de certains de ses successeurs : Nicéphore Phocas ou Basile II par exemple. Il chercha, avant tout, à s'assurer de bons et sérieux fonctionnaires, intègres et zélés, « ayant les mains pures de toute tache », décidés à faire régner partout la justice et l'équité [1]. Ce qu'il demandait à ses agents, c'est que les riches n'opprimassent plus les pauvres [2] et qu'injustement, ils ne leur infligeassent aucune de ces amendes injustifiées qui les ruinaient pour toujours ; puis, sans violente secousse, sans criminelles représailles contre les riches, qu'ils essayassent de remettre sur pied ceux qui avaient connu des jours meilleurs et que la pauvreté involontaire avait fait déchoir de leur situation passée [3]. Pour cela, Basile n'avait qu'un moyen à prendre : celui d'attacher le paysan à sa motte de terre et de l'en laisser propriétaire. Aussi bien c'est à quoi durent tendre, tout d'abord, les officiers impériaux et c'est à cette fin qu'il envoya, dans toutes les provinces des ordres pour interdire la « funeste coutume d'alors », de donner à un autre la terre de ses ancêtres [4].

Ceci fait, il tenta, probablement bien en vain, de lutter contre un second mal, non moins grave et non moins dangereux que le premier : la mauvaise gestion des affaires financières en réformant la perception de l'impôt — ou plus exactement sans doute en revisant les livres cadastraux [5]. — Jusque-là dans les recensements de terres, les officiers du fisc se servaient de certains signes d'abréviation. Le chiffre de

---

1. *Vit. Basil.*, ch. xxx, p. 273. Le biographe de saint Eustratios raconte à ce sujet un fait qui éclaire d'une vive lumière les procédés des collecteurs d'impôts et les vexations dont souffraient les habitants. C'était au temps de Théodora. Les gens de Brousse écrasés par les impôts ne purent plus — en grand nombre du moins — payer leurs redevances. Le dioecète, impitoyablement, les fit jeter en prison. Saint Eustratios obtint leur délivrance momentanée en versant cent nomismes dans la caisse des fonctionnaires. Le lendemain, Théodora ayant envoyé deux cents nomismes au saint, il put avec cet argent payer les impôts de son couvent d'abord, des pauvres ensuite. (Papad. Keram., *Analecta*, IV, § 15, p. 378).
2. *Ibid.*
3. *Ibid.*
4. *Ibid.*
5. Cf. même chapitre, les impôts à Byzance au ixe siècle.

l'impôt était inscrit à moitié, au huitième, au douzième sur les livres. Il résultait, pour les paysans surtout, une impossibilité absolue de vérifier ce qu'ils devaient au trésor et ce que les collecteurs réclamaient de leur chef. Basile fit disparaître ce système. Il ordonna que désormais l'impôt serait inscrit sur les registres du fisc en caractères simples, de façon à ce que chacun put facilement le lire et que la somme à payer serait indiquée au moyen de calculs clairs et entiers de telle sorte que les fraudes et les exactions devinssent impossibles. Cette réforme, naturellement, n'alla pas sans amener un grand désarroi dans les chancelleries. Il fallut refaire les livres, acheter du papier, payer des scribes. L'Empereur se chargea de toutes les dépenses qui, pour un temps sans doute, apportèrent quelque soulagement à la classe laborieuse[1].

Si Basile exigeait de ses subordonnés des qualités peu communes et un zèle sans relâche, il faut bien avouer qu'il était le premier à leur donner l'exemple de toutes les vertus administratives qu'il réclamait d'eux. Souvent lorsque les expéditions militaires et les autres soucis du pouvoir lui laissèrent, au cours de son règne, quelque loisir prolongé, on le vit se diriger vers les bureaux du logothète du trésor et là examiner avec attention les plaintes de ceux qui se croyaient être l'objet de quelque injustice[2], décidant en dernier ressort lorsqu'il y avait doute[3] ; cherchant par tous les moyens à rétablir l'ordre sans pressurer les populations. C'eût été, au dire de son petit-fils, un de ses plus chers désirs que d'aller lui-même dans les provinces lever l'impôt et rendre la justice[4]. Du moins ne le pouvant pas, il exigeait que ses mandataires fissent exactement ce qu'il eût fait lui-même. Un jour, raconte Constantin Porphyrogénète, le logothète du trésor lui proposa d'envoyer dans toutes les contrées soumises à l'Empire, des inspecteurs pour faire rentrer au fisc l'impôt qui n'y arrivait pas toujours régulièrement et taxer les peuples qui, nouvellement incorporés par suite des conquêtes, ne payaient point encore leurs redevances. Basile parut accepter la proposition et demanda qu'on lui soumit le nom des futurs contrôleurs. Le logothète

1. *Vit. Basil.*, XXXI, 277 ; Cedrenus, 1092.
2. *Ibid.*, 276 ; Cedrenus, 1089.
3. Genesios, 1152.
4. *Vit. Basil.*, ch. xc, p. 364.

s'empressa de dresser sa liste et s'ingénia à choisir de son mieux des hommes, capables, droits, intègres ; mais ce fut en vain. Aux noms qui furent prononcés, Basile entra en une grande colère, refusa son approbation et demanda pour une aussi délicate mission qu'on choisit, dans la ville, les deux « magistroi » qui, par leur incontestable vertu, leur expérience et un long maniement des affaires, fussent le plus aptes à bien remplir ces fonctions. Naturellement personne ne voulut se charger de la chose. Les « magistroi » interrogés, parvenus au faîte des grandeurs de ce monde, riches, tranquilles, honorés, n'avaient nulle envie d'aller en pays lointains s'atteler à une œuvre aussi ingrate que peu lucrative. Ils firent valoir leur âge, la fatigue, les services passés, bref ils demandèrent la permission de refuser cette tâche trop lourde pour leur énergie faiblissante. Basile avait prévu la chose. Devant le refus des seuls hommes capables de mener à bien l'affaire il ne voulut plus en entendre parler. « Je préfère, dit-il, qu'il y ait des gens qui profitent injustement de mon bien, plutôt que de pressurer moi-même quelqu'un et de lui faire souffrir un dommage [1]. »

Quoiqu'il en soit de cette histoire, peut-être forgée à plaisir par l'admiration filiale, il se peut que du vivant de l'Empereur et sous son impulsion, un réel progrès se soit accompli dans l'administration financière pour le plus grand bien du peuple. C'est là, en général du reste, le résultat de tout glorieux règne et le plus réel bienfait des sages monarchies. Cependant il ne faudrait pas se laisser trop prendre à l'idyllique tableau du Porphyrogénète. Hélas non ! « Toute injustice ne fut pas, sur-le-champ, abolie et la justice ne put pas parler son clair et loyal langage ; les mains rapaces, plus nombreuses que celles de Briarée, toujours tendues pour saisir le bien d'autrui, ne se retirèrent pas ; les membres affaiblis du pauvre ne se fortifièrent pas au tranquille travail de la terre ou de la vigne dont il était propriétaire... Il en fut encore qui osèrent s'emparer de l'olive et de la figue du pauvre et l'empêcher de se reposer à l'ombre du toit paternel [2]. » Nous le savons par les fulminantes novelles des successeurs de Basile, dès les débuts du $x^e$ siècle [3] et par le triste commentaire qu'en donne Nicétas en 901 dans une

---

1. *Vit. Basil.*, ch. xc, p. 364 ; Cedrenus, 1132.
2. *Ibid.*, ch. xxx, p. 273.
3. Cf. Rambaud, *L'Empire grec au $x^e$ siècle*, p. 281.

oraison funèbre du patriarche Antoine Kauleas. Toutes les plaies sociales que Basile avait essayé de panser s'étaient ouvertes de nouveau, si jamais elles s'étaient bien fermées. Comme auparavant « le riche arrachait au pauvre son bien ; le petit avait à souffrir mille dommages ; le paysan ne pouvait plus tracer son doux sillon craignant l'impôt qui l'empêchait de jouir du fruit de la terre [1]. » Nicétas, en vérité, affirme que Léon VI et Antoine Kauleas remédièrent à tant de maux. L'avenir put encore lui donner un éclatant démenti. L'œuvre de Basile avait été passagère. Sa vieillesse, déjà, laissa faire ce que son âge mûr n'aurait pas toléré.

II

Les réformes de Basile — on vient de s'en rendre compte — n'allèrent jamais à autre chose qu'à assurer l'exact et loyal fonctionnement de l'organisation qu'il avait reçue de ses prédécesseurs. Il ne chercha pas à transformer les rouages de la grande machine administrative qui existait avant lui, à opérer une révolution « démocratique », à briser ces anciens cadres qui, pour avoir eu autrefois leur raison d'être, n'en étaient pas moins une des causes du mal dont souffrait le $ix^e$ siècle. Pour remédier à l'état de choses existant, il aurait fallu reconstruire la société d'alors sur de toutes autres bases et ces sortes de choses, ne sont pas au pouvoir d'un homme, si grand qu'il puisse être : elles sont l'œuvre du temps et de l'évolution politique. Or, cette évolution, Byzance semble l'avoir toujours plus ou moins ignorée. Malgré les apparences et de superficielles réformes, au reste très éphémères, son administration dans ses grandes lignes garda les formes que Dioclétien et Constantin lui avaient données et que Justinien accepta sans les vouloir transformer, semblable en cela à ces figures hiératiques de l'Athos qui toutes, par leurs traits fidèlement empruntés à un même et intangible canon, rappellent les chefs-d'œuvre du grand Panselinos, avec la vie en moins. Au fond ce qui changea le plus dans l'administration byzantine [2] ce fut le nom des fonctionnaires et la

1. Papadopoulo, Kerameus. *Sbornik*, I, 14.
2. Il faut faire une exception cependant en faveur de la législation des princes iconoclastes. Seuls ils paraissent avoir compris qu'il y avait pour

répartition de leurs emplois : point le système lui-même. On pourra se rendre compte de la chose par l'étude que nous allons tenter des diverses branches du gouvernement impérial au ixe siècle.

Toutes les affaires de l'Empire aboutissaient et se traitaient dans les bureaux du grand Palais. Ces bureaux « σέκρετα » sortes de ministères au nombre de dix[1], occupaient un nombreux personnel chargé des multiples travaux qu'une minutieuse et compliquée chancellerie augmentait à plaisir. Tous avaient des attributions financières, en ce sens du moins que tous possédaient une caisse spéciale alimentée et vidée par des revenus et des dépenses qui leur étaient propres. Trois bureaux, cependant, avaient un caractère plus particulièrement financier : celui du logothète du Trésor, celui du préfet de l'εἰδικόν, celui des curateurs.

Le premier des bureaux financiers était celui du *logothète du Trésor public* « ὁ λογοθέτης τοῦ γενικοῦ ». Ce trésor — l'ancien aerarium des Romains — avait commencé dès l'Empire à perdre toute son importance première pour devenir aux iiie et ive siècles une simple caisse municipale, celle de la ville de Rome[2]. A Byzance sa fortune se releva quelque peu. Théoriquement il garda bien son caractère de caisse commune de l'Empire, mais en fait, il ne se distingua plus que d'une façon nominale des autres trésors impériaux, pour cette raison bien simple que les Basileis eurent sur lui plein pouvoir comme ils l'avaient sur les deux autres caisses. Les trois Trésors conservèrent une administration spéciale, alors même qu'ils ne faisaient qu'un dans la réalité des choses. Le bureau du logothète eut pour mission de centraliser les impôts de toutes natures qui se percevaient dans l'Empire, mobiliers et immobiliers, directs et indirects, comme sans doute de recevoir le surplus des sommes que les autres ministères ne dépensaient pas et qu'ils touchaient à titre individuel. Aussi comprend-on facilement la grande influence de ce personnage, véritable ministre des

---

eux une grande œuvre sociale à accomplir. Ils la tentèrent. On sait qu'elle fut de courte durée, car dès le ixe et surtout à partir des xe et xie siècles toute trace en fut soigneusement effacée. Nous aurons l'occasion de revenir plus loin sur ce sujet.

1. Sauf exception que j'indiquerai, tous les renseignements que je donne dans cette étude sont puisés au *Clétorologe* de Philothée.
2. Marquardt, *De l'organisation financière chez les Romains*, p. 387.

finances, indiqué au Clétorologe comme ayant le trente-troisième rang, immédiatement après le sacellaire [1], dans la hiérarchie byzantine. Nous connaissons par Syméon Magister [2] le nom du logothète du Trésor au début du règne de Basile. C'est Constantin, frère de l'higoumène de Saint-Diomède, que, par reconnaissance pour son bienfaiteur, le basileus éleva à cette haute fonction. Le logothète auquel était confié le trésor de l'Empereur avait, pour l'aider dans sa tâche, de nombreux fonctionnaires sous ses ordres : les chartulaires, le protochancelier, les chanceliers ; mais indépendamment de ces scribes qui tenaient les registres, les écritures et accomplissaient tout le travail que nécessite un des plus importants rouages de l'administration, le bureau des finances paraît avoir été subdivisé en plusieurs départements ayant chacun à sa tête un fonctionnaire d'une certaine importance. Malheureusement, si nous connaissons quelques-uns de ces fonctionnaires, le plus grand nombre ne nous a laissé jusqu'à présent d'autre indication qu'un nom impossible à identifier, mais qui, s'il pouvait l'être, contribuerait, sans doute, à nous faire mieux connaître le fonctionnement de cette caisse publique. Nous verrions probablement que ce Trésor, tout en devenant la propriété des Empereurs, garda quelque chose de son caractère passé, qu'il resta, par excellence, le trésor du sénat et du peuple, la grande caisse de l'Empire où toute richesse venait aboutir. Et c'est peut-être pour cette raison que Basile, comme nous l'avons vu, convoqua le sénat pour ouvrir le Trésor [3]

Quels étaient donc les fonctionnaires qui dépendaient du logothète du Trésor, les « ταμίαι τῶν βασιλικῶν χρημάτων » [4], comme on disait.

C'étaient, tout d'abord, *les grands chartulaires* (χαρτουλάριοι μεγάλοι τοῦ σεκρέτου », les vrais chefs de ce ministère. A leur dépar-

1. Sous Basile il arrivait le trentième puisque trois fonctions furent créées par Léon, parmi les premières de l'Empire. Ibn Hordadbeh cite le logothète comme venant immédiatement après le « Vézir du roi et son lieutenant. » (Ed. de Goeje, p. 84).
2. Sym. Mag., ch. x, 753.
3. Il est à remarquer que la plupart du temps les chroniqueurs ne font entre les Trésors impériaux aucune distinction. Très généralement ils se contentent de les appeler tout simplement le « Trésor, » « δημόσιον » preuve manifeste qu'en réalité il n'y avait qu'une caisse portant des noms différents.
4. Cedrenus, p. 1044.

tement aboutissaient, probablement, toutes les affaires financières de l'Empire, tous les comptes des autres ministères, tous les registres des dépenses et des revenus. Personnages de grande importance, ils appartenaient, généralement, à la classe des spathaires.

*Les chartulaires* « τῶν ἀρκλῶν » où des caisses devaient, vraisemblablement, tenir registre de l'état des caisses « ἄρκλαι » provinciales et autres qui existaient dans chaque thème comme à Byzance dans les ministères, et dont l'administration était confiée aux protonotaires des thèmes. Nous savons, en effet, qu'une partie des impôts tant directs qu'indirects restait dans les provinces et servait à payer les dépenses du gouvernement. Le reste était envoyé à Byzance. Or, il fallait, de toute nécessité, qu'un personnel nombreux mit quotidiennement à jour cette comptabilité compliquée pour que les finances ne souffrissent pas de malversations trop criantes. De plus, il est assez vraisemblable que les comptes des différents ministères devaient être centralisés dans un bureau unique. C'était, sans doute, aux chartulaires des caisses de diriger ces opérations. D'où très probablement la distinction du Livre des Cérémonies exprimée par ces mots : « οἱ ἔξω χαρτουλάριοι τοῦ γενικοῦ ἤτοι τῶν ἀρκλῶν » [1].

Au bureau du logothète du trésor, appartenaient aussi les *inspecteurs des thèmes* « ἐπόπται, ἐξισωταί » que leur chef envoyait dans les provinces pour vérifier la levée des impôts et fixer le chiffre des contributions que devaient régulièrement payer les populations, au moyen des livres préparés à l'avance dans les bureaux du logothète. Du IXe siècle nous avons le sceau d'un certain Joseph Vestitor, épopte de Nicopolis et préfet du Péloponèse [2], ce qui semble bien prouver que les époptes séjournaient habituellement en province et n'avaient qu'une sorte de surveillance et de contrôle sur les finances. Ils ne levaient pas eux-mêmes les impôts [3].

---

1. *Cerem.*, p. 1281.
2. Schlumberger, *Sigill.*, p. 180.
3. Les textes du IXe siècle ne parlent pas des πράκτορες ; mais nous savons par des textes antérieurs et postérieurs que c'étaient les percepteurs ordinaires. On les appelait aussi peut-être « φορολόγοι ». Photius adresse une de ses épitres à un « φορολόγος » : c'était le mot ancien. Il est possible qu'il n'y ait là sous la plume de Photius qu'un archaïsme. Le Patriarche était coutumier du fait.

*Le service des eaux* et celui *des mines* avaient de même leur département propre avec des comtes à leur tête « κόμητες ὑδάτων, ὁ κόμης τῆς λαμίας » et des fonctionnaires dans les thèmes. Mais de ces personnages nous ne savons rien, ainsi que de l'οἰκιστικός ou chef des travaux publics et du κομεντιανός [1].

Un des revenus les plus importants du Trésor provenait des droits qui frappaient les marchandises aux frontières comme aux ports de l'empire. Aussi y avait-il sur toute l'étendue du territoire des fonctionnaires chargés de prélever ces impôts et de les faire parvenir au logothète du trésor. Ces impôts, payés soit en argent, soit en nature, étaient transmis à Constantinople après avoir alimenté, pour une part, la caisse du protonotaire du thème. Seuls, les impôts en nature paraissent être restés dans les provinces où des bâtiments étaient aménagés pour les recevoir « ἀποθῆκαι » [2]. *Les commerciaires* (κουμερκιάριοι, κομμερκιάριοι) étaient chargés de ces nombreuses fonctions, Ils avaient, sans doute, sous leurs ordres des notaires occupés à tenir les comptes de leur administration. M. Schlumberger cite un sceau qui paraît appartenir au viii⁰ ou ix⁰ siècle et qui était la propriété d'un de ces notaires [3].

Parmi les départements du ministère des finances, il en est un dont la mention est particulièrement intéressante. C'est celui du *préfet de la curatorie* (ὁ τῆς κουρατωρίας). Si, comme cela est probable, ce fonctionnaire avait pour mission de recevoir les fonds dont disposaient les curateurs et de tenir registre de toutes les affaires concernant les propriétés privées de l'Empereur, on voit que le Trésor « τοῦ γενικοῦ » portait bien son nom et qu'il était dans la pratique le grand réservoir de la richesse byzantine, commun à l'Empire, oui, mais aussi à l'Empereur.

Enfin il y avait les *Dioecètes* « διοικηταί ». Ces officiers centralisaient à Byzance les impôts perçus dans les thèmes par les collecteurs et les dioecètes de province. A en juger par les sceaux, ils arrivaient à d'assez hautes dignités, comme celle de patrice par exemple [4]. Théophane raconte, au sujet des

---

1. Οἰκιστικός, mieux que κιστικός (cf. *Cerem.*, p. 1352).
2. La dîme prélevée en nature sur les céréales, dit Ibn Hordadbeh, est entreposée dans les greniers pour l'approvisionnement de l'armée. (Ed. de Goeje, p. 83).
3. Schlumberger, *Sigill.*, 475 ; Zachariæ, *Geschichte*, XIV.
4. Schlumberger, *Sigill.*, 496.

dioecètes, qu'après un tremblement de terre qui détruisit les murs de Constantinople sous le règne de Léon l'Isaurien, l'Empereur promulgua un décret ainsi conçu : « Vous êtes dans l'impossibilité, dit-il aux habitants, de refaire les murs. Aussi ordonnons-nous aux dioecètes de le faire. A cet effet ils réclameront, suivant la règle, un « milliarision » par « ὁλοκοτίνιν » ou sou d'or. » De là vient, ajoute Théophane, l'habitude de donner aux dioecètes les deux « κέρατα » [1]. De ce récit, comme de l'histoire rapportée par le biographe d'Eustratios, nous pouvons conclure que les dioecètes étaient chargés de centraliser et de lever les impôts comme les « πράκτορες » et que cet argent allait au Trésor pour servir ensuite aux dépenses d'intérêt public.

Le second bureau à proprement parler financier était celui du *préfet du trésor privé* « ὁ ἐπὶ τοῦ εἰδικοῦ » [2]. C'est dans la caisse de ce fonctionnaire de haut rang qu'étaient centralisés les revenus de l'Empereur en temps qu'Empereur. Là étaient déposés les objets de prix appartenant au Palais et nous savons que ce fut dans les coffres de ce personnage que Basile trouva les lingots d'or provenant des habits impériaux et des pièces d'orfèvrerie que Michel avait fait fondre [3]. Ce trésor était réellement le trésor impérial « βασιλικὸν ταμιεῖον » commnu à tout basileus et qu'il ne faut pas confondre, je crois, avec la cassette privée de l'Empereur représentant la fortune de l'homme quel que soit son nom. Le livre des « Cérémonies » permet de nous rendre compte de l'usage qu'on faisait des sommes qui se trouvaient dans ce trésor. Déjà, par le récit du continuateur de Théophane sur les dilapidations de Michel, nous pouvons conjecturer que si une partie de cet argent servait aux plaisirs et aux frais de représentation du Basileus, une autre était consacrée à payer la solde des milices byzantines au service de l'Empereur ou tout

---

1. Theoph., p. 832. Voir à la fin de ce chapitre la valeur approximative des monnaies byzantines.
2. L'*Epanagoge* donne à ce personnage un titre un peu différent. Elle l'appelle « ὁ ἐνδοξότατος κόμης τῶν θείων ἡμῶν εἰσοδίων. » A sa suite nous voyons figurer le « ὁ ἐνδοξότατος κόμης τῶν ἁπανταχοῦ θείων ἡμῶν εἰδικῶν » fonctionnaire qui me paraît répondre au grand curateur. Ces titres spéciaux ne doivent pas faire illusion ; l'Epanagoge n'a fait que les emprunter aux textes législatifs du règne de Justinien dont elle est, en partie, comme les Basiliques, une réplique.
3. *Vit. Mich.*, XXI, p. 188, *Vit. Basil.*, XXIX, 272-73.

au moins, en temps de guerre, les dons extraordinaires que l'Empereur faisait à ses soldats[1]. Or ce fait est confirmé par plusieurs passages des « Cérémonies ». En campagne, en effet, nous voyons le « préfet du trésor privé » accompagner l'Empereur[2] et présider aux distributions de cadeaux faites par le Basileus. C'est lui qui devait payer les dépenses que ces libéralités entraînaient et elles étaient nombreuses. L'hétairie, les « agouroi », les scholaires, les transfuges de qualité recevaient des vêtements, des ceintures, de l'argent, suivant leur rang ou les services rendus. C'est lui d'autre part — et cela est tout naturel — qui fournissait à son maître ce dont il pouvait avoir besoin pour son usage personnel et l'on voit que c'est chez lui que le drongaire de la veille prend la torche qui doit lui servir pour les rondes de nuit qu'il fait avec les scholaires autour du camp[3]. Enfin c'est devant lui que s'inscrivaient les dons d'orge apportés à l'Empereur en cours de route « afin qu'au retour le protonotaire et le chartulaire du bureau de l'εἰδικόν puissent faire leurs comptes[4]. » Bien plus, outre ces dépenses générales, le trésor privé devait s'occuper, le cas échéant, de l'appareillage de vingt vaisseaux et payer les voiles et les « διφθερία[5] » nécessaires. C'est aussi probablement cette caisse qui fournissait, en temps de paix, à l'Empereur les sommes suffisantes pour faire à sa cour les distributions que l'on sait. Ainsi le bureau du préfet de l'εἰδικόν semble avoir été le lieu où se réglaient les choses concernant la fortune impériale comme le trésor où elles se conservaient. C'est probablement cette caisse qui fut laissée en si prospère état par Théophile et Théodora, car c'était avec cette fortune que les empereurs pouvaient faire des économies ou des prodigalités comme c'étaient ces revenus qui se trouvaient parfois singulièrement accrus grâce aux confiscations si fréquentes à Byzance[6]. Ce qui donnerait, au sur-

---

1. C'est pourquoi Basile employait volontiers ses soldats, en temps de paix, aux constructions dont il était coutumier. (*Vita Basil.*, ch. LXVIII, p. 324.) On sait que Léon VI fit de même.
2. *Cerem.*, 904 et seq.
3. *Ibid.*, 913.
4. *Ibid.*, 913.
5. *Ibid.*, 1244.
6. Il faut dire, cependant, que le plus souvent nous trouvons dans les textes le mot « δημεύειν » simplement pour indiquer la confiscation. En soi cela indiquerait plutôt que la confiscation était faite au bénéfice du

plus, à croire que c'était sur cette cassette que se payaient — en partie du moins — les dépenses faites par l'Empereur pour l'embellissement et l'entretien du « culte impérial » c'est le département qui relevait du préfet du trésor privé et qu'on appelait le bureau « τῶν ἐργοδοσίων. » Outre les notaires habituels chargés des comptes et des écritures, le préfet de l'εἰδικόν avait en effet sous ses ordres des officiers que le Clètorologe désigne sous le nom de *chefs des ergodosia*, ἄρχοντες τῶν ἐργοδοσίων ». Qu'étaient ces fonctionnaires ? Selon toute probabilité leurs attributions étaient doubles : ils devaient, d'une part, commander et payer les objets nécessaires à l'Empereur ou demandés par lui aux fabriques impériales, aux « ergodosia » et d'autre part, recevoir les revenus que ces fabriques pouvaient fournir par la vente aux particuliers et aux étrangers de leurs produits divers. Des « ἐβδομάριοι », des semainiers et des « μειζότεροι » sortes de sous-chefs dont nous ne savons rien complétaient le ministère. Ils étaient peut-être chargés de l'inspection des fabriques et des revenus qu'elles rendaient car la Loi 5 du Code Justinien parle en ce sens de Dioecètes des ergostataria.

Les « Basiliques » de leur côté mentionnent la dignité de comte « τῶν ἰδικῶν » magistrat qui paraît être en relation avec certains fonctionnaires de province auxquels il impose des amendes en cas de faute [1].

Deux autres bureaux rentrent enfin dans la catégorie des ministères d'ordre financier. Ce sont ceux des deux curateurs, successeurs de l'« aerarium privatum » chargés de la fortune privée de l'Empereur. Le premier, le grand curateur « ὁ μέγας κουράτωρ » était, comme tous ses pairs, les ministres en titre des autres bureaux, un puissant personnage, possesseur des mêmes distinctions que le sacellaire ou le logothète. La surveillance et le soin du palais, des propriétés privées de l'Empereur et, d'une façon générale, l'administration matérielle des biens impériaux rentrait dans ses attributions. A titre beaucoup plus direct que le préfet « τοῦ εἰδικοῦ » le grand curateur était, en

---

trésor public ; mais on comprendrait mal ce désintéressement de la part des Empereurs qui avaient leur fortune privée à soigner comme la facilité avec laquelle ils confisquaient les biens de leurs proches et de leurs amis si, précisément, dans la pratique les deux trésors ne faisaient pas qu'un.

1. *Basilic.*, t. III, t. 1. 43, p. 106.

quelque façon, l'homme d'affaires de l'Empereur. Aussi est-ce pour cette raison que toute une classe de sujets allait payer les impôts à sa caisse. Tel était le cas pour les fermiers et autres tenanciers des propriétés privées de l'Empereur, Et c'est ce qui explique la composition de son bureau. Sous les ordres du grand curateur, il y a les *curateurs des palais* « κουράτωρες τῶν παλατίων » en nombre assez considérable, car nous savons que chaque palais avait le sien propre. Les sceaux du IX⁰ siècle nous ont laissé le souvenir de curateurs du palais d'Hormisdas, de Pigi, etc. Seul, semble-t-il, le palais d'Eleuthère avait un fonctionnaire spécial : le « μειζότερος. » La raison en est probablement que les grandes richesses qu'Irène, sa fondatrice, y avait déposées lors de sa construction s'y trouvaient encore et exigeaient une administration particulière [1]. De plus, nous savons par les sceaux qu'au palais d'Eleuthère se trouvaient rattachées des fondations pieuses [2]. Tout cela explique, je crois, l'exception faite pour ce palais. *Les curateurs des propriétés impériales* « κουράτωρες τῶν κτημάτων » régissaient les domaines de l'Empereur, c'est-à-dire, suivant les usages féodaux qu'ils administraient non-seulement les terres et valeurs immobilières, mais les hommes et les animaux qui vivaient sur ces propriétés. Et c'est pour la même raison que son collègue, le logothète du trésor, qu'il envoyait partout où s'étendait son autorité, des « épiskeptites, ἐπισκεπτῆται » surveiller ses fonctionnaires et contrôler leur gestion. Enfin comme trésorier des maisons religieuses et hospitalières dépendant de l'Empereur. il avait sous sa juridiction immédiate les xénodoches de Sangaros. de Nicomédie et de Pylai [3].

*Le second curateur était celui de Manganes* « ὁ κουράτωρ τῶν Μαγγάνων. » Manganes, comme on le sait, était un véritable quartier de Byzance s'élevant sur la Corne-d'Or en face de Galata. Son importance venait du grand nombre de bâtiments publics qui s'y trouvaient : l'arsenal, des églises, des monastères, etc., et un palais. C'est, sans doute, pour diriger les divers services

1. Theoph.; 937.
2. Schlumberger, *Sigill.*, 155.
3. Pylai (Πύλαι) se trouvait sur le golfe Astakinos. Son xenodochion devait être important parce que c'était le siège d'un des grands relais pour les voitures qui se dirigeaient dans l'intérieur de l'Asie Mineure (Sideridos, p. 109).

réunis en cet endroit qu'un ministère fut constitué. Il était composé du même personnel que celui du grand curateur ; mais il n'avait sous ses ordres aucune demeure hospitalière.

## III

De même que l'Empire était divisé en thèmes, en évêchés, en éparchies, suivant l'administration impériale (militaire, ecclésiastique ou judiciaire) dont il relevait, il paraît avoir été divisé, au point de vue financier, en « episkepsis ἐπισκέψεις »[1]. Si cette division territoriale est exacte, « l'ἐπίσκεψις » aurait eu à sa tête un inspecteur, « ἐπισκεπτίτης, ἐπόπτης » chargé de l'administration générale des finances dans la province et, sous ses ordres, un bureau composé de notaires, de scribes, de « practores » ou collecteurs, etc. Toutefois, cette division pour logique et probable qu'elle soit, ne semble cependant pas suffisamment prouvée par les textes pour que nous puissions la donner comme certaine. A plus forte raison ne savons-nous rien de son organisation et de son étendue. Nous ne sommes guère mieux renseignés sur les dépenses et revenus généraux de l'Empire, du moins pour le IXe siècle et c'est surtout par analogie, à l'aide de quelques textes antérieurs et postérieurs, que nous pouvons nous faire une idée de ce qu'était l'administration financière à Byzance à l'époque qui nous occupe.

1° *Les dépenses*. — Dans un Empire aussi étendu que celui de Constantinople, hiérarchisé et centralisé autant et plus que l'Empire romain, toujours en guerre contre de multiples ennemis qui surgissaient pour lui de tous côtés à la fois, à l'est et à l'ouest, au nord et au midi, avec cela gardien fidèle et parfois libéral de cette beauté artistique qu'il avait reçue en héritage de la Grèce, qu'il entendait toujours chanter en son âme toute pétrie d'hellénisme et qu'il pouvait, privilège assez rare, vivifier encore chaque jour au contact des œuvres syriennes et arabes, les dépenses de toutes sortes devaient être, fatalement, considérables et constituaient pour le peuple une très lourde charge. Essayons donc de voir quelles étaient les dépenses de l'Empire et quels ses revenus.

---

[1]. Zachariæ, *Geschichte des griechisch. römischen Rechts*, XIV.

Si Byzance ne connut pas ce que nous appelons le « budget des cultes » les Empereurs cependant subvenaient de leurs deniers aux frais qu'entraînaient les belles cérémonies et l'entretien du clergé. Sainte-Sophie, comme du reste toutes les autres églises et comme tous les monastères, avait ses propriétés particulières, des terres, qui constituaient sa fortune assurée et sur laquelle vivaient ses prêtres. Au vi⁰ siècle ces biens fonciers étaient déjà considérables, car nous savons que Justinien dans plusieurs de ses novelles en régla l'emploi d'une façon qui ne laisse aucun doute sur l'autorité qu'il s'arrogeait en ces sortes de matières [1]. Mais, indépendamment de ces biens qui allèrent toujours grandissant par suite des dons que riches et pauvres aimaient à faire aux églises et aux monastères qu'ils affectionnaient particulièrement, les Empereurs assumaient certaines charges qui devaient parfois grever lourdement leur budget. Ces charges étaient les unes volontaires, les autres fixes. A titre de bienveillance, de charité, de dévotion, les souverains faisaient des aumônes nombreuses et répétées. C'est ainsi que Basile Ier non seulement restaura, embellit et construisit quantité de sanctuaires, ce qui peut être le fait de tout gouvernement soucieux de l'entretien des monuments artistiques et du besoin des peuples et ne saurait entrer en compte des charges d'ordre religieux — mais nous le voyons doter Sainte-Sophie d'une propriété dont les revenus devaient servir à l'entretien des lampes « qui menaçaient de s'éteindre faute d'huile » et à celui du clergé [2] et donner à Saint-Diomède des livres et de riches vêtements [3]. Ces libéralités, probablement se renouvelaient de temps à autres et, pour n'être pas fixes, devaient correspondre néanmoins à un chapitre prévu des dépenses impériales.

D'autres charges, au contraire, revenaient à époques déterminées et la tradition les consacrant en avait fait une obligation. C'étaient les dons que l'Empereur remettait en certaines circonstances : à son avènement, au jour de son sacre, à son

1. Voir en particulier *Novelle*, III, XVI, 18, 115.
2. *Vit. Basil.*, ch. LXXIX, p. 337.
3. *Ibid.*, LXXIII, p. 332. Cf. le très curieux chrysobulle de l'Empereur Romain daté de 924 en faveur des moines de l'Athos. Il donne une excellente idée de la générosité des princes byzantins à l'égard de l'Eglise. (Migne, CXIII, p. 1059).

mariage, à l'occasion du baptême de ses enfants [1], aux grandes fêtes de l'année, etc. Théodora, par exemple, fit don de quinze livres d'or au Patriarche qui lui mit la couronne sur la tête et le clergé en reçut autant [2]. D'autre part la règle établie par le cérémonial était qu'à certains jours l'Empereur, après s'être rendu à Sainte-Sophie pour les offices, remettait au sortir de l'église, une bourse pleine d'or aux dignitaires et fonctionnaires ecclésiastiques de service, comme l'archidiacre, les « ostiarii » ou portiers, les chantres, les « prosmonarii » ou gardiens et aux pauvres. Puis, en se séparant du Patriarche, après avoir reçu de ses mains les « eulogies », l'Empereur lui donnait les « ἀποκόμϐια », petits sacs remplis de monnaies [3] qui passaient sans doute dans la caisse privée du Patriarche et devaient par là augmenter ses revenus. S'il faut en croire un passage du Livre des « Cérémonies » l'apokombion contenait cent livres d'or [4].

Une seconde charge, du reste toujours couverte par des impôts spécialement levés à cet effet, était celle concernant les *travaux publics*. Nous n'avons pas, sur ce chapitre, de renseignements très nombreux. Comme nous l'avons vu, le service des eaux qui, sans doute, comprenait l'édification et la réfection des aqueducs et des canaux souterrains était dirigé par les « comtes des eaux », fonctionnaires dépendant du logothète du trésor public. Mais nous savons d'autre part que plus d'une fois les Empereurs — et Basile tout le premier — comme aussi des particuliers dotèrent Byzance de citernes destinées à lui fournir l'eau qui paraît lui avoir souvent manqué [5]. Ces citernes, généralement dépendantes d'églises, de cloîtres, de palais, servaient à la consommation et à l'usage des gens du lieu qui pouvaient ainsi boire une eau fraîche et pure [6] ; mais pour une raison que nous ignorons un certain nombre de ces puits fut comblé par les Empereurs et remplacé par des vergers. C'est à rendre à leur première destination quelques-unes de ces citernes,

---

1. Georges Moine Cont., 1073.
2. Regel, *Analecta byzantino russica*, p. 5. Cf. par ex. les dépenses du couronnement de Léon l'Arménien *(Anonyme de Combefis*, Migne, CVIII, p. 1012).
3. *Cerem.*, p. 177.
4. *Cerem.*, p. 425.
5. *Vit. Basil.*, ch. xcii, p. 353.
6. *Unger*, I, 198.

entr'autres celle qui se trouvait devant la Magnaure, que Basile s'employa ; mais son petit-fils a négligé de nous dire si ce fut avec son argent personnel ou avec celui du trésor qu'il effectua ces travaux. Une autre citerne, celle d'Aspar, nous est connue pour le IX⁰ siècle. C'est aux environs de ce puits, situé non loin des anciens murs [1], qu'habitait le patrice Manuel. Les aqueducs demandaient eux aussi des dépenses considérables à en juger par les travaux qu'entreprit au VIII⁰ siècle Constantin Copronyme pour la réfection de l'aqueduc de Valens qui avait servi jusqu'au règne d'Héraclius et que les Avars détruisirent [2]. Les routes, les ponts réclamaient à leur tour de fréquentes réparations et coûtaient fort cher à l'Empire. Comme le dit Léon VI dans la « Tactique » c'étaient là des charges de l'administration publique [3]. Il semble bien, cependant, à lire les chroniqueurs que ces sortes de travaux n'étaient pas toujours régulièrement entrepris et nous savons que plus d'une fois les ambassadeurs étrangers eurent à se plaindre du mauvais état des routes ; mais il est assez difficile de savoir de quelles routes il est question car tandis que les grandes routes étaient à la charge du Trésor, les chemins vicinaux dépendaient des communes qu'ils desservaient. De plus, pour faire ces réparations urgentes, on levait des impôts particuliers qui n'étaient souvent que des corvées, comme l' « ἀγγαρεία », le « παραγγαρεία » dont une partie était affectée au service des routes. La « Tactique » de Léon VI laisse entendre que malheureusement, ces impôts ne rentraient pas avec toute l'exactitude désirable. Il fallait alors que les soldats fissent les travaux, ce qui ne pouvait avoir lieu que dans les rares intervalles où la guerre ne les prenait pas. On voit par là quelles négligences

1. Unger, I, 200.
2. Theoph., p. 888. Lombard, *Constantin V*, p. 100. Il est probable que Basile répara aussi la citerne de Saint-Mokios, dans le jardin appelé « Exi Marmara », au sud des Blachernes, à l'endroit appelé aujourd'hui Tschukur bostân ; et celle du palais de Hieria dont les admirables ruines se voient encore à Phanaraki ; au dire de Strzygowski d'autres citernes doivent être attribuées sinon à Basile Iᵉʳ, du moins à la maison macédonienne. Ce sont celles de Bodrùm am Agha jokuschù, d'Am Kadyn Sokhagy, de Bei der Kefali Djami, d'Im Bible House et d'Am Kjöroghlù Sokaghy près de Nischandschy Djami (Strzygowski, *Die byzantinischen Wasserbehälter in Kple*, p. 228, 229, 230, et Pargoire, *Hieria* (*Mémoires de l'Institut archéologique russe de Constantinople*, IV, II, 1899, p. 9 et seq.)
3. *Taktik.*, XX, 70.

devaient s'introduire dans ce service d'une importance pourtant si considérable. Il en allait de même de la réfection des murs, autre charge d'une redoutable gravité par ces temps d'incursions et d'attaques réitérées. Mais là, la prévoyance impériale paraît avoir été plus vigilante car il n'est presque aucun empereur qui n'ait réparé en quelque endroit les murs de la ville [1] et des principales places de l'Empire. Quelques inscriptions rappellent encore aujourd'hui que Basile fit construire une tour près de la mer et qu'il répara les murs [2]. Un impôt spécial était aussi levé à ce sujet, du moins depuis l'époque de Léon l'Isaurien. C'était l'impôt des « deux kerata. » Enfin les ports de l'Empire et ceux de la ville devaient réclamer des dépenses considérables. A en juger par les restes du port Julien ou de Sophie, à Constantinople, très visibles encore aujourd'hui, on peut conjecturer que les Empereurs n'abandonnèrent jamais ces importants travaux publics. Si tous ces impôts rentraient mal ce n'est pas, en vérité, que le gouvernement ne les tint pour très importants et qu'il négligeât de les faire rentrer car déjà du temps de Justinien, l'Empereur seul pouvait en dispenser ; mais c'est que les paysans sur lesquels pesait cette effroyable machine dont chaque aspiration venait, pour ainsi dire, saisir les derniers restes de nomismes afin de les refouler au Trésor ou dans les poches des collecteurs d'impôts, ne pouvant suffire à la tâche, préféraient ne plus ensemencer et ne plus moissonner et la machine fonctionnait dans le vide. En somme, comme dans l'Empire romain, nous pouvons entrevoir qu'à Byzance l'Empereur agissait de plusieurs manières différentes pour l'entretien des travaux publics. Tantôt il faisait exécuter les constructions ou réparations, de ses propres deniers, tantôt et toutes les fois qu'il le pouvait, au moyen d'impôts supplémentaires qu'il prélevait sur ses sujets ou sur les peuples vaincus [3], tantôt enfin en sollicitant le concours des grands et riches seigneurs de ses provinces.

Parmi les dépenses générales qui grevaient le Trésor et se répartissaient, d'une façon sans doute plus fictive que réelle, sur les trois caisses dont nous avons parlé, une des plus

---

1. *Unger*, p. 212-213 ; Millingen, *Byzantine Constantinople*. The Walls of the city and adjoing historical sites.
2. Boeckh, IV, p. 317.
3. Ainsi fit Nicephore logothète, par exemple. Theoph., p. 969.

lourdes devait être évidemment celle qui concernait *l'administration*[1]. A Constantinople, l'administration de la ville et du palais, les services généraux du gouvernement réclamaient un nombreux personnel qui, de toute nécessité, devait recevoir un traitement fixe et périodique. Malheureusement, nous sommes très mal renseignés à ce sujet. Peut-être faut-il faire une distinction entre les titulaires des grandes charges et leurs subordonnés. Il ne serait pas impossible que les premiers n'eussent eu, comme à Rome, aucun traitement[2] — exception faite pour les stratèges. — Ils se contentaient, sans doute, des distributions que l'Empereur faisait à certains jours et des dons obligés que les principaux dignitaires de la couronne, nouvellement promus, remettaient à leurs supérieurs hiérarchiques. Mais les autres, c'est-à-dire cette foule de scribes, de notaires, de chanceliers, de fonctionnaires de tous genres, véritables subalternes d'officiers pris d'ordinaire dans les hautes classes de la société, ils devaient, eux, recevoir une allocation et, vu leur nombre, cette allocation ne pouvait manquer de faire au Trésor une brèche considérable. Il est vrai que le gouvernement prélevait un impôt spécial destiné à payer son personnel comme à couvrir les frais qu'entraînaient pour lui les distributions de présents[3] ; mais cet impôt ne devait pas suffire, vraisemblablement, à la charge pour laquelle il avait été créé ; il fallait donc que le Trésor concourut pour une part à ces lourdes dépenses. Il en allait de même pour les dépenses de la Cour proprement dite. Là, en vérité, comme dans les services d'ordre purement administratif, les dignitaires payaient d'assez fortes sommes au jour de leur promotion ; mais ces sommes, nous le dirons plus loin, n'étaient qu'une sorte de capital destiné à donner à chacun une modeste pension. Elles ne pouvaient, en aucune manière, couvrir les frais généraux de la maison impériale. A celles-là en effet un budget spécial était affecté : les revenus des propriétés et de la caisse privée du Basileus. C'est qu'elles devaient être évidemment considérables les

---

1. Nous trouverons au chapitre sur l'armée les dépenses concernant l'administration militaire.
2. Sauf les traitements en nature (σιτήσεις) qu'ils tenaient du trésor *(Epanag.*, t. VII, 2, 75).
3. Ceci ne contredit pas, je crois, la phrase de l'*Epanagoge* : « ὥσπερ ἄμισθον λαμβάνει τὴν ἀρχήν... » comme nous allons le voir,

dépenses qu'entraînait un train de vie comme celui d'un Empereur byzantin. Indépendamment des objets de luxe, et des œuvres d'art, dont la magnificence impériale aimait à s'entourer ; indépendamment des brillants costumes d'or et de soie à l'usage du souverain, de sa famille et des grands dignitaires auliques, l'Empereur avait à payer tout un personnel de domestiques inférieurs employés aux mille nécessités du palais ; il avait à offrir périodiquement, aux grandes fêtes de l'année, ces somptueux et immenses repas dont parle la Notice de Philothée ; il avait à recevoir dignement les ambassadeurs étrangers ; il avait à faire des cadeaux à ceux qui l'entouraient. Puis il fallait aussi compter avec les goûts personnels de chaque souverain : chevaux, spectacles, voyages [1], déplacements et cérémonies de tous genres venaient chaque année augmenter le chiffre déjà très élevé des dépenses impériales, chiffre qui, au surplus, se doublait et se triplait quand, à côté de la cour du Maître, il y avait celles tout aussi nombreuses de l'Impératrice et de ses enfants.

D'autres dépenses, d'ordre administratif, devaient avoir leur place au budget des Basileis, mais de celles-là nous ne savons rien. Tel est le cas pour les monnaies dont plusieurs établissements existaient à Byzance et dans l'Empire [2], pour l'enseignement. etc. De même, dans toutes les grandes villes, il y avait des greniers « τὰ ὀρρία » dirigés par un comte et que l'Empereur visitait de temps à autre pour s'assurer que les provisions de blé indiquées sur les registres s'y trouvaient réellement [3] et que le bureau préposé aux achats de grains « τὸ σιτωνιτόν [4] » fonctionnait régulièrement ; mais ce blé semble être plutôt destiné aux soldats qu'à la plèbe et nous ignorons si Byzance continua à faire, comme Rome, de fréquentes distributions de pain, d'huile, etc. Cela est probable, du moins en certaines circonstances. Nous savons, en effet, que Jean Tzimiscès, au retour de sa campagne de Russie, fit faire dans l'hiver 972-973 de nombreuses largesses au peuple et lui

---

1. Cf. Neumann, *La situation mondiale de l'Empire byzantin avant les croisades*, p. 15.
2. Nous avons de Basile une monnaie d'argent frappée à Naples. (Sabatier, 1. 46).
3. *Cerem.*, 1289.
4. Schlumberger, *Sigillographie*, p. 588.

donna de grands festins[1] et Basile I<sup>er</sup>, lui-même, après sa victoire de Téphrice, combla de largesses ses soldats et son peuple. Ces dépenses rentraient, sans doute, dans le budget des œuvres de bienfaisance qui, de son côté, n'était point négligeable. Nous savons déjà quels furent les efforts de Basile pour subvenir aux misères de tous genres qui pouvaient se rencontrer dans son Empire : il fit construire de multiples maisons de secours qu'il dota et entretint. Mais ces charités sont, semble-t-il, plutôt le fait d'un prince que celui d'une institution et, comme tel, le gouvernement devait avoir des libéralités à distribuer aux indigents. C'est du moins ce qui paraît ressortir d'une anecdote rapportée par le continuateur de Théophane. Sous Romain Lécapène un froid intense qui ne dura pas moins de cent vingt jours se déclara subitement à partir du 25 décembre 928. Les pauvres mouraient en grand nombre et la désolation s'étendait sur la ville comme un grand voile de deuil. L'Empereur, pris de pitié pour tant de maux, ordonna de fermer la partie ouverte des portiques et d'y placer partout des sortes de troncs destinés à recevoir les générosités particulières. Il fit faire, en outre, chaque mois de nombreuses distributions d'argent, soit dans les églises, soit sous les portiques. A la fin de l'hiver on avait donné aux pauvres douze « chiliadai » d'argent monnayé[2]. Le livre des Cérémonies, d'autre part, mentionne souvent les dons que l'Empereur faisait en certaines circonstances, comme aux jours de fêtes, aux pauvres de la ville, preuve que ce chapitre était prévu dans les dépenses impériales. De même quand il allait visiter les hospices et établissements de charité[3].

Enfin l'Etat avait souvent à payer à ses ennemis, Bulgares, Arabes et autres, des tributs de diverses sortes qui étaient pour le Trésor une charge considérable. Ces tributs « πάκτα » paraissent en effet assez lourds. Lorsque l'Empereur Nicéphore fit la paix avec les Arabes, Aaron réclama aux ambassadeurs byzantins une somme annuelle de trente mille nomismes, plus trois nomismes à l'effigie de l'Empereur et trois à l'effigie de son fils[4]. D'autres fois c'était avec les Bulgares qu'il fallait compo-

1. Schlumberger, *Jean Tzimiscès*, p. 183. *Cerem.*, 956.
2. Cont. de Theoph., *Vit. Rom. Lecap.*, XXVII, p. 436.
3. *Cerem.*, 420-424.
4. Theoph., p. 945 et 969.

ser, heureux encore de donner de l'argent plutôt que des provinces. Inversement, par politique, les souverains faisaient aussi aux peuples qu'ils voulaient attirer dans leur alliance des cadeaux nombreux et parfois de grande valeur qui peuvent rentrer dans le chapitre des dépenses impériales [1]. Nous en donnerons ailleurs des exemples pour le règne même de Basile.

2° *Revenus*. — Pour faire face à ces dépenses de tous genres, l'Empire n'avait que trois sources principales de revenus : les propriétés impériales, les impôts et la taxe qui frappait tout fonctionnaire lorsqu'il entrait en fonction. Les propriétés appartenant aux souverains, leurs revenus allaient dans les caisses du préfet de l'idikon et du curateur avec les taxes probablement; les impôts prélevés sur la fortune nationale, alimentaient le trésor public. C'est de ces dernières ressources qu'il faut dire quelques mots en terminant ce chapitre sur l'administration financière.

*Les taxes*. — Nous savons, par divers passages du *Livre des Cérémonies*[2], que chaque dignitaire ou fonctionnaire, — peu importait qu'il fût l'un et l'autre ou seulement l'un ou l'autre — versait au jour de sa promotion, indépendamment des gratifications qu'il faisait aux personnages de la cour qui assistaient d'office à la cérémonie de son élévation[3], une somme fixe qui variait, suivant sa dignité d'abord, suivant ensuite qu'il émargeait ou non au budget du gouvernement. C'est ainsi, par exemple, qu'un mandataire impérial ne payait pour son élévation que deux livres, tandis qu'un protospathaire en payait douze et parfois dix-huit [4]. Si maintenant l'un quelconque des dignitaires désirait participer aux ῥόγαι impériales, c'est-à-dire avoir un traitement, il devait, en outre, payer quatre livres. Bien plus, pour faire partie de quelque corps palatin, comme les chrysotriclinaires, je suppose, il fallait donner quatre livres, indépendamment de la somme exigée pour la dignité. Le calcul des progressions était ainsi fixé d'une

---

1. Georges Moine, 1080, *Vit. Basil.*, ch. xcv et xcvi, 357 ; xcvii, 360.
2. *Cerem.*, p. 1280, 1281, 1285, 1300 et seq., 1436 et seq.
3. Le personnel était naturellement d'autant plus nombreux que la dignité était plus élevée (cf. spécialem., p. 1300 et seq.).
4. Ce qui, par parenthèse, semble bien être une confirmation du fait signalé plus haut que les Empereurs durent plus d'une fois pour alimenter leur trésor, faire des promotions que seul le besoin d'argent légitimait.

manière absolument ferme d'après une échelle donnée. Un dignitaire veut-il faire partie de la grande ou de la moyenne hétairie, du service de la chapelle impériale, entrer dans les bureaux d'un ministère, il paiera une certaine somme jusqu'à concurrence de tant de « ῥόγαι » : par exemple pour un traitement n'excédant pas quarante nomismes, la taxe sera de seize livres ; s'il désire voir ses annuités augmenter, il lui faudra payer une somme proportionnelle, établie sur le tarif de une livre par sept nomismes. Enfin un cas spécial peut se présenter que le gouvernement a eu soin d'indiquer. C'est celui d'un dignitaire qui, par suite de ses fonctions antérieures, ayant droit à « l'annone » ou revenu en nature — comme c'était le cas pour les ministres préposés à la table impériale ou au vestiaire — se trouve, par sa promotion, attaché à un autre service ne recevant pas ce revenu — tels les cubiculaires — qu'advient-il alors ? Si ce fonctionnaire renonce à l'annone, il se contente de verser trente nomismes ; mais s'il veut conserver l'annone, voir augmenter ses « ῥόγαι » il doit payer proportionnellement à ce qu'il recevra.

Nous avons donc deux classes bien distinctes de salariés. Les uns, simples dignitaires, n'ont pas droit comme tels aux libéralités impériales. S'ils veulent y participer, ils sont tenus d'acquitter une taxe de quatre livres. Les autres, fonctionnaires, reçoivent un traitement fixe et périodique du souverain, traitement proportionné à l'importance de leur charge ; mais, comme les premiers, au jour de leur promotion, ils paient une taxe spéciale, indépendante de celle qu'ils paient comme dignitaires et qui varie suivant les émoluments qu'ils touchent, si bien, qu'en somme, l'Empire paraît n'avoir payé que très indirectement ses fonctionnaires [1]. Tous, suivant l'ordre de dignité ou de fonction auquel ils étaient promus, devaient payer aux notaires de l'idikon, cinquante-cinq livres ; aux

[1] Nous en avons un exemple frappant pour les collecteurs d'impôts qui étaient payés par la population même. Comme les autres fonctionnaires, ils avaient, sans doute, en entrant en charge, payé leur emploi. Le gouvernement, en échange, les autorisait à percevoir la « συνήθεια » qui était d'un miliarision par nomisma et l' « ἐλατικόν » qui était de douze « folles » pour le fonctionnaire qui les accompagnait et qui était chargé de faire rentrer l'impôt. (Mortreuil, III, 109 ; Skabalanovic, p. 275). Cependant cette coutume paraît postérieure à Basile ou, du moins, si elle existait de son temps, c'est contre elle qu'il chercha à réagir. (*Epan.*, VII, 2, 75).

chartulaires τῶν ἀρκλῶν, soixante-quinze livres ; aux chartulaires du trésor de l'armée, quarante livres ; aux notaires du trésor de l'armée, vingt livres ; aux notaires du sakellion, trente livres ; aux notaires du vestiaire (le chiffre manque). On voit par là que de trois côtés le nouveau dignitaire devait payer de fortes sommes au moment de sa promotion et, vraiment, il n'est pas croyable que la vanité humaine, si grande qu'elle puisse être, eût été assez forte à elle seule, pour faire accepter pareille charge, s'il n'y avait pas eu pour eux des compensations occultes et, pour trancher, des concussions, dans l'exercice de leurs fonctions afin de les dédommager des frais qu'ils faisaient en y entrant.

Quant aux fonctionnaires des provinces, nous savons que les stratèges recevaient un traitement fixe de Constantinople. Seuls quelques-uns avaient droit de se payer sur les revenus des douanes [1]. Mais ce qui était l'exception pour les stratèges était la loi pour les fonctionnaires d'ordre inférieur. Leur traitement, en argent et en nature, était assuré par la rentrée des impôts et les charges spéciales qui affectaient les provinces. Nous les retrouverons plus loin.

Comme dans nos états modernes, Byzance avait un double impôt : l'impôt direct qu'on levait d'après les livres cadastraux et qui frappait les terres et les personnes ; l'impôt indirect qui était surtout perçu par les douanes de l'Empire [2]. Malheureusement, ce double impôt ne pouvait, le plus souvent, suffire à couvrir les dépenses que faisait le Trésor. Il fallait alors lever des impôts supplémentaires qui amenèrent la ruine de la petite propriété, la décadence de l'agriculture et l'extension de cette classe aristocratique des « puissants » contre lesquels luttèrent les empereurs.

A) *L'impôt direct.* — L'Empire Byzantin garda de la réforme

---

1. *Cerem.*, 1285. — Ce sont probablement les « σιτήσεις » de l'*Epanagoge*.
2. Zachariæ, *Geschichte des griechisch. römisch. Rechts.*, XIV. Il est naturellement impossible de savoir quel était, même approximativement, le budget de l'Empire. Nous savons seulement qu'un thème, et un des moindres, la Dalmatie, payait ou devait payer au Trésor jusqu'aux modifications apportées par Basile, 782 livres, en comprenant Raguse. Les Dalmates payaient en outre des impôts en nature comme du vin. (*De Adm.*, XXX, 280-281). D'autre part, le biographe de saint Eustratios nous apprend que le saint satisfit aux exigences du fisc en payant pour son couvent et pour la ville de Brousse trois cents nomismes (*Analecta*, IV, 15, p, 378).

commencée par César, continuée par Auguste et achevée par Dioclétien et Constantin, le système du cadastre pour lever l'impôt direct. Les livres cadastraux « κώδικες, ἰσοκώδικες » étaient conservés au ministère du logothète du trésor public [1] qui savait, par eux, quel était le rendement de chaque province. Primitivement, ces livres devaient être revisés chaque quinze ans, à chaque indiction, mais il est bien peu probable que ce travail ait eu lieu régulièrement. Cependant c'est, sans doute, à une chose de ce genre que fait allusion Constantin Porphyrogénète lorsqu'il raconte que Basile entreprit de faire reviser les livres sur lesquels se trouvaient consignés les impôts [2], ce qui améliora pour un temps la condition des pauvres. En tous cas nous savons que Basile II travailla, de son côté, à une revision semblable. Les livres cadastraux devaient servir aux collecteurs d'impôts qui possédaient pour le thème auquel ils étaient attachés une sorte d'abrégé destiné à leur faciliter la tâche. Ces livres « ἀκρόστιχοι, κατάστιχοι » [3] donnaient en chiffres conventionnels et abrégés le rôle des contributions par provinces, suivant la description financière qui était faite pour chaque terre imposable [4]. Ces livres avaient force de loi pendant quinze ans et les percepteurs devaient s'y conformer. Ils étaient établis d'après une unité tout à la fois fictive et réelle, le « ζευγάριον » qui correspondait à l'impôt payé pour un champ qu'une paire de bœufs peut travailler en un an [5]. Naturellement, d'après ce principe, on défalquait de l'estimation, les forêts, montagnes, marais, etc., pour ne compter que la terre labourable, ce qui produisait entre telle ou telle propriété des différences parfois considérables. L'une pouvait avoir une superficie immense et payer un impôt sensiblement égal à une autre de superficie beaucoup plus réduite. C'est pourquoi tout ce que l'on peut dire c'est que le « ζευγάριον » se composait d'un nombre plus ou moins grand de « modii » suivant la qualité de la terre. Or cette unité foncière se trouvait grevée d'un double impôt. L'un affectait uniquement la terre : champs, vignes, plans d'oliviers ; l'autre

1. Skabalanovic, p. 270.
2. *Vit. Basil.*, ch. XXXI, 277.
3. Zachariæ, *Jus græco-romanum*, I, 46 ; III, 391.
4. Mortreuil, III, p. 105.
5. Zachariæ, *Mémoires de l'Acad. de Saint-Pétersb.*, p. 23, Cité de Kalligas.

affectait les métairies et les pâturages [1]. C'était le « καπνικόν » et l' « ἐννόμιον ». Longtemps ce double impôt se paya soit en argent « ζευγαρατικόν, » soit en nature « σιταρκία » mais dès le xi⁰ siècle nous voyons que le gouvernement, alors aux mains du fameux Jean l'Orphanotrophe, tendit à substituer de plus en plus le premier au second [2]. Il y avait cependant entre le « ζευγαρατικόν » et le « καπνικόν » une différence essentielle. Tandis que l'un était payé par ceux seulement qui possédaient une terre, qu'ils fussent riches ou pauvres, gens d'église ou séculiers, à moins qu'ils n'aient obtenu un privilège impérial, le « καπνικόν » appelé aussi « κεφαλατίων » et qui n'était autre que l'ancienne capitation, était payé par tous les sujets de l'Empire qui faisaient partie de ce que l'on appelait autrefois « la plebs » [3]. C'était la taxe personnelle dont seule la plèbe de quelques grandes villes, les mineurs, les « negotiatores » et quelques autres étaient exemptés. Ce « καπνικόν » levé d'après le nombre de feux semble avoir, dès le ix⁰ siècle et peut-être plus tôt encore, remplacé l'impôt par tête ou « κεφαλατίων ». En tous cas nous le trouvons mentionné par le continuateur de Théophane dans sa vie de Michel d'Amorion [4] et c'est lui qui nous apprend qu'il s'élevait alors à deux miliaresia [5]. Au dire de Cedrenus, Jean Tzimiscès l'abrogea, mais pour le remplacer par autre chose car, à travers toute l'histoire de l'Empire byzantin, la distinction entre ces deux impôts se retrouve d'une manière manifeste [6].

L'impôt foncier ne pouvait être payé, comme il est juste, que par les sujets de l'Empire qui vivaient sur leurs terres, les travaillaient ou les faisaient travailler ; mais il est bien évident que les habitants de Constantinople et des villes de provinces, pour être soustraits à l'impôt personnel, étaient, à leur tour,

1. Skabalanovic, *op. cit.*, p. 272.
2. *Ibid.*
3. Zachariæ, *Mémoires*, p. 8.
4. Theoph. Cont., *Vit. Mich. Amor.*, ch. xi, p. 68.
5. Theophane en parlant des impôts que leva Léon l'Isaurien sur la Calabre et la Sicile parle encore des « φόροι κεφαλικοί ».
6. Zachariæ, *Mémoires*, p. 13. Ibn. Hordadbeh résume assez clairement le système des impositions. L'impôt foncier, dit-il, est établi par un cadastre régulier et se paie selon le tarif de trois denars pour 200 modii dont chacun contient trois makkouk... On prélève aussi une contribution annuelle de 6 dirhems sur chaque foyer (p. 83).

soumis à un impôt spécial. C'étaient les « πολιτικοὶ φόροι » [1] sur lesquels nous n'avons aucun détail. Si depuis longtemps, en effet, les citadins ne payaient plus l'antique « capitatio humana », ils devaient sans doute, payer l'impôt foncier, sur les immeubles d'abord, puis d'autres impôts sur le commerce, l'industrie, etc. [2]. Lorsque l'Impératrice Irène remit, une année, aux habitants de Byzance, l'impôt qu'ils avaient coutume de payer, il y eut grande joie dans le peuple car, bien probablement, ces impôts devaient être très élevés. En outre, suivant la remarque de M. Monnier [3], il pourrait vraisemblablement se faire que l' « ἀερικόν » fut l'impôt payé par la propriété bâtie. Cet impôt aurait été levé à la façon de notre impôt moderne sur les portes et les fenêtres. Enfin certaines classes de personnes payaient un impôt spécial. Les Mages et les Juifs payaient chaque année un tribut personnel de un denar par tête, dit Ibn Hordadbeh [4].

B) *Les impôts indirects et supplémentaires.* — Si l'impôt foncier et personnel avait été seul, quelque lourd qu'il fût, il aurait été, sans doute, supportable ; mais ce qui ruinait le pays — surtout les campagnes — c'étaient les innombrables charges supplémentaires qui, chaque année, pour une raison ou pour une autre, venaient fondre sur les paysans comme un rapace vautour. Déjà au vi⁰ siècle, Justinien par la fameuse « ἐπιβολή » avait frayé ce funeste chemin que ses successeurs n'eurent garde, sous un nom ou sous un autre, d'abandonner ; puis au viii⁰ siècle, l'Empereur Nicéphore trouva ou retrouva l'impôt le plus impopulaire que jamais Byzance ait connu : « l'allelengyon » [5]. Si au ix⁰ siècle cette dernière charge était abolie, la première ne le fut pas — dans son esprit du moins — et au cours du siècle, nous pouvons saisir en maints endroits des traces de son existence. Pour la population de Constantinople, nous avons déjà mentionné l'impôt qui frappait de deux kerata chaque habitant et dont la somme devait

---

1. Theoph., p. 956.
2. Monnier, *Nouvelle Revue hist. du droit*, 1894, p. 485.
3. *Ibid.*, p. 508.
4. Ibn Hordadbeh, p. 83.
5. Etabli ou rétabli par Nicéphore, il fut supprimé peu après sa mort. Ce fut Basile II qui le remit en honneur. Cf. Du Cange au mot « ἀλλη,λέγγυον », Schlumberger, *Basile II*, p. 327.

couvrir les frais de réfection et d'entretien des murs. Il y en avait probablement bien d'autres. Dans les thèmes une des charges les plus lourdes était l'impôt postal. Autrefois le fisc supportait une partie des dépenses occasionnées par les postes impériales ; mais dès l'époque de Justinien ou peu après son règne, la charge en revint complètement aux villes et aux villages par lesquels passait ce service gouvernemental. Là, les habitants étaient dégrevés de tous autres impôts, mais ils devaient entretenir de leurs deniers les stations postales, les routes et les ponts, fournir les chevaux et autres bêtes de somme [1]. Bien plus, ils devaient aux voyageurs, toujours gens d'importance — ambassadeurs, fonctionnaires, évêques — le gîte et le couvert, tout comme les habitants de l'Empire devaient aux représentants de l'autorité des prestations en nature : viandes, oiseaux, huile, pain, etc., ce qui revenait à leur fournir, à eux aussi, le gîte et le couvert [2]. Cet impôt est appelé dans l'Epanagoge « ἐπιδημητικοί ».

Ces dernières charges n'enrichissaient qu'indirectement le Trésor. Il n'en allait pas de même des impôts sur les douanes et les marchés « πανηγύρια ». Théophane nous apprend que lorsque Constantin, fils d'Irène, s'en alla à Ephèse, il réduisit l'impôt payé par cette ville à ce sujet, impôt qui s'élevait à cent livres d'or par an [3], Sa mère en fit autant à Abydos et à Hieros, à la grande joie de la population qui en éprouva un grand bien [4]. Ces impôts en effet étaient forcément très lourds car il semble bien qu'ils étaient fixés par avance d'après le tarif habituel des places commerçantes sans égard aux mille aléas qui pouvaient survenir au cours de l'année.

---

1. Skabalanovic, p. 279-280. C'est ce que l'*Epanagoge* appelle les « ἀγγαρεῖαι » (Tit. VII, 8, 77).

2. Ces renseignements proviennent d'auteurs postérieurs comme Psellos (Cf. Skabalanovic, *loc. cit. et.*, p. 282). Néanmoins en confrontant les renseignements donnés par les auteurs du XIe siècle avec les rares données que nous possédons pour des époques antérieures, j'ai pu me convaincre que dans leurs grandes lignes ces renseignements pouvaient être vrais aussi pour la fin du IXe siècle. Les bouleversements opérés, parfois avec raison, par Nicéphore dans les affaires financières n'eurent aucune suite. A sa mort les choses revinrent en l'état dans lequel il les avait trouvées à son avènement et qui n'était autre que celui que Justinien avait établi et que les Empereurs iconoclastes modifièrent en certains points.

3. Theoph., p. 945.

4. *Ibid.*, p. 956.

Enfin trois sources de revenus de grande importance nous sont bien connues — les deux premières surtout — par les récits des chroniqueurs et les textes juridiques : la confiscation et les amendes, l'héritage et la frappe à bas titre des monnaies. Basile, plus d'une fois, fit usage de la confiscation pour punir de fautes qu'il ne pardonnait pas. Tel fut, par exemple, le cas pour Thécla à la suite de ses relations avec Neacomites. Le Prochiron cite, en outre, plusieurs fautes qui entraînaient la confiscation. Un époux adultère voyait ses biens confisqués par le fisc [1] ; si le délit a été commis avec une esclave « δούλη » cette dernière était vendue hors de l'éparchie et une partie du prix allait au Trésor [2]. De même encore pour cause de religion, il pouvait y avoir saisie et confiscation des biens du délinquant au profit de l'Etat [3]. Le meurtre commis par un noble était puni de l'exil et de la confiscation [4]. Souvent employé, ce système devait évidemment être une bonne et facile proie pour le Trésor qui semble, malheureusement, en avoir trop goûté la commodité. — L'héritage devait être moins fréquent. Cependant, comme à Rome, il arrivait que de grands seigneurs léguassent leur fortune à l'Empereur. C'est ce que fit Daniélis lorsqu'elle mourut et nous avons vu que Léon en profita royalement. Toutefois, un autre cas pouvait se présenter. C'était quand un bien tombait en déshérence par suite de la mort, sans héritier désigné, de son propriétaire. Le Trésor, d'après une novelle de Basile, s'appropriait la fortune mobilière ou immobilière, à l'exception des esclaves qui devaient être mis sans retard en liberté et jouir de tous les droits d'un homme libre [5]. En outre — et c'est encore dans tous les temps une sorte d'héritage — il paraît bien y avoir eu, à partir de Nicéphore, un impôt sur les successions ; mais nous n'avons, à ce sujet, aucun détail précis [6]. Quant à la frappe des monnaies à bas titre elle ne paraît avoir été en usage à Byzance, que dans des cas extrêmes. Lors-

---

1. *Proch.*, t. XI, vii, p. 77.
2. *Ibid.*, t. XXXIX, lx, p. 249.
3. *Ibid.*, t. XXXIII, xv, p. 183.
4. Leunclavius, *Jus græco-romanum*, ii, 135. — La peine était assez douce pour les seigneurs puisque celle qu'encourait pour le même crime un homme de basse naissance était la mort par le glaive ou par la dent des bêtes *(Ibid).*
5. *Ibid.*
6. Monnier, *op. cit.*, 1895, p. 86.

qu'il ne restait plus rien dans les caisses, alors les Empereurs émettaient des monnaies au-dessous du titre en monnayant dans une livre plus de nomismes que le poids ne le permettait. Très certainement Basile n'eut jamais recours à ce moyen car les chroniqueurs n'eussent pas manqué de nous le dire, rien n'étant plus antipathique à la nation que cette façon détournée de se procurer des ressources [1].

## IV

Il reste, en terminant ce chapitre sur l'administration financière de l'Empire byzantin au ix⁰ siècle à dire quelques mots de la question monétaire et des deux corporations qui s'occupaient spécialement des affaires d'argent, les « arguropratai » et les « trapezitai. » Aux ix⁰ et x⁰ siècles, quatre sortes de monnaies servaient aux besoins quotidiens de la vie comme aux paiements de ou à l'Empire : le nomisma, le miliarision, le keraton, le follis, toutes monnaies réelles par opposition à la livre « λίτρα » qui n'avait qu'une valeur de compte. C'est donc le nomisma que l'on peut prendre comme unité pour se rendre compte du système monétaire usité à Byzance. Or, le nomisma ou sou d'or — il y en avait 72 à la livre et 100 livres faisaient un « κεντενάριον » — avait une valeur égale à douze miliarisia, le miliarision une valeur égale à deux kereta, le keraton une valeur égale à douze folles [2]. Le nomisme pouvait être d'or ou d'argent, mais généralement d'or [3], le miliarision était toujours d'argent, le follis, toujours de cuivre. Toutes ces monnaies furent, en général, depuis Léon III, frappées à Constantinople ; cependant il nous reste encore du règne de Basile, des monnaies frappées à Naples et à Cherson [4]. Ces monnaies que chaque Empereur faisait, à son avènement, marquer de son effigie, n'avaient pas toujours, à l'époque de Basile, également cours. La célèbre novelle LII de Léon VI en fait foi. Facilement,

---

1. Skabalanovic, p. 296.
2. Nicole, *Le Livre du Préfet*, 16¹³ ; Théophane, 832⁶⁴ ; Sabatier, I, 46, 55.
3. Le nomisme d'or était probablement la même chose que l' « ὁλοκοτίνιν. »
4. *Revue Numism.*, 1849, p. 245.

on rejetait les pièces anciennes pour ne se servir que des récentes, sans doute celles mêmes qui avaient été émises durant le règne sous lequel on vivait [1].

Il est assez malaisé de déterminer la valeur intrinsèque, comme la valeur commerciale des monnaies byzantines. Trop d'éléments nous font aujourd'hui pour cela défaut. Dureau de la Malle estimait que la livre d'or pesait 326 gr. 33 et valait environ 1,034 francs. A la suite de recherches personnelles au Cabinet des Médailles je suis arrivé à un chiffre approximativement semblable. Les monnaies d'or conservées à Paris, qu'elles soient du temps de Michel, de Basile ou de Léon, pèsent toutes entre 4 gr. 37 et 4 gr. 25 et ont, invariablement, deux centimètres de diamètre. Or, cette différence de poids est sans importance. Simplement à considérer les pièces, on se rend compte de la façon dont elles étaient frappées. Les ouvriers avaient une barre d'or — cet or était à cette époque presque sans alliage et de belle couleur jaune — et dans cette barre d'un poids toujours fixe, on marquait soixante-douze nomismata avec un outil portant, d'un côté, l'empreinte impériale, de l'autre, soit la figure du Christ, soit une légende, puis on découpait plus ou moins habilement chaque pièce de monnaie avec des ciseaux ou un

---

1. Il nous est parvenu divers types de monnaies frappées sous Basile. Sur les premières il est représenté avec Michel qui porte — chose à remarquer — le titre d' « imperator » tandis que Basile n'a que le titre de « Rex », fait intéressant qui montre qu'entre l'Empereur et son associé, il n'y avait pas égalité parfaite. Seul, le Basileus pouvait se dire Empereur. On laissait aux souverains barbares, francs et germains, le titre de « Rex » (Cf. Liutprand, *Leg.*, II, p. 347 et la fameuse lettre de Louis II à Basile). Sur les autres types, suivant l'époque, il y a Basile seul, avec Eudocie, avec ses fils associés : Constantin d'abord, puis Constantin et Léon, puis Léon, enfin Léon et Alexandre. L'Empereur est toujours représenté barbu ; parfois il porte un diadème en forme de mitre, le « camelaucium », tantôt le diadème ordinaire ; ses mains tiennent, en général, le globe crucigère ou le labarum et un livre, probablement l'Evangile. Quant aux légendes, jusqu'en 776 environ, elles étaient toujours en latin ; seuls les chiffres étaient en grec (Ersch et Gruber, I, p. 86, p. 5). A cette époque elles sont frappées en grec et cela jusqu'au règne de Michel et Basile où nous retrouvons la légende latine et la légende grecque. Au cours du règne personnel de Basile, nous avons tantôt l'une ou l'autre légende. La face porte parfois « D. N. Basilius P. F. Perpetuus » et l'envers la figure du Christ avec « IhS × OS Rex regnantium » ; d'autre fois l'exergue est en grec « basil-ios εh θεο-basileus Romεoh ». Toutes les pièces, cependant, ne sont pas sur ce type. Un certain nombre porte simplement dans le champ un B et au revers une croix fleuronnée sur deux degrés et accostée de deux globules.

autre instrument. De là vient que les pièces ne sont jamais absolument rondes, que leurs contours sont plus ou moins tailladés et que certaines pièces peuvent avoir un poids légèrement inférieur aux autres par suite de la conformation même de la barre d'or.

Si maintenant on compare ce poids à nos monnaies d'or actuelles dont l'alliage est de 1 pour 9, nous pouvons évaluer leur valeur, en chiffre rond, à 15 francs. La livre d'or byzantine aurait donc pesé entre 305 gr. 90 et 314 gr. 64 et aurait valu environ 1,080 francs [1].

Mais une autre question se pose, plus intéressante à coup sûr. C'est la valeur réelle et journalière de l'argent. Là, évidemment, il ne peut y avoir que des conjectures assez peu solides. Si l'on prend la valeur du blé comme base de la valeur de l'argent, nous avons quelques renseignements pour l'époque de Basile et les époques suivantes. Cedrenus [2] raconte, en effet, qu'à un certain moment, sous Basile Ier, par suite des vents, les navires qui apportaient à Byzance les chargements de blé n'arrivèrent pas ou arrivèrent fort avariés. Le prix du blé monta incontinent à un nomisme les deux medimnes [3]. Lorsqu'il apprit la chose, l'Empereur fixa le taux de la vente à un nomisme les douze medimnes. Donc, d'après ce renseignement, le blé aurait valu, *en temps de disette*, légèrement moins qu'il ne vaut actuellement, en France, aux époques ordinaires. Or, vu qu'en cette circonstance Basile voulut, évidemment, faire une charité, on peut, je crois, conclure, en laissant une marge, que le blé pouvait valoir, habituellement, un miliarision le medimne ou 1 fr. 25 les cinquante deux litres et demi. Cependant, quelques années plus tard, sous le règne de Romain II, par suite de la famine, au dire de Syméon Magister [4], le blé monta à un nomisme les quatre modii ; puis il redescendit au taux normal de un nomisme pour huit modii. Ce renseignement, qui diffère à coup sûr, et considérablement du premier, se trouve encore

1. On sait que notre pièce de 10 francs pèse 3 gr. 226 et notre pièce d'or de 5 francs 1 gr. 613.
2. Cedrenus, II, 108.
3. A l'époque romaine le medimne soit grec, soit sicilien, égalait 52 l. 53 et correspondait à 6 modii (Marquardt, p. 92-93). Peut-être au IXe siècle le medimne correspondait-il à 8 modii.
4. Sym. Mag., *Vit. Rom. Const., Porphyr. fil.*, ch. III, 821.

complété par Kodâma qui fixe à 16 ou 17 francs l'hectolitre de blé[1].

Enfin, un troisième renseignement qui tendrait à corroborer l'histoire de Cedrenus nous est donné pour les années qui précèdent le règne de Nicéphore Phocas. Trente ou quarante ans avant l'époque qui vit monter sur le trône le glorieux général, pour un nomisme, on avait du blé de quoi charger deux ânes. Il semble donc, tout compte fait, que la vie ne devait pas être très coûteuse à Byzance et on s'explique dès lors que les contemporaains de Théodora pouvaient, sans exagération, estimer que le trésor était très prospère quand il recélait un million environ. Deux faits, du reste, — dont l'un, il est vrai, bien postérieur, — tendraient cependant à corroborer tout ceci : Un hagiographe en racontant l'histoire d'un paysan de Paphlagonie, Métrios, qui vivait sous Léon VI, estime qu'avec 1,500 nomismes un homme était très riche[2]. Au XIIIe siècle, d'autre part, après les croisades, alors que l'Empire était appauvri, que l'or devait être plus rare, on estimait qu'un riche propriétaire pouvait mener une existence honorable avec quarante nomismes par an[3]. En disant donc qu'à Constantinople au IXe siècle, on pouvait vivre largement avec le double environ, nous aurons chance, peut-être, d'arriver à une approximation qui ne sera pas trop éloignée de la vérité, d'autant plus que le Prochiron semble confirmer tout ceci en considérant comme riche l'homme qui, pour une faute infamante pouvait payer une livre d'or comme punition[4]. Les nombreux chiffres donnés dans le livre des Cérémonies confirment, à leur tour, — quoique, en vérité, assez vaguement, — ces quelques renseignements. C'est ainsi qu'un membre de la petite hétairie recevait quarante nomismes. Faut-il considérer ce chiffre comme un revenu suffisant pour vivre, même au Palais ? Probablement, car ces officiers faisaient un service de garde qui n'était point un simple honneur et avaient donc droit à un traitement ; mais, d'autre part, ce devait être somme assez juste car nous voyons qu'ils peuvent augmenter leurs revenus en versant un capital supérieur à celui que leur procurent les seize livres qu'ils ont payées en entrant au

1. Kodâma, Barbier de Meynard, *Journal asiat.*, 1865, t. V, p. 241[1].
2. Synax. Select. dans le *Synax. de l'Eglise de Cple*, 1er juin, p. 722-723.
3. *Pachymère*, I, ch. v.
4. *Prochir.*, XXXIX, 65, p. 251.

service. Nous avons là, en outre, un renseignement précieux car il nous indique, probablement, quel était l'intérêt approximatif de l'argent : environ du 3 1/2 [1].

Je ne me dissimule point tout ce qu'il y a de conjectural dans ces calculs. En s'appuyant sur d'autres textes du livre des Cérémonies il est possible qu'on puisse arriver à des calculs peut-être différents ; de plus, il n'est pas douteux qu'en maints endroits il y a des erreurs manifestes de chiffres provenant des copistes et qui arrêtent toute déduction. Néanmoins, il m'a semblé utile et intéressant de grouper ces quelques faits qui peuvent au moins, à défaut d'une complète certitude, nous faire comprendre quelque chose du mécanisme de la vie byzantine et de ses conditions d'existence.

Depuis longtemps déjà les ateliers monétaires répandus dans l'Empire étaient fermés et c'était à Constantinople, en règle générale, que se frappaient les monnaies d'or et d'argent [2]. Les ateliers se trouvaient sur la Mesa [3] et ce n'était que là qu'il était permis de battre monnaie. Naturellement, les monnayeurs devaient se grouper en corporation et personne ne pouvait être élu sans que le préfet en fût averti. Les « ἀργυροπραταί » dont le règlement policier est arrivé jusqu'à nous comptaient, probablement, parmi eux les monnayeurs, les « χρυσοχόοι » [4], car les « ἀργυροπραταί » étaient, à proprement parler, des commerçants d'or et d'argent. Ils achetaient des matières précieuses : or, argent, pierres, perles, etc., — sauf le cuivre et les étoffes — tenaient boutique et, les jours de marchés, devaient demeurer chez eux pour acheter des matières qui leur étaient offertes, afin d'empêcher qu'elles ne sortissent de l'Empire, en avertissant le préfet, et permettre, si elles avaient été volées, d'en retrouver le propriétaire. La constitution qui les régissait était très sévère.

1. Au XIe siècle le taux de l'argent paraît avoir un peu augmenté car un protospathaire payait vingt livres pour recevoir 72 nomismes de pension, ce qui donnerait un intérêt de 5 o/o.
2. Pour les monnaies de cuivre il s'en frappait encore sous Basile à Cherson.
3. *Liv. du Préf.*, II, § 11, p. 24.
4. S'il n'y avait pas deux corporations distinctes, il y avait du moins deux catégories de personnes dans cette corporation des « ἀργυροπραταί ». Il est remarquable, en effet, que l'auteur du livre n'emploie ce dernier terme que lorsqu'il s'agit de marchands ; dès qu'il s'agit de monnayeurs ou d'orfèvres, en un mot de fondeurs d'or, il emploie le terme de « χρυσοχόοι ».

Défense était faite aux « χρυσοχόοι » d'acheter pour leur travail plus d'une livre d'or non contrôlé sans avertir le président de la corporation; défense leur était faite de fondre ou de travailler l'or et l'argent chez eux. Ils devaient le faire dans les ateliers de la Mesa. Quant aux « ἀργυροπραταί » il leur était défendu d'acheter, sans l'avoir déclaré au préfet, les objets destinés au culte, qu'ils soient entiers ou brisés, sous peine de confiscation; ils ne devaient jamais s'en aller, sous prétexte d'estimation, sans avertir le préfet, ni se disputer les uns les autres au sujet des estimations. Ceux qui étaient pris, contrevenant à ces ordres, étaient battus de verges, tondus et rayés de la corporation.

Les « trapézites » « τραπεζῖται » étaient des agents de change. Eux seuls avaient le droit de faire le change des monnaies. A leur entrée en charge ils devaient présenter des témoins pour affirmer qu'ils ne feraient rien de contraire aux lois, c'est-à-dire ne couperaient, ni ne gratteraient nomismes et miliarisia, qu'ils n'y imprimeraient aucun faux caractère et, qu'en aucun cas, ils ne se feraient remplacer par d'autres dans leur négoce. L'éparche avait sur eux un droit de surveillance et c'était, pour les agents de change, un devoir que de lui déclarer l'argent qu'ils avaient en banque[1]. Eux, tout d'abord, avaient, naturellement, à se conformer à la novelle de l'Empereur Léon obligeant ses sujets à recevoir les monnaies, même anciennes, frappées à d'autres effigies que la sienne pourvu que le poids s'y trouvât. Aussi le « Livre du Préfet » exige-t-il que les banquiers ne se livrent pas à l'agio. Ils devaient recevoir le miliarision d'argent pour vingt-quatre folles quand il était bon et portait véritablement la marque impériale. Dans le cas où la pièce n'était pas authentique ils pouvaient l'estimer; mais aussi, bien vite, ils devaient prévenir le préfet et faire connaître le possesseur.

On le voit donc, le système financier de Byzance était assez bien organisé. Si le peuple des campagnes n'eût pas été pressuré par les impôts la situation n'aurait pas été mauvaise. Malheureusement, à la base de toute cette organisation sociale, il y avait un vice caché qui allait annihiler les plus généreux efforts et tarir toutes les sources d'énergie comme toutes celles de la richesse ;

---

1. Je pense, du moins, que c'est l'interprétation qu'on peut donner de l'expression obscure « σακκουλαρίους ἐμφανίζειν τῷ ἐπάρχῳ ».

la centralisation excessive. On a pu le remarquer déjà, il n'est pas de fil, si ténu soit-il, de cette immense toile qui ne converge et n'aboutisse au centre même du gouvernement : à l'Empereur. Une bureaucratie nombreuse et avide les tient entre ses mains pour les remettre entre celles du souverain, et le peuple, pris de tous côtés, dans ces mailles admirablement combinées, devait, fatalement, succomber un jour ou l'autre, vaincu comme la mouche par le travail de l'araignée.

# CHAPITRE II

L'ŒUVRE LÉGISLATIVE. — L'ORGANISATION JUDICIAIRE.

Une nation n'est véritablement grande que lorsqu'elle possède, à l'intérieur, des finances prospères, à l'extérieur, une armée forte et respectée. La richesse publique engendre alors la richesse privée, seul fondement durable d'une brillante et réelle civilisation, tandis que la tranquillité assurée aux frontières par des troupes disciplinées, fait renaître, à son tour, le calme et la paix dans les esprits, la prospérité, par le commerce et l'industrie, dans les différentes classes de la société. Mais finances et armées, civilisation et industrie ne peuvent réellement entrer en pleine floraison qu'autant que l'arbre social tout entier, et jusqu'en ses derniers rameaux, se trouve nourri par une sève abondante et riche en sucs de tous genres : la justice. Arrachez d'une législation les principes de justice éternelle qui la doivent régir et fatalement vous aboutirez à l'anarchie. Privez certains individus ou certaines classes d'individus du droit de se défendre et du droit d'être vengés, laissez d'autres citoyens opprimer leurs semblables et commettre impunément l'iniquité, et toute civilisation ne sera qu'un leurre, une affaire de façade. Derrière elle il y aura des ruines et d'irréparables fissures dans l'édifice encore debout.

Ce fait de politique générale n'échappa — il faut le reconnaître — à l'attention d'aucun empereur byzantin. Presque tous, au dire des chroniqueurs, même ceux qu'on détestait le plus, s'occupèrent activement de faire régner la justice en leurs états ; et si, parfois, ils s'y prirent d'une façon passablement maladroite, du moins y mirent-ils tous quelque bonne volonté. A cet égard, Basile fut assurément le digne successeur de cette lignée de princes qui, depuis Justinien jusqu'au dernier empereur iconoclaste, Théophile, travaillèrent sans relâche à conserver dans l'Empire byzantin les anciennes traditions romaines de justice et d'équité. Par son exemple comme par ses travaux, il allait renouveler ou sanctionner toute la jurisprudence alors existante et donner aux études de droit un nouvel et bienfaisant essor dont les étapes seront marquées, sous son règne, par la publication du Prochiron et de l'Epanagoge, sous celui de son fils Léon, par les Basiliques, pour aboutir enfin sous le règne de Constantin Monomaque à la création d'une grande école de droit à Byzance. C'est cette réforme de la justice qu'il s'agit maintenant d'étudier.

Les réformes législatives de Basile sont contemporaines de ses réformes financières. Dès qu'il eut pris en main le gouvernement impérial, il s'occupa de toutes deux à la fois comme étant solidaires l'une de l'autre. Sa méthode fut d'ailleurs identique dans les deux cas. Comme pour les finances, son premier soin fut de choisir de bons juges, intègres et savants, capables de rendre équitablement justice à tous ceux qui venaient à eux, qu'ils aient été lésés par les agents impériaux, les puissants ou leurs égaux, peu importe. Mais ici, Constantin Porphyrogénète donne d'intéressants détails qu'il importe de souligner[1]. Pour s'assurer des juges impartiaux, Basile ne craignit pas d'aller les chercher partout où il avait chance d'en trouver. Si au sein des classes dirigeantes il voyait un homme versé dans l'étude du droit, capable d'accomplir la délicate mission qu'il lui voulait confier, tant mieux ; mais non plus il ne faisait difficulté d'élever de modestes et pauvres citoyens à ces hautes fonctions de juges. Alors il leur garantissait une généreuse indépendance en leur donnant un traitement annuel et des libéralités de toutes sortes[2]. C'est que, s'il exigeait des juges de grandes qualités et une science sérieuse — lorsqu'il eut publié le Prochiron, les juges devaient savoir par cœur les quarante titres dont ce recueil était composé — il désirait aussi qu'ils fussent nombreux et facilement abordables. « Il établit des juges, dit son petit-fils, jusque dans chaque rue et dans chaque sainte maison[3]. » Puis, pour rehausser l'éclat de leur fonction il voulut que les tribunaux d'où partaient leurs sen-

1. *Vit. Basil.*, ch. xxxi, p. 276.
2. Cedren., 1089.
3. Couvent ou demeure hospitalière. Cette assertion de Constantin VII est probablement une amplification oratoire.

tences fussent dignes de la majesté d'une si grande institution. A cette fin, il fit remettre en état le Palais de Chalcé situé aux abords du grand Palais et désormais, là comme à l'hippodrome et à la Magnaure, on jugea chaque jour. Enfin, tout occupé qu'il était, Basile ne voulut pas abandonner la tradition de ses prédécesseurs qui allaient, eux aussi, écouter les procès et rendre la justice. Au retour de ses expéditions militaires, c'était un de ses premiers soins [1], et lui qui ne craignait pas d'affirmer que l'Empereur est au-dessus des lois, il voulait montrer cependant qu'il doit toujours agir et gouverner suivant la loi [2]. Et c'est ainsi que sa conduite se trouva illustrer les sages avertissements qu'il donnait à son fils avant de mourir lorsqu'il lui écrivait : « En vérité celui qui permet l'injustice est encore plus coupable que celui qui la commet. Celui qui a été lésé place toute son espérance en toi seul et, en te constituant vengeur de l'injustice, il combat celui qui l'a commise [3]. » Rôle admirable du souverain quand il le comprend de la sorte et le joue sans défaillance ! Mais pour accomplir une réforme durable et permettre à tous d'être librement jugés, une difficulté d'ordre matériel se présentait. En fait les injustices les plus criantes étaient précisément celles qui ne pouvaient avoir aucune sanction, car c'étaient ces perpétuelles vexations qu'infligeaient aux pauvres et aux agriculteurs, les riches, les puissants, les officiers du Basileus. Comment les opprimés eussent-ils obtenu justice? Loin de Byzance ils devaient en référer aux magistrats provinciaux qui, forcément, avaient plus grand intérêt à ménager le haut seigneur de la province, celui dont les vastes propriétés formaient presque, dans le thème, un petit royaume, plutôt que le pauvre colón, le serf infortuné qui venait se plaindre du vol de son lot de terre ou de l'impôt écrasant qu'il ne pouvait payer. Et même, l'eût-il voulu, que pouvait faire le magistrat? Rentré en possession de son champ ou de sa vigne, dégrevé de l'impôt le paysan n'en vivait pas moins sous la domination du maître, et, après comme avant, l'injustice faisait son œuvre. Basile qui connaissait ces maux pour en avoir lui-même longtemps souffert, résolut une fois au pouvoir, de créer une organisation d'un caractère tout à la fois charitable et judiciaire qui mit un terme, si faire se

1. *Vit. Basil.*, ch. xli, p. 288.
2. *Prochiron*, XXV, iv, 138.
3. *Exhort.*, p. xliv.

pouvait, à l'intolérable audace des grands. Il installa à Byzance un bureau qu'il dota richement afin, d'une part, que les pauvres venant à la ville se plaindre du « puissant » y trouvassent chaque jour une nourriture assurée, afin, de l'autre, que ceux qui redoutaient une absence souvent inutile et toujours pernicieuse pour leurs affaires ou qui se trouvaient dans l'obligation de rentrer chez eux avant la fin de leurs procès, eussent en ville le nécessaire et pussent ainsi, en toute liberté, se faire rendre justice [1].
Nous savons déjà que ces nombreuses mesures en corrélation étroite avec celles qu'il prit pour la bonne marche des affaires financières n'eurent pas les résultats à longue portée que Basile en espérait. Après, comme avant lui, le mal subsista. Il n'était au pouvoir d'aucun homme ni d'aucune institution de le faire disparaître.

## II

L'œuvre judiciaire de Basile, considérée sous ce premier aspect, n'était donc qu'un expédient qui ne pouvait ni ne devait lui survivre. Aussi ne se contenta-t-il pas de ces mesures transitoires. Résolument il fit quelque chose de plus, et ce quelque chose eut, sur toute l'histoire de la civilisation byzantine, une influence considérable et qui dura jusqu'en 1453. Ce fut sa révision du Code : œuvre de génie qui, menée de front avec des guerres presque toujours heureuses, put faire comparer le fondateur de la maison macédonienne à cet autre soldat d'aventures, comme lui tour à tour homme de guerre et de gouvernement et qui a nom Bonaparte.

Depuis le vi[e] siècle la législation de Justinien avait remplacé dans l'Empire les nombreuses lois anciennes promulguées au cours des âges, depuis l'avènement d'Auguste. La nouvelle jurisprudence devint dès lors pour Byzance l'immuable canon auquel toute la vie politique, sociale et administrative, se trouva rattachée et, pour un temps, apporta dans l'organisation gouvernementale une certaine unité. Malheureusement cet outil de précision était trop délicat pour les mains maladroites et inexpérimentées auxquelles il était donné de la manier. Rapidement

---

[1]. *Vit. Basil.*, ch. xxxi, 276.

faussé et mal réparé, il devint à la longue tout à fait inutile. On le jeta au rebut. Or, c'est à remettre en usage cet instrument que Basile s'appliqua avec un véritable talent de maître-ouvrier. Bien des causes avaient contribué, non pas à l'abrogation, mais à la désuétude des lois établies par Justinien. D'abord elles avaient été écrites en latin, et, depuis longtemps, personne ne savait plus cette langue. Le grec, toujours parlé dans le peuple, le fut bientôt, dès le $vi^e$ siècle, presque exclusivement dans les classes instruites, ce qui obligea les juristes à composer, soit sous la surveillance des Empereurs, soit de leur autorité privée et pour leur usage personnel, de nombreux manuels, « enchiridia », qui forcément prirent peu à peu le pas sur les livres juridiques. Ceux-ci avaient de plus un grave défaut, ils étaient trop nombreux, trop volumineux, et coûtaient par conséquent fort cher. Sans doute, Justinien, par les Institutes, chercha déjà à remédier à ce mal, mais il n'en restait pas moins, d'une part, que les Institutes étaient écrites en latin et, de l'autre, qu'elles furent bientôt insuffisantes. Les commentaires, les gloses, les versions remplacèrent donc, dans la pratique, Digeste, Code, Institutes et ce fut sur les travaux de seconde main, traductions médiocres et parfois mal comprises, des livres juridiques de Justinien, que reposa, en partie, du $vi^e$ siècle finissant au $ix^e$ toute la science des juges et tout le droit byzantin.

Mais, par la force des choses, un grand Etat ne vit pas trois siècles durant sans voir surgir en son sein de nouvelles questions qui, autrefois, ne s'étaient point posées et qu'il faut, à un moment donné, résoudre à tout prix et souvent dans le plus bref délai ; il ne se perpétue pas non plus, et surtout avec une législation aussi défectueuse, sans qu'à tout instant l'autorité ne soit obligée d'intervenir pour légiférer sur un point ou sur un autre, fixer une coutume ou réprimer un abus. Ces actes successifs des Empereurs, en venant faire corps avec la législation existante, ne pouvaient manquer d'ajouter encore au trouble et à la perturbation première. On eut ainsi deux lois : l'une ancienne, fixe, mais incomprise ; l'autre, nouvelle et se renouvelant sans cesse. Il fallait savoir concilier l'une et l'autre, chose en vérité singulièrement délicate et difficile. Aussi, malgré les efforts des Empereurs iconoclastes, malgré le recueil de Léon l'Isaurien connu sous le nom d'« Ecloga », la jurisprudence était-elle à la merci des interprétations souvent divergentes des juristes qui n'avaient pour les guider ni texte indiscutable, ni précédents confirmés. En de telles conjonctures, les injustices pouvaient se donner libre cours et les juges eux-mêmes décider et agir suivant l'unique bon plaisir. C'est bien, du reste, ce qui explique l'incessante intervention du pouvoir impérial dans les procès. Il n'est pas probable que l'habitude, le zèle, le devoir, décidèrent seuls les Basileis ou leurs représentants comme le César Bardas, à s'en aller chaque jour entendre plaider les causes graves. Non, mais ils sentaient que plus indépendants, plus instruits et plus responsables que leurs subordonnés, à défaut des lois écrites, ils étaient dépositaires d'une autre loi, claire et simple celle-là, la loi naturelle de justice et d'équité dont tout souverain a la charge et le dépôt et qu'ils devaient la faire prévaloir et la faire respecter. Quel autre moyen eussent-ils eu d'atteindre ce but que de s'improviser juges eux-mêmes?

C'est à cette lamentable décadence du droit que Constantin Porphyrogénète fait allusion lorsqu'il parle de l'activité de son grand-père en ce qui concerne la revision des lois. « Il (Basile) trouva, dit-il, les lois civiles en très obscur et très confus état par suite du mélange de choses bonnes et mauvaises, c'est-à-dire de lois abrogées et de lois encore en vigueur, réunies sans distinction dans un seul commun recueil. C'est pourquoi, autant qu'il le put, il voulut mettre de l'ordre en tout ceci, retrancha les lois abrogées et par conséquent devenues inutiles, revisa la multitude des autres et, pour faciliter l'étude de ces dernières, il groupa comme en un abrégé, par chapitres, leur nombre infini[1]. »

Pour faire une œuvre durable et apporter à l'Empire un sérieux réconfort, Basile sentit donc qu'il ne fallait pas se contenter de mesures charitables et passagères, bonnes, sans doute, mais incapables à elles seules de donner à la société un solide point d'appui. Il se rendit compte qu'il fallait, pour ainsi parler, créer un nouvel ordre de choses, mettre un terme à la routine et fixer une tradition. Et c'est à quoi il résolut de s'appliquer en donnant à l'Empire un nouveau code de lois.

Le premier monument législatif publié par l'Empereur parut en 878 ou 879[2]. Il portait en suscription le nom de ses deux fils,

---

1. *Vit. Basil.*, xxxiii, p. 277.
2. Zachariæ, *Delineatio*, p. 37 ; *Geschichte der griesch. röm. Rechts*, p. 22.

alors associés au pouvoir : Constantin et Léon, et comme titre les mots de « πρόχειρος νόμος », manuel de droit. Le but vers lequel tend Basile ne fait pas de doute. Il veut, en donnant tout de suite et sans plus attendre, un premier abrégé des lois qui doivent régir l'Etat, assurer le bon fonctionnement de la justice, « cette première et très grande chose que Dieu honore et par laquelle le peuple est élevé, au dire de Salomon [1]. » Or, il y a trop de lois, par suite on ne les étudie plus et le droit en est altéré. Aussi est-ce pour cette raison qu'il a décidé de réunir en un manuel, divisé en chapitres, les lois qu'il veut voir observer. Il les a traduites du latin en grec, purifiées des éléments propres à les dénaturer « τῶν τε παραπεποιημένων νομίμων ἀνακαινισμὸν ἐθέμεθα » et a corrigé ce qui était nécessaire pour qu'elles devinssent utiles. Il a fait plus. Il a fixé, dans sa législation, ce qui jusqu'à ce jour ne l'était pas. Et c'est ce nouveau code divisé en quarante titres qu'il présente à ses sujets pour qu'il ait désormais force de loi [2]. En vérité, toutes les lois ne se trouvent pas dans ce manuel. Le volume s'adressait, en effet, à tous les sujets de l'Empire et avait simplement pour but de confirmer les bonnes lois et de les leur faire connaître ; c'est pourquoi ceux qui s'adonnaient spécialement à l'étude du droit devaient, suivant les prescriptions de Basile, recourir avec soin au corps de lois « τοῦ νόμου πλάτει » précédemment revisé par lui dont une partie est consacrée aux lois définitivement abrogées et manifestement inutiles et dont l'autre, divisée en soixante livres, contient, suivant l'ordre et la division d'autrefois, celles qui ont été maintenues [3].

Ainsi donc le premier travail de Basile que nous connaissons fut un manuel de droit, de droit civil en grande partie, mais aussi de droit public vers la fin de l'ouvrage, commençant par traiter du mariage « par quoi notre nature a reçu son origine » pour se continuer par les obligations, les successions, les testaments, les tuteurs, etc., et finir par les lois d'ordre général comme les constructions, les peines et le partage des dépouilles après les guerres.

Mais une question se pose maintenant, étant donné l'état dans lequel Basile trouva la législation de son temps. Quelles

1. *Proch.*, Proem., p. 4.
2. *Proch.*, *ibid.*, § 1 et 2, p. 7 et 8.
3. *Proch.*, *ibid.*, § 3, p. 10.

furent les sources de son travail? Sa pensée directrice en cet ordre de choses fut toujours de remettre en honneur le droit Justinien dont l'autorité pour n'être plus guère que nominale, n'en existait pas moins. C'est par conséquent, dans les ouvrages de son illustre prédécesseur qu'il dut, tout d'abord, aller chercher les matériaux dont il avait besoin pour l'œuvre qu'il voulait entreprendre. Et c'est précisément à quoi il fait allusion dans son avant-propos lorsqu'il dit qu'il fit traduire les lois du latin en grec ; mais qu'on ne s'y trompe pas. Les légistes qui travaillèrent sous ses ordres ne recoururent pas tant aux originaux qu'aux traductions et commentateurs grecs du VIe siècle comme Théophile, Théodore, Thelelée, Athanase dont ils exploitèrent les travaux en les défigurant et en les altérant[1], sans jamais les transcrire tels qu'ils les avaient sous les yeux. Par un procédé de travail qui échappe et au sujet duquel on ne peut faire que des conjectures, c'est cette source juridique qui fut seule exclusivement employée dans la première partie du *Prochiron*[2]. Les Institutes surtout fournirent un large appoint au travail. On utilisa aussi le Digeste, le Code et les Novelles, mais d'une façon plus discrète et plus rare si bien qu'on peut presque dire que ce furent les Institutes qui servirent de base et aussi de modèle à ces vingt et un titres.

Mais indépendamment des livres justiniens, Basile tout en traitant fort mal « l'Eclogue » de ses prédécesseurs iconoclastes, Léon et Constantin, « œuvre qui n'est pas un « choix » — ἐκλογή — mais bien la destruction des bonnes lois, qui ne peut servir de rien à l'Etat et qu'il serait stupide de conserver[3] » a, plus d'une fois, fait usage de ce document. Trop de sages mesures prises par ces princes étaient sans doute devenues si populaires et si utiles qu'il n'était ni bon ni possible de les rapporter[4]. Après donc avoir satisfait sa conscience religieuse par un blâme motivé à l'adresse de cet « enchiridion » mal famé, Basile se l'appropria. Il se l'appropria même si bien qu'à partir du titre XXI, l' « Eclogue » devint la principale source du Prochiron. Sans doute les Institutes et les Novelles servirent encore beaucoup, moins cependant que dans les XXI premiers titres ;

---

1. *Prochiron,* ch. III, p. LXII et seq. ; Mortreuil, II, 33 et seq.
2. C'est-à-dire des titres I à XXI.
3. *Prochir.,* Proem., § 2, p. 9.
4. Zachariæ, *Geschichte der griesch. römisch. Rechts,* p. 85.

le Code et le Digeste, eux, furent à peu près complètement négligés. Et comme c'est surtout en cette partie du Prochiron que Basile a introduit le texte de ses novelles personnelles, il arriva qu'on eut en un seul manuel deux tendances d'idées assez différentes qui ne peuvent s'expliquer que par une cause extrinsèque à la composition de l'ouvrage. « On dirait, dit Mortreuil, qu'arrivés au titre XXI les rédacteurs du Prochiron se sont hâtés de terminer leur travail qui avait été conçu et entrepris sous une autre direction d'idées. L'histoire particulière des Basiliques nous fournira l'explication de ce fait qui se rattache à l'ensemble des compilations législatives de Basile [1]. »

Le Prochiron devint rapidement dans l'Empire le manuel populaire par excellence. Ce fut sur lui que dès lors les juristes s'appuyèrent, comme ce fut lui qu'on étudia dans les écoles de droit. De Byzance il passa dans les pays soumis à l'influence des Empereurs : en Russie, en Italie, et comme il devint dans l'Eglise grecque une des sources du droit canonique [2], il passa de même dans les églises que la métropole convertit à la religion chrétienne.

Toutefois après la mort du jeune Constantin, sous le règne de Basile, Léon et Alexandre, probablement à l'époque où Photius était de nouveau Patriarche, donc après 878 et probablement vers 886 [3], il fut fait une nouvelle édition du Prochiron destinée à servir d'introduction au recueil que Basile avait composé sous le titre de « Revision des anciennes lois, ἀνακάθαρσις τῶν παλαιῶν νόμων ». Ce fut l'Epanagoge « Ἐπαναγωγή » · nom donné par les manuscrits, mais qui convient exactement à cette nouvelle édition — revue et augmentée – du Prochiron. Dans la préface Basile explique l'intention qui l'a poussé à agir. Après avoir composé sa « Revision des anciennes

---

1. Il ne peut entrer dans le cadre de cette étude de retracer l'histoire des Basiliques. Ce sera la tâche de l'historien de Léon VI. En attendant je renvoie pour cette question aux travaux de Mortreuil, de Zachariæ, d'Heimbach dont on trouvera les titres dans la bibliographie qui est en tête de ce volume.
2. Mortreuil, II, 37.
3. Zachariæ, édit. du Prochir., p. LXXXIII, *Delineatio*, p. 40. Il n'est même pas impossible que Photius ait été le principal ouvrier de cette seconde édition. En effet, outre une note marginale donnée dans le manuscrit bodleien 173 qui attribue certains chapitres au Patriarche, deux faits semblent trahir sa main : d'abord celui d'appeler Byzance le « premier trône » « πρῶτος θρόνος » ; puis la longue discussion initiale sur les Manichéens.

lois » divisée en quarante livres et l'avoir promulguée, il parut bon de faire un choix dans ce travail et, en suivant l'ordre des quarantes livres, de publier un manuel en un nombre égal de titres, qui « puisse servir d'introduction aux lois que renferment les quarante livres. » C'est le fait d'avoir suivi l'ordre de ce que l'on appelle « l'anakatharsis » qui explique que l'Epanagoge, tout en étant la reproduction presque littérale du Prochiron en diffère cependant sur quelques points : par l'addition de certains titres comme ceux qui concernent l'Empereur, le Patriarche, les magistrats [1]; par des interversions, par la réunion en un seul titre de plusieurs titres du Prochiron, etc. Cette seconde édition, en vérité, ne fut probablement jamais publiée d'une façon officielle [2] car nous ne la voyons nulle part mentionnée par Léon VI et elle n'eut pas, à beaucoup près, l'influence et la renommée du Prochiron. Les nombreux manuscrits qui nous restent de celui-ci attestent que toujours dans l'Empire, ce fut à lui qu'on se référa et non à l'Epanagoge.

Reste l'Anakatharsis dont nous n'avons pas grand'chose à dire étant donné que nous ne la connaissons que par les allusions qu'en font le Prochiron et l'Epanagoge. Il est certain que ce recueil de droit exista, composé sans doute de quarante livres dont chacun des titres de l'Epanagoge était le développement. S'il fut jamais publié, ce fut entre la date de composition du Prochiron et celle de l'Epanagoge ; mais est-il même bien certain qu'il reçut force de loi? La Prochiron, d'une part, engage en effet les juristes à le consulter ; mais d'abord entre les données du Prochiron et celles de l'Epanagoge il y a une grave divergence au sujet de cet ouvrage. L'un fixe à soixante, l'autre à quarante le nombre des livres qui le composaient, ce qui oblige à admettre qu'en tous cas ce recueil n'était pas achevé quand parut le Prochiron et que, plus tard, lorsqu'il fut fini, on réduisit le nombre des livres à quarante [3] ; d'autre part l'Epanagoge dit formellement que l'Anakatharsis était promulguée ; mais qu'est-ce qui prouve que ce n'était pas

---

1. Titres qui sont pris littéralement aux livres justiniens et reproduits tels quels dans les *Basiliques*, à l'exception du t. III « περὶ πατριάρχου » qui n'a nulle part son correspondant.
2. Zachariæ, *Geschichte*, p. 22.
3. C'est là l'opinion de Mortreuil.

là une simple anticipation de langage ? Les auteurs ont pu, en rédigeant l'Epanagoge qui devait servir d'introduction à leur travail, dire qu'il était promulgué puisqu'il allait l'être et que l'Epanagoge en était le couronnement. Il ne s'en suit pas qu'il l'ait été. Cette hypothèse est d'autant plus plausible, ce semble, que tout ceci se passait vers la fin du règne de Basile. L'Empereur, en mourant, léguait son œuvre à son fils qui la voulut continuer. Le Prochiron, déjà officiellement promulgué, conserva son autorité tandis que l'Anakatharsis et l'Epanagoge passèrent à titre de documents — servirent peut-être même de base — dans l'édition définitive que nous connaissons sous le titre des Basiliques.

Telle est la grande œuvre législative de Basile I$^{er}$. D'un clair regard, en arrivant au pouvoir, il aperçut l'effroyable chaos au milieu duquel se traînait péniblement la justice de l'Empire incapable par là d'accomplir sa grande et civilisatrice mission. Résolument, Basile se mit au travail et un peu avec les illusions qu'auront plus tard les philosophes du xvIII$^e$ siècle, il s'imagina qu'en réformant la législation il transformerait les mœurs et la société alors que c'est peut-être le contraire qui est proche de la vérité. Quoiqu'il en soit, Justinien lui apparut comme le modèle qu'il devait suivre et c'est à l'imiter qu'il s'appliqua courageusement en revisant la législation alors en usage. Par l'essor qu'il donna aux études de droit, par les travaux juridiques qu'il entreprit, il essaya de remettre en honneur le vieux droit d'autrefois et il y réussit. Grâce à son influence, une nouvelle ère se leva pour l'Empire, une brillante renaissance commença à se manifester dans les lettres et dans les arts et si, finalement, l'œuvre de Basile n'eut pas tout le succès qu'il aurait été en droit d'en attendre, si les transformations profondes qu'il put rêver dans l'ordre politique et social, ne se produisirent pas, il est bien probable, cependant, que ses efforts amenèrent, passagèrement, une amélioration sensible dont bénéficièrent surtout les classes laborieuses de l'Etat. Par là seul, ce semble, Basile I$^{er}$ mérite donc d'être placé au premier rang parmi les grands souverains.

## III

A la tête de l'administration judiciaire se trouve l'Empereur, incarnation vivante du droit et de la loi. Juger est sa fonction première et essentielle, faire observer les ordonnances de l'Etat est son inprescriptible devoir, car « de même que nous ne pouvons vivre si nous ne respirons, de même aussi nous ne pouvons être sauvés et nous bien porter — εὖ εἶναι — si la loi ne nous aide et ne nous guide [1]. » Or, l'Empereur, seul, est assez haut placé sur l'échelle des êtres pour remplir ce sacerdoce. Choisi par Dieu et marqué de son sceau divin, il est sur terre son lieutenant, son représentant. Il doit donc, comme Dieu, gouverner le monde avec justice et bonté. Tâche écrasante assurément, qui demande autre chose qu'une vulgaire nature d'homme et que jamais un souverain ne pourrait par lui-même accomplir s'il n'avait, pour le soutenir et l'éclairer, force et lumière en abondance. Cette force et cette lumière, il la possède d'abord par l'orthodoxie qu'il doit défendre et pratiquer [2], et sans laquelle il n'aurait aucune autorité [3] ; il la possède aussi par la tradition orale et écrite dont il est le dépositaire. Car ce n'est pas en aveugle qu'il juge. Son office, en effet, consiste à défendre et à conserver tout ce qui est enseigné dans la Sainte Ecriture, tout ce qui a été défini par les « Sept saints Synodes », enfin les lois romaines [4]. Et lorsque, à propos de ces dernières, une discussion s'élève, c'est à lui, l'Empereur, que revient le droit d'interpréter la loi, non pas certes arbitrairement, mais en tenant compte des coutumes de la ville ou de l'éparchie [5]. En fait, c'est surtout cette interprétation de la loi qui est la principale prérogative de l'Empereur. Sauf pour certains cas importants, comme le meurtre de hauts dignitaires de la cour, dont le jugement relève exclusivement de sa juridiction, l'Empereur ne juge pas directement : son tribunal est plutôt une cour d'appel ou

---

1. *Epanag.*, Proem., p. 63.
2. *Ibid.*, II, 5, p. 66.
3. *Ibid.*, Proem., 63.
4. *Epanag.*, II, 4, p. 66.
5. *Ibid.*, II, 7 et 12, p. 66-67.

de cassation. Il intervient à la demande des parties, mais après un premier jugement, et son verdict devient irréformable [1].

On pouvait en appeler de trois façons au tribunal de l'Empereur : 1° *par un référé des fonctionnaires* (ἀναφορά, ὑπόμνησις). Ce procédé avait lieu surtout quand le cas était douteux [2], en dehors de toute chicane juridique. Alors la solution était donnée soit directement par l'Empereur, soit par l'intermédiaire des fonctionnaires [3] ; 2° *par appel* (ἔκκλητος) [4] lorsqu'une des parties se croyait lésée par un juge [5]. L'appel suppose donc que le procès a été une fois jugé ; 3° *par supplication* (δέησις). Tout chacun pouvait, sans aucun intermédiaire, présenter ses affaires à l'Empereur pour qu'il les jugeât. Le plaignant déposait alors une supplique (δέησις) entre les mains d'un fonctionnaire chargé de cet office et, suivant les cas, le tribunal impérial ou une commission jugeait les procès. Naturellement il n'y avait aucun recours possible contre le tribunal de l'Empereur qui jugeait toujours en première et dernière instance, tandis qu'il y en avait un contre la commission [6].

La cour impériale que l'Epanagoge appelle « τὸ αὐτοκρατορικὸν καὶ βασιλικὸν κριτήριον » [7], se composait des grands fonctionnaires et dignitaires de l'Empire. Un texte postérieur au IXe siècle, la Pira, donne l'énumération des personnages qui faisaient partie de ce tribunal. C'étaient : les patrices, les protospathaires, le drongaire, le vestis, le magistros, l'éparche, le questeur, le préfet du caniclée, le protoasecretis, l'exactor, les juges [8]. Ces juges créés par Justinien, étaient au nombre de douze. Il semble bien qu'ils subsistèrent à travers les modifications apportées par le temps à l'organisation judiciaire.

Trois grandes magistratures judiciaires étaient dans l'Empire à la tête de cet important et grave ministère : l'éparche de la ville, le questeur, le préposé aux pétitions [9].

1. *Epanag.*, xi, 5, p. 88.
2. Zachariæ, *Geschichte*, p. 356.
3. *Ibid.*, 357.
4. Au dire de l'*Epanagoge*, il faut distinguer l' « ἔκκλητος » et l' « ἔγκλησις ». Tout « ἔκκλητος » est une « ἔγκλησις » ; mais toute « ἔγκλησις » n'est pas « ἔκκλητος », xi, 4, p. 88.
5. *Epanag.*, xi, 4, p. 88.
6. Zachariæ, *op. cit.*, 358.
7. *Epanag.*, xi, 5, p. 88.
8. Zachariæ, *Ibid.*, 357.
9. *Cerem.*, 1313.

L'éparche de la ville (ὁ ἔπαρχος τῆς πόλεως)[1] est au ixe siècle un très puissant personnage, le dix-huitième en liste. Comme les grands dignitaires de la couronne, il peut donc revêtir les plus hautes dignités et marcher d'égal à égal avec les stratèges des thèmes. C'est, qu'en fait, sa fonction a une importance considérable. S'il est, avant tout, le premier juge de l'Empire après le souverain, il est aussi le premier magistrat de Constantinople, et comme tel, ses attributions dépassent de beaucoup les attributions ordinaires des juges. Aussi sa promotion se fait-elle avec une solennité toute spéciale. Le Patriarche y assiste et récite les prières ; les factions font entendre leurs acclamations d'allégresse ; le corps judiciaire est au complet pour lui faire cortège et recevoir celui qui devient par son élévation « père de la ville[2]. » Comme juge, il a son trône au prétoire[3] et c'est de là qu'il préside désormais aux procès. Sa compétence s'étend à tous les crimes, voire même à toutes les affaires qui se passent à Constantinople et dans les environs jusques à cent milles de la ville[4], qu'il s'agisse d'affranchissement d'esclaves[5], de questions relatives aux tutelles[6], de mariages[7], ou de moralité publique. Aussi ses pouvoirs sont-ils très étendus. Il peut exiler, par exemple[8] ; il a sous ses ordres une garde composée de soldats et destinée au maintien de l'ordre[9]; de ses décisions, on ne peut appeler qu'au tribunal de l'Empereur[10]. Comme premier magistrat de la ville, il est chef de la police[11] et sa juridiction s'étend à toutes les corporations, depuis celle des banquiers jusqu'à celle des marchands de viande ou de tissus, en passant par celle des forains. Il peut interdire l'entrée de la ville ou de certains quartiers à qui bon lui semble[12], car il a mission de veiller sur toutes

---

1. Cf. l'article de M. Ouspenskij : « L'Eparche de Constantinople. » (*Mém. de l'Inst. arch. russe de Cple*, 1899, IV, 2, p. 80 et seq.)
2. *Cerem.*, 526, 528.
3. *Ibid.*, 532.
4. *Epanag.*, IV, 1 et 4, p. 69.
5. *Ibid.*, 2.
6. *Ibid.*, 5.
7. *Prochir.*, I, 13, p. 17 ; IV, 24, p. 31.
8. *Epanag.*, IV, 3, p. 69.
9. *Ibid.*, 8.
10. *Ibid.*, 7.
11. *Ibid.*, 6 et 7. *Proch.*, XXXVIII, 34, 221.
12. *Epanag.*, 9.

choses : sur le prix des denrées[1], comme sur la tranquillité de la population et sur le bon ordre des spectacles[2]. Le souverain va-t-il sortir? C'est à lui qu'en réfèrent les préposites[3] pour que la ville soit ornée et les rues nettoyées ; une réception a-t-elle lieu au Palais ? C'est lui qui est chargé de veiller à la décoration[4] ; un événement grave se produit-il, une révolte, par exemple, c'est encore lui qui est là et c'est à lui que l'Empereur ordonne d'ouvrir les prisons[5] ; l'Empereur veut-il adresser un message à son peuple, lui apprendre son avènement: c'est encore et toujours l'éparche qui est chargé de la chose. Ce fut, nous le savons, l'éparche Marianos, fils du grand général Pétronas qui alla au cirque, le lendemain du meurtre de Michel III, annoncer à tous la bonne nouvelle de l'élévation de Basile[6]. Aussi, en l'absence de l'Empereur, est-il seul maître de la ville, administrant l'Empire de concert avec le premier magistros et le premier préposite[7].

On conçoit sans peine qu'une tâche aussi écrasante ne pouvait être supportée tout entière par un seul homme. Il fallait de toute nécessité qu'un nombreux personnel vint l'aider dans ses multiples fonctions. Grâce à la notice de Philothée, nous connaissons la « προέλευσις » de l'éparche de la ville. Elle se composait de quatorze fonctionnaires. Le premier était le « σύμπονος », son assesseur en titre chargé de le remplacer en cas d'absence ou de maladie. Pour lui aussi a lieu une cérémonie spéciale, lors de son élévation, dans laquelle, comme il est juste, l'éparche joue le premier rôle[8]. De rang inférieur aux grands fonctionnaires, il appartient à cette classe des spathaires que nous connaissons déjà et se trouve donc, par rapport à son chef, dans une dépendance hiérarchique analogue à celle

---

1. *Epanag.*, IV, 8, p. 69.
2. *Ibid.*, 8.
3. *Cerem.*, p. 101.
4. *Cerem.*, 1060.
5. Théoph., 748. Ceci est confirmé par un passage de la vie de Michel Syncelle. Lorsque, sous le règne de Théophile, Michel fut condamné comme iconophile, il fut incarcéré dans la prison publique « δημοσία εἱρκτή » « et amené devant l'Empereur, précédé de l'éparche, » (Gédéon, *Syllog. grec.*, 1896, p. 29, reproduit dans l'Ἑορτολόγιον).
6. En 869, l'éparche était le patrice Paul (Mansi, XVI, 81).
7. *Tactik.*, 259. *Ceremon.*, p. 953.
8. *Cerem.*, 540.

du chartulaire du logothète du Trésor, par exemple, ou des notaires de l'εἰδικόν[1]. Dans les cérémonies, nous le voyons figurer avec le logothète du prétoire, aux côtés de l'éparche, à un rang évidemment supérieur aux autres fonctionnaires[2]. Il y a, au sujet de ce fonctionnaire, une question assez délicate à élucider. N'y avait-il qu'un assesseur ou étaient-ils plusieurs? Le chapitre LVII du *Livre des Cérémonies*, d'une part, semble formel. Lors de l'élévation d'un assesseur, en l'absence de l'éparche, le préposite, sur l'ordre des Empereurs, va s'enquérir si le logothète du prétoire ou un autre assesseur « ἡ καί ἕτερος σύμπονος » se trouve présent au Palais. C'est donc, évidemment, qu'il y a plusieurs assesseurs. De son côté, le *Livre du Préfet* connaît des « σύμπονοι » divers qui sont chefs des corporations[3] ; mais d'autre part, le même passage du *Livre des Cérémonies* — qu'on peut, du reste, expliquer en faisant remarquer qu'il s'agit peut-être tout simplement de l'assesseur qui vient de sortir de charge, — et la notice de Philothée, dans les différents endroits où elle cite l'assesseur, mentionnent toujours ce nom au singulier et lui donnent un rang auquel ne pouvait prétendre à coup sûr un chef de corporation et que, du reste, les autres chefs de corporations cités par la notice et le *Livre du Préfet*, n'ont pas ; de plus, le chapitre LVII du *Livre des Cérémonies* fait cet assesseur l'égal en dignité du logothète du prétoire ; enfin, dans la *Vie* de Romain II, fils de Constantin Porphyrogénète, le continuateur de Théophane raconte que l'Empereur donna des assesseurs à l'éparche de la ville ; mais ces assesseurs ne furent que deux, et l'un précisément avec le titre spécial de logothète du prétoire[4]. Il faut donc admettre, je crois, qu'il y avait un « σύμπονος » en chef, chargé spécialement, près de l'éparche, des questions judiciaires et peut-être des « σύμπονοι » secondaires, remplissant, auprès des corporations, une fonction semblable. Quant à dire avec M. Nicole que ce premier assesseur est le même que celui que Léon VI désigne sous le nom de « λεγατάριος »

---

1. L'organisation administrative se dessine ainsi clairement. A la tête de chaque grand service un haut fonctionnaire pouvant arriver aux premières dignités auliques ; à sa suite une foule de fonctionnaires de rangs différents, se correspondant d'un bureau à l'autre comme titre et importance.
2. *Cerem.*, p. 149.
3. *Le Livre du Préfet*, p. 90.
4. Théoph. Cont., *Vit. Rom. Junioris*, I, 489. *Cerem.*, p. 1404.

cela est possible, mais point certain. Pour moi, s'il fallait faire une identification, j'inclinerais plus volontiers à faire du « λεγατάριος » le synonyme de logothète[1].

*Le logothète du prétoire* (ὁ λογοθέτης τοῦ πραιτωρίου) était l'égal de l'assesseur « μὴ ἔχων ἀκολουθίαν ἢ τάξιν πλείω ἢ ἐλάσσω[2] » et formait avec lui le conseil immédiat de l'éparche. Tandis que le premier s'occupait spécialement des questions juridiques du ressort de l'éparche, le logothète, lui, s'occupait des affaires de la ville, police et administration. Il avait probablement la garde d'une des trois prisons de Constantinople — qui relevaient toutes de l'éparche — celle du Prétoire[3].

Ainsi donc se trouvait organisé un des trois grands rouages de la haute administration judiciaire de l'Empire et de la police urbaine : un éparche à la tête, deux fonctionnaires égaux à ses côtés, l'un spécialement chargé des affaires de justice, l'autre des affaires « politiques ».

A la suite de ces trois fonctionnaires venaient toute une foule d'employés divers qu'il faut connaître pour se rendre compte de la vie byzantine dans toutes ses manifestations. Pour ce qui concerne la justice, il y avait en chacune des quatorze régions dont se composait Constantinople, des juges destinés à entendre les causes et peut-être à faire la police du quartier[4], c'étaient les « κριταὶ τῶν ῥεγεώνων ». Ces juges n'étaient pas de création récente. Ils devaient probablement compter parmi leurs ancêtres les « curatores qui totius regionis curam gerunt » dont il est fait mention dès les origines de Constantinople ; mais il ne semble pas douteux non plus que ce soit bien quelque chose comme leur résurrection dont il s'agit dans ce passage de la *Vie de Basile* où il est raconté que l'Empereur établit des juges un peu partout, dans chaque rue et dans chaque sainte maison. Malheureusement nous en ignorons le nombre. Peut-être cependant étaient-ils demeurés, comme à l'époque de Jus-

---

1. En effet, le chapitre LVII dit que le « σύμπονος » est nommé par l'Empereur ; dans le *Livre du Préfet*, il l'est par le préfet avec l'agrément de l'Empereur. De plus nous savons qu'il existait un « λεγατάριος » dépendant du chartulaire du vestiaire.
2. *Cerem.*, p. 540.
3. Theoph. Cont., *Vit. Mich.*, ch. XXII, 189. Les deux autres prisons étaient celles de la Chalcé et des Noumeroi, cette dernière, sans doute, était prison militaire.
4. Zachariæ, *Geschichte*, 373.

tinien, au nombre de douze, ayant leur centre d'affaires à l'hippodrome [1].

Le personnel de surveillance placé sous les ordres de l'éparche était représenté par les épiskeptites, les époptes et les « βουλλωταί », fonctionnaires chargés d'apposer le sceau, le poinçon du préfet, sur tout ce qui devait en être marqué : balances, poids, marchandises. Des fonctions spéciales dévolues aux épiskeptites et aux époptes, nous ne savons rien de précis. Ils avaient, évidemment, la charge d'inspecter les marchés, de faire respecter les lois minutieuses qu'indique le *Livre du Préfet*, de surveiller l'achat et la vente des objets qui arrivaient à Constantinople ou en partaient, en un mot, ils remplissaient l'emploi d'officiers de police, d'inspecteurs des marchés, etc. Les « βουλλωταί » n'avaient pas pour unique mission d'apposer la bulle préfectorale sur les marchandises. Ils allaient dans les ateliers et ailleurs examiner si les prescriptions légales étaient observées [2] et si les bulles étaient placées [3], car les peines qui frappaient les délinquants étaient terribles : déportation, châtiments corporels, envoi au couvent, etc.

Comme dans notre Moyen-Age occidental les corps de métiers se trouvaient, à Byzance, groupés en corporations. Ces corporations, naturellement, avaient besoin de chefs, destinés à leur servir de conseil et à les surveiller. Pour leurs affaires financières, elles devaient probablement, relever des commissaires ou autres fonctionnaires du Trésor ; mais pour leur organisation et leurs règlements intérieurs, elles relevaient de certains fonctionnaires dépendant de l'éparche. Ces fonctionnaires étaient les *Exarches* (ἔξαρχοι) et les *Prostates* (προστάται). Suivant son importance, la corporation avait un ou plusieurs chefs, parfois même il n'y avait qu'un seul chef pour plusieurs corporations. C'est ainsi que les marchands de vêtements syriens ou arabes, et les « πρανδιοπράται » avaient un exarche à leur tête, fonctionnaire nommé par l'éparche [4] ; les marchands de porcs, les « ἰχθυοπράται », avaient plusieurs « προστάται [5] » ; les « μαλακατάριοι » et les « βυρσοδέψαι » au contraire, n'avaient qu'un

---

1. Zachariæ, *Geschichte*, p. 359.
2. *Livre du Préfet*, VIII, 3, p. 37.
3. *Ibid.*, cf. par ex., XII, 9, p. 47.
4. *Ibid.*, V, 1, p. 29.
5. *Ibid.*, XV et XVI, p. 51 et 52.

« προστατής » et dépendaient du « σύμπονος[1] ». En somme, il est probable que les corporations avaient toutes à leur tête un ou plusieurs « προστάται » qui prenaient en certaines corporations de plus grande importance le titre d'exarche. Ces chefs servaient d'intermédiaire habituel entre la corporation et l'éparche qui gardait sur elle une autorité directe. Seules, les corporations de second ordre relevaient de l'assesseur. Il semble, en outre, que les exarches comme les prostates étaient choisis soit par les corporations, soit plus probablement par l'éparche[2] et ne restaient en fonction qu'un certain temps.

Le *centurion* (κεντυρίων). Nous savons par l'Epanagoge que l'éparche avait droit à un corps de troupe destiné à maintenir l'ordre dans la ville. C'est très probablement le chef de ces soldats policiers qui portait le titre de centurion. Quant aux γειτονιάρχαι, nous ne savons rien. Peut-être représentent-ils le pouvoir municipal de l'éparche en dehors de la ville, dans la banlieue soumise à la juridiction de l'éparche ; peut-être y a-t-il une analogie entre ces gitoniarches et ceux que possédaient les factions[3].

Enfin un fonctionnaire spécial, dépendant lui aussi de l'éparche, résidait sur les côtes et sans doute dans les ports de commerce. C'était le « παραθαλασσίτης ». Il devait surveiller, et probablement, en certaines circonstances, juger tous ceux qui, suivant l'expression de la *Pira*, naviguaient « πλέοντες τήν θάλασσαν » et ne relevaient pas des officiers d'ordre militaire[4].

Naturellement, comme en toute administration considérable, l'éparche avait à son service pour les innombrables écritures qui devaient émaner de sa chancellerie des protochanceliers et des chanceliers, scribes chargés de la rédaction des actes et autres documents du même genre.

Reste, d'après la notice de Philothée, les « νομικοί ». Nous retrouverons plus loin des « νομικοί », professeurs de droit. Sont-ce ceux-là mêmes dont il est ici question ? Autrement dit, y a-t-il identité entre les « νομικοί » du *Livre du Préfet* et les « νομικοί » de Philothée ? M. Nicole le croit. Peut-être, cependant, n'est-il pas impossible de voir en ces « νομικοί » des fonctionnaires

---

1. *Livre du Préfet.*, XIV, § 2, p. 49.
2. Cf. par ex. *ibid.*, le cas pour les savonniers, pour les trapézites.
3. *Cerem.*, p. 536. Theoph., p. 516. *Cerem.*, 1332.
4. Zachariæ, *Geschichte*, p. 373.

chargés d'un département spécial relevant de l'éparche, celui qui s'occupait de toutes les affaires de droit civil dont la corporation des notaires et des avocats avait la charge. Le « νομικός » serait, dans ce cas, le chef du département ayant pour mission de recevoir le tabullaire nouvellement élu[1]. Il serait vraiment étrange que parmi tous les fonctionnaires dépendants de l'éparche, aucun ne fût spécialement commis aux affaires judiciaires, ce qui serait un fait, si les « νομικοί » étaient simplement des professeurs de droit.

La seconde grande magistrature judiciaire était celle du *questeur* (ὁ κοιάστωρ, κυέστωρ) dont le titulaire figure au trente-quatrième rang parmi les hauts fonctionnaires de l'Empire, avec les titres habituels d'anthypatos, patrice, etc. Il est, en outre, toujours désigné par le qualificatif d'« ἐνδοξότατος ». Sa promotion avait lieu en présence du souverain [2] et des officiers commis à son service : antigraphes et chanceliers, officiers qui formaient son bureau et son tribunal [3]. Grâce au titre tout entier que lui consacre l'Epanagoge, nous pouvons nous faire une idée assez exacte des attributions confiées à ce personnage[4]. Evidemment c'est, avant tout, un juge, mais un juge policier auquel est spécialement remis le soin et la surveillance des étrangers. Sa juridiction s'étend, en effet, sur tous ceux qui se trouvent à Byzance, quelle que soit leur situation, leur condition, leur sexe, leur nationalité. Qu'ils soient moines, clercs, riches, dignitaires de l'Empire, pauvres, esclaves, romains ou étrangers, le questeur a droit sur eux.

Dès leur arrivée, il s'enquiert de leur origine et des motifs qui les amènent à la ville[5]. Sont-ils serfs ou esclaves et viennent-ils plaider contre leur maître ? Le questeur les surveille, fait régler leurs affaires dans le plus bref délai et s'interpose, à l'occasion, entre colons et seigneurs [6]. Sont-ils étrangers ? Une fois

---

1. *Livre du Préfet*, I, 3, p. 15. En outre les « νομικοί » paraissent dans les cérémonies impériales, chose qui serait assez étrange s'ils n'étaient pas « σεκρετικοί » et s'ils étaient professeurs.
2. *Cerem.*, p. 533.
3. Zachariæ, *Geschichte*, p. 321, 368.
4. Comme nous l'avons dit, ces titres de l'*Epanagoge* concernant les fonctionnaires sont la reproduction des titres correspondants élaborés à l'époque de Justinien. Mais il paraît plus que probable que les attributions confiées aux magistrats du VIᵉ s. étaient encore en vigueur au IXᵉ.
5. *Epanag.*, v, 1, p. 70.
6. *Ibid.*, 2, p. 70.

l'objet de leur voyage accompli, le questeur les renvoie chez eux[1]. Beaucoup de pauvres devaient, sans doute, comme en toute grande ville, venir chercher à Byzance travail et fortune. Cette foule de gens sans aveu, sans foyer, souvent sans occupations, était le noyau habituel autour duquel se groupaient tous les mécontents et d'où partaient émeutes et séditions. Aussi une rigoureuse surveillance enserrait-elle cette population flottante à chaque heure du jour, et c'était le questeur qui en portait toute la responsabilité. La loi, du reste, était très sévère à l'égard de ces étrangers pauvres. Dès qu'un mendiant était aperçu, le questeur le faisait appeler, et, s'il n'avait à Constantinople ni procès ni affaires, il le renvoyait tout de suite, à son maître quand il était serf, dans son pays quand il était libre, aux chefs des corporations pour qu'il travaillât suivant son métier quand il était « autochtone »[2] ; s'il ne voulait rien faire, on le chassait de Constantinople. Enfin — chose très intéressante — le questeur paraît avoir eu autorité sur les archontes de province car il a droit de leur écrire et peut les traduire devant l'Empereur[3].

Mais, indépendamment de ces fonctions d'un caractère, en réalité, assez peu judiciaire, le questeur rendait la justice et connaissait de certains cas. C'est ainsi qu'il était juge compétent dans les affaires de faux « πλαστογραφία » et par là, tout naturellement, dans les questions de testament et de succession. L'ouverture et l'enregistrement des testaments se faisaient en sa présence, et c'est devant son tribunal que se plaidaient les procès concernant les héritages, que devaient se présenter les exécuteurs testamentaires et que se jugeaient certaines affaires de mariage[4]. Léon le Grammairien raconte une anecdote grâce à laquelle nous pouvons nous rendre compte de ce double rôle du questeur. C'était au temps de l'Empereur Théophile, grand ami de la justice. Un jour, une veuve vint à lui se plaindre de ce que Pétronas, le beau-frère du basileus, avait, malgré la loi et la coutume, élevé des constructions à une telle hauteur que, de chez elle, elle ne voyait plus rien. La chose fut jugée, reconnue vraie, et Pétronas, pour sa faute, battu de verges en pleine rue ; puis le

1. *Epanag.*, v, 3, 70-71.
2. *Ibid.*, 5, 71.
3. *Ibid.*, 9 et 10, p. 72.
4. *Proch.*, iv, 24, p. 31. Zachariæ. *Geschichte*, 369.

questeur Eustrathios, qui, sans doute, avait participé au jugement, s'en alla avec ses antigraphes, Léon et Démétrios, renverser jusqu'en ses fondements la demeure de Pétronas [1] : ce qui se comprend fort bien étant donné qu'il faisait partie, d'une part, du tribunal de l'Empereur, et que de l'autre, ses attributions étaient d'ordre policier.

Le tribunal du questeur se composait de six espèces de fonctionnaires : un protochancelier, des chanceliers, des scribes pour les écritures, les comptes, les actes, etc. ; puis des antigraphes (ἀντιγραφεῖς), un ekskeptor (σκέπτωρ) ou (ἐκσκέπτωρ) et un libellisios (λιβελλίσιος). Les antigraphes étaient les subordonnés et les aides immédiats du questeur. C'étaient eux qui l'accompagnaient et l'assistaient dans toutes les affaires où il se trouvait requis [2], et qui, vraisemblablement, dirigeaient, sous son autorité, l'administration dont il était le chef. Autrefois il y avait eu quatre antigraphes appelés « magistri scriniorum » préposés aux quatre bureaux judiciaires [3] ; mais au IXᵉ siècle nul texte ne nous dit quel était leur nombre. Quant aux deux autres, l' « ἐκσκέπτωρ » et le « λιβελλίσιος », nous n'avons sur eux aucun renseignement précis. Zachariæ croit qu'ils n'étaient autres que les notaires dont il est parlé dans la Pira et une novelle de Constantin Porphyrogénète [4].

Enfin, le troisième fonctionnaire indiqué par Philothée comme appartenant à la classe des juges était, après l'éparche et le questeur, le *préposé aux pétitions* (ὁ ἐπὶ τῶν δεήσεων), personnage de moins haut rang que les deux autres car, s'il jouit encore des titres nobiliaires habituels aux soixante grands fonctionnaires de l'Empire, il n'arrive au catalogue que le cinquante-cinquième et ne paraît pas avoir eu, à Constantinople, de subalternes à ses ordres. Nous ne voyons, en effet, nulle part nommés les bureaux relevant de sa juridiction ou les fonctionnaires formant son entourage. La fonction essentielle du « préposé aux pétitions » fut toujours, jusqu'à la fin de l'Empire, de centraliser à Byzance les demandes, suppliques, etc., adressées à l'Empereur. Il ne paraît pas douteux, d'après les sceaux qui nous ont été conservés, qu'il y ait eu dans chaque thème un de

---

1. Léon Gramm., 1048. Georges Moine, 1012.
2. *Ibid.* et *Cerem.*, 533 ; Pira, XIV, 11, p. 38.
3. Du Cange, au mot « ἀντιγραφεῖς »
4. Zachariæ, *Geschichte*, p. 368.

ces préposés [1]. Ces fonctionnaires recevaient probablement les demandes des particuliers et les transmettaient au préposé résidant à Byzance qui examinait si elles étaient ou non recevables et, suivant les cas, les présentait à l'Empereur ou les rejetait [2].

En résumé, nous avons donc à Byzance trois grands dignitaires de l'ordre judiciaire : l'éparche, le questeur, le préposé aux pétitions. Les deux premiers magistrats ont chacun sous leurs ordres un bureau composé d'un certain nombre de fonctionnaires. Si tous trois ont des attributions judiciaires, l'éparche et le questeur ont, en outre, l'administration de la police générale de la ville et la haute surveillance sur les hommes et les choses dans l'enceinte des murs. C'est par eux que se rend la justice suprême ; c'est par leur autorité qu'agissent les juges inférieurs, ce sont eux qui forment le trait d'union entre les juges de province, le peuple et l'Empereur.

Un certain nombre de questions secondaires se rapportant à la justice méritent, en terminant ce chapitre, une rapide mention. Sans avocats, il n'y a pas de procès ; sans notaires, pas d'acte légal possible. Comment se recrutaient ces deux classes de professionnels du droit ? Sur les avocats (συνήγοροι) nous n'avons pour le ix^e siècle aucun renseignement [3] ; mais il n'en va pas de même des notaires ou « ταβουλλάριοι ». Grâce au « Livre du Préfet » nous savons qu'ils formaient à Byzance une corporation vivant sous l'autorité de l'éparche et ayant à sa tête un primicier. Une fois ses études littéraires et juridiques terminées, le jeune homme qui voulait devenir notaire se présentait devant la corporation. Pour y entrer, il devait être élu par le suffrage du primicier et des tabullaires qui s'assuraient auparavant de ses qualités et de son savoir : qualités morales, cela va de soi, qualités intellectuelles aussi. Tout d'abord, le futur notaire devait avoir une excellente écriture, chose importante entre toutes, puis savoir par cœur les quarante Titres du Prochiron et connaître les soixante Livres des Basiliques, enfin avoir fait ses classes « παιδευθῆναι τὴν ἐγκύκλιον παίδευσιν » [4]. Si l'examen avait été heureux, le sylloge des notaires, primicier en tête, le con-

---

1. *Sigill.*, 493.
2. Zachariæ, *Geschichte*, p. 356.
3. Cf. pour les époques suivantes, Zachariæ, *Geschichte*, p. 362.
4. *Livre du Préfet*, I, § 2, p. 14.

duisait auprès de l'éparche. Les notaires juraient qu'ils avaient fait l'élection uniquement à cause de la science, de la vertu et des qualités du jeune homme et point par amitié, recommandation, parenté. Alors seulement conduit au « secreton » de l'éparche, il était définitivement reçu par le fonctionnaire qui dirigeait le département. La cérémonie civile accomplie, on se dirigeait vers l'église proche du domicile de l'élu où une cérémonie religieuse avait lieu. Après quoi, il allait prendre possession de son étude (καθέδρα) et le tout se terminait par de joyeuses agapes [1] et les dons habituels (συνήθειαι) à tous les chefs hiérarchiques du nouvel élu : trois nomismes au primicier, un nomisme à chaque tabullaire, six nomismes à la caisse de la corporation [2].

Cette cérémonie n'était pas une vaine parade. En réalité, elle montre bien en quelle estime on tenait à Byzance tous ceux qui, à un degré quelconque, s'occupaient de la justice et du droit ; elle indique, en outre, d'une façon figurée, en quelle étroite dépendance de l'éparche et de la corporation vivait désormais l'élu. Le tabullaire pouvait toujours être requis pour les processions impériales, à l'hippodrome, dans sa corporation, devant l'éparche et, sans raison, il ne devait pas s'exempter de ces convocations sous peine d'une amende [3], voire même d'être battu de verges [4] ; mais aussi, une fois dans la corporation où seuls vingt-quatre membres étaient élus, ayant chacun un scribe [5], il devait jouir des honneurs de sa charge. Autour de la table, il a sa place marquée ; nul ne doit l'injurier ou le battre et s'il se rend dans l'étude de quelque confrère, celui-ci doit aller à ses devants en signe de respect [6].

Il est bien probable que si nous possédions le chapitre concernant la corporation des avocats nous retrouverions à peu près, pour eux, des prescriptions semblables à celles que nous venons d'indiquer au sujet des tabullaires. Malheureusement nous n'avons nulle trace de leur organisation. Ce que nous pouvons seulement dire, en nous appuyant sur des documents posté-

1. *Livre du Préfet*, I, § 3, p. 14.
2. *Ibid.*, 14.
3. *Ibid.*, 4.
4. *Ibid.*, 5.
5. *Ibid.*, 23 et 24.
6. *Ibid.*, 9.

rieurs comme la novelle de Constantin Monomaque « ἐπὶ τῇ ἀναδείξι καὶ προβολῇ τοῦ διδασκάλου τῶν νόμων » c'est que la corporation existait, qu'elle recevait ses nouveaux élus par élection, à la suite d'un examen et que, probablement, les étudiants faisaient pour le notariat et la carrière d'avocat les mêmes études juridiques [1].

Enfin une dernière question se pose que nous pouvons résoudre avec les différents documents qui nous sont parvenus. C'est celle des honoraires. Ces honoraires (σπόρτουλα, συνήθειαι, παραμυθίαι, ἐφόδια, ἐκταγιατικά) étaient, en partie, fixés par la loi ou la coutume, en partie par le juge [2]. A ce sujet, le « Livre du Préfet » détermine avec une grande précision les cas où les notaires peuvent recevoir un salaire. Les tabullaires recevaient un salaire pour dresser un acte, faire un contrat, etc. Sur leurs honoraires, ils devaient donner au scribe deux « κεράτα » par nomisme qu'ils touchaient. Comme de nos jours le salaire du notaire se calculait d'après les sommes indiquées au contrat. Pour une affaire de cent nomismes, le notaire recevait douze kerata ; pour une affaire dépassant cent nomismes, il recevait un, deux nomismes, etc., suivant l'importance du contrat [3].

Telle était, autant que nous pouvons le savoir, l'organisation de la justice à Byzance à l'époque de Basile. On voit par là quelle grande œuvre il entreprit en essayant de réorganiser ce rouage administratif qui, par suite du défaut de lois écrites indiscutables et universellement admises, pouvait, par sa complexité même, devenir une effroyable machine d'oppression entre les mains des fonctionnaires. Sans doute, Basile laissa encore beaucoup à faire à ses successeurs dans ce vaste champ où, jusqu'à lui, ivraie et bon grain avaient poussé en liberté, C'est cependant un de ses plus nobles titres de gloire d'avoir essayé d'arracher l'une pour laisser l'autre plus abondamment croître et grandir.

1. *Livre du Préfet, Notes*, p. 84, 85.
2. Zachariæ, *Geschichte*, p. 364.
3. *Livre du Préfet*, I, 25, p. 19.

# CHAPITRE III

L'ADMINISTRATION INTÉRIEURE DE L'EMPIRE. — ÉVÈNEMENTS DIVERS D'ORDRE INTÉRIEUR.

Une révolution comme celle qu'avait suscitée à son profit Basile, ne pouvait pas n'avoir aucun sombre lendemain. Malgré l'évidente bonne volonté dont il fit preuve dès le premier jour, malgré ses efforts pour réparer le passé et améliorer l'avenir, l'Empereur traînait derrière lui ce terrible boulet qu'étaient les deux cadavres de Bardas et de Michel. Or, un peuple a beau mépriser et haïr un régime, il a beau appeler de ses vœux l'heure des suprêmes délivrances, lorsqu'il voit couler le sang, il est pris de dégoût et il se révolte : son sauveur même lui devient haïssable. Du reste, un gouvernement, si déshonoré qu'il puisse être, a forcément ses adulateurs, ses parasites, ses obligés et si toujours un certain nombre de ses partisans se trouve prêt à accomplir toutes les palinodies, à opérer tous les ralliements, il en est d'autres qui, parce qu'ils ont eu à souffrir du nouvel état de choses, deviennent inévitablement, à leur tour, des révoltés. Basile n'échappa pas à cette loi. Bardas comptait beaucoup d'amis ; Michel, de nombreuses créatures qui lui devaient fortune, honneurs, fonctions. Sacrifiés par le nouveau règne, déçus dans leurs espérances, ceux-là ne manquèrent pas de s'insurger contre l'Empereur et de chercher à répéter pour quelqu'un des leurs l'immorale leçon qui venait de leur être donnée. C'est bien, au demeurant, ce qui explique, outre les conjurations dont nous allons parler, la double et très distincte tradition que se passèrent, d'un siècle à l'autre, les chroniqueurs et les historiens de Byzance. Les uns sont partisans de Basile et, à la suite de Constantin Porphyrogénète, louent à l'envi, sa sagesse, son illustration, sa grandeur et sa bonté ; les autres demeurent partisans de Michel et n'ont garde d'oublier les crimes, les cruautés, les faiblesses, l'ignorance et la basse origine de leur nouveau maître : histoire secrète qu'on se racontait sous le manteau de la cheminée et qui nous permet à dix siècles de distance de nous faire une idée à peu près exacte des origines de la maison macédonienne.

Ce sont là, en vérité, vengeances d'historiens qui ne durent pas beaucoup émouvoir Basile. S'il pouvait lui être désagréable d'entendre murmurer à ses oreilles l'histoire tragique des châtiments qui ne tardèrent pas à fondre sur ses amis, les meurtriers de Michel — on racontait, en effet, que Jacobitzès ayant un jour laissé tomber son épée à la chasse voulut descendre de cheval pour la ramasser, que son cheval prit peur et qu'embarrassé dans son étrier il fut traîné ainsi à travers vallées et précipices et écartelé ; que Jean Chaldos, ayant comploté contre l'Empereur dans son thème de Chaldée, fut crucifié par le stratilate André ; que des deux amis de l'Empereur, Asyléon et Marianos, l'un fut tué par ses serviteurs et l'autre mourut de la gangrène, etc.[1] — il dut se sentir plus directement atteint par les conspirations qui s'ourdirent contre lui.

A peine Bardas était-il mort et Basile empereur que les colères s'allumèrent contre lui. Basile, en effet, avait indignement trompé le gendre même de Bardas, Symbatios, en lui faisant croire que l'Empereur voulait le couronner César et que seul son beau-père mettait obstacle à sa fortune naissante. Il n'en fallut pas davantage pour décider Symbatios à donner son adhésion au projet que lui proposait Basile de faire assassiner Bardas. C'était là pour le Macédonien une brillante recrue. Symbatios était patrice et logothète du drôme et son exemple ne manqua pas, sans doute, d'amener à la conjuration un certain nombre de seigneurs toujours en quête de fonctions à remplir, de grades à posséder et dont, souvent, le meilleur espoir d'avenir était de découvrir par avance l'heureux successeur du Basileus régnant pour s'attacher à lui. Aussi quand tout ce monde se vit berné et dut prêter hommage au nouvel Empereur, chacun put-il avoir quelque raison d'être parfaitement mécontent. Symbatios lui, première dupe d'un valet d'écurie, ne se contint plus. Il donna sa démission de logothète et demanda un commandement militaire. Le thème des Thracésiens lui fut tout de suite accordé et c'est là, qu'avec le stratège

1. Sym. Mag., *Vit. Basil.*, III, 749.

de l'Opsikion, Georges Piganis, il recommença à comploter, cette fois contre Basile. Aux cris de « longue vie à Michel, mort à Basile » les deux stratèges brûlèrent les moissons et saccagèrent les propriétés des grands seigneurs de Byzance. Il fallut aller réprimer la révolte avec l'armée. Symbatios et Piganis furent pris ; on leur creva un œil et on les amputa d'une main. Basile aurait pu les faire mettre à mort, mais il avait trop besoin d'affermir son autorité, il avait trop de crainte encore de voir tous ses plans échouer pour n'agir pas avec condescendance. Il se contenta de ce supplice et envoya ses ennemis en exil [1].

La leçon était dure pour Basile. Il comprenait que c'était à son autorité qu'en voulaient ses ennemis et que plutôt que de le supporter, s'ils ne pouvaient rendre à Michel et à sa famille son pouvoir impérial, ils étaient décidés à lui susciter un autre prétendant, usurpateur comme lui. C'est pourquoi, dès qu'il fut maître de l'Empire par l'assassinat de Michel, s'empressa-t-il d'associer au trône ses deux fils, Constantin et Léon, « afin, dit son petit-fils, d'enlever toute espérance et de donner à son pouvoir des racines plus nombreuses et plus fortes [2]. » Et cela lui réussit. Toutefois, pour autant, ses ennemis ne désarmèrent pas. Au lendemain du meurtre de Michel, l'amiral Oryphas se mit ouvertement à la tête du parti de l'Empereur défunt et ne songea qu'à le venger. Il fallut qu'habilement Basile le gagnât à sa cause [3].

Sur la fin de sa vie enfin, peut-être l'année qui précéda sa mort [4], le domestique des Icanates, Jean Kourkouas, releva de nouveau l'étendard de la révolte. Soixante-six conjurés, presque tous hauts fonctionnaires ou membres du sénat, se groupèrent autour de Léon qu'ils savaient fils de Michel et ourdirent une nouvelle conjuration. Comme la première elle fut découverte. Kourkouas eut les yeux crevés, les autres furent frappés de verges, tous furent envoyés en exil [5]. Cette fois encore Basile

---

1. *Vit. Basil.*, ch. XVII et XVIII, p. 252, 256 ; ch. XXXIV, p. 280 ; Sym. Mag., ch. XLIV, p. 741 ; Georges Moine, p. 1064.
2. *Vit. Basil.*, ch. XXXIV, p. 280.
3. Sym. Mag., ch. II, p. 749.
4. Sym. Mag., ch. XXII, p. 761.
5. *Vit. Basil.*, ch. XLV, p. 293 ; Sym. Mag., ch. XXII, p. 761 ; Léon Gramm., 1093 ; Georges Moine, p. 1688.

n'osa aller plus loin dans la voie de la répression. C'est qu'il sentait que cette nouvelle conjuration était un châtiment. Si elle réunissait, après dix-neuf ans de règne, tous les anciens partisans de Michel, si elle avait pour drapeau son fils putatif Léon, il l'avait bien voulu. C'était son injustice, son imprévoyance, sa faiblesse et sa crédulité qui en étaient cause. Voici comment :

L'Empereur si énergique, si clairvoyant, si droit, quand il s'agissait des affaires de l'Etat, était tout autre dans sa vie intime et familiale. Tant que Constantin, son véritable fils, vécut, les choses allèrent à peu près bien. Basile avait la certitude qu'il règnerait et, par conséquent, pouvait négliger le fils de Michel. Il avait été obligé de l'associer à l'Empire puisqu'il le faisait passer pour son fils, mais cela n'engageait pas l'avenir. Constantin seul devait régner. Aussi la mort du jeune homme, espoir et joie de son père, porta-t-elle à Basile un coup dont il ne se releva pas. Nicétas, l'auteur de la *Vie de saint Ignace*, dit formellement que l'Empereur devint fou et, malgré les préventions et les antipathies de l'hagiographe, à examiner la conduite de Basile en certaines circonstances, on peut se demander si Nicétas n'a pas raison [1], d'autant que d'autres comme Léon le Grammairien et Georges le Moine l'affirment [2]. Or, c'est peu après la mort de Constantin, entre 880 et 881, alors que Basile était très abattu par le malheur qui l'avait frappé, que Photius lui présenta le fameux Théodore, dit Santabarenos. Cet homme venu de Santabaris en Phrygie, aux jours de sa jeunesse [3], paraît avoir été manichéen ou paulicien et fils de manichéens, et c'est peut-être pour cette raison qu'il avait eu des difficultés avec le gouvernement de Bardas. Quoiqu'il en soit, le César l'avait fait enfermer au Stoudion où il passa une partie de son existence. Là il devint prêtre et fit connaissance avec Photius qui le nomma higoumène du monastère, charge qu'il dut résigner lors de la première abdication de son protecteur, à la grande joie des moines [4]. Comme tous ses coreligionnaires, Théodore avait un goût marqué pour les sciences occultes. Il s'occupait de magie et de sorcellerie et savait en user au mieux

---

1. *Vit. Ignat.*, p. 549.
2. Léon Gramm., p. 1092 ; Georges Moine, p. 1084.
3. *Vit. S. Theoph.*, xii, p. 7 ; note 10, p. 53.
4. Sym. Magist., ch. xviii, 756.

de ses intérêts. Miracles et prophéties, philtres et impostures de tous genres avaient sur l'imagination byzantine trop d'empire et d'attrait pour, qu'en habile homme, il ne profitât pas de ses connaissances auprès de ceux qui voulaient bien s'y laisser prendre. Basile était de ceux-là. Lorsque Photius eut retrouvé grâce auprès de l'Empereur, il lui présenta son ami Théodore qui ne tarda pas à être compté parmi les familiers du palais. Bientôt même l'ascendant de Santabarenos sur l'esprit malade de l'Empereur fut si complet qu'il se crut assez fort pour jouer la grande comédie qui devait, dans sa pensée, assurer pour toujours son influence et sa réputation : il proposa à l'Empereur de lui faire voir son fils Constantin. Un jour donc, il entraîna Basile, sous prétexte de chasse, dans un bois et se mit en mesure d'accomplir sa promesse. La scène avait été préparée d'avance. Basile, convaincu du pouvoir magique de Théodore, attendait avec joie l'instant où il pourrait embrasser son fils quand, tout à coup, à quelque distance, Constantin apparut à ses regards. Troublé, ému, Basile voulut courir vers son fils, mais il avait disparu avant que son père n'eût eu le temps de le rejoindre. La pièce, néanmoins, était jouée. Elle avait produit son effet. Sur l'emplacement miraculeux, Basile fit construire une église et un monastère dédié à saint Constantin. Il était prêt à accepter tout ce que Théodore pourrait lui dire, à faire tout ce qu'il pourrait lui demander, même à disgracier ses meilleurs serviteurs comme le domestique des scholes André, favorable à Léon [1].

C'est que toutes ces impostures et toutes les calomnies qui les accompagnaient avaient leur raison d'être et concouraient à un plan déterminé : celui de faire disparaître Léon pour qu'à la mort de Basile un autre lui succédât. Et c'est ici que se laissent deviner, par un côté, les plans cachés de Photius. Le Patriarche tenait par alliance à l'ancienne famille impériale. Dans son âme il pouvait retrouver quelques-uns des traits caractéristiques qui font l'homme de gouvernement. S'il avait accepté une première fois le trône patriarcal et engagé la lutte avec Rome, c'est qu'il espérait bien être, un jour, maître du pouvoir. L'Empereur Michel, par sa conduite et son impopularité, pouvait servir ses rêves ambitieux ; l'Empereur Basile les avait

---

1. Léon Gramm., 1093 ; Georges Moine, 1084 ; Sym, Mag., ch. XVII, 753.

brisés d'un seul coup en le destituant. Du reste ce n'était pas avec un tel homme comme souverain que Photius avait chance de réaliser ses projets. Aussi ne trouva-t-il rien de mieux, lorsque la faveur impériale lui permit de rentrer au Palais, que de conspirer pour perdre Léon. L'heure était propice. L'Empereur malade n'avait plus son énergie d'autrefois ; de plus il détestait son fils. Tout pouvait donc servir les desseins du Patriarche. Théodore fut chargé de mettre le plan à exécution. Il commença par circonvenir Léon — qui le haïssait et ne se faisait point faute de le traiter devant son père comme il le méritait[1] — et l'engagea, maintenant qu'il était d'âge à le faire, à porter dans ses bottes un poignard dont l'utilité pourrait être grande à l'Empereur, soit à la chasse, contre les bêtes sauvages, soit contre ses ennemis[2]. Le conseil plut à Léon qui ne se méfia pas de ce grossier piège. Il ne se doutait pas que Théodore le représentait à Basile comme un factieux, comme le chef du parti de Michel, comme prêt à tuer son père et qu'il donnait, pour preuve incontestable de la vérité de ses dires, le poignard dans les bottes de Léon. A son tour, une fois de plus, l'Empereur se laissa prendre. Peut-être, du reste, était-il heureux de trouver ce motif pour définitivement écarter du trône le fils de sa victime et laisser le pouvoir à Alexandre, son véritable fils. En tous cas Léon fut convaincu de vouloir attenter à la vie de son père et, pour ce fait, enfermé lui, sa femme Théophano et son petit enfant dans une étroite prison[3]. L'Empereur parla même de lui crever les yeux. Il fallut, pour l'en empêcher, l'intervention de Photius et de Stylianos, futur beau-père de Léon[4]. Théodore était donc arrivé à ses fins. La place était libre car Alexandre était encore un enfant. Malheureusement Photius et ses amis avaient compté sans le parti de Michel. Au cours des trois mois que dura l'internement de Léon eut lieu la révolte de Kourkouas dont le but était la délivrance du prince héritier. Elle échoua, en vérité, mais l'opinion publique remuée obtint ce que la conspiration ne put gagner. Au cours d'un dîner auquel la cour assistait, on entendit un perroquet,

---

1. « Γόης καί ἀπατεών »; *Vita Basil.*, ch. c, p. 365.
2. *Ibid.*
3. *Vit. S. Théoph.*, § 12, p. 8.
4. *Ibid.*, § 16 et seq., p. 11 et seq. ; *Vit. Basil.*, ch. c, p. 365 ; Georges Moine, p. 1084 ; Sym. Mag., ch. xxi, p. 760.

savamment éduqué, réclamer l'élargissement de Léon. Chacun donna raison à l'oiseau, tort au souverain et, devant l'unanime volonté des grands, racontent les chroniqueurs, les sages avertissements de Stylianos, dit l'anonyme auteur de la *Vie de sainte Théophano*, Basile rendit à Léon sa liberté et ses droits [1]. Pour une fois Théodore était battu. Il comprit qu'il n'avait qu'à fuir. Sacré évêque d'Euchaïte dans le Pont, durant le second pontificat de Photius, il s'en alla dans son diocèse avec l'espoir d'y trouver la sécurité [2]. Malheureusement pour lui ses projets ne tardèrent pas à être dévoilés. Aussi dès que Basile eut expiré, un tribunal, sur l'ordre du nouvel Empereur, se réunit-il pour juger Photius et Santabarenos. Sans ambages, ils étaient accusés d'avoir voulu susciter à Léon un compétiteur dans la personne d'un parent de Photius. Le Patriarche fut, de nouveau, destitué et s'en alla mourir, exilé dans un couvent ; Théodore, frappé de verges et aveuglé, fut envoyé en Asie, puis à Athènes. Il mourut sous le règne de Constantin et de Zoé à Constantinople, où, longtemps après son avènement, Léon l'avait rappelé [3]. Si le procès qui fut fait à Photius et à Théodore ne parvint pas à démontrer juridiquement que le but qu'ils poursuivaient était la destruction de la maison macédoniennne, l'opinion publique, elle, n'en resta pas moins convaincue de la réalité du complot, à tel point que Stylianos, évêque de Néo-Césarée, écrivait formellement au pape Etienne peu après l'avènement de Léon, que le projet de Photius et de Santabarenos avait été d'éloigner l'héritier afin de pouvoir prendre en mains l'Empire et, soit par eux-mêmes, soit par un autre, toute l'administration, « αὐτοὶ καθέξουσι τὴν βασιλείαν ἢ δι᾽ ἑαυτῶν, ἢ δι᾽ ἑτέρου, οἵου βούλονται, προσώπου ταύτην οἰκονομοῦντες [4]. »

Basile, cependant, au cours de son règne n'eut pas que des sujets d'angoisse et de tristesse. Bien des jours vinrent, parfois, éclairer d'un soudain et gai rayon le ciel si souvent triste et menaçant de son existence et lui faire oublier, par un instant de bonheur, de quel prix il payait la réalisation de ses rêves ambitieux. Ce furent les joies orgueilleuses du souverain faisant sa triomphale entrée à Byzance après avoir vaincu ses

---

1. *Vit. Basil.*, ch. ci, p. 368 ; Sym. Mag., ch. xxi, p. 760.
2. *Vit. Sæ Theoph.*, 16, p. 11.
3. Léon Gramm., 1097.
4. Stylian, *Mansi*, XVI, p. 433.

ennemis [1] ; ce furent les bonheurs plus intimes de la famille, par la naissance successive de ses deux fils légitimes, Alexandre et Etienne et le mariage qu'il imposa à Léon avec S$^{te}$ Théophano ; ce furent aussi les douces satisfactions de l'amitié lors du fameux voyage de Daniélis à Byzance.

Ce voyage de l'illustre et puissante veuve semble avoir occupé singulièrement l'imagination byzantine. C'était, cependant, chose bien naturelle que cette femme âgée, qui avait connu autrefois l'Empereur dans la plus modeste condition et avait aidé de sa fortune les débuts de sa carrière, vint lui rendre visite maintenant que toutes les prédictions auxquelles elle avait cru se trouvaient réalisées. Il est probable que si les contemporains firent aussi grand état de ce voyage, c'est surtout à cause du luxe qui fut déployé en ces jours de fête. Du fond de sa province, Daniélis se fit transporter en litière par trois cents jeunes gens à son service, jusqu'à Constantinople. Elle était suivie d'un immense cortège d'esclaves, porteurs de présents si magnifiques et si nombreux qu'ils firent l'étonnement de tous. L'Empereur reçut solennellement à la Magnaure sa bienfaitrice d'hier et d'aujourd'hui, accepta tous ses cadeaux et lui en fit à son tour, la combla d'honneurs et de dignités et ce fut, plus puissante encore que par le passé, qu'elle rentra dans le Peloponèse, après un long séjour auprès de l'Empereur [2]. Ceci se passait un peu avant 881, époque de la consécration de la « Nouvelle Eglise » car Constantin Porphyrogenète nous rapporte que lorsque la pieuse veuve vint à Constantinople l'édifice se construisait et était suffisamment avancé pour qu'elle en put faire mesurer l'intérieur afin d'envoyer de ses fabriques, des tapis et autres objets. Du reste ce qui ne permet pas de placer beaucoup plus tôt le voyage de Daniélis, c'est qu'âgée déjà, du vivant de Basile, elle put revenir encore une fois à Byzance sous le règne de Léon. C'est donc aux environs de 880 qu'il faut placer cet évènement qui fit dans Constantinople autant et plus de bruit que l'arrivée d'un souverain.

---

[1]. Cf. plus bas, les affaires militaires.
[2]. *Vit. Basil.*, ch. LXXIV et LXXV, p. 333.

## II

Rapporter simplement les récits si souvent naïfs et enfantins des chroniqueurs à propos d'un règne serait, ce semble, d'assez médiocre intérêt et de portée bien peu considérable ; mais lorsqu'ils sont remis dans le cadre général des institutions d'une époque, ces récits d'abord insignifiants se revêtent soudain de vie et de lumière. Ils deviennent plus compréhensibles, ils se font plus instructifs et ce n'est point chose rare qu'ils ouvrent le chemin fermé qui conduit à l'entière vérité. Il me semble donc utile de continuer, à propos des évènements dont il vient d'être question, l'étude plus large et plus féconde des institutions byzantines au temps de Basile I$^{er}$, en essayant, après avoir parlé des institutions financières et judiciaires, de décrire, dans la mesure du possible, le mécanisme du gouvernement intérieur de l'Empire soit à Constantinople, soit dans les provinces.

L'administration générale de l'Empire aboutissait, comme nous l'avons dit déjà, dans les dix bureaux ou ministères qui se trouvaient à Constantinople. Nous connaissons quatre de ces « secreta » ceux dont les attributions étaient spécialement financières ; nous retrouverons, en nous occupant de l'armée, d'autres bureaux militaires. Ce qu'il s'agit d'étudier ici ce sont les ministères de l'Intérieur et leur fonctionnement.

A la tête de l'administration générale de l'Empire se trouvait le *sacellaire* (ὁ σακελλάριος), personnage important qui pouvait être patrice, proconsul, etc. [1], et posséder même, à côté de sa fonction de sacellaire, une charge aulique. A l'époque de Léon VI il était inscrit au trente-deuxième rang dans les listes de la noblesse impériale ; mais à l'époque de Basile il devait être sans doute le vingt-neuvième. Tels étaient, par exemple, Baanès et Etienne au IX$^e$ siècle que les « Cérémonies » et les actes du Concile de 869 désignent l'un comme patrice, l'autre comme patrice, préposite et sacellaire. Nous connaissons par la « Vita Basilii » comme par les actes du Concile de 869 l'activité

---

1. *Cerem.*, 1344.

et l'influence de Baanès sous le règne de Basile [1]. Le sacellaire avait pour mission de surveiller les affaires qui se traitaient dans tous les bureaux. Le notaire de chaque « secreton » lui apportait les registres (καταγραφαί) qu'il vérifiait, et c'est lui, sans doute, qui adressait au souverain les rapports concernant l'administration générale [2] tant de la ville que des thèmes, tant des services militaires que des impôts et des hospices. En somme, c'était le premier personnage de l'Empire en ce qui concernait l'administration générale. Il n'avait la charge spéciale d'aucun ministère, il les dirigeait tous, ce qui ne veut pas dire, toutefois, qu'il était premier ministre. Cette charge n'existait pas toujours et quand l'Empereur faisait choix d'un premier ministre, il le choisissait où bon lui semblait. Généralement il prenait le logothète. Tel Théoctistos, sous Théodora.

Chaque ministère se composait d'un chef suprême, le plus souvent grand seigneur et toujours, par sa fonction même, personnage d'importance. A ses côtés travaillait toute une foule de scribes et de fonctionnaires de second ordre qui se partageaient l'écrasante besogne des affaires courantes. Psellos nous a laissé un amusant tableau de la vie intérieure d'un de ces ministères dont il fit partie durant sa jeunesse et qui ne diffère pas beaucoup de certains autres plus rapprochés de nous. Un travail énorme accablait les malheureux employés qui n'avaient guère de stimulant pour le joyeusement accomplir. Bien au contraire. Partout c'étaient des intrigues qui s'ourdissaient entre fonctionnaires et c'était à qui damerait le pion à l'autre. L'un mettait en avant son ancienneté, un autre cherchait à se distinguer par sa rapidité à écrire ou par ses connaissances variées, un troisième avait l'oreille d'un chef et en profitait pour faire de faux rapports. Parce qu'il fallait beaucoup de zèle et de science si l'on voulait percer, parce que, facilement, on était menacé de renvoi ou grondé, la jalousie et l'animosité régnaient en maîtresses dans ces lieux « qui ne sónt pas préférables à la géhenne [3]. »

Tandis qu'aux affaires financières se rattachaient les ministères du logothète du Trésor, du préfet de l'idikon et des curateurs, aux affaires militaires les ministères du logothète de

1. *Cerem.*, 953. Mansi, XVI, 81.
2. *Ibid.*, 1320.
3. Psellos, V, 248-252.

l'armée, aux affaires intérieures se rattachaient spécialement cinq ministères : ceux du chartulaire du sakkellion, du logothète du drôme, du chartulaire du vestiaire, du grand chancelier et de l'orphanotrophe auxquels on peut ajouter, bien qu'il n'ait pas eu de bureau spécial, le chartulaire du caniclée.

Le sacellaire n'avait pas à proprement parler de bureau, étant inspecteur général de tous les ministères. C'est ce qui explique que le sakkellion (σακκέλλιον) avait à sa tête un *simple chartulaire* (ὁ χαρτουλάριος τοῦ σακκελλίου) du reste, personnage de haut rang, le quarante-cinquième dans la hiérarchie byzantine, pouvant être honoré des titres nobiliaires les plus enviés. Lorsque Basile monta sur le trône, il nomma à cette importante dignité un frère de l'higoumène Nicolas, Paul[1]. Comme son nom l'indique, le chartulaire du sakkellion était un fonctionnaire d'ordre financier. Mais qu'était cette bourse (σακκέλλιον)? Les textes ne le disent pas très clairement et les attributions réservées aux officiers établis sous les ordres du chartulaire, souvent utiles pour se rendre compte de l'organisation de chaque ministère, ne nous donnent cette fois aucun renseignement bien précis. Cependant il me semble qu'on ne s'éloignerait pas beaucoup de la vérité en considérant le « sakkellion » comme le bureau du « sacellaire » que le chartulaire dirigeait. Là, aboutissait en dernier ressort toute l'administration byzantine, non pas au point de vue de l'expédition des affaires, mais uniquement au point de vue de la surveillance générale de tous les rouages gouvernementaux, spécialement des rouages financiers. On conçoit facilement, en effet, que la tâche du sacellaire eût été impossible s'il n'avait eu, pour le seconder, des fonctionnaires chargés de se partager le lourd fardeau qu'il assumait. Aussi bien est-ce ce que nous pouvons conjecturer, avec quelques chances de dire vrai, par la composition même du bureau du chartulaire. Quels sont, en effet, les officiers que nous trouvons mentionnés comme faisant partie du « sakkellion » ?

C'est tout d'abord, — avec le cortège habituel composant les bureaux de grande importance et exigeant beaucoup d'écritures : protochancelier, notaires, chanceliers, — les *pro-*

---

1. Léon Gramm., 1089.

*tonotaires des thèmes* (πρωτονοτάριοι τῶν θεμάτων). Ces personnages civils nous sont assez bien connus. Comme tous les fonctionnaires en résidence dans les thèmes, les protonotaires n'avaient qu'un rang nobiliaire assez inférieur et leurs fonctions étaient uniquement financières. Ils ne paraissent pas, cependant, avoir jamais levé directement les impôts ou rempli les fonctions d'épopte et de dioecète. Non. Ils dirigeaient l'administration civile du thème de concert avec le stratège, recevaient de « l'εἰδικόν » l'argent nécessaire pour payer les soldats, les frais de table de l'Empereur, les envois de vivres et de munitions nécessaires à l'armée ; ils s'occupaient de la colonisation de leur province et centralisaient les impôts perçus par leurs inférieurs[1]. En un mot ils étaient, comme dit Léon VI, les chefs de l'administration civile[2], les premiers représentants civils des thèmes. Ils avaient la surveillance de l'administration et détenaient les clefs du trésor provincial que le stratège lui-même ne pouvait ouvrir sans leur consentement. On conçoit qu'un tel fonctionnaire ne devait pas relever du logothète du Trésor mais bien du bureau du sacellaire, ministère de surveillance générale puisqu'en fait une de ses plus importantes fonctions était de surveiller les subalternes du logothète[3]. Un de ses privilèges paraît avoir été de communiquer directement avec l'Empereur[4].

2° Les *xénodoches* et *girocomes*, *les chartulaires des (saintes) maisons* (ξενοδόχοι, γηροκόμοι, χαρτουλάριοι τῶν οἴκων). A première vue il est assez étrange de trouver ces sortes de fonctionnaires dans le bureau du sacellaire. Cependant eux aussi avaient des attributions administratives d'ordre général et de première importance. Les xénodoches et girocomes étaient les représentants officiels de l'assistance publique partout où s'élevaient maisons hospitalières et conventuelles. Les unes et les autres, en effet, étaient nombreuses à Constantinople et nous savons par Constantin Porphyrogénète, que son grand-père en

---

1. *Cerem.*, 840. Rambaud, *op. cit.*, 200 201.
2. *Tactik.*, livre IV, 31.
3. Ce sont, sans doute, les successeurs des procurateurs romains et des deux « tabularii » qui, sous Justinien, s'occupaient dans les éparchies des affaires financières (*Basilik.*, VI, xxxv, pp. 237, 238).
4. Rambaud, p. 200.

fit construire un grand nombre — une centaine environ — pour les pauvres (πτωχοτροφεῖα), les étrangers (ξενῶνες), les malades (νοσοκομεῖα) et les vieillards (γηροκομεῖα)[1]. Or tous ces asiles émargeaient au budget suivant le principe de droit byzantin que le fondateur d'un monastère ou d'un hospice, qu'il fût particulier, Patriarche, Empereur, du moment qu'il avait planté la croix (σταυροπήγιον) était tenu de subvenir à son entretien comme de l'administrer. On comprend que c'était là pour le basileus une lourde charge et que, sans une surveillance continuelle des fonctionnaires grands et petits dont les œuvres charitables relevaient, les finances eussent bien vite été par trop obérées. Il en allait de même des monastères (les saintes maisons) et des établissements de bienfaisance répandus sur tout le territoire de l'Empire. Mais si hospices et couvents avaient part aux libéralités du basileus, les uns comme les autres devaient, à leur tour, payer des redevances et accepter des corvées spéciales qu'il fallait exiger et faire respecter. Aussi bien était-ce le rôle de ces fonctionnaires dépendant du chartulaire. Tous les monastères, au reste, paraissent avoir eu un tuteur laïque chargé de l'administration matérielle du couvent. Il est bien probable que c'étaient eux qui faisaient l'office d'intermédiaire entre la communauté et le chartulaire.

3° *Le zigostate et les métrites* (ζυγοστάτης, μετρηταί). Si nous avons des données assez certaines sur les fonctionnaires qui précèdent, nous sommes obligés pour ces derniers de nous en tenir à de pures conjectures. Que pouvaient être ces fonctionnaires ? Aucun texte, que je sache, ne nous le dit, ni même ne l'insinue. C'étaient, probablement, les gardiens et vérificateurs des étalons divers : d'or, d'argent ou d'autre métal, conservés à Constantinople et dans chaque église de province afin de permettre le contrôle des poids et mesures employés pour la perception des impôts[2]. Ils avaient, sans doute, aussi la charge de vérifier dans toutes les grandes villes, par le pesage officiel, les matières et monnaies d'or en circulation, au moyen de « l'exagium solidi ».

Enfin reste à nommer le *domestique de la scène* (δομέστικος

---

1. *Vit. Basil.*, xcɪɪɪ, 356.
2. Cf. Schlumberger, *Mélanges d'archéolog. byzantine*, p. 21 et 315. Sabatier, ɪ, 53.

τῆς θυμέλης), personnage sur les fonctions duquel nous ne savons rien [1].

*Le logothète du drôme* (ὁ λογοθέτης τοῦ δρόμου) était le chef des postes impériales. A l'époque qui nous occupe il n'avait pas encore acquis l'immense importance qu'il eut dans la suite, mais déjà on la peut deviner. Au IXᵉ siècle il n'est que l'égal de tous les grands fonctionnaires de l'Empire, le 37ᵉ dans les listes officielles, revêtu des dignités habituellement conférées à ses pairs [2]. Ses attributions, sans doute, sont tout d'abord la surveillance de la poste et de l'administration que ce service réclame ; mais elles commencent à s'élargir insensiblement et c'est à supplanter tous les autres ministres qu'il tend d'une façon, du reste, probablement très inconsciente. Le jour n'est pas éloigné où, de son titre, les derniers mots tomberont pour ne laisser subsister que le premier et, dès le Xᵉ siècle, il ne s'appelle plus que le logothète tout court. C'est que ce sont ses attributions mêmes qui le poussent au rang suprême et finirent par le créer premier ministre [3]. La poste impériale, en effet, qu'était-elle donc sinon le véhicule obligé de toute la vie politique? Elle transporte la correspondance officielle aussi bien que les fonctionnaires ; elle amène les ambassadeurs étrangers comme elle emporte les exilés. Par la force des choses, le fonctionnaire chargé d'un aussi grand service doit arriver à un haut rang et s'imposer à l'attention du prince. Aussi voyez-le. Son office le met, avant tout autre, en relations avec les ambassadeurs. A l'avance, il sait qu'ils doivent venir rendre visite au souverain et il leur expédie voitures et chevaux rapides ; il donne des ordres à toutes les stations [4] pour les bien recevoir, et quand ils arrivent à Constantinople, c'est lui, tout naturellement, qui vient à leur rencontre. Dès lors, les connaissant déjà, la charge lui revient de les présenter au

---

1. Il ne serait pas étonnant qu'il y ait eu dans le manuscrit faute de copiste ou de lecture. Cf. le chartulaire du vestiaire et ses subalternes.

2. Le sceau de Stylianos porte bien le titre de magistros, mais ce n'est pas vraisemblablement parce qu'il était logothète qu'il eut ce titre, mais à cause de sa grande situation personnelle dans l'Empire (Schlumberger, *Sigillog.*, 533).

3. Théoctistos, sous Théodora, Stylianos, à la fin du règne de Basile, sont, tout à la fois, logothètes du drôme et premiers ministres.

4. Ce sont les « δημόσιοι ἵπποι » et les « σταθμοί » dont parle Cedrenus (Cedren., 1152).

Basileus, et d'être entre l'un et l'autre l'intermédiaire habituel. De là à devenir ministre des affaires étrangères il n'y a qu'un pas. D'autre part, il signe les ordres impériaux qui partent pour les provinces et il les fait exécuter. Chaque jour, sauf le dimanche, il se rend au Palais pour les affaires courantes[1]. Comment, dans de telles conditions, ne serait-il pas conduit à devenir ministre de l'intérieur? Et c'est de fait ce qui ne tarda pas à arriver. Pour le ixe siècle, cependant, il semble bien que la fonction de logothète n'entraînait pas encore forcément celle de premier ministre. Nous savons en effet que si Théoctistos fut logothète et premier ministre, Symbatios ne dirigea en rien les affaires publiques, ni non plus son successeur Gumer[2], ni non plus le patrice Jean qui fut logothète du drôme sous Basile.

Le livre des Cérémonies parle beaucoup du logothète de la course et, grâce à lui, nous pouvons nous faire une idée assez exacte de ce qu'était ce personnage. Par sa situation administrative, le logothète fait partie de l'entourage immédiat de l'Empereur. Il est un des premiers à saluer l'Empereur, le matin, avant tous les autres dignitaires, et, s'il ne vit pas dans la familiarité de l'Empereur, au sens étymologie du mot, comme le préposite et les chambellans, on se rend fort bien compte qu'il tient une place à part entre ceux-ci et la foule des grands personnages qui ont droit de réception[3]. Aussi doit-il suivre l'Empereur partout où il va, dans les processions[4] comme à la guerre, car partout le souverain a besoin de sa présence. Mais c'est surtout dans les relations de l'Empire avec les étrangers que le logothète joue un rôle considérable. Quels que soient les légats qui arrivent à Byzance, qu'ils viennent de Syrie, de Rome, de Bulgarie ou d'Allemagne, c'est lui qui les reçoit et les présente à son maître[5]. Un protocole rigou-

---

1. *Cerem.*, 980.
2. La raison en est du reste très simple. C'est qu'alors deux puissantes individualités gouvernaient l'Empire : Bardas d'abord, Basile ensuite. Dès la fin du règne de Basile, Stylianos se retrouve logothète et premier ministre. Avant Théoctistos, les logothètes Nicéphore et Staurakios avaient été premiers ministres et administraient tout l'Empire. (Theoph., 920. Mansi, xvi, 18).
3. *Cerem.*, 120, 121.
4. *Ibid.*, 1032.
5. *Ibid.*, 1049, 1100. Liutprand raconte que lors de sa légation à Constantinople, il fut introduit en présence de Léon, curopalate et logothète. (*Legatio*, ii, p. 347).

reux règle les questions qu'il doit leur adresser[1] et c'est devant lui que se traitent toutes les affaires pour lesquelles ils ont été envoyés.

Par ces deux fonctions bien distinctes du logothète s'explique la composition de son ministère. A en croire les sceaux le bureau du logothète ou logothésion se serait divisé en deux grandes administrations, l'une pour l'Occident, l'autre pour l'Orient[2]. La chose est en effet possible, vu la différence complète qui existait dans la façon d'administrer l'une et l'autre partie de l'Empire. De plus, il est bien vraisemblable que les mêmes fonctionnaires ne pouvaient être également au courant des choses très embrouillées qui concernaient Rome et la Bulgarie, je suppose, et de celles qui concernaient les Arabes ou les Arméniens. Toutefois aucun texte ne corrobore la mention « d'Orient et d'Occident » rencontrée sur les sceaux. Quoiqu'il en soit de ce fait, le logothète avait sous sa juridiction deux sortes de fonctionnaires : les uns au service des postes, les autres au service des affaires étrangères. *Le protonotaire du drôme* et *les chartulaires du drôme* s'occupaient de tout ce qui avait rapport à la chancellerie du ministère, expédiaient les ordres et la correspondance, et tenaient registre des innombrables affaires qui passaient par les bureaux. A leur suite venaient les *épiskeptites* (ἐπισκεπτῖται) dont la mission devait, sans doute, consister à faire les rapports concernant les ambassades comme à surveiller, soit à Byzance, soit dans les provinces, les voyages des légats et autres personnages officiels. Des *interprètes* (ἑρμηνευταί) étaient à la disposition du logothète pour les affaires qui se traitaient en langues étrangères ; enfin le *curateur de l'apokrisiarion* (κουράτωρ τοῦ ἀποκρισιαριείου) avait probablement la charge de veiller à l'entretien des ambassadeurs pendant leurs séjours à Byzance : frais de table et de plaisirs, fonctionnaires les accompagnant dans leurs courses et leurs visites, etc. Quant au service postal, il était représenté dans les bureaux du logothète par les « διατρέχοντες » ou courriers, vraisemblablement les successeurs des « veredarii[3] » d'autrefois et par les

---

1. *Cerem.*, 1256.
2. Schlumberger, *Sigillographie*, 484.
3. Audollent : les veredarii (*Mélang. d'Arch. et d'hist. de l'Ecole franç. de Rome*, ix, 1889).

*mandatores* chargés de porter dans les provinces les ordres impériaux.

Ainsi donc, nous sommes dans ce bureau, au centre même de l'administration intérieure de l'Empire. C'est là que viennent affluer toutes les affaires, c'est de là que partent tous les ordres qui régissent des millions d'hommes. Si la politique extérieure et intérieure de Byzance ne s'y traite ni ne s'y décide pas, du moins elle s'y élabore et s'y exécute, et l'on comprend aisément que son chef suprême tende assez facilement à devenir seul premier ministre, et, au nom d'un souverain en titre, à administrer tout l'Empire.

Le ministère dont le chef était le *chartulaire du vestiaire* (ὁ χαρτουλάριος τοῦ βεστιαρίου) n'a pas pour nous des attributions aussi claires et précises que le précédent. Ce devait être, très probablement, quelque chose d'assez semblable à ce qu'était dans l'ancienne monarchie, le chef de la maison du roi, au moins en certaines de ses attributions. Le vestiaire (τὸ βεστιάριον) était tout d'abord, en un premier sens, l'endroit où l'on serrait les multiples objets nécessaires aux cérémonies du Palais : voiles et tentures, mobilier, habits royaux, vêtements des grands dignitaires[1], œuvres d'art, etc. Il se trouvait non loin de la chambre à coucher de l'Empereur et avait pour sa garde et son entretien un nombreux personnel de vestitores avec un primicier et, à leur tête, le protovestiarios[2] ; mais le vestiaire était aussi, par extension, le bureau qui s'occupait de ce service, autrement dit, de l'administration intérieure du Palais. Le chartulaire en avait la direction. Peut-être ne portait-il ce titre qui peut paraître inférieur que parce qu'il dépendait en tout ou en partie du fonctionnaire eunuque dont nous avons parlé, « le protovestiarios ». En tous cas, c'était, lui aussi, un personnage important. Son nom figure sur les listes au quarante-sixième rang parmi les soixante grands fonctionnaires de l'Empire et, comme eux, il pouvait aspirer aux premières dignités de proconsul et de patrice.

Le bureau du chartulaire se composait, indépendamment des notaires impériaux, d'un kentarche (κένταρχος), officier peut-être militaire, chargé d'assurer quelque service d'ordre

---

1. *Cerem.*, 421.
2. *Cerem.*, 868.

au Palais ; d'un legatarios (λεγατάριος), d'un trésorier (ἄρχων τῆς χαραγῆς), d'un exartiste (ἐξαρτιστής) dont la fonction nous est inconnue, mais qui peut-être présidait aux achats et commandes concernant d'une manière spéciale, l'habillement et le mobilier de la cour ; d'un chartulaire ou archiviste, de plusieurs curateurs chargés de l'entretien et du soin du vestiaire ; de chosbaïtes (χοσβαῆται) sur lesquels nous n'avons aucun renseignement[1] ; de protomandatores, comme tous leurs semblables, destinés à transmettre, soit les ordres de l'Empereur, soit ceux du chartulaire du vestiaire et enfin du domestique de la scène (ὁ δομέστικος τῆς θυμέλης) dont la mention est placée dans la notice de Philothée — par erreur je crois — parmi les fonctionnaires du chartulaire du sakellion, mais dont les attributions revenaient au ministère qui actuellement nous occupe[2].

On le voit : nous ne savons presque rien de ce bureau d'ordre administratif ; mais le peu que nous en devinons laisse bien voir, ce me semble, qu'il avait été institué pour le Palais, le service de l'Empereur et de la Cour.

Enfin, comme bureau s'occupant des affaires intérieures, nous avons la *chancellerie* proprement dite. Sans doute, chaque ministère avait en son sein des chanceliers chargés de rédiger les actes concernant l'administration dont ils relevaient ; mais ces actes étaient purement d'ordre privé, en ce sens que les chanceliers des « secreta » prenaient simplement copie et enregistraient les pièces qui passaient entre leurs mains, pour être placées dans leurs archives respectives. A la chancellerie impériale, au contraire, revenait le soin de dresser les actes publics, ceux que l'Empereur signait et auxquels était apposé un sceau. C'étaient les lettres envoyées aux cours étrangères, les chartes délivrées aux couvents, aux églises,

---

1. Dans un passage du *Livre des Cérémonies* (p. 489) antérieur au IXe siècle, nous les voyons signalés comme devant garder la salle dans laquelle le trône a été élevé.
2. Le domestique de la scène fait partie, en effet, dans l'édition de Reiske, du ministère du chartulaire du Sakellion. Or il est évident qu'un tel fonctionnaire n'a rien à faire dans ce bureau et que sa place naturelle se trouve parmi les fonctionnaires du chartulaire du vestiaire. Cette attribution paraîtra d'autant plus vraisemblable que dans la notice de Philothée la mention du bureau du chartulaire du Sakellion précède immédiatement celle du bureau du chartulaire. Il est probable qu'il y a eu erreur de copiste ou de lecture et simple interversion de ligne.

aux personnes favorisées de quelque grâce, les diplômes ou codicilles conférés aux dignitaires et fonctionnaires, lors de leur promotion.

Comme tout ministère, la chancellerie était présidée par un grand seigneur — ainsi Photius avant son pontificat, ainsi, probablement, Marin sous Basile[1] — le protoasecretis (πρωτοασήκρητις), l'égal des autres soixante premiers fonctionnaires de l'Empire. Avec le logothète du drôme et le maître des requêtes, le protoasecretis devait suivre habituellement le souverain partout où il allait[2] afin de recevoir ses ordres et de les faire exécuter. Il avait sous sa direction des scribes (ἀσηκρῆται)[3], des notaires et un doyen (δεκανός), chargés du travail et qui composaient tout son personnel. Il est possible que ce soit à ce bureau — qui paraît avoir eu son centre aux environs du cirque[4] — qu'était employé Psellos car, évidemment, là plus qu'ailleurs, on avait besoin de gens sachant écrire vite et bien.

L'organisation intérieure de la chancellerie impériale ne nous est pas connue. Il est probable qu'au IXe comme au VIe et au VIIe siècles elle se divisait en divers « scrinia » (σκρινία) suivant les nations qui se trouvaient en relations avec l'Empire. On avait le « σκρινίον τῶν βαρβάρων », comme on devait avoir le scrinion de Rome ou de Bulgarie. Le décanos était vraisemblablement le fonctionnaire chargé de diriger ces scrinia. Byzance, en effet, héritière des traditions romaines, avait une chancellerie parfaitement organisée, munie de formulaires bien définis et de règles qui ne variaient point. Suivant le personnage auquel les lettres étaient destinées, le scribe employait telle formule ou telle autre et l'acte était scellé de telle manière plutôt que de telle autre. Pour le Pape, par exemple, la chancellerie devait apposer une bulle d'or (μονοσολδία) c'est-à-dire, probablement, d'une valeur égale à un nomisme et employer une formule déterminée. Il en allait de même pour chacun des augustes correspondants en relations avec Byzance. Ces for-

---

1. Mansi, XVI, 81.
2. Cerem., 1016, 1020.
3. Les asecretis étaient chargés de lire dans les cérémonies publiques les actes émanant de la chancellerie. Au Concile de 869 Théodore asecretis lit l'épanagnosticon. Léon Castor lut au peuple le message de Michel III qui conférait à Basile le titre d'Empereur.
4. Theoph. Cont., Vit. Mich., ch. XIX, p. 184.

mules dont on trouvera la mention détaillée en appendice à ce travail ont pour nous plus qu'un intérêt de « diplomatique ». Elles nous montrent quel rayonnement avait alors la civilisation byzantine. Partout où son commerce pouvait s'étendre, partout où son influence pouvait s'exercer, Byzance entretenait avec les souverains de ces contrées parfois lointaines, des relations officielles qui, des bords de l'Atlantique à ceux de l'Océan Indien, en passant par l'Italie, les plaines de Germanie, les steppes de Russie et les montagnes d'Arménie, racontaient à ces peuples souvent encore assez barbares, les grandeurs et les gloires de la nouvelle Rome.

A l'administration de la Chancellerie peut se rapporter une autre fonction, distincte de celle du chancelier, mais de même nature. C'est celle du *chartulaire ou préfet du caniclée* (ὁ χαρτουλάριος τοῦ κανικλείου ; ὁ ἐπὶ τοῦ κανικλείου). Cet officier était préposé à l'encrier impérial, autrement dit, à la signature. Il faisait partie de la haute hiérarchie byzantine, des soixante grands fonctionnaires de l'Empire et pouvait obtenir les premiers titres de noblesse aulique. Sa fonction paraît avoir été surtout honoraire car, tandis que nous le voyons dans les cérémonies parader en compagnie du logothète du drôme et de quelques autres, Philothée, au Clétorologe, nous déclare qu'il n'a pas de ministère sous ses ordres parce qu'il peut accomplir seul le travail qu'il a à faire. Son plus important office était probablement d'écrire et de faire signer les fameux codicilles qui nommaient les hauts dignitaires de l'Empire. C'est pourquoi un patrice, par exemple, lui payait, au jour de son élévation, les « coutumes ». C'est, sans doute, la raison pour laquelle certains personnages, comme Théoctistos, sous Théodora, put être tout à la fois préfet du caniclée et logothète [1]. A ces ministères préposés au gouvernement intérieur et civil de l'Empire, il faut ajouter, en terminant, la mention d'un bureau spécial de très grande importance : celui de l'assistance publique de la ville. Cette branche de l'administration était aux mains de l'*orphanotrophe* (ὁ ὀρφανοτρόφος). Ce personnage, bien qu'au nombre des soixante premiers fonctionnaires de l'Empire, était, vraisemblablement, le plus souvent, un ecclésiastique. Les deux orphanotrophes que nous connaissons pour l'époque qui nous occupe,

---

1. Sym. Mag., *Vit. Theod.* et *Mich.*, I, 708.

l'étaient en tous cas. L'un avait nom Nicéphore et fut métropolite de Nicée [1] ; l'autre s'appelait George, et était diacre. Ce dernier nous est connu par la correspondance de Photius [2]. C'est par le ministère de l'orphanotrophe que passait toute l'administration de l'orphanotrophion de Constantinople, institution considérable qui comptait non seulement hospices, asiles, refuges, mais écoles, ateliers, etc. [3]. Sous ses ordres se trouvaient quatre bureaux. Les chartulaires « τοῦ οἴκου » administraient probablement la partie matérielle de l'orphanotrophion, tandis que les chartulaires « τοῦ ὁσίου » en avaient l'administration morale, religieuse et intellectuelle. C'est là, du reste, une pure conjecture car nous n'avons sur ces bureaux et sur leurs titulaires aucun renseignement précis. Des curateurs attachés au ministère, surveillaient et dirigeaient les divers établissements qui composaient l'orphanotrophion ; un arkarios (ὁ ἀρκάριος) ou trésorier gérait la caisse de cet important ministère.

Tel est le mécanisme qui, placé au cœur de l'Empire, faisait mouvoir ce formidable organisme, enserrant de ses multiples ramifications tous les thèmes byzantins d'Orient et d'Occident afin d'y promouvoir toute vie et toute richesse. Mais à cette organisation savante, constituée dans la capitale, sous le regard impérial et sous la surveillance des premiers fonctionnaires de l'Etat, répondait une autre organisation semblable dont chaque chef-lieu de province était le centre. C'est donc l'administration provinciale qu'il s'agit d'étudier pour se rendre mieux compte du gouvernement intérieur de l'Empire au ixe siècle finissant.

---

1. *Vit. Ignat.*, 573.
2. Photius distingue toujours les ξενοδόχοι, de l'orphanotrophe. C'est ce qui fait croire que ce George était bien le grand orphanotrophe, car autrement il lui eût donné comme aux autres le titre de ξενοδόχος.
3. Cf. à ce sujet Schlumberger, *Sigillog.*, p. 377. Ce qui donne à supposer que l'orphanotrophe n'avait que l'administration du grand orphanotrophion, c'est d'une part le singulier du substantif qui accompagne le titre de chartulaire ; c'est de l'autre que les xénodochia de provinces ainsi que certains autres de la ville relevaient, comme nous l'avons dit, soit du chartulaire du sakkellion, soit du grand curateur.

II

A cette époque le sourd et lent travail qui avait peu à peu, sous la pression des événements, modifié l'organisation territoriale de l'Empire, créé en lieu et place des anciennes provinces romaines des « thèmes » ou gouvernements tout à la fois militaires et civils et donné à l'armée une importance considérable, n'était point encore achevé. L'origine de ces transformations politiques et sociales remontait à l'époque où l'Empereur Maurice créa les deux exarchats d'Italie et d'Afrique pour faire face aux dangers multiples qui menaçaient l'Empire ; mais ce fut sous Héraclius que le système se généralisa, quand, de toutes parts, Arabes, Bulgares, Slaves, se jetèrent sur les terres impériales pour les ravager et s'en saisir. Dès lors, suivant les besoins et les événements du jour, on traça, d'une façon souvent fort arbitraire, des frontières à l'intérieur comme aux limites de l'Empire, on forma des gouvernements nouveaux, on en supprima qui n'avaient plus d'utilité, presque toujours et uniquement pour mieux se défendre contre d'incessantes attaques ou réparer, par la création d'autres Etats frontières, la perte d'anciennes provinces qui jusque-là avaient servi à protéger l'Empire. Ces territoires ainsi tracés à l'intérieur des provinces, représentaient avant tout, un corps d'armée avec ses chefs et ses divisions, ses cadres et son organisation. Dans le thème ainsi compris, le stratège était le maître. Au ixe siècle il avait en mains tous les services de la province, finances, justice, armée et commandait aussi bien fonctionnaires et habitants que soldats et officiers. Aussi n'est-il pas étonnant que ces généraux-gouverneurs soient devenus dans l'Empire des personnages de tout premier rang et qu'aux époques de paix relative on ait parfois songé à créer des thèmes uniquement pour récompenser la valeur de quelques soldats particulièrement courageux [1]. Le moyen était trop commode pour qu'on n'en usât pas.

Quand Basile monta sur le trône, la division territoriale

---

1. *De Them.*, p. 97.

qu'Héraclius et ses successeurs immédiats avaient créée s'était singulièrement modifiée. Des sept grands commandements militaires institués au viie siècle, quelques-uns, en effet, n'existaient déjà plus pour l'Empire, comme les exarchats d'Italie et d'Afrique, tandis que d'autres avaient surgi ou s'étaient transformés au gré des événements. Entre le viie et le ixe siècle le nombre des thèmes monta ainsi jusqu'à vingt-cinq et même vingt-six et après les conquêtes de Basile, lorsque Léon VI érigea en thèmes les territoires gagnés sur l'ennemi, ce nombre augmenta encore [1]. Les vingt-six thèmes pour lors constitués sous le règne de Basile se trouvaient très inégalement répartis en deux grandes divisions, non point géographiques, mais hiérarchiques [2], les thèmes d'Orient (ἀνατολικὰ θέματα) et les thèmes d'Occident (αἱ τῆς δύσεως στρατηγαί). A la classe des thèmes d'Orient appartenaient tous les grands commandements militaires, toutes les provinces qui jouaient dans l'Empire le rôle de défenseur et de pourvoyeur du territoire et de la ville. Ceux-là étaient riches, bien pourvus de tout, admirablement connus de l'administration byzantine et des ennemis, le solide point d'appui et la force de l'Empire ; les autres étaient beaucoup moins estimés ; l'administration les négligeait, les voyageurs les passaient souvent sous silence et Constantin Porphyrogénète lui-même ne paraît avoir sur ces petits gouvernements que des notions assez confuses. Aussi n'est-il pas très facile de faire une étude détaillée des provinces de l'Empire. Les incessants changements qui élèvent ou font disparaître subitement les thèmes, la négligence des auteurs byzantins à nous renseigner sur le gouvernement de leur pays, les contradictions manifestes qui parsèment les ouvrages des historiens et des géographes, obscurcissent beaucoup à nos yeux ce côté de l'administration byzantine. Néanmoins, en combinant des indications glanées à droite et à gauche, on peut arriver, je crois, à dessiner les grandes lignes d'une géographie historique de l'Empire au ixe siècle comme à se rendre compte de l'organisation et du fonctionnement de la vie provinciale.

I. — Au dire de l'Arabe Ibn Hordadbeh et de son copiste Kodama, aux environs de 840-845, Byzance et son territoire immédiat

1. Ibn Hordadbeh généralement très bien renseigné ne cite que quatorze provinces. Il ignore l'existence de la plupart des thèmes d'Occident.
2. Rambaud, p. 179.

formaient une province spéciale, dont la mention, en vérité, n'apparaît nulle part chez les historiens byzantins mais qui peut bien, en réalité, avoir existé sans avoir, toutefois, porté le titre de thème : c'est celle qu'ils appellent *Tafla, Talaka, Tafra*. Ses limites, dit Ibn Hordadbeh, sont à l'orient, le détroit jusqu'à son embouchure dans la mer de Syrie et, à l'occident, la muraille qui s'étend depuis la mer des Khasares (mer Noire) jusqu'à la mer de Syrie et dont la longueur est de quatre journées de marche. Ce mur se trouve à deux journées de marche de Constantinople. Les autres limites sont, au midi, la mer de Syrie ; au nord, la mer des « Khasares ». Et Masoudi complétant le renseignement d'Ibn Hordadbeh, ajoute : « La majeure partie de cette province consiste en villages appartenant au roi et aux patrices et en pâturages pour le bétail [1]. » Des affirmations aussi nettes seraient assez étranges si une circonscription spéciale n'avait pas, de fait, existé, englobant Byzance et son territoire. Où donc le géographe arabe, en général si bien renseigné sur les thèmes importants de l'Empire, eût-il pris ces détails ? Aussi est-il probable que ce territoire, distinct des thèmes de Thrace, existait réellement, sinon sous le règne même de Basile, du moins au temps de sa jeunesse, sous le règne de Théophile. M. Gelzer croit qu'il fut réuni au grand thème de Thrace par Léon VI [2], à moins que ce changement n'ait eu lieu, précisément à l'époque où Ibn Hordadbeh écrivait, quand l'Empire dut se défendre contre les terribles attaques de Krum et de ses hordes bulgares. En tous cas Constantin VII au début de son second livre sur les « Thèmes » ne semble plus connaître ce thème qui s'était confondu depuis une trentaine d'années au moins avec son voisin le thème de Thrace. De la petite province de Tafra cependant, certains vestiges paraissent s'être perpétués à travers l'histoire byzantine, comme la place de l'éparche, au catalogue, parmi les grands fonctionnaires d'ordre militaire, ses hautes prérogatives, sa garde et ses fonctions en l'absence de l'Empereur. De même il est bien vraisemblable que c'est de cette époque et de ce régime dont l'origine remonte à une date inconnue, que naquit le comte des murs

---

1 : Cité par Gelzer, p. 82-86. Nous avons deux sceaux d'un stratège dont le thème n'est connu d'aucun auteur, c'est le thème du Bosphore. Y aurait-il corrélation entre les deux noms ?

2. Gelzer, *Die Genesis der Themenverfassung*, p. 88.

(κόμης) ou (ἄρχων τῶν τειχῶν) cité, lui aussi, parmi les grands fonctionnaires de l'Empire,

II. — *Le thème de Thrace* était donc l'immédiat voisin du petit gouvernement de Byzance. Il commençait au grand mur à l'est et s'arrêtait à la Macédoine au sud ; à l'ouest, il touchait aux Bulgares. La mer Noire le baignait au nord-est. « La province de Thrace a quinze journées de marche en long, dit Ibn Hordadbeh, sur trois journées en large. On y compte dix places fortifiées [1]. » L'origine de ce thème n'était, probablement, pas très ancienne. Il s'était constitué à l'époque où les Bulgares commencèrent à franchir le Danube pour se répandre dans l'Empire. Il fallait alors établir sur cette frontière, comme en Orient sur la frontière arabe, un solide gouvernement militaire qui pût arrêter les envahisseurs. Ce fut le rôle du thème de Thrace et la raison de l'établissement, à l'époque de Constantin Pogonat, d'un stratège dans ce pays qui, jusque-là, n'en avait pas eu. Dès lors ce thème qui comprenait une dizaine de places fortifiées, fut classé dans la troisième classe des thèmes. Son stratège avait le dixième rang parmi ses collègues [2].

III. — *La Macédoine* touchait à la grande muraille, du côté de l'est ; à la mer de Syrie au sud ; au pays des Slaves à l'ouest ; aux Bulgares au nord. Sa longueur était de quinze journées de marche, sa largeur de cinq. Il y avait trois places fortifiées [3]. Ce thème, formé à la fin du VIIe siècle [4] pour lutter, comme le thème de Thrace, contre les Bulgares et les Slaves qui s'enfonçaient chaque jour plus profondément sur ces terres d'Empire, les dépouillaient ou les faisaient passer sous leur domination, était aussi le seul qui eut en Europe, comme son voisin le thème de Thrace, quelque importance pour l'Empire. Comme la Thrace, la Macédoine appartenait à la troisième classe des thèmes et son stratège venait de suite après celui de Thrace. Ce dernier résidait tantôt à Andrinople, tantôt à Philippopolis [5]. Souvent un seul stratège gouvernait les deux thèmes de Macédoine et de Thrace. C'est ainsi que sous Irène, le patrice Aetius qui commandait les thèmes des Anatoliques et de l'Opsikion, fit nom-

1. Cité par Gelzer, p. 82.
2. *Cerem.*, 1313.
3. Gelzer, p. 82.
4. Gelzer, 90.
5. Schlumberger, *Sigillog.*, 115.

mer son frère Léon, monostratège de Thrace et Macédoine[1] ; pour le ixe siècle nous connaissons deux stratèges de Macédoine, Tzantzès qui travailla au retour des Macédoniens emmenés captifs en Bulgarie[2], et Bardas, patrice et stratège de Macédoine, correspondant de Photius[3].

Une des plus importantes villes de ce thème était Develtos, port de commerce très fréquenté sur la mer Noire. Christopolis sur la mer Égée paraît aussi avoir appartenu à ce thème.

Il est à remarquer que ces deux thèmes, pour être en terre d'Europe, n'en comptaient pas moins, cependant, parmi les grands thèmes d'Orient. Si Constantin VII les place au début de son second Livre sur les Thèmes — celui qui traite des thèmes d'Occident — c'est là une innovation. A l'époque de Basile et de Léon VI, ils se rattachaient encore à l'Asie et, par conséquent, trouvaient ici même leur place naturelle.

IV. — De l'autre côté du détroit, faisant face à Byzance, s'étendait l'ancien thème de l'Opsikion divisé, au ixe siècle, en quatre thèmes distincts. Le plus rapproché était l'*Optimate*. Le détroit le limitait à l'occident, la mer des Khasares au nord, la Paphlagonie à l'est et le thème de l'Opsikion au sud[4]. Cette province renfermait « trois forteresses et la ville actuellement ruinée de Nicomédie[5]. » Ces trois forteresses étaient peut-être quelques-unes des villes citées par le Porphyrogénète : Hélénopolis, Prainetos, Parthénopolis, Astakos. Malgré le silence de Philothée et les réclamations de Constantin VII, les étrangers considéraient donc cette province comme un thème. Pourquoi cette différence ? C'est que, probablement, Byzance ne voulait reconnaître comme thème qu'un pays ayant un corps d'armée avec ses divisions habituelles et un stratège. Or, l'Optimate avait simplement un domestique à sa tête et point de divisions inférieures (tourmes et dronges). De plus les soldats de ce corps, composé de Bithyniens, de Tharsiates, de Phrygiens, servaient de simples valets aux troupes en campagne[6]. Il pouvait donc sembler au géographe arabe qu'il y avait là un thème véritable

---

1. Theoph., 957.
2. Sym. Magist., *Vit. Mich. et Theod.*, xi, p. 717.
3. Photius, Migne, CII, 944.
4. Kodama, p. 197.
5. Ibn Hordadbeh, Gelzer, p. 83.
6. *De Them.*, 88.

quand il n'y avait, en vérité, qu'un rassemblement de soldats secondaires. Cependant, pour inférieure que puisse paraître à première vue et sur les dires du Porphyrogénète, la dignité du domestique de l'Optimate, comparée à celle des autres stratèges, il ne faudrait pas croire qu'elle fût à peu près nulle. Bien au contraire. En fait, le domestique de l'Optimate gouvernait dans sa province à la façon d'un stratège. Parfois même il en portait le titre [1]. Il avait sa place marquée, au quatrième rang, parmi les grands fonctionnaires de l'Empire et pouvait obtenir les dignités de proconsul et de patrice. Sous ses ordres, se trouvait un topotérète, des comtes et un chartulaire [2]. La véritable raison de l'infériorité relative dans laquelle on le tenait, doit probablement venir de sa proximité d'avec Byzance. Quand on songe que son gouvernement touchait, pour ainsi dire, Constantinople, que probablement même quelques-unes de ses villes étaient considérées comme des faubourgs de Byzance [3], on n'est pas étonné de l'infériorité dans laquelle on cherchait à tenir un tel homme. — L'origine de ce thème remontait au règne de Constantin V [4].

V. — *Le thème de l'Opsikion* s'étendait le long de la Propontide qui le bornait au nord. A l'est, il touchait au thème Optimate ; à l'ouest, aux thèmes de la mer Egée et de Samos ; au sud aux deux thèmes des Thracésiens et des Anatoliques. Les soldats qui se trouvaient cantonnés dans cette partie de l'ancienne Bithynie avaient un rang et un service à part dans l'armée car ils avaient pour mission de toujours précéder l'Empereur afin de lui ouvrir le chemin et de lui préparer ses haltes [5]. Leur chef n'avait, au IXe et aux débuts du Xe siècle, comme le domestique du thème Optimate et, sans doute, pour la même raison, qu'un titre inférieur : celui de comte, ce qui ne l'empêchait pas de s'intituler déjà parfois stratège [6]. La situation du comte de l'Opsikion, du reste, était grande. Son thème, organisé peut-être dès les environs de 626 [7], était de deuxième classe et sa per-

---

1. Schlumberger, *Sigillog.*, p. 244.
2. *Cerem.*, 1349, 1352.
3. *Sigillog.*, 244.
4. Diehl, *Byz. Zeit.*, IX, 677.
5. *De Them.*, 84 et 85.
6. Schlumberger, *Sigillog.*, 248. Ce titre paraît lui avoir été octroyé quelques années plus tard, cf. la première liste des cérémonies.
7. Diehl, *Byz. Zeit,,* IX, 677.

sonne avait le quatrième rang parmi les autres stratèges. Sous ses ordres vivait et agissait un personnel aussi complet que celui dont pouvait disposer le stratège des Arméniaques ou des Anatoliques. Sa capitale était Nicée ; les grandes villes de son territoire : Kotiaion, Dorylée — point stratégique important — Midaion, Meros, Kadoi, Malagina — autre point stratégique important — Le mont Dindymos servait probablement de frontière entre ce thème et celui des Anatoliques[1]. Ethnographiquement, ce thème se composait d'éléments assez divers. Y vivaient des Mysiens, des Phrygiens, des Dardaniens, des Bithyniens, puis une colonie militaire de Slaves sous le commandement d'un chef spécial le « Catepan » des Slaves de l'Opsikion[2]. C'est de l'Opsikion que l'ennemi de Basile I, Piganis, était stratège[3].

VI. — Mais le plus grand thème créé dans l'ancien Opsikion était, assurément, celui des *Boukellaires* (θέμα τὸ καλούμενον τῶν Βουκελλαρίων), un des cinq grands thèmes d'Asie, l' « al Bokallar » d'Ibn Hordadbeh. Par le nord, il touchait à la mer Noire ainsi qu'au thème de Paphlagonie, au nord-est. A l'est il était borné par le thème des Arméniaques, au sud-est par celui de Charsian. Les thèmes de Cappadoce et des Anatoliques le bordaient au sud, tandis qu'à l'ouest sa frontière était celle des thèmes de l'Opsikion et de l'Optimate. Sa métropole paraît avoir été Ancyre. Il comptait treize forteresses dont trois : Verinopolis, Stavros, Myriokephaloi, formaient la turme de Saniana, possession de ce thème jusqu'aux environs de 890[4]. Héraclée du Pont, Claudiopolis, Prusias en étaient les villes principales. Nous connaissons, en outre, quatre districts de ce thème : Bareta, Balbadon, Aspona, Akarkous[5]. Les habitants de ce thème étaient les uns Galates, les autres Bithyniens et Mariandini[6]. Son stratège avait le cinquième rang parmi les autres stratèges. Ainsi que le thème de Paphlagonie, ce thème datait de Constantin V. Nous connaissons un stratège des Boukellaires qui vivait sous Michel III, Nazar.

---

1. Ramsay, 151.
2. Schlumberger, *Sigillog.*, 248.
3. Theoph. Cont., *Vit. Mich.*, XVIII, 256.
4. Ramsay, 248.
5. *Ibid.*, 216.
6. *De Them.*, 89.

VII. — *Le thème de Paphlagonie* formait l'extrême limite, à l'est, de l'ancien Opsikion. La mer Noire le longeait au nord sur toute son étendue ; à l'est, il rencontrait le grand thème des Arméniaques ; au sud et à l'ouest, celui des Boukellaires. S'il faut en croire Constantin VII les habitants de ce thème avaient assez mauvaise réputation, ce qui n'empêchait pas de le considérer comme important. Son stratège passait avant ceux de Thrace et de Macédoine et avait le neuvième rang. Il commandait sur cinq places fortes dont la métropole Gangres, puis Amastris, Sora, Dadybra, Ionopolis, Pompeiopolis.

VIII. — Au sud de l'Opsikion s'étendait, au viie siècle, d'une mer à l'autre, le thème des Anatoliques, divisé plus tard en trois puis en quatre thèmes. C'était, d'abord, le grand thème des *Thracésiens*, un des principaux de l'Empire. Au dire de Kodâma il allait, à l'ouest, jusqu'au détroit[1] ; au sud, jusqu'à la mer de Syrie ; à l'est il touchait au thème des Anatoliques[2]. La métropole en était, peut-être, Sardes. Le thème des Thracésiens était de première classe et son stratège qui commandait des troupes de cavalerie avait le troisième rang parmi ses pairs, ce qui s'explique par l'importance de la province qu'il gouvernait. Les armées du thème des Thracésiens sont, en effet, maintes fois nommées par les chroniqueurs et, sans doute, elles devaient être parmi les plus nombreuses. C'est de là que les troupes de Michel s'embarquèrent pour la Crète lors de l'assassinat de Bardas. Les principales villes de ce thème étaient Sardes, Hiérapolis, Laodicée, Chonae, etc. Pétronas, frère de Théodora, fut stratège du thème des Thracésiens et après lui Symbatios, gendre de Bardas.

IX. — *Le thème des Anatoliques*, le premier en liste soit dans les « Cérémonies », soit chez le Porphyrogénète, était aussi dans l'estime des étrangers la première province de l'Empire. « C'est la plus grande province de l'Empire romain, dit Ibn Hordadbeh[3]. » Elle renfermait plusieurs forteresses et la ville d'Amorion, que le géographe arabe appelle « Ammuria », « ville dont

---

1. En fait, il avait à l'Est le thème de Samos, sauf probablement sur un point, du côté de Képos par lequel il touchait à la mer. Du reste, il est certain qu'il devait toucher à la mer puisqu'il y avait un turmarque du littoral « τῆς παραλίου. »
2. Kodâma, p. 197.
3. Ibn Hordadbeh, Gelzer, p. 83.

les tours sont au nombre de quarante-quatre. » Le thème des Anatoliques touchait aux thèmes des Thracésiens et de l'Opsikion à l'ouest ; au sud, il était borné par le thème de Séleucie et par la mer ; à l'orient par celui de Cappadoce. Au nord, il rencontrait la frontière de l'Opsikion et des Boukellaires. Naturellement, vu ses dimensions considérables, son armée, sa richesse, ce thème était de première classe et son stratège venait le premier en liste. Il résidait vraisemblablement à Amorion, devenu depuis le $IX^e$ siècle, métropole ecclésiastique de la province. Ibn Hordadbeh cite parmi les villes fortes de l'Anatolique. Al-Alamain, Marg'as-Sahm, Borgut. Al-Miskanin. « Au nombre de ses dépendances on compte encore Al-Bitin et Al-Mosbatalin. » Sa population était en majorité composée de Phrygiens, de Lycaoniens, de Pisidiens. Les villes les plus connues étaient : Eudokias, Saint-Agapetos, Aphrazeia et Kaborkion [1]. Nous connaissons un stratège des Anatoliques sous le règne de Théodora : c'est Théodote Mélissinos [2], et un autre sous le règne de Basile, Léon Phocas [3].

X. — Deux autres thèmes de beaucoup moindre importance, au moins quant à leur étendue, furent taillés à l'est dans l'ancien Anatolique. C'étaient celui de Cappadoce et celui de Séleucie.

*Le thème de Cappadoce* était entouré au nord par le thème des Boukellaires, à l'est par le thème de Charsian, à l'ouest par le thème des Anatoliques ; mais au sud il touchait la frontière arabe dont il était séparé par les montagnes du Taurus. C'était donc un thème de combat. Aussi n'est-il pas étonnant que les Arabes le connaissent bien. Ibn Hordadbeh cite les nombreuses places fortes dont il était parsemé, entre autre la montagne Du'l Kila qui était couronnée de forteresses [4] et Edrisi nous avertit qu'il s'étendait de Tarsos à l'Halys [5]. Ce thème qui n'est mentionné qu'incidemment dans le Livre des Thèmes, au chapitre sur le thème des Arméniaques [6], avait à sa tête un stratège dont le nom figurait au sixième rang parmi ses pairs. Le thème lui-

---

1. Ramsay, 216.
2. Theoph. Cont., *Vit. Mich.*, XVI, 180.
3. *Cerem.*, 1157.
4. Ibn Hordadbeh, Gelzer, p. 84.
5. Edrisi, trad. Jaubert, II, 305.
6. Rambaud, *op. cit.*, 177.

même était de troisième classe. Sous le règne de Michel III, comme sous celui de Basile[1], il est fait mention d'un stratège de Cappadoce. Nous ignorons quelle était la métropole de ce thème. Jusqu'en 890 le district de Kases en faisait partie[2].

*Le thème de Séleucie* n'est pas mentionné par les listes du Livre des Cérémonies. Seuls les écrivains arabes en parlent. Suivant Ibn Hordadbeh, il se trouvait « du côté de la mer de Syrie ayant pour limites Tarsus et la rivière d'Al-Lames. Le gouverneur de cette province est chargé de la surveillance des défilés (Pylæ Cilicæ). On y compte Salukija et six autres places fortes[3]. » Et Kodâma ajoute qu'à l'ouest, il touchait à l'Anatolique, au nord au thème des Thracésiens : ce qui ne semble pas très exact, attendu que l'Anatolique le bornait au nord et qu'il était séparé du thème des Thracésiens par le thème des Kibyrrhéotes. En réalité, le thème de Séleucie ne fut créé que sous la régence de Romain Lécapène[4]. Auparavant, ce n'était qu'une simple clisure, mais clisure de grande importance car elle défendait les passages du Taurus, comptait de grandes villes dans son ressort et par son voisinage avec les Arabes servait de province frontière. C'est probablement ce qui explique que les géographes étrangers la comptèrent parmi les stratégies grecques bien avant qu'elle n'en eût le titre. A l'époque de Constantin VII, la clisure — alors thème de Séleusie, — avait Séleucie pour métropole et se divisait en deux circonscriptions distinctes : l'une maritime, s'étendait le long de la mer, et l'autre, la Séleucie supérieure, « τὰ ἄνω Σελευκείας καὶ μεσόγαια » s'appelait aussi Décapole à cause des dix villes qui se trouvaient sur son territoire et dont la principale était Germanicopolis[5]. Le chef de la clisure était le clisurarche. Il avait, pour l'ordinaire, les titres de protospathaire ou de spathaire.

Parmi les sept grands commandements d'autrefois, il reste à examiner le thème des Arméniaques : immense province qui s'étendait le long de la mer du Nord, de Sinope aux extrémités de l'Empire byzantin, c'est-à-dire aux royaumes des Ibères,

---

1. *Cerem.*, 1157.
2. Ramsay, 356.
3. Ibn Hordadbeh, Gelzer, 84.
4. Rambaud, 176 ; *De Themat.*, p. 100. Sous Michel, III, Seleucie est formellement mentionnée à titre de clisure (Théoph. Cont., *Vit. Mich.*, xxv, 196).
5. *De Them.*, p. 100.

d'Arménie et des terres sarrasines, et touchait, à l'ouest, aux thèmes des Boukellaires et à l'Anatolique. Sous le règne de Basile, cet ancien thème dont l'origine paraît remonter aux débuts du viie siècle (environs de 626), se divisait en quatre thèmes de dimensions plus restreintes.

XI. — Au centre se trouvait le thème *des Arméniaques* qui comprenait Kolunija (Colonée), dit Ibn Hordadbeh [1], ce qui est inexact puisque un thème spécial portait alors ce nom. Le thème des Arméniaques touchait, au nord, à la mer Noire à partir de Sinope ; il s'étendait, à l'ouest, le long du thème de Paphlagonie et des Boukellaires ; puis toute, une ceinture de thèmes frontières le garantissait contre les invasions arabes du côté de l'ennemi. C'étaient : au sud, les thèmes de Charsian ; à l'est, ceux de Colonée et de Chaldée. Il ne paraît avoir confiné aux territoires ennemis que du côté de Sébastée qui probablement devait être une simple clisure. En tous cas, sa frontière ne dépassait pas les trois villes fondées par les Pauliciens sous Théodora : Argaous, Amara et Téphrice. Ce thème des Arméniaques était de toute première importance. Il vient dans les listes et dans le Livre des Thèmes au second rang et comptait parmi les trois grands thèmes de première classe. Sa métropole paraît avoir été Amasie. Au bord de la mer, Sinope se trouvait sur son territoire. Dazimon était un des grands relais du thème. Le patrice et stratège des Arméniaques, Théophylacte, est un des correspondants de Photius [2].

XII. — A l'est, pour servir de frontière au thème des Arméniaques, se trouvait le thème de *Chaldée*. La mer Noire le longeait au nord, tandis qu'à l'est et au sud, il n'avait pour limite que celle de l'Empire. Au delà venaient les royaumes d'Ibérie et d'Arménie. C'était dans l'ordre des préséances le dernier des thèmes orientaux. Son stratège venait le douzième en liste après ceux de Thrace et de Macédoine. Sa métropole était probablement Trébizonde sur la mer, alors port militaire et commercial important [3]. Dans l'intérieur des terres se trouvait la place forte de Théodosiópolis. On y comptait aussi Keltzene. La position de ce thème au bord de la mer Noire paraît lui avoir donné une certaine importance commerciale, car nous voyons son stratège

1. Ibn Horaadbeh, Gelzer, p. 84.
2. Migne, cii, p. 929.
3. Evangellidis : « Ἱστορία τῆς Τραπεζοῦντος » (Odessa 1898), p. 33-34.

toucher d'office 10 livres sur les marchandises qui, soit y arrivaient, soit en partaient[1]. Jean Chaldos fut stratège de ce thème.

XIII. — Au sud du thème de Chaldée venait celui de *Colonée* ayant, à l'est, les thèmes des Arméniaques et de Charsian, au sud, les terres sarrasines. Il tirait son nom de la ville forte de Colonée qui, pour être petite, n'en était pas moins, paraît-il, admirablement défendue, « κάστρον ὀχυρώτατον καὶ κρημνῶδες » dit Constantin VII[2]. Sa frontière, jusqu'aux victoires de Basile sur Chrysochir de Téphrice, devait passer près de cette ville. Après la défaite des Pauliciens, Téphrice devint terre d'Empire. Le thème de Colonée existait déjà à l'époque de Michel III[3]. Il ne serait pas étonnant qu'il eût été créé pour lutter contre les Pauliciens. En tous cas les Arabes ne le connaissaient pas ou plutôt le confondaient avec le thème des Arméniaques. Le dixième dans l'énumération de Constantin VII, il vient dans la deuxième liste des Cérémonies au huitième rang.

Enfin venait, mais seulement depuis Léon VI, le thème de Charsian que limitaient, au nord le thème des Boukellaires, à l'est le thème des Arméniaques, à l'ouest le thème de Cappadoce. Au sud, il était thème frontière ayant pour voisins les Arabes. « Outre le chef-lieu Harsana, on y trouve quatre forteresses, » dit Ibn Hordadbeh. C'est dans ce thème que se trouvaient la route et le défilé de Malatia qui reliaient Arabes et Byzantins et la ville d'Hypsela souvent mentionnée dans les guerres contre les Arabes. C'est probablement ce qui a fait croire à Ibn Hordadbeh que le Charsian était érigé en thème. En réalité, à l'époque probable où il écrivait, ce n'était qu'une clisure. L'auteur de la « Vita Michaelis » le cite comme tel[4] et nous savons que ce fut Léon VI qui l'érigea en thème. Sous Basile, le Charsian n'était donc qu'un commandement de second ordre. Constantin VII, en vérité, dans la vie qu'il écrivit de son grand-père, cite bien le thème de Charsian et son stratège, mais il parlait probablement le langage administratif en usage de son temps lorsqu'il donne ce renseignement qui n'infirme donc pas les autres témoignages [5].

1. *Cerem.*, 1285.
2. *De Them.*, p. 93.
3. Theoph. Cont., *Vit. Mich.*, xxv, 196.
4. Theoph. Cont., *Vit. Mich.*, xxv, p. 196.
5. Schlumberger, *Sigillog.*, 284. *Vit. Basil.*, xli, p. 288.

Telle paraît être la géographie historique de l'Orient byzantin à l'époque du fondateur de la maison macédonienne. Reste à étudier maintenant les thèmes d'Occident qui relevaient de Byzance.

Comme nous l'avons dit, la répartition des thèmes, pour géographique qu'elle paraisse, ne l'était pas en réalité. Indépendamment des thèmes que nous venons d'étudier et qui rentraient tous dans la classe dite orientale, l'Asie Mineure comptait quelques provinces placées au nombre des thèmes d'Occident. Cette répartition surprendra peut-être moins si l'on remarque qu'en fait, étaient provinces d'Occident tous les thèmes maritimes qui dessinaient les contours de la mer Egée ou se trouvaient disséminés sur la mer Ionienne. Sauf en effet la clisure de Séleucie et le thème de Macédoine, sur un point, tous les thèmes que nous allons parcourir touchent à l'une des deux mers et sont dits occidentaux [1]. Thèmes secondaires aussi, si l'on veut, car que pouvaient bien être ces thèmes d'Occident, provinces souvent très petites, éloignées de Byzance, sans grande défense contre leurs terribles voisins, aux populations très mêlées où Grecs, Slaves, Bulgares, chrétiens et païens vivaient ensemble comme des frères ennemis ? Sans doute, elles s'appelaient « thèmes » et avaient à leur tête un stratège ; mais les troupes qui les protégeaient devaient être bien peu nombreuses puisque c'est à peine si l'administration impériale les connaissait [2]. Presque jamais elles n'étaient appelées à défendre l'Empire de concert avec les vraies armées, celles d'Orient, et tout ce qu'on leur demandait le plus souvent, c'était de fournir des lances, des épées, etc., aux troupes régulièrement préparées pour la guerre. En réalité, îlots isolés au milieu d'empires barbares puissants, ces thèmes que la nécessité érigeait en commandements militaires n'avaient d'autre mission que de défendre de leur mieux les villes situées sur leur territoire et par là

---

1. Si cette remarque a quelque valeur, on peut faire observer que le thème de Macédoine pouvait être considéré comme oriental, car il touchait en sa plus grande étendue à la Propontide. Quant à la clisure de Séleucie, lorsqu'elle fut érigée en thème, la division du IXe siècle n'existait plus. Constantin VII connaît un autre groupement plus véritablement géographique.

2. Je fais exception, évidemment, pour les thèmes proches de Constantinople, importants ceux-là, parce que c'étaient les lieux de résidence de la flotte impériale.

la civilisation byzantine. Livrés à eux-mêmes, leurs stratèges se débarrassaient, pratiquement, de la tutelle administrative de l'Empire, vivaient à leur guise et n'avaient plus avec Byzance que des rapports lointains et une soumission purement nominale. Aussi, ces thèmes — sauf ceux, évidemment, qui se trouvaient dans la sphère immédiate d'influence de Byzance — ne sont-ils guère connus que de nom. Si déjà pour nous, le régime des thèmes d'Orient est plein d'incertitude, à plus forte raison en va-t-il de même des thèmes d'Occident que Constantin VII lui-même paraît totalement ignorer. Pour ceux-là donc nous ne pouvons guère donner en général qu'une nomenclature.

XIV. — *Le thème des Kibyrrhéotes* s'étendait de la clisure de Séleucie à l'est, jusqu'à la frontière du thème de Samos à l'ouest. Par le nord, il touchait au thème des Thracésiens et des Anatoliques. Son nom lui venait, disait-on, de la ville de Kibyrrha dont la réputation était assez mauvaise. Son stratège avait le troisième rang parmi les stratèges d'Occident. Il gouvernait les villes d'Halicarnasse, Myra, Pergé, Milet, etc., ainsi que les îles de Rhodes, Cos, Léros et autres îlots de moindre importance. Sauf une colonie de Mardaïtes ayant un catepan à sa tête, la population, composée des habitants de l'ancienne Lydie, Pamphylie, Carie, n'était guère aimée des Empereurs. On la trouvait trop remuante et trop insoumise aux ordres impériaux. Les ports les plus connus de cette province étaient Laryma et celui qu'on appelait le « Paleos », l'ancien. C'était, avec les thèmes de Samos, de la mer Egée et d'Hellade, le grand thème maritime byzantin. Lors de l'expédition de Crète sous Léon VI son armée s'élevait à 6.760 hommes, les chefs compris [1].

XV. — Au nord du thème des Kibyrrhéotes venait le *thème de Samos*. Il longeait la mer jusqu'au détroit où il rencontrait le thème Optimate. A l'est, il était borné par le thème des Thracésiens. Ce thème était d'assez médiocre dimension. Aussi son stratège n'arrivait-il que le neuvième en liste. L'île de Samos formait le centre du thème avec les petites îles d'Icarie, de Patmos, etc. Sur la côte, il semble qu'il comptait quelques grandes villes commerçantes comme Ephèse, Smyrne, Tralles, Per-

---

1. *Cerem.*, p. 1216.

game, Adramytte, etc., appartenaient à cette circonscription. Le thème était probablement divisé en deux turmes : Ephèse et Adramytte. Smyrne était sans doute la métropole de la province. Il est plus que probable que ce thème avait une grande importance commerciale. Là, arrivaient les marchands d'Occident ; là, les produits divers qui nourrissaient une partie de l'Empire, car les marchés d'Ephèse étaient parmi les plus importants de l'Orient ; là aussi venaient en pèlerinage tous les dévots byzantins. La grotte des Sept dormants [1], à Ephèse, attirait beaucoup de monde ; le temple dédié à Saint Michel archange à Colosse, de même ; enfin le souvenir de saint Jean planait en tous ces lieux et d'autres que le fils de l'Impératrice Irène venaient y accomplir leurs vœux et faire leurs dévotions. Tout cela, évidemment, devait amener un commerce actif, la richesse et, partant, l'importance du thème.

XVI. — Le centre de la mer Egée avec ses îles formait un thème spécial : *le thème de la mer Egée* ou des « Douze îles » dont la métropole paraît avoir été Chio [2]. Les îles incluses dans cette stratégie étaient les Cyclades, puis Mytilène, Chio, Lemnos ; mais sur terre, le thème avait des possessions nombreuses importantes. Toute la côte depuis le cap Lekton jusqu'à la Propontide, les îles de Proconnèse, la presqu'île de Gallipoli jusqu'à l'Hexamilion, appartenaient à ce thème qui commandait ainsi les embouchures de l'Hellespont. Bien que ce thème ne vienne qu'en assez bas rang dans la liste des Cérémonies la plus ancienne, puisqu'il est le dixième sur douze, il dut avoir, vraisemblablement, une grande importance. La flotte y séjournait en temps ordinaire ; c'est à l'intérieur de ses frontières que se trouvaient les douanes impériales de l'Hellespont et c'est ce thème qui, tout naturellement, défendait Constantinople protégée, à l'entrée de la Méditerranée, par une chaîne qui en fermait l'accès aux vaisseaux musulmans [3]. Les villes les plus importantes étaient assurément Cyzique, Abydos, Gallipoli.

XVII. — Au fond de la mer Egée, ayant à l'est le thème de Macédoine, à l'ouest et au sud, celui de Thessalonique, se trouvait le petit thème du *Strymon*, le sixième sur la plus ancienne

1. Ibn Hordadbeh, Gelzer, 83. Le géographe arabe, cependant, place Ephèse dans le thème des Thracésiens.
2. Schlumberger, *Sigillog.*, 193.
3. Ibn Hordadbeh, p. 76.

liste du Livre des Cérémonies. On a beaucoup discuté au sujet des limites de ce thème sans avoir pu, jusqu'ici, se mettre pleinement d'accord[1]. Ce qui paraît certain, c'est qu'il était de fort restreintes dimensions, ne touchait peut-être pas même à la mer, entouré qu'il était par le thème de Thessalonique. Sa population se composait de Scythes et de Slaves, turbulents, toujours en guerres ou prêts à se jeter sur Thessalonique. Ce gouvernement militaire semble surtout avoir été créé pour tenir en bride les habitants de ces montagneuses contrées et protéger la grande ville occidentale contre les attaques qui, sans cesse, la menaçaient. Aussi n'est-il pas étonnant que plus plus d'une fois les deux thèmes aient été réunis sous une seule administration [2].

XVIII. — *Le thème de Thessalonique* qui comprenait la grande ville de ce nom et une partie de l'ancienne Macédoine, touchait par l'est et le nord au thème du Strymon, par le sud à celui d'Hellade. Ses côtes étaient baignées au sud par la mer, tandis qu'au nord et à l'ouest il était borné par le royaume bulgare. C'était dans ce gouvernement que se trouvait la Chalcidique et qu'au xe siècle saint Athanase jeta les bases du premier monastère connu de l'Athos. Son stratège, malgré l'importance de la ville qu'il commandait, n'avait que le septième rang, preuve manifeste que ce n'était pas d'après la richesse, l'étendue, le commerce, les voisins même du thème que s'établissait son importance, mais d'après les troupes qui l'habitaient, d'après leur nombre et les services qu'elles pouvaient rendre : organisation toute militaire, destinée surtout à protéger les possessions impériales et la civilisation byzantine, mais qui ne tenait probablement qu'un compte relatif de la civilisation même du pays.

XIX. — La Grèce proprement dite était divisée en deux thèmes. Du côté de la mer Egée, le *thème de Hellade ;* du côté de la mer Ionienne, le thème de Nicopolis. Le premier, dont l'existence est déjà mentionnée sous le règne de Justinien II par la présence du stratège Léontios [3], était borné au nord par le royaume bulgare ; il ne touchait que par une étroite bande

1. Rambaud, p. 266.
2. Schlumberger. *Sigillog.,* p. 109.
3. Theoph., 748. Gelzer croit cependant que ce thème ne fut créé qu'à la fin du viiie siècle ou au début du ixe (p. 91).

de terre au thème de Thessalonique. Démétriade appartenait encore à ce thème. A l'ouest il était borné par le thème de Nicopolis ; au sud par le golfe de Corinthe et l'isthme. Ce thème venait le quatrième en liste. Il comprenait, outre la Grèce continentale, une partie de la Thessalie, l'Eubée et Egine avec les villes de Larisse, Chalcis, Thèbes, Athènes, etc. Nous connaissons par les lettres de Photius un stratège de Hellade du nom de Jean [1].

XX. — A l'ouest, sur la côte de la mer Ionienne, se trouvait le *thème de Nicopolis*, borné au nord par le royaume de Bulgarie et au sud par le golfe de Corinthe. Il avait le second rang parmi les thèmes d'Occident. Sa métropole était probablement Nicopolis. Son territoire s'étendait sur une partie de l'ancienne Epire. La création de ce thème est attribuée à Basile lui-même. M. Pancenko a publié dans le *Bulletin de l'Institut russe d'archéologie* les sceaux de deux stratèges de Nicopolis. L'un remonte au ixe siècle : c'est celui de Léon, spatharocandidat, stratège de Nicopolis [2].

XXI. — L'antique presqu'île du Péloponnèse formait le *thème du Péloponnèse*, le premier des thèmes d'Occident. Une population composée de Mardaïtes et de Slaves autant que de Grecs se partageait le territoire, les Slaves, plus spécialement sur les rivages et dans les plaines, les Grecs dans les villes fortes d'Arkadia, de Lacédémone et dans quelques villes côtières comme Patras, Corinthe, Menembasie, Argos, Nauplie, etc. La métropole de ce thème était le Nouveau-Corinthe « Κάστρον Κορίνθον ». Photius adresse une de ses lettres à un protospathaire et stratège du Péloponnèse du nom de Jean. Ce Jean pourrait bien être le même qui, plus tard, avec le titre de patrice, s'en alla gouverner l'Hellade, car le sujet des deux lettres est identique [3]. Nous connaissons en outre sous Michel III, le stratège Théoctistos.

XXII. — Une étroite bande de terre longeant la côte est de l'Adriatique et bornée, au nord, par le territoire de la Serbie dioclénne, à l'est par l'Empire bulgare, au sud par le thème de Nicopolis, formait *le petit thème de Dyrrachion* avec les villes de Dyrrachion, d'Antibari, de Dulcigno. Ce thème, perdu en plein

1. Migne, CII, p. 944.
2. Bulletin VIII, 1903, 203-204.
3. Migne, CII, p. 928.

pays slave, entouré de Serbes et de Bulgares, ne pouvait guère compter pour l'Empire. Avec Constantinople, nul autre moyen de communications que par mer ; avec les thèmes grecs, pas de secours possibles contre des envahisseurs trop nombreux, autour, et même à l'intérieur des possessions byzantines. Aussi, sauf Dyrrachion, bien défendue par ses murailles, ce thème ne tarda-t-il pas à tomber aux mains de l'étranger. Son stratège venait en huitième rang.

XXIII. — Enfin, plus au nord, sur cette même mer Adriatique se trouvait le thème bien abandonné de *Dalmatie*. Les invasions slaves le conquirent d'assez bonne heure, refoulant la population grecque dans les îles de la côte. A l'avènement de Basile, il n'y avait même plus là, pour elle, de sécurité, Il fallut abandonner les îles et chercher refuge sur le continent alors habité par les Croates. C'est sur le refus de ceux-ci que la population grecque s'adressa à Basile peu après son avènement. Un accord eut lieu entre le Basileus et ses lointains sujets. L'impôt payé par les Dalmates au stratège le fut dès lors aux Slaves ; la population grecque eut le droit de s'administrer elle-même en élisant son stratège et ses archontes. En échange de ces concessions, et comme signe de soumission à l'Empire, les Dalmates payèrent au stratège un léger impôt[1]. En 998 ce thème, que déjà Constantin VII ne mentionne plus dans le Livre « des Thèmes » tomba, définitivement, au pouvoir des Vénitiens. Raguse, Tetrangurium (Trau), Diadora (Zara), Opsara (Absari), Aspalato, Arbi, Vécla (Veglia) étaient les principaux centres de cette province perdue.

XXIV. — De l'autre côté de la mer Ionienne se trouvait le *thème de Sicile* avec ses annexes, le duché de Calabre, la terre d'Otrante, les villes restées byzantines éparses sur le territoire de l'ancienne Grande-Grèce, comme Naples, Gaëte, Amalfi. Le stratège de cette province, le cinquième des stratèges d'Occident, résidait à Syracuse, et de là gouvernait, par les fonctionnaires de son choix, les populations grecques ; mais déjà la Sicile entière n'appartenait plus à l'Empire. Depuis 831 les Arabes avaient un fort établissement à Palerme. En 861 ils occupèrent près de trente villes et la majeure partie de l'île, à l'exception de Taormine, Syracuse et quelques autres villes,

1. *De admin.*, XXIX, 252-253 ; XXX, 280.

tandis que, sur le continent, Lombards et Bénéventins luttaient de concert avec leurs alliés contre la domination des Empereurs, au grand profit des Arabes. Dès 840 les ducs de Naples se détachent du stratège et se tournent vers l'Empereur franc si bien, qu'en fait, jusqu'aux conquêtes de Basile en Italie, l'autorité du stratège ne s'exerça plus que sur un assez faible territoire[1]. La Calabre, en vérité, vrai centre de la domination byzantine en Italie, relève bien encore, théoriquement, du stratège de Sicile ; mais dès le règne de Basile, Otrante possède un fonctionnaire spécial qui tient ses pouvoirs directement de l'Empereur, le stratège Grégoire, « bajulus » impérial. Lorsque celui-ci prendra possession du thème de Longobardie, le stratège de Sicile, chassé de Taormine (902), ira s'installer à Reggio, et c'est de là qu'il gouvernera les restes de son thème de Sicile[2]. En somme, à l'époque de Basile, il y a encore un stratège de Sicile et un fonctionnaire spécial en Calabre. Si ce dernier territoire ne porte pas le titre officiel de stratégie, en fait, cependant, son chef, aussi puissant que le véritable stratège, commande souverainement un pays plus étendu et plus homogène que la Sicile, presque tout entière musulmane.

XXV. — Reste, d'après le Livre des Cérémonies, un petit thème tout à fait isolé, seule possession byzantine sur les côtes scythe et slave : celui *de Cherson*, dans la Crimée actuelle. Il est dernier en liste et ne paraît guère avoir eu qu'une importance commerciale. Les Petchnègues et les Khazares l'enveloppaient de tous les côtés, et, certainement, contre une invasion, le stratège n'eût pu tenir tête aux ennemis[3]. Du reste, ce territoire byzantin n'était devenu stratégie que depuis peu de temps. Il datait du règne de Théophile, de l'année 833.

XXVI. — Au cours du règne de Basile, *Chypre* revint, quelques années durant, possession d'Empire. Tombée aux mains des Arabes, depuis l'époque d'Héraclius, Basile réussit à y envoyer un stratège d'illustre origine, Alexis qui y demeura sept années. Après quoi l'île retomba aux mains de l'ennemi[4]. Il semble même qu'il y ait eu, momentanément, une organisation assez complète puisque nous savons par Photius qu'il y avait

1. Gay, p. 60.
2. *Ibid.*, 168, 169.
3. Voir plus bas les rapports de Byzance avec les populations barbares.
4. *De Them.*, 105.

un fonctionnaire du nom de Staurakios, spatharocandidat et éparche[1].

## IV

Si, à l'époque qui nous occupe, la géographie administrative et militaire de l'Empire est encore en voie de formation, cependant, dès le ix<sup>e</sup> siècle, le principe sur lequel repose cette nouvelle division territoriale est universellement admis et pratiqué. Les anciennes provinces avec leurs cités font partout place aux thèmes, gouvernements militaires, plus ou moins étendus et arbitrairement créés, sans relations ethnographiques avec les habitants qui les peuplent, et dont toute la mission est d'assurer à l'Empire paix et sécurité. Aussi par la force même des choses, une permutation des pouvoirs administratifs suivit-elle cette transformation géographique. Quand, aux vii<sup>e</sup> et viii<sup>e</sup> siècles, les stratèges avec leur armée entrèrent dans la province qui leur était assignée, ils y trouvèrent, en effet, un gouverneur civil qu'on ne songea pas à faire disparaître au bénéfice du gouverneur militaire. Chacun vécut d'abord juxtaposé l'un à l'autre, remplissant les fonctions pour lesquelles il avait été créé [2]. Peu à peu cependant, et assez vite, cet état de choses se modifia. L'élément militaire tendit à s'assimiler l'élément civil ; l'union des pouvoirs entre les mains du stratège se fit de plus en plus complète, si bien qu'au ix<sup>e</sup> siècle, sur toute l'étendue de l'Empire, il n'y eut plus que des gouvernements militaires. Le gouvernement civil, en vérité, ne disparut pas complètement; il exista toujours ; mais de sa grandeur passée il ne lui resta rien. Ses représentants furent, ou entre les mains du stratège ou entre celles des grands officiers du Palais. Ils descendirent sur l'échelle sociale de plusieurs degrés, et c'est à un très modeste rang que nous allons les retrouver. S'il n'est pas possible de fixer par une date précise le point de départ de ces transformations, parce qu'en réalité il n'y en a pas, nous savons du moins à quel moment fut achevée cette nouvelle organisation administrative. Léon VI, dans deux de ses novelles, nous le dit : c'est

1. Photius, CII, p. 984.
2. Diehl, *Etudes Byzant.*, 288, 292.

sous son règne que les derniers vestiges d'un gouvernement civil autonome dans les provinces furent effacés [1]. Par l'une de ses lois il abrogea les curies et les décurions parce que désormais un autre ordre de choses a fait place à l'ancien et que tout dépend de la sollicitude impériale [2] ; par l'autre, en abrogeant le sénat, il supprima les trois prêteurs qui, à Constantinople, le représentaient et les stratèges [3] qui, dans les autres villes, étaient nommés par les décurions [4]. Désormais, sur toute la surface de l'Empire, la chose publique fut directement administrée par l'Empereur, représenté dans les provinces par les stratèges d'ordre militaire. Il n'en resta pas moins que dans le langage de la chancellerie, la province continua à s'appeler *éparchie* quand on l'envisageait au point de vue civil ; elle ne s'appela *thème* qu'au point de vue militaire. Les fonctionnaires qui l'administraient furent de deux sortes : les uns militaires, les autres civils, tous ayant à leur tête le stratège commandant en chef du thème et gouverneur de l'éparchie.

Le stratège, dans l'organisation générale de l'Empire, était au sommet de la hiérarchie. Il passait avant tous les autres fonctionnaires et seul jusqu'à Léon VI, le syncelle avait le pas sur lui, quelque thème qu'il gouvernât. La dignité dont il était habituellement revêtu était la première de l'Empire, celle de patrice [5], et toujours, au moins, il se vit conférer le titre de protospathaire [6]. Dans les cérémonies il marchait avec les grands dignitaires de la cour : magistroi, patrices, etc., et une fois sorti de charge, il gardait son titre d'ancien stratège, « ἀποστράτηγος ». Mais c'était surtout dans sa province, naturellement, que le stratège était tout-puissant. Là, vrai maître du

1. Comme presque toujours à Byzance, ces vestiges ne disparurent que pour renaître. Dès le règne de Romain Lécapène, nous retrouvons des communes et un gouvernement communal dans les provinces. (Cf. Mortreuil, III, 77 et seq.),

2. ... προνόμιον δὲ τοῖς βουλευτηρίοις παρεῖχον ἀρχῶν τινων προβολῆς καὶ διοικήσεως αὐτεξουσίου τῶν πόλεων. Οἱ νῦν, ὅτι πρὸς ἑτέραν κατάστασιν τὰ πολιτικὰ μεταπεποίηται πράγματα... (Zachariæ, *Jus Græco*, III, nov. XLVI, p. 139).

3. « Οὐχ οἵους ἡ νῦν οἶδε στρατηγικὴ ἀρχή. » Nov. XLVII, p. 140.

4. Novelle XLVII, p. 139, 140.

5. Je dis la première parce que celle de magistros était trop rare pour compter parmi les dignités habituelles.

6. Les cas où l'on trouve sur les sceaux le titre de spathaire sont très peu fréquents. On a aussi quelques rares mentions de stratèges qui ne sont que spatharocandidats. Tel est le cas du stratège Léon, sous Basile Ier (Pancenko, VIII, 1903, p. 204).

pays, il ne relevait de personne sinon de l'Empereur, et la dualité des pouvoirs mis en ses mains lui donnait une force et une autorité à nulle autre comparable. Aussi, comme dans l'Empire romain, la législation dut-elle fixer, pour éviter de trop grands inconvénients, certaines prescriptions auxquelles tout magistrat, mais le stratège en particulier, était tenu d'obéir. D'abord il est vraisemblable que l'Empereur ne devait pas laisser longtemps le stratège séjourner à la tête de son thème. C'eût été pour le souverain un trop dangereux compétiteur si par malheur il avait manqué de loyalisme. Mais indépendamment de cela, défense était faite au stratège, comme du reste à tous les magistrats de l'éparchie, d'épouser une jeune fille de la province qu'il administrait, au moins pendant la durée de son mandat, et cette défense s'étendait à toute sa maison : fils, filles, parents, domestiques [1] ; défense aussi lui était faite d'acheter des biens meubles ou immeubles, directement ou par personnes interposées [2], de construire une maison, d'accepter des cadeaux, même spontanément offerts [3]. Le gouvernement central faisait aux stratèges, du moins aux plus importants d'entre eux, un large traitement. Tous avaient droit, en outre, aux « συνήθειαι » en nature : c'était à eux d'ordonner leurs dépenses d'après leurs revenus. Ces règles générales, du reste, ne parurent pas encore suffisantes aux Empereurs pour couper court à tous abus de pouvoirs comme à toute exaction. Ils voulurent, comme Basile Ier, protéger de leur mieux les sujets de l'Empire et complétèrent ces défenses par des sanctions parfois très sévères. Un stratège ou un de ses subordonnés venait-il à faillir, l'évêque et les premiers d'entre les citoyens [4] devaient adresser une supplique à l'Empereur indiquant la faute com-

---

1. *Proch.*, II, viii, 22 ; Novelle de Léon VI. XXIII, p. 101. Toute cette législation concernant les magistrats pour juste qu'elle fût, ne semble pas cependant avoir été toujours scrupuleusement observée. En preuve un acte de 882 qui nous montre une famille Κάσπαξ à Thessalonique en possession d'un assez grand nombre d'emplois. L'un est stratélate de Thessalonique, un autre ἐπὶ τῆς οἰκειακῆς τραπέζης, un troisième πρὸς τῆς πόρτης Θεσσαλονίκης et chartulaire du thème, un quatrième, ἐπόπτης, un dernier enfin juge du thème (cf. *Vizant. Vremenik* 1898, p. 485).
2. *Ibid.*, XIV, 11, 88.
3. Jusqu'au règne de Léon VI, ces défenses valaient même pour les magistrats en fonctions à Byzance. Léon VI abrogea la loi pour ceux-ci, mais pour ceux-ci seulement, Novel. LXXXIV, p. 180.
4. « Τῷ θεοφιλεστάτῳ ἐπισκόπῳ καὶ τοῖς ἐν τῇ χώρᾳ πρωτεύουσι. » (*Epan.*, VII, 5, p. 76).

mise. Celui-ci envoyait alors un fonctionnaire juger l'affaire et punir le coupable [1]. Bien plus, tout magistrat en sortant de charge était tenu de rester cinquante jours dans la province pour que ceux qui avaient quelque plainte à porter contre lui puissent le faire. S'il s'en allait avant les cinquante jours écoulés, les plaignants devaient se rendre auprès de l'évêque de la métropole qui recevait leur plainte [2]. Enfin, pour éviter aux provinciaux des impôts inutiles, aucun magistrat, qu'il fût d'ordre civil ou militaire (στρατιωτικαὶ καὶ πολιτικοί) ne pouvait recevoir, sous prétexte de coutumes, quoi que ce fût. Il devait se contenter de ce qui lui était assuré par le Trésor (προσλαμβάνει τε παρὰ τοῦ δημοσίου τὰς σιτήσεις) [3]. De même, et pour la même raison, il n'avait pas le droit de sortir de sa province sans nécessité [4] et, s'il était obligé de le faire, il devait payer toutes choses, pour lui comme pour sa suite, de sa fortune privée. Par conséquent nul n'était tenu de lui payer ces taxes onéreuses qui s'appelaient les « ἀγγαρεῖαι » et les « ἐπιδημητικοί » que les habitants de la province payaient aux fonctionnaires en voyages officiels [5]. C'est par de telles mesures que le gouvernement central put restreindre, dans la mesure où la chose était nécessaire, la trop grande puissance des fonctionnaires provinciaux et surtout des stratèges. C'est qu'en effet, elle était à peu près sans limites l'autorité de ces « archontes » dans leur gouvernement. En dehors des frontières du thème, il est vrai, et sauf à Constantinople, le stratège n'était qu'un particulier (ἰδιώτης) ; mais à l'intérieur il avait l' « ἐξουσία » l'autorité [6], la plus grande après celle de l'Empereur [7], car toutes choses, militaires, privées, publiques [8], étaient de son ressort [9]. Dans l'ordre civil, il peut appeler à son tribunal toutes les causes : vols, meurtres, attentats aux mœurs, car il doit procurer à tous le repos et la sécurité ; dans l'ordre administratif, il a mission de promouvoir le commerce honnête, d'empêcher les affaires illicites, en un mot

1. *Epanag.*, VII, 5 p. 76.
2. *Ibid.*, 6, p. 76.
3. *Epanag.*, 2, 75.
4. Une seule exception était faite à la loi. Le magistrat pouvait sortir pour raisons de piété et encore ne devait-il pas découcher. (*Ibid.*, VI, 10, 74).
5. *Ibid.*, VII, 8, p. 77.
6. *Ibid.*, VI, 2, p. 73.
7. *Ibid.*, 3.
8. Léon VI, *Tactic.*, I, 12, 680.
9. *Epanag.*, VI, 7, 73.

de favoriser de tout son pouvoir le bien-être et la prospérité [1] et, si l'on en croit un passage des Basiliques [2], son autorité s'étendait même aux métropolites et aux affaires religieuses. Il devait, en effet, surveiller les évêques pour qu'une fois l'an au moins — en juin ou septembre — ils se réunissent en synodes provinciaux. Si les évêques ne le faisaient pas, ordre était donné aux gouverneurs de la province d'en référer à l'Empereur. L'Epanagoge, au titre VI, § 6, contient une prescription qui mieux que toute autre chose montre, ce me semble, tout à la fois quelle était l'autorité absolue du stratège dans sa province et quelles nombreuses tribulations s'abattaient, périodiquement, sur les pauvres. Nous retrouvons bien, dans cet article de code, l'esprit de justice qui présida à toutes les réformes des Basileis byzantins [3]. L'archôn, dans l'espèce le stratège, doit punir les injustices commises par les soldats ; il doit empêcher que, sous prétexte d'impôts, les fonctionnaires ne pressurent injustement les habitants (κωλυέτω ἐν προσχήματι δημοσίων εἰσπράξεις ἀθεμίτους γίνεσθαι) ; il doit veiller à ce que les pauvres ne soient pas soumis à des surcharges injustes, soit à l'arrivée des magistrats, soit à celle des soldats (ἢ διὰ παρουσίαν ὀφφικίων ἢ στρατιωτῶν ἀδικεῖσθαι τοὺς πένητας). N'avons-nous pas là, vraiment, en raccourci et d'une façon clairement exprimée, le tableau de tous les abus que commettaient dans l'Empire, les puissants contre les pauvres, les « δυνατοί » contre les « πένηται », et au sujet desquels les Basileis durent énergiquement sévir ? Aussi est-ce bien le fonctionnaire tel que Basile le pouvait rêver que l'Epanagoge peint en deux mots quand elle dit après le Digeste : « que l'archôn soit d'un abord facile (εὐχερὴς τοῖς προσιοῦσιν) et qu'il ne soit pas méprisable, mais aussi qu'il ne fréquente pas ses subordonnés d'égal à égal et qu'il ne se montre avec eux ni miséricordieux, ni colère » (καὶ μὴ δηλούτω τῇ ὄψει ἐλεῶν ἢ ὀργιζόμενος) [4], c'est-à-dire qu'il soit juste avec tous.

Si le stratège ne relevait que de l'Empereur quant à ses pou-

---

1. *Epanag.*, VI, 5, 73.
2. *Basilic.*, livre III, t. I, § 17 et 19, pp. 97, 98.
3. Ce titre est pris aux Livres justiniens et se trouve reproduit dans les *Basiliques*. Il est donc contemporain de Justinien ; mais Basile en le copiant dans le *Digeste* (I. 18, 6, § 3, 4, 5) l'a rendu plus général et ainsi a pu l'appliquer à son temps où ces sortes d'abus, nous le savons par ailleurs, étaient très nombreux.
4. *Epanag.*, VI, 11, p. 74.

voirs, il semble bien, cependant, qu'entre l'un et l'autre il y avait, le cas échéant, un trait d'union. Nous venons de voir qu'en certaines circonstances l'évêque pouvait, momentanément, recevoir les plaintes des provinciaux et les porter à l'Empereur ; mais ce n'était là qu'une exception. Comme nous l'avons déjà remarqué, c'était le *questeur* qui était chargé d'assurer les rapports ordinaires entre le stratège dans sa province et le gouvernement central. Sous ce rapport, l'Epanagoge est très catégorique. Le questeur peut appeler et amener devant l'Empereur les archontes de la province et faire le nécessaire pour qu'ils soient jugés en toute justice [1] ; il a droit d'user de lettres publiques à l'adresse des « higoumènes des éparchies », c'est-à-dire des magistrats, afin que ceux qu'il envoie ainsi dans les provinces y demeurent en sécurité, et s'il leur manque le secours de la loi pour accomplir leur mission, qu'il puisse le leur donner ; néanmoins, ce fait établi, on peut dire que, d'une façon générale, le stratège ne relève que de l'Empereur et communique directement avec lui.

Il est, cependant, un autre personnage dont parle la Notice de Philothée et sur lequel nous n'avons pas de renseignements bien précis, mais qui paraît avoir joué un certain rôle dans les rapports entre le pouvoir central et les provinces. Ce sont les « οἱ ἐκ προσώπου τῶν θεμάτων [2] », les représentants des thèmes. Ces fonctionnaires d'ordre militaire, catalogués parmi les stratèges, faisant partie de la liste des soixante, pouvant être patrices et anthypatoi, étaient probablement en résidence habituelle à Byzance. L'Empereur, comme il arriva sous Léon VI, les envoyait en cas de nécessité dans les thèmes pour y remplir l'office de stratège. Ils prenaient rang alors dans la proéleusis impériale, suivant le rang du thème qu'ils administraient. Il serait assez curieux de savoir si ces « οἱ ἐκ προσώπου » n'avaient pas une fonction habituelle à Byzance. Peut-être — mais c'est là une simple conjecture — appuyée seulement sur le passage du Livre des Cérémonies, nous représentant ces fonctionnaires passant avec le rang de leur thème — étaient-ils chargés de représenter le thème auprès de l'Empereur? Nous aurions ainsi, à Constantinople, des officiers supérieurs, chacun très au fait

---

1. *Epanag.*, titre, V, 9, p. 72.
2. Cf. à ce sujet, Mitard, *Byzant., Zeitschrift*, XII, 1903, p. 592.

des choses de leur thème respectif, instruisant l'Empereur de ce qui se passe dans la province, connaissant la langue du pays, la répartition ethnographique des populations et en cas de difficulté, aptes à aller représenter utilement le souverain dans la contrée qui leur était assignée et à prendre en mains le gouvernement du thème. Ces hauts fonctionnaires, en tous cas, n'avaient pas à Constantinople de subordonnés.

Comme tous les grands fonctionnaires en résidence à Constantinople, le stratège a sa « προέλευσις », son ministère ; ce ministère, en vérité, paraît être tout militaire ; aussi le retrouverons-nous plus loin en parlant de l'armée ; mais à côté du thème, il y a l'administration civile de la province et, si elle relève du stratège, elle est cependant distincte de l'administration militaire. En combinant un certain nombre de textes, et grâce surtout aux monuments figurés qui nous sont parvenus, comme les sceaux, nous pouvons arriver à nous représenter ce qu'était le gouvernement provincial au IXe siècle et aux débuts du Xe.

Une organisation assez analogue à celle qui fonctionnait à Byzance semble bien avoir existé dans les provinces au triple point de vue financier, judiciaire, administratif, car nous trouvons dans chaque éparchie un certain nombre de fonctionnaires attachés à l'une de ces trois grandes divisions. Tous s'appelaient « archontes » (τὸ τοῦ ἄρχοντος ὄνομα γενικὸν ἐστι καὶ σημαίνει καὶ στρατηγὸν καὶ ἀνθύπατον καὶ πάντας τοὺς ἐπαρχιῶν διοικητὰς)[1] et tous recevaient leur autorité de l'Empereur assisté, semble-t-il, d'un conseil de grands fonctionnaires : le questeur, l'éparche de la ville, le comte des largesses (ὁ κόμης εἰσοδίων), le comte des biens privés (ὁ κόμης εἰδικῶν) de l'Empereur et, à l'occasion, du chartulaire du vestiaire, suivant, sans doute, l'administration dont relevait chaque fonctionnaire. Il est assez curieux d'observer que le logothète « τοῦ γενικοῦ » ne paraît pas faire partie de ce conseil administratif. Serait-ce que le protonotaire du thème ne relevait pas, sous Basile, de ce fonctionnaire mais d'un des deux autres ministres des finances ? C'est ce qu'il est impossible de dire[2].

En tête de l'administration financière de la province se

1. *Epanag.*, VI, 1, 73.
2. *Epanag.*, VII, 1, 74.

trouvait le *protonotaire du thème* dont nous avons déjà parlé. C'était lui qui avait la garde du trésor et présidait aux levées d'impôts. Ce protonotaire du thème, nous le retrouvons mentionné sur les sceaux de presque tous les thèmes et toujours avec d'assez modestes titres nobiliaires, tels que ceux de spathaire, spatharocandidat, hypatos, vestite, etc. ; quelquefois, cependant, il paraît réunir en ses mains plusieurs fonctions financières, et c'est probablement ce qui explique que nous connaissons un protonotaire des Boukellarioi qui est protospathaire parce qu'il est aussi préfet des domaines impériaux dans le thème [1] ; d'autrefois il est commerciaire en même temps que protonotaire [2] ; il peut même arriver que, par hasard, et sans doute pour récompenser une action quelconque, le protonotaire porte le titre de patrice ; mais ce sont là des cas très rares et qui n'ont jamais fait loi. Autour du protonotaire se groupaient les divers officiers d'ordre financier en résidence dans le thème : les époptes ou épiskeptites, les dioecètes, les commerciaires, les practores, les préposés aux domaines impériaux, les « horrearii » ou préposés aux greniers publics comme à Panorme, auxquels il faut ajouter les directeurs d'établissements de bienfaisance qui, probablement, devaient être comptés parmi les fonctionnaires financiers. Nous avons en effet des sceaux où les deux fonctions se trouvent réunies. C'est ainsi que Manuel est inspecteur des domaines impériaux et xénodoche de Nicée. Peut-être aussi les anagraphes (ἀναγραφεῖς) étaient-ils des fonctionnaires d'ordre financier. Nous avons des sceaux mentionnant ces personnages au IXe siècle. L'un est anagraphe des Douze Iles, l'autre du Péloponèse [3]. Tous ces fonctionnaires avaient eux aussi des titres nobiliaires, mais modestes, comme le protonotaire. Ils étaient hypatos, spathaires, couvouklisios, vestite, etc. Cependant, certains — et toujours d'après le même principe que le titre est indépendant de la fonction — possédaient pour des raisons personnelles des titres plus élevés. Nous connaissons

---

1. Aucun sceau, à ma connaissance, ne donne mention d'une union des pouvoirs judiciaires et financiers entre les mains du protonotaire. Il est probable qu'il ne faut pas accorder une trop grande valeur à la glose des *Basiliques* citée par Rambaud, p. 200.
2. Schlumberger, *Mélanges*, p. 215.
3. *Sigillog.*, 181, 194.

un commerciaire de Thessalonique qui est protospathaire, un dioecète de Sicile qui est patrice, etc. Tous ces fonctionnaires relevaient des grands officiers de la couronne en résidence à Byzance : du logothète du Trésor public ou du chartulaire du sakellion ; mais un lien de subordination les unissait-il aussi au protonotaire ? c'est ce que nous ne pouvons dire. Il est probable que non, pour cette double raison, qu'ils possédaient tous des titres analogues et paraissent dans les cérémonies marcher sur un pied d'égalité ; surtout qu'ils relevaient du stratège, et, puisqu'on avait à dessein abaissé les protonotaires en faveur des chefs militaires du thème, ce n'était pas pour donner au représentant civil du pouvoir une sorte de « προέλευσις » qui l'eût grandi et rendu plus fort en face de son supérieur. Seulement — et cela est à noter — entre les divers protonotaires du thème, il y avait une hiérarchie et cette hiérarchie était précisément celle des thèmes. Un protonotaire des Anatoliques ou des Arméniaques avait le pas sur un protonotaire de Paphlagonie ou de Charsian et il est probable qu'il en allait de même des autres fonctionnaires répandus dans les thèmes. Tous, en effet, ne résidaient pas dans la métropole. Chaque ville, comme le prouvent les sceaux, avait ses dioecètes, ses épiskeptites, etc.

L'administration judiciaire se trouvait représentée dans le thème par le tribunal de la métropole à la tête duquel se trouvaient les *juges du thème* (θεματικοὶ κριταί) avec, probablement, un juge supérieur, *l'anthypatos* [1] du thème. Ces juges avaient, en général, un rang nobiliaire plus élevé que les protonotaires. Ils étaient souvent protospathaires. A leurs côtés travaillait un certain nombre de magistrats que les Basiliques [2] appellent « higoumènes » et qui avaient une charge plus ou moins importante. Il y avait des higoumènes « μείζους » et d'autres « ἐλάττους ». Leur mission consistait à veiller à l'exécution des lois, à juger des procès, à faire respecter la justice ; ils avaient droit de s'immiscer dans la vie privée des individus quand les circonstances l'exigeaient. Ainsi c'était à l'archonte, c'est-à-dire probablement au juge de donner son avis dans les questions de mariages lorsque les parents des jeunes gens

---

1. *Epanag.*, VI, 1, 73 ; *Cerem.*, p. 241.
2. *Basilic.*, I, t. I, § 30, p. 23.

étaient fous [1]. De leurs décisions on pouvait en appeler au jugement de l'Empereur, du Patriarche, de l'éparche ou du questeur, suivant le cas [2]. Comme le stratège, le juge de province portait une ceinture (ζώνη), symbole de son autorité. A cette catégorie de fonctionnaires se rattachait le « préposé aux pétitions » (ὁ ἐπὶ τῶν δεήσεων) qui paraît avoir existé dans chaque thème. Parfois le même fonctionnaire était préposé aux pétitions et juge du thème [3].

Enfin, il y avait dans les thèmes des *éparches*. Nous ne les connaissons que par la mention qu'en donne le Livre des Cérémonies [4]; il est probable qu'ils avaient des attributions assez analogues à l'éparche de Constantinople, mais avec une autorité bien moindre puisqu'elle se trouvait directement limitée par celle du stratège. Il est possible qu'ils n'aient eu entre les mains qu'une autorité policière. Nous connaissons par Photius le nom d'un éparche de Chypre, Staurakios [5].

A côté de tous ces fonctionnaires qui venaient de Byzance ou étaient nommés par le gouvernement central, il faut probablement ajouter le conseil municipal qui, sans doute, fonctionnait dans chaque commune (χώρα) jusqu'à la novelle de Léon les supprimant. Il est très vraisemblable que c'est à ce sénat municipal que l'Epanagoge fait allusion quand elle ordonne à l'évêque et aux « protevontes » de dénoncer les archontes prévaricateurs.

Enfin il y avait probablement dans chaque ville une sorte de garde municipale, une « τάξις » destinée à faire la police du lieu. Cette taxis avait sa caisse et son organisation propre, mais paraît avoir été assez mal famée, car on y inscrivait d'office le clerc qui se mariait après son ordination ou le moine qui pour la seconde fois s'échappait de son monastère [6].

Ainsi donc chaque province reflétait assez bien l'image de la grande ville, capitale de l'Empire, quant à l'organisation civile qui s'y trouvait établie. Il fallait un gouvernement militaire fort et respecté : la province l'avait par son thème et son

1. *Proch.*, I, 13, p. 17.
2. *Epanag.*, XI, 9, 89.
3. *Sigillog.*, 493.
4. *Cérém.*, 241, 260.
5. Migne, CII, 984.
6. *Basilic.*, III, t. I, § 27 ; IV, t. I, § 14, p. 100 et 116.

stratège ; il fallait pour sauvegarder les intérêts particuliers et empêcher une omnipotence qui aurait pu être fatale aux citoyens et à l'Empire, un gouvernement civil assez bien organisé pour remplir sa mission, assez modeste pour ne pas annihiler l'autorité militaire et s'ériger en puissance rivale de la sienne ; elle l'eut par ces officiers subalternes de rang moins élevé que les anciens fonctionnaires de l'Empire, mais dont l'utilité fut tout aussi grande, heureuse et profonde.

# CHAPITRE IV

### ADMINISTRATION DE L'ÉGLISE

En s'occupant de finances, de justice et d'administration, Basile essayait de réparer, dans la mesure du possible, des maux qui n'étaient pas chose nouvelle à Byzance. Plaintes contre l'aggravation des impôts, la rapacité des riches, l'avidité brutale des agents du fisc, on les avait entendues monter nombreuses et répétées vers le souverain, dès le jour où Constantinople fut fondée ; loyaux et sincères efforts des Basileis pour faire régner en leur Empire un peu de justice et d'équité, on les trouvait inscrits en lettres ineffaçables sur presque chacune des pages législatives que tracèrent de leurs mains si souvent malhabiles Justinien et ses nombreux successeurs. En cet ordre de choses, Basile n'innovait donc pas. Il ajoutait seulement avec éclat un nouvel anneau à la chaîne de traditions qu'il avait trouvée dans le patrimoine de ses prédécesseurs. En allait-il être de même de la question autrement plus grave qui dût, dès le premier jour, solliciter son attention : la question religieuse ? C'est ce qu'il faut maintenant étudier [1].

A l'avènement de Basile, la situation religieuse de l'Empire était singulièrement complexe. L'Eglise sortait à peine d'une lutte aussi longue que douloureuse, lorsque l'affaire de Photius vint de nouveau agiter les esprits et diviser les âmes. Deux camps se reformèrent sur l'heure comme aux plus beaux jours de l'iconoclasme et la guerre fut une seconde fois déclarée. Elle devait durer longtemps.

---

1. Il est presque inutile de rappeler que je n'ai pas à faire ici l'histoire complète du schisme de Photius. Ce que je dois montrer, c'est la conduite de Basile Ier dans les affaires religieuses. Je ne rappellerai donc que les faits essentiels et leur enchaînement, chose nécessaire pour bien comprendre la situation religieuse du moment et la politique de l'Empereur.

Tant que Michel vécut, Photius resta le maître de l'état de choses qu'il avait, sinon créé, du moins accepté. Le patriarche Ignace, son prédécesseur, fut exilé et honteusement persécuté ; ses adhérents durent quitter évêchés ou fonctions et, comme si toute cette révolution s'était accomplie d'après les règles canoniques, Rome fut requise pour en sanctionner le résultat. Photius, en effet, suivant l'usage, expédia — bien qu'assez tard et nous allons voir pourquoi — à Nicolas I$^{er}$, une lettre pleine de respect contenant sa profession de foi, l'annonce de son élévation au trône pontifical et la demande d'un Concile pour mettre fin à l'hérésie des iconoclastes. Si Photius s'imaginait fléchir par cette démarche tardive et de pure déférence, la rigueur d'un Pontife comme Nicolas I$^{er}$, il se trompait étrangement. Il fallait bien peu connaître le Pape régnant, son caractère et ses idées pour croire qu'il laisserait passer sans mot dire une si belle occasion d'affirmer sa souveraine autorité.

Quoi qu'il en soit, une année après l'avènement de Photius, Constantinople décida d'envoyer à Rome une ambassade solennelle, chargée d'aller porter à Nicolas I$^{er}$ avec de riches présents, la lettre du Patriarche. Cette ambassade se composait de Méthode, métropolitain de Gangres, de Samuel, évêque de Chonae [1] et de deux autres prélats déposés par Ignace : Zacharie et Théophile d'Amorion [2], auxquels on avait adjoint un laïque, le protospathaire Arsavir [3]. Tous étaient partisans convaincus de Photius. Ainsi choisie, la légation partit de Constantinople vers la fin de 859 et arriva à Rome en 860 [4]. Elle avait *pour mission officielle* de demander au Pape des représentants pour le Concile qu'on voulait tenir, afin de terminer définitivement la querelle iconoclastique ; *pour mission officieuse* de faire reconnaître Photius [5]. Malheureusement pour Byzance, les choses ne marchèrent pas comme elle aurait pu l'espérer. Le Pape était-il prévenu par ailleurs des irrégularités qui s'étaient commises lors de l'élection de Photius et des graves événements qui s'étaient accomplis au cours de l'année écoulée ? Les ambassa-

1. Chonae était un simple évêché de la province ecclésiastique de Laodicée. Photius éleva Samuel à la dignité d'archevêque. (*Vit. Ignat.*, p. 516).
2. *Vit. Ignat.*, p. 516.
3. *Liber Pontif. Vit. Nicol.*, II, p. 154 et 168, note 14.
4. *Ibid.*, note 13.
5. *Lib. Pontif. Vit. Nicol.*, p. 155.

deurs laissèrent-ils trop clairement lire dans leur jeu[1] ? Nul ne le sait. Ce qui est certain, c'est que Nicolas Ier promit d'envoyer des légats, mais se réserva l'affaire de Photius qui devait être simplement instruite devant ses représentants lors du futur concile[2].

La mission byzantine avait donc échoué. Elle emportait pour toute réponse deux lettres datées du 25 septembre[3], l'une pour l'Empereur et l'autre pour son Patriarche. Dans chacune, Nicolas s'élevait contre la prétention qu'avait eue un synode privé de déposer, sans son consentement, le pontife Ignace, et surtout d'élever au souverain pouvoir, sans les épreuves préalables, un simple laïque, si savant qu'il put être.

Une telle réponse était une fin de non-recevoir, adroitement déguisée. Nicolas, en effet, se rendait très bien compte de la situation, s'il ne la connaissait pas. Il était peu naturel qu'un vieillard dont le gouvernement depuis douze ans avait toujours été ferme et sage, sinon aimable et doux, et dont la haute personnalité n'avait jamais été atteinte par l'ombre même d'un soupçon, homme de discipline et d'austérité, saint de vieille et dure roche, fut subitement déposé, envoyé en exil et promptement remplacé, si derrière l'affaire religieuse ne s'agitait pas une affaire politique. Aussi, tout en refusant de confirmer, avant tout procès canonique, une aussi extraordinaire déchéance, Nicolas ne voulut-il pas prendre parti. Ignace pouvait avoir — et c'était probable — ses sympathies personnelles ; mais il se garda bien d'en rien laisser voir. Très canoniquement, il réunit à Rome un synode pour le choix des légats qui devaient prendre part au concile et exposa les instructions qu'il allait leur donner. Les ambassadeurs désignés, Rodoald et Zacharie, devaient continuer à traiter Ignace en évêque et Photius en laïque, terminer le schisme iconoclastique et simplement réunir les pièces du procès en cours au sujet de l'élection patriarcale. Lui seul, Nicolas, déciderait en dernier ressort sur ce qu'il convenait de faire[4].

---

1. Les ambassadeurs étaient chargés de dire au Pape qu'Ignace vieilli avait abdiqué et s'était retiré dans un monastère où tous les égards dus à son rang lui étaient assurés. (*Vit. Ign.*, 516).
2. Mansi, xv, p. 165. Lettre II. *Liber Pontif.*, p. 158.
3. Jaffé, 2682-2683.
4. Mansi. xv, 165-171. *Lib. Pontif.*, 158.

C'était là, évidemment, la meilleure solution provisoire. D'une part, en effet, malgré toutes les apparences et certains faits contraires [1], on imputait à Ignace divers crimes. Les uns disaient qu'il avait été l'élu de la puissance séculière [2], les autres qu'il se portait accusateur du patriarche Méthode ; Photius le traitait de détracteur de la mémoire du pontife défunt et disait qu'on devait le regarder comme un véritable parricide [3]. D'autres l'accusaient même — et la chose pouvait ne pas manquer de vraisemblance aux yeux de certains, vu les origines d'Ignace — de faire de l'agitation politique. Enfin — et c'était le motif véritable — on lui reprochait son autorité, son excessive raideur, ses idées de réformes et sa sévérité [4]. Or. ces attaques, ces irrégularités, ces fautes, réelles ou prétendues, Ignace devait les réfuter et les expliquer. Quant à Photius, il se trouvait en très peu canonique posture. Contrairement à tous les usages, il avait subitement et sans transition, passé de la vie séculière — et d'une vie séculière qui n'était pas exempte de tous reproches [5] — à la vie épiscopale, et cela uniquement grâce au souverain ; il avait accepté un siège régulièrement occupé ; il avait usé de violence pour obtenir l'abdication de son prédécesseur ; enfin, chose plus grave, c'était un évêque plusieurs fois condamné : par un synode, par Ignace et par le Pape, Grégoire Asbestas, qui l'avait sacré. Comment dès lors, en présence d'un tel conflit, agir autrement qu'en convoquant un concile dans lequel, des deux côtés, on exposerait les faits, on expliquerait les événements, on se justifierait. Malheureusement, l'affaire déjà par elle-même assez compliquée, se trouvait encore obscurcie par la division extrême des partis. Ignace avait pour lui — et ce devait être aux yeux du Pape une bonne note — les moines qui défendaient dans le Patriarche un des leurs. Le Stoudion, à sa voix, s'était levé pour sa défense, et son higoumène, Nicolas, avait souffert la persécution à cette occasion [6]. Le moine Théognoste, de son côté, dès 861 [7], était parti pour Rome et dans la délégation byzantine que le Pape ne tarda pas à appeler à son

---

1. Mansi, xv, 171.
2. *Ibid.*
3. Anastase, préf. au VIII⁰ concile, Mansi, xvi, 3.
4. *Vit. Ign.*, 502.
5. Mansi, xv, p. 194 et 259. *Vit. Ignat.*, 512.
6. *Vit. Nicol.* Migne, CV, p. 908-909.
7. *Lib. Pontif.*, p. 187, n° 30. Mansi, xvi, 369.

tribunal se trouvaient plusieurs religieux[1]. Bien plus, le haut clergé lui-même paraît avoir été, au début de l'affaire, partisan du vieil Ignace. Quelques membres du synode « τῶν ἐπισκόπων οἱ νομιζόμενοι λογάδες » prélats de cour et de fidélité douteuse[2], se rangèrent bien, en vérité, dès la première heure, du côté de Photius et s'en allèrent « à cause du malheur des temps » demander à Ignace une prompte abdication ; mais ce fut l'exception. La majorité des évêques et le peuple, tout d'abord, lui restèrent fidèles[3]. Les uns et les autres réclamèrent le retour du Patriarche et la cessation des tourments qu'on lui faisait subir. Le synode alla même, paraît-il, jusqu'à refuser de reconnaître Photius et présenta à sa place trois autres candidats[4]. Malheureusement la résistance fut de courte durée. De concessions en concessions, gagnés par des faveurs ou brisés par la crainte, les évêques, à l'exception de cinq[5], acceptèrent tour à tour le fait accompli, à une condition cependant : ils exigeaient qu'Ignace vécût honoré, qu'on ne fit rien contre sa volonté et qu'on ne le molestât d'aucune façon[6]. Photius donna sa parole et l'accord se trouva ainsi réalisé quelques semaines durant[7]. Mais, sans doute, sous la poussée de l'opinion populaire toujours peu favorable à Photius[8], le nouveau Patriarche, dans l'espérance de vaincre les dernières résistances, imagina de réunir un concile, aux Saints-Apôtres. Les Pères, habilement choisis et circonvenus, firent ce qui leur fut commandé : ils déposèrent Ignace et l'anathématisèrent. Peine perdue ! Tandis que Métrophane et quelques amis se détachaient définitivement de Photius et le déposaient à leur tour dans un concile tenu par eux à Sainte-Irène, la population continuait de se prononcer en

1. Mansi, xv, 211.
2. *Vit. Ignat.*, p. 505.
3. *Anastase*, préf. au VIIIᵉ concile. Mansi, xvi, 4.
4. Mansi, xvi, 415.
5. Nicolas Iᵉʳ en comptait six : Antoine de Cyzique, Basile de Thessalonique, Constantin de Larissa, Théodore de Syracuse, Métrophane de Smyrne, Paul d'Héraclée du Pont (Mansi, xv, 211). Cependant à la première session du Concile de 869 on trouve un chiffre légèrement supérieur. Il fut décidé que seuls auraient droit de siéger *ipso facto* ceux qui avaient souffert pour Ignace. Les autres, ceux qui faiblirent, furent introduits plus tard. Or nous avons à la première séance 5 métropolitains et 7 évêques (Mansi, xvi, p. 18).
6. *Vit. Ign.*, p. 513.
7. Quarante jours au dire de Théognoste. (Mansi, xvi, 300).
8. *Anastase*. Mansi, xvi, 4.

faveur d'Ignace. C'est alors que partit de Constantinople l'ambassade de 859 conduite par Méthode[1].

Ainsi donc quand les ambassadeurs de Nicolas I$^{er}$ arrivèrent à leur tour à Constantinople, la situation était très tendue. Photius ne se maintenait au pouvoir que grâce à l'appui de Michel et de Bardas. Ignace était dans les fers, honteusement traité, irrégulièrement déposé et les gens d'Eglise comme le peuple se partageaient en deux obédiences : l'une momentanément victime de sa fidélité au Patriarche, l'autre victorieuse et récompensée de sa complaisance par les grandes dignités que Photius lui octroyait.

Les légats romains, Rodoald de Porto et Zacharie d'Anagni, arrivèrent à Constantinople vers le mois de février 861, porteurs de lettres et d'instructions précises. La conduite qu'ils avaient à suivre était donc assez simple si elle n'était pas très aisée. En demandant à Rome des légats, Photius voulait prouver à l'Orient tout entier qu'il était, non seulement en communion avec le chef incontesté de l'Eglise, mais encore qu'il était officiellement reconnu par lui comme Patriarche de Constantinople. Aussi la colère fut-elle grande au Palais comme au Patriarcheion quand on apprit quelle était la mission confiée aux légats. Immédiatement circonvenus, ils furent tenus à vue, afin de les empêcher de communiquer avec le parti des « Ignatiens »[2]; on les flatta, on les menaça, on leur donna même de l'argent[3], dans l'espérance de les faire céder. Et c'est ce qui arriva. Loin de leur patrie, en pays dont ils ne connaissaient sans doute ni la langue ni les usages, enserrés dans un réseau d'affaires qu'il leur était impossible de débrouiller, les légats n'eurent pas de peine à comprendre que, s'ils voulaient revoir la campagne romaine, leur petit évêché suburbicaire, leur famille et leurs amis, ils n'avaient qu'à prendre le parti du plus fort. Peut-être même les convainquit-on réellement des droits de Photius. En tout cas, quelle que soit la cause qui les ait fait agir, contrairement aux ordres reçus, ils firent réunir le concile pour lequel ils avaient été envoyés.

Le « nouveau brigandage » s'ouvrit aux Saints-Apôtres en mai 861. Trois cent dix-huit membres y assistaient, tous choisis

1. Mansi, xvi, 416 et seq.
2. Mansi, xv, p. 286.
3. *Lib. Pontif.*, 155. Mansi, xv, 219 et xvi, 429.

d'avance [1] et parmi des gens qui n'auraient pas dû figurer au nombre des Pères. Aucun Patriarche n'était là pour présider les séances [2]. Ignace, sommé de comparaître comme simple moine [3], était jugé d'avance [4]. De tous les griefs formulés contre lui, on en retint un seul et on lui appliqua le canon XXXI des constitutions apostoliques : « Quiconque aura obtenu une dignité ecclésiastique au moyen des dépositaires du pouvoir civil devra être déposé. » Il fut donc honteusement dégradé comme « indigne. » Par la force on lui fit tracer une croix sur un acte d'abdication auquel on ajouta : « Moi, très indigne Ignace de Constantinople, je reconnais être devenu évêque sans élection « ἀψηφίστως », et j'avoue également avoir gouverné, non pas d'une manière sainte, mais d'une façon tyrannique [5]. » Puis on chercha à s'en débarrasser [6] en lui faisant crever les yeux [7]. Il ne fallut, paraît il, rien de moins qu'un long tremblement de terre de quarante jours au mois d'août pour rendre au vieux Patriarche un peu de répit [8].

L'affaire d'Ignace ainsi réglée, le concile termina son œuvre, en édictant quelques canons de saveur toute romaine, destinés à adoucir le Pape, et les légats s'en allèrent, laissant l'Eglise byzantine encore plus profondément divisée qu'elle ne l'avait été jusque-là. Ils rentrèrent vers la fin de l'année 861 [9].

Bardas, le véritable instigateur du concile, avait espéré, en faisant anathématiser Ignace, que le peuple se détacherait tout à fait de son Patriarche. Ce fut en vain. « Ignace restait toujours le Patriarche du peuple ; Théophile, celui de l'Empereur ; Photius, celui de Bardas [10]. » A cette date, Basile ne comptait pas encore. Il n'avait nulle qualité pour intervenir dans tous ces graves débats. Tandis qu'autour de lui la lutte continuait de plus en plus âpre et acharnée, que jusqu'aux amis de Photius, chacun commençait à trouver que toute cette affaire tournerait

1. Mansi, xv, 192. Theoph. Contin., *Vit. Mich*, xxxii, 209.
2. Mansi, 179-202.
3. Mansi, xvi, 296.
4. Wolf von Glanvell, *Die Kanonessammlung des Kardinal Deusdedit*, IV, ch. ccccxxviii, p. 603.
5. *Vit. Ignat.*, 521.
6. *Ibid.*, 513.
7. *Ibid.*, 521-524.
8. *Ibid.*, 521.
9. Héfelé-Delarc, V, 450 et seq.
10. *Vit. Ignat*, 528.

à mal pour ceux qui l'avaient lancée [1], lui grandissait dans l'ombre et, un jour, on apprit que de favori il était passé maître. Il est impossible qu'ambitieux comme il l'était, en situation de jouer d'un instant à l'autre le rôle qu'il ne tarda pas en effet à remplir, il ait pu ignorer le litige et ne pas prendre parti. Cependant, c'est assez tard que son nom apparaît tout à coup dans la mêlée. Le 13 novembre 866, après cinq années de longue agitation durant lesquelles, de part et d'autre, synodes, lettres, ambassades, dépositions et anathèmes se multiplièrent sans pour autant faire avancer les choses, Nicolas Ier voulut adresser un suprême appel à l'Eglise comme à l'Etat byzantins. Il expédia par l'intermédiaire de nouveaux légats, toute une série de missives destinées à divers grands personnages de l'Empire : à Michel, à Photius, à Bardas [2], à Ignace, à Théodora, à Eudocie, aux archevêques, au sénat. A Basile il ne songea pas ! Quelques semaines plus tard, cependant, en mai 866, Basile montait sur le trône de Byzance comme associé de Michel.

Subitement sa position changeait. Il ne pouvait plus se faire que sa personne restât encore étrangère au débat religieux, si toutefois elle y était jusque-là demeurée. En tous cas, Photius rencontrait sur sa route une nouvelle puissance avec laquelle il allait avoir à compter. Comme le disait Nicolas Ier dans sa lettre à Bardas, l'état aigu où en étaient arrivées les choses était l'œuvre personnelle du César. Pour se venger d'un affront très justifié, il avait jeté l'Eglise et l'Etat dans les pires aventures et soutenu de tout le prestige de son autorité le nouveau Patriarche. Lui mort, qu'allait-il advenir ? Basile, que la question d'ordre privé n'intéressait nullement, continuerait-il cependant à défendre la créature de celui qu'il venait d'assassiner ? Evidemment non — à moins que cette créature ne lui fût nécessaire à son tour. La situation devait donc, par la force des choses, se trouver modifiée, à partir de l'avènement de Basile. Photius le comprit vite. Il était trop intelligent pour s'imaginer, quoiqu'il l'ait écrit plus tard, qu'il allait acquérir sur Basile une influence quelconque par le fait seul qu'il l'avait sacré et avait participé avec lui aux saints mystères [3]. Non, jusqu'à la mort de Michel,

1. *Vit. Ignat.*, 521.
2. Rome ignorait encore, à cette date, la mort de Bardas.
3. Photius, *Lettre à Basile*, Migne CII, Lettre XVI, p. 765.

le nouvel Empereur, vraisemblablement aussi peu soucieux des choses religieuses qu'il l'était des choses morales, ne fit pas difficulté de se ranger à l'avis de son impérial associé. D'un côté comme de l'autre, c'était pure flatterie et simple habileté qui ne préjugeaient pas de sa conduite à venir. Aussi quand Photius, pour répondre aux synodes romains comme aux anathèmes et aux dépositions que Nicolas avait lancés contre sa personne et ses tenants [1], décida de réunir un nouveau concile dont la mission serait d'anathématiser et de déposer à son tour le Pape régnant, Basile et Michel y assistèrent-ils [2], et leur nom figura même, parmi les partisans de Photius, au bas des documents que Rome ne tarda pas à recevoir. Après la mort de Michel, Basile, il est vrai, protesta bien auprès du Souverain Pontife contre l'abus que fit de son nom le Patriarche déchu ; mais qui disait la vérité de Photius ou de Basile ? Nul ne pourrait le dire : la moralité des deux accusés n'étant pas à coup sûr un plus sérieux garant de leur parole que le fait contesté. En tous cas, une chose est certaine, c'est que Basile, au lendemain de son avènement, s'empressa d'envoyer un homme de confiance à la recherche de Zacharie en route pour Rome [3], avec l'ordre formel de rentrer à Constantinople.

En attendant, du vivant de Michel, assez curieuse était la conduite de ces deux hommes subitement placés par les événements en face l'un de l'autre. Officiellement, ils semblaient unis ; mais en sous-main chacun préparait l'avenir. Photius, adroit courtisan, n'avait pas manqué de s'apercevoir assez vite du changement qui s'opérait au cours de l'année 866-867 dans les relations réciproques des deux empereurs. Et il en profitait. Ignorant la façon dont les choses tourneraient et désireux d'avoir en toute hypothèse un protecteur dans le souverain futur, il flattait tour à tour Michel et Basile et, s'il faut en croire le panégyriste d'Ignace, ne se faisait nullement faute d'aller de l'un à l'autre semer entre eux la discorde et la haine [4]. Malgré

1. *Biblioth. Casin.*, IV, p. 359.
2. Ce concile sur lequel nous avons très peu de renseignements et qui ne se tint peut-être même pas, doit se placer entre le mois de mai et le mois de septembre 867. On soupçonna toujours Photius d'avoir fabriqué pièces et signatures. Mais cela n'est pas prouvé. *Lib. Pontif.*, II, 179. *Vit Ign.*, p. 537.
3. *Vit. Ignat.*, 540.
4. *Ibid.*, 537.

ses faiblesses et ses crimes, Basile n'aimait pas la « fourberie de ce sage »[1]. Si sa vie morale était faite de bien des hontes et si son ambition l'entraînait à bien des compromissions, il avait du moins pour lui le souci de la justice et la conduite de Photius le révoltait. En agissant de la sorte, Photius se perdait d'avance. Comment Basile aurait-il pu soutenir un homme qui trahissait sans le moindre scrupule ses plus fidèles amis, qui n'avait pas trouvé un mot pour protester contre le meurtre de Bardas, pas un pour s'élever contre les vices inqualifiables de l'empereur Michel[2]? Basile, en vérité, aurait peut-être passé encore sur de semblables délicatesses si, du moins, Photius avait pu lui servir. Il aurait alors agi avec lui comme avec ses autres ennemis par la crainte ou la faveur ; malheureusement pour le Patriarche, sa personne, tout au contraire, était un obstacle, une gêne, un danger pour Basile, et forcément il n'allait pas manquer de le sacrifier.

Qu'importait-il, en effet, avant tout au Basileus pour l'accomplissement de ses rêves ambitieux? C'était de s'attacher le peuple resté fidèle à Ignace. Son retour en fit foi. En rappelant le vieillard persécuté et en exilant son implacable ennemi, Basile, par ce seul acte, se faisait pardonner le meurtre de Michel et mettait un terme à la longue agitation religieuse du règne précédent[3]. C'était déjà chose appréciable. Mais il y avait mieux. Le rétablissement d'Ignace attirait sur la personne de Basile la sympathie du Pape qui pouvait, comme l'avenir l'allait prouver, lui être utile, voire même nécessaire ; il brisait, pour toujours, un ambitieux dont les projets ne concordaient guère avec ceux que, nouveau parvenu, l'Empereur formait pour sa future maison ; il le débarrassait d'un agitateur habile duquel chacun avait tout à craindre ; il le dotait enfin d'un Patriarche énergique et tenace, évidemment, mais vieux, usé par la souffrance et la lutte et dont l'inespéré retour à la tête de l'Eglise allait faire un ami fidèle et un chaud partisan du trône qui s'élevait. N'était-ce pas là des raisons plus que suffisantes pour décider Basile? Il le pensa et ne se trompa point. Aussi, deux mois après son élévation, le dimanche 23 novembre 867, Ignace remontait-il sur le trône patriarcal de Byzance pour n'en plus redescendre.

1. *Vit. Ignat.*, 540.
2. *Ibid.*, 528.
3. Mansi, xvi, p. 18.

Photius était envoyé au couvent de Skepi [1]. La lutte avait duré neuf années [2].

Cette subite disgrâce de Photius équivalait à un véritable coup d'Etat, dans l'ordre des choses religieuses. De toute évidence, Basile voulait être seul maître de l'Empire et il en prenait les moyens, qu'il s'agit de l'Etat, qu'il s'agit de l'Eglise. Mais, dans un cas comme dans l'autre, il ne pouvait manquer de faire, avec beaucoup d'heureux, beaucoup de mécontents. Aussi n'est-il pas étonnant que sa conduite religieuse ait été assez diversement jugée par les contemporains. Les uns affirmèrent que Basile n'avait chassé Photius que parce qu'il lui avait refusé la communion au lendemain du meurtre de Michel [3]. Les autres, comme Constantin VII, ne voulurent voir en cette affaire qu'une question de justice, sans corrélation aucune avec les antipa-

1. *Vit. Ignat.*, 540.
2. *Ibid.*, 544.
3. C'est la version du continuateur de Georges le Moine et des chroniqueurs qui le copient ou s'en inspirent : Syméon Magister, Génésios, Léon. Tous prétendent qu'au lendemain du meurtre de Michel, Photius chassa Basile de l'Eglise comme indigne : « λῃστὴν καὶ φονέα », dit Syméon — et qu'irrité par cette injure l'Empereur déposa le Patriarche et réintégra Ignace. Mais cette histoire n'est pas admissible. D'abord, elle est en contradiction avec le caractère de Photius, qui n'avait pas, à l'égard des puissants, de ces périlleuses audaces ; elle l'est avec les autres sources historiques qui donnent à la conduite de Basile de très différentes raisons ; elle l'est surtout, ce qui est plus grave, avec les dires mêmes de Photius. En exil, le Patriarche déchu écrivit à l'Empereur. Dans sa lettre que nous possédons, il lui rappelle les liens indissolubles qui les unissent : sa consécration et l'Eucharistie. Nulle part, Photius ne fait la plus légère allusion à un événement qui, s'il avait été réel, était d'une telle gravité qu'il n'aurait pu le passer ainsi sous silence. Le moins qu'il eût pu faire, c'eût été de l'expliquer, d'en donner les raisons ou encore de s'humilier pour implorer son pardon. Or, nous ne découvrons rien de semblable dans la correspondance de Photius. La vérité est, probablement, beaucoup plus simple et ne doit pas même être cherchée dans les antipathies de certains chroniqueurs à l'endroit de Basile. Il eût été, en effet, à peu près impossible de lancer dans le public une histoire aussi invraisemblable, alors que chacun devait savoir la vérité à ce sujet. En réalité, cette version nous est parvenue par suite d'une confusion. Qu'on remarque, d'abord, que Syméon, après avoir raconté cette anecdote, n'en continue pas moins de dire que c'est Photius qui baptisa le jeune Etienne à la Noël 867 — chose impossible, puisqu'il était certainement chassé — mais qu'on remarque aussi que le chroniqueur n'a pas parlé de la déposition d'Ignace et de sa protestation contre Bardas, et l'on aura, je crois, le mot de l'énigme. Il est très probable, à mon sens, qu'un chroniqueur postérieur a mêlé les deux noms et, par conséquent, les deux événements et créé ainsi, sans le vouloir, la légende du courage inopiné de Photius.

thies secrètes ou avouées de l'Empereur qui resta, dit son petit-fils, l'ami de Photius, et lui confia même l'éducation de ses enfants [1] ; d'autres enfin, comme les Romains, s'efforcèrent, par la plume d'un des leurs, de montrer que Basile n'agit, en l'occurrence, que pour se conformer à la justice et aux décisions du Saint-Siège. Suivant Anastase, en effet, l'Empereur, dès qu'il fut proclamé, entreprit une sérieuse enquête sur les droits réciproques des deux Patriarches et rechercha les jugements de Rome [2]. Ce fut alors qu'il chassa Photius pour rappeler Ignace.

En fait, Basile n'avait pas besoin de ces multiples raisons pour prendre parti. Deux mois après son avènement, il avait exilé Photius tout simplement parce qu'il y était déjà décidé dès avant le meurtre de Michel. Aussi est-ce en toute vérité que Nicétas put dire, dans son panégyrique d'Ignace, que Photius fut disgracié au « lendemain » même de l'arrivée de Basile au pouvoir. Ce qui paraît bien certain, en tous cas, c'est que Basile voulut donner à cette déposition la valeur d'un acte juridique et l'apparence d'une complète soumission aux jugements de Rome. Par la déposition de Photius et le rétablissement d'Ignace, Basile ne préjugeait pas la question. Il obéissait — ou feignait d'obéir — simplement à la volonté du Pape, qui avait ordonné dès 861 de rétablir les choses dans l'état où elles se trouvaient avant la déchéance d'Ignace et il lui remettait, suivant son désir, le soin de trancher le débat. C'est pourquoi, lorsque Ignace rentra solennellement à Constantinople, accompagné du drongaire Hélias, l'Empereur exigea que, momentanément, le Patriarche irait habiter son palais paternel de Mangana [3] et non le Patriarcheion. Pour la même raison, il rappela sur leurs sièges épiscopaux et à la tête de leurs couvents tous ceux qui avaient été chassés et remplacés par Photius [4] et, tandis qu'en son particulier, il recevait solennellement Ignace à la Magnaure [5], le comblait de prévenances et le laissait en grande pompe se rendre à Sainte-Sophie [6], officiellement, il envoyait à Rome le spa-

1. Il est bon d'observer que Constantin fait le panégyrique de son grand-père. Or, à la mort d'Ignace, Basile rendit le pouvoir à Photius : ce qu'il fallait expliquer par une constante et secrète fidélité. *Vit. Basil.*, xxxiv, 292.
2. Mansi, xvi, p. 6.
3. *Vit. Ign.*, 540.
4. *Vit. S<sup>i</sup> Nicol.*, Migne, t. CV, p. 913.
5. *Vit. Ignat.*, 544.
6. *Ibid.*, 544.

thaire Euthymios informer le Pape de ce qu'il avait fait [1], puis l'année suivante, en 868[2], des légats chargés de représenter auprès du Saint-Siège les deux partis opposés [3]. Cette ambassade composée du métropolitain de Sylaeum, Jean, autrefois évêque de Pergi, pour le parti d'Ignace et de Pierre, évêque de Sardes, pour celui de Photius [4], avait mission de faire connaître au Souverain Pontife ce qui s'était fait à Constantinople depuis l'avènement de Basile, de demander des représentants pour présider le futur concile réclamé par Ignace lui-même [5] et d'obtenir miséricorde pour les partisans de Photius. Un spathaire impérial, Basile, apportait à Nicolas Ier une nouvelle lettre de l'Empereur. Ce ne fut pourtant pas le pape Nicolas qui reçut l'ambassadeur byzantin. Il était mort le 13 novembre 867 et, dès le mois de décembre, il avait un successeur dans la personne du pape Hadrien.

Ce changement de règne ne pouvait, en aucune façon, modifier tout d'abord la ligne de conduite que Rome s'était tracée. Dès l'origine du conflit, la Papauté avait agi canoniquement. Elle n'avait donc qu'à maintenir ses positions, tout en accueillant hommes et choses qui semblaient à cette heure se tourner vers elle et lui faciliter la solution du problème religieux. Aussi, dès qu'Hadrien, par l'entremise d'Euthymios, eut reçu notification des changements survenus à Byzance, s'empressa-t-il d'écrire à Basile et à Ignace. A l'un comme à l'autre, il affirme qu'il maintiendra, quoi qu'on en ait pu dire, les décisions de son prédécesseur et recommande à tous deux le moine Théognoste, l'ami d'Ignace durant les mauvais jours [6].

Malgré ces protestations d'Hadrien, de trop graves événements s'étaient passés à Byzance, cependant, pour que la situation du nouveau Pape fût exactement la même que celle de Nicolas et, par conséquent, pour qu'il agît tout à fait de semblable façon. D'abord Ignace était réintégré. Hadrien n'avait donc plus qu'à juger le différend. Ensuite et surtout une nouvelle question se posait — très grave celle-là pour Rome — le soi-disant concile

---

1. Mansi, XVI, 122.
2. Héfelé-Delarc, V, 592.
3. *Lib. Pontif.*, II, 178.
4. Mansi, XVI, 6.
5. *Vit Ign.*, 544.
6. Mausi, XVI, 120.

de Constantinople, qui avait anathématisé le Pape et compromis Basile. Il y avait, enfin, une question bulgare, posée depuis peu, qui agitait les esprits et mettait aux prises avec une acuité particulièrement vive, les deux autorités religieuses d'Orient et d'Occident. Qu'allait donc faire Hadrien d'une part et Basile, de l'autre ?

L'ambassade envoyée par Basile au Souverain Pontife arriva à Rome vers la fin de l'année 868 [1], en nombre singulièrement réduit [2]. Dès que les affaires en cours le permirent, Hadrien réunit un synode dans l'église St-Pierre pour discuter la question grecque [3]. Tout de suite, comme il fallait s'y attendre, on s'occupa du concile de Constantinople, qui avait anathématisé le pape Nicolas. Rome avait hâte de le condamner et Byzance, par son représentant impérial, Basile, avait non moins hâte de dégager l'Empereur de la compromettante solidarité que sa signature — vraie ou fausse — créait entre lui et Photius. On fut donc, de part et d'autre, très expéditif. On s'expliqua rapidement sur la part qu'avait pu prendre Basile à ce soi-disant concile. Puis, après un ou deux discours, le Pape se leva pour prononcer sa sentence : le concile de 867 était condamné, les livres relatifs à cette affaire et qu'on avait trouvés chez Photius devaient être brûlés ; Basile fut déclaré pieux et orthodoxe empereur ; Photius, ce « nouveau Dioscore » et ses partisans furent anathématisés, déposés et réduits, en cas de repentir, à la simple communion laïque ; enfin des légats partiraient pour Byzance afin d'y rétablir la paix [4].

On le voit donc, malgré les protestations d'Hadrien, il y avait quelque chose de changé dans la conduite du Pape. Par ce synode, Hadrien, contrairement à ce qu'avait toujours dit son prédécesseur Nicolas, terminait le débat en condamnant Photius sans l'avoir entendu ; il absolvait Ignace sur le rapport

1. Héfelé-Delarc, V, 592.
2. L'histoire du voyage de cette ambassade est des plus étranges. Les représentants d'Ignace et de Photius, en effet, partirent séparément. Sur l'un des bateaux se trouvait l'évêque Jean et le spathaire Basile ; sur l'autre, Pierre de Sardes et quelques moines qui l'accompagnaient. Arrivé en vue des côtes dalmates, le navire qui portait les partisans de Photius fit naufrage. Le légat et sa suite périrent, à l'exception d'un seul, le moine Méthodius que, dédaigneusement, Anastase appelle « monachulus » (*Lib. Pontif., Vit. Hadr.*, II, 178 ; *Vit. Ignat.*, 544).
3. Mansi, XVI, 50. Héfelé-Delarc, V, 594.
4. Mansi, XVI, 129.

de ses seuls partisans ; il délivrait à Basile un certificat d'orthodoxie et d'innocence qui allait rendre le nouvel Empereur maître de la situation. Ainsi, à la faveur de cette sentence, chacun gagnait ou espérait gagner quelque chose. Indépendamment de l'impression morale qu'allait faire sur les esprits le rôle joué par Rome dans l'affaire du schisme, le Pape faisait reconnaître à toute l'Eglise byzantine son absolue autorité [1] et s'attachait par des liens de reconnaissance le Patriarche et l'Empereur qu'il comptait bien utiliser à bref délai. Basile était absous ; Ignace recouvrait son trône et Photius lui-même, tout sacrifié qu'il fût, pouvait lire entre les lignes qui le condamnaient la promesse d'une sentence future qui le réhabiliterait.

Tel fut le rôle, très habilement joué par le pape Hadrien dans ce premier acte consacré à la solution du conflit religieux. Désormais, pour un temps, la scène se transporte à Byzance et c'est naturellement Basile qui tiendra le premier rang. Voyons donc quelle fut son attitude.

Dès que le concile romain se trouva terminé, l'ambassade byzantine reprit le chemin de Byzance ; mais cette fois-ci, elle n'était plus seule comme à l'aller. Les légats du Pape faisaient route avec elle, emportant lettres et instructions en vue de leur nouvelle mission [2]. La caravane, composée des Grecs, de deux évêques latins, Etienne de Népi et Donat d'Ostie et d'un diacre, Marin, partit aux environs du 10 juin 869 [3]. Après d'innombrables difficultés, ils arrivèrent à Thessalonique où un envoyé impérial les reçut au nom de l'Empereur. De là, ils se dirigèrent sur Constantinople en passant par Selymbria et Castrum Rotundum [4]. A Selymbria, ce fut tout un cortège qui les vint

---

1. Le Pape, en effet, dans les deux lettres qu'il expédia le 10 juin 869 à Ignace et à Basile, fixe certaines dispositions très avantageuses pour son autorité. Les prélats ordonnés par Photius pourront être graciés s'ils signent le *Liber satisfactionis* apporté par les légats ; les signataires du conciliabule de 867 ne pourront être réintégrés que par le Pape ; Ignace devra s'employer à faire signer par tous les évêques les *Capitula* du synode romain et exiger leur dépôt dans toutes les archives épiscopales. (Mansi, xvi, 50 ; Héfelé-Delarc, V, 599).

2. Hadrien fit remettre à ses légats les lettres de Nicolas, les siennes propres, plus un *commonitorium* que tout évêque devait signer avant de rentrer en possession de son siège (*Lib. Pontif.*, II, 180).

3. Les lettres du Pape sont, en effet, datées du 10.

4. Castrum Rotundum était situé à environ dix milles de Byzance, près de San Stefano (*Lib. Pontif.*, 187, note, 31).

saluer. Le protospathaire Sisinnios était là avec le fameux higoumène Théognoste et un nombreux personnel pour les servir. Quarante chevaux des écuries impériales transportaient la vaisselle d'argent et tous les objets nécessaires au service des ambassadeurs. Vraiment, Basile faisait royalement les choses. Il voulait par là s'attirer la sympathie des représentants du Pape et, sans doute, empêcher par cet excès de déférence, qu'ils ne crussent trop facilement les méchants bruits qu'ils ne tarderaient pas à entendre sur son compte. A Castrum Rotundum, où ils arrivèrent un samedi, ils s'arrêtèrent pour le repos du soir et le lendemain, dimanche 25 septembre, ils firent leur entrée solennelle à Constantinople par la Porte d'or. Là les attendaient tous les dignitaires civils et religieux, revêtus des insignes de leur ordre, à la tête desquels se trouvaient le chartophylax Paul, le skevophylax Joseph, le sacellaire de Basile. Ils saluèrent les légats au nom du Patriarche et la procession, composée d'une grande foule portant des cierges et des flambeaux, se mit en marche pour les accompagner jusqu'à leur demeure, où les deux dignitaires chargés de leur service les reçurent [1].

La première entrevue entre Basile et les ambassadeurs romains eut lieu le mardi suivant [2], au Chrysotriclinium et tout de suite l'Empereur se mit à jouer son rôle de fils soumis et respectueux du Pape. Au dire du « Liber Pontificalis [3] » dont le récit paraît très véridique, composé qu'il fut probablement par des témoins oculaires, Basile prit lui-même les lettres d'Hadrien, et les baisa avec respect, s'enquit, comme c'était l'usage, de la santé du Pape et des grands dignitaires de l'Eglise et les congédia après les avoir embrassés. Le lendemain, nouvelle entrevue et nouvelles déclarations de Basile. L'Eglise de Rome est pour lui « la mère de toutes les autres Eglises », à elle de terminer définitivement le procès de Photius « afin que l'unité et la tranquillité si longtemps désirées soient enfin rétablies suivant le décret du très saint pape Nicolas [4]. » Il y a dans ces mots tout le programme que dut se tracer Basile au début de son règne et qu'il remplit officiellement jusqu'au

---

1. *Lib. Pontif.*, p. 180.
2. Byzance fêtait le lundi 26 le « natale » de l'Empereur.
3. *Lib. Pontif.*, II, vii.
4. *Lib. Pontif.*, II, 181.

moment où l'affaire des Bulgares et, peut-être, les incitations de Photius le décidèrent à modifier ouvertement la conduite qu'il s'était imposée, jusqu'au moment aussi où il s'aperçut que les ordres donnés par Rome aux légats étaient en complet désaccord avec sa propre manière de voir. Il serait, en effet, assez puéril de s'imaginer avec les Latins du $ix^e$ siècle que Basile agit en toute cette affaire d'une façon absolument désintéressée et ne se laissa guider que par des motifs d'ordre purement religieux. D'abord, une telle conception des choses ne pouvait entrer dans l'esprit d'un Basileus byzantin, si pieux qu'il fût. Entre Rome et Constantinople il y avait trop de rivalités et trop de méfiance pour qu'un empereur allât s'humilier devant un Pape sans regrets et sans calculs ; Basile, ensuite, n'était pas homme à sacrifier ses droits et ses prérogatives à la légère et par scrupule religieux. Bien d'autres idées et bien d'autres projets hantaient alors son esprit. Non ; en réalité, la politique ecclésiastique de Basile fut tout autre que ne le crurent et Hadrien et les légats. Officiellement il voulut être irréprochable, soumis et conciliant durant tout le concile ; mais en secret il agissait, et c'est surtout par la conduite et la parole de ses délégués que nous pouvons, je crois, saisir sa véritable politique.

Le concile s'ouvrit solennellement le 5 octobre 869 et se termina le 28 février 870. Il devait compter dix sessions. Outre les légats, on pouvait y voir le patriarche Ignace, Thomas, métropolite de Tyr, représentant du défunt patriarche d'Antioche, Elie, prêtre et syncelle, représentant du patriarche de Jérusalem, Théodose, une commission laïque ayant à sa tête le patrice Baanès, les évêques restés fidèles à Ignace, ceux qui, après avoir communiqué avec Photius, avaient signé le « Libellus satisfactionis » apporté de Rome par les légats [1], enfin, à partir de la seconde session, ceux qui furent absous par le concile. Aux sixième, septième, huitième et dixième sessions l'Empereur lui-même fut présent, et à la dernière session du 28 février, chacun put voir les ambassadeurs de Louis II ayant à leur tête le fameux Anastase.

Dès avant l'ouverture du concile, ce « Libellus satisfactionis » avait soulevé certaines difficultés. Malgré son désir d'être

---

[1]. Mansi, xvi, 18. Le « libellus » confirmait la déposition de Photius, la condamnation des synodes tenus contre Ignace et Nicolas I$^{er}$ et affirmait l'autorité du Pape.

agréable aux légats, Basile n'avait pas pu s'empêcher de demander quelques explications sur cette « nouveauté [1] » et avait voulu qu'il fût traduit en grec ; mais il n'alla pas plus loin, parce qu'en somme le Libelle était conforme à ses désirs et qu'ensuite il avait à son service, le cas échéant, la commission laïque pour faire prévaloir sa volonté. Néanmoins, ce premier acte était significatif. Il devait, du reste, par la suite, avoir son épilogue. Dès que les Pères furent réunis, au début de la première session, l'asecretis Théodore lut un message « epanagnosticon » de Basile. Dans ce document l'Empereur se montra tel qu'il voulait le laisser paraître, fils soumis de l'Eglise et plein de zèle pour la foi. Il rappela que son premier soin, avant même de s'occuper des choses politiques, fut pour les affaires religieuses et que son plus grand désir, en saluant les légats et les Pères assemblés en concile, était de voir l'ordre et la tranquillité rétablis dans l'Empire. Puis, très diplomatiquement, il leur donna quelques conseils de sagesse et de modération [2].

Ces paroles faisaient partie du rôle officiel de Basile. Pour autant, il n'allait pas se désintéresser de la marche des affaires et, tout de suite, par l'intermédiaire de sa commission, il le fit voir. A la grande surprise des légats, en effet, Baanès se leva et demanda aux ambassadeurs romains comme aux Orientaux de prouver leur mission, d'indiquer l'étendue de leurs pouvoirs et de faire part à tous des lettres dont ils étaient porteurs. C'était là chose inouïe. Pour calmer les envoyés du Pape, il fallut leur expliquer que l'exemple de Zacharie et de Rodoald avait mis en défiance et qu'il ne s'agissait nullement, en l'occurrence, de faire une injure au trône apostolique « et nos propter inhonorantiam apostoli throni non dicimus hoc [3]. » Le coup n'en était pas moins porté et pour la seconde fois la volonté de Basile apparaissait, dictant à ses représentants la conduite qu'ils devaient suivre, imposant à tous une procédure régulière dans les affaires qui allaient se traiter.

Cette secrète action de l'Empereur se manifesta une troisième fois encore dans cette première séance. Ce fut à l'occasion de Photius. Les vicaires orientaux avaient à peine achevé d'établir qu'ils étaient en parfaite union avec Rome au sujet du schisme,

1. *Lib. Pontif.*, II, 181.
2. Mansi, XVI, 19.
3. *Ibid.*

condamnant ce que le Pape avait condamné, approuvant ce qu'il avait approuvé, que, tout à coup, à brûle-pourpoint, Baanès posa aux légats la plus forte objection qu'on pût faire à Hadrien — celle autour de laquelle toute la politique de Basile allait pivoter : comment avait-on pu condamner Photius alors qu'il était absent ? Les apocrisiaires romains esquissèrent une réponse qui nous paraît assez embarrassée et qui dut l'être, en vérité, car l'affaire fut de nouveau discutée à la quatrième séance et d'une façon plus orageuse. Pour l'heure, Baanès s'en contenta et la séance fut levée. Cette première session avait donc été tout entière consacrée à prendre contact et à régler de pures questions de forme et de protocole. Rien de sérieux n'avait encore été fait et cependant tout esprit perspicace pouvait deviner, sans beaucoup de peine, à quelles irréductibles oppositions on allait se heurter.

Si les deux réunions suivantes n'eurent pas un beaucoup plus grand intérêt du point de vue où nous nous plaçons — la politique religieuse de Basile [1] — il n'en va pas de même de la quatrième qui compte parmi les plus importantes du concile, et dans laquelle nous saisissons à merveille le rôle occulte de Basile. Cette session eut lieu le 13 octobre. Il s'agissait de savoir ce qu'il convenait de décider au sujet de deux prélats bien connus : Théophile et Zacharie, ceux-là même qui avaient été envoyés à Rome par Photius après son avènement. Leur situation était, en effet, spéciale. Ordonnés autrefois par le Patriarche légitime, Méthode, ils avaient passé au schisme. Forts de leur ambassade auprès du Pape, ils répandirent partout le bruit que Nicolas avait reconnu Photius. C'était là chose grave, parce qu'elle avait trompé beaucoup de monde. De plus, ils refusaient de se détacher de la communion du Patriarche déposé. Baanès proposa donc de les introduire devant le Concile pour qu'ils fussent

---

[1]. Il n'y a d'intéressant à noter pour l'histoire générale de l'Eglise byzantine à cette époque, que la réconciliation, au cours de la deuxième session, des évêques et autres clercs autrefois ordonnés par Méthode et Ignace, mais qui passèrent ensuite au schisme. Nicétas a beaucoup blâmé cette indulgence du concile. Il rend responsable des malheurs qui suivirent — c'est-à-dire le retour de Photius au pouvoir — les légats et l'empereur qui auraient dû exiger une définitive déposition. Au lieu de se conformer aux canons on a, dit le biographe d'Ignace, préféré donner une place au synode à ces évêques tombés et c'est grâce à eux que Photius put revenir au pouvoir. Nous allons voir que Basile joua, en cette dernière affaire, un rôle beaucoup plus important que les évêques.

jugés une seconde fois[1] ; mais les légats s'y opposèrent. Sur leur demande, une commission fut choisie pour les aller interroger et leur demander s'ils rompaient avec Photius. Leur réponse fut négative. Aussi les Pères déclarèrent-ils qu'ils seraient jugés comme Photius : « Sit portio Theophili et Zachariæ cum Photio ». C'est alors que Baanès se leva et commença le plus curieux discours qui soit. Insensiblement il laisse deviner toute la politique cachée de Basile et le point faible sur lequel va porter toute la discussion : le jugement prononcé par Rome en l'absence des accusés. Sans ambages Baanès confessa qu'il était envoyé au concile ainsi que ses collègues — « c'est ce qu'on appelle le Sénat[2] » — pour être les auditeurs sévères des choses qui s'y font « ut simus districti eorum quæ geruntur auditores ». Si donc les Pères veulent que le saint synode soit sanctionné par la signature des empereurs, il faut que Photius et les évêques coupables entendent leur jugement et puissent se défendre à l'occasion. En cas contraire, il sera inutile de demander des signatures : « Si hoc autem factum non fuerit, scimus quia nostri non egetis ad scribendum in fine a vobis gestorum[3]. » Ce que Basile voulait, donc, c'était et une seconde discussion et un second jugement. Or, il savait très bien qu'à cela il y avait de graves difficultés et que les légats n'allaient pas revenir sur le jugement porté par le Pape. Néanmoins, par condescendance, les apocrisiaires acceptèrent la demande de Baanès, non sans faire marquer de quelle hypocrisie toute cette affaire était empreinte : « Excusationem quærunt, » dirent-ils, ils cherchent une excuse, ils veulent fuir le jugement « fugere volunt judicium ». Et il semble bien, en effet, qu'il y avait quelque chose de fondé dans cette observation. En tous cas, toute la scène paraît avoir été arrangée d'avance, car dès que les deux évêques se trouvèrent devant le concile et qu'on leur eut parlé du « Libellus » ils se récrièrent : « Nous ne désirons pas entendre la lecture du Libelle, dirent-ils, et nous ne voulions pas venir ici. L'Empereur nous a ordonné de nous rendre au palais et en sa présence, et c'est ainsi que nous nous trouvons ici[4]. » Baanès leur répondit alors : « N'avez-vous pas dit

1. Mansi, XVI, 54.
2. Ibid., XVI, 55.
3. Ibid.
4. Ibid., p. 58.

au palais que vous pouviez prouver que vous aviez officié « comministravimus » comme prêtres avec le très saint pape Nicolas ? » C'était — il importe de le remarquer — changer la question première. Cette fois, il ne s'agissait plus des bruits qu'ils avaient pu répandre sur les rapports du Pape et de Photius, mais bien d'eux-mêmes. Naturellement ils maintinrent leur affirmation et les légats la repoussèrent. Il fallut lire les deux lettres du Pape Nicolas à l'Empereur Michel — celles de septembre 860 et de mars 861 — pour rendre évidente aux yeux du concile l'erreur des deux évêques. Il n'y avait pas, en effet, grand'chose à répondre aux deux lettres. Comme Théodore de Carie le fit remarquer à Théophile : du moment que le Pape appelait Photius « adultère » c'était bien la preuve qu'il ne l'avait pas reçu. Quant à eux, quelles preuves pouvaient-ils alléguer en faveur de leur dire ? Théophile ne répondit pas à la question, mais, chose étrange, il en appela à l'Empereur. Si celui-ci l'autorisait, par écrit, à parler, il le ferait avec clarté [1]. N'était-ce pas avouer la complicité de Basile en toutes ces tergiversations ? Aussi, les légats ne s'y laissèrent-ils pas prendre et, profitant de l'effet produit par la lecture des lettres sur un certain nombre d'assistants comme Théodore, métropolitain de Carie, s'empressèrent-ils d'affirmer que Photius, déjà traité de « moechum et invasorem » par le Pape, n'ayant pas écouté sa voix, avait été suspendu (obligatus), repoussé et réprouvé [2].

Le coup portait droit. Baanès posa encore quelques questions, demanda quelques éclaircissements, avant de lever la séance; en fait, il était battu. Pour la première fois, il n'approuva pas de sa parole le langage des apocrisiaires. Une gêne évidente s'aperçoit du côté des sénateurs, même au travers des actes assez secs du concile.

Durant ces quatre premières séances, Photius n'était point venu au concile et personne n'avait songé à le demander. C'est alors que l'Empereur lui-même l'envoya chercher pour qu'il se rendît au synode [3], et qu'il y fût jugé. Là encore apparaît donc la main cachée, mais vigilante de Basile, et sa volonté bien arrêtée. Au fond, l'Empereur — et peut-être avec justice — voulait un jugement en règle. Il comprenait à merveille que

---

1. Mansi, p. 68 et 73.
2. *Ibid.*, XVI, 73.
3. *Ibid.*, 75.

rien ne serait terminé tant que Photius et ses adeptes pourraient alléguer quelque faute de procédure [1]. Et à tout prix il désirait en finir avec cette affaire. C'est pourquoi il avait exigé que les principaux chefs du schisme, Photius, Zacharie, Théophile, fussent appelés au concile. Les légats, d'autre part, estimaient qu'ils n'avaient pas à rouvrir un débat et à juger une seconde fois un procès terminé par le Pape. En venant en Orient, ils avaient pour unique mission de faire connaître à tous le jugement d'Hadrien II et d'absoudre, à certaines conditions, ceux qui se repentaient. Cette double conception des choses fut une des causes de l'échec réel du concile et une des causes du profond mécontentement de Basile, qui ne devait pas tarder à se manifester [2]. La cinquième séance tenue le 20 octobre fut donc consacrée à interroger, mais en vain, Photius. Le Patriarche resta muet. Tous les efforts tentés pour le faire parler demeurèrent inutiles et ce fut, sans qu'il se soit défendu, qu'il entendit sa condamnation. Les légats, par la voix de l'asecretis Théodore, affirmèrent qu'ils ne jugeaient pas de nouveau la cause « nos ergo non novum aliquod vel recens judicium judicabimus aut introducemus » mais publiaient le jugement formulé longtemps auparavant par Nicolas et confirmé par Hadrien. Photius était anathématisé. On lui laissait un certain temps pour revenir à de meilleurs sentiments et accepter la décision du souverain pontife. De cette séance, les légats sortaient donc apparemment vainqueurs; mais chacun sentait bien que l'affaire n'était pas terminée. D'abord, il fallait exécuter la sentence romaine, puis, en supposant qu'elle pût ramener à l'Eglise les partisans du Patriarche déchu, il n'en demeurait pas moins qu'un recours était toujours possible contre elle, puisqu'en fait Photius pourrait arguer en sa faveur qu'il ne fut pas jugé. Néanmoins, pour l'heure, la situation s'éclaircissait. Ignace était définitivement reconnu et Photius expulsé.

A partir de ce moment, Basile vint lui-même présider les dernières séances du concile. C'est, qu'en fait, la mission

---

1. Mansi, 55.
2. Il est très remarquable que le *Liber Pontificalis* passe avec une étonnante rapidité sur les affaires du Concile. Il ne fait aucune allusion au second procès que Basile voulait instruire en présence de Photius et des évêques incriminés et du refus des légats : ce qui me semble être cependant le nœud de toute l'agitation religieuse du moment.

occulte qu'il s'était donnée avait pris fin. Tant que dura la confrontation des accusés et des témoins et qu'un jugement n'avait pas été émis, il avait voulu garder aux yeux de tous une stricte neutralité et ne faire prévaloir sa façon d'envisager les choses que par d'autres : il ne fallait pas qu'on pût mettre en doute son esprit de justice. Mais désormais la situation changeait. Contre son gré les légats avaient refusé de juger la cause. A moins de remettre tout en question et de prolonger, en l'augmentant, le trouble général, force lui était d'accepter momentanément le fait accompli et d'en tirer le meilleur parti possible. Cette seconde attitude de Basile est très visible dans la sixième séance qui eut lieu le 25 octobre. Faute de mieux, il s'ingénia, par tous les moyens, à faire accepter les décisions romaines aux principaux partisans de Photius. Lui-même se mit à discuter avec les évêques schismatiques comme Euthymios de Césarée, Zacharie de Chalcédoine, Eulampios d'Apamée, quitte à se faire rappeler à l'ordre par les légats [1] qui craignaient toujours une reprise du procès [2]. Puis, dans un long « epanagnosticon » il exhorta chacun à revenir au « bercail » car son plus grand désir était de voir toutes les brebis sauvées. Si cependant les évêques ne voulaient pas écouter sa voix, ils devaient revenir sept jours plus tard pour entendre leur jugement.

Le 29 octobre, Photius et ses partisans revinrent, en effet, au concile, de nouveau présidé par Basile. Les mêmes scènes recommencèrent. Les évêques voulaient un nouveau jugement; les légats s'y opposaient. Ils n'avaient pas compris que l'Empereur se trouvait dans l'impossibilité de les défendre plus longtemps. Aussi est-ce sans succès qu'ils en appelèrent à Basile. Ils purent bien affirmer que ce dernier leur avait promis qu'ils pourraient parler librement — ce qui était sans doute vrai — rien n'y fit. L'anathème fut porté contre Photius et ses adhérents et, dans la session suivante, tenue le 5 novembre, tous les documents fabriqués par Photius ou qu'il fit signer de force, furent détruits par le feu.

Pratiquement, le concile était donc terminé et Rome sortait, pour un temps, victorieuse de la lutte que Photius avait engagée contre elle. Son succès était même, peut-être, trop complet.

---

1. Mansi, XVI, p. 88.
2. *Ibid.*, XVI, p. 89.

Tant au point de vue de la paix que pour en finir avec l'agitation, il eût été sans doute préférable de suivre les désirs de Basile et de recommencer le procès. En agissant comme ils l'avaient fait, les légats mécontentaient l'Empereur, blessaient les partisans de Photius et avivaient contre le Pape une haine qui n'était point de date récente dans l'Eglise grecque. C'est bien ce que les événements allaient mettre en relief.

Après la huitième session du 5 novembre, il fallait une nouvelle réunion pour terminer certaines affaires secondaires et clore officiellement le concile. Or, cette séance qui fut suivie d'une dixième et dernière, n'eut lieu que trois mois plus tard, le 12 février. Pourquoi? Il est probable que c'est au sortir de la huitième séance, après la condamnation de Photius, qu'éclata dans le clergé le mécontentement qui devait forcément se produire contre les légats. Déjà, beaucoup avaient vu de mauvais œil le « Libellus » apporté par les ambassadeurs du Pape ; mais quand le jugement contre Photius fut rendu public, la colère des partisans du Patriarche ne connut plus de bornes. Ils se rendirent auprès de l'Empereur et lui reprochèrent amèrement sa condescendance et sa faiblesse qui rendaient, disaient-ils, l'Eglise grecque dépendante de l'Eglise romaine. Peut-être s'avisèrent-ils aussi qu'il serait prudent, en vue d'événements futurs, toujours possibles, de ne pas laisser de traces compromettantes de leur conduite présente. Quoiqu'il en soit, un certain nombre d'évêques et de prêtres demandèrent qu'on s'emparât des exemplaires du Libellus sur lesquels leur nom figurait. L'Empereur, mécontent des légats, heureux, sans doute, de se ménager des amis pour le jour où ses intérêts lui commanderaient une autre politique, acquiesça à la demande qui lui était faite et, sans vergogne, par les domestiques grecs des légats fit reprendre, en secret, tous les exemplaires qui se trouvaient en la possession des Romains [1].

Une telle conduite n'avait rien de très noble. Si elle montrait avec évidence combien mécontent était l'Empereur, elle prouvait aussi qu'il était capable de ne reculer devant aucun moyen pour arriver à ses fins et que la loyauté n'était pas la première de ses qualités. L'affaire, naturellement, fit grand bruit et, sans doute, les légats n'auraient à eux seuls et malgré toute leur élo-

---

1. *Lib. Pontif.*, *Vit. Had.*, II, 182. Mansi, XVI, p. 29.

quence, obtenu qu'un refus de rendre les précieux papiers, si Anastase le bibliothécaire ne s'était trouvé fort à propos à Constantinople, à la tête de l'ambassade qui venait conclure un mariage entre Constantin et la fille de Louis II. Les légats firent immédiatement intervenir les ambassadeurs auprès de Basile et ce fut grâce à eux — car il y allait pour l'Empereur, de sa loyauté et du succès des négociations — que les signatures furent rendues. Anastase en reçut le dépôt et les emporta à Rome avec le texte du concile [1] mais ce ne fut pas sans encourir la colère de Basile [2] qui le lui fit payer peu de temps après.

Le concile prit donc officiellement fin le 28 février 870. Chacun se montra extérieurement satisfait de la solution donnée aux affaires pendantes. Basile combla tout le monde d'éloges, adressa de chaleureux remerciements aux évêques, leur promit sa protection et témoigna de nouveau aux légats égards et respect. Il pouvait d'ailleurs se montrer d'autant plus empressé auprès de leur personne qu'il avait déjà en main sa vengeance toute préparée. Un dernier incident vint marquer la fin du concile et montra aux yeux les plus obstinément fermés ce qu'il y avait d'arrière-pensées dans toute la conduite de Basile. Les légats depuis l'affaire des papiers se tenaient en juste défiance à l'égard du pouvoir impérial. Ils avaient compris que l'astuce grecque n'était pas un vain mot. Aussi s'empressèrent-ils de remettre aux mains d'Anastase les libelles signés des évêques et de lui demander de bien vouloir confronter les

---

1, Anastase raconte ces évènements dans une note assez courte insérée dans les actes de la première session à l'occasion du Libelle (Mansi, xvi, p. 29) mais il ne s'ensuit pas pour autant qu'ils aient eu lieu à ce moment. L'intervention d'Anastase qui ne put s'exercer qu'à la fin du Concile suffirait à le prouver. D'autre part, le *Liber Pontificalis* (II, p. 182) place ces évènements à la fin du Concile à propos des signatures des légats ; mais la dernière séance eut lieu peu après la neuvième, le 28 février, et comme la fameuse clause : *Usque ad voluntatem* (Cf. pour cette clause, Héfelé-Delarc., V, 612[1]) souleva beaucoup de difficultés (*Lib. Pontif.*, II, 184, note 41), il est probable que le protocole avait déjà été soumis avant la dixième et dernière séance. Du reste, au début du Concile, Basile n'aurait jamais agi de la sorte avec les légats. Je crois donc qu'il faut placer cette histoire entre la huitième et la neuvième session. Elle explique bien l'arrêt momentané des séances et la conduite de Basile alors très profondément blessé de l'attitude intransigeante des légats.

2. Quibus diverso modo, non sine magno laboris periculo, imminentibus, libellos quidem vix tandem recipiunt, sed imperatoris iram pro nimia districtione fidei vehementer incurrunt (*Lib. Pontif.*, II, 182).

actes grecs et latins du concile avant qu'ils n'y apposassent leur signature[1]. Précaution utile à coup sûr. Anastase très au fait des deux langues examina donc les procès-verbaux et remarqua qu'une lettre d'Hadrien avait été mutilée à l'endroit où le Pape faisait l'éloge de Louis II. Les légats se récrièrent et voulurent refuser leur signature. Les Grecs insistèrent sous prétexte qu'un concile ne devait célébrer que les louanges de Dieu. Les Romains finirent par céder ; mais une fois encore on put surprendre, cachée pour agir, la main de Basile. N'était-il pas étonnant, en effet, qu'un concile qui d'un bout à l'autre de sa durée avait lancé à tous les échos du monde la gloire et les vertus d'un souverain meurtrier refusât sous le vain prétexte de religion de rapporter en entier la lettre d'un Pape qui accidentellement louait un autre roi ! La vérité est que Basile, indépendamment de sa volonté de porter seul le titre d'Empereur, avait fait, en réunissant cette assemblée générale des Eglises, avant tout, œuvre politique. Il avait voulu, d'une part, que son usurpation fût universellement et solennellement reconnue ; il avait voulu, de l'autre, que son règne, apportât à tous les esprits l'union dont il avait besoin pour ses futurs projets. Le résultat de ses efforts n'était pas aussi complet qu'il eût pu le désirer. Néanmoins, un apparent accord allait régner dans l'Eglise et ainsi dans l'Etat sous l'autorité indiscutée de Basile. Pour un temps l'Empire était donc tranquille.

Ces menus incidents, pour significatifs qu'ils fussent, n'étaient rien cependant, en comparaison de l'événement capital qui suivit à trois jours de distance[2] la clôture du concile. Une fois délivré des soucis que le concile lui avait donnés, Basile voulut reprendre en mains, ouvertement et fermement, la direction des affaires ecclésiastiques. Si, par respect pour la chose, même, à son avis, mal jugée, et pour le repos de l'Empire il envoya de nouveau Photius en exil et sembla user de quelque rigueur à l'endroit des prélats rebelles[3], il ne toléra pas non plus de la part des légats et de Rome ce qu'il croyait être une atteinte à l'intégrité du territoire et à celle de sa juridiction. Les affaires bulgares le prouvèrent. Pour Basile, du reste, cette affaire était une véritable aubaine. Mécontent des légats,

1. *Lib. Pontif.*, II, 181,
2. *Lib. Pontif.*, II, p. 182.
3. Migne, CII, *Lettre de Photius à Basile*, xvi, 765.

elle allait lui permettre d'humilier ces Romains qui maintenant ne pouvaient plus lui servir; compromis auprès d'un grand nombre de ses sujets par sa trop grande docilité à l'égard des volontés pontificales, elle allait lui permettre de reconquérir la popularité dont il avait besoin.

Dans les premiers mois de 865, Boris, roi de Bulgarie, avait reçu le baptême [1]. L'Empereur Michel avait été son parrain. En lutte continuelle avec Byzance, Boris avait appris naturellement à connaître la « grande ville » et tout vainqueur qu'i fût des armées byzantines, le prestige, la puissance, le culte dont était entouré le Basileus avaient tourné la tête à ce Slave encore mal dégrossi. Sa conversion n'avait probablement pas été sans quelques visées politiques ; sûrement la vanité y avait été pour quelque chose. Boris espérait bien avoir tout de suite une cour et une église modelées sur celles de Constantinople et se hisser par l'une et par l'autre au rang de son impérial voisin. C'est en rêvant à ces belles choses qu'il envoya au lendemain de son baptême, une ambassade à Photius pour lui demander un archevêque, des évêques et des prêtres. Il comptait bien que le jour où il aurait un Patriarche pour le couronner et lui offrir l'encens, il serait Empereur. Photius, peut-être sur l'ordre de son gouvernement, se contenta d'envoyer des missionnaires. Ce n'était point l'affaire de Boris qui se tourna alors vers Rome. Nicolas Ier, lui, accepta les offres du Bulgare et une mission partit bientôt pour les bords du Danube avec deux évêques à sa tête : Formose de Porto et Paul de Papulania. Les choses marchèrent à merveille en Bulgarie. Dès 869 le rite latin était partout établi et les foules, en masse, abjuraient le paganisme pour adopter la religion chrétienne. Mais Boris pour autant n'avait pas un Patriarche. En vain il réclama Formose puis le diacre Marin. L'un et l'autre lui furent refusés. C'est alors que, profitant du concile de 869, il envoya à Constantinople une ambassade pour demander qu'on tranchât définitivement la question de savoir à quelle Eglise appartenait la Bulgarie. Une réunion extra-conciliaire fut donc immédiatement convoquée trois jours après la clôture du concile, à laquelle prirent part les légats, Ignace, les repré-

---

1. Vailhé. Article « Bulgarie ». *Dictionnaire de théologie catholique*, t. II, p. 1179.

sentants des sièges orientaux et les députés bulgares. Basile se vengea tout de suite des menées antérieures d'Anastase en le laissant en dehors de ces affaires et en ne l'invitant pas à faire partie de cette assemblée, ce qui l'humilia profondément [1]. C'était là, du reste, chose d'autant plus fâcheuse que la plus grande confusion de langues paraît avoir régné au sein de ce petit concile, si du moins il faut en croire Anastase lui-même. « Les légats d'Orient et les ambassadeurs bulgares ne comprenaient pas ce que disaient les Romains et, à leur tour, les Romains et les Bulgares n'entendaient rien à ce que disaient les Orientaux [2]. » Pour étrange que tout cela paraisse, ce qui l'est plus encore c'est qu'on ait oublié de convoquer des interprètes. Un seul se trouvait dans la salle conciliaire par l'ordre de Basile et celui-là n'était point un Anastase, mais un simple fonctionnaire de l'Empereur [3]. Malgré tout cependant les légats comprirent parfaitement ce qu'on voulait d'eux et ils ne s'y prêtèrent pas. Aux demandes des ambassadeurs bulgares et aux réponses des Orientaux, ils opposèrent une fin de non-recevoir énergique. Avec raison ils refusèrent de trancher la question, alléguant qu'ils n'avaient pour ce faire aucun mandat du Pape. Néanmoins ils donnèrent rapidement les raisons qui obligeaient les Bulgares à accepter la souveraineté de Rome. répliquèrent aux Orientaux que le siège apostolique n'avait aucun jugement à recevoir de ses inférieurs et adjurèrent Ignace de ne pas sacrer d'évêque pour la Bulgarie. Peine perdue ; Basile voulait garder une suzeraineté effective sur les Bulgares et ne pouvant prétendre exercer sur eux l'autorité civile et politique, il entendait du moins y conserver par

1. Préface au VIIIe Concile, Mansi, XVI, 11.
2. *Ibid.*
3. Il paraît assez inadmissible que les légats bulgares ne comprissent pas le latin puisque, au dire du *Lib. Pontif.*, ils remercièrent au début de la réunion, les légats d'avoir écrit à Michel de Bulgarie lors de leur voyage en Orient (II, 182). De plus, il est certain que Joseph d'Alexandrie et Hélie de Jérusalem savaient le grec. Mais ce qui paraît surtout invraisemblable, c'est qu'il n'y ait pas eu d'autres interprètes à cette réunion que celui de Basile. Les ambassadeurs et les légats devaient, évidemment, avoir leurs truchements comme au Concile. Comment admettre que puisque les Romains avaient Théodore au Concile, ils ne l'aient pas réclamé pour cette insolite réunion. Eux qui se défiaient si fort des Grecs auraient-ils accepté ainsi, sans interprètes, de figurer dans l'affaire bulgare ? En réalité, cette histoire paraît tout simplement avoir été arrangée par Anastase de dépit, pour charger l'Empereur et aigrir le Souverain Pontife.

l'influence religieuse de l'Eglise byzantine une autorité morale sans doute mais réelle et efficace au besoin. Ignace, pris entre deux feux, ne sachant comment faire pour n'être pas désagréable aux légats et à Hadrien II qui toujours l'avaient soutenu et venaient de le rétablir sur son siège, pour être en même temps agréable à Basile auquel il devait le même bienfait, se réfugia dans un prudent et momentané silence et s'empressa, une fois les légats partis, de consacrer un pontife pour la Bulgarie. Mais tout cela avait fini d'irriter Basile : « Imperialis commotio, licet spem fronte simularet, augmentum suscepit [1] », dit l'auteur de la vie d'Hadrien II. Les légats allaient en savoir quelque chose et, pour un temps, les relations entre Rome et Byzance devinrent on ne peut plus tendues. On se sépara donc très mécontents les uns des autres. Basile, cependant, invita les apocrisiaires à dîner, leur remit des cadeaux et les fit escorter jusqu'à Dyrrachium par le spathaire Théodose. Mais leur retour fut loin d'être aussi triomphal que leur arrivée. Basile s'était fort peu soucié du sort qui pourrait leur être réservé en voyage. Aussi, tandis qu'Anastase regagnait Rome par Bénévent, les légats, faisant voile sur Ancône, ne tardèrent pas à être arrêtés par des pirates slaves. Ils perdirent tous les documents qu'ils portaient avec eux et, chose plus grave, la liberté et presque la vie [2]. Par bonheur pour eux quelques personnages de leur suite purent s'échapper et, grâce aux lettres de l'Empereur et du Pape, Domagoi relâcha sa proie. Les légats arrivèrent à Rome le 22 décembre 870. Ils avaient mis environ neuf mois pour accomplir leur voyage. De leur mission il ne leur restait rien, sinon un livre concernant les affaires d'Ignace (librum actionis Ignatii) et des « libelli » sans doute ceux que les évêques signèrent en entrant au concile [3]. Heureusement qu'Anastase avait emporté les actes du concile et les papiers que les Grecs volèrent, sans quoi Rome eût été singulièrement en peine de savoir ce qui s'était passé au cours de ce concile passablement mouvementé.

Tel était donc l'état des choses à la fin de l'année 870 Photius était exilé, Ignace rétabli ; mais entre Rome et Byzance les rapports s'étaient singulièrement modifiés. Basile, affermi

---

1. *Lib. Pontif.*, II, 184.
2. *Ibid.*, p. 182.
3. *Ibid.*, p. 184.

sur son trône par la reconnaissance que tous, au moins tacitement, avaient faite de son usurpation et par sa politique à l'égard des Bulgares, pouvait désormais consacrer son temps, ses efforts et son génie à l'administration de son Empire et aux guerres qu'il allait avoir à entreprendre. Il s'était assurément brouillé avec le Pape ; mais, pour un temps, la question religieuse était liquidée. Photius, du fond de sa retraite, pouvait exhaler en pure perte ses plaintes amères. Ses amis, maintenus par la crainte d'un pouvoir fort, n'osaient plus bouger et ne pouvaient plus rien pour lui. Le patriarche Ignace se trouvait lié à l'Empereur et agissait suivant ses ordres. C'était tout ce que désirait Basile. En somme, vaincu juridiquemennt par Rome, il se trouvait vainqueur et Rome, victorieuse en apparence, avait perdu la partie. Qui plus est, contre toute attente et toute prévision, elle se voyait diminuée d'une Eglise jeune et nouvelle pour laquelle elle avait dépensé sans compter et la science de ses théologiens et le zèle apostolique de ses prêtres. Pour autant toutefois, le dernier mot de toute cette affaire n'était dit ni d'un côté ni de l'autre. La mort du patriarche Ignace devait, neuf ans plus tard, rouvrir les débats. En attendant Rome se tint sur l'expectative tandis que Photius allait rentrer en scène.

Le malheureux retour des légats toucha vivement le Pape. C'était un manque d'égards qui l'atteignait directement. Après les pénibles événements qui marquèrent les derniers jours du concile, il n'avait plus d'illusions à se faire sur la conduite et les vues de l'Empereur. On allait évidemment tout droit à une rupture. Néanmoins « la conversation » entre les deux souverains continua. Quelques mois après le départ des apocrisiaires, Basile et Ignace écrivirent à Hadrien, demandant au Pontife des nouvelles des légats et certains adoucissements aux peines canoniques promulguées en concile pour quelques anciens partisans de Photius. L'un et l'autre joignirent à leurs lettres que l'higoumène, ami d'Ignace, Théognoste, apportait à Rome de riches et nombreux présents[1]. Mais Hadrien était profondément blessé. Indépendamment de tous les sujets de plaintes qu'il pouvait formuler par ailleurs il avait un nouveau grief à faire valoir contre le Patriarche. Ignace, pour lequel Rome

---

1. Mansi, XVI, 202-205.

avait tant travaillé, n'avait pas craint, malgré les pressantes exhortations des légats, de sacrer un archevêque pour la Bulgarie. C'était tout à la fois outrager le siège apostolique et porter atteinte à ses droits. Cette fois c'en était trop ; Hadrien répondit à Basile par une lettre datée du 10 novembre 871[1] dans laquelle après lui avoir adressé quelques compliments d'usage, il lui reprochait amèrement son inconcevable négligence à l'égard des légats et blâmait énergiquement l'usurpation d'Ignace, en Bulgarie[2], puis, avec une sévérité peut-être excessive, refusait tout pardon pour ceux en faveur de qui l'Empereur et Ignace avaient intercédé. Un acte de clémence qui aurait eu du reste des précédents[3] eût été sans doute plus habile car il aurait eu l'avantage de briser le parti de Photius ; mais Rome était froissée, elle voulait le laisser voir. Pendant ce temps Basile agissait énergiquement à Byzance. Il avait exilé Photius dans un couvent du Bosphore à Skepi[4] et, s'il faut en croire les lettres du Patriarche déposé, la vie qui lui était faite aurait été dure pour lui. Et cela est possible. Basile voulait à tout prix en finir avec l'agitation religieuse. Il pouvait espérer qu'en traitant durement un chef que, du reste, il n'aimait pas, ses partisans rentreraient dans le devoir. Cette politique, sans doute, aurait eu un plein succès sans la réponse de Rome qui rejetait, bon gré mal gré, les schismatiques dans les bras de Photius et empêchait toute union définitive. Et c'est ce dont l'habile Patriarche sut profiter. Tandis qu'Ignace reprenait en d'assez mauvaises conditions son bâton pastoral, Photius agissait. D'abord il écrivit à ses amis pour les encourager, les affermir et les préparer à des jours meilleurs[5] ; puis il chercha par mille moyens à gagner ses pires adversaires. Par deux fois, il écrivit à Basile pour lui exposer sa situation, lui demander des adoucissements, lui rappeler les liens mystiques qui, ensemble, les unissaient[6]. Bien plus, Photius, très habilement, se remit en relations avec Rome. Hadrien était mort en 872 et son successeur, Jean VIII, n'aurait peut-être pas les mêmes

1. Jaffé, I, 374.
2. Mansi, XVI, 206.
3. Héfelé-Delarc, VI, p. 2.
4. Mansi, XVI, 431. Sym. Mag., VII, 749.
5. Lettre XV, Migne, CII, p. 764.
6. Lettres XVI et XVII, p. 765 et seq.

raisons que son prédécesseur de tenir rigueur à l'exilé. Par l'intermédiaire d'Anastase[1], Photius se ménagea donc quelques sympathies à Rome et, s'il faut en croire un fragment de lettre au bibliothécaire, tout un plan aurait été conçu pour rendre à Photius le trône dont il était dépossédé[2]. En tout cas, une chose est certaine : c'est que, dès avant la mort d'Ignace, Photius était rentré à Constantinople.

Le biographe d'Ignace, Nicétas, et la Chronique dite de Syméon Magister, ont raconté l'un et l'autre par quel stratagème le Patriarche exilé rentra en grâce auprès de son auguste maître[3]. Photius aurait, paraît-il, composé une généalogie fantaisiste sur la famille de Basile. Sans vergogne il l'aurait fait descendre des Arsacides, de Tiridate, premier roi chrétien d'Arménie. Sous forme de prophétie écrite en caractères alexandrins sur un très vieux papier et reliée avec la couverture d'un ancien codex, il racontait par avance les gloires de la famille et de ses membres. Arrivé au père de Basile il prophétisait que de lui naîtrait un grand prince du nom de « Beclas » qui serait grand et heureux. Beclas était un anagramme représentant la première lettre de chacun des noms de la famille impériale : Basile, Eudocie, Constantin, Léon, Alexandre, Stephane. La prophétie, une fois composée, fut placée secrètement dans la bibliothèque impériale par un ami de Photius, le clerc Théophane, qui se chargea d'attirer l'attention de Basile sur le mystérieux ouvrage, tout en lui faisant remarquer que seul Photius, avec sa grande science, serait sans doute en mesure de le déchiffrer. Basile, intrigué, envoya tout de suite l'ouvrage au Patriarche qui déclara que la prophétie se rapportant directement à Basile, il ne pouvait la lire que devant lui. Photius vint donc au palais et y lut son propre travail à la grande joie de l'Empereur. Aussi sa récompense ne

---

1. Cette intervention subite d'Anastase est assez curieuse après sa conduite à l'égard de Photius. Voici, en réalité, ce qui dut probablement se passer. On sait que Photius avait noué de bonne heure des relations assez intimes avec Louis II. Il chercha même à l'associer à sa campagne contre Nicolas Ier. Or, Anastase était, lui aussi, en excellents termes avec l'Empereur franc et ne manquait aucune occasion de lui être agréable. Il est probable que c'est à l'instigation de Louis II, ou, du moins, pour lui faire plaisir, qu'Anastase essaya de s'entremettre en faveur de Photius (Cf. Duchesne, *Origines du pouvoir pontif. Revue d'Histoire et de Litt. relig.*, I, 320).
2. Lettre LXVI, p. 877.
3. *Vit. Ignat.*, 565 ; Sym. Mag., VII, 752.

se fit-elle pas longtemps attendre. Il revint à Constantinople, fut chargé de l'éducation des enfants princiers et rentra en grâce auprès de Basile, tandis que Théophane recevait le prix de ses services par l'archevêché de Césarée en Cappadoce.

Cette histoire de Nicétas appelle quelques remarques. Généralement on l'a rejetée comme une fable créée pour expliquer le subit revirement de Basile. Je crois cependant qu'au contraire elle a un fond tout à fait véridique. D'abord la Chronique de Syméon la reproduit, chose assez remarquable, parce que les deux sources sont absolument indépendantes. C'est même un des rares endroits où elles se rencontrent. La plupart des faits racontés par Nicétas ne se trouvent pas dans la Chronique et réciproquement. On en peut donc conclure au moins que le stratagème de Photius était connu à Byzance et qu'on en parlait. Mais de plus, ce qui donnerait créance à cette histoire, c'est qu'elle a été adoptée par les historiens de la maison macédonienne. Que dit Constantin VII des origines de sa famille sinon, précisément, avec quelques développements qui peut-être, du reste, se trouvaient dans le livre, ce que rapporte Nicétas ? Je crois donc qu'on peut admettre le récit et voir, en cette affaire, la première cause du retour de Photius au Palais. L'Empereur, en parvenu qu'il était, devait être heureux de cette découverte qui jetait un lustre inespéré sur sa couronne et légitimait encore son usurpation ; très désireux aussi de donner une nouvelle impulsion aux arts et aux sciences, aimant à s'entourer de savants, il dut, sans doute, trouver dommage de laisser dans l'ombre un talent comme celui de Photius et tout naturellement il le retint à Constantinople et le donna comme précepteur à ses fils. Quant à l'année exacte où se passa l'événement elle est impossible à fixer. D'une part tous les enfants de Basile étaient nés et Constantin n'était pas mort ; d'autre part il est peu probable que ce fut immédiatement après son exil que Photius entreprit cette supercherie : les deux lettres à Basile suffiraient à le prouver. Je crois donc qu'il faut placer cet incident et le retour de Photius à Constantinople entre 875 et 876.

Une fois rentré à Constantinople, Photius eut beau jeu pour recommencer ses intrigues. Entouré d'un parti puissant il n'avait qu'à profiter de la situation pour ressaisir le pouvoir qu'il avait perdu. Ignace, en effet, était vieux et cassé par les longues épreuves dont sa vie avait été tissée. D'un instant à l'autre on pouvait s'attendre à le voir disparaître et c'est pour ce moment qu'il fallait être prêt. Puis, les rapports entre Rome et Byzance étaient tels qu'ils permettaient à Photius tout espoir de retour. Le Pape réclamait plus que jamais la Bulgarie et menaçait d'excommunier Ignace s'il persévérait dans sa conduite à l'égard de cette Eglise [1]. L'Empereur, de son côté, n'entendait pas raison sur cette affaire, pour lui plus politique que religieuse. Comme par le passé, il voulait bien rétablir la paix confessionnelle, mais sans rien sacrifier de ses droits réels ou prétendus. Du reste, il avait toujours présent à la mémoire la conduite des légats romains, son échec au concile, et tout cela n'était guère fait pour le porter à ménager le Souverain Pontife. La situation était donc bonne pour Photius. Il suffisait de savoir en profiter. Il semble bien que par lui-même l'ancien Patriarche, de retour à Constantinople, n'ait pas immédiatement et directement agi. Rentré au Palais comme précepteur des fils de Basile [2], il s'appliqua, sans doute, avant toute chose, à gagner la confiance des enfants, celle du père, celle de l'entourage impérial, à se ménager des sympathies et à reconquérir son influence. En tous cas, nous ne savons rien de précis sur la vie de Photius et sur ses rapports avec Basile avant son second pontificat.

Un de ses pires ennemis, Stylianos, écrivant à Etienne V, successeur de Jean VIII, raconte bien, en vérité, que dès son retour, Photius créa les plus grands embarras au patriarche Ignace, chercha à reconquérir par la force, son siège perdu, fit même, un jour, irruption dans l'église de Sainte-Sophie pendant un office présidé par le Patriarche en personne et tenta de mettre fin aux jours du vieil Ignace [3]; mais ces histoires ont tout l'air d'être mensongères ou, du moins singulièrement amplifiées [4]. Lorsque Stylianos écrivit à Etienne V, Photius était de nouveau en complète disgrâce, exilé, condamné par les

1. Lettre de Jean VIII à Basile de 874 ou 875 Ewald *(Neues Archiv.*, t. V. p. 309, Lettre 37) Jaffé, 2999.
2. *Vit. Basil.*, ch. XLIV, p. 292.
3. Mansi, XVI, 429.
4. Cependant il est une chose qu'il faut remarquer : c'est, qu'en général, la lettre de Stylianos est très exacte. Elle résume les faits dans leur ordre chronologique tels que nous les connaissons par ailleurs et sans les exagérer. Evidemment, ses appréciations sont parfois discutables parce que toujours passionnées; mais je ne crois pas qu'on puisse rejeter les faits qu'il est seul à raconter car ceux qui nous sont parvenus par d'autres sources et que nous pouvons contrôler sont tous véridiques. Cette lettre écrite après la

tribunaux civils pour de graves raisons politiques. Du reste, les événements étaient déjà bien loin, et comme personne n'irait à Rome contredire un récit plus ou moins fantaisiste que nul, au surplus, ne pourrait connaître, il n'y avait pas d'inconvénient à charger son ennemi et à lui faire expier ses torts et ses injustices passées. Et c'est ce que fait Stylianos. Mais, ses allégations tombent, ce semble, devant la déclaration même de Photius au concile qu'il tint en 879 [1] : on ne s'imagine pas très bien Photius osant affirmer de telles choses devant tous ses contemporains, dont beaucoup restaient ses irréductibles ennemis, si véritablement sa conduite avait été aussi répréhensible que Stylianos veut bien nous le dire.

Mais, en fait, si Photius n'agissait guère par lui-même, il avait un ami qui lui était tout dévoué : Théodore Santabarenos. Cet homme allait se trouver à point nommé pour seconder les plans de Photius. Nous savons quelles relations existaient depuis longtemps déjà entre le Patriarche et le moine. Si Stylianos s'est probablement trompé en attribuant à Théodore le retour de Photius au pouvoir, il ne s'est point trompé en l'associant aussi intimement qu'il l'a fait à sa destinée. Le jour n'était pas éloigné où tous deux, profitant des circonstances, ourdiront leur audacieuse et dernière intrigue [2]. C'est sur ces entrefaites qu'enfin Ignace mourut le jour de la Saint Jacques

mort de Basile, sous le règne de Léon VI (Mansi, xvi, 434), probablement dès 886 ou 887, a pour but de demander au Pape le pardon officiel du peuple de Byzance. En réalité, son auteur veut informer le nouveau Pape tant de ce qui s'est passé au sujet de Photius avant son avènement, que des raisons de sa définitive déposition. Nous avons vraisemblablement là un écho du procès intenté à Photius au lendemain de la mort de Basile.

[1]. « Tant qu'a vécu le bienheureux Ignace nous n'avons voulu d'aucune façon recouvrir notre siège bien que beaucoup nous y exhortassent. » (Mansi, xvi, 424).

[2]. Nicétas (Vit. Ignat., 569) prétend que Théodore travailla auprès de Basile au retour de Photius ; de même Stylianos. La chose est cependant peu probable. Basile avait été dur pour les amis de Photius et les avait impitoyablement éloignés. Théodore, moins que tout autre, ne dût pas faire exception. En tous cas, il n'aurait pas permis qu'un aussi fidèle ami, tenant du Patriarche déchu, eût grande autorité à la cour. Il est beaucoup plus probable que ce fut après la mort de Constantin que Théodore acquit sur l'esprit de Basile la grande autorité que nous savons. Néanmoins, il est bien sûr que Basile connaissait Théodore dès avant 880-881. Le moine avait été évêque de Patras, archevêque d'Euchaïtes, ambassadeur de Photius à Rome (Vit. Ignat., 572), trop de choses importantes pour que Basile ne connût pas ce personnage.

23 octobre 877, à l'âge de quatre-vingts ans[1]. Il fut enterré solennellement dans l'église du monastère de Saint-Michel qu'il avait fait construire[2] et, trois jours plus tard, Photius remontait sur le trône patriarcal[3]. En vérité, on comprend bien à ces étranges et successifs retours de fortune, les plaintes amères qu'exhalèrent tous les ennemis du nouveau Patriarche. Nicétas se montre très scandalisé de tant d'incohérence dans le gouvernement de l'Eglise. Soit à l'occasion du pardon accordé par le Concile de 869 à ceux qui avaient faibli durant la persécution dirigée par Photius contre Ignace, soit quand il arrive, dans son récit, à l'heure qui nous occupe, il blâme cette trop facile indulgence. Il peint Photius des plus noires couleurs qu'il trouve sur sa palette[4], et lui attribue tous les crimes. Basile, non plus, n'échappe pas à sa colère et c'est de simple et de sot, « ἁπλότης, ἵνα μὴ λέγω κουφότης[5] », qu'il le traite. En cela, du reste, Nicétas ne faisait qu'une erreur de date. Quand l'Empereur se décida à réintégrer l'ancien Patriarche — toujours dans l'espérance de terminer l'agitation religieuse — il n'avait point encore perdu son fils Constantin et son esprit était très lucide. S'il pouvait lui coûter, peut-être, de faire volte-face et de se déjuger ainsi publiquement à l'heure même où son pouvoir n'était plus contesté, déjà tout auréolé qu'il était de gloire militaire, il comprenait parfaitement que c'était la stabilité de sa maison qu'il assurait par cet acte. Vieux de soixante-cinq ans, il pouvait espérer que chacun se rallierait à une politique qui avait partagé le différend et, somme toute, rendre justice à chacun des deux adversaires et qu'ainsi, sur ce point, Constantin n'aurait pas, un jour, les graves difficultés qu'il avait trouvées à son avènement. Très habilement, du reste, il avait de son côté, depuis quelque temps, préparé le retour de Photius au pouvoir en aidant de sa flotte — et cela dès 877 — le Pape à lutter contre ses ennemis[6]. C'était un premier pont jeté entre

---

1. Cf. sur cette date Hergenröther, II, 286 et seq. Nous avons donc pour la vie de saint Ignace les dates suivantes : naissance 797 ; élévation au patriarcat, juillet 847 ; déposition, novembre 858 ; exil 858-23 novembre 867 ; mort le 23 octobre 877 (Nicetas, *Vit. Ignat.*, 512, 544, 560).
2. Pargoire, *Les monastères de saint Ignace*, 1901, VII, 1, p. 69.
3. *Vit. Ignat.*, 569.
4. *Vit. Ignat.*, 548, 549, 569.
5. *Ibid.*, 549.
6. Lettre de Jean VIII à Grégoire du 17 avril 877. Mansi, XVII, 42.

Rome et Byzance en vue d'une réconciliation future et déjà à lire la lettre du Pape au primicier Grégoire on saisit bien le changement qui s'est fait à Rome en faveur de Basile.

C'est, à ce moment, qu'arrivèrent à Constantinople deux légats du Pape, Paul d'Ancône et Eugène d'Ostie, porteurs de lettres datées du 26 février et du 26 avril 878[1]. Lorsqu'elles furent écrites, on ignorait encore à Rome la mort du patriarche Ignace car l'une d'elles lui est adressée ; mais on avait reçu deux lettres de l'Empereur demandant des légats pour terminer, s'il était possible, la lutte qui avait repris de plus belle au retour de Photius[2]. Les lettres de Basile malheureusement sont perdues et la réponse du Pape est trop vague pour laisser deviner ce qu'elles pouvaient contenir. Ce qui est certain c'est que le rapprochement s'était opéré entre les deux souverains et qu'on ne désespérait pas de s'entendre. On peut même deviner sur quelles bases devait se faire l'accord et saisir la raison pour laquelle Jean VIII ne tardera pas à reconnaître Photius. Dans sa seconde lettre à Basile. en effet, le Pape expose le triste état dans lequel se trouve le Saint-Siège par suite des incursions sarrasines. Il le prie, en conséquence, de vouloir bien le secourir. Dans sa lettre au clergé grec de Bulgarie, d'autre part, après avoir sommé les prêtres ignatiens de rentrer en leur pays, il promet un évêché à tous ceux qui obéiront à ses ordres. C'était là, probablement, la double clause du traité. En échange le Pape devait, sans doute, promettre de reconnaître Photius soit après la mort d'Ignace, soit tout de suite dans le cas où les légats auraient à déposer Ignace pour son entêtement dans la question bulgare[3]. Quoi qu'il en soit, quand les légats arrivèrent à Byzance, Photius était de nouveau sur le trône patriarcal et les rôles d'hier encore une fois intervertis. Il semble bien, en effet, que Photius essaya de se venger et voulut rétablir en

---

1. Jaffé, 3118 et 3135. Jaffé maintient la double lecture de « IV. Kalendas Martii » pour l'une et « d'avril » pour l'autre. Cette dernière a pour simple date « Indictione· XI » et fait partie des lettres datées du 16 avril 878. Il est probable qu'elle était écrite quand arriva la lettre de Basile, aujourd'hui perdue. Elle répondait vraisemblablement à l'une des deux lettres de l'Empereur. Toutes deux partirent en même temps car par l'une le Pape répond au sujet de la Bulgarie ; par l'autre au sujet des troubles de l'Eglise byzantine.
2. Mansi, XVII, 69.
3. *Ibid.*, 67.

leurs situations ceux qu'il avait consacrés à son premier passage au pouvoir. Mais à quoi eût alors servi la nouvelle politique de Basile si elle n'avait d'autres conséquences que de perpétuer au sein de l'Eglise un interminable conflit? Du reste, Rome accepterait-elle pareille entorse aux canons comme à son autorité? C'est pourquoi l'Empereur qui tenait Photius en sa main ne se gêna-t-il pas pour le blâmer et réprouver sa conduite [1]. Le Patriarche dut peut-être se contenter de consacrer une seconde fois ceux d'entre les évêques qui voulurent bien se prêter à cette indigne comédie et, pour satisfaire sa vanité, bénit en son particulier des vêtements épiscopaux dont il fit don aux prélats consacrés par Ignace. Entre temps, il s'amusait à continuer autour du tombeau de son prédécesseur la guerre qu'il n'avait cessé de lui faire vivant [2]. Mais tandis qu'il agissait ainsi à Constantinople, il avait, avec une habileté consommée, une toute autre politique à l'égard de Rome. Adoptant une conduite diamétralement opposée à celle d'Ignace dans l'affaire de Bulgarie, il se garda pour l'heure, d'agir en contradiction avec les volontés et les droits du Pape et ne consacra aucun évêque au pays de Boris [3]. C'était tout ce que demandait Jean VIII au Patriarche de Constantinople. A ces conditions, il était prêt à reconnaître Photius.

Les légats romains furent assez empruntés devant la situation qu'ils trouvèrent à Byzance. Stylianos, dans sa lettre à Etienne, les accuse violemment de s'être laissés corrompre par Photius et Basile. Au dire de l'évêque de Néo-Césarée, ils auraient affirmé publiquement qu'ils étaient envoyés pour anathématiser Ignace et reconnaître Photius [4], ce qui pouvait être vrai dans le cas où le Patriarche défunt refuserait d'obtempérer aux ordres du Pape, au sujet de la Bulgarie. Mais Ignace était mort et leurs instructions, de ce fait, se trouvaient singulièrement embarrassantes [5]. C'est probablement l'incertitude des légats qui décida Photius à envoyer Théodore Santabarenos à Rome pour demander à Jean VIII confirmation de son retour au pouvoir [6]. Basile, de

---

1. *Vit. Ignat.*, 572.
2. *Vit. Ignat.*, 565.
3. Lapôtre, *Jean VIII*, p. 62 et note 4.
4. Mansi, xvi, 432.
5. Mansi, xvii, 148.
6. *Vit. Ignat.*, 572.

son côté, par ses lettres et ses ambassades, appuya la demande du Patriarche [1] et nous voyons par deux lettres de Jean VIII au primicier Grégoire datées des 3 avril et 6 mai 879 [2], avec quelle bienveillance, il attend les Byzantins qui arrivaient à Rome par Bénévent et Capoue. Dix-huit mois s'étaient ainsi écoulés depuis la mort de saint Ignace. L'ambassade byzantine n'eut pas de peine à promptement régler, de la façon la plus avantageuse pour Photius, les affaires pour lesquelles elle avait été envoyée. Dès la fin du mois d'août, elle repartait pour Byzance. Un diacre, le prêtre Pierre, l'accompagnait, porteur de cinq lettres et d'un « Commonitorium » du Pape, lettres adressées à l'Empereur, aux évêques de la Province de Constantinople et à ceux des Patriarches d'Orient, Jérusalem, Antioche, Alexandrie, à Photius, aux chefs de l'opposition contre le patriarche et aux légats [3], comme des conditions du Pape à la réintégration du Patriarche [4]. Que dit, en effet, Jean VIII dans sa lettre à Basile « *Inter claras* » ? 1° Après avoir affirmé la suprême autorité

---

1. Il est difficile de savoir quel cas il faut faire des histoires que racontent Nicétas et Stylianos au sujet des sourdes et louches menées de Photius à Rome pour remonter sur le trône patriarcal (Nicet., 572 ; Stylianos, Mansi, XVI, 431). Je crois qu'il ne faut pas y donner une trop grande attention. Indépendamment du fait que l'un et l'autre écrivent après les événements et après la nouvelle déposition de Photius, il semble que le Patriarche avait, à cette date, suffisamment d'atouts dans son jeu pour gagner sa cause sans qu'il ait eu besoin de recourir à des faux et aux mesquineries que lui prêtent ses deux adversaires.

2. Mansi, XVII, 115.

3. Jaffé, 3271 à 3275.

4. Ce sont les fameux documents falsifiés par Photius (Pour la discussion de ces textes cf. Héfelé-Delarc, VI, 21 et seq. Hergenröther, II, 383-396). Grâce aux lettres latines authentiques de Jean VIII que nous possédons, il est facile de confronter les pièces et de discerner les arrangements et coupures qu'y apporta Photius. A remarquer que la lettre du Pape porte mention de « Basile, Constantin, Alexandre », tandis que l'apocryphe de Photius donne « Basile, Léon, Alexandre ». Pour expliquer cette différence, pas n'est besoin de recourir à une faute de copiste (Héfelé-Delarc, VI, 22[1]). La vérité est que lorsque Jean VIII écrivit, en août 879, Constantin n'était point mort. Basile avait relégué dans l'ombre le fils de Michel et les ambassadeurs ne firent probablement connaître au Pape que le nom des enfants légitimes de Basile, bien que Léon ne fût pas un inconnu puisque le Concile de 869 le mentionne dans ses acclamations à côté de ses frères et que les lettres de Basile à Rome datées de cette époque le signalent elles aussi. Quand, au contraire, Photius falsifia la pièce, Constantin était mort et force était bien à Byzance d'indiquer la personnalité de Léon qu'on n'avait pas encore songé à évincer par le stratagème de Théodore que l'on sait (cf. infra, l. I, ch. III).

du Saint-Siège et rappelé la demande de Basile en faveur de Photius, le Pape agrée la réintégration de son confrère d'Orient afin que l'Eglise de Dieu ne soit plus divisée et troublée par le scandale « ne ecclesiam Dei tanto jam tempore pertubatam pateremur amplius manere divisam scandaloque commotam » vu que le patriarche Ignace est mort, « Ignatium piæ memoriæ patriarcham de presenti vita jam migrasse cognoscimus », et *à cause des circonstances*, « temporis ratione perspecta [1] », bien qu'il ait usurpé sans l'assentiment de notre siège la charge qui lui avait été interdite, « hoc modo decernimus ad veniam pertinere quod nuper de ipso Photio, licet ipse absque consultu sedis nostræ officium sibi interdictum usurpaverit » ; 2° à cette réintégration demandée par les patriarchats d'Orient et les églises de Constantinople, Jean VIII met deux conditions : à savoir que Photius demande pardon devant un synode et dans la manière accoutumée, et qu'il satisfasse pour sa conduite antérieure, « eumdem Photium satisfaciendo, misericordiam coram synodo secundum consuetudinem postulantem... recipimus » ; 3° à la mort de Photius, on ne choisira pas un laïc ou un dignitaire pour lui succéder, mais bien un cardinal-prêtre ou un diacre de Constantinople ; 4° enfin la réintégration de Photius n'a lieu qu'à la condition qu'il ne se permettra aucun acte de juridiction ecclésiastique sur la Bulgarie, qu'il n'ordonnera aucun évêque et n'enverra aucun pallium [2].

Telles sont les conditions essentielles mises par Jean VIII au retour de Photius au pouvoir. On le voit donc, c'est une sorte de concordat ou de traité de paix passé entre les deux cours, un « donnant donnant » profitable aux deux pouvoirs. Il me semble difficile, après cela, d'incriminer, comme on l'a trop souvent fait, Jean VIII pour sa conduite. Cette politique était habile de part et d'autre et, en fait, eut pour l'Eglise d'heureux résultats puisqu'elle ramena, momentanément, l'union. Les événements du xie siècle qui brisèrent pour toujours l'œuvre de Jean VIII n'eurent pas de points d'attaches directs dans cette mesure de clémence et de sagesse. Que fût-il advenu si le Pape, sourd aux demandes de Basile, point inquiété par de

1. C'est-à-dire, d'une part les incursions sarrasines et, de l'autre, les affaires de Bénévent.
2. Mansi, xvii, 137-139. Je n'ai indiqué que les conditions d'ordre général, celles qui ont une importance réelle et politique.

dangereux voisins, eût refusé l'offre de l'Empereur? C'est là, assurément, une question oiseuse puisqu'elle rentre dans l'infinic catégorique des « futurs possibles »; mais serait-il téméraire de croire que la scission des deux Eglises, au lieu d'avoir été retardée se fût accomplie dès le IX⁰ siècle? Du reste, est-il bien juste de faire porter à Jean VIII la responsabilité d'événements postérieurs qu'il ne pouvait prévoir et, par conséquent, conjurer? Ce qui paraît certain, en tous cas, c'est la parfaite loyauté du Souverain Pontife en toute cette affaire. Non seulement, aucun acte de son pontificat ne contredit ou ne rétracte les conditions posées au retour de Photius, mais lui-même, dans ses autres lettres, confirme ces conditions et pousse la condescendance jusqu'à écrire aux ennemis de Photius pour les réconcilier avec leur Patriarche[1]. Peine perdue, on le sait; car si, sous la menace d'une excommunication, Stylianos se rapprocha de Photius, du vivant de Jean VIII, il se dédommagea au cours des Pontificats suivants, en écrivant le terrible réquisitoire qu'il envoya à Etienne.

Le résultat de ces faciles et heureuses négociations dans l'ordre religieux ne tarda pas à se manifester dans le domaine des choses politiques. Tandis qu'à Byzance, Photius était officiellement reconnu par les légats du Souverain Pontife, en Italie, les dromons de Basile venaient au secours du Pape et battaient les Sarrasins. La lettre de Jean VIII au spathaire Grégoire, datée du 19 octobre 879[2], laisse bien deviner sa joie et la reconnaissance qui devait être sienne en contemplant l'œuvre de sa politique. Aussi est-ce vraisemblablement, sans grande inquiétude qu'il vit s'ouvrir en novembre de cette même année le singulier concile qui allait, officiellement, réhabiliter Photius.

Mais un grave événement, dont l'influence devait être considérable sur toute la fin du règne de Basile, venait, précisément, de se produire à Constantinople. Constantin, fils aîné de Basile, était mort peu de temps avant l'ouverture du Concile. Cette mort, en arrachant à Basile tout sérieux espoir de se survivre à lui-même dans le fils qu'il aimait tant, anéantissait du même coup tous les rêves d'avenir que le rude paysan de Macédoine avait longtemps caressés pour sa véritable et légitime famille.

---

1. Mansi, XVII, 152. Lettre 102.
2. Jaffé, 3303.

Par elle, tous les efforts de sa vie et tous les résultats de ses crimes se trouvaient donc vains. C'était au fils de sa victime, à Léon, que le sceptre allait passer. Cette catastrophe, Basile ne la supporta pas. Son esprit, jusque-là si lucide, s'obscurcit soudain et sa volonté si tenace s'affaiblit rapidement. A partir de ce jour, Basile ne fut plus lui-même, et désormais ce sont des intrigants, des criminels ou des habiles qui gouverneront en son nom. En de telles conjonctures, Photius avait beau jeu pour agir à sa guise. D'emblée, il devenait le chef tout-puissant de l'Eglise et toutes les ambitions lui devenaient permises. Le Concile s'ouvrit et se ferma sans que Basile y parût, sans même qu'il y fût représenté comme au Concile de 869 [1], chose qui serait faite pour surprendre et deviendrait inexplicable si l'on n'admettait pas la suprême importance que nous donnons à la mort de Constantin. Photius n'était pas homme à laisser échapper une occasion aussi favorable à la réalisation de ses plans. Patriarche, il l'était donc. Rome, l'Orient, Constantinople, l'Empereur, tout le monde le reconnaissait. Le concile n'était plus, par conséquent, pour lui, que l'instrument dont il devait user pour son exaltation personnelle. En cela encore, les légats le servirent à souhait. Ignorant le grec, ayant besoin d'interprètes, d'une intelligence très mesurée, à ce qu'il semble, les deux évêques latins et le cardinal Pierre se laissèrent circonvenir — s'il faut en croire les actes grecs et si l'on admet, ce qui paraît difficile, qu'ils ne furent pas falsifiés — et acceptèrent tout ce que Photius voulut. Or, non seulement, au cours du concile, le Patriarche n'accomplit aucune des formalités canoniques exigées par Jean VIII et refusa de prendre les engagements solennels que le Pape lui demandait au sujet de la Bulgarie et de l'élévation possible, à l'avenir, d'un laïc au trône patriarcal, mais, de

---

[1]. Les actes de ce concile où furent lus les lettres et les documents falsifiés par Photius portent mention de sept séances qui s'échelonnent entre novembre 879 et mars 880. De ces sept réunions, cinq seulement paraissent réellement avoir été tenues. Les deux dernières sont probablement apocryphes (Héfélé-Delarc, VI, 50). Elles furent composées après coup par Photius pour légitimer ses controverses dogmatiques sur le « Filioque ». Le Patriarche fait présider la première de ces deux dernières séances par l'Empereur et lui fait tenir un discours sans importance dans lequel il s'excuse de n'avoir pas pris part au concile. Il importe, du reste, de remarquer que les légats signèrent les actes à la fin de la cinquième sesssion. Quant à Basile, sa signature ne se trouve nulle part.

concert avec ses amis [1] et par leur intermédiaire [2], très résolument, il rejeta la suprême autorité du siège apostolique, fit annuler et anathématiser les actes de Nicolas et d'Hadrien ainsi que le VIIIe Concile œcuménique, celui de 869, et sur les ruines de la puissance romaine ainsi définitivement brisée, exalté par le concile pour ses vertus et ses mérites, fièrement, il éleva sa propre gloire en se faisant reconnaître comme le premier de tous « μᾶλλον δὲ προέχων ἐκ θεοῦ ὡς ἀρχιερεὺς μέγιστος », ayant pouvoir lier et de délier [3]. C'est le premier pas de Photius sur cette voie qui allait le mener loin, c'est-à-dire jusqu'à la fameuse conjuration ourdie par lui contre l'Empereur, dans l'espérance de prendre tout à la fois en mains et la crosse et le sceptre.

Nous ne savons quel fut exactement l'accueil que le Pape réserva aux légats. Les lettres de Jean VIII postérieures au concile semblent montrer qu'il ne connut jamais complètement ce qui s'était fait à Constantinople ; mais, visiblement, il se doutait de quelque chose, car les deux lettres qui nous sont parvenues signées de son nom et datées du 13 août 880 sont pleines de restrictions. Dans l'une, adressée à Photius, il se plaint que ses ordres n'ont pas été accomplis [4] ; aussi, ne ratifie-t-il les actes du synode constantinopolitain que d'une façon toute conditionnelle : « Et si fortasse nostri legati in eadem synodo contra apostolicam præceptionem egerunt, nos nec recipimus, nec judicamus alicujus existere firmitatis », preuve évidente qu'il n'a pas eu sous les yeux les actes du concile. Dans l'autre, adressée à la même date à l'Empereur, tout en le remerciant de ses secours militaires, de la restitution faite à l'Eglise romaine du couvent de Saint-Serge à Byzance et de la reconnaissance de l'autorité romaine en Bulgarie, il ajoute, comme dans sa missive à Photius, qu'il ne confirme les décisions prises à Constantinople lors du concile, qu'autant qu'elles sont en accord avec les ordres donnés à ses légats. Du reste, à leur retour, les légats eurent le sort de ceux qui, les premiers, s'occu-

---

1. Ses deux principaux adversaires, Stylianos et Métrophanes, n'apparurent pas au concile.
2. Cf. par ex. le discours de Zacharie de Chalcédoine à la première session. Mansi, xvii, p. 384.
3. Mansi, xvii, 500.
4. *Ibid.*, p. 185.

pèrent, sous Nicolas I<sup>er</sup>, des affaires de Photius. Ils furent censurés publiquement et ce fut Marin, son futur successeur, que Jean VIII chargea de porter à Constantinople les deux lettres dont nous venons de parler. L'histoire ne dit pas quelle réception fut faite au légat, mais ce qui paraît certain c'est que l'accord, un instant réalisé, fut de courte durée. Probablement, à l'instigation de Photius, et pour répondre, sans doute, à la nouvelle politique du Pape, Basile écrivit une fois encore à Hadrien III une lettre très violente aujourd'hui perdue. Etienne V, en 885, lui répondit à son tour [1], mais quand la lettre arriva à Constantinople, Basile n'était plus. Un autre avait déjà pris sa place et s'apprêtait à venger Rome, en se vengeant lui-même de l'homme qui, durant sept années, fut par son grand prestige et son audacieuse fermeté le véritable maître de l'Eglise et de l'Etat. C'est, en effet, à partir de l'époque où Basile eut perdu Constantin, que Photius et Théodore organisèrent le complot qui devait porter le Patriarche, ou à son défaut un de ses parents, au souverain pouvoir. Dès le Concile de 879, Photius avait acquis, comme nous l'avons marqué, l'omnipotence religieuse au détriment de Rome. Fort de ce premier triomphe, il marcha à la conquête du second, qui pouvait lui paraître, vu les circonstances, plus aisé à tous égards. Il eût alors réalisé le véritable but de sa vie ; celui de créer en Orient un autre Etat pontifical dans lequel il aurait été en même temps Pape et roi. Il échoua, en vérité ; mais pour autant son idée ne fut pas perdue. Deux siècles plus tard, Michel Kerularios essaya de la reprendre. S'il ne fut pas plus heureux au point de vue politique que son prédécesseur, il réussit, du moins, au point de vue religieux, à constituer une Eglise autonome dont il devint le chef incontesté. Mais, à son tour, il ne pouvait prévoir que le jour viendrait, dans la longue suite des temps, où son exemple serait suivi et que, de son Eglise, péniblement délivrée de l'autorité romaine, d'autres Eglises se détacheraient, qui revendiqueraient à leur tour avec autant de raison, leur autonomie et leur liberté.

1. La lettre d'Etienne V à Basile, datée de 885, est très obscure. Le Pape y parle de mauvais traitements endurés par Marin lors de son séjour à Byzance ; mais à lire attentivement le texte, on peut se demander si le fait ne se rapporte pas au premier voyage de Marin en 869, car dans tout le passage il s'agit de Nicolas I<sup>er</sup> et des premiers événements qui suivirent le concile. (Mansi, p. 424 *ad fin.*).

Telle fut donc l'œuvre religieuse de l'Empereur Basile. Plus qu'aucune autre, elle occupa son activité, parce qu'aucune n'avait pour lui une importance plus considérable. Par elle, surtout, ce semble, nous pouvons juger ce que fut l'homme et ce que fut le roi. Incontestablement, il essaya de terminer avec justice le conflit qu'il trouva à son avènement ; incontestablement aussi, il essaya d'imposer avec loyauté la paix à son Eglise. Son amour de la justice et de la paix ne saurait donc lui être équitablement refusé. Mais si grand que fut son désir de conciliation, si sincères que furent ses efforts pour y parvenir, il ne consentit jamais à leur sacrifier et son autorité et ses prérogatives. Homme de gouvernement avant tout, Basile chercha, comme c'était son droit, à faire plutôt œuvre politique que religieuse, d'où parfois ses revirements, ses prétendues faiblesses et son activité cachée.

II

Les événements que nous venons de relater font date dans l'histoire byzantine, non seulement par leur importance et leur durée, mais aussi et surtout par les idées qu'ils éveillèrent et les habitudes qu'ils engendrèrent. Désormais la vie intérieure de l'Eglise orientale, qu'elle soit byzantine, russe ou bulgare, sera dominée tout entière par cette double conception qui a ses origines premières dans le schisme de Photius, à savoir que l'Empereur, suivant ses convenances politiques, fait et défait les Patriarches, c'est-à-dire, pratiquement, qu'il est maître de l'Eglise et véritable Patriarche, et, en second lieu, que Rome n'a pas à intervenir en ces sortes de conflits, n'ayant sur l'ensemble de l'Eglise, aucun pouvoir judiciaire, aucune primauté effective. Quels genres de rapports existe-t-il donc à l'époque de Basile, soit entre le Patriarcat et le Palais d'une part, soit entre le Pape et l'Empereur, de l'autre, c'est la double question qu'il s'agit d'examiner. Commençons par la seconde de ces deux questions. Nous retrouverons la première un peu plus bas, en étudiant l'organisation de l'Eglise séculière.

Lorsque s'ouvre la lutte entre Ignace et Photius, il peut paraître, à première vue, que l'union la plus complète règne entre l'Eglise de Rome et celle de Constantinople. La primauté du Pape est reconnue par maints témoignages [1] et la conduite que tiennent Patriarches, moines et empereurs, en toutes circonstances, semble confirmer par des faits les textes les plus précis. Cependant il ne faudrait pas s'y trop laisser prendre. D'abord, ce furent surtout les moines qui se montrèrent résolus partisans de la primauté pontificale, et cela pour conserver leur indépendance vis-à-vis de l'Empereur comme vis-à-vis du Patriarche. S. Théodore de Stoudion, comme Ignace et Théognoste s'adressent au Pape, non pas peut-être tant parce que leur foi religieuse leur faisait un devoir d'en appeler au souverain Juge, que parce qu'ils savaient fort bien qu'à Rome seulement ils trouveraient appui et protection dans la lutte engagée en faveur du dogme de tous admis. Puis, incontestablement, le côté politique des choses joua toujours un grand rôle à Byzance. Les uns allaient au Pape parce que les autres s'en séparaient, parce qu'il représentait la seule autorité vraiment forte qu'on pût opposer à l'Empereur, parce qu'enfin il vivait loin de tous et qu'ainsi sa personnalité n'était point trop gênante. En fait, dès la fondation de Byzance, la primauté romaine fut attaquée avec violence et amertume ; jamais l'Eglise grecque, dans son ensemble, ne la voulut pleinement et franchement admettre. Néanmoins, ce n'est qu'au IXe siècle, à l'époque précise, comme on l'a remarqué [2], où commence véritablement au point de vue politique le « byzantinisme » que la scission s'opère et que les bases du schisme sont à tout jamais posées. L'époque de Photius est donc encore une période de transition où, plus ouvertement que par le passé, les deux tendances — unioniste et séparatiste — se combattent et s'affichent. Officiellement, en effet, la primauté romaine est encore respectée. Le Patriarche notifie au Pape son élection et lui envoie le symbole de sa foi. A cette règle, Photius ne manqua pas [3] ; mais c'est bien en vain qu'on chercherait en sa longue lettre le moindre témoignage de subordination. D'un bout à l'autre de l'épître, Photius se place sur le même rang que le Pontife de Rome, et s'il lui envoie le symbole de sa foi, c'est uniquement, comme il le dit lui-même,

---

1. Pargoire, *Eglise byzantine*, p. 289.
2. Krumbacher, *Byzant. Litter.*, p. 5.
3. Migne, CII, p. 585 et seq. Lettre I.

afin que « nous nouions avec votre sainteté un nœud pur et indissoluble [1]. » Autrement plus intéressante, à ce sujet, est la seconde lettre qu'il écrivit au Pape après le Concile présidé par Rodoald et Zacharie en 861. Très nettement Photius met les canons ecclésiastiques au-dessus de toute autre autorité. Si Rome a des règles — telle, par exemple, la loi qui interdit à un laïc d'être immédiatement ordonné évêque — que Constantinople ne reçoit pas, Constantinople n'est pas tenue de les observer [2]. Seuls sont applicables en tous lieux, les canons établis dans les conciles œcuméniques et confirmés par le suffrage des évêques [3]. Le principe établi, Photius fait alors quelques concessions. Il veut bien se soumettre à la charité paternelle « du pape » « ἐν πᾶσι δὲ τὸ πειθήνιον τῇ πατρικῇ ὑμῶν ἀγάπῃ [4] et reconnaître l'intégrité de l'Eglise romaine point divisée par les schismes « ὁλόκληρος ἡ Ῥωμαίων Ἐκκλησία συντετήρηται, σχισματικαῖς οὐ μεριζομένη μανίαις [5]. » Il eût même sanctionné tous les canons établis par le Pape sans l'Empereur qui l'en empêcha [6]. Mieux encore, il confesse la primauté du Souverain Pontife [7] en deux mots « ἐν αὐτοῖς τούτοις πρωτεύειν λαχοῦσιν », mais, pour se venger tout de suite en donnant au Pape des conseils de justice et d'équité [8] qui ne cadrent guère avec le respect qu'un inférieur doit à son supérieur. Néanmoins le mot est dit. Sur les lèvres de Photius, il a plus de valeur, ce semble, que sur celles d'Ignace et des religieux qui lui étaient dévoués. On pourrait, du reste, trouver d'autres textes assez probants qui tous confirment la foi byzantine en la primauté de Rome [9], mais qui, replacés dans le cadre général de l'histoire, montrent aussi que nous sommes à une époque de transition

1. Migne, CII, p. 589.
2. *Ibid.*, 600-601.
3. *Ibid.*, 604.
4. *Ibid.*, 609.
5. *Ibid.*, 613.
6. *Ibid.*

7. Cette seconde lettre a été publiée par Jager d'après le « Τόμος χάρας » édité à Bucharest en 1705. Elle s'arrête précisément à ce passage sur la primauté. La dernière partie de la lettre n'existe qu'en traduction latine. Cf. *Mai Biblioth. nov.*, IV, p. 50.

8. Migne, CII, 617.

9. N'est-ce pas Basile lui-même qui écrivit ces mots significatifs : « quia in sede apostolica immaculata est semper catholica reservata religio, et sancta celebrata doctrina » (Mansi, XVI, p. 27).

transition où lentement s'élabore sur le vieux fonds reçu une doctrine nouvelle.

Mais l'autorité du Pape se manifeste de façon plus claire encore à cette époque à propos de la réunion des conciles et de leur confirmation. Dès le début des luttes religieuses qui nous occupent, l'Empeur et Photius demandent à Rome des légats pour ouvrir le concile. Bien visiblement, on constate qu'à Byzance comme ailleurs, chacun a le sentiment qu'aucune assemblée conciliaire ne peut être générale sans l'approbation du Pape[1]. On se passe à la rigueur des représentants de Jérusalem et d'Alexandrie ; du Soùverain Pontife, jamais. De plus, les légats du Pape (apocrisiaires, topotérètes) sont reçus avec un honneur spécial ; ils dirigent les délibérations du concile et signent les premiers. Qu'il s'agisse de Rodoald et de Zacharie, d'Etienne, de Donat et de Marin, même du cardinal Pierre, au synode schismatique de 879, toujours nous trouvons les ambassadeurs romains à la présidence du concile[2], passant, quel que soit leur rang hiérarchique, avant les évêques, l'Empereur, le Patriarche[3]. Enfin Rome se réserve invariablement la confirmation des faits et des canons décrétés en séances. Non seulement les légats de 869 font accepter aux évêques la clause qui accompagne leur signature, par laquelle ils en réfèrent au Pape ; non seulement nous savons avec quelles restrictions, plusieurs fois exprimées, Jean VIII confirma le concile de 879, mais nous voyons qu'en 861, Photius mit tout en œuvre pour obtenir des légats confirmation de la déchéance d'Ignace, preuve manifeste, ce semble, du pouvoir reconnu au Pape par l'Eglise byzantine[4].

Cette reconnaissance de la suprématie pontificale n'inclut pas, toutefois, la reconnaissance de tous les droits du Pape. En fait, il faut bien remarquer que l'époque où Photius parle avec respect et soumission de Rome, correspond à un moment de son histoire où il espère voir son élection confirmée. Pour complaire au Pape dont il a besoin, il a accepté quelques-uns de

1. Quand, du reste, par hasard, Constantinople oublie ce principe, Rome se charge de le lui rappeler (Lettre de Nicolas à Michel VIII. Mansi, xv p. 162).
2. C'est même une condition qu'impose Hadrien II (Mansi, xvi. p. 22).
3. En 869, Marin, simple diacre de l'Eglise romaine, signe avant Ignace et les empereurs. De même les légats en 879 (Mansi, xviii, 507).
4. Mansi, xvi, 4.

ses décrets et c'est pour atteindre ses fins qu'il lui écrit sa seconde lettre, œuvre très habile, destinée à faire ratifier les décisions prises à Byzance. Plus tard, il ne parlera plus de même et bien évidemment en 879, il souscrit à toutes les violences de langage de son ami Zacharie de Chalcédoine. Mais l'opinion de Photius et de ceux qui le suivent, pourrait paraître insuffisante à qui veut se rendre compte des relations qui unissent l'Orient et l'Occident à cette époque. Bien autrement lumineuse est, à cet égard, la question de Bulgarie. Ici, les rôles se trouvent intervertis et c'est un ami de la papauté, son obligé, Ignace, qui non seulement va parler, mais agir. Le patriarche Ignace, en effet, reconnaît la suprématie pontificale : « Eorum vulnerum atque livorum qui in membris hominis consistunt multos medicos protulit ars... eorum membris sunt Christi et Dei salvatoris, omnium nostrum capitis, et sponsæ catholicæ et apostolicæ ecclesiæ *unum et singularem præcellentem atque catholicissimum medicum ipse princeps summus et fortissimus sermo, et ordinator et curator et solus ex toto magister Deus omnium produxit, videlicet tuam fraternam sanctitatem et paternam almitatem* [1]. »

Lui-même, du reste, fait, sans doute, mémoire à l'office, de certains pontifes romains, comme St Martin « archevêque, de la sainte, catholique et apostolique Eglise de Rome [2] » pour manifester l'union qui existe entre les deux Eglises ; mais il ne faut rien lui demander de plus. Tandis que Photius s'abstient de toute juridiction sur territoire romain ou revendiqué comme tel, en Bulgarie, tandis qu'il écrit à Nicolas Ier : « Dans l'intérêt de la paix je voudrais rendre aux autres ce qui leur appartient de droit... quel plaisir n'aurais-je pas à rendre, si personne ne s'y opposait, ce qui appartient légitimement à un autre, principalement à un Père comme vous [3]. » Ignace lui, dès sa réintégration, envoie contre l'ordre de Rome, des évêques en Bulgarie et les maintient jusqu'à sa mort. Rien ne l'arrête ; ni les observations du Pape, ni ses ordres, ni ses menaces d'excommunication. On dirait qu'après avoir rendu un platonique témoignage de déférence au Pape tant qu'il a besoin de lui, dès qu'il est redevenu maître de son Eglise, il ne se soucie

---

1. Mansi, XVI, 47.
2. Dmitrievskij, *Typica*, p. 6.
3. Migne, CII. Lettre II, p. 613-615.

plus d'une autorité religieuse supérieure : il s'appuie tout entier sur l'Empereur seul. Je sais bien que son panégyriste, Nicétas, dit qu'il ne pouvait pas faire tout ce qu'il aurait voulu [1], que l'Empereur était là pour lui dicter ses ordres et cela est possible. N'est-ce pas précisément ce que Photius vient de dire lui aussi au Souverain Pontife? Mais si vraiment les droits du Pape avaient été universellement reconnus, Ignace, si énergique d'ordinaire, aurait-il fléchi dans une affaire aussi grave? C'est peu probable. La vérité est qu'on tenait essentiellement à Byzance, à ne pas confondre les choses. Si, les catholiques accordaient à Rome une primauté d'honneur, celle dont nous trouvons trace dans les différents canons du concile de 869 [2]; si, en cas de litige, ils s'adressaient au Pape de préférence à tout autre ; néanmoins, à des degrés divers, ils ne voulaient plus reconnaître sa primauté de juridiction. Déjà l'Empereur avait remplacé le pontife romain dans les conceptions religieuses de beaucoup, et s'il y a encore à cette époque fluctuation et variabilité, c'est que nous sommes à une période de crise et que le dénouement n'a pas encore eu lieu [3]. Aussi, n'est-il pas étrange que Rome, consciente du péril, fasse tous ses efforts pour maintenir son droit. Chacune des lettres pontificales revient sur la doctrine de l'autorité conférée à Pierre et à ses successeurs « pour paître les brebis et les agneaux », c'est-à-dire pour gouverner toutes les Eglises de la terre. Les Papes le disent aux Bulgares comme ils le disent aux Byzantins. Nicolas Ier et Hadrien III interdisent aux Eglises de juger Rome. Jean VIII écrit à Basile [4] : « ... sollicitudo clementiæ vestræ spiritu Dei incitata, demonstrat quæ in catholica ecclesia misericordem per auctoritatem et judicium sedis apostolicæ quæ Christo Domino delegante, totius ecclesiæ retinet principatum », rien n'y fait. Le jour vient où Byzance écoutera, pour l'approuver, la voix des évêques schismatiques du concile de 879 : « Nous n'avons qu'un seul pasteur, le très saint seigneur et Patriarche œcuménique Photius. » « Pour tout dire en un

---

1. *Vit. Ignat.*, p. 55o.
2. Mansi, XVI, p. 161 et seq. Pitra, *Jus eccles.*, II, xx et seq.
3. C'est ainsi que Stylianos, dans sa lettre au pape Etienne, dit formellement encore : « Nous savons que nous devons être gouvernés et conduits par votre siège apostolique. » (Mansi, XVI, 434).
4. Mansi, XVII, p. 186.

mot, l'Eglise romaine est cause de tous les maux qui ont fondu sur notre Eglise [1]. »

Ainsi donc, entre 857 et 886, la primauté d'honneur est encore reconnue au Souverain Pontife par l'Eglise byzantine; mais déjà sa primauté de juridiction tend à disparaître. Les affaires de Photius précipitent le mouvement. Bien rares sont ceux qui vraiment agissent et pensent en catholiques. Sur les ruines du pouvoir pontifical l'Empereur édifie sa propre autorité religieuse, aidé qu'il est par nombre d'évêques, le Patriarche en tête. Tandis que les gens d'Eglise disputent autour de questions secondaires, Basile revendique une autorité plus haute et qui ne lui appartient pas : celle de délimiter les diocèses. Et tout le concile de 879 lui accorde ce droit. Vraiment, l'heure n'est pas éloignée où le Basileus tout-puissant sera maître absolu de l'Eglise comme il l'est de l'Etat, et où le « césaropapisme » régnera sans contre-poids. Aussi est-ce parce qu'ils voient nettement le danger qui menace l'Eglise orientale que les Souverains Pontifes d'alors, comme Nicolas I$^{er}$ et Etienne V, s'élèvent avec vigueur contre l'union des deux pouvoirs : « Il y a eu dans l'antiquité des rois qui étaient aussi prêtres, dit Nicolas [2]; plus tard les empereurs païens ont été aussi en même temps « pontifices maximi ». Mais le christianisme a séparé les deux pouvoirs. Les empereurs ont besoin des pontifes pour la vie éternelle et les pontifes n'ont besoin des empereurs que « pro cursu temporalium rerum », et Etienne V dit de même à Basile [3] : « Bien que sur terre, vous ayez avec le Christ une très grande ressemblance quant au commandement, vous ne devez avoir cependant que le souci des choses de ce monde. De même, en effet, que vous tenez de Dieu le pouvoir de commander aux corps, nous, par le coryphée Pierre, nous commandons aux âmes. »

Mais si l'autorité du Pape en matière religieuse tend à disparaître au détriment surtout de l'Eglise byzantine, grande est encore cependant l'attraction qui attire vers Rome les pèlerins et les fidèles. Le Pape possédait à Byzance une Eglise latine : Saint-Serge ; mais il est peu probable que ce centre romain ait eu une véritable influence religieuse et politique ; si le Pape

1. Mansi, xvii, p. 385.
2. Cité par Héfelé-Delarc, v, 556.
3. Mansi, xvi, 421.

paraît généralement bien renseigné, s'il a, malgré tout, des chrétiens qui lui demeurent attachés, c'est surtout grâce aux nombreuses personnes qui venaient à Rome. Nicolas Ier le dit formellement à l'empereur Michel.[1] : « Beaucoup de monde venait au tombeau des Apôtres, d'Alexandrie, de Jérusalem, de Constantinople, du Mont Olympe. » Ces pèlerins comme Théognoste étaient pour les Souverains Pontifes de précieux auxiliaires. Aussi, pas plus les empereurs que Photius ne voyaient-ils avec plaisir ces déplacements pleins de danger pour leur autorité. Michel s'en plaint avec amertume et réclame du Pape le renvoi de ces moines à Byzance pour qu'ils y soient punis [2], et Photius, avec plus de diplomatie, met en garde son confrère de Rome contre ceux qui viennent à lui, en un passage très curieux de sa seconde lettre à Nicolas : « C'est pourquoi votre Béatitude prenant soin de faire observer la discipline ecclésiastique et suivant la droite ligne des canons, ne doit pas recevoir indistinctement ceux qui partant d'ici, s'en vont à Rome sans lettres de recommandation, pas plus que, sous prétexte d'hospitalité, elle ne doit permettre qu'ils jettent des germes de discorde. Certes, il m'est très agréable et c'est chose avant tout respectable, que de vouloir aller auprès de votre paternelle sainteté et de jouir de la trace vénérable de ses pas, mais cela, ne doit pas se faire à notre insu et sans lettres de recommandation, car ce n'est chose bien reçue ni par nous, ni par les canons, ni par votre jugement impartial [3]. » N'est-ce pas avouer le déplaisir causé à tous par ces voyages si propres à éclairer le Pape? Mais n'est-ce pas aussi une preuve que toute foi romaine n'était pas morte encore au cœur des Byzantins du IXe siècle ? Ces faits expliquent bien, ce me semble, d'une part, qu'après la chute définitive de Photius, l'union ait pu être rétablie sans trop de peine; mais, d'autre part, qu'il ne fallut pas au XIe siècle un effort gigantesque de la part de Kerularios pour briser, irrémédiablement cette fois, le fil ténu qui reliait entre elles les deux Eglises d'Orient et d'Occident. Du reste, cette longue querelle eut sur les rapports de Rome avec Byzance un autre contre-coup : elle aigrit les esprits, les rendit méfiants, et la haine venant s'ajouter à tant d'autres griefs, diplomatiques

1. Lettre VIII. Mansi, xv, 208.
2. *Ibid., ibid.*, p. 207.
3. Lettre II, p. 617.

et disciplinaires, devait fatalement aboutir à la rupture que nous savons.

Pour être complet, il faut, en terminant ce paragraphe, ajouter quelques mots sur les relations qui unissaient Byzance aux autres patriarcats : c'est-à-dire aux Eglises d'Antioche, de Jérusalem et d'Alexandrie. Là, bien plus qu'à Rome, l'Empereur semble maître des communautés chrétiennes. Toutes, en effet, se trouvent être sous la domination musulmane et c'est, par l'intermédiaire des princes arabes que le Basileus est en rapport avec les chefs ecclésiastiques. Dès que Basile arriva au pouvoir, il envoya des présents à l'émir de Syrie, et écrivit [1] pour le prier de bien vouloir laisser partir des représentants de ses divers sujets chrétiens, afin qu'ils réglassent à Byzance des questions d'ordre ecclésiastique. Les Eglises orientales jouissaient à cette époque d'une certaine liberté. Sous le couvert d'une mission politique, Achmed fit droit à la demande de l'Empereur et envoya à Constantinople Elie, syncelle du Patriarche de Jérusalem et Thomas, archevêque de Tyr, puis, plus tard Joseph, représentant de Michel, patriarche d'Alexandrie. Mais déjà la domination arabe avait singulièrement affaibli le courage de ces pauvres Patriarches. En 868 comme en 879, ils font triste figure à côté de leurs confrères grecs et latins. Ils sentaient que sur eux les menaces de persécutions étaient toujours suspendues et bien plus que les intérêts religieux, ce sont leurs intérêts propres qu'ils viennent plaider en concile. Achmed, en autorisant ses sujets à s'embarquer pour Constantinople, avait demandé la délivrance des prisonniers sarrasins retenus en terre byzantine. Aussi est-ce surtout vers ce résultat que tendent tous leurs efforts. Qu'on leur accorde ce que réclame leur maître, qu'on leur donne de l'argent et ils signeront tout ce que les conciles exigeront [2]. Ils votent contre Photius parce qu'ils savent que l'Empereur est contre lui ; ils votent pour lui lorsqu'ils voient le Patriarche tout-puissant ; ils votent contre les légats dans l'affaire de Bulgarie, parce qu'ils savent que tel est le désir de Basile. Et pouvait-il bien en aller autrement? Pour eux, l'Empereur est leur seul appui. Le mécontenter, c'est mécontenter l'Emir qui commande alors en Syrie et en Egypte.

---

1. *Vit. Ignat.*, p. 544.
2. Mansi, xvi et xvii. Conciles de 869 et de 879.

et par là attirer sur leur chétive Eglise de rudes représailles. Rome est trop loin et pour eux ne peut rien. Byzance, au contraire, est proche. Leur prince est en rapports constants — belliqueux ou pacifiques — avec l'Empereur. C'est donc du côté de la nouvelle Rome qu'il faut tourner les yeux ; c'est là qu'il faut aller chercher le mot d'ordre et l'union protectrice, et voilà pourquoi nous voyons, malgré les lettres des Papes et les pèlerinages de ces Eglises aux tombeaux des Apôtres, les Patriarches graviter autour de Byzance, accepter sa discipline et sa théologie, marcher dans son sillage et suivre sa fortune [1].

## III

C'est surtout par son côté extérieur que nous avons jusqu'ici étudié l'Eglise byzantine. Ses luttes, sa politique, ses rapports, avec les puissances qui l'entourent — civiles et religieuses — appartiennent à l'histoire générale ; mais pour la plus complètement connaître, il faut pénétrer à l'intérieur du sanctuaire, examiner sa constitution intime et noter les manifestations de la vie qui l'anime. C'est ce qu'il reste à faire en étudiant l'organisation séculière et régulière de l'Eglise, le droit qui la régit, la liturgie et la discipline qu'elle observe comme aussi les missions qu'elle dirige pour accomplir son œuvre apostolique.

A la tête de l'Eglise byzantine se trouve le Patriarche — le Pape de la « nouvelle Rome ». Il est dans l'ordre des choses religieuses ce qu'est l'Empereur dans l'ordre des choses temporelles, « l'image vivante et animée du Christ, exprimant par ses œuvres et ses paroles, la vérité [2]. » A lui revient l'obligation par sa piété et la sainteté de sa vie de garder les âmes que Dieu lui a confiées, comme de ramener à l'union et à la foi les hérétiques, comme de convertir les infidèles [3]. Aussi doit-il être apte à enseigner, juste et bon envers tous, doux dans ses juge-

2. On trouvera d'intéressants détails sur l'histoire intérieure de l'Eglise de Jérusalem au IXe siècle dans la vie de saint Théodore d'Edesse publiée par M. Pomialovskij ; dans Bernard le Moine qui voyagea en Palestine en 870 et dans le récit du moine Epiphane publié dans la *Soc. orthodoxe de Palestine*, VI, 1886.
2. *Epanag.*, t. III, § 1, p. 67.
3. *Ibid.*, § 2.

ments, plein de zèle pour corriger les désobéissants, courageux quand il s'agit de la défense de la vérité, fier devant les Empereurs [1], car c'est lui seul, le Patriarche qui doit interpréter les lois ecclésiastiques et juger en ces sortes de matières [2]. Mais, parce que telle est sa fonction, parce que, comme l'Empereur, il doit veiller à la conservation de la paix et du bonheur des sujets, il doit y avoir concorde et harmonie entre les deux pouvoirs [3], ce sans quoi la société est bouleversée et l'union compromise : on ne le savait que trop à Byzance. Dès lors, rien d'étonnant que le cérémonial ait placé à peu près sur le même rang l'Empereur et le Patriarche. Si tous deux ont leur demeure terrestre près de celle de Dieu dont ils sont les représentants ici-bas, tous deux se rencontrent quand il s'agit d'honorer « la très sainte Trinité. » A toutes les fêtes religieuses, basileus et Patriarche sont présents à Sainte-Sophie pour pontifier suivant la liturgie. Rien ne se fait sans l'intime collaboration des deux pouvoirs. Si l'Empereur a sa place déterminée et ses fonctions réelles à l'office, le Patriarche a la sienne dans les cérémonies profanes. L'un nomme aux grandes charges et l'autre consacre, confirme par ses prières l'œuvre du premier. Qu'il s'agisse du couronnement impérial, de l'élection d'un César, d'un nobilissime ou d'un patrice, toujours et partout nous voyons apparaître les deux représentants de Dieu. Aussi le cérémonial byzantin a-t-il eu soin de donner au Patriarche une place à part dans les grandes fêtes du Palais. A la table impériale, seul il a le droit de s'asseoir à côté et avant le césar, le nobilissime, le curopalate, le basileopator et la patricienne à ceinture [4]. Chaque fois, il est invité officiellement par l'intermédiaire du cubiculaire et du silentiaire de service [5], et jamais l'un n'aborde l'autre officiellement sans lui donner un fraternel baiser. Mais cette intime collaboration des deux pouvoirs se manifeste autrement que par de simples formes extérieures. De même que l'Empereur s'occupe activement des affaires religieuses, le Patriarche, de son côté, s'occupe des affaires civiles. Il prend part aux conseils d'Etat qui traitent de choses purement laïques N'est-ce

1. *Epanag.*, t. III, § 3.
2. *Ibid.*, § 4, 6.
3. *Ibid.*, § 8, p. 67-68.
4. *Cerem.*, 1341.
5. *Cerem.*, 308.

pas Michel Rhangabe qui convoqua le Patriarche pour savoir s'il convenait de faire la paix avec les Bulgares [1] ? Il juge dans les grands procès quand il s'agit de crimes d'importance [2] : lorsque Basile se crut trahi par son fils Léon, Photius assista comme juge au procès qui lui fut intenté. Il fait souvent partie du conseil de tutelle, lorsque l'Empereur, en mourant, laisse des enfants mineurs. Ce fut, entre autre, le cas à la mort d'Alexandre, fils de Basile. Le patriarche Nicolas fut appelé au conseil et eut sa part dans l'administration de l'Empire [3]. Mais cette autorité du Patriarche, même en matière civile, n'était qu'une conséquence assez naturelle de l'autorité qu'il avait comme chef de l'Eglise. Là, en effet, l'évêque de Constantinople était souverain absolu. L'Epanagoge [4] a longuement détaillé les droits du Patriarche au point de vue religieux, droits que le concile de 869 avait déjà précisés. Seul, le Patriarche a mission d'interpréter en dernier ressort la jurisprudence ecclésiastique, car il est juge [5]. Les plus graves affaires doivent être portées devant son tribunal et, dans les assemblées synodales, il est toujours le premier [6]. Non seulement il a le soin et la sollicitude des métropoles, des évêchés et des monastères qui relèvent de sa juridiction, et là, évidemment, il a le droit de jugement et de condamnation, mais encore il peut exercer ces mêmes droits de juge dans les autres provinces qui ne dépendent pas de lui et dans lesquelles la « stauropigie » ne lui appartient pas [7]. Enfin, suivant la prescription formelle du concile de 869, c'est devant le Patriarche seul, et non devant les métropolitains et évêques voisins, que doivent se juger les affaires en litige concernant tel métropolitain ou évêque [8].

Tant de pouvoir et d'autorité de la part du Patriarche n'allaient pas sans d'assez graves inconvénients. Par la force même des choses, des empiètements de juridiction étaient à craindre aussi

---

1. Theoph., 999.
2. Sym. Mag., ch. xxi, p. 760.
3. Cedrenus, i, 1165. Léon Gramm., 1121.
4. Tout le titre III est consacré à ce sujet.
5. *Epanag.*, t. III, § 5 et 6, pp. 67, 68.
6 *Ibid.*, § 6.
7. *Ibid.*, § 10. La stauropigie « σταυροπήγια » est le droit qu'acquiert un évêque sur une église ou un monastère du fait qu'il plante la croix sur le lieu où s'élèvera l'édifice.
8. Can. XXVI. Mansi, xvi, 177.

bien de la part de l'Empereur dans le domaine religieux que de celle du Patriarche dans le domaine temporel, et c'est ce qui arriva précisément à l'époque de Photius. Son histoire n'est, en réalité, comme nous l'avons remarqué, qu'un épisode de la sourde lutte engagée entre les deux autorités pour se mutuellement supplanter. C'est, du reste, dans l'espérance d'éviter ce danger qu'on essaya, mais bien en vain, d'élever quelques fragiles barrières entre les deux pouvoirs. A son couronnement, l'Empereur doit signer un chirographe par lequel il promet de ne rien entreprendre contre l'Eglise et les dogmes fixés par les SS. Pères[1], parce qu'il est établi tout d'abord pour conserver la doctrine définie par les conciles[2]. De son côté, à son élection le Patriarche, en un acte solennel, jure par écrit de respecter l'autorité civile. « En prenant en mains les rênes de l'Eglise, dit S. Ignace, j'ai fait, par écrit, le serment de ne jamais méditer contre votre Empire de trames ni de dommages[3]. » Jamais non plus il ne devait donner de mauvais conseils sur ce délicat sujet[4]. Mais évidemment, le meilleur moyen pour l'Empereur d'éviter tout danger était encore d'avoir la haute main sur les élections. Malheureusement pour lui, jusqu'au x$^e$ siècle, les règles canoniques étaient trop fixes, sa participation au choix patriarcal, trop nettement définie pour qu'il pût être sans conteste maître de l'élection. Sans doute, l'Empereur avait bien à son service la force : un coup d'audace lui était toujours possible. Seulement c'était chose dangereuse. Invariablement de telles élections préparaient pour l'avenir des troubles religieux. Mieux valait les éviter. Aussi — surtout après le schisme de Photius — les empereurs préférèrent-ils prendre un autre chemin. Ils s'arrangèrent à faire élire des membres de leur famille, des hommes, par conséquent, qui, par leur entourage, leurs traditions, leurs intérêts même, étaient aisément maniables. Ce fut le cas lors de la déposition de Photius. Léon VI s'empressa de faire nommer patriarche son frère Etienne, fils cadet de Basile. Plus tard il en ira de même de Théophylacte et de bien d'autres. Ce résultat obtenu, les empereurs purent alors, vers la fin du

---

1. *Ano. de Combefis*, Migne, CVIII, p. 1016,
2. *Epanag.*, t. II, § 4, p. 67.
3. *Vit. Ignat.*, 505.
4. *Ibid.*, 505.

x⁰ siècle, faire modifier à leur profit le mode d'élection du Patriarche.

L'élection patriarcale devait donc être le grand souci du basileus, comme c'était pour l'Eglise un des événements les plus graves de sa vie habituelle. Depuis l'avènement de Photius, il était interdit de choisir un laïc. Seul un clerc pouvait être désigné et encore devait-il avoir franchi tous les degrés de a hiérarchie et y avoir fait ses preuves. Cette règle, du reste, était plus ancienne, même à Byzance, que Photius, puisque nous savons qu'à l'avènement de Nicéphore, au début du ix⁰ siècle, les deux fameux ascètes de l'Olympe, Platon et Théodore, rompirent tout rapport avec lui précisément parce qu'il était laïc [1], bien que, d'autre part, il eût été régulièrement élu. Jusqu'à la seconde déposition de Photius, les règles canoniques pour l'élection patriarcale étaient très simples. Nicétas David nous a raconté comment S. Ignace fut nommé [2]. A la mort de Méthode, l'impératrice Théodora envoya consulter St-Joannice à l'Olympe sur le choix du futur Patriarche. Celui-ci désigna Ignace et les évêques comme le peuple l'élurent. Ce récit doit être véridique, car il cadre tout à fait avec ce que nous savons des différents facteurs qui concouraient à l'élection. Partout et toujours quand l'élection se fait régulièrement, nous voyons intervenir à cette époque les prêtres, le peuple et l'Empereur. Ce fut le cas pour Nicéphore [3], comme ce fut le cas pour Ignace, et au début du x⁰ siècle pour Antoine Kauleas [4]. Nicolas I, dans sa lettre à l'Empereur Michel, le dit, du reste. positivement. Personne ne peut recevoir la charge patriarcale « sine ecclesiasticæ plebis consensu atque imperiali suffragio [5]. » Mais quelle était la composition de ces divers éléments et quelle était leur importance ? L'élection de Nicolas Kauleas

---

1. Theoph., p. 968.
2. *Vit. Ignat.*, 502.
3. Cedrenus, 917 ; Theoph., 968.
4. Migne, t. CXI, p. 190. Papadopoulo Kerameus, *Sbornik*, t. I, 12¹⁵.
5. Mansi, xv, 171. En 861, cette règle était encore en vigueur, car au Concile de Constantinople de cette année-là, le protospathaire Jean explique aux légats qu'à la mort du Patriarche, l'Empereur convoquait tous les évêques, prêtres, abbés et diacres pour leur donner l'ordre de choisir celui que Dieu leur suggérerait d'élire Patriarche et l'ordre de lui apporter le décret d'élection. Celle-ci faite, ils l'annoncent à l'Empereur qui accepte l'élu et ceux-ci, à leur tour, le reçoivent (Wolf von Glanvell, l. IV, ch. ccccxxviii, p. 604).

nous l'apprend. Le groupe des prêtres, qui faisait vraiment l'élection, était formé des évêques, des prêtres et des moines ; le groupe du peuple, qui paraît surtout avoir eu un rôle consultatif, était représenté par le sénat [1] ; l'Empereur intervenait pour confirmer l'élection.

Ces règles étaient celles que l'Eglise universelle avait toujours admises. Elles sauvegardaient tous les intérêts. Mais après les événements religieux du IXe siècle, en présence des empiètements tentés par Photius, les empereurs, comme nous l'avons remarqué, cherchèrent, sans violence, à augmenter leur pouvoir au sein du « conclave » qui nommait le Patriarche. Déjà, dans sa lettre à Nicolas I, Photius avoue qu'il a été élu par le clergé, évêques et métropolitains et « *avant eux, mais avec eux* » par l'Empereur [2]. Toutefois, le véritable témoin de cette transformation canonique est le chapitre du Livre des « Cérémonies » qui traite de l'élection patriarcale. Ce chapitre appartient vraisemblablement au Xe siècle [3]. Il fixe une procédure tout à fait différente de celle que nous venons d'étudier. Dès que le Patriarche est mort, l'Empereur ordonne aux métropolitains de choisir trois candidats. Les métropolitains se réunissent à Ste-Sophie dans la partie réservée aux catéchumènes, élisent les trois sujets et font connaître leur choix à l'Empereur. Celui-ci les reçoit au Palais. On lui remet par écrit les noms des candidats et si le choix des évêques est tombé sur celui que l'Empereur veut voir Patriarche, on procède à la consécration. Dans le cas contraire, le basileus impose son candidat : « Ἐγὼ τόν (ὁ δεῖνα) θέλω γενέσθαι. » Les métropolitains accèdent alors à la volonté de l'Empereur et l'on s'en va en procession à la Magnaure avec les métropolitains, le sénat, les dignitaires ecclésiastiques, le clergé et les moines. Là, l'Empereur en présence de tous prononce la formule : « Ἡ θεία χάρις καὶ ἐξ αὐτῆς Βασιλεία ἡμῶν

---

1. L'Impératrice Irène, à la mort du patriarche Paul, réunit *tout le peuple* à la Magnaure et lui demanda conseil. Tous proposèrent Tarasius (Theoph., 924). On reconnaîtra facilement le Sénat dans cette assemblée de la Magnaure. De même sous Léon l'Arménien, lors de l'élection de Théodote Kassiteras, on avait proposé d'abord un certain Jean ; ce furent les patrices qui s'opposèrent à cette élection, parce que Jean était trop jeune et de trop vulgaire naissance « ἀφανής ». Ils demandèrent un fils d'illustre famille (*Anon. de Combefis*, 1036).
2. Photius, *Epit.* II, p. 588.
3. *Cerem.*, l. II, ch. XIV, p. 1040.

προβάλλεται τὸν εὐλαβέστατον τοῦτον πατριάρχην Κωνσταντινουπόλεως. » Puis, les présentations faites, on conduit solennellement le nouveau Patriarche dans le palais et le dimanche, ou le jour de fête suivant, il est consacré à S^te-Sophie, en général par l'évêque d'Héraclée [1].

On le voit donc ; entre le IX^e et le X^e siècle, l'ancien mode d'élection est tombé en désuétude. L'Empereur, tout en laissant faire un simulacre de choix, accapare à son profit le premier rôle et désormais, peut-être par la faute de Photius, le Patriarche devient la créature du basileus. C'est là une des premières conséquences de la crise politico-religieuse que nous avons signalée plus haut.

La haute situation du Patriarche dans l'Empire lui faisait une obligation d'avoir autour de lui, comme l'Empereur, une véritable cour et, pour l'administration des choses ecclésiastiques, un nombreux personnel d'employés de tous genres. Auprès du Patriarche se trouvait, en effet, autrefois comme aujourd'hui, le synode. Ce synode permanent « σύνοδος ἐνδημοῦσα » dont Nicétas appelle les membres « οἱ λογάδες » [2] était composé de métropolitains et d'archevêques [3]. Il dirigeait les affaires ecclésiastiques, jugeait dans les plus grandes causes canoniques, donnait son avis au Patriarche. C'est lui, sans doute, qui avait, avant la réglementation des élections pontificales au X^e siècle, la part prépondérante dans le choix du premier évêque d'Orient [4]. Ce conseil, du reste, n'était pas de date récente. Dès l'époque d'Honorius et de Théodore il est mentionné dans les textes juridiques et fonctionnait comme tribunal suprême dans les affaires d'ordre législatif [5]. Comme les dignitaires romains qui forment autour du Pape le Sacré-Collège, les évêques qui composent le synode doivent jurer par écrit fidélité au Patriarche [6]. S'ils lui promettent, en effet, conseil et assistance,

---

1. Cf. Cotlarciuc, Die Besetzungsweise des schismatischen Patriarchalstuhles von Kple (Arch. für kathol. Kirchenrecht, LXXXIII, 1903, 26 et seq.).
2. Vit. Ignat., 505. Cerem., 1381.
3. Cerem., p. 997. Il semble que le synode comptait douze membres, y compris le Patriarche et la syncelle, sans doute en souvenir des douze apôtres (Vit. Basil., ch. XXI, p. 260 ; Cerem., 1381). Cf. à ce sujet Zhishman, Die Synoden und die Episcopal Amter in der morgent. Kirche.
4. Cf. Brehier, p. 63.
5. Code, I, § 2, I. 6, p. 12. Cf. Vailhé, Eglise de Cple, col. 1327 et seq.
6. Vit. Ignat., 505.

ils lui promettent surtout respect et fidélité[1]. Il est impossible de savoir exactement qui faisait partie du synode. Peut-être étaient-ce les évêques de la province, ceux qui, au dire du Nomocanon[2], devaient se réunir une fois l'an, en juin ou septembre, autour du Patriarche pour Constantinople, autour des métropolitains dans les provinces, afin de s'occuper des affaires ecclésiastiques ; peut-être étaient-ce les métropolitains les plus proches de Byzance ; peut-être enfin des évêques sans juridiction épiscopale, vivant à Constantinople autour du Patriarche. Aucun texte ne nous donne à cet égard de renseignements précis.

Le premier personnage ecclésiastique après le Patriarche était le syncelle (ὁ σύγκελλος). Bien que nous ayons à son sujet, pour l'époque qui nous occupe, très peu de renseignements précis, nous pouvons cependant, d'après l'étymologie du mot[3], conjecturer qu'il remplissait auprès du Patriarche le rôle que jouait auprès de l'Empereur, le parakimomène. Le syncelle, dont le titre est honorifique et ne correspond très probablement à aucune charge définie, est le premier après le Patriarche. Il passe avant tous les métropolitains et archevêques[4] ; il a sa place marquée dans les grandes cérémonies civiles tout de suite après le recteur, c'est-à-dire avant les plus hauts personnages de l'Empire[5]. Si nous savons qu'il existait, bien avant le IX° siècle, des syncelles[6], c'est à cette date toutefois — et plus exactement sous le règne de Léon VI — que le syncelle semble grandir en dignité. C'est à cette époque, en effet, qu'il prend place au nombre des grands fonctionnaires de l'Empire. Seul, parmi les ecclésiastiques, il est nommé au Clétorologe et, à en juger par les cérémonies de sa promotion, on peut se rendre compte de son importance. Il est probable, du reste, que sa fortune correspond aux transformations que subit au X° siècle le mode d'élection du Patriarche. Tant que celles-ci furent relativement libres, le syncelle resta dans l'ombre. Sa situation était analogue à celle de ses confrères d'Egypte, de Jérusalem et d'Antioche ; mais

1. *Vit. Ignat.*, p, 505.
2. Nomocan, t. VIII, viii, 526.
3. Du Cange, vide « σύγκελλος ». Cf. *Vit. Euthy.*, éd. de Boor, IV, p. 11.
4. *Cerem.*, p. 169.
5. *Ibid.*, p. 1345.
6. Pargoire, *op. cit.*, p. 61.

quand les empereurs eurent accaparé à leur profit les élections, le syncelle devint comme le représentant de l'Empereur auprès du Patriarche, son homme de confiance auquel plus ou moins la succession était réservée. Tel fut le cas pour Etienne, fils de Basile. Avant d'être patriarche, il fut syncelle. Peut-être même est-ce bien un peu pour lui qu'on fit passer cette dignité au premier plan comme on le fit pour celle du Basileopotor, à la même époque. Chose très remarquable, en tous cas, la promotion du syncelle rappelle en plus d'un point l'élection du patriarche. L'Empereur le nomme par la formule : « Ἐπὶ ὀνόματος Πατρός, Υἱοῦ καὶ ἁγίου Πνεύματος, προβάλλεται ἡ ἐκ θεοῦ Βασιλεία ἡμῶν σύγκελλον[1]. » Puis les chambellans le conduisent auprès du Patriarche auquel on annonce la promotion par ces mots : « Ἡ Βασιλεία ἡμῶν προεβάλετο τοῦτον σύγκελλον[2]. » Alors, le Pontife bénit (σφραγίζει) le nouvel élu et fait part de la chose aux métropolites et aux archevêques présents à Constantinople par cette autre formule : « Ὁ Βασιλεὺς ἡμῶν ὁ ἅγιος θεόθεν ὁδηγηθεὶς τοῦτον προεβάλετο σύγκελλον. » Si les formules expriment quelque chose, c'est bien, ce semble, l'absolue dépendance de ce personnage à l'égard de l'Empereur. Dès lors, que le Basileus ait le droit de désigner le Patriarche, qu'il choisisse. en général, le syncelle pour cette haute fonction, et tout naturellement l'archevêque de Constantinople se trouvera être la créature de son impérial bienfaiteur. Aussi, des honneurs spéciaux sont-ils décernés au syncelle. Il passe avant les métropolites, s'asseoit sur un siège séparé et assiste au conseil du Patriarche[3]. Il est probable que le syncelle de Constantinople était, au moins, archevêque. Du moins avons-nous, du XIᵉ siècle, le sceau d'un syncelle, métropolite de Chalcédoine[4]. Cependant, les deux syncelles d'Orient qui vinrent à Constantinople lors des affaires de Photius, Joseph d'Alexandrie et Elie de Jérusalem, n'étaient point évêques. L'un était archidiacre et l'autre prêtre[5]. Mais la haute situation faite un instant aux syncelles semble avoir été d'assez courte durée. Dès le XIᵉ siècle, l'illustration attachée à ce titre

---

1. *Cerem.*, p. 996.
2. *Ibid.*
3. *Ibid.*, 997.
4. Schlumberger, *Sigillogr.*, p. 413.
5. *Vit. Ignat.*, 544. Les souscriptions du concile de 869 donnent cependant à Joseph le titre de diacre (Mansi, XVI, 190).

décline et Constantin Ducas explique que ce n'est qu'au palais qu'ils jouissent des prérogatives attachées à leur rang. Codinus ne les cite même plus. Si tous ces renseignements sont de quelques années postérieures au règne de Basile, il n'en est pas moins certain, cependant, que même à son avènement, la charge de syncelle était déjà parmi les premières dans l'Eglise. Lorsque l'Empereur voulut récompenser ses plus fidèles amis, il leur donna à tous de très hautes dignités. Mais s'il fit tant déjà pour ceux qui le servirent d'une façon en somme assez secondaire, on peut conjecturer qu'il sut faire plus encore pour le premier artisan de sa fortune future, pour le fameux higoumène de S. Diomède, Nicolas. Or, précisément, il ne trouva rien de mieux que de nommer son bienfaiteur, tout à la fois syncelle et économe de S$^{te}$-Sophie[1]. D'où il suit que déjà à cette époque le syncelle était nommé par l'Empereur et que ce titre de grande distinction, quoique tout honorifique, pouvait être donné conjointement avec une charge importante.

Au point de vue strictement ecclésiastique, l'archidiacre est le premier fonctionnaire après le Patriarche. C'est vraisemblablement sur lui que repose toute l'administration du diocèse. Il accompagne le Pontife dans toutes les cérémonies religieuses, mais non, semble-t-il, dans les cérémonies civiles. Il porte l'Evangile que baise l'Empereur[2], reçoit de lui aux grandes fêtes des présents comme certains fonctionnaires d'ordre secondaire[3] et l'encense avant le Patriarche[4]. Il est très remarquable que l'archidiacre ne soit nulle part nommé dans les cérémonies de la Cour. Peut-être comme le Chartophylax et d'autres dont les fonctions étaient surtout d'ordre administratif n'avait-il pas droit, comme tel, de figurer parmi les dignitaires ayant leurs entrées au Palais.

Ainsi que dans l'administration civile, les affaires religieuses passaient par des « secreta » ou bureaux au sujet desquels nous n'avons aucun détail. Le livre des « Cérémonies » cite les « παπάδες τοῦ σεκρέτου[5] » du Patriarche et les sceaux nous donnent divers titres relatifs à cette administration, tel celui de notaire

1. Georg. Moine, 1080.
2. *Cerem.*, p. 157.
3. *Ibid.*, p. 173 et 261.
4. *Ibid.*, p. 169.
5. *Cerem.*, p. 1381.

du Patriarche[1] et celui de chef du « secreton, ἐπὶ τοῦ πατριαρχικοῦ σεκρέτου »[2]. C'étaient évidemment des prêtres employés dans ces ministères. Toutefois sur l'un de ces bureaux nous sommes un peu mieux renseignés. C'est celui des « archives » qui probablement faisait fonction de chancellerie. Les archives du Patriarcat étaient assez considérables. Elles contenaient les pièces originales concernant le Patriarcat : procès-verbaux des Conciles, lettres des Papes et des évêques, professions de foi des évêques, constitutions impériales, etc.[3]. A la tête de ce bureau se trouvait le Chartophylax (ὁ χαρτοφύλαξ) — tel ce Blasios si dévoué à son patriarche Ignace[4]; tel aussi le Chartophylax Paul au Concile de 869. Ce personnage avait la garde des archives ; mais aussi celle des droits épiscopaux de son Maître conservés par écrit dans ses bureaux. Chaque pièce émanée de son ministère portait sa signature et son sceau comme preuve d'authenticité[5]. Mais ces pouvoirs allaient plus loin. Bien que généralement diacre, c'est à lui que revenait le droit de présenter clercs et évêques au Patriarche et au Concile, de même que c'est par lui qu'arrivaient au Patriarche les lettres des évêques. Bien plus, il avait un droit de contrôle sur les élections épiscopales et c'est lui qui devait faire l'enquête canonique sur la dignité de vie des candidats. Enfin il avait un tribunal qui jugeait de toutes les causes matrimoniales pour les fidèles, de tous les délits religieux, civils ou criminels pour le clergé. Un peu comme l'éparche au sujet des étrangers, il avait droit de surveillance sur les prêtres qui venaient à Constantinople, les autorisait à dire la Messe, et s'ils étaient religieux, leur donnait le pouvoir d'entendre les confessions. Le Chartophylax avait sous ses ordres des « secretikoi » et des « hypomnématographes ». C'était enfin dans les bureaux du Chartophylax que s'élaboraient de temps à autre ces listes épiscopales, ces « Tactika » dont nous allons parler un peu plus bas. La « taxis » de Léon VI est formelle à cet égard. La liste épiscopale était exactement semblable à celle qui se trouvait « au saint chartophylakeion »[6].

1. *Sigillogr. byz.*, p. 127.
2. *Ibid.*
3. Mansi, xvi, 13.
4. *Vit. Ignat*, 513.
5. Voir pour ce qui concerne le Chartophylax, Beurlier, *le Chartophylax de la Grande Eglise*, p. 257 et seq.
6. Gelzer, *Texte und Notitiæ episcopatuum*, p. 550.

D'autres bureaux nous sont connus de nom. C'est le « σκευοφυλακεῖον » ou trésor. Là se trouvaient, outre les vases sacrés, les objets de prix et les ornements précieux, servant à la cour pontificale, les livres richement reliés [1], qu'on ne voulait pas laisser dans la Bibliothèque. A la tête du trésor, se trouvait un chartulaire [2] ayant pour chef honorifique le « σκευοφύλαξ », un des grands dignitaires de l'Eglise. Les chroniqueurs comme Théophane [3], nous parlent aussi du sacellaire probablement chef du bureau financier du Patriarche. Le référendaire était de même un assez important personnage. Sa mission parait avoir été surtout d'être le représentant officiel du Patriarche auprès de l'Empereur. C'est par lui, en effet, que passent les communications entre les deux pouvoirs. Aux jours de fête, le Patriarche envoie le référendaire au palais avec un « μανδάτον », un avis contenant les prescriptions liturgiques du jour [4], de même qu'aux jours de promotions civiles l'Empereur fait prévenir le Patriarche par le référendaire [5]. Puis à l'Eglise lorsque les deux souverains se rencontrent, il joue un peu le rôle de Cérémoniaire. C'est lui, par exemple, qui présente le Clergé au Basileus [6]. Enfin il faut citer le protonotaire du Patriarche [7], sorte de lecteur officiel ; l'économe particulier du Patriarche [8] ; le castrisios (καστρησίος) [9] et des cubiculaires [10].

Comme « archevêque de Constantinople » le Patriarche avait autour de lui le nombreux personnel de Sainte-Sophie, église métropolitaine, et le clergé des autres Eglises de Constantinople [11]. Justinien avait fixé, dès le IVe siècle, le nombre des prêtres, diacres et autres clercs subalternes qui devaient faire par-

1. Beurlier, *op. cit.*, p. 256.
2. *Cerem.*, p. 208.
3. Theoph., p. 972.
4. *Cerem.*, p. 120.
5. *Ibid.*, p. 480. Il est intéressant de noter que le premier passage du Livre des Cérém. est du Xe siècle, le second, probablement du VIIIe ; d'où l'on peut facilement conclure qu'au IXe siècle la fonction de référendaire n'avait pas changé.
6. *Ibid.*, p. 171 et 196.
7. *Ibid.*, p. 1389.
8. *Ibid.*, 1391.
9. *Ibid.*, p. 192 ; p. 1443.
10. *Ibid.*, p. 1349.
11. Ces Eglises avaient un clergé organisé avec un « primicier » à leur tête. C'était, du moins, le cas pour les Blachernes et la Néa (Schlumb., *Sigillog.*, 135, 137).

tie du clergé de la « Grande Eglise »[1]. Ce nombre ne varia sans doute pas beaucoup car les ressources n'étaient pas illimitées Cependant, au IX° siècle, le Concile de 869 dut prendre de nouvelles mesures pour éviter les abus prévus par Justinien[2]. Défense était faite d'élever à quelque honneur « ceux du dehors » ou les prêtres qui occupaient des fonctions séculières auprès des princes. C'est que Constantinople attirait forcément un grand nombre de clercs. Si on avait voulu donner une place à tous les étrangers, le clergé serait devenu trop nombreux et les anciens n'eussent pas eu d'avancement. C'est, du reste, probablement pour faire observer ces ordonnances assez justes que les Empereurs se réservèrent le droit de nommer aux grandes charges ecclésiastiques comme celle d'économe de la grande Eglise[3]. Cependant, à relever les noms des fonctionnaires ecclésiastiques fournis par le Livre des Cérémonies on s'aperçoit que leur nombre était encore considérable. Indépendamment des clercs attachés au service du Palais, les « βασιλικοί », prêtres[4], diacres, sous-diacres et clercs[5], le clergé de Sainte-Sophie et des autres Eglises se composait de prêtres, de diacres, de sous-diacres, de clercs-portiers, lecteurs, chantres, prosmonaires ou gardiens, de dioecètes, d'écdiques ou défenseurs, d' « ἐπισκοπείανοι » ou surveillants[6] et de diaconesses, ayant tous à leur tête quelques grands dignitaires comme le skevophylax et surtout le grand Econome. Au surplus, chaque ordre paraît avoir eu ses chefs : les prêtres avaient à leur tête un « πρωτοπρεσβύτερος »[7], les diacres « le diacre de la grande Eglise » probablement prêtre si l'on en croit les sceaux[8], mais remplissant les fonctions de diacre ; les acolytes un « devteron »[9]. L'Econome de la grande

1. Pargoire, *op. cit.*, 60, 61.
2. Canon XIII, Mansi, XVI, p. 167.
3. Léon Gramm., 1049.
4. *Cerem.*, p. 280.
5. *Ibid.*, p. 1349, 1352, 1381. Le clergé du Palais paraît avoir subi une transformation à la mort de Léon l'Arménien. Après le crime qui ensanglanta la chapelle impériale dans la nuit de Noël, le clergé dut porter l'habit ecclésiastique « comme maintenant ». De plus, il fut tenu d'habiter le palais, tandis qu'auparavant il n'y venait que pour les offices. Le clergé avait à sa tête un éparche (*Vit. Leon.*, ch. xxv, p. 52).
6. Parmi ces fonctionnaires quelques-uns étaient laïques comme les maglabites de S^te-Sophie qui faisaient fonction de bedeaux.
7. Le *livre des Cérém.*, p. 170, parle aussi du πρωτοπαπάς de S^te Sophie.
8. Schlumberger, *Sigillog.*, p. 147.
9. Schlumberger. Sigillogr., p. 390 et 408.

Eglise (ὁ οἰκονόμος τῆς Μεγάλης Ἐκκλησίας;) était un des grands dignitaires dont la nomination était réservée à l'Empereur. Aussi est-ce pour cette raison, sans doute, qu'il fait partie des cérémonies de la cour, comme le syncelle et les higoumènes des couvents impériaux [1], tandis que les autres dignitaires nommés par le Patriarche en paraissent exclus. Du reste, c'était toujours un personnage de marque qui occupait cette place. Souvent, elle était donnée à quelque haut fonctionnaire qu'on avait obligé, pour une raison ou pour une autre, à entrer au couvent et qu'on récompensait de cette façon. Ce fut entre autres le cas pour le « préfet de la table » Nicétas que la rumeur publique accusait de relations coupables avec l'Impératrice Eudocie. Il fut tondu et plus tard devint économe de Sainte-Sophie [2]. Avant lui, mais pour de toutes autres raisons, Nicolas, higoumène de Saint-Diomède, fut créé par Basile Ier tout à la fois syncelle et économe [3]. L'Econome avait la charge de l'administration financière de l'Eglise, Aussi, dès l'origine, son pouvoir fut-il considérable. Son nom revient souvent dans les ordonnances de Justinien et la novelle CXXIII du chapitre ix, reproduite au IIIe Livre des Basiliques, t. I, § 16, enjoint à l'Econome de suspendre en certains cas, sur l'ordre de l'Empereur, le traitement du Patriarche. D'autre part, pour éviter toute malversation dans son administration financière, des lois sévères étaient-elles faites à son usage. Défense lui était intimée sous les peines les plus graves, de louer les biens ecclésiastiques, de prendre sur eux des hypothèques, etc, [4]. On voit donc bien pourquoi le Basileus tenait à avoir un tel personnage en sa main. Par lui encore, il avait prise sur le Patriarche et pouvait, en le privant d'argent, l'amener à seconder sa politique. Ce ne fut que plus tard, sous les Comnènes, que l'Empereur donna au Patriarche le droit de nommer l'Econome.

Au-dessous du Patriarche se trouvaient, dans l'Eglise byzantine, les métropolitains, les archevêques et les évêques. Les premiers, chefs d'éparchies religieuses, avaient un certain nombre d'évêques sous leur autorité ; les seconds étaient autocéphales, n'avaient pas de suffragants et relevaient directement

1. *Cerem.*, p. 1345.
2. Georg. Moine, 1080.
3. *Ibid.*
4. *Proch.*, XV, vi, 94.

du Patriarche. Naturellement, les circonscriptions diocésaines varièrent avec le temps, suivant les pertes et les acquisitions du Patriarcat. Il suffit pour s'en rendre compte de jeter un coup d'œil sur les différentes listes épiscopales qui nous sont parvenues. Du IXe siècle et du commencement du Xe nous en avons quatre. La première, la plus ancienne, vit probablement le jour aux environs de 810 ; la seconde fut composée par Basile l'Arménien vers 829[1] ; la troisième a pour nom « Nea Tactika[2] » ; la quatrième date du règne de Léon VI. De ces quatre listes, une seule nous intéresse, la troisième. On a souvent attribué les « Nea Tactika » à l'époque de Léon VI. Cependant, en comparant ce document aux listes conciliaires de 869 et de 879, on ne tarde pas à remarquer que seuls les « Nea Tactika » répondent exactement à l'ordre de choses exprimé par les listes. Ni la notice de Basile, ni celle qui fut composée sous le règne de Léon ne concordent avec la Géographie ecclésiastique telle qu'elle ressort des souscriptions[3]. C'est ainsi, par exemple, que pour les métropoles, le Concile de 869 cite parmi ces dernières Smyrne, indication conforme aux « Nea Tactika » et à la liste de Léon, mais pas à celle de Basile qui en fait un siège autocéphale[4]. Nakolia est archevêché en 869 et indiqué comme tel dans les « Nea Tactika », tandis que Basile en fait encore un évêché dépendant de Synade en Phrygie. Il en va de même de Garella, de Rousion[5], de Kamachos, et d'autres. Les métropoles qui relevaient autrefois du patriarcat romain comme Thessalonique, Athènes, Corinthe, Patras, Reggio sont en 869 et dans les Nea officiellement enregistrées avec leurs suffragants parmi

---

1. Pargoire, *op. cit.*, p. 298.
2. Elle est publiée dans l'édition de Georges de Chypre de Gelzer.
3. Cependant, il faut utiliser chaque liste avec une extrême réserve. Chacune vaut pour l'heure où elle a été écrite uniquement. Publiée par le Chartophylakeion, elle exprime simplement l'*état du moment* des sièges et point du tout l'état canonique des choses. Un évêché peut parfaitement bien exister et n'être pas, pour autant, porté sur les listes parce qu'il n'a pas au moment de la publication de la liste de titulaire en fonction. C'est le cas d'Anchialos, par exemple.
4. Le siège d'Euchaïte est donné comme archevêché en 869 et dans Basile, comme métropole dans les Nea. Il est probable que cette divergence vient du fait de son titulaire Théodore Santabarenos.
5. Rousion de Thrace, dans la province de Rhodope, est devenu archevêché par suite de la disparition de Maximianopolis, l'ancienne métropole de la contrée. Cf. *Oriens Christianus*, I, p. 1199.

les sièges relevant de Byzance tandis que Basile les rejetait encore à la fin de sa liste et ne mentionnait point les suffragants. Enfin, des sièges se sont créés que Basile ne paraît pas connaître, mais dont les listes et les Nea nous fournissent les noms. C'est par exemple Pyrgon, c'est Maïna, etc. Inversement les Nea Tactika, comme les listes conciliaires, ne connaissent pas certaines transformations. Kios, par exemple, archevêché en 869, comme il l'était en 829, ne se trouve plus dans la liste de Léon. Mais ces divergences sont rares — probablement accidentelles et temporaires — et déjà les Nea Tactika, comme les listes de 869 et de 879, se rapprochent beaucoup de la Notice de Léon. Si donc nous prenons pour base les Nea Tactika, nous remarquons qu'elles mentionnent cinquante-deux métropoles au lieu de trente-quatre données par Basile et de cinquante et une par Léon. Cette différence considérable entre la liste de 829 et les Nea Tactika s'explique par le fait, d'une part, qu'on compte les métropoles qui autrefois relevaient de Rome, et de l'autre, qu'un certain nombre d'archevêchés sont devenus métropoles et que deux métropoles, Phasis et Markianopolis, n'existent plus. Si Mélitène d'Arménie Ire se trouve encore sur les deux premières listes, elle ne se retrouve pas à l'époque de Léon[1]. Séleucie apparaît dans les Nea Tactika et dans Léon ainsi que Trapézonte, Philippe, Dyrrachion, Kamachos, Kotyaion, Mitylène ; enfin les Nea Tactika donnent en même temps Amastris et Chonae parmi les métropoles et les archevêchés, sans doute sous l'influence du schisme ; mais ce n'est qu'un fait passager car dans la liste de Léon elles reprennent leur place parmi les archevêchés. Pour les archevêchés, Basile en compte quarante et un, tandis que les Nea Tactika en comptent cinquante et Léon quarante-neuf. Depuis 829, en effet, plusieurs archevêchés ont disparu comme Odyssos, Tomis, Anchialos ; d'autres sont devenus métropoles. Cependant, en 869, la liste s'est augmentée. Thèbes apparaît ainsi que Rousion, Otrante, Garella, Corcyre et autres. Certains archevêchés, du reste, disparaîtront rapidement. Kordé ne se trouve que dans les Nea Tactika. Kios et Apros vont faire place à de nouveaux sièges comme Rinôn et Sebastopolis. Quant aux évêchés, ils deviennent dans la seconde moitié du IXe siècle beaucoup plus nom-

---

1. Elle reparait cependant dans les listes postérieures.

breux par le fait que dès lors Byzance compte non plus seulement les métropoles annexées mais aussi leurs suffragants. Du reste, nombreux sont les changements de circonscriptions à cette époque. Si les anciens diocèses demeurent intangibles, d'autres, plus récents, se font et se défont. Mélitène qui va être supprimé sous Léon, compte déjà dans les Nea Tactika un suffragant de moins qu'en 829. Les deux évêchés d'Ariarathis et de Keomanôn disparaissent et, en place, les Nea signalent Lipôn, Phasis avec ses quatre évêchés n'est plus, ainsi que Markianoupolis et ses cinq suffragants. En revanche, nous voyons apparaître Smyrne avec quatre évêchés ; Kamachos d'Arménie avec cinq ; Kotyaion de Phrygie avec trois ; Mitylène avec cinq. Au surplus, la liste des sièges suffragants s'est, en général, pour chaque métropole, singulièrement augmentée. Même les anciennes métropoles comme Césarée sont en progression. De cinq évêques qu'elle avait sous sa juridiction, elle en a huit dans les Nea Tactika. Héraclée, qui avait, elle aussi, cinq suffragants, en a quinze, etc, En résumé les trente-quatre métropoles de Basile qui comprenaient en tout trois cent soixante-douze évêchés, nombre auquel il faut ajouter quarante et un archevêchés pour avoir l'ensemble de l'épiscopat byzantin en 829 sont devenues à la fin du $ix^e$ siècle cinquante-deux (ou cinquante-quatre si l'on compte Amastris et Chonae) avec cinq cent trois évêchés et cinquante — ou quarante-huit — archevêchés : au total 605 pontifes en union avec le Patriarche.

Ces Eglises, qu'elles soient métropoles, archevêchés ou évêchés, avaient une organisation assez semblable à celle de l'Eglise mère. Entre elles existaient, du reste, de nombreux liens qui les mettaient en communion directe avec Byzance [1] et, par le fait même, sous la dépendance du Patriarche et de l'Empereur. Comme à Constantinople, la principale question qui toujours agitait les Eglises était celle de l'élection pontificale en cas de vacances. Là, comme ailleurs, les évêques étaient tenus avant leur élection de passer par tous les degrés de la hiérarchie et d'y faire leurs preuves [2]. Les affaires de Photius obligèrent encore à préciser ces règles. Le Concile de 869 exigea, en effet, que le candidat passerait dorénavant, une

1. Canon XIII, Concile des SS. Apôtres (Mansi, xvi, 546). Canon X, de 869. (Mansi, xvi, 166).
2. Canon XVII. Mansi, xvi, 548.

année comme lecteur, deux ans comme sous-diacre, trois ans comme diacre et quatre ans comme prêtre[1], avant d'être élu ; puis au moment de l'élection, que les puissants (principes, δυνατοί) ne s'ingèreraient pas dans ces choses d'ordre ecclésiastique[2]. Le Prochiron[3] de son côté a exposé la législation en vigueur pour les élections provinciales. Les clercs et les premiers citoyens de la ville votent en présence des Evangiles sur une liste de trois noms et c'est le meilleur des trois élus qui est sacré[4]. Les deux corps électoraux doivent jurer que leur choix n'est dicté ni par suite de dons reçus ni par suite de sympathies personnelles, mais parce qu'ils savent que leur candidat appartient à la foi catholique, qu'il a une vie honnête et respectable, qu'il est âgé de plus de trente ans, qu'il ne possède ni femme ni enfants ou, du moins, que s'il a été marié, il ne l'a été qu'une fois et à une vierge. Le fait d'avoir épousé une divorcée ou une veuve était un cas d'irrégularité. De son côté l'élu, après avoir présenté son libelle attestant sa foi, devait jurer de n'avoir rien donné ni rien promis pour être élu. La marche suivie pour les élections épiscopales nous est, du reste, racontée en détail dans la vie de saint Théodore d'Edesse. Si ce siège ne dépendait pas de celui de Constantinople, les formalités cependant devaient être probablement les mêmes dans les deux patriarcats. L'hagiographe nous raconte donc qu'au moment des fêtes de Pâques le patriarche d'Antioche vint à Jérusalem avec les évêques qui étaient sous sa juridiction. Il y eut à cette occasion un synode présidé par les deux Patriarches. Profitant de la circonstance, un certain nombre d'habitants d'Edesse, prêtres et laïques de distinction, vinrent à Jérusalem demander avec insistance un évêque. Le patriarche d'Antioche de qui relevait l'Eglise d'Edesse, exhorté par son confrère de Jérusalem, proposa le moine Théodore, ce que le Concile approuva, ainsi que les délégués. Alors eut lieu l'élection et, tout de suite après, le Jeudi-Saint, la consécration par le Patriarche métropolitain d'Antioche[5]. Telle était donc au IXe siècle la première partie d'une élection épiscopale ; mais

---

1. Canon V. Mansi, p. 163.
2. Canon XII. *Ibid.*
3. *Proch.*, t. XXVIII, p. 155-156.
4. *Epanag.*, VIII, § 3, p. 77.
5. *Vit. Theod. Edess.*, XLI, XLII, 35-38.

ce n'était pas tout. Après l'élection et la consécration venait l'intronisation. Arrivé à Edesse, saint Théodore fut reçu solennellement à l'entrée de la ville par les plus illustres personnages des deux ordres. On le conduisit à l'Eglise cathédrale, (ἡ καθολικὴ ἐκκλησία) et après avoir prié, il donna la paix à son nouveau peuple. On lui fit ensuite visiter les saints lieux et les autres Eglises de la ville, et, finalement, on lui remit le palais épiscopal (ἐπισκοπεῖον). Le lendemain, dimanche, l'Evêque officia, on l'intronisa sur son siège et à la fin de la messe il parla au peuple [1].

Ces cérémonies, racontées par un témoin oculaire, devaient se reproduire un peu partout dans les diocèses et inspirer aux chrétiens un grand respect pour leur Pontife. C'est que dans le thème, l'Evêque est avec le stratège le principal personnage. Il a puissance absolue, dit l'Epanagoge [2], sur le prêtre, le diacre, le lecteur, le chantre et le moine. Certaines affaires civiles peuvent lui être soumises, surtout les affaires de mariage [3] et de justice [4]. Du fait de son ordination, il est exempt de beaucoup de charges. Il est, par exemple, immédiatement soustrait à la puissance paternelle [5], car il représente dans la ville la plus haute autorité qui soit. Mais aussi, pour cette même raison, il a de graves obligations. S'il peut disposer, comme il l'entend, de la fortune privée qu'il possédait avant d'être évêque, il ne peut plus, une fois consacré, disposer des biens qu'il a acquis. Ceux-ci appartiennent à l'Eglise [6]. La loi est pour lui très dure dès qu'il s'agit d'argent [7] parce que, ce que l'on veut surtout, c'est éviter toute simonie et tout danger de gaspillage dans la fortune de l'Eglise. Du reste, parce qu'il a charge d'âme, l'Evêque doit être le premier à donner l'exemple de toutes les vertus. Sa vie extérieure sera uniquement occupée par le ministère ecclésiastique et point

1. *Vit. Theod. Edess,*, XLV, p. 40-41.
2. *Epanag.*, VIII, § 1, p. 77.
3. *Prochir.*, I, § 13, p. 17.
4. *Epanag.*, VII, § 6, p. 76.
5. *Prochir.*, XXVI, 8, p. 145. Les *Basiliques* (l. III, t. I, 13 et 14) reproduisent le texte de Justinien donnant aux évêques le privilège de ne pas comparaître devant les tribunaux sans un ordre exprès de l'Empereur. Les magistrats devaient, à l'occasion, se rendre chez eux pour leur demander le serment.
6. *Prochir.*, XXIV, § 1, p. 133.
7. *Epanag.*, VIII, § 15, p. 80.

par les soucis humains. Aussi, défense lui est-elle faite d'être tuteur ou curateur de qui que ce soit[1], de s'occuper de choses terrestres et civiles, comme de la levée des impôts[2] ou de la gestion des fortunes particulières [3] car « on ne peut servir à la fois deux maîtres. » N'est-ce pas assez pour lui d'être obligé de répondre de l'administration financière des économes, xenodoches, nosocomes, ptochotrophes et administrateurs des « saintes maisons » qui dépendent de son autorité [4]? Pour cette même raison, l'Evêque ne devra pas quitter son Eglise et s'en aller dans d'autres éparchies. S'il y est obligé par nécessité, il devra avoir des lettres du patriarche ou de son métropolitain ou un ordre impérial. En tous cas son séjour hors de son Eglise ne pourra dépasser une année [5]. L'Evêque qui arrivait à Constantinople devait immédiatement se présenter chez le Patriarche qui. lui-même, le présentait à l'Empereur. En cas de violation de la loi, l'économe de l'Eglise était tenu de refuser à l'Evêque tout subside, ses confrères devaient le rappeler dans son diocèse et s'il différait de se rendre, le déposer sur le jugement de son métropolitain[6]. La vie privée de l'Evêque sera, elle aussi, conforme à la sainteté de sa vocation. Pas plus que les clercs qui depuis leur enfance ne mangeaient point de viande, il ne doit rompre l'abstinence[7]. Ses vêtements seront simples. S'il est religieux il gardera l'habit monacal [8], et s'il a l'honneur d'être revêtu de l'omophorion il se gardera bien de le porter en dehors des circonstances fixées par la coutume [9]. Avec les grands, stratèges et autres fonctionnaires du thème, l'Evêque devra éviter tout acte d'inconvenante bassesse. Défense lui est faite par le Canon XIV du Concile de 869[10] d'aller au-devant des hauts fonctionnaires civils, loin de son

1. *Epanag.*, IX, § 1, p. 80.
2. *Ibid.*, § 3.
3. *Ibid.*
4. *Ibid.*, § 9, p. 82.
5. Le synode tenu par Photius aux SS. Apôtres fixe même le délai à 6 mois sauf le cas d'empêchement majeur (Can. XVI. Mansi, XVI, 547). Cf. à ce sujet les plaintes de Photius à Nicolas I<sup>er</sup>. Beaucoup, dit-il, vont à Rome sans lettres testimoniales.
6. *Epanag.*, VIII, § 4, p. 78.
7. *Anonym. de Combefis,* Migne, CVIII, p. 1036.
8. Pitra, *Jus eccles.*, II, XIV, p. XXIII.
9. *Ibid.*
10. Mansi, XVI, 168.

église, de descendre à leur approche de cheval ou de mule, de se prosterner devant eux, de s'asseoir à leur table. En un mot l'Evêque, pour garder son ascendant religieux, pouvoir corriger les abus et dénoncer les fautes de ses fidèles avec succès, doit vivre en dehors du monde séculier et s'occuper uniquement de ses affaires religieuses.

Indépendant et maître dans son diocèse, l'Evêque est en communion directe avec son métropolitain. Deux fois l'an, ce dernier avait, dans l'Eglise byzantine, l'habitude de réunir en synode ses divers suffragants pour s'occuper, de concert avec eux, des choses intéressant la métropole. Mais cette coutume n'allait pas sans d'assez graves difficultés et d'assez grands abus. Profitant de cette raison, les métropolitains se dispensaient d'assister le Patriarche de leurs conseils et de paraître à ses côtés lors de ses propres synodes [1]. Aussi le Concile de 869 [2], sans condamner ces assemblées provinciales, déclara-t-il cependant que les synodes patriarcaux étaient beaucoup plus utiles que les premiers et décréta-t-il des peines très graves contre les métropolitains qui ne répondraient pas à leur convocation. Inversement, le Concile refusa de reconnaître le droit de visite que s'arrogeaient certains métropolitains ou archevêques sur l'Eglise de leurs suffragants. Il arrivait, en effet, que ces visites n'avaient souvent d'autre but que l'argent. Le métropolitain s'en allait chez son inférieur, vivait des revenus de son Eglise et cela au grand détriment des pauvres. A partir de 869 l'Evêque ne fut plus obligé qu'au devoir général de l'hospitalité et le métropolitain n'eut plus le droit d'exiger quoi que ce fût s'il tenait à passer par le diocèse d'un de ses confrères [3]. Du reste, il paraît bien que vers cette date les liens de dépendance qui unissaient les sièges suffragants à leur métropole se relâchent de toutes parts. Le droit de visite en disparaissant fit abroger aussi d'autres coutumes. Primitivement, le métropolitain, supérieur effectif de son suffragant, pouvait appeler ce dernier en certaines circonstances dans sa ville épiscopale pour le remplacer dans les fonctions reli-

---

1. Mansi, xvi, p. 171. Can. XVII. Le Patriarche avait le droit de convoquer tous les métropolitains qu'il avait ordonnés ou auxquels il avait envoyé le *pallium*.
2. *Ibid.*
3. *Ibid.* Can. XIX, p. 172.

gieuses. De là des abus qui durent être corrigés. Le Concile profita sans doute des événements pour interdire à l'avenir aux métropolitains de traiter les évêques comme de simples clercs. Défense leur fut faite de se faire remplacer sous peine de déposition [1]. Tant de modifications diverses au droit existant ne brisèrent pas, toutefois, le lien primitif qui rattachait, dès les origines chrétiennes, l'évêque à son métropolitain : le droit de juger. Le Concile de 869 le sanctionna formellement par le Canon XXVI. Tout prêtre et tout diacre pouvait toujours en appeler du tribunal de l'Evêque au tribunal du métropolitain, de même que l'Evêque pouvait en appeler du métropolitain au Patriarche. La seule chose défendue était d'en appeler à une juridiction égale : métropolitain à métropolitain, évêque à évêque. Cette dépendance donc assez théorique, sauf sur ce dernier point, entre métropolite et évêque, s'exprimait dans l'office divin par le nom du Supérieur qu'on insérait dans les « Mémoires ». C'était le signe de la communion religieuse. Le Patriarche, nous l'avons vu plus haut, lisait le nom du Pape ; le métropolitain, celui du Patriarche ; l'Evêque, celui du Métropolitain ; le prêtre, celui de l'Evêque. Rayer ce nom de l'office liturgique, c'était faire schisme. Nul n'avait le droit de s'arroger un tel pouvoir sans qu'une sentence canonique ait été portée contre le Supérieur. C'était un cas de déposition pour celui qui agissait de la sorte. Il y a là, évidemment, un souvenir très précis des luttes qui, en ce moment même, agitait l'Eglise entre partisans d'Ignace et partisans de Photius.

Telles étaient, à la fin du IXe siècle, les conditions qui régissaient le haut clergé ; telle était l'organisation de l'Eglise. Les troubles engendrés par le schisme de Photius purent, en vérité, ébranler cette solide charpente ecclésiastique, créée par les siècles passés ; ce fut même un des principaux soucis des Conciles sous Basile Ier de la consolider de nouveau. Mais, il faut le remarquer. C'est précisément parce que l'Eglise byzantine était puissamment hiérarchisée, et fortement centralisée, parce que, entre le sommet et la base, il n'y avait pas, comme en Occident, de solutions de continuité que le schisme fut si

---

1. Can. XXIV, p. 176.
2. Canon des SS. Apôtres, XIII, XIV, XV. Mansi, XVI, 546-547.

rapide, que l'union se fit un instant sous le ferme gouvernement de Basile et que, plus tard, la rupture s'accomplit sans espoir de retour. Tout ordre parti de Constantinople était promptement transmis dans les provinces et quelques unités indépendantes comme un métropolite de Smyrne ou un archevêque de Néo-Césarée ne pouvaient rien contre l'ensemble d'un épiscopat toujours prêt à écouter son Patriarche et à suivre ses ordonnances.

La législation qui régissait le bas clergé, n'était à Byzance, ni moins précise, ni moins sévère que celle qui gouvernait Patriarche, métropolitains et évêques. D'eux aussi, au IXe siècle, les Conciles et les textes de lois se sont fort occupés, plus, en général, pour combattre des abus que pour relever leur condition en leur concédant des droits dont ils n'avaient que faire. Si, autour du Patriarche se groupait à Byzance le nombreux clergé que nous connaissons, prêtres du palais (βασιλικοί) et prêtres de la ville (πολιτικοί), grands dignitaires et grands fonctionnaires, administrateurs laïques et religieux, dans les provinces se retrouvait une organisation assez semblable. L'Evêque avait auprès de lui ses économes, ses skevophylakes, ses chartulaires, ses nosocomes, ses orphanotrophes, etc., puis son clergé proprement dit : prêtres, diacres, sous-diacres, chantres, lecteurs. La loi ecclésiastique comme la loi civile fixait un âge déterminé pour l'entrée dans les ordres : trente ans pour les prêtres, vingt-cinq ans pour les diacres, vingt ans pour les sous-diacres [1]. Les chantres et les lecteurs étaient nommés à terme. Tous, à l'exemple de leur évêque, devaient mener une vie édifiante. Les prêtres, diacres et sous-diacres étaient tenus de vivre dans le célibat s'ils recevaient les ordres n'étant pas encore mariés [2] et s'ils étaient mariés, ils ne devaient avoir ou n'avoir eu qu'une femme et une femme tout à fait respectable ; enfin il fallait qu'ils fussent désintéressés dans les questions d'argent [3]. A eux aussi la simonie était sévèrement interdite sous les peines les plus graves [4], de même que l'entrée

---

1. Cette limite, naturellement, était une limite inférieure, car à tout âge on pouvait entrer dans les ordres. Le père de S. Etienne le Jeune était marié quand il fut ordonné (*Synax. de Cple*, 9 décembre 292).
2. *Prochir.*, t. V, § 2, p. 35.
3. *Epanag.*, VIII, 7-10, pp. 78-79.
4. *Ibid.*, 13-15, p. 79,

dans les services publics ou privés[1]. N'était-ce pas une honte que de voir des clercs régisseurs de propriétés et curateurs de biens seigneuriaux? Peut-on servir deux Maîtres : Dieu et Mammon[2]? Et qu'un clerc n'essaie pas, une fois dans les ordres, d'abandonner son Eglise et de retourner à la vie laïque dans l'espérance d'obtenir une charge civile ou militaire, car il ne l'aura jamais. Comme les païens, les Juifs, les hérétiques, il est déclaré impropre à tout emploi[3]. En revanche, le clerc, à quelque ordre qu'il appartienne, devient intangible, surtout dans l'exercice de ses fonctions. Les supplices, l'exil, la mort sont les peines encourues par ceux qui injurient ou frappent les clercs et troublent la synaxe[4]. Le clergé se recrutait dans la province même. Personne ne pouvait se faire inscrire et ordonner dans un autre diocèse que le sien contre l'avis de son propre évêque ou du métropolitain[5]. S'il le faisait, il devait être chassé et rendu à son Ordinaire, s'il n'avait reçu aucun ordre au sein de l'Eglise usurpée. Si, au contraire, il y avait été ordonné, il était privé pendant trois ans de l'exercice de son pouvoir liturgique. Après quoi, son Evêque jugeait ce qu'il convenait de faire[6]. Le Canon XIII du Concile de 869, bien que ne s'occupant que du clergé de Sainte-Sophie devait être probablement valable pour les diocèses de l'Empire. Les clercs, entrant parfois très jeunes au service de l'Eglise — Saint Etienne le Jeune fut tonsuré et inscrit au catalogue de Sainte-Sophie encore enfant ; il accompagnait son père dans ses fonctions ; à dix-huit ans, il prit place officiellement dans le clergé[7] — étaient élevés sur place, d'une dignité inférieure à une autre supérieure au fur et à mesure des besoins religieux de l'Eglise[8]. C'est, du reste, sans doute pour leur ôter toute tentation de passer d'une église à l'autre, qu'il leur était interdit de célébrer la liturgie en dehors de la paroisse pour laquelle ils avaient été désignés par leur Evêque[9], comme c'était pour les empêcher d'être induits

1. *Epanag.*, IX, 3, p. 80.
2. Can. XI, SS. Apôtres. Mansi, XVI, 544.
3. *Epanag.*, IX, 13-14, p. 83.
4. *Epanag.*, IX, 16.
5. *Ibid.*, 5, p. 81.
6. *Ibid.*, 5.
7. *Synax. de Cple*, p. 292.
8. Mansi, XVI. Can. XIII, 167.
9. *Ibid.* Can. XIII, p. 175.

en tentation de s'occuper d'affaires trop séculières qu'il leur était aussi défendu de célébrer les mystères dans les chapelles privées qui se trouvaient à l'intérieur des maisons [1].

Au nombre des clercs d'une Eglise, il importe de signaler les diaconesses dont l'existence est attestée par de nombreux témoignages. Le « Livre des Cérémonies » les signale [2] ; Photius en parle dans une de ses lettres [3] ; des Vies des Saints [4] nous racontent leurs vertus ; les Basiliques [5] et le Nomocanon éditent, en les adoucissant, les textes législatifs que Justinien avait élaborés à leur sujet et, comme plus tard, des canonistes tel que Mathieu Blastarès, s'occuperont de ces saintes femmes, on peut être certain de leur existence à l'époque que nous étudions. Les diaconesses, en entrant au service des autels, devaient être veuves ou vierges, avoir quarante ans au moins et n'avoir pas été deux fois mariées [6]. Justinien fixa, dans sa célèbre novelle sur le clergé de la grande Eglise, le chiffre des diaconesses à vingt ; mais Héraclius l'éleva à quarante [7], chiffre qui probablement ne varia plus guère. L'admission de la diaconesse dans l'Eglise revêtait une forme très solennelle. Au jour de son ordination, elle se présentait à l'autel, la tête recouverte du maphorion. Le Pontife récitait sur elle des prières, lui imposait les mains et l'étole et lui faisait la transmission du calice [8]. Elle portait un vêtement spécial, le « διακονικὸν ὠράριον », qu'elle attachait autour du cou et qui retombait sur la poitrine [9]. Elle avait le privilège de communier après les diacres. Mais pour autant, cette cérémonie ne lui conférait pas un « ordre » au sens théologique du mot. La preuve en est dans les fonctions mêmes qu'elle avait à remplir et dans certaines défenses des canons [10]. En fait, le rôle

1. Mansi, XVI. Can. XII, p. 546.
2. *Cerem.*, p. 425.
3. Photius, livre I, p. 780.
4. S$^{te}$ Iren. A A. SS. Juli, VI, p. 610.
5. *Basilic.*, l. III, t. I, § 46, p. 107. La peine de mort est supprimée pour les diaconesses qui prévariquaient. La limite d'âge — 45 ans au lieu de 50 — est avancée.
6. *Basilic.*, l. III, t. I, § 25. p. 99.
7. Nomocan, t. I, XXX, 478.
8. Goar, p. 263-264.
9. *Ibid.*
10. Nomocan, t. I, XXXVII, p. 481.

essentiel de la diaconesse et la raison pour laquelle de très bonne heure cet ordre fut institué, consistait à administrer le baptême aux femmes. L'Eglise grecque donnait, comme encore aujourd'hui, le baptême par « immersion » ; on dépouillait de ses vêtements le récipiendaire et après l'avoir plongé dans l'eau, on l'oignait d'huile. Il est facile de comprendre que les prêtres ne pouvaient, en de telles conditions, baptiser les femmes. Ce soin était dévolu aux diaconesses qui, en outre, avaient mission d'instruire les catéchumènes de leur sexe. Par exception, sans doute, — car elles n'avaient pas le droit de distribuer le précieux sang [1] — elles pouvaient, en outre, apporter la communion aux chrétiens enfermés dans les demeures des Sarrasins [2]. Elles employaient le temps qui leur restait à la prière et aux soins du sanctuaire. S'il faut en croire les Basiliques [3], elles recevaient pour leur service des émoluments.

Tout le clergé d'une Eglise vivait, comme nous l'avons remarqué, sur les biens de cette Eglise. Il fallait donc que la fortune ecclésiastique fût sagement administrée pour n'entraîner pas de regrettables égarements de la part d'un clergé exposé à mourir de faim. De là toute une législation ecclésiastique dont il faut dire quelques mots en terminant ce paragraphe.

Du moment que le budget des cultes n'existait pas à Constantinople, force était à l'Eglise de se créer une fortune. Comment s'y prenait-elle pour cela ? D'abord, elle recevait des dons. En principe, tout fondateur d'Eglise devait pourvoir au traitement du clergé [4] ; mais parfois, à en croire certaines novelles impériales des empereurs du x$^e$ siècle, il n'en faisait rien ou donnait une somme insuffisante pour elle. Heureusement les Eglises avaient d'autres ressources que le capital premier apporté par le bienfaiteur de l'édifice. Elle avait d'une part la générosité des fidèles et de l'autre la munificence impériale. Si la loi en effet frappait les propriétés ecclésiastiques de l'impôt foncier, elle les dégrevait de toutes charges civiles et

---

1. Goar, p. 263-264.
2. Photius, *Lettres*, livre I, p. 780.
3. *Basilic.*, l. III, t. I, § 46. p. 107.
4. Zhishman, *Das Stifterrecht in der morgendland. Kirche* 23 et seq. ; 47 et seq.

extraordinaires [1]. Elles n'étaient pas soumises à l' « ἐπιβολή »
et si, à certaines époques, elles souffrirent de l'allelengyon, il
est probable qu'à l'époque de Basile, cet impopulaire tribut
n'existait pas, car nulle mention n'en est faite [2]. C'était là un
premier bénéfice net. Une seconde source de revenus leur
venait de certaines dispositions légales. C'est ainsi, par
exemple, que le Prochiron attribue aux Eglises de villes les
biens d'un captif mort sans que ses héritiers naturels ou autres
aient cherché à le délivrer [3]. De même si les enfants de clercs
sont hétérodoxes, les biens paternels doivent aller aux Eglises [4].
Il est probable que ces faits étaient assez fréquents puisqu'ils
firent l'objet de mesures législatives. On en peut donc conclure
que, pour l'Eglise comme pour l'Etat, la confiscation, sous un
prétexte ou sous un autre, était une source considérable de
revenus. Enfin, les Empereurs et les grands donnaient à
certaines églises qu'ils affectionnaient particulièrement, des
privilèges et des dons. Ces biens, après trente ans, ne pouvaient plus être repris ; ils faisaient partie du patrimoine ecclésiastique [5]. Néanmoins, tout ce monde ecclésiastique ne devait
guère être très bien payé, puisqu'à Sainte-Sophie même, il y
avait des clercs qui ne touchaient que trois miliaresia de traitement et d'autres moins encore [6]. On comprend, dès lors, la
tentation qu'avait le clergé de vendre ou de céder sous formes
d'emphythéose, domaines et vases sacrés. En certaines années
de disette, quand le blé était cher, il fallait vivre et, pour cela,
on prenait un emploi quelconque ou l'on faisait argent des
biens religieux. Contre l'un et l'autre de ces abus, le Concile
de 869 protesta et les Empereurs légiférèrent. Le Canon XV
défend formellement de vendre les objets servant au culte,
— sauf quand il s'agit de racheter les captifs — de donner en
emphythéose les salaires ou de vendre les propriétés « nec tradere salaria ecclesiarum in emphyteutica pacta, nec alios rusticas possessiones venumdare [7] », car, outre l'inconvenance de
la chose, c'était, en général, une perte pour l'Eglise. Celui qui

---

1. Ἰδιωτικῇ ἀγγαρείᾳ ἤτοι δουλείᾳ, οὔτε δημοσιᾷ (Epan., IX, 16, p. 83).
2. Monnier, *op. cit.*, 1892, p. 517 et seq.
3, *Proch.*, t. XXXIII, x et xi, p. 176-177.
4. *Ibid.*, xv, p. 182.
5. Can. XVIII. Mansi, xvi, 172.
6. *Cerem.*, p. 1288.
7. Mansi, xvi, 168.

avait reçu ces biens à bail, ne payant point ses redevances, il fallait l'attaquer, d'où scandale et parfois injustice [1].

Toutefois, l'emphythéose est encore autorisée par Basile [2] à certaines conditions. Tel le cas, par exemple, où une église ne peut plus payer l'impôt [3]. Devant le métropolitain, les évêques et le clergé, on doit alors porter la question et c'est l'assemblée qui décide ce qu'il conviendra de faire. En tous cas, jamais un économe, un orphanotrophe, un administrateur n'a le droit — sauf le cas de nécessité — de faire une opération financière quelconque sur les biens ecclésiastiques, S'il le fait, il encourt lui et les siens les peines les plus graves [4]. Il fallait probablement toutes ces menaces pour empêcher des abus qui devaient d'autant plus facilement se répéter que l'impôt toujours écrasant nécessitait parfois de semblables indélicatesses.

## IV

En marge du clergé séculier vivait à Byzance le clergé régulier, les moines, dont l'influence de plus en plus considérable tendait à reléguer au second plan le clergé des églises [5]. Depuis le règne de Théodora, en effet, l'autorité s'était faite très douce pour eux. On eût dit qu'elle voulait réparer les injustices passées, celles de la période iconoclaste. Le peuple, de son côté, témoignait à ses religieux le plus grand respect et tous, puissants et petits, s'en allaient volontiers de temps à autres faire un pèlerinage auprès des solitaires célèbres comme aux couvents illustres [6]. Le règne de Basile, à son tour, ne leur fut pas

1. Can. XX. Mansi, xvi, p. 173.
2. *Prochir.*, xv, § 1, p. 92.
3. La Constitution XVI, titre IX de l'*Epanag.*, p. 83, ne contredit pas cette loi. D'abord, elle fait une réserve pour le cas de nécessité, ensuite il est probable qu'il s'agit ici de l'impôt foncier.
4. *Prochir.*, xv, § 6, p. 94.
5. Le plus souvent, on choisissait des moines pour l'épiscopat. Tous les patriarches orthodoxes dont nous connaissons la vie furent moines, et l'on sait que cette tradition fondée sur le célibat ecclésiastique est encore observée aujourd'hui dans l'Eglise grecque et dans l'Eglise russe. Cf. *Sokolov*, Izbranie patriarkhov, avec la liste des patriarches d'après leur condition sociale et leur rang dans le clergé.
6. *Vit. Joann.*, p. 341.

moins favorable. Une fois sur le trône, il aima à s'entourer de moines et à intervenir personnellement pour appeler dans sa capitale les personnalités les plus vénérées de son temps, comme ce Saint Pierre de Galatie qu'il alla chercher à l'Olympe pour lui confier le monastère de Saint-Phocas [1]. Aussi, le monachisme, en ces jours de paix, refleurit-il richement. De toutes parts, des fondations nouvelles apparaissent, de pieuses restaurations s'accomplissent. Le temps n'est plus où les couvents voyaient leurs habitants se disperser tristement pour ne plus revenir, les uns parce que la persécution les avait chassés au loin et qu'ils ne voulaient plus rentrer à Constantinople ; les autres parce que la mort les avait accueillis avant le retour désiré [2]. Couvents de femmes et couvents d'hommes se reprirent donc, dès 843, à vivre et à essaimer pour donner à tous l'exemple de leurs vertus. Mais, par le fait même de leur grand nombre, de leurs richesses et de leur influence, le pouvoir ecclésiastique ainsi que le pouvoir laïque fut obligé de compter avec eux. Au ixe siècle, comme à toutes les époques de l'Empire byzantin, nous voyons la législation intervenir fréquemment pour régler leur situation, préciser leurs droits et empêcher les abus. Il importe donc d'étudier rapidement l'organisation de ce clergé [3].

Sous le règne de Basile, nous connaissons quelques centres importants de monachisme. La capitale compte de nombreux couvents ; les environs immédiats et lointains en possèdent aussi beaucoup. L'Italie byzantine, comme la Grèce, la Macédoine, la Palestine, l'Egypte sont riches en monastères grecs [4] : mais le véritable foyer de la vie religieuse à cette époque est, sans contredit, l'Olympe de Bithynie. Là, vivent ou par là passent tous les grands saints connus. Sainte Irène, en allant à

---

1. *Synax. Constant.*, p. 125,
2. *Vit. Sanctæ Ireneæ. A. A. S. S.*, juillet, VI, p. 605.
3. J'insiste seulement dans ce chapitre sur les points nettement mis en lumière par la législation de Basile et quelques textes hagiographiques. Pour l'organisation privée et intérieure des couvents, des origines monachiques à Photius Cf. Marin, *les Moines de Constantinople*.
4. A S. Sabbas comme à S. Chariton il y avait encore des moines. En Egypte, S. Macaire compte mille pères et mille « kellia ». S. Syméon près d'Antioche, est toujours en pleine efflorescence. Du reste, la plupart des lieux consacrés par la tradition, possédaient, au ixe siècle, au moins un monastère (Vasiljev, p. 354, *Vit. S[i]. Theod. d'Edess.*, § 104, p. 112.

Constantinople chercher la couronne impériale qu'elle n'y trouva pas, s'y arrête et reçoit de saint Joannice la prédiction qu'elle ne sera pas épouse de Michel III mais qu'elle ira relever un monastère de femmes qui l'attend à Constantinople : celui de Chrysobalantos [1]. Saint Joannice, saint Luc, saint Eusthatios, bien d'autres, sont fils de l'Olympe. Il n'est pas de moines, jusqu'aux Géorgiens, qui ne viennent visiter leurs frères de Bithynie [2]. Sur les pentes de la montagne, sur les rivages de la mer, aux environs de Brousse, comme au loin dans la montagne, toute une efflorescence de maisons religieuses se manifeste au IXᵉ siècle. Là, les uns vivent en communauté, sous la direction immédiate d'un higoumène ; les autres se retirent, après un stage fait au couvent, dans la solitude. On peut, en réalité, répartir les moines en trois grands groupes. Il y a les cénobites ; ce sont ceux qui habitent en commun et se livrent à la prière, au travail, à l'éducation. Il y a les anachorètes ; ce sont ceux qui vivent à quelque distance des monastères, seuls ou par petits groupes de deux ou trois et sont uniquement contemplatifs ; enfin il y a les itinérants que nous trouvons sur toutes les grandes routes de l'Empire, passant un an, deux ans, parfois moins encore, tantôt dans un couvent, tantôt dans l'autre, tantôt dans les grottes et tantôt dans les villes. Ceux-là, pour l'ordinaire, sont les moins respectés et parfois les moins respectables. Ils sont sales, mendient, se mêlent à la foule et, à l'occasion, manifestent avec elle [3]. Toutefois, parmi eux, il y a aussi de saintes gens qui courent le monde pour faire des pèlerinages et s'en vont, aux heures de crise, apporter à leurs supérieurs les nouvelles et les renseignements qui leur seront utiles. Examinons chacun de ces groupes.

Le couvent était chez les Grecs du IXᵉ siècle ce qu'il est resté encore aujourd'hui au mont Athos : un groupement d'individus, unis par une règle commune, sous la surveillance d'un supérieur ou higoumène. Les constructions qui abritent ces religieux sont très généralement situées en pleine campagne, sur une montagne ou aux abords des villes, ce qui ne veut pas dire qu'à l'intérieur des remparts qui défendaient les cités, il

1. *A. A. S. S.*, juillet, VI, 604.
2. *Vit. S. Hilar.*, Vasiljev, *Soc, orth. russe de Palest.*, t. IV, p. 40. 1888.
3. Sym. Mag., ch. XLII, p. 741.

·n'y ait pas eu de monastères [1]. Constantinople comptait un nombre respectable de monastères dont l'origine était presque toujours la même : la conversion d'un personnage qui transformait son immeuble en couvent. Tel fut le cas de Théophane, d'Aspar et de bien d'autres au IXe siècle. Ces transformations étaient même à cette époque si fréquentes que les Conciles durent lutter contre les abus. Pour une raison ou pour une autre, on élevait une maison religieuse, puis, un jour, on reprenait la fortune qu'on avait apportée, on vendait le bien du couvent ou on le léguait à d'autres [2] et les religieux se trouvaient ainsi dans de cruelles nécessités. Abroger de telles coutumes était un devoir auquel le Concile dit « prima secunda » travailla, sans, du reste, y réussir. Mais l'abus était plus dangereux encore quand il prenait fantaisie à deux époux de se faire moines et de fonder un couvent dans leur propre immeuble. On avait alors un « monastère double », c'est-à-dire composé d'hommes et de femmes séparés seulement les uns des autres par de faibles barrières. Le danger était si grand que l'Eglise n'attendit pas le IXe siècle pour s'élever contre de telles habitudes, et, en vérité, elle paraît avoir été plus heureuse sur ce point que sur le premier, car nous n'avons pas, pour le règne même de Basile, de preuves certaines de leur existence ; mais leur disparition n'était, en tous cas, pas ancienne [3]. Pour l'ordinaire, l'érection d'un couvent se faisait en dehors de ville, dans une propriété qu'on affectait au service des religieux. Là, le fondateur érigeait une église centrale, autour de laquelle venaient, avec le temps, se grouper d'autres chapelles ou oratoires [4] ; la demeure du donateur devenait le couvent et, comme par le passé, fermes et dépendances (μετοχία) servaient au travail des champs et à d'autres usages, comme à la réception des étrangers et à la formation intellectuelle et morale des enfants (καταγώγιον) [5]. Si chacun de ces couvents vivait sous la direction d'un higoumène, le plus souvent, les couvents d'une même contrée formaient entre eux

---

1. Cf. pour toute cette question la thèse de M. Ferradou, « Des biens des monastères à Byzance. »
2. Canon I. Mansi, XVI, p. 536.
3. Cf. Pargoire, *Les Monastères doubles, Echos d'Orient*, janvier 1906.
4. *Vit. S. Theod. Edess.*, § 29, p. 32.
5. *Vit. Nicol. Stud.*, Migne, CV, p. 869.

une véritable fédération, ayant à sa tête un higoumène en chef. Nous connaissons, par exemple, un « chef de monastères de la Propontide » qui vivait sous le pontificat de saint Ignace [1], et le fameux Théognoste s'intitulait lui-même « archimandrite de l'ancienne Rome et exarche de Constantinople [2], » ce qui paraît signifier qu'il gouvernait à la fois les monastères de l'Italie méridionale et ceux de Constantinople. Peut-être même tous les couvents du Patriarcat avaient-ils un chef unique, résidant à Constantinople car il semble, d'après une lettre de Nicolas I$^{er}$ que l'autorité de Théognoste s'étendait à tous les monastères grecs [3]. En tous cas, sa situation était telle qu'il se trouvait sous Basile, tout à la fois higoumène de Pigi et skevophylax de Sainte-Sophie [4], charge qui évidemment n'était pas donnée à un religieux quelconque, mais nous ignorons tout de ses fonctions et de son autorité au point de vue monacal, à l'époque qui nous occupe [5]. Ce qui paraît certain, en tous cas, c'est qu'il ne devait pas être en son pouvoir d'accorder entre eux les différents groupes de monastères sur lesquels il avait autorité. Le Stoudion et l'Olympe avaient peut-être un higoumène en chef commun, ils ne s'en aimaient pas davantage pour autant et, à lire les amabilités que le moine Pierre s'amuse à écrire sur les studites dans sa vie de saint Joannice, on peut être édifié sur leurs relations mutuelles [6].

L'histoire de ces saintes maisons était toujours approximativement la même. Un jour, un bienfaiteur quelconque, pour une raison ou pour une autre, se décidait à créer un monastère. A cette fin, suivant la législation en vigueur à partir du premier pontificat de Photius, il devait demander et obtenir l'autorisation de l'évêque du lieu qui seul avait droit de bénir la première pierre. La cérémonie faite, l'évêque et le bienfaiteur dressaient un acte indiquant les biens qui désormais appartiendront au couvent. Cet acte était déposé dans les archives épiscopales et ainsi le monastère vivait. Religieux et Religieuses venaient alors rapidement se placer sous la direc-

1. « Ἄρχων τῶν μοναστηρίων τῶν κατὰ] Προποντίδα. » *Vit. Ignat.*, 532.
2. Mansi, XVI, 293.
3. *Lib. Pontif.*, II, p. 187, note 30.
4. Mansi, XVI, 203.
5. Pour le VI$^e$ siècle, il existe une novelle de Justinien assez détaillée sur les prérogatives de ce personnage (Cf. Marin, *op. cit.*, 170.
6. *Vit. S. Joann.*, p. 431.

tion de l'higoumène, dont le signe distinctif était le bâton pastoral, et la communauté était fondée. Le choix de l'higoumène se faisait de manières assez diverses dans les couvents, suivant les droits du fondateur, de l'évêque ou des moines. Le « typicon » indiquait, en général, la loi à ce sujet [1]. En tous cas, depuis le concile de 861, il fut interdit à l'évêque de se nommer lui-même higoumène ou de placer quelqu'un d'autre à sa place [4], pas plus qu'il ne lui fut permis de fonder de nouveaux monastères avec l'argent de son évêché. C'était, en effet, pour un évêque peu soucieux de ses devoirs, un moyen commode de s'enrichir aux dépens d'autrui. L'évêque, tout en restant évêque, fondait un monastère, il en devenait l'higoumène et l'argent de son évêché comme du monastère, de cette façon, lui revenait. C'était la ruine des fortunes épiscopales, chose lamentable que le Concile dut interdire.

Cette exclusion indiquée, qui pouvait élire et être élu ? Si le couvent était libre, les religieux nommaient eux-mêmes leur supérieur. On choisissait, en général, un des dignitaires de l'ordre et plus d'une fois les Vies de saints nous apprennent qu'à son lit de mort, entouré de ses fils, l'higoumène désignait son successeur au choix des religieux [2]. Si le couvent, au contraire, se trouvait sous la dépendance de quelqu'un, que ce fût le Patriarche, le Basileus, un Evêque ou un particulier, l'élection devait être au moins approuvée par celui-là, quand il n'avait pas droit de présenter ou de choisir [3]. De cette seconde façon de faire, nous avons plusieurs exemples pour le IXe siècle qui semblent éclairer le procédé en usage. Lorsque sainte Théodora de Thessalonique se trouva trop âgée pour diriger sa communauté, l'archevêque de Thessalonique, Théodore, présenta à sa place (προεβλήθη) la fille d'une pieuse femme, Théopiste, au choix des archimandrites Hilarion et

---

1. Le typicon pouvait être de deux sortes. C'était soit l'ensemble des règles d'un couvent, soit l'ensemble des règles liturgiques qui commandaient les offices de l'année. L'élection de l'higoumène se trouvait dans les typica de la première classe. Du reste, au point de vue de la règle, en général, toutes se ramenaient à deux chefs principaux : à celle de S. Basile ou à celle de S. Pacôme. On sait, par exemple, qu'au XIe siècle, le monastère fondé par Alexis Comnène « τοῦ φιλανθρώπου Χριστοῦ » vivait sous la seconde de ces règles (Sigill. byz., p. 139). La règle de S. Basile était la plus généralement pratiquée. Au Sinaï les moines vivaient sous la règle de S. Antoine.
2. Analecta boll., IV, 373.
3. Vit. II Joann., 427.

Dorothée ainsi qu'à celui de l'ancienne supérieure et de toute la communauté, ce qui fut accepté [1]. On le voit, il y a là deux choses bien distinctes : le droit de présentation qui appartient, dans ce cas, à l'archevêque de Thessalonique et l'élection. A cette élection prennent part les archimandrites — probablement le supérieur général des couvents grecs de cette contrée et le supérieur local — et la communauté. Il en alla de même lors de l'élection de sainte Irène. A la mort de l'ancienne supérieure, les religieuses s'en allèrent à l'église du couvent et de là chez le Patriarche pour qu'il leur donnât de sa main une abbesse qu'elles paraissent avoir auparavant désignée et qui était Irène [2]. C'est donc la même procédure, dans l'un et l'autre cas. Il y avait toujours élection de la communauté, élection accompagnée d'une présentation ou d'une approbation, suivant le personnage qui avait fondé le couvent [3].

Une fois nommé, l'higoumène jouissait d'une entière liberté dans l'administration du monastère. L'autorité ecclésiastique n'intervenait plus guère que dans les cas d'une certaine gravité. Le Patriarche conservait, en effet, sur tous les couvents, quels que soient leurs titres de fondation, un droit de surveillance et de correction. Cependant, pour les monastères libres, il ne pouvait pénétrer à l'intérieur de la clôture que s'il y avait eu infraction grave commise par un religieux [4]. En temps ordinaire la discipline était faite par l'higoumène lui-même. Néanmoins, à l'époque de Photius, l'autorité épiscopale se fit un instant sentir plus lourdement sur les couvents. Le Concile de 861 conféra à l'Evêque des droits qu'il n'avait pas eus jusqu'à ce jour, soit sur les années de noviciat, soit sur les déplacements des moines [5]. Mais il ne semble pas que ces prescriptions soient demeurées longtemps en vigueur.

Le moine, en entrant au couvent, devait faire un noviciat de trois années. Ce noviciat, d'après les prescriptions du Concile de 861, pouvait être abrégé pour de graves raisons et réduit à six mois [6] ; mais c'était une exception sans doute fort rare. C'est que la vie religieuse exigeait une longue préparation

1. *Vit. S. Theod.*, § 37, p. 21.
2. *A. A. S. S.*, Juillet, VI, 609.
3. Cf. Zhishman, p. 47 et seq.
4. Monnier, *op. cit.*, p. 525.
5. Marin, p. 208-209.
6. Can. V. Mansi, xvi, p. 540.

et de solides vertus et que chacun n'était pas apte à la mener saintement. Bien entendu, on entrait à tout âge au couvent. A côté de très jeunes gens, on voyait de temps à autre apparaître des hommes mûrs et des vieillards, parfois de grands dignitaires de l'Empire. Ils venaient chercher dans le cloître le repos, la liberté, souvent aussi le châtiment de quelques fautes graves. Ceux-là, au moins les plus illustres d'entre eux, paraissent n'avoir pas perdu tout contact avec le monde car le Livre des Cérémonies leur donne une place en certaines grandes circonstances. L'artocline Philotée les appelle « ἀπὸ μαγίστρων μοναδικοί »[1]. Mais c'était, évidemment, une exception. Le plus souvent, le moine entrait jeune au couvent. S'il était enfant, comme saint Nicolas Studite ou Antoine Kauléas, on l'envoyait à l'école du monastère jusqu'à ce qu'il eût l'âge d'être reçu au nombre des moines, car c'était une pratique assez habituelle à Byzance d'offrir à Dieu l'un de ses enfants. Saint Nicolas avait dix ans quand il vint de Crète à Constantinople pour entrer au Stoudion et sainte Théodora n'avait que six ans lorsque ses parents la portèrent dans un couvent de femmes, dirigé par une parente, pour qu'un jour elle fut religieuse [2]. Si, au contraire, il avait l'âge requis par les canons et par la loi, on l'admettait au noviciat. Durant les trois années de probation, le postulant gardait l'habit laïque et, sous la direction d'un religieux éprouvé, le « katigitis », se livrait aux saints exercices de l'ascétisme, apprenait les trente psaumes et le tropaire [3] et vaquait aux travaux manuels exigés par son supérieur dont il était, tout à la fois, et le compagnon et le serviteur [4]. Sa vocation assurée, on le conduisait devant l'higoumène [5], qui lui coupait les cheveux, lui donnait l'habit et faisait sur lui une onction [6]. D'après les prescriptions du Concile de 861, l'higoumène seul avait le droit de présider cette cérémonie, car il paraît que des abus s'étaient introduits

---

1. *Cerem.*, p. 1416.
2. *Vit. Sanctæ Theod.*, IX, p. 5. Il paraît même que parfois l'on faisait mieux encore car la Vie de S. Luc le Jeune parle de peines sévères qui furent portées contre ceux qui enlevaient les enfants pour les faire entrer au couvent (*A. A. S. S.*, février, II, p. 86).
3. *Vit. Joann.*, 340, 342.
4. *Vit. S. Theod.*, XX, p. 15.
5. Can. II. Mansi, XVI, p. 537.
6. *Vit. Joann.*, 340 ; *Vit. Iren.*, p. 604.

dans la vie religieuse d'alors et que, plus d'une fois, le moine n'avait de son état que la tonsure. Pour remédier à un état de choses fâcheux, le Concile exigea que le futur religieux reçût de son supérieur lui-même et l'habit et la tonsure comme marque de sujétion et d'obéissance. Ainsi entré dans la vie monacale, le religieux ne s'appartenait plus. Son temps était partagé entre la prière, les travaux manuels, l'étude. Elle était, du reste, très dure l'existence pour le moine fidèle. Sa nourriture se composait de pain et d'eau, d'olives et de quelques légumes cuits à l'eau [1] ; souvent même, il jeûnait plus rigoureusement encore. Et, cependant, les offices de jour et de nuit [2] se répétaient à intervalles fixes, longs et pénibles, accompagnés parfois de grandes mortifications [3], et cependant les travaux des champs ou ceux du monastère devaient aussi s'accomplir. Ces travaux, naturellement, étaient confiés à chaque moine suivant ses aptitudes. Les uns écrivaient, copiaient les manuscrits ou lisaient les Ecritures et les Pères [4] ; d'autres allaient conduire les bœufs et cultiver les terres [5] ; d'autres enfin s'occupaient à fabriquer de menus objets qu'on vendait ensuite à la ville la plus proche. Saint Théodore avait auprès de lui un parent qui tressait des joncs et faisait des paniers [6]. L'auteur de la vie de saint Théodore d'Edesse nous a tracé le programme quotidien de son héros. C'est un tableau qui nous fait saisir sur le vif l'existence d'un moine au $IX^e$ siècle: Dès que le soleil était couché, saint Théodore commençait sa prière qu'il prolongeait jusque vers la onzième heure, au lever du soleil. Il s'en allait prendre alors une ou deux heures de sommeil, puis se relevait, faisait de nouveau une prière et jusqu'à la troisième heure travaillait à copier les Livres saints. A la sixième et à la neuvième heure, il récitait les hymnes et les prières propres à chacun de ces moments ; successivement il chantait vêpres et matines (λυχνικὸς ὕμνος ; νυκτερινὰὶ ᾠδαί) et recommençait sa veillée de prière (ἀγρυπνία) [7].

---

1. *Vit. S. Theod.*, § 39, p. 32.
2. « Νυκτερινὰ καὶ μεθημερινὰ δοξολογία » (*Vit. Theod.*, § 9, p. 9). *Vit. Iren.*, loc. cit., p. 613.
3. *Vit. Theod.*, § 9, p. 8.
4. *Vit. Iren.*, loc. cit., p. 607.
5. *Vit. S. Eustath. Anal.*, IV, § 9, p. 377.
6. *Vit. Theod.*, § 20, p. 15.
7. *Ibid.*, § 16, p. 13.

A peu de choses près, ce programme était celui de tous les moines. On comprend qu'il exigeait une certaine préparation pour le bien remplir et un temps d'épreuve pour se demander si l'on serait toute sa vie capable d'y être fidèle. Chaque monastère comptait trois sortes de moines : les prêtres, les frères et les serviteurs. Lorsqu'un religieux avait passé un assez long temps parmi les frères et si sa vie avait été irréprochable, l'higoumène, probablement sur le préavis des autres prêtres [1], pouvait lui imposer le sacerdoce. On l'envoyait alors dans la ville épiscopale la plus proche pour qu'il reçût des mains de l'évêque l'ordination [2]. De ce fait sa situation grandissait dans le couvent. Il pouvait aspirer à devenir higoumène, en attendant l'heure où il irait reposer avec ses prédécesseurs dans le caveau du couvent [3]. Naturellement, une telle vie ne pouvait convenir à tous. Sans doute, il y avait bien de temps à autres quelque honnête distraction — somme toute assez peu récréative — et encore c'était rare. Qu'on en juge. Le biographe de saint Théodore d'Edesse raconte qu'à certains jours de fêtes la communauté s'en allait en promenade visiter dans leur solitude les pieux ermites. Une année, à l'Annonciation, elle alla voir saint Théodore. Dès qu'on fut arrivé au lieu du pèlerinage, on fit la prière, on s'embrassa, puis chacun s'assit pour entendre la parole du saint. Après quoi un prêtre célébra la messe et la visite se termina par un frugal repas de carême. La communauté rentra au couvent, tandis que quelques-uns, sans doute plus zélé, et plus anciens [4], restèrent auprès du saint qui continua pour eux son instruction.

C'est bien cette austérité de vie qui explique, à n'en pas douter, le perpétuel besoin qu'avaient certains moines plus actifs de sortir de leurs cloîtres. Ceux-là s'en allaient, tantôt à pied, tantôt à cheval, visiter leurs confrères ou les lieux saints. Saint Eustathios était toujours sur les grandes routes, accompagné d'un autre moine. Il allait visiter saint Joannice, les couvents des alentours, Constantinople [5] et nous savons, par la vie de saint Euthyme et de saint Joannice combien ces grands servi-

---

1. *Vit. S. Joseph. Hymnogr.*
2. *Vit. Anton.* Papad. Keram., *Monumenta*, I, p. 8.
3. « Τάφος τῶν συνασκουσῶν ». *Vit. Sanctæ Theod. Thessal*, § 45, p. 26.
4. Le texte les appelle « ἐγκρίτοι ».
5. *Vit. S. Eustath.* n°ˢ 10, 14, 15, p. 374-378.

teurs de Dieu se déplaçaient facilement. Du reste, l'habitude de ces courses perpétuelles devint si fréquente que le Concile de 861 dut prendre des mesures pour arrêter ce « flot fougueux, ῥεῦμα δυσκάθεκτον. » S'il reconnaît qu'il y a parfois de justes et pieuses raisons d'abandonner le couvent et autorise même les évêques à choisir des religieux pour certains ministères, il n'en constate pas moins que ces continuelles allées et venues troublent la paix du cloître et affaiblissent l'obéissance. En conséquence, il excommunie le moine qui quitte son couvent pour se rendre dans un autre ou chez des laïques jusqu'à ce qu'il rentre d'où il était parti [1].

A Byzance, comme partout ailleurs, la vie monacale, par sa complexité même, autant que par son influence, sa richesse et son indépendance, intéressait l'Etat au premier chef. Légiférer à ce sujet fut toujours une de ses particulières préoccupations et nous savons jusqu'à quel point il se laissa entraîner à un certain moment, sous le règne de Nicéphore Phocas. Basile, tout « philomonache » qu'il fût, s'empressa de porter, de son côté, certaines lois civiles destinées à confirmer et à sanctionner l'œuvre des conciles. Deux choses, du reste, regardaient spécialement, à cette époque, le pouvoir laïque, et qu'il lui était impossible d'ignorer : la question de fortune et la question de l'état social du religieux. Le concile de 861 [2] rappelle sévèrement aux religieux la loi de la pauvreté. Ils ne doivent rien avoir en propre : tout appartient au couvent. Mais avant leur entrée en religion, liberté leur était donnée de disposer à leur gré de leur fortune. Etait-ce là une règle récente ? Assurément non. La pauvreté était chose obligatoire dès les origines du monachisme [3]. Néanmoins, elle ne paraît pas avoir été toujours complètement pratiquée et, aux environs de 861, il semble bien que les moines s'en exemptaient plus ou moins facilement. Le canon VI du Concile de 861 suffirait à le prouver ; mais nous avons d'autres preuves encore de ce relâchement.

1. Can. IV. Mansi, xvi, p. 537. Je ne crois pas qu'il faille, avec l'abbé Marin, attribuer à Photius de trop machiavéliques calculs quand il fit élaborer ces canons, Les abus que nous constatons jusque chez les saints dont nous connaissons la vie, font supposer qu'ils devaient être singulièrement répandus parmi les moines moins vertueux. Cela semble suffire à l'explication de ces règles.
2. Can. VI. Mansi, xvi, 540.
3. Marin, *op. cit.*, 119, 120.

Un jour, un excellent moine du nom de Thomas s'en alla visiter saint Joannice. Au moment de partir le « bienheureux Père », en guise de salut, lui prédit sa fin prochaine. Thomas, plein de foi en la parole du saint, distribua tous ses biens aux pauvres et mourut quinze jours plus tard [1]. De son côté, lorsque Théophane se fit moine, il se dépouilla de tous ses biens, chose assez remarquable pour que son biographe le rapporte [2]. L'antique discipline avait donc, semble-t-il, besoin d'être restaurée. C'est ce que fit le Concile et ce que sanctionna Basile [3]. Celui qui voulait entrer au couvent, devait auparavant mettre ordre à ses affaires, car, une fois moine, il n'était plus le maître de ses biens. La loi, cependant, pour formelle qu'elle paraisse, connaissait des exceptions. La preuve en est que si le religieux avait des enfants, il pouvait, même après son entrée en religion, partager son avoir entre ceux-ci. Bien plus. Dans le cas où il mourait intestat, la loi reconnaissait à ses héritiers naturels leur part légitime [4]. Il gardait même si bien quelque chose comme la propriété de sa fortune que s'il quittait son monastère, il était privé de ce qu'il possédait [5] : ce qui paraît indiquer, qu'en somme, le religieux gardait la nue-propriété de sa fortune. Seul l'usufruit, de son vivant, appartenait au monastère. C'était là, du reste, une des grandes sources de richesse du monastère. Parmi les moines, il y avait des riches et toujours, sur leur fortune, une part devait être faite pour le monastère, de même que chez les femmes, il semble bien qu'on exigeait une dot [6]. Ces ressources n'empêchaient pas pour autant les couvents d'être souvent dans la gêne. Il leur arrivait même de ne pouvoir payer régulièrement les impôts. Le biographe de saint Eustathios raconte qu'une année les choses fussent allées mal pour le monastère olympien dont il était le chef si de riches particuliers n'étaient venus à son secours [7]. Quant à l'état social du futur moine, Basile ne paraît pas s'en être directement occupé. Ce sera l'œuvre de son successeur Léon, de régler cette délicate question qui pouvait mettre aux prises, en

1. *Vit. S. Joann.*, II, p. 427.
2. *Vit. Theoph.*, Migne, CVIII, p. 29.
3. *Prochir.*, XXIV, § 2, p. 133.
4. *Ibid.*, § 3.
5. *Ibid.*, § 4. Ferradou, *op. cit.*, 131 et seq.
6. *Vit. Sanctæ Theod. Thessal.*, § 20, p. 12.
7. *Vit. S. Eustath.* p. 378.

certaines circonstances, l'esclave devenu moine et son maître légitime.

A côté et au-dessus de la vie cénobitique, nous avons dit qu'il y avait, dans la vie religieuse, l'état solitaire. Au IX⁰ siècle, nombreux étaient les moines qui s'en allaient dans les lieux déserts mener une existence plus dure et plus recueillie encore qu'ils n'auraient pu le faire au couvent. Autour des monastères, cachés dans les montagnes, les solitaires s'adonnaient tout entier à l'oraison et à la pénitence. A cette époque, les stylites étaient beaucoup moins nombreux. Le plus célèbre, saint Luc, dont la colonne s'élevait tout près de Chalcédoine, au quartier d'Eutrope, paraît déjà une exception. La coutume était plutôt d'aller « de montagnes en montagnes » comme saint Joannice, chercher la solitude et peut-être un peu de liberté [1]. Là, les anachorètes [2] habitaient de très modestes « κέλλαι » faites de feuilles sèches ou formées par une grotte et ils y passaient de longues années, ne descendant que rarement au monastère et pour de graves raisons. Mais pour pouvoir mener cette vie retirée et toute « angélique » d'une façon régulière, il fallait auparavant faire, comme les autres moines, son noviciat au couvent car c'était là, uniquement, que le futur reclus pouvait apprendre ce qu'il devait savoir : l'hymnodie, c'est-à-dire le psautier en tout ou en partie, l'ordre des oraisons pour les diverses heures du jour et de la nuit, la façon de lutter contre les esprits mauvais, autrement dit, la spiritualité [3]. Alors on pouvait s'en aller vivre loin du commerce des hommes.

Tout au contraire des solitaires, les moines itinérants recherchaient la société du monde ; mais si les uns agissaient de la sorte par relâchement ou indépendance, les autres le faisaient par vertu. Les premiers n'avaient du moine que l'extérieur, les cheveux courts et probablement l'habit. S'ils étaient riches, ils vivaient dans leur famille et leur maison comme de simples laïques [4]. S'ils étaient pauvres, ils s'en allaient sur les routes et dans les villes mendier et compromettre la sainteté de leur

---

1. *Vit. S. Joann.* Ménol., p. 311.
2. Le biographe de S. Théodore fait très nettement la distinction entre les anachorètes et les moines (ἡσυχασταί). (*Vit. S. Theod.*, § 28, p. 32).
3. *Vit. S. Joann.*, p. 339-340.
4. Can. II. Mansi, XVI, p. 537.

profession. Les seconds, au contraire, étaient souvent des saints et des hommes apostoliques. Saint Pierre de Galatie qui vivait sous Basile Ier partit un jour de l'Olympe pour de longs pèlerinages. Il s'en alla en Terre Sainte, à Chypre, à Laodicée, à Attalie. De là, il rentra à l'Olympe[1]. Saint Hilarion fit de même. Né en Géorgie, fils de noble et riche famille, il s'en vint à Constantinople, visita l'Olympe, la Palestine, Rome, et mourut à Thessalonique. De pieux moines, ses compatriotes, alors en résidence à l'Olympe, vinrent chercher son corps pour le ramener à Constantinople. Basile, toujours charitable, leur donna un monastère avec des terres, des fermes, des villages et des forêts. Ce fut le « couvent géorgien [2] ». Plus tard, en 1065, le grand réformateur de l'Eglise géorgienne, saint Georges Cvjatogorec, après avoir vaillamment travaillé dans sa patrie, ira mourir à Constantinople, en route pour l'Athos[3]. D'autres moines, enfin, comme saint Antoine, et avant lui saints Cyrille et Méthode, étaient missionnaires. Ils s'en allaient partout évangéliser les populations. Le biographe de saint Antoine nous dit que son héros avait un tel zèle qu'il ne voulait limiter son apostolat à aucune ville, mais qu'il voulait aller partout où brille le soleil. Il évangélisa les Scythes, les Thraces, les Mysiens[4].

V

C'est qu'à l'époque qui nous occupe, l'histoire de l'Eglise est marquée par un fait très remarquable : le renouveau d'esprit apostolique, par la lutte, d'une part, contre l'hérésie ; par l'expansion religieuse, de l'autre, au moyen des missions.

Les hérétiques étaient nombreux dans l'Empire byzantin. Sans parler des communautés juives et païennes sur lesquelles nous reviendrons, les textes nous ont laissé le souvenir d'une multitude de sectes chrétiennes en rupture de ban avec le Credo orthodoxe. Car étaient hétérodoxes tous ceux qui ne

---

1. *Synax. Constant.*, p. 111. *Synax. select.*, 121, 125, 126.
2. Vasiljev, *Soc. orth. palestin.*, t. IV, 1888, p. 40.
3. Dzavachov, *Journ. du Minist. de l'Inst. publ.*, février, 1904.
4. *Vit. S. Anton.* Papad. Keram., *Monum.*, p. 11.

confessaient pas la foi orthodoxe en communion avec les patriarches et n'acceptaient pas les sept saints synodes [1]. C'étaient, parmi beaucoup d'autres, les monophysites, les nestoriens, les acéphales, les jacobites, les monothélites, les iconomaches [2] ; c'étaient surtout les pauliciens, les plus redoutables, à cause de leur nombre, de leur force, de leurs alliances politiques et de leur prosélytisme. On comprend, sans peine, que Basile ne devait guère respecter l'indépendance et la liberté de ces dissidents. Les ramener à l'unité était pour lui une nécessité politique aussi pressante que d'en finir avec le schisme. Tous, à un degré quelconque, étaient pour lui de dangereux sujets, prêts à la révolte et à l'insurrection, comme les pauliciens le lui prouvèrent plus d'une fois. Evidemment, la lutte était assez facile quand il ne s'agissait que de s'attaquer aux plus faibles de ces sectes. Il lui suffit, sans doute, de les priver du droit de tester et d'hériter, pour ramener, au moins extérieurement, un grand nombre d'adeptes à la foi orthodoxe. Du reste, ces communautés, nestoriennes, acéphales, jacobites, monothélites, se trouvaient surtout groupées dans la vallée du Tigre et de l'Euphrate, vivaient sous la domination arabe, ne faisaient pas grand bruit et n'étaient guère dangereuses. Si saint Théodore d'Edesse s'en occupa pour les anathématiser une fois de plus, c'est que, lui, avait juridiction sur ces pays de Syrie et que là, plus nombreuses que dans l'Empire proprement dit, elles pouvaient exercer sur les âmes une action directe et néfaste. Pour Byzance, probablement, des lois d'exception à l'égard de ceux qui vivaient sur ses terres, à Constantinople, dans les thèmes asiatiques ou en Thrace, eurent sans doute plus d'effet que les prédications que Photius paraît leur avoir adressées dès le mois de juin 859 [3]. — Il n'en allait déjà plus tout à fait de même des iconoclastes. L'autorité de Théodora en 843 put bien, en vérité, proclamer la fête de l'orthodoxie et arrêter dans son ensemble le mouvement hérétique ; il lui fut plus difficile de convaincre les très nombreux partisans de la doc-

---

1. C'est-à-dire le 1er de Nicée, 1er de Constantinople, 1er d'Ephèse, Chalcédoine, 2e et 3e de Constantinople, 2e Nicée (*Proch.*, XXXIII, § 13, p. 179). *Vit. S. Theod. Edess.*, XLVII, p. 45.
2. *Prochir.*, XXXIII, § 14, p. 180. — *Vit S. Theod. Edess.*, XLVIII, p. 47 et seq.
3. Aristarch., *Eisagog*, XX.

trine. Ceux-ci continuèrent à rejeter le culte des icones et à faire des adeptes. La preuve en est que Photius, lors de l'ambassade de 861, mit en avant ce prétexte pour réclamer de Rome des légats et un synode [1] et que Basile, huit ans plus tard, fit appeler au Concile le chef iconoclaste Théodore Crithinus pour qu'il y entende sa solennelle condamnation ainsi que celle de ses adhérents [2]. A partir de ce moment, Basile ne rencontra plus, sans doute, de difficultés sérieuses de la part des iconoclastes. Leur nom s'en alla tomber dans l'oubli. Les uns se soumirent, les autres fusionnèrent avec les diverses communautés hétérodoxes de l'Empire.

La secte qui lui créa le plus de difficultés fut, sans contredit, celle des Pauliciens ou Manichéens. Théodora, fière de sa victoire sur l'iconoclasme, rêva un jour, nous l'avons vu, de convertir à l'orthodoxie une secte religieuse qui vivait sur ses Etats. C'étaient les Pauliciens, « les Zeliks », comme les appelle Syméon Magister [3]. La persécution fut à ce point violente et maladroite, morts et confiscations se firent si nombreuses qu'un de leurs chefs, Karbeas, protomandator du stratège des Anatoliques, se révolta, entraîna à sa suite cinq mille de ses coreligionnaires et s'en alla se réfugier chez l'émir de Mélitène qui les reçut avec honneur. Là, aux frontières mêmes de l'Empire, ils fondèrent plusieurs villes, entre autre Téphrice [4] et, d'accord avec les Arabes, commencèrent contre l'Empire une lutte implacable. C'étaient dès lors non plus des hétérodoxes, mais des révoltés et des ennemis qu'il fallait châtier par la guerre. Nous les retrouverons au livre suivant. Toutefois tous les Pauliciens ne semblent pas avoir quitté l'Empire. Beaucoup restèrent à Constantinople et ceux-là furent évangélisés. Photius, en effet, dit qu'il convertit beaucoup de Pauliciens [5], ce qui est possible car les moyens qu'on employait pour les ramener à l'orthodoxie étaient de ceux qui sont, pour l'ordinaire, suivis d'effets immédiats.

---

1. Lettre IX. Mansi, xv, p. 219.
2. Mansi, xvi, p. 141.
3. Sym. Magist., *Vit. Mich. et Theod.*, vi, p. 716. Grégoire Asbestas dit nettement que les deux noms qualifiaient la même secte.
4. Theoph. Cont., *Vit. Mich.*, xvi, 180 ; xxiii, 192. Photius, *Contra Manich.*, l. I, xxvi, p. 81. Pierre de Sicile, *Hist. des Manich.*, 1301.
5. Hergenr., i, 477.

Le biographe de saint Eustratios nous raconte que si la discussion pouvait être de mise chez quelques missionnaires zélés, la dénonciation, la prison étaient, pour le plus grand nombre, les mesures habituelles, parce que très expéditives [1]. Il est vrai que le gouvernement avait un intérêt majeur et politique à ramener sous son autorité des hérétiques dont quelques-uns avaient dans l'Empire une certaine situation sociale [2], dont les doctrines jetaient au sein des familles et de l'Etat, la corruption, le trouble et la division [3] et qui pouvaient singulièrement faciliter les succès militaires de leurs frères d'Arménie. Ceux-ci, du reste, luttaient contre l'Empire, non seulement par les armes, mais par leurs missionnaires. Dès que la Bulgarie se fut ouverte au christianisme, les Pauliciens, pour faire pièce à l'influence byzantine, dépêchèrent sur les rives du Danube des hommes de confiance qui travaillaient pour la foi manichéenne [4]. Leur succès fut grand, il fut dangereux pour les Empereurs qui ne durent pas chercher à ménager chez eux d'aussi redoutables ennemis. Si l'on ajoute à ces raisons d'ordre extérieur, l'immoralité qui paraît avoir régné au sein de ces communautés séparées, on ne s'étonnera pas trop de la rigueur des lois qui les régissaient et des efforts, même violents, qui furent employés pour essayer de les convertir. Le Prochiron nous a conservé le souvenir de la législation qu'on leur appliquait et, par surcroît, nous laisse deviner quelle place ils occupaient dans la société d'alors. Punis de la peine de mort, les manichéens qui, devenus chrétiens, retournaient à leurs erreurs ou qui, fréquentant leurs anciens coreligionnaires, ne les livraient pas aux magistrats [5]. Punis de la peine de mort aussi les chefs de l'armée et de l'administration qui, quoique orthodoxes, ne livraient pas aux autorités ceux qui se glissaient parmi eux. En outre aucun parent, même orthodoxe, d'un paulicien ne pouvait hériter de lui. Ses biens allaient au fisc. Il n'y avait d'exception que pour ses propres enfants et encore à condition que l'enfant soit orthodoxe [6]. Néanmoins, ces mesures

---

1. *Vit. Eustrat.*, xxii, p. 382.
2. *Ibid.*
3. Pierre de Sicile, *op. cit.*, p. 1293.
4. Lapôtre, p. 104 ; Hertzberg, p. 141.
5. *Prochir.*, t. XXXIX, § 28, p. 239.
6. *Ibid.*, § 29.

énergiques [1] n'étaient pas seules. Toute une littérature dogmatique et polémique naquit, sous le règne de Basile, pour confondre les récalcitrants et les ramener au bercail de l'orthodoxie. L'ouvrage de Pierre de Sicile [2] en est une preuve aussi bien que les travaux mêmes de Photius. Tous s'efforcent de montrer par l'histoire de la secte comme par son dogme et sa morale, la fausseté et la perversité de son action et de sa doctrine ; mais, fils de leur temps, forts, sans doute, des peines juridiques dont ils sentent appuyée leur argumentation, ils n'oublient qu'une chose dans leurs écrits, la parole de charité et de douceur qui seule va au cœur pour le toucher et le convertir. Ce trait de mœurs, du reste, nous le retrouvons à peu près dans tout l'effort apostolique de cette époque. Il était, en vérité, assez difficile aux missionnaires orthodoxes d'agir avec quelque efficacité auprès des Pauliciens pour cette raison bien simple qu'ils étaient des ennemis politiques autant et plus que des hérétiques ; néanmoins notre idéal religieux moderne proteste contre cette absence d'amour. Il protesterait davantage encore si Pierre de Sicile n'était là pour nous dire que Byzance, dans le secret du sanctuaire, employait une arme plus évangélique pour la propagation de la foi : la prière. « Le dogme des Pauliciens était ignoré de presque tous les hommes, poison délétère qui se cachait ; aujourd'hui ces choses sont connues, grâce aux prières, aux veilles, aux incessants efforts et au gouvernement très habile de nos pacifiques, orthodoxes et grands Empereurs [3]. »

Cette politique violente à l'égard des Pauliciens n'était plus tout à fait de mise à l'égard des Juifs et des païens qui vivaient sur le territoire de l'Empire ; plus de mise non plus à l'égard des nations étrangères, barbares ou civilisées, qui avoisinaient la « Romanie ». Là, l'œuvre du clergé grec fut plus féconde. Sans doute de part et d'autre, il y eut calcul et intérêt, presque toujours, dans l'offre et l'acceptation de la foi ; du moins ne se heurtait-on pas à des haines qu'aucun zèle ne pouvait

---

1. Il est impossible de savoir si les lois justiniennes reproduites au l. I, titre I, des Basiliques étaient encore en vigueur à l'époque de Basile. Si elles l'étaient, la vie ne devait pas être facile pour les hérétiques. Ils n'avaient que deux solutions possibles à envisager : l'exil ou la conversion.
2. Migne, CIV, p. 1241 et seq.
3. *Ibid.*, p. 1276.

étouffer. Comme ses prédécesseurs, Basile ne négligea pas les missions [1] et, sous son règne, l'activité religieuse fut grande [2]. Tandis que les prêtres partaient de Byzance et s'en allaient prêcher l'Evangile en tous lieux, lui, l'Empereur, se faisait généreux pour seconder leurs efforts. Les convertis étaient sûrs de trouver auprès de sa personne faveurs et distinctions. Riches présents, titres auliques, situations administratives, exemptions d'impôts étaient la récompense qu'il accordait aux individus comme aux nations nouvellement chrétiennes [3]. Aussi, sous son règne, le succès des missionnaires fut-il grand. En toute vérité, Photius pouvait comparer Byzance à un lieu élevé qui envoie partout les sources de la foi orthodoxe et arrose les âmes desséchées par l'impiété [4]. Du reste, il faut bien le dire, si le résultat des missions fut appréciable à cette époque, la cause en est due pour beaucoup aux succès militaires de l'Empereur. Dès qu'une nation était vaincue, on lui imposait le baptême par la force, moyen qui semblait efficace pour contenir les foules dans l'obéissance, créer entre elle et l'Empire un indissoluble lien [5] et leur imprimer par là le sceau de la puissance romaine. Malheureusement, les conversions ne se commandent pas. Le danger d'un tel sytème tout à la fois politique et religieux était grand et c'est de quoi on s'aperçut plus tard. A la mort de Basile, et même de son vivant, si nombreux furent ceux qui retournèrent à leurs anciennes croyances qu'il fallut faire ou renouveler des lois contre ces apostats. Tel fut, par exemple, le cas des Dalmates, des Croates et des Russes [6]. Cependant, en dehors de toute influence politique, au seul point de vue apostolique, il est une chose assez intéressante à noter et qui n'a point été suffisamment relevée : c'est la merveilleuse souplesse de cette Eglise qu'on se représente généralement comme figée dans une orthodoxie étroite et dans un formalisme rigide et sans vie, à se plier à toutes les nécessités du ministère apostolique, à s'adapter à toutes les habitudes qu'elle rencontrait

1. Brinkmann, xxviii.
2. Pierre de Sicile, *op. cit.*, 1276.
3. Lapôtre, *op.*, *cit.*, p. 103.
4. Photius. *Epit. encycl.*, p. 721.
5. Sym. Mag., *Vit. Mich. et Theod.*, ch. xxv, p. 728. Il était en outre interdit sur le territoire de l'Empire d'offrir des sacrifices païens *(Prochir.*, xxxix, 20, 30, 33, pp. 237-240).
6. *Vit. Basil.*, ch. liv, p. 292.

au sein des pays qu'elle voulait évangéliser. Là, naturellement, le laïque avait de larges permissions pour baptiser, le cas échéant ; mais, chose plus remarquable, jamais Byzance ne connut les craintes de l'Eglise romaine à l'égard de la langue. Dès que ses missionnaires arrivaient en un endroit, ils déployaient aux regards des barbares les magnificences du culte et la richesse des costumes religieux, — cela pour étonner leurs yeux et frapper leur imagination ; ils adoptaient la langue nationale, — cela pour se faire comprendre d'eux et prendre racine dans le pays ; ils formaient enfin tout de suite un clergé indigène — cela pour empêcher la foi d'être traitée comme une puissance étrangère [1]. L'Evangile et les Livres liturgiques étaient ainsi répandus dans le peuple, venant compléter les instructions orales des missionnaires jusqu'au moment où, suffisamment éclairés, on baptisait le roi et les chefs de la nation. Le reste venait ensuite assez vite. Entre temps, les missionnaires aimaient à reproduire un peu partout, comme le moine Lazare en Bulgarie, des portraits de vierges et des scènes religieuses afin qu'à son tour, le pinceau fût un prédicateur de la foi chrétienne. Cette façon de faire fut suivie par saints Cyrille et Méthode en Moravie, par les missionnaires anonymes qui évangélisèrent les Russes, comme par ceux qui convertirent les Bulgares. Mais une fois le baptême donné, l'œuvre des missionnaires n'était pas achevée. Il fallait affermir la foi dans les âmes, il fallait former à la vertu les cœurs frustres et barbares. C'est ce que faisait, non seulement le clergé itinérant, mais surtout le clergé de l'Empire, moins absorbé par la vie active. Le meilleur exemple en est assurément la longue lettre de Photius à Michel de Bulgarie dans laquelle le Patriarche décrit jusque dans le détail, tous les devoirs du véritable chrétien et s'efforce de faire de ce néophyte illustre, un roi très orthodoxe.

Ce genre d'apostolat, toutefois, n'était pas le seul. La foi de Byzance arrivait aussi aux oreilles des nations par d'autres voies. Gens très religieux et très fiers de leur incontestable civilisation, les Grecs propageaient tout naturellement le Credo de Sainte-Sophie par le seul fait qu'ils se trouvaient en terre païenne ou que les païens venaient chez eux. Quand les parents

---

1. Lapôtre, p. 107-109.

de Basile — on se le rappelle — furent exilés sur les bords du Danube, ils annoncèrent leur foi et firent des conversions ; quand la sœur de Bogoris fut faite prisonnière à Byzance [1], quand des otages étaient amenés en captivité [2] ou quand des ambassadeurs étrangers venaient à Constantinople, le premier souci des Byzantins était d'enseigner à chacun la religion orthodoxe. On conduisait à Sainte-Sophie tous ces barbares émerveillés et ils se convertissaient ou, tout au moins, comme les Russes, rentraient dans leur pays et y parlaient de ce qu'ils avaient vu et entendu. Tout cela créait des liens entre les peuples et l'Empire et préparait la voie aux missionnaires futurs. C'était pour l'Eglise une œuvre pie en même temps que pour l'Empire une œuvre de haute civilisation et de sage politique.

La conversion des hérétiques, tels qu'ils se trouvaient organisés sous le règne de Basile, était une affaire plus politique que religieuse. Il importait donc, ce semble, de nettement distinguer ce mouvement du véritable élan apostolique que nous remarquons sous le règne de Michel et sous le sien propre. A en croire Constantin Porphyrogénète, Basile aurait favorisé trois importantes missions et vu, de son vivant, naître à la vie deux églises dont la puissance allait être grande : l'Eglise bulgare et l'Eglise russe [3]. La première mission fut prêchée à des sujets de son gouvernement : aux Juifs. Constantin n'en indique pas la date pour la raison bien simple que le clergé n'avait pas attendu Basile pour commencer cet apostolat [4]. Au cours de la querelle iconoclastique, Israël avait trouvé auprès des empereurs bienveillance et appui [5]. Il s'en suivit que tout naturelle-

---

1. *Vit. S. Theodoræ Imper.* A. A. S. S., février, II, p. 562.

2. Le synaxaire de Constantinople raconte l'histoire des martyrs byzantins Beliar et Pierre qui vivaient à la cour des Arabes d'Afrique. Eux aussi prêchèrent l'Evangile et subirent le martyre en punition de leur apostolat. Le fait se passait sous le règne de Basile *(Synax. de Cple, p. 72).*

3. *Vit. Basil.,* ch. XCV-XCVIII, p. 357 et seq

4. Sym. Magister seul dit que cette mission eut lieu au cours de la septième et huitième année du règne de Basile (ch. X, p. 752. Cf. Georg. Moine, p. 1080 et Léon Gramm., 1088). La seule chose qui paraît certaine c'est que cette mission eut lieu avant le retour de Photius.

5. Michel d'Amorion, en particulier, fut très bienveillant pour eux. Il les exempta d'impôts. Peut-être était-il lui-même né de parents juifs, de ceux qu'on appelait, en Phrygie, les « Ἀθιγγάνοι ». Theoph. Cont., *Vit. Mich., Amor.,* ch. III, p. 56. Pargoire, *op. cit.,* 282.

ments les Juifs entreprirent dans l'Empire une importante campagne de prosélytisme [1]. Aussi le clergé redoubla-t-il de zèle — et l'énergique action du patriarche Nicéphore en 812 en est une preuve — pour lutter contre l'ennemi héréditaire du nom chrétien. Il paraît, du reste, l'avoir fait en usant plus volontiers de la violence que de la douceur tant était vive la haine des Byzantins contre les Juifs. Basile ne fit que suivre l'exemple qu'il avait sous les yeux et sa méthode évangélique fut celle de l'intérêt. C'est en quoi il favorisa très vraisemblablement les missionnaires. Constantin, du reste, nous le dit formellement. Dès les premières lignes de son récit [2], assez brutales à l'égard des Juifs, il explique la façon dont s'y prit son grand-père pour ramener cette fraction de son peuple à l'obéissance du Christ. On devait tout d'abord discuter, puis présenter la doctrine chrétienne, enfin on baptisait, offrant à ceux qui se convertiraient des dignités, des honneurs, des exemptions d'impôts. Il n'en fallait pas davantage, on le conçoit, pour amener beaucoup de Juifs à l'Eglise. Les conversions, paraît-il, furent nombreuses, mais sans durée. Et c'était fatal. Il suffit, au surplus, de lire les quelques morceaux apologétiques qui nous sont restés de cette époque pour se rendre compte du ton de ces écrits. Nous possédons encore un fragment d'ouvrage que Basile de Néo-Patras composa contre les Juifs [3]. Peut-être l'argumentation était-elle bonne : en tous cas, elle devait singulièrement perdre, aux yeux des Israëlites, de sa valeur, par les injures qu'ils pouvaient y lire à l'adresse de leur nation. Et l'exemple de Basile n'est pas unique. Photius, tout dégagé de certains préjugés qu'il nous paraisse, avait lui aussi la haine invétérée du Juif et il le dit dans sa lettre à Michel de Bulgarie [4]. Or, de traditionnelles et historiques antipathies suffisent-elles à expliquer ce fait ? Il ne semble pas. Si les Byzantins orthodoxes ont si fort détesté les Juifs et cherché par tous moyens à les détacher de leurs erreurs, il y avait une autre raison que Photius donne à Michel de Bulgarie : c'est, qu'en fait, les Israëlites avaient une assez curieuse conduite à Byzance. Entourés de chrétiens, ils n'osaient guère, paraît-il, renier

1. Rambaud, *op. cit.*, p. 272 et seq.
2. *Vit. Basil.*, ch. xcv, p. 357.
3. Migne, CXI, p. 412.
4. Migne, CII, p. 652.

ouvertement le Christ. Pour le combattre, ils prenaient donc un moyen détourné qui n'était pas sans habileté. Ils se joignaient à tous les hérétiques et luttaient avec eux. C'est ainsi qu'ils firent campagne avec les iconoclastes et s'attirèrent par ces louches manœuvres, à un double titre, la haine de tous les vrais chrétiens. Aussi les formules pour la réception d'un Juif au christianisme sont-elles à ce sujet très précises. Après avoir juré qu'il ne se convertissait pour aucune raison humaine et qu'il abandonnait toutes les cérémonies rituelles de la synagogue, le Juif devait dire « anathème » non seulement à la doctrine israëlite, mais encore à toutes les doctrines hérétiques qui en sont sorties [1], preuve manifeste qu'à travers tous les âges on imputait aux enfants d'Israël le crime de s'associer à toutes les hétérodoxies. Mais le fait le plus curieux concernant les Juifs au $ix^e$ siècle est assurément la relative douceur de la législation à leur égard. Basile ne parle pas des peines qui attendent les Juifs apostats. Il ne paraît pas avoir édicté à leur usage des lois aussi sévères que pour les Manichéens hérétiques. Il se contente de prévenir leur zèle religieux en les empêchant de faire de la propagande. D'après le Prochiron, le Juif n'était puni de mort qu'en deux circonstances : s'il imposait la circoncision à son esclave chrétien et s'il cherchait à détourner de la foi orthodoxe [2]. Sauf ces deux cas les lois d'exception ne paraissent pas les avoir atteints.

La seconde mission, attribuée à Basile par son petit-fils Constantin, est celle de Bulgarie. Evidemment, il ne saurait être ici question d'une « mission » dans le sens habituel du mot. Les Bulgares étaient convertis à la foi depuis 865 et vivaient sous la juridiction romaine ; mais il y eut mission en un sens tout à la fois politique et religieux, Constantin VII nous dit, en effet, — et la chose est plus que probable — que les Bulgares n'étaient pas solidement affermis dans la foi [3]. L'Empereur les exhorta à la persévérance, leur envoya des cadeaux et les engagea à recevoir un archevêque comme à avoir dans le pays un certain nombre d'évêques. Or, il est de toute évidence que cette démarche est la suite naturelle des décisions qui furent prises en 869. Boris, à cette date, se « convertit » à l'orthodoxie pour

1. Migne, I, 1456.
2. *Prochir.*, titre XXXIX, 31 et 32, p. 240.
3. *Vit. Basil.*, ch. xcvi, p. 357.

les raisons que nous avons dites et Ignace envoya en Bulgarie dès 870, des moines, une dizaine d'évêques et un archevêque, Joseph [1]. Ceux-ci devaient y rester jusqu'au retour de Photius au pouvoir en 879. On le voit donc, il y eut bien vraiment, en un sens, mission byzantine en Bulgarie sous le règne de Basile; mais mission qui n'était nullement inspirée par le zèle apostolique. La politique seule agit en cette affaire.

La mission chez les Russes [2] est encore plus discutable. Cette nation « cruelle et impie », comme dit Constantin, avait fait son apparition à Byzance, de terrible manière [3], en juin ou juillet 860 [4]. L'émoi fut grand dans la capitale à la nouvelle qu'un peuple barbare encore inconnu se ruait inopinément sur ses frontières. Il le fut d'autant plus que Michel, à cette date, s'en était allé guerroyer contre les Sarrasins. Photius, alors au pouvoir, n'eut d'autre ressource que d'aller en procession aux Blachernes chercher le manteau de la Vierge, le fameux « maphorion » pour, dit la légende, le tremper dans la mer. L'effet fut soudain. Un vent subit se leva; la mer devint houleuse; la flotte russe fut ruinée. L'ennemi dut rentrer chez lui sur les quelques vaisseaux qui lui restaient [5]. Cette irruption était trop grave pour que désormais Byzance pût continuer à ignorer ce dangereux voisin. Comme de coutume « peu après » elle envoya des missionnaires. L'auteur de la *Continuation de Théophane* dit, en vérité, que ce sont les Russes qui vinrent à Constantinople demander le baptême; mais ne confond-il pas, avec l'ambassade russe dont parle une glose du *De administrando* et qui est postérieure au règne de Basile? Il est bien plus probable, en effet, que Byzance s'empressa de traiter avec ces nouveaux voisins en leur envoyant des ambassadeurs et des missionnaires. Une chose est, en tous cas, certaine : c'est qu'entre cette date de 860 et celle de 866, une mission partit pour la Russie envoyée qu'elle était par Photius lui-

1. Vailhé, *op. cit.*, col. 1180.
2. *Vit. Basil.*, ch. xcvii, p. 359.
3. *Vit. Ignat.*, p. 516.
4. Vasiljev, *Byzance et les Arabes*, p. 161 ; Aristarch., II, 17. Cf. Gerland, *Photios und der Augriff. der Russen auf Byzanz*, 18 juin 860 *(Neue Jahrbücher für das Klassische Altertum*, 1903, xi, p. 718 et seq.). Marquart place cette incursion en 865 (p. xiv), ce qui est peu probable.
5. Sym. Mag., *Vit. Mich. et Theod.*, ch. xxxvii et xxxviii, p. 736. Theoph. Cont., *Vit. Mich.*, ch. xxxiii et xxxiv, p. 209-212.

même[1]. Que maintenant, selon le témoignage de Constantin Porphyrogénète, une autre mission soit allée en Russie sous le patriarcat d'Ignace et le gouvernement de Basile, la chose est possible. Il n'en est pas moins vrai que c'est au grand mouvement d'expansion religieuse du règne de Michel que datent les débuts de l'évangélisation russe[2].

En réalité, Constantin attribue à son grand-père ces diverses missions parce qu'il savait fort bien qu'un effort avait été fait sous son règne pour hâter la conversion des peuples païens, voisins de Byzance et qu'il trouvait plus glorieux de parler de la Bulgarie et de la Russie que des Narentans, des Dalmates, des Serbes ou des Maïnotes. Les uns étaient soumis à l'Empire, les autres étaient alors d'assez obscures peuplades. Il suffisait, lui semblait-il, de mentionner, comme il l'a fait, leur baptême à l'occasion de leurs défaites[3], réservant à de plus dignes qu'eux une mention spéciale dans le chapitre qu'il écrivit sur les missions. C'est, en effet, du vivant de Basile que s'opéra la conversion des païens qui habitaient, dans le Péloponèse, la ville de Maïna, les Maïnotes. A la différence des Milinges et des Erzérites, les Maïnotes, paraît-il, n'étaient point Slaves, mais Grecs[4]. Ils adoraient encore les dieux de leurs ancêtres quand, sous le règne de Basile, ils se convertirent à la foi. Leur ville fut érigée en évêché dépendant de Corinthe. Son nom se trouve déjà dans les Nea Tactika.

Sur les côtes de Dalmatie et dans la partie avoisinante de l'ancien Illyricum, se trouvaient, à l'époque de Basile, des Slaves convertis autrefois à la foi chrétienne quand Héraclius leur permit de s'installer sur les terres d'Empire. C'étaient les Serbes et les Croates. Les Narentans, leurs voisins, eux, n'avaient

1. Photius, *Lettre encycliq.*, p. 736.
2. Cf. Palmieri, *Studiosi religiosi*, t. I et II, 1900-1902. Cependant, n'avons-nous pas affaire peut-être en toute cette histoire à une confusion volontaire ou non des chroniqueurs? Au lendemain de l'invasion russe, en effet, partit de Byzance une mission que dirigeait S. Cyrille. Elle s'en alla chez les Chazares qui habitaient sur les rives de la mer Azov. Or cette mission paraît dater de 861 ou 862 (Ginzel, p. 253). Les Chazares, du reste, étaient déjà baptisés. Ils réclamaient des prêtres pour les affermir dans leur foi et arrêter la propagande juive et sarrasine. Que delà au royaume de Kiev, des missionnaires soient allés, rien de plus probable, mais nous n'en avons cependant pas la preuve.
3. *Vit. Basil.*, ch. LIV, p. 308.
4. *De Admin.*, ch. L, p. 376.

jamais reçu le baptême. Malheureusement, la faiblesse croissante de Byzance, au cours du viiie siècle, et surtout au début du ixe, avait détaché ces peuples de la métropole. Ils vivaient indépendants dans ces contrées éloignées et, comme le dit Constantin, la plupart avait abjuré le baptême « afin de n'avoir plus aucun gage d'amitié et de dépendance à l'égard de Rome »[1]. Aussi, lorsque Basile, par ses victoires, eut reconquis sur la Dalmatie les droits de ses prédécesseurs, Serbes et Croates revinrent-ils à l'orthodoxie. Sur leur demande, dit le biographe de Basile, mais plus probablement par la force des choses, une mission partit de Constantinople avec des prêtres et un délégué impérial[2], pour réapprendre à ces Slaves indociles la foi chrétienne et l'obéissance politique. Tous reçurent le baptême et acceptèrent le joug « romain »[3]. Ceci se passait un peu après 867. Quelques années plus tard, en 879, les Croates comme les villes dalmates, faisaient leur soumission à Rome[4].

Par une singulière exception qui doit s'expliquer, sans doute, par la géographie du pays qu'ils habitaient, les Narentans n'avaient pas encore été évangélisés. Ils vivaient non loin des côtes dalmates dans cette partie de la Croatie montagneuse, d'abords difficiles, à cause de ses escarpements, la Croatie rouge[5]. Les Byzantins les appelaient « Ἀρεντανοί »; dans la langue slave, on les nommait « παγάνοι », nom qu'ils méritaient bien, si l'on en veut croire l'étymologie de Constantin qui nous apprend qu'en slave « παγάνος » veut dire « ἀβάπτιστος » non baptisé. Ébranlés sans doute par le mouvement de retour à la foi de leurs pères, les Croates et les Serbes, visités peut-être à cette époque par quelque missionnaire plus zélé, demandèrent eux aussi le baptême, ce qui leur fut naturellement accordé[6].

Cette activité apostolique pouvait avoir pour excitant une

---

1. *Vit. Basil.*, ch. lii, p. 3o5. Cette phrase est à retenir : elle est du plus haut intérêt car elle montre dans sa brièveté quels étroits liens existaient soit dans la pensée des peuples, soit dans celle de Byzance, entre l'acceptation du baptême et l'acceptation de l'autorité impériale. Les deux choses étaient connexes.
2. « Βασιλικὸς ἄνθρωπος. »
3. *Vit. Basil.*, ch. liv, p. 3o8.
4. Revue *Oriens Christ.*, I, 1896, 16.
5. *De Admin.*, xxix, 252.
6. *De Admin.*, xxix, 252.

cause politique. Elle n'en était pas moins cependant très réellement religieuse. On comprend fort bien, en effet, que les Empereurs aient trouvé commode de mettre au service de leur gouvernement ce merveilleux outil de civilisation et d'unité ; mais les missionnaires ne bornèrent pas leurs efforts aux limites de l'Empire. Comme cet Antoine qui évangélisa, dit son biographe, « les Thraces, les Mysiens et les Scythes »[1], le prêtre byzantin avait l'ambition de prêcher l'Evangile à toute créature et c'est en quoi son apostolat fut vraiment religieux. La preuve en est dans les missions extérieures qui furent entreprises au cours du IXe siècle. Des travaux apostoliques de Cyrille et Méthode chez les Chazares et en Moravie, nous n'avons rien à dire car leur histoire est antérieure au règne de Basile. C'est vers 859 que Constantin-Cyrille partit pour la Chersonèse ; c'est en 862 ou 863 qu'avec son frère Méthode, il entreprit le voyage de Moravie[2], à la demande de Rastiz. Désormais, ce fut surtout avec Rome et l'Allemagne que les missionnaires eurent affaire. Byzance se trouva reléguée à l'arrière-plan. Ce n'est pas en vérité que Basile se désintéressait de cette grande œuvre. Bien au contraire, puisqu'il fit venir Méthode à Constantinople pour qu'il l'entretint de ses travaux[3]. Mais, que pouvait-il dans la lutte acharnée qui s'était engagée autour de son ancien fonctionnaire sinon le recevoir avec honneur et lui offrir des présents[4]. C'est donc d'un autre côté que, sous son règne, les missions se développèrent. Déjà au temps de Michel III, Cyrille était allé prêcher l'Evangile sur les terres du calife de Bagdad, Mutawakkil[5], et c'était là chose importante. Les Sarrasins, en effet, comme les orthodoxes, cherchaient partout à faire des prosélytes. Il fallait donc arrêter leur propagande et tâcher de les convertir. Mais les Arabes n'étaient pas des barbares. Au sein de cette merveilleuse civilisation musulmane, des philosophes et des savants étaient nés et seule la discussion pouvait avoir prise sur eux. Aussi est-ce surtout par une activité intellectuelle et apologétique sans cesse renouvelée que Byzance s'efforça d'entamer l'Islam. Et c'est ce qui explique les produc-

---

1. Papad. Keram., *Monum.*, I, p. 11.
2. Lejer, *Cyrille et Méthode*, p. 83 ; Lapôtre, p. 91-95.
3. Ginizel, *Vie de Méthode*, p. 30.
4. *Ibid.*
5. Lapôtre, *op. cit.*, p. 98.

tions littéraires du ixᵉ siècle. Nicétas de Byzance le dit, du reste, formellement. Parce que Basile cherchait à propager la foi en Arabie, sur son ordre et, pour coopérer à cette mission, il l'engagea à écrire un traité contre Mahomet [1]. C'était pour Nicétas chose d'autant plus aisée que déjà Michel III lui avait demandé un service analogue. Aussi, se mit-il à l'ouvrage tant pour plaire à l'Empereur qui « n'eût pas été satisfait de mettre en déroute les corps des barbares, s'il n'avait du même coup partagé en deux leurs âmes impies par le glaive à double tranchant de la vérité » que pour convertir ces mécréants. Son œuvre composée de surates choisies du Coran et de quelques thèses de la théologie arabe qu'il s'efforce de réfuter, n'eût sans doute pas grand succès, mais elle demeure comme un témoin des efforts évangéliques que tenta l'Empereur pour gagner par tous moyens, même par celui de la religion, ses plus irréductibles ennemis. Quant aux musulmans établis sur le Vardar par Théophile, leur conversion eut lieu au ixᵉ siècle par les moyens habituellement employés à l'égard des sujets de l'Empire. On leur donna des terres et on les amena au christianisme par la force autant que par la persuasion [2].

Entre Byzance et l'Arménie, les rapports religieux étaient tout différents. Là, l'orthodoxie n'avait plus affaire à des païens ou à des non-chrétiens ; elle se trouvait en présence d'une Eglise constituée, puissante, mais schismatique. Originairement unie à Constantinople, l'Arménie avait rompu avec son orthodoxe voisine dès le milieu du vɪᵉ siècle, vers 552, puis, définitivement, en 593 : épilogue fatal des luttes qui se livrèrent autour du concile de Chalcédoine. Aussi, l'Eglise de Constantinople chercha-t-elle par tous les moyens à renouer, au cours des siècles, ses anciennes relations avec cette Eglise sœur. Il en alla dès lors de l'Arménie comme plus tard de Rome : toute l'activité religieuse du patriarcat se tourna du côté de chimériques projets d'union, un jour réalisés, abandonnés le lendemain. Sous Héraclius, sous Constantin II, sous Justinien II, l'accord fut maintes fois proclamé — on craignait les Arabes — puis, tout de suite après, rompu. L'Arménie jouait donc exactement, à l'égard de Byzance, le même jeu que celle-ci à l'égard de Rome.

---

1. Migne, CV, 670-672.
2. Rambaud, *op. cit.*, 215 et 279.

Quand la nécessité pressait, vite on s'unissait ; dès que le danger était passé, les difficultés surgissaient et la brouille recommençait. Les efforts tentés au ɪxᵉ siècle pour arriver à une réconciliation durable ne sont donc qu'un épisode de cette fastidieuse histoire. Alors l'Arménie se relevait de ses ruines passées; une restauration politique s'accomplissait, pleine de promesses pour l'avenir ; une rénovation religieuse se manifestait déjà riche en œuvres de piété. Comment Byzance n'aurait-elle pas profité de cet heureux état de choses pour chercher dans l'union religieuse la force nécessaire dont elle avait besoin pour combattre l'islamisme ? Photius écrivit donc successivement à Zacharie, catholicos d'Arménie. afin de l'engager à revenir à la foi de Chalcédoine et à Aschod, mais sans succès. La rupture était bien définitive, elle ne devait jamais se renouer [1].

# VI

Si la foi d'un peuple se mesure jusqu'à un certain point aux œuvres qu'il entreprend pour la faire connaître et la faire adopter, elle se mesure aussi à la façon dont elle est pratiquée par ses fidèles. Lorsque le culte, sous ses formes les plus diverses, est vivant, lorsqu'il est populaire, il y a chance que la religion soit active et, par conséquent, efficace. Le culte extérieur est donc pour l'historien un phénomène social et religieux qu'il ne peut négliger. Cette étude pour Byzance a été dernièrement tentée par le P. Pargoire jusqu'à la période qui s'étend des origines à l'année 847. Il n'y a donc pas lieu de la refaire, mais, simplement de la compléter peut-être, à l'aide de quelques détails.

I. *Catéchumènes et Baptême.* — Au ɪxᵉ siècle, l'institution des catéchumènes existe encore dans l'Eglise grecque [2], et pour recevoir ces néophytes, comme au temps passé. il y a toute une liturgie. C'est que, — chose assez singulière — certaines anciennes coutumes ont continué à être adoptées. Si on porte

---

1. Petit *Diction. de théolog. cathol.*, art. *Arménie*, I, col. 1901.
2. Pierre de Sicile, *op. cit.*, p. 1264.

l'enfant à l'église assez vite après sa naissance, ce n'est pas, forcément, pour l'y faire baptiser. Saint Théodore d'Edesse, par exemple, fut conduit à l'église le quarantième jour après sa naissance. Il fut consacré à Dieu, mais point baptisé. Cette cérémonie eut lieu deux années plus tard [1].

De là, pour de plus attardés encore, la raison et la nécessité de cette classe de fidèles. Mais, souvent aussi la cérémonie du baptême était jointe à celle de la réception des catéchumènes. Alors, après les interrogations d'usage, la profession de foi, les exorcismes par insufflation et les signes de croix sur la poitrine [2], avait lieu le baptême. Le prêtre, revêtu de l'étole blanche et des manchettes (ἐπιμάνικα), encensait la piscine (κολυμβήθρα) tandis que le diacre faisait une longue prière que le prêtre continuait à voix basse. Celle-ci achevée, le prêtre soufflait sur l'eau, la bénissait trois fois du doigt et poursuivait sa prière, commentaire parlé du rite qu'il accomplissait. Après cette première cérémonie sur l'eau en venait une seconde semblable sur l'huile, puis l'officiant versait l'huile dans l'eau par trois fois en forme de croix, tout en chantant avec la foule l'*alleluia*. Lorsque c'était l'évêque qui officiait, un des prêtres lui présentait à ce moment le catéchumène que le prêtre oignait sur le front, la poitrine et le dos, de l'huile bénite, puis les diacres achevaient en lui oignant tout le corps. L'évêque ou le patriarche, à ce moment, s'avançait pour baptiser le néophyte, debout, tourné vers l'orient, en récitant les paroles sacramentelles : Βαπτίζεται ὁ δοῦλος τοῦ Θεοῦ (ὁ δεῖνα) » [3]. Puis on revêtait le récipiendaire d'une tunique et la cérémonie du baptême était ainsi achevée. Immédiatement après, l'Eglise grecque confirmait le nouveau baptisé en traçant sur son front, ses yeux, ses narines, ses oreilles et ses pieds le signe de la croix avec le saint chrême [4] et ainsi finissait la cérémonie.

*La messe*. — La messe au ixe siècle est dite suivant les liturgies attribuées à saint Basile et à saint Jean Chrysostome. A la

---

1. *Vit. Theod. Edess.*, § 4, p. 4.
2. Dmitriewskij, *Euchologe*, p. 1. Goar, p. 334.
3. On remarquera que l'Eglise grecque employait habituellement la formule imprécative. Cf. cependant Goar, p. 357.
4. L'*Euchologe* du ixe siècle édité par Dmitriewskij parle seulement du front, des yeux, des narines, des oreilles, du dos. D'autres parlent aussi des mains, p. 3 et note 12.

description donnée par Mgr Duchesne et le P. Pargoire[1], nous n'avons pas grand'chose à ajouter sinon que lors des stations, l'Evangile était lu en latin et en grec[2], symbole de l'union des deux Eglises qui a persisté dans l'Eglise latine lorsque le Pape pontifie solennellement. Comme en Occident aussi, le prêtre ne pouvait célébrer la messe qu'une fois par jour et une seule fois sur le même autel[3]. Ajoutons enfin qu'on se servait de pain ordinaire pour consacrer et point de pain azyme. « Le pain azyme, dit Photius, est le propre de l'Ancien Testament[4]. » Les habits ecclésiastiques différaient au $IX^e$ siècle de ceux employés dans l'Eglise latine. Ils étaient de laine d'une seule couleur et non de soie[5]. Le rouge pourpre servait en temps de carême ; le blanc les autres jours[6].

Tous les grands événements de la vie avaient naturellement leur consécration à l'Eglise. Aussi les Euchologes ont-ils des prières pour chaque circonstance : prières pour les fiançailles et pour le mariage, prières pour les malades et pour les morts, prières pour les relevailles et l'oblation des enfants au Seigneur.

*Pénitences.* — Une des pratiques les plus habituelles de la vie religieuse à Byzance était les jeûnes. Il y en avait beaucoup et ils étaient sérieux. Comme tous ses semblables, Photius y attachait la plus grande importance et les pratiques latines plus douces le scandalisaient fort. S'il n'admettait pas qu'on pût jeûner le samedi[7], qu'on mangeât du fromage et qu'on bût du lait durant la première semaine de carême[8], il trouvait fort mauvais que les Latins ne jeûnassent pas durant tout le temps prescrit et ne s'abstinssent pas de certaines viandes[9] défendues. Les enfants eux-mêmes devaient être sevrés de lait et d'œufs et c'était pour lui un abus intolérable que le Jeudi-Saint on pût manger du fromage et des œufs, qu'on pût boire du lait[10]. Une

---

1. Duchesne, *Orig. du culte chrét.*, p. 77. Pargoire, *op. cit.*, p. 343.
2. Nicolas I$^{er}$, lettre VIII. Mansi, xv, p. 191.
3. Photius, *Monumenta*, p. 11.
4. *Ibid.*, p. 64, 2 et 139, 1.
5. *Ibid.*, p. 66, 13.
6. *Ibid.*, p. 66, 13.
7. *Ibid.*, x, p. 64, 4.
8. *Ibid.*, p. 64, 6.
9. *Monumenta*, 65, 12.
10. *Ibid.*, 64, 7.

autre marque de pénitence était de s'abstenir de prendre des bains les mercredi et vendredi [1].

Enfin, le concile de 869 nous a laissé quelques traces de pénitences extraordinaires infligées pour certaines causes graves. Ceux qui rendirent un faux témoignage contre Ignace au cours de ses persécutions, furent condamnés à une pénitence de sept années. Durant deux ans, ils devaient faire partie de la dernière classe des pénitents ; durant deux ans, ils étaient assimilés aux catéchumènes, n'étaient pas, par conséquent, admis à tout le service divin et, en outre, ne devaient manger de viande et ne boire de vin que le dimanche et les fêtes du Seigneur. Durant trois années, ils demeuraient dans les rangs des fidèles s'ils étaient prêtres et devaient s'abstenir de vin et de viande les lundi, mercredi et vendredi. Ils ne pouvaient communier qu'aux grandes fêtes.

1. Photius, *Epist. ad Bulg.*

# LIVRE III

# POLITIQUE EXTÉRIEURE DE BASILE

## CHAPITRE PREMIER

LES GUERRES [1]

L'effort constant et généreux de l'habile parvenu que fut Basile Ier, pour rendre, à l'intérieur, un peu de calme et de cohésion à son Empire, avait sa cause véritable dans les affaires extérieures de Byzance pour lors assez compromises. Sans doute, ses réformes financières et administratives, sa politique religieuse et civile s'expliquent déjà par l'état même des choses à son arrivée au pouvoir. Bon souverain, il voulait l'être en rendant un peu d'ordre aux finances dilapidées, un peu d'humanité à la justice méconnue, un peu de tranquillité à l'Eglise divisée ; mais cette œuvre qui fut, du reste, celle de tout son règne, il l'accomplit aussi — et surtout peut-être — afin de réaliser le plus urgent devoir de sa charge : la lutte à outrance contre les Musulmans.

Si la situation intérieure de l'Empire était assez troublée à l'avènement de Basile, la situation extérieure, par contre, était relativement bonne et singulièrement propice à la poli-

---

1. Les guerres de Basile sont la chose la plus connue et la mieux étudiée de son règne. Sans parler des travaux antérieurs, aujourd'hui négligeables, nous avons pour ce chapitre deux ouvrages fondamentaux que je n'ai fait que suivre. L'un, de M. Gay, traite des guerres de Basile et de sa politique en Occident ; l'autre, de M. Vasiljev, étudie, à l'aide surtout des sources arabes, toutes les campagnes de Basile en Occident et en Orient. C'est à ces deux travaux, dont le second est écrit en russe, que nous renvoyons une fois pour toutes.

tique que méditait l'Empereur. Avec l'Arménie, en effet, les relations étaient très courtoises. Aschod Ier Pagratide, créé « prince des princes » en 859 par le calife Motawakkel-Billah [1], était, personnellement, en excellents termes avec Basile et l'Empereur ne fut pas étranger à l'avènement d'Aschod comme roi en 870, comptant bien pouvoir, par lui, plus aisément surveiller la politique arabe et empêcher l'influence des califes de devenir trop prépondérante sur cet état, frontière de son Empire [2]. De son côté, Aschod ne tardera pas à se tourner vers Constantinople et à demander à Basile l'investiture pour ses états [3].

En Russie, l'Empereur cherchait, par les missions et de riches présents, à entretenir de pacifiques rapports avec ces tribus encore passablement sauvages [4]. En Bulgarie, son influence grandissait de toute celle que perdait Rome. La question religieuse était pour lui un excellent trait d'union entre les deux peuples et une trop belle assurance de paix pour qu'il la laissât échapper. En Grèce, enfin, les Slaves, vaincus sous le règne précédent, étaient unis à l'Empire. Les Erzerites et les Milinges eux-mêmes semblent traverser une ère pacifique. Bien plus, les Slaves illyriens, Serbes, Croates, Dalmates, menacés à cette époque par les Arabes d'Occident, déjà maîtres d'une partie de la Sicile, commencent, dès l'avènement de Basile, à se repentir d'avoir trop vite, au VIIIe et au début du IXe siècle, secoué le joug impérial et profité de l'affaiblissement de Byzance pour rejeter le baptême chrétien [5]. L'heure ne va pas tarder où ces populations elles-mêmes viendront redemander à Basile aide et protection : suprême revanche des choses dont il se gardera bien de ne pas profiter ! C'est en Italie, qu'en fait, la situation est la plus grave vers 866. Au cours du IXe siècle, Venise, d'une part, s'est déclarée indépendante de Byzance et cette grande place commerciale et stratégique est perdue pour l'Empire. Les Carolingiens, d'autre part, sous le gouvernement de Louis II ont pris possession du sol italien. Relégué au delà des monts par ses frères, le petit-fils de Charlemagne

---

1. Tournebize, p. 218. Brosset, *Collect. d'histor. arméniens*, t. I.
2. Vasiljev, II, p. 6. Tournebize, 219.
3. Rambaud, *op. cit.*, p. 500-501.
4. *Vit. Basil.*, XCVII, p. 360.
5. *Vit. Basil.*, LII, p. 304.

entend, du moins, être maître de cet état qui désormais lui appartient et, ce qu'il cherche surtout, au cours de son règne, c'est à faire respecter son autorité suzeraine. Chasser les Musulmans, protéger les rives de la Méditerranée, c'est donc là pour lui un devoir auquel il ne peut se soustraire et pour l'accomplissement duquel il lui faudra le secours de son confrère oriental [1]. Mais ce dernier aussi a des intérêts dans l'Italie méridionale : il y a encore des possessions comme la Calabre et la terre d'Otrante ; il y avait des provinces et des villes qu'il a perdues, mais qu'il espère reconquérir ; il y a surtout la Sicile qu'il ne veut, ni ne peut abandonner. Cette dualité d'intérêts va créer entre les deux souverains de perpétuels conflits que les princes lombards comme les ducs de Naples se chargeront d'exploiter à leur plus grand profit. Si jamais le conflit n'alla jusqu'à la guerre, il n'en est pas moins vrai — on le verra bientôt — qu'il a singulièrement affaibli l'un et l'autre souverain.

Si donc, en somme, Basile, à son avènement, est en excellente posture, pour commencer la lutte contre l'Islam, c'est pour lui chose très heureuse, car le danger devient de plus en plus menaçant. Vers 866 l'Asie, en vérité, est relativement calme [2]. Byzance a maintenu depuis l'Empereur Théophyle ses positions extrêmes et les Pauliciens qui, pour lors, s'organisent, ont pu commettre déjà de vastes déprédations, ils n'ont encore rien arraché d'essentiel aux frontières orientales. Mais il n'en va pas de même en Occident. Là, les pertes de l'Empire byzantin sont considérables. La Sicile, à l'exception de Syracuse, de Taormine et de quelques autres places, est aux mains des Arabes qui ont établi leur quartier général à Palerme. Dans l'Italie méridionale, la situation n'est pas meilleure. Depuis la prise de Palerme par les Arabes, la mer Tyrrhénienne est perdue pour les Byzantins et, faute de secours, leurs anciens vassaux du littoral campanien se sont tournés du côté de l'Empereur franc. Mais, d'autre part, on peut saisir, vers cette époque, dans l'histoire arabe certains traits qui indiquent un état de crise intérieure. Les califes, en effet, n'ont plus le haut prestige des temps passés. Les dynasties se succèdent avec

---

1. Gay, p. 74.
2. Léon Gramm., 1072.

rapidité : les gouverneurs, comme Touloun d'Egypte, tendent à devenir indépendants et font la guerre à leurs frères des provinces voisines [1]. Arabes d'Egypte et Aglabites d'Afrique luttent entre eux ; Aglabites et Berbères se font de même la guerre ; les Omniades d'Espagne en fièvre de conquêtes et d'organisation intérieure ne prennent qu'une part assez indirecte aux incursions musulmanes en Sicile et en Italie. Ce sont là des faits qui vont faciliter la tâche de Basile Ier.

*Affaires d'Italie* (867-871). — Lorsque l'Empereur monte sur le trône, les Arabes, déjà maîtres de Bari, étaient en train de s'implanter solidement sur les côtes dalmates. Leur flotte commandée par Mupharih Ibn Salim Kalphun et Saba [2] avait conquis sous le règne de Michel III, Cattaro, Voutora, Rôsa [3] et, en cette année 866-867, elle commençait l'attaque de Raguse. Si la ville tombait entre les mains de l'ennemi, c'en était fait de la Dalmatie. Aussi, la résistance fut-elle acharnée. Elle dura quinze mois, jusqu'au jour où, à bout de forces, les habitants se tournèrent vers Basile pour lui demander secours et protection. C'était en 867 [4]. Quelques mois plus tard, probablement au début de 868, cent « chelandia » commandés par le patrice et drongaire Nicétas Oryphas, arrivaient dans les eaux d'Occident. Devant ce renfort inattendu, les Arabes durent lever le siège. L'intervention officielle de Basile, en cette année, allait singulièrement changer, pour un temps, la politique méditerranéenne des peuples riverains [5].

Pendant que ces graves événements se passaient sur la côte dalmate, en Italie, la situation se compliquait de plus en plus. D'une part, l'anarchie la plus complète régnait au sein des petits Etats italiens. Chacun luttait pour ou contre quelqu'un, donnant ainsi aux Arabes toute facilité de s'emparer ou de dévaster les pays qui leur agréaient [6]. D'autre part, dès l'été de 867, Louis II, confiné en Italie par ses frères, s'empressa de

1. Vasiljev, II, p. 12.
2. *Ibid.*, p. 13 et note 3. *Vit. Basil.*, LIII, p. 305 : « Soldanos, Samba, Kalphos. »
3. L'actuelle Budua. Rosa encore aujourd'hui.
4. *Ibid.*, p. 14. *Vit. Basil.*, LIII, p. 305.
5. *Ibid.* Cf. pour la critique des sources sur toute cette période, Gay, *op. cit.*, p. 91 et seq.
5. *Vit. Basil.*, LV, p, 308.

répondre à la demande de secours que lui adressèrent les Italiens et lui-même s'en vint, personnellement, lutter contre les Musulmans, maîtres de Bari. Plusieurs échecs successifs lui firent aisément comprendre qu'il n'agirait avec fruit qu'autant qu'une flotte attaquerait de son côté la citadelle musulmane. Aussi, en 868, les relations longtemps interrompues reprirent-elles entre les cours franque et byzantine pour aboutir à un accord qui faillit engendrer la guerre [1]. Basile, en effet, se rendait bien compte de son côté que pour arrêter les progrès des Arabes il fallait des troupes nombreuses, armée et flotte. Aussi prit-il lui-même l'initiative de l'alliance dans laquelle devaient entrer le Pape, Louis II et lui-même. Les Slaves furent immédiatement réquisitionnés pour soutenir la guerre [2]. Malheureusement l'armée promise par Basile arriva devant Bari trop tard pour servir au Carolingien qui s'était retiré déjà du côté de Venosa ne voulant pas affronter avant l'hiver les chances d'un définitif assaut. L'Empereur byzantin fut, naturellement, assez mécontent de la chose. L'amiral Nicétas s'en alla dans les eaux de Corinthe, sans doute pour être à proximité de la Sicile, furieux de son infructueuse tentative [3]. Néanmoins la rupture ne fut pas consommée. L'alliance allait même se raffermir quelques mois plus tard. Pendant ce temps, les Musulmans de Sicile s'agitaient plus que jamais. Si Basile Ier n'était point satisfait de la conduite de son collègue d'Occident et, moins encore, de ses progrès en Italie, il ne pouvait songer à l'attaquer, car tout son effort devait tendre à arrêter les conquêtes arabes en Sicile. C'est même, probablement, autant pour venir secourir les Grecs de l'île que pour aider Louis II à Bari que sa flotte arriva au mois de mars 868 en Occident. Défaite une première fois du côté de Syracuse par le gouverneur arabe Kaphadja, la flotte byzantine assista encore au printemps de 869, impuissante, à l'attaque de Syracuse. Mais la ville, heureusement, tint bon. Le 15 juin, elle était sauvée grâce à la mort de Kaphadja qui tombait, assassiné par un Arabe payé, probablement, par les Grecs [4]. Son fils, Mohamed, lui succéda et régna deux années durant ; à son

---

1. Gay, *op. cit.*, 89.
2. *Vit. Basil.*, ch. LV, p. 309.
3. Gay, *op. cit.*, p. 89.
4. Vasiljev, II, p. 22.

tour, il fut tué par ses eunuques, le 27 mai 871. Si son règne n'avait pas été aussi brillant que celui de son père, cependant, c'est sous son gouvernement que le 29 août 870 Malte, à son tour, tomba aux mains des Arabes, privant ainsi Byzance du seul point de ravitaillement solide qui lui restât pour approcher de la Sicile[1]. En de telles conjonctures, Basile et Louis II n'avaient qu'une politique à suivre : celle de l'alliance. Les pourparlers interrompus en 868 reprirent donc sur les mêmes bases, mais, semble-t-il, avec plus de solennité. Une ambassade fut envoyée par Louis II à Basile. Elle avait à sa tête Anastase le Bibliothécaire. On sait en quelle fâcheuse disposition elle trouva l'Empereur pour lors déjà presque brouillé avec les légats romains, assez triste complice, au surplus, d'une indécente violation des archives pontificales. Néanmoins, la mission occidentale avait trop d'importance aux yeux de Basile pour qu'il ne fît pas taire tous ses ressentiments et rendre justice aux légats. Il était, de plus, indispensable qu'on ne pût pas douter en d'aussi graves affaires de la parole du Basileus[2]. — Que voulait, en effet, Louis II en envoyant à Constantinople ses ambassadeurs? Peut-être — ce qui n'est pas sûr — désirait-il sincèrement le mariage de Constantin et de sa fille, Irmingarde ; ce qui l'est beaucoup plus c'est qu'il tenait à expliquer sa conduite devant Bari[3] pour éviter une rupture et à sceller une alliance dans laquelle entreraient le Pape, le Basileus et lui-même et que Basile avait le premier sollicitée[4]. Malheureusement, ces pourparlers diplomatiques furent sans lendemain. La fin agitée du concile, l'aventure des légats à leur retour en

1. Vasiljev, II, p. 24.
2. On voit ici de très claire façon tout l'enchaînement logique des évènements. Basile et Louis ont besoin l'un de l'autre en ces années. Basile veut reprendre pieds en Italie ; Louis veut y gouverner en maître. Pour arriver à ses fins — comme pour les raisons que nous avons dites au chapitre précédent — l'Empereur de Byzance tient à être en excellents termes avec le Pape. Le Concile s'ouvre. Photius est condamné. C'est sur ces entrefaites qu'arrive la mission franque présidée par Anastase. Pour sceller leur union, les deux souverains vont marier leurs enfants ; mais les évènements d'Italie arrêtent bientôt les négociations. On comprend donc bien pourquoi Anastase fait sonner très haut, après le vol des papiers, que la loyauté du Basileus est en jeu. Il s'agit, en réalité, d'une question plus grave que de documents détournés. Il s'agit de savoir si l'on peut compter sur la parole du souverain byzantin,
3. Gay, *op. cit.*, p. 90.
4. *Vit. Basil.*, ch. LIII-LV, p. 305-308. Gay, *op. cit.*, *ibid.*

Italie, les défaites de la flotte grecque en Sicile, peut-être, enfin, les menaces d'une prochaine guerre en Orient, et surtout la question du titre impérial qu'avait pris Louis II, amenèrent la rupture des fiançailles projetées et retardèrent de plusieurs années l'action décisive rêvée par Basile.

Ces événements n'empêchèrent pas pour autant Louis II de continuer ses campagnes en Italie. En cette même année 870 il est de nouveau sous les murs de Bari tandis qu'il envoie à la Calabre septentrionale menacée, une petite armée que défit l'Emir d'Amantea [1]. Mais le grand fait militaire de toute cette période est la prise de Bari et de son émir par les troupes impériales (2 février 871). Ce succès eut un grand retentissement en Orient aussi bien qu'en Occident. Il préparait la délivrance de l'Italie et apprenait aux chrétiens à ne plus craindre l'Infidèle. Mais pour achever et rendre complète la victoire, il importait que Tarente aussi fût reprise aux Musulmans et, pour cela, Louis II n'avait pas de flotte. Les seuls vaisseaux qui sillonnaient la mer étaient ceux du patrice Georges, trop peu nombreux pour attaquer par mer une ville qui était en rapports constants avec les Arabes de Sicile. Il fallut donc essayer de renouer les relations byzantines interrompues depuis la fin du concile et ce fut Louis II qui, cette fois, fit la première avance ; mais Basile avait pour lors d'autres soucis. Très mécontent d'Anastase — on se le rappelle, — et de son ingérence dans les affaires ecclésiastiques, il était par là peu disposé déjà à écouter de nouvelles ouvertures de la part des Francs ; les conquêtes de Louis II en Calabre, les succès qu'il avait remportés sans le secours de Byzance n'étaient point faits non plus pour l'amener à prêter assistance à cet Occidental qui, seul, avait des chances d'en profiter ; enfin, chose plus grave, à cette date, la polémique de Basile et de Louis au sujet du titre impérial battait son plein. Au lendemain du concile, probablement, Basile envoya, peut-être par l'intermédiaire d'Anastase, une lettre aujourd'hui perdue à son confrère d'Occident pour lui interdire de porter le titre d'« Empereur des Romains » que Photius, habile courtisan, lui avait décerné dans l'espérance de l'attirer à son parti et de lui faire prêter la main à la déchéance du Pape qu'il

1. Gay, p. 97.

avait, comme on sait, solennellement prononcée [1]. L'affaire avait eu son écho au concile ; elle avait même contribué à envenimer les rapports entre les cours franque et byzantine et c'est pour répondre à tout ce qui s'était dit et fait que Louis II expédia immédiatement après la prise de Bari, en 871, sa fameuse réponse à Basile [2]. On conçoit dès lors que cette lettre, œuvre plutôt de controverse que de politique, ne dut guère agréer à l'Empereur. Elle n'était point faite pour préparer une alliance. Du reste, indépendamment de tout cela, Byzance ne pouvait consentir au partage que proposait Louis II. Donner la mer aux Grecs et l'Italie aux Francs, en échange de quoi ces derniers aideraient les troupes byzantines à recouvrer la Sicile, c'était là un rêve qu'il était loisible à l'Empereur d'Occident de faire, mais que l'Orient ne sanctionnerait pas. Si Basile combattait en Italie, c'était, évidemment, pour rester en possession non seulement de la Sicile, mais des provinces d'Italie qu'il n'entendait point abandonner au profit de son rival, presque son ennemi.

Mais ces motifs d'ordre privé n'étaient pas les seuls. Le voulût-il, il eût été difficile à Basile d'aider efficacement Louis II en Occident. Précisément en cette année, un ennemi plus proche et autrement redoutable, le chef des Pauliciens, Chrysochir, venait, en effet, d'envoyer à Byzance un ultimatum qui était pour Basile un véritable outrage [3]. Il fallait de toute nécessité concentrer au plus vite politique et armées en Orient. De l'Italie, il ne pouvait plus être question. Seule une flotte, sans doute celle du thème, demeura dans les eaux byzantines laissant Louis II aux prises avec les pires difficultés.

*Basile et les Pauliciens.* — C'est, en effet, quelques mois après la prise de Bari, au printemps de 871, que Basile dut entrer en campagne contre les Pauliciens. Cette secte religieuse avait voué à l'Empire une haine implacable depuis l'époque où Théodora avait cherché à les convertir en les faisant massa-

[1]. Gay, p. 86-88. Néanmoins ce ne dut être évidemment qu'après le sacre de Louis par Hadrien II à Rome que le roi franc dut vouloir porter un titre que son frère lui avait laissé en mourant. On sait, en tous cas, par ce que nous avons dit au chapitre précédent, que les lettres d'Hadrien II, lues au Concile, donnaient à Louis le titre d'Empereur.
[2]. *Ibid.* Cf. pour le texte de la lettre *Hist. de la France*, t. VII, p. 573.
[3]. Vasiljev, II, 28.

crer. Ils s'en étaient allés en grand nombre au delà des frontières byzantines, avaient fondé plusieurs villes, entr'autres Téphrice, et aidés des Arabes avec lesquels ils avaient contracté alliance, dévalisaient les thèmes-frontières, attaquaient les forteresses extrêmes de l'Empire et semaient partout sur leur passage la ruine et la désolation. Au début du règne de Basite I$^{er}$, le chef des Pauliciens, Chrysochir, gendre et neveu de Karbeas tué par les Grecs en 863 [1], envahit le territoire byzantin, s'en vint jusqu'à Nicomédie et à Nicée, aux portes de Byzance, s'en alla par le thème des Thracésiens jusqu'à Ephèse, ruinant tout, sans, nulle part, trouver de résistance sérieuse [2]. Ces incursions répétées décidèrent Basile à envoyer dès 869 Pierre de Sicile à Téphrice pour essayer de conclure la paix avec Chrysochir [3]. Cette ambassade dura neuf mois. En 870, Pierre de Sicile était de retour à Constantinople, apportant à l'Empereur la certitude que les Pauliciens faisaient en Bulgarie une active propagande religieuse [4] et une réponse insolente aux propositions de paix de Basile. Celle-ci, en effet, n'était autre que le démembrement de l'Empire. Chrysochir réclamait pour lui toute l'Asie Mineure [5]. Cette proposition était un affront à la majesté impériale. Basile comprit qu'il n'avait plus qu'à commencer la guerre. Dès le printemps de 870, laissant de côté les affaires d'Italie, il partait en personne à la tête d'une grande armée contre les Pauliciens et se dirigeait sur Téphrice. Il ·estimait, dit son petit-fils, qu'il était de son devoir de souverain d'aller lui-même au devant du danger qui menaçait son peuple [6]. Le succès de cette première campagne fut lamentable pour Basile. Battu par les Pauliciens, il n'échappa à la

1. Vasiljev, I, 202. Cf. Sur Chrysochir, le *Contra Manich.* Patrol., CII, p. 84.
2. Genesios, 1145. Vasiljev, II, p. 26.
3. L'ambassade de Pierre de Sicile comme toute l'histoire des Pauliciens à cette époque, nous est connue par la continuation de Georges Harmatole, par l'histoire de Pierre de Sicile, l'ouvrage de Photius sur les Manichéens et le fragment de l'Escurial publié par Friedrich. L'autorité de ces diverses sources a été vigoureusement attaquée par Karapet Ter-Mrkttschian et Friedrich et défendue par Conybeare et Ehrhardt. Les arguments donnés par ces deux derniers érudits paraissent, sinon absolument probants, du moins suffisamment solides, pour que, jusqu'à plus ample informé, on continue à utiliser ces documents et à tenir pour authentique la mission de Pierre de Sicile chez les Pauliciens. Cf. Vasiljev, II, 27 et seq.
4. Migne, CIV, p. 1242.
5. Vasiljev, II, 28-29. Genesios, 1148.
6. *Vit. Basil.*, ch. XXXVII, p. 281.

captivité que grâce à Théophylacte, père du futur Empereur Romain [1]. Tout le résultat de cette première guerre consista dans la destruction de quelques forteresses comme Avara, Spathi, Koptos [2] et, l'année suivante, dans une nouvelle attaque de Chrysochir qui s'avança jusqu'à Ancyre détruisant tout sur sa route. Il rentra dans ses Etats avec de grandes dépouilles [3]. L'Empereur comprit qu'il n'avait point de temps à perdre. Tandis qu'à Constantinople, il s'occupait des affaires de l'Empire et s'en allait dans les Eglises prier Dieu et ses saints qu'il ne mourût pas avant d'avoir vu la mort de Chrysochir et « d'avoir eu la joie de lui planter trois flèches dans sa tête impure »[4], il envoyait dès 872 son gendre, le domestique des scholes, Christophore [5], contre son ennemi. Celui-ci, comme précédemment Basile, s'avança jusqu'à Téphrice ; mais cette fois il fut plus heureux que son maître. Il remporta sur les Pauliciens une éclatante victoire. Téphrice fut prise et détruite jusques en ses fondements. D'autres forteresses, à leur tour, subirent le même sort. La puissance paulicienne était sérieusement atteinte. Le grand mérite de Christophore, en cette décisive campagne, fut de comprendre que rien de durable ne serait accompli en Orient tant que l'Empereur ne serait pas maître de Chrysochir lui-même. C'est pourquoi profitant de l'avantage que lui donnait la victoire, il se décida à poursuivre les derniers restes de l'armée ennemie. Chrysochir était entré dans le thème de Charsian et campait à Agrana, tandis que le domestique des scholes, avec le gros de ses troupes, s'était cantonné à Siboron [6]. Le plan de Christophore fut rapidement conçu. Ordre fut donné aux stratèges des Arméniaques et de Charsian de poursuivre Chrysochir jusqu'à Bathyrrhax, puis de revenir s'il s'enfuyait au delà [7]. Si, au contraire, il attaquait les frontières, ils devaient immédiatement en avertir le domestique. Grecs et Pauliciens se rencontrèrent dans la plaine située au pied du Zògoloenos [8]. Là, au milieu de la nuit, seize cents

1. Sym. Mag., VIII, 752. Georges Moine, 1076.
2. *Vit. Basil.*, XXXVII, p. 284.
3. Genesios, 1148.
4. *Vit. Basil.*, ch. XLI, p. 288.
5. Sym. Mag., VIII, 752. *Vit. Basil.*, ch. XLI, p. 288.
6. Genesios, 1148.
7. *Vit. Basil.*, XLI, p. 288.
8. Genesios, 1148.

hommes choisis parmi les deux armées byzantines, attaquèrent subitement les troupes de Chrysochir. Les Pauliciens ignorant le nombre des combattants, prirent peur et s'enfuirent, poursuivis par les Grecs jusque près de Sébaste[1]. La déroute était complète. Elle fut définitive grâce au hasard qui permit à un Grec du nom de Pouladis, captif depuis la défaite de Téphrice, de s'approcher de Chrysochir et de le percer de sa lance[2]. Malgré les efforts d'un de ses compagnons, plus tard célèbre comme défenseur de l'Empire, Diaconitzès, le chef paulicien ne put être délivré. Les Byzantins s'en emparèrent, le décapitèrent et l'envoyèrent à Basile[3].

La victoire de Christophore n'était pas l'œuvre de Basile. Celui-ci, cependant, soit pour frapper l'imagination des foules, soit par vanité personnelle, se décerna tous les honneurs du triomphe. Quand il apprit la victoire du domestique, il était à Petrion auprès de ses filles[4]. Tout de suite, il revint au palais de Hieria et s'apprêta à faire dans sa capitale une entrée solennelle. On était à l'automne de 872.

*Basile et les Arabes.* — L'immense succès des armées byzantines eut, naturellement, en Orient, le plus douloureux retentissement. C'était la première fois depuis de bien longues années que les Basileis étaient si complètement vainqueurs. Les Arabes pouvaient, à juste titre, se demander quel sort leur était réservé. Par les victoires de Basile, en effet, par la destruction de Téphrice et des autres places pauliciennes, la limite de l'Empire s'étendait désormais jusqu'au haut Euphrate. Les Grecs n'allaient-ils pas profiter des révolutions qui affaiblissaient l'Empire arabe pour prendre l'offensive et ruiner l'autorité déjà très affaiblie du califat? Cette perspective resserra les liens qui unissaient Arabes et Pauliciens, et décida effectivement Basile à commencer immédiatement la guerre contre les Arabes. L'Empire, en effet, ne pouvait être en sécurité tant que les Musulmans tiendraient la ville de Mélitène qui marquait la limite extrême de l'Empire du côté de l'Orient. Profitant donc des discordes qui divisaient les Abbassides, Basile entra en campagne dès

1. *Vit. Basil.,* XLII, p. 289.
2. *Ibid.,* XLIII, p. 289.
3. *Ibid.,* XLIII, p. 292,
4. *Ibid.,* XLIII, p. 292.

873. Comme en 871, il prit la direction des armées et se dirigea sur Mélitène. Le plan stratégique de l'Empereur était très sage. Sachant qu'à Mélitène la résistance serait acharnée, il résolut de commencer par s'assurer certains points importants pour s'en servir comme d'une base solide d'opération. Zapetra, au sud-ouest de Mélitène, fut d'abord conquise par une partie de l'armée. Les Grecs y délivrèrent beaucoup de chrétiens captifs et remportèrent un grand butin [1]. De là, on se dirigea contre Samosate qui fut enlevée aux Arabes et l'on franchit l'Euphrate [2]. Basile n'avait pas pris part à ces premiers exploits. Il était resté à Keramision. Partant alors avec toutes ses troupes, il se porta directement sur Mélitène. On était en plein été. La chaleur était torride et les eaux du fleuve très hautes. Il fallut rapidement construire un pont. L'Empereur, paraît-il, travailla comme les autres soldats, portant lui-même sur ses larges et solides épaules de très lourds fardeaux [3]. Tout d'abord les efforts de Basile furent couronnés d'un plein succès. Rapsakion, dans le voisinage de Mélitène, fut pris à l'ennemi ainsi que quelques autres forteresses du côté de l'Euphrate que conquirent les thèmes de Chaldée et de Colonée. Les Grecs firent un grand butin et beaucoup de captifs tombèrent en leurs mains ; mais contre Mélitène, Basile ne put rien. Il fut battu par Achmed Ibn Muhammed al Kabuc qui lui tua même un de ses premiers généraux. Pour voiler sa défaite, Basile, à son retour, envahit de nouveau le territoire paulicien, détruisit quelques forteresses, paya généreusement ses soldats et fit une seconde entrée triomphale à Constantinople [4]. Mais, en vérité, Basile n'était pas heureux quand il voulait agir par lui-même !

*Italie et Sicile.* — Ces évènements, avec leurs alternatives de revers et de succès, avaient trop constamment occupé Basile pour qu'il pût, même de loin, songer aux choses d'Italie. Et cependant, la situation devenait de plus en plus grave, aussi bien pour l'Empereur byzantin que pour son collègue l'Empereur d'Occident. Celui-ci, en effet, malgré ses victoires sur les Arabes et les services qu'il avait rendus par là à tous les princes

1. *Vit. Basil.*, ch. xxxix, p. 284.
2. *Ibid.*
3. *Ibid.*, xl, p. 285.
4. *Ibid.*, xl, p. 288.

chrétiens, ne tarda pas à se trouver en très critique posture par suite des excès que commettaient en Italie son armée et son gouvernement. Les princes de Bénévent, de Spolète, de Salerne, de Naples, presqu'au lendemain de la victoire de Bari s'insurgèrent contre leur suzerain. En août 871, Louis II, tout victorieux qu'il fût, était pris à Bénévent comme dans un piège. Il était captif d'Adelchis. On devine l'impression que fit en Italie et chez les Arabes une pareille affaire. Le résultat en fut, immédiatement, une nouvelle attaque des Sarrasins contre l'Italie. L'Empereur y gagna, en vérité, la liberté, mais entre lui et son vassal de Bénévent la rupture était consommée. Adelchis n'eut plus d'autre ressource que de se tourner vers Byzance pour lui demander secours et protection. Cela se passait en 873. Le coup était fatal pour Louis II. Par là, malgré son triomphe de Bari, toute la politique du Carolingien avait échoué. Du reste, l'heure de sa mort n'était plus éloignée. Le 12 août 875 il s'éteignait à Brescia, tandis que Basile, profitant des circonstances, envoyait le patrice Grégoire comme stratège à Otrante pour y surveiller le cours des évènements.

Durant l'année 872, Basile tout occupé par la guerre contre les Pauliciens avait singulièrement négligé ses possessions de Sicile. Les Arabes, heureusement pour lui, se débattaient dans d'inextricables difficultés civiles dont, régulièrement, les gouverneurs payaient les frais en se faisant assassiner. Cet état de choses explique bien pour quelles raisons les Grecs siciliens vécurent en une paix relative et ne perdirent aucune des villes qui se trouvaient encore en leur pouvoir. Mais, si les Arabes siciliens n'agirent guère alors, ceux de Tarse et de Crète, par contre, plus forts et plus unis que les autres, reparurent dans l'Adriatique. Dès qu'un centre arabe se croyait assez fort, on était sûr de voir son gouvernement se lancer dans quelque aventure. Tel fut, par exemple, le cas de l'Emir de Tarse, Osman ou Esman (Ἐσμάν)[1] qui, vers cette époque, profitant des premiers succès arabes en Illyrie, s'en vint assiéger à l'improviste les côtes de la Grèce. En mai 872, en effet, les Arabes dévastaient les côtes d'Illyrie et s'avançaient jusqu'à l'île de Brazza, au sud de Spalato. En rentrant chez eux, pourtant, une désagréable surprise les attendait. Subitement, ils se trouvèrent en

---

1. *Vit. Basil.*, LIX, p. 313.

présence de la flotte de Nicétas Oryphas qui, probablement, était demeurée sur les côtes de Grèce depuis l'année précédente. La légère défaite que leur fit subir le commandant des forces byzantines, n'était pas pour les décourager. Au lieu de s'en aller sur les côtes d'Illyrie, les Arabes, commandés par un certain Photius[1], se précipitèrent sur celles de Péloponèse[2]. Patras, Pylos, Corinthe souffrirent de leurs déprédations. Nicétas était alors établi à Cenchrée[3]. Par une heureuse inspiration, au lieu de tourner la presqu'île pour rejoindre la flotte sarrasine au cap Malée où se trouvait son point d'attache, il fit clandestinement passer troupes et vaisseaux par terre et, tout à coup, se présenta devant l'ennemi[4]. Les Arabes furent vaincus. Leur flotte fut ou brûlée ou coulée, l'équipage décimé, la Crète dut payer pendant dix ans tribut à l'Empereur. Pour heureuse qu'eût été cette expédition, elle n'en était pas moins la preuve certaine du danger qui ne cessait de menacer les Byzantins de Grèce, d'Italie, de Sicile. En fait, la Méditerranée était au pouvoir des Arabes et toujours on pouvait craindre de nouvelles surprises. Aussi, dès que Basile, entre 874 et 876, eut terminé sa campagne d'Orient, songea-t-il à tirer parti de la situation pour prendre solidement pied dans la Méditerranée et se garder contre toute nouvelle insurrection des Arabes de Crète. Une île mi-grecque, mi-arabe, parut lui offrir le point stratégique qu'il désirait. C'était Chypre. Nous n'avons aucun détail précis sur la façon dont il occupa l'île et sur l'époque exacte de la campagne militaire qui la lui fit gagner ; nous savons seulement que, durant sept années, il put y établir un stratège. Malheureusement, les Chypriotes grecs ne secondèrent d'aucune façon les efforts de Basile. Assez heureux sous la domination arabe, ils sentaient peu le besoin de changer de régime. Chypre retomba donc au pouvoir des Sarrasins jusqu'à l'époque de Nicéphore Phocas[5].

Sur la côte d'Italie, à Otrante, Basile Ier eut aussi, à cette même date, une heure de brillant succès. Il avait été très heureux dans la nomination du patrice Grégoire comme « bajulus » et

1. *Vit. Basil.*, LX, p. 316.
2. *Ibid.*
3. *Ibid.*, LXI, p. 316.
4. *Ibid.*
5. Cf. pour l'histoire de Chypre à cette époque : Grégoire, *Vit. S. Demetriani*.

stratège du thème. C'était un homme actif, entreprenant et fort habile diplomate. Une fois dans son gouvernement, après avoir reçu la soumission d'Adelchis, il réussit, les incursions arabes aidant, à réveiller autour de lui les anciennes sympathies byzantines et à ramener dans son orbite les Lombards d'Apulie. Ceux-ci, à l'exemple d'Adelchis, firent leur soumission à Byzance et ouvrirent au stratège les portes de Bari. Ces faits se passaient en 876, probablement le 25 décembre [1]. Cette pacifique prise de possession était pour Byzance d'une haute importance. Le stratège en venant s'installer à Bari, qu'il fortifia tout de suite, commandait par sa flotte et son armée l'Adriatique et l'Italie méridionale. La soumission des Slaves illyriens, de l'autre côté de la mer, achevait de faire de l'Adriatique presque « un lac byzantin ». Malheureusement, ce succès pouvait-il à peine être enregistré à Constantinople que déjà, il fallait annoncer au Basileus de nouveaux et irréparables malheurs.

Après la mort de Louis II, les Arabes de Sicile commencèrent à se réveiller. L'instant leur parut sans doute favorable pour tenter de reprendre l'action offensive qui leur avait jusqu'ici assez bien réussi. Tarente leur restait en Italie comme point stratégique important. Leur gouverneur, Osman, partit donc en campagne, sans doute dès la fin de 875 et ravagea épouvantablement le pays [2]. En 876, la situation devint tout à coup très grave par suite de la conduite d'Adelchis qui, pour garder son indépendance, joua avec Grégoire le même jeu qu'avec Louis II. Abandonnant Byzance, il se tourna du côté des Arabes et fit la paix avec ces derniers. De ce fait l'Italie entière, à commencer par Rome, était menacée. Jean VIII, en présence du danger, s'empressa d'écrire à Charles le Chauve pour le supplier de venir à son secours et à celui des chrétiens. Les deux lettres datées de 876 et 877 qui nous sont parvenues font un tableau navrant des massacres, des incendies, des déprédations de toutes sortes qu'eurent à subir les habitants au cours de ces années [3]. Malheureusement, pour agir avec efficacité, il aurait fallu de l'union et c'était la chose qui existait le moins entre les principautés chrétiennes de la presqu'île.

---

1. Gay, *op. cit.*, p. 110 et note 3.
2. Gay, *op. cit.*, p. 109 et seq.
3. Gay, *op. cit.*, p. 117.

Salerne, Bénévent, Capoue ne purent pas s'entendre avec les Byzantins ; Naples, Gaète, Amalfi, d'autre part, vivaient en paix avec les Sarrasins. Il était impossible d'agir de concert. C'est alors que Basile se décida à rentrer en relation avec le Pape. En 877 il envoyait à Grégoire une flotte de quelques vaisseaux pour protéger l'Eglise. On sait que Jean VIII lui en fut reconnaissant.

Cette politique de Basile en Italie n'était certes pas inutile car de douloureux évènements s'annonçaient. Les Musulmans de Sicile pouvaient aller ravager les côtes italiennes : ils n'avaient pas, pour le moment, l'intention de s'y installer. Le but de toute leur activité et de tous leurs efforts devait être forcément tout d'abord de prendre aux Grecs les deux derniers points stratégiques qui leur restaient : Syracuse et Taormine. Par là, ils étaient maîtres du détroit de Messine, de la Calabre et de la mer. Plusieurs fois déjà, ils avaient tenté de mettre la main sur Syracuse, mais toujours sans succès [1]. En 877 ils tentèrent un effort décisif. La flotte africaine du nouvel émir Ibrahim Ibn-Achmed vint rejoindre les forces siciliennes de Iafach Ibn-Muhamed et, en août, commençait, par terre et par mer, le siège de la ville. Basile fut, sans doute, immédiatement prévenu car il envoya une flotte importante commandée par Hadrien au secours de la ville. Syracuse, bien préparée à se défendre, tint bon pendant neuf mois attendant toujours la flotte byzantine. Malheureusement celle-ci était commandée par un incapable ou un lâche, on ne sait ; en tous cas Hadrien se contenta d'aller sur les côtes du Peloponèse attendre un vent favorable. C'est là qu'il apprit la chute de Syracuse le 21 mai 878 [2]. Les Grecs, avec leur patrice, un certain Jean Patrinus, avaient fait des prodiges d'énergie pour sauver la ville. Ils avaient dû lutter tout à la fois contre la famine, l'épidémie qui enlevait les habitants par milliers, les troupes

---

1. En 868, 869, 873. Cf. Vasiljev, p. 59.
2. Vasiljev, II, 65, et non en mars, conme dit Gay., p. 111. Il ne faut pas attacher une trop grande importance aux dires des chroniqueurs qui racontent que la flotte ne fut pas envoyée suffisamment tôt pour soutenir Syracuse parce qu'elle était occupée pour lors aux travaux de la Néa que Basile faisait construire (Georges Moine, 1080). Il se peut que la flotte ait subi quelque retard à Constantinople. Il paraît bien cependant que c'est surtout par la faute d'Hadrien qu'elle n'arriva pas à Syracuse. (*Vit. Basil.*, LXIX, p. 325. Genesios, 1141).

arabes qui eurent le bonheur d'éventrer une des tours des murailles qui, tombant dans la mer, leur laissa une brèche par laquelle elles purent passer après cinq jours de lutte. La ville fut mise au pillage, les habitants massacrés. La ruine était bien consommée. Les Sarrasins demeurèrent jusqu'en juillet à Syracuse avant de rentrer à Palerme où ils furent solennellement reçus [1]. Pendant ce temps, Hadrien était rappelé à Constantinople et allait se réfugier à Sainte-Sophie d'où Basile l'expulsa [2]. Le mal n'en était pas moins fait. Nasar put bien partir avec une grande flotte et remporter plusieurs victoires entre 879 et 880 sur les Sarrasins, les chassant des îles Ioniennes et les battant du côté des îles Lipari. Il ne put reconquérir Palerme et à partir de ce jour la politique de Basile n'eut plus l'unité qu'elle avait eue au début de son règne. Comme l'explique M. Vasiljev, c'est le hasard seul qui désormais la dirigea. On se battait tout à la fois en Orient et en Occident sans plan déterminé et sans but nettement défini. En fait, la chute de Syracuse marque donc un temps de recul dans l'œuvre militaire de Basile Ier.

*Orient.* — Si, en Occident, les soldats byzantins combattaient avec valeur, mais sans succès, en Orient, vers la même époque, d'autres troupes byzantines continuaient à être assez heureuses [3]. Grâce à la connivence des habitants slaves de la forteresse de Loulon, dépendante du gouvernement arabe de Tarse, les Byzantins s'emparèrent de ce poste stratégique important [4] qui avait autrefois appartenu à l'Empire. C'était déjà un grand succès pour les Grecs. Il fut encore doublé du fait qu'une autre forteresse, Melouos (Mélistépé), leur ouvrit spontanément ses portes [5]. Par là ils étaient maîtres des défilés et, par conséquent, de la route conduisant à Tarse. Sur un autre point de l'Orient, une troupe byzantine entrait en cette même année à Katabatala, ville manichéenne située près de Téphrice [6]. Tout cela témoignait aux regards de tous les

1. Vasiljev, *ibid.*
2. Genesios, 1141. Cedrenus, I, 1121.
3. *Vit. Basil.*, ch. XLVI, p. 293.
4. *Ibid.*
5. *Ibid.*
6. *Ibid.*

ennemis de Byzance, Pauliciens et Arabes, de la puissance des armées de Basile. Du reste, d'autres et plus importants triomphes attendaient les généraux byzantins entre 878 et 879 sur le sol de l'Orient, après la chute de Syracuse. Profitant peut-être du désastre d'Occident, un chef arabe du nom d'Abdalah Ibn-Rachid Ibn-Kaous envahit avec quatre mille hommes le sud de la Cappadoce. Il ravagea le pays, à la façon des Arabes, mais ne put prendre aucune forteresse. Bien plus, rentrant chez lui avec un fort butin, il fut tout à coup attaqué par une petite armée composée de soldats de Séleucie, de Karydion, de Charsian et de deux autres forteresses appelées par les Arabes Koura et Kaoukaba. Le général André qui paraît avoir commandé ces troupes s'empara d'Abdalah et l'envoya comme prisonnier à l'Empereur qui le rendit bientôt au gouverneur de Tarse Achmed Ibn-Touloun. C'était un premier gage de meilleure fortune [1].

Ces succès enhardirent les stratèges grecs. Dès le mois de janvier 879 ils partirent pour Adana et pour Al Musala avec 30.000 soldats, combattirent les Arabes auxquels ils firent subir des pertes sérieuses et emmenèrent captif le gouverneur du pays. Basile, malgré ces éclatants triomphes, n'était que médiocrement satisfait. Le rôle assez effacé qu'il jouait ne lui plut sans doute guère, d'autant que pour un parvenu de date assez récente, il y avait quelque danger à laisser d'autres hommes se couvrir de gloire sans que lui-même y prît part [2]. C'est pourquoi Basile en personne, suivi de son fils Constantin, reparut tout à coup en Asie, sans doute, comme le croit Vasiljev [3], pour aller rejoindre l'armée des cinq stratèges. Cette campagne aux frontières de Syrie fut un véritable triomphe. Sous les coups des soldats byzantins plusieurs forteresses, occupées par les Arabes, retombèrent au pouvoir de Basile. Successivement Psilocastellon et Paramocastellon furent prises et détruites, Phalacron capitula d'elle-même ; l'émir d'Anazarbe Apabdele chercha à se sauver ; Endelekhone, Katasamas, Andala, Erimosykea furent détruites [4] ; enfin un des plus

1. Vasiljev, *op. cit.*, p. 69.
2. *Vit. Basil.*, XLVI, p. 293.
3. Vasiljev, *op. cit.*, p. 71.
4. *Ibid.*, p. 296. Psilocastellon ou Xylocastron ; Paramocastellon ou Phyrocastron ; Karba ou Endelekhone ; Ardala ou Andala (Ramsay, *op. cit.*, 276).

redoutables adversaires de l'Empire, Simas, fameux par ses attaques aux frontières de l'Empire, vint se réfugier auprès de Basile [1]. Un chef paraît surtout s'être distingué en cette brillante campagne : ce fut André. Pour ses services, il reçut de l'Empereur le titre de patrice.

Malheureusement, comme ce fut toujours le sort de Basile en sa longue vie, il paya ses plus légitimes succès par de cruels retours de fortune. Rentré vers la fin de 879 à Constantinople pour y jouir du prix de son triomphe, il eut la douleur de perdre Constantin dont plus jamais il ne se consola. Désormais l'Orient aussi bien que l'Occident l'intéressèrent beaucoup moins. A l'exception de quelques campagnes passagères, ses soldats n'iront plus remporter de belles victoires sur terre et sur mer et ce seront d'autres qui bénéficieront de ses patients efforts et de sa sage politique. Au premier moment, du reste, les exploits de ses généraux en Asie ne furent pas arrêtés par la mort de Constantin, puisqu'au cours de 879-880 nous trouvons son armée en Mésopotamie combattant avec succès les Arabes ; mais ces victoires n'eurent aucun résultat pratique. Ni en Syrie, ni en Mésopotamie où Grecs et Arabes subirent de grandes pertes, l'Empire ne gagna de sérieux accroissements de frontières. Tout ce qu'il obtint ce fut une paix de deux années. Le plus clair de tant d'efforts fut donc, sans doute, de prouver aux ennemis que Byzance comptait toujours et qu'elle avait un basileus qui, malgré ses défaites en Occident, était de taille à tenir en échec tous ceux qui tenteraient d'entreprendre à son détriment quelque audacieux coup de main. Les Arabes purent s'en rendre compte encore une fois en 882. Bien que miné par le chagrin qui allait plus ou moins lui enlever l'usage de la raison et le goût des affaires, comme au début de son règne, Basile voulut retourner en personne guerroyer contre Mélitène. Cette forteresse, indispensable pour lui en tous temps, l'était plus encore depuis sa victoire contre les Pauliciens, car c'était par elle surtout qu'il pouvait défendre et organiser la conquête [2]. Mais pas plus en 882 qu'en 873 Basile

---

1. *Ibid.*, ch. XLVI, p. 296. Cf. Vasiljev, *op. cit.*, p. 73 et Hirsch, *op. cit.*, p. 251.

2. C'est bien ce que comprenaient aussi les Arabes. Kodama nous dit, en effet : « C'est la seule forteresse qui pénètre bien avant dans le pays ennemi ; car tandis que les autres en sont séparées par un défilé ou un col, Melitène

ne put réduire Mélitène. Il fut obligé de lever le siège et poursuivi par les Arabes jusqu'à Sirica. C'étaient surtout les habitants de Germanikia qui avaient aidé Mélitène à lutter contre l'Empereur. Basile voulut se venger. En été de cette même année, il franchit le Saros et s'en vint occuper Koukousos [1]. De là par des chemins qu'il fallait faire au fur et à mesure que l'armée avançait, il se dirigea sur Germanikia qu'il voulait punir et sur Adata. Mais il ne put se rendre maître ni de l'une ni de l'autre ville. Il dut se contenter de ravager le pays et, l'hiver arrivant, de rentrer à Constantinople par Césarée [2]. Néanmoins, cette campagne quelque malheureuse qu'elle ait été, eut cependant un résultat. Les Arabes demandèrent la paix [3]. On pouvait espérer que pour un temps chacun serait tranquille. Il n'en fut rien. L'année suivante compta même parmi les plus tristes du règne. Dès l'été de 883 le gouverneur arabe de la frontière syrienne envahit le territoire byzantin. Après une lutte acharnée, les Grecs durent se retirer non sans avoir subi de lourdes pertes. Après les victoires de 878 c'était là une grande humiliation. On s'en prit au meilleur général qui commandait les troupes d'Orient, André. Les uns l'accusaient de n'avoir pas occupé Tarse, alors que ses victoires le lui permettaient ; les autres, comme Santabarenos, l'attaquaient auprès de Basile, le lui dépeignant tout dévoué à Léon [4]. L'esprit affaibli de Basile ne sut pas résister à la cabale. Il destitua André pour donner sa place à un certain Kesta Stippiotis qui promettait de courir à la conquête de Tarse [5]. Il partit, en effet, au mois de septembre 883 avec 100.000 hommes ; mais ce fut pour ne pas revenir. Cerné de nuit par les troupes de l'Arabe Yasaman à Chrysoboullon [6], non loin de Tarse, il fut complètement défait et périt dans la mêlée avec les stratèges de Cappadoce et des Anatoliques. Les Arabes emportèrent du champ de bataille un riche butin.

---

(Malatia) est située sur un même terrain uni et contigu au territoire ennemi. » (De Goeje, *Biblioth.*, VI, p. 194).

1. *Vit. Basil.*, ch. XLVIII, p. 296. Cf. Ramsay, *op. cit.*, 276.
2. *Ibid.*, XLVIII, p. 297 ; XLIX, p. 300. Cf. sur la prédiction racontée par Constantin VII lors de cette campagne. Hirsch, *op. cit.*, p. 251-252.
3. *Ibid.*, XLIX, p. 300. Vasiljev, p. 79.
4. Georg. Moine, p. 1085.
5. *Vit. Basil.*, L, p. 301.
6. *Ibid.*, LI, p. 304. Vasiljev. *op. cit.*, p. 81-82.

C'est sur ce désastre que se termine tristement en Asie le règne de Basile. André fut rétabli dans sa situation première [1]. En 885 Yasaman fit bien une nouvelle incursion sur le territoire byzantin, mais Basile ne paraît pas y avoir directement répondu. Comme au début de son règne, il chercha plutôt à contracter alliance pour lutter contre le péril arabe. Cette fois il se tourna du côté de l'Arménie. C'est vers cette époque, entre la fin de 885 et le commencement de 886, qu'il traita avec Achod « son très aimé fils » en lui envoyant la couronne que déjà le calife venait de son côté de lui conférer [2].

Les incontestables succès de Nasar en Occident ne pouvaient en aucune façon compenser la perte de Syracuse. La chute de cette ville marquait la fin de la domination byzantine en Sicile. Il ne restait plus aux Grecs que Taormine et quelques ports de secondaire importance. L'essentiel était donc désormais de protéger les possessions byzantines en Italie et de tirer profit de la prise de possession de la Calabre et de Bari. C'est à quoi Nasar s'employa à partir de 880. Reprendre Tarente, tel fut le plan de Basile et de son général. Une armée composée de soldats pris dans les thèmes d'Occident sous le commandement de Procope [3] et des légions de Thrace et de Macédoine sous celui de Léon Apostypos, fut envoyée en Calabre. Cette armée comprenait probablement environ 35,000 hommes [4]. Les débuts de la campagne furent heureux pour Byzance. Nasar remporta une première victoire sur les Sarrasins d'Afrique à Stilo [5]. Malheureusement la mésintelligence se glissa vite entre Léon et Procope. Dans un engagement qui eut lieu aux environs de Tarente, Léon laissa écraser son collègue qui fut défait et tué. Le désastre, cependant, ne fut pas irréparable car Léon, seul chef des troupes, put entrer à Tarente et y installer une garnison byzantine. Néanmoins, son crime fut dénoncé à Constantinople. Il fut puni et exilé. On était en 880. Malgré ces légers succès, la situation des Sarrasins dans l'Italie méridionale restait solide. Ils conservaient en Calabre quelques places fortes et, ce qui valait mieux encore pour eux, l'amitié des princes

1. Georg. Moine, p. 1085.
2. Vasiljev, p. 83.
3. Léon Gramm., 1092.
4. Gay, *op. cit.*, 112-113.
5. *Ibid.*

italiens. Depuis plusieurs années, en effet, Sarrasins et seigneurs campaniens vivaient en bonne intelligence. C'était là une heureuse circonstance que les Arabes ne laissèrent pas perdre. En 877 ils en profitèrent pour s'avancer jusqu'à l'embouchure du Tibre, menaçant ainsi les Etats pontificaux. Jean VIII essaya bien tout d'abord de secouer la torpeur des princes et de les enrôler dans sa croisade contre l'Islam ; mais, il n'eut pas de peine à s'apercevoir assez vite qu'il n'avait pas grand'chose à attendre des uns et des autres. Seul, à Bari, le stratège Grégoire était décidé à la lutte. Aussi est-ce à lui que le Pape s'adressa pour combiner une action commune contre les Sarrasins. Mais livré à lui-même le bajulus ne pouvait pas grand'chose. C'est pourquoi, le 26 février 878, le Pape se décida à écrire à Basile pour lui demander le secours d'une armée. Les relations, très tendues depuis 870 entre les deux souverains se trouvèrent par cette démarche singulièrement améliorées. En 880, la question religieuse aidant, elles étaient redevenues à ce point cordiales qu'elles finirent par inquiéter le nouveau roi d'Italie, Charles le Gros[1]. Déjà le Pape avait obtenu des secours de l'Empereur en échange de la bonne volonté qu'il apportait à liquider l'affaire de Photius, quand en 882 ou 883 une nouvelle armée partit pour l'Italie commandée par Etienne Maxentios ; mais vaincu devant Amantea et surtout à Santa Severina, Etienne fut rappelé et en 885 Nicéphore Phocas arriva prendre le commandement des troupes byzantines. Avec lui, au déclin de ce règne assombri par tant de revers et de tristesses, un dernier et fugitif rayon de gloire vint de nouveau se poser sur la tête de Basile comme pour lui rappeler les triomphes de sa vie passée et dans l'amertume du présent lui donner le gage d'un meilleur avenir.

Nicéphore Phocas arrivait, en effet, avec de nouvelles forces en Italie. Il amenait avec lui des soldats orientaux et une troupe de manichéens commandée par Diaconitzès, l'ancien ami de Chrysochir. Son premier soin fut de s'installer solidement en Calabre et de commencer sans tarder le siège de Santa Severina. Pendant ce temps, un autre corps de troupes attaquait Amantea. Bientôt toutes les forteresses sarrasines de Calabre furent reprises. Amantea, Tropea, Santa Severina

---

1. Gay, *op. cit.*, 122.

virent des garnisons byzantines s'installer dans leurs murs. Reprenant alors le plan, une fois déjà ébauché, de relier ces places à Tarente reconquise et à Bari occupée, Nicéphore se mit à organiser la conquête en gagnant à sa cause les Lombards : « Non seulement il sut les soumettre par des campagnes habilement dirigées, mais il usa de modération et de clémence. Il se montra juste, bienveillant et leur accorda la liberté et l'exemption des impôts[1]. »

Ainsi donc au moment où meurt Basile, la conquête byzantine a fait de grands progrès en Italie. Oublié des princes et des populations à l'avènement du Macédonien, le gouvernement de Byzance en 886 joue de nouveau un rôle important dans la presqu'île occidentale. S'il a perdu la Sicile, sauf quelques bandes de terrain au bord de la mer, il a reconquis Bari, Trente, la Calabre, « toute la région qui s'étend de la vallée du Crati aux environs de Tarente ainsi que la Lucanie orientale avec les vallées du Sinni et du Bradano au moins dans leur cours inférieur[2]. » Son influence se fait sentir par ses fonctionnaires et son clergé — on fonde de nouveaux évêchés — comme par les princes qui viennent se ranger sous son autorité et reconnaître sa suzeraineté, Guaimar de Salerne, Guy de Spolète, l'évêque de Naples lui-même, le plus récalcitrant de tous, Athanase. En 881 il reçoit avec honneur le fils de Radelgarius, prince de Bénévent, Gaideris, qui s'était enfui de prison et s'était donné aux Byzantins. En 884 ou 885 il lui confie le gouvernement de la ville d'Oria[3]. Basile vieilli put donc mourir en paix. Il avait accompli en Orient comme en Occident une très grande œuvre militaire qui fut aussi une œuvre civilisatrice ; il laissait l'Empire plus fort et plus respecté qu'il ne l'avait reçu. Il ne dépendra que de ses successeurs de mener à bien l'entreprise si vigoureusement commencée par le fondateur de la maison macédonienne et de l'achever pour raffermir définitivement l'Empire byzantin ébranlé par les armées musulmanes.

1. Gay, *op. cit.*, 135.
2. Gay, *op. cit.*, p. 136.
3. *Ibid.*, p. 141.

# CHAPITRE II

### L'ADMINISTRATION MILITAIRE

Ce n'est pas sans peine que Basile Ier obtint de son armée l'effort nécesssaire pour accomplir la grande œuvre de libération nationale qu'il ne cessa de tenter au cours de son règne. Michel III lui avait légué, en cela comme en tout le reste, des services militaires désorganisés, des troupes indisciplinées et mal exercées, des soldats mécontents parce qu'ils n'étaient plus payés. Une fois déjà, avant la mort de Michel, cet état de choses avait amené un semblant de révolte que le Basileus s'empressa de calmer en distribant de l'argent qu'on fit en hâte fondre et monnayer ; mais ce n'était là qu'un expédient. Il fallait réorganiser l'armée aussi bien que la justice, les finances, l'administration civile et c'est ce que fit Basile. Là, comme ailleurs, il paraît avoir apporté un grand nombre d'améliorations que son sens pratique et sa claire intelligence jugèrent bien vite nécessaires [1]

[1]. Il n'est pas très aisé de savoir avec exactitude ce qui fut transformé, abandonné et innové au cours du règne de Basile Ier. A part quelques renseignements épars qu'on pourra glaner dans la *Vita Basilii* ; les chapitres du IIe appendice du Livre des Cérémonies composés à l'aide de sources du IXe siècle et dont beaucoup sont du temps même de Basile ; un certain nombre de passages du IIe Livre des Cérémonies écrits à l'époque de Léon VI ; quelques textes des Taktika de ce même Empereur, nous n'avons pas d'autres données précises sur la part que prit Basile à la reconstitution de l'armée. Nous possédons, grâce aux géographes arabes, Ibn Hordadbeh et Kodama, un état de l'armée telle qu'elle existait entre 820 et 842 ; nous en possédons un autre quelque peu différent dans le Clétorologe. Il est plus que probable que ces changements dont la caractéristique se trouve être du même ordre que ceux que nous avons observés aux chapitres précédents — une augmentation du nombre de fonctionnaires par rapport à l'époque précédente — remontent en partie à Basile. Le fondateur de la dynastie macédonienne a préparé et commencé dans toutes les branches de l'administration impériale les réformes que Léon VI termina. Il n'est donc nullement nécessaire de récuser le témoignage des géographes arabes ainsi que le fait M. Uspenskij, sous prétexte

Ainsi que nous l'apprend Constantin VII, l'armée, à l'avènement de Basile, était en très fâcheuse posture. Les largesses habituelles, les « rogai », les distributions de blé [1], avaient été suspendues et, de ce fait, l'armée s'était trouvée affaiblie et désorganisée. Il fallut donc réformer les cadres en appelant sous les aigles byzantines de nouvelles recrues [2] et, pour cela, leur distribuer ce qui leur était nécessaire. Le recrutement de l'armée se faisait de deux manières : par des engagements volontaires et par des engagements forcés [3], imposés aux propriétaires de biens-fonds militaires car ceux-là seuls, suivant l'ancienne tradition romaine, étaient tenus au service [4]. Dans chaque province, en effet, il y avait un certain nombre de familles en possession de terres militaires (στρατιωτικὰ κτήματα). Leur nom était inscrit sur un registre spécial, le « στρατιωτικὸς κατάλογος », terme qui revient souvent dans les récits hagiographiques [5] et dont la garde était confiée à un fonctionnaire spécial, chargé de le tenir à jour comme de faire les inspections nécessaires [6]. Sur ces registres figurait la mention des biens militaires avec le nom des possesseurs et ceux-là seuls étaient appelés sous les armes dont les noms étaient inscrits sur les registres. Ces biens militaires une fois entrés dans une famille, se transmettaient avec leurs charges, par voie d'héritage, étaient exempts de certaines redevances, le service militaire obligatoire tenant lieu d'autres impôts, et étaient insaisissables. On avait ainsi des familles de soldats, par conséquent une caste spéciale, formée de pères en fils, au métier des armes (ὁ στρατιωτικός, ὁ πολιτικὸς οἶκος). et, sauf d'assez rares exceptions, peu de civils (πολῖται) venaient s'y mêler [7].

---

que leurs dires ne concordent pas avec ceux de Constantin VII. L'historien russe ne paraît pas s'être aperçu qu'entre 842 et l'année indécise du xᵉ siècle en laquelle écrit Constantin VII, de grandes transformations se sont opérées. Pour connaître donc autant que faire se peut l'organisation de l'armée à l'époque de Basile, la plus sûre méthode me paraît être de prendre comme base le Clétorologe de Philothée qui est daté avec précision en le confrontant avec les écrivains arabes.

1. *Vit. Basil.*, ch. XXXVI, p. 281.
2. διὰ νέων συλλογῆς τε καὶ ἐκλογῆς ἀνεπλήρωσεν. *Vit. Basil. Ibid.*
3. C'est ce qu'entend Constantin VII par les mots ἐκλογή et συλλογή.
4. Monnier, *op. cit.*, 1895, p. 92. Rambaud, *op. cit.*, p. 287. Cf. p. e. *Vit. S. Luc.*, § 5.
5. Cf. Papadopoulo Kerameus, *Vit. S. Euthym.*, I, 3 et Petit, *S. Euthyme le Jeune*, v, p. 172.
6. Nicetas, *Panég. d'Antoine Kauleas*, cf. Papadopoulo Kerameus, XX, 17.
7. Skabalanovic, ch. VII, p. 300 et seq.

Mais, naturellement, tous ces biens militaires n'étaient pas d'égale valeur. Aussi entraînaient-ils après eux, suivant l'importance de la terre, des obligations assez diverses. Une parcelle de terre de quatre à cinq livres, par exemple, obligeait au service personnel dans la cavalerie [1], tandis qu'une parcelle de valeur infime obligeait simplement le propriétaire à se cotiser avec d'autres tenanciers de sa classe pour équiper un soldat [2]. On comprend dès lors aisément, d'après ce système, la nécessité qui contraignit Basile de mettre immédiatement un peu d'ordre dans les registres militaires et qui lui fit exiger la présence de certains soldats sous les armes. S'il ordonne, au surplus, une levée de volontaires c'est que, sans doute, comme le dit son petit-fils, durant d'assez longues années on ne distribua plus de terres et plus d'argent et qu'ainsi l'armée allait s'affaiblissant sans cesse. Basile, du reste, eut toujours au cours de son gouvernement la constante préoccupation d'augmenter son armée et l'on peut être sûr que les terres qu'il donnait aux convertis, aux Sarrasins, à d'autres encore, étaient toutes des fiefs militaires entraînant l'obligation du service militaire [3].

Nous ne savons pas à quel âge le jeune homme entrait au service. Saint Joannice se fit inscrire à dix-neuf ans dans le corps des excubiteurs; mais nous ignorons s'il le fit par obligation ou par goût [4], donc si dix neuf ans était l'âge légal. Léon VI de son côté, dans les *Taktika* dit simplement de ne choisir pour l'armée ni vieillards ni enfants [5] et les géographes arabes que les « Romains admettent dans le rôle de l'armée les jeunes gens imberbes [6].

Mais cette première réforme n'était pas suffisante. Après avoir, suivant la tradition, comme chaque année, prêté serment à l'Empereur [7], les soldats durent se mettre à l'étude de leur métier, à l'exercice quotidien de l'obéissance, à la pratique de la discipline militaire [8]. Sur l'ordre de l'Empereur, on

---

1. *Cerem.*, p. 1384.
2. *Ibid.*
3. Rambaud, *op. cit.*, p. 288.
4. A. A. S. S. Nov. II, p. 334. Saint Luc partit pour la guerre à 18 ans (*Vit. S. Luc*, § 5).
5. *Taktika*, IV, 1, 700.
6. De Gœje, *Biblioth. geogr. arab.*, t. VI, p. 85.
7. Theoph., 936.
8. *Vit. Basil.*, XXXVI, p. 281.

mélangea troupes anciennes et nouvelles, on les aguerrit, on leur donna des présents [1] et ainsi, très rapidement, Basile eut une armée assez instruite et forte pour partir en campagne.

L'armée byzantine, en sa totalité, était formée par les tagmes d'une part, les thèmes de l'autre. C'étaient, pour ainsi dire, deux armées différentes. Le tagme était très probablement l'armée en résidence à Constantinople ; le thème, l'armée de province [2], la véritable force de l'Empire. Comme nous l'avons déjà remarqué, à l'époque qui nous occupe, le mot de « thème » tend de plus en plus à prendre la signification qu'il gardera définitivement plus tard : celui de corps de troupes et de province. Il s'en suit donc qu'il y avait un corps de troupes par province érigée en thème. En outre, certains pays — généralement aux frontières de l'Empire — avaient eux aussi une organisation militaire et civile, mais simplifiée et sans doute plus exclusivement militaire, c'était la clisure. Ces clisures devenaient souvent avec le temps, lorsque la conquête était affermie et l'administration complétée, des thèmes, semblables aux autres. Chacune de ces provinces avait à sa tête un stratège ou clisurarche, chef d'une double administration, civile et militaire [3].

A l'époque où écrivait Hordadbeh, l'armée comptait environ 120.000 hommes [4], que se partageaient les stratèges. Chacun avait 10.000 hommes sous son commandement, groupés, comme de nos jours, en un certain nombre de subdivisions. Les troupes tenaient garnison non seulement dans la capitale du thème, mais aussi en différentes villes. Pour l'ordinaire, le corps d'armée se composait de deux divisions principales ou « tourmes » comprenant 5.000 hommes chacune, ayant à sa tête un tourmarche [5]. Ce tourmarche était généralement décoré du titre de spatharocandidat ou de spathaire et appartenait, de ce fait, à une des classes de la noblesse. Sa hiérarchie dans la

---

1. *Vit. Basil.*, XXXVI, p. 281.
2. Uspenskij, p. 157.
3. Pour tout ce qui concerne la personne même du stratège, cf. l'administration civile.
4. *Journal asiatique*, 1865, VI⁰ série, t. V, p. 480 ; de Gœje, *Biblioth. geogr. arab.*, VI, p. 84 ; Gelzer, *Die Genesis der Themenverfassung*, étude des textes arabes.
5. Ce chiffre cependant ne paraît pas être absolument rigoureux. Le thème de Thrace semble avoir eu trois tourmes ; le thème de Macédoine, une (Uspenskij, p. 163).

tabelle des honneurs était celle du thème auquel il appartenait. Il n'avait au-dessus de lui, dans sa propre classe, que quelques grands gouverneurs militaires dont les provinces n'étaient pas encore élevées au rang de thème, les clisurarches et le tourmarche de Lycaonie et de Pamphylie et le topotérète des scholes. Peut-être le thème-province était-il divisé comme le thème-armée en deux grandes circonscriptions appelées elles aussi « tourmes » ayant à leur tête un tourmarche comme le stratège était à la tête du thème ; mais nous n'avons pas de ce fait de mention certaine. La seule chose qui paraisse indiscutable, c'est que les chefs de la tourme habitaient généralement les villes du thème. Si nous connaissons le nom de très peu de villes ayant eu rang de tourme, les quelques mentions faites par les historiens et chroniqueurs peuvent suffire à prouver que la tourme ne résidait pas dans la capitale, mais bien dans une ville du thème de moindre importance. Dans le thème des Anatoliques, par exemple, il y a une tourme à « τὰ Κόμματα »[1] ; dans celui de Macédoine, il y en a une à Visa. Là, le tourmarche était le maître. Il recevait ses ordres du stratège et les communiquait à ses « drongarocomites »[2] qui les exécutaient. Si les chiffres donnés par Ibn Hordadbeh sont exacts, le tourmarche aurait eu sous son commandement cinq « bandes » de 1.000 hommes chacune. Malheureusement, il est impossible de vérifier les dires du géographe arabe. M. Uspenskij cherche à lui enlever toute autorité, mais sans apporter de preuves bien décisives. Entre les affirmations très nettes et très précises d'Ibn Hordadbeh et les textes de Léon VI et de Constantin VII toujours assez flous, je crois qu'on peut donner jusqu'à nouvelle découverte la préférence aux Arabes.

*Les mérarches* sont inconnus des géographes arabes et, chose curieuse, tandis qu'ils se trouvent encore au début de la Notice de Philothée sous la rubrique générale indiquant les officiers

---

[1]. Ramsay, 216, 227. La formation de cette tourme est racontée au ch. I du *De Administrando*, p. 377. Le renseignement est intéressant et vaut d'être noté. Pour créer cette tourme, on fit venir quatre bandes du thème des Boukellaires et trois de celui des Anatoliques, bandes auxquelles Constantin VII donne le nom de « topotérisie ». D'autre part, pour former la tourme de Saniana, on ne déplaça que cinq bandes, d'où l'on peut conclure que bande = topotérisie d'une part, et que de l'autre une tourme est formée d'un nombre de bandes très variables.

[2]. *Cerem.*, p. 936.

qui, dans chaque thème, se trouvent sous l'autorité du stratège, ils ne se trouvent plus dans l'énumération générale de l'artocline quand il groupe tous les officiers byzantins d'après leur rang hiérarchique. Comment expliquer cette anomalie ? Quelle que soit, par ailleurs, la date qu'on puisse assigner aux « Taktika » de Léon VI, ceux-ci semblent, cependant, dans le cas présent, nous donner l'explication de l'énigme. La constitution IV revient en plusieurs endroits[1] sur le mérarche, mais toujours pour redire que c'est le même officier — qu'on appelle aussi stratilate — qu'actuellement on appelle « tourmarche » « Μεράρχαι, οἱ λεγόμενοί ποτε καὶ στρατηλάται, νῦν καὶ τῇ συνηθείᾳ καλούμενοι τουρμάρχαι », A l'époque qui nous occupe les mérarches ont donc pratiquement disparu. Il n'y a plus, comme le disent les Arabes, que des stratèges et des tourmarches,

*Le comte de la tente* (ὁ κόμης τῆς κόρτης). Ainsi que le fait comprendre la Notice de Philothée, tandis qu'il y a plusieurs tourmarches par thème, il n'y a pour la même province militaire qu'un comte de la tente. C'est un officier de moins haut rang. Il n'est que spathaire et appartient comme tel à la troisième classe de noblesse. S'il n'est pas nommé parmi les officiers par les géographes arabes, c'est qu'il n'avait pas de troupes sous ses ordres. Il vivait dans les bureaux comme nos officiers de l'intendance et n'avait d'autre mission que de diriger le personnel chargé de fournir à l'armée les provisions et le fourrage dont elle avait besoin.

*Le chartulaire du thème* (ὁ χαρτουλάριος τοῦ θέματος) est le chef de la chancellerie du stratège. Il devait, sans doute, comme tous les autres chartulaires, tenir les écritures, faire les actes, conserver pour chaque thème le rôle des soldats et la liste des familles qui devaient le service militaire. Il était chargé, enfin, de noter les redevances et les cadeaux faits à l'armée et à l'Empereur lors des expéditions militaires. Comme le comte de la tente, il pouvait être spathaire et faire partie de la troisième classe de noblesse.

*Le domestique du thème* (ὁ δομέστικος τοῦ θέματος) lui, n'appartenait qu'à la quatrième classe de noblesse. Comme les deux derniers officiers dont il vient d'être question, il était aussi chargé de la partie matérielle de l'armée. Ses fonctions précises

---

[1]. *Tactika*, § VI, VIII, XLIII, XLV, p. 701 et seq.

ne nous sont pas connues. Il ne serait peut-être pas absolument téméraire de conjecturer cependant, à l'aide d'un texte de Codinos[1] que le domestique s'occupait des finances du thème. Codinos nous dit, en effet, qu'autrefois le domestique avait le soin et le souci « τῶν τοῦ δημοσίου πραγμάτων ». Or, l'on sait que ce terme avait généralement à Byzance une signification financière. C'est là, en vérité, un simple indice. Il a néanmoins, en l'absence de tout autre renseignement, son importance.

Au service actif appartenaient par contre *les drongaires des bandes* (δρουγγάριοι). Ceux-là avaient un commandement. Au dire d'Ibn Hordadbeh, chaque tourmarche a sous ses ordres cinq drongaires, commandant chacun mille hommes — d'où aussi leur nom, livré par une glose des Basiliques de χιλίαρχος. — Ces drongaires résident toujours en province. Ils font partie théoriquement de la quatrième classe de noblesse, mais comme ils ne vont jamais officiellement avec leurs troupes à Constantinople, ils n'ont pas, étant de service, l'occasion de prendre rang parmi les dignitaires de la cour. C'est pourquoi la Notice de Philothée a grand soin, en les nommant, de faire remarquer qu'ils ne sont plus en service (δρουγγάριοι ἄπρατοι). Malgré cela, bien que revenus à une vie quasi-civile, ils gardent à la cour le rang qu'il avaient autrefois au service, rang établi suivant la dignité du thème et la dignité du dronge qu'ils commandaient.

A leur suite venaient les *comtes* (κόμητες) de même rang nobiliaire que les drongaires. Ils commandaient deux cents hommes, dit Ibn Hordadbeh. Chaque drongaire avait cinq comtes sous ses ordres.

Le Κένταρχος τῶν σπαθαρίων. Le kentarche, suivant les renseignements arabes, a le commandement de quarante hommes. Chaque comte avait cinq kentarches et par conséquent deux cents hommes à ses ordres. Le kentarche, à son tour, commandait quatre dékarches à la tête chacun de dix hommes. La Notice de Philothée indique encore, tout à la fin de sa liste les kentarches des bandes. Elle ne parle plus de dékarches, sans doute parce que ce sont ceux qu'elle appelle du nom plus général de « οἱ στρατιῶται » les soldats et qui clôturent la liste.

A cette nomenclature corroborée par celle des géographes arabes, la Notice de Philothée ajoute un titre sur lequel nous ne

---

[1]. Codinos, v, 61.

pouvons faire que des conjectures. *C'est le comte de l'hétérie*, ὁ κόμης τῆς ἑταιρείας. Cet officier ne se retrouve pas avec son titre dans la tabelle des titres. Il est probable, comme l'indique le nom d'hétérie, qu'il était à la tête des soldats, fédérés ou autres, adjoints à titre d'auxiliaires, soldats de races diverses et qu'on ne confondait pas avec ceux du thème, considérés eux comme autochtones puisque leurs biens militaires se trouvaient dans le thème auquel ils appartenaient.

*Un protochancelier et un protomandator*, tous deux chefs de bureaux, l'un des bureaux administratifs, l'autre des bureaux ayant mission de transmettre aux officiers subalternes les ordres du stratège, terminent la liste de Philothée et complètent ainsi la description du thème telle que nous pouvons la connaître à la fin du ixe siècle.

On le voit. Il ne faudrait pas, ce semble, comme l'a fait M. Uspenskij, faire trop grand état de certaines lacunes des sources arabes pour rejeter les renseignements qu'elles peuvent nous donner. En fait, les deux listes sont moins en désaccord qu'elles ne le paraissent tout d'abord. Seulement, tandis que Philothée nous donne la composition complète du thème, les Arabes ne nous donnent que le nom des officiers effectifs, ceux qui avaient un commandement véritable. De la combinaison de ces deux listes nous pouvons donc dresser le tableau suivant pour chaque thème.

Stratège.

| | |
|---|---|
| 2 tourmarches (mérarches) . . . | Comte de la tente. |
| 5 drongaires . . . . . . . . . . | Chartulaire du thème. |
| 5 comtes . . . . , . . . . . . . | Domestique du thème. |
| 5 kentarches . . . . . . . . . . | Protochancelier. |
| 4 dékarches . . . . . . . . . . . | Protomandator. |
| Le comte de l'hétérie. | |

Si maintenant on considère l'armée, au point de vue, non plus du corps des officiers, mais de sa division intérieure, on aura, probablement, le groupement qui suit en chaque thème :

| | | | |
|---|---|---|---|
| 2 tourmes | commandées chacune par un | | tourmache. |
| 5 dronges | — | — | drongaire. |
| 5 bandes | — | — | comte. |
| 5 spatharia | — | — | kentarche. |
| 4 dékarchies | — | — | dékarche. |

Ainsi composée l'armée était fortement groupée et le commandement pouvait s'exercer rapidement. « Tout soldat, comme le dit Kodama, qui éprouve quelque dommage en fait rapport à son supérieur, c'est-à-dire au dékarche, celui-ci à son supérieur et ainsi de suite jusqu'au roi. Par ce moyen le roi est mieux instruit qu'aucun autre de tout ce qui se passe dans l'armée et si quelqu'un vient à mourir, on peut le remplacer sans délai [1]. »

Le thème, cependant, n'était qu'une partie de l'armée. La réunion même de tous les thèmes ne formait pas toute l'armée. C'étaient les troupes de provinces, celles qui défendaient le territoire et tout d'abord se battaient. L'autre partie de l'armée était casernée à Constantinople et composait à proprement parler l'armée impériale. Elle était employée au service de la ville et de la cour et n'allait en guerre que lorsque l'Empereur s'y rendait en personne. C'étaient les « tagmata » par opposition aux « themata ». Kodama en parle ainsi : « Quant au nombre des armées, celle qui se trouve à Constantinople, la résidence du roi, compte 24.000 hommes, dont 16.000 cavaliers et 8.000 fantassins. Les cavaliers sont divisés en quatre corps. Le premier, fort de 4.000 hommes, est celui des Scholarioi, sous le commandement du grand domestique (al-Domestik) qui en même temps est commandant en chef de toute l'armée et chargé d'ordonner les levées. Le deuxième corps, fort également de 4.000 hommes, porte le nom de Taxis. Le troisième, les Excoubites, également de 4.000 hommes, sous le commandement d'un drungaire (trungar). est destiné aux corps de garde. Le quatrième, les Skoutarioi, comptant aussi 4.000 hommes, accompagne le roi dans ses voyages. Les fantassins forment deux corps, chacun de 4.000 hommes, l'un appelé Optimates, l'autre Noumera [2]. »

Cette précision de termes, cependant, ne doit pas faire illusion. M. Gelzer a parfaitement montré qu'il y avait dans cette

---

1. De Gœje, *Biblioth.*, vi, p. 196 et Gelzer, *op. cit.*, p. 114.
2. De Gœje, *Biblioth.*, vi, p. 196 et seq. Gelzer, *op. cit.*, p. 17.

transcription de noms propres des erreurs évidentes. Les Arabes ont reproduit, comme ils l'ont pu, avec leurs caractères, les sons grecs. Les éditeurs ont dû s'adjoindre orientalistes et byzantinisants pour arriver à découvrir le terme le plus conforme à la philologie et à l'histoire : d'où des difficultés dont il faut tenir compte. Néanmoins, si les corrections adoptées par Gelzer sont exactes, nous avons chez les géographes arabes des renseignements à peu près conformes à ceux que nous donne Constantin.

Nous avons donc quatre corps de cavaliers :

I. — *Les Scholarioi* avec quatre mille hommes. Ce sont les cavaliers que la Notice place sous le commandement du *Domestique des scholes* (ὁ δομέστικος τῶν σχολῶν). S'ils étaient restés au IX<sup>e</sup> siècle — chose du reste assez probable — ce qu'ils étaient au VI<sup>e</sup> siècle, nous aurions à leur sujet quelques renseignements intéressants dans Agathias. A cette époque, les Scholarioi étaient surtout chargés du service de jour et de nuit au palais. Inscrits comme militaires, ils vivaient cependant en simples citoyens. Ils portaient un habillement magnifique et leur service était surtout affaire de parade. Aussi les recrutait-on dans les grandes familles de l'aristocratie et leur chef, généralement proconsul et patrice, marchait en tête des grands officiers de la couronne, tout de suite après le stratège du thème des Anatoliques et avant tous les autres stratèges d'Orient. C'est, du reste, précisément parce que les scholes étaient surtout des troupes de parade et aristocratiques que leur chef était si haut placé, qu'on donna parfois le titre de domestique à des enfants comme on le fit pour le fils de Bardas, Antigone, lorsque son père, lui aussi domestique des scholes, devint César [1]. Avant eux, sous le règne de Théodora, Pétronas fut revêtu de cette haute dignité [2], et sous Basile, ce fut son gendre Christophore, le vainqueur de Téphrice, qui la possédait. Une salle était réservée à ce corps d'élite, à l'intérieur du Palais. C'était le « τρίκλινος τῶν Σχολῶν », les « scholai », qui se trouvait immédiatement après le vestibule de la Chalcé [3].

Nous n'avons sur le nombre des scholes au IX<sup>e</sup> siècle aucun

1. Georg. Moine, Cont., p. 1049.
2. Cedrenus, I, 1049. *Vit. Basil.*, ch. XLI, p. 288.
3. Labarte, *op. cit.*, 115.

renseignement. Un passage du livre des Cérémonies[1] nous apprend seul que sous Justinien il y avait sept scholes. Il est probable que ce nombre était encore le même sous le règne de Basile[2].

Indépendamment du domestique des scholes, la Notice de Philothée cite un certain nombre d'officiers qui dépendaient de lui. C'était tout d'abord le *topotérète* (ὁ τοποτηρητής) ou lieutenant du domestique. Il faisait partie de la troisième ou quatrième classe de noblesse, étant spatharocandidat ou spathaire. Un manuscrit de Vienne, cité par Uspenskij[3], sans date, dit que le tagme des scholaires se divisait en deux corps, l'un commandé par le topotérète avec quinze bandes sous ses ordres, l'autre par le chartulaire des scholes avec le même nombre de bandes, ce qui n'a rien que de très probable. Il est, en effet, une chose assez curieuse à noter, c'est que si l'on retient le chiffre de 6.000 hommes donné en un endroit par Ibn Hordadbeh[4], à l'exclusion de 4.000 donné par Kodama, les trente bandes des scholes donneraient à raison de 6.000 hommes par schole, exactement deux cents hommes par bande, ce qui est juste le chiffre donné par les Arabes eux-mêmes pour chaque bande de thème.

Au-dessous du topotérète, il y avait, au dire de la Notice de Philothée, deux *comtes* sur lesquels nous ne savons rien. Si les scholes se trouvaient groupées en deux bandes ayant le topotérète à leur tête, les comtes auraient été les commandants de chaque bande ; mais nous n'avons à ce sujet aucun renseignement précis. Le Manuscrit de Vienne connaît lui aussi plusieurs comtes. Le camp des scholes avait la forme d'une croix grecque formée par deux routes transversales. Au bas de la route principale, à gauche et à droite, les comtes avaient leurs tentes : huit de chaque côté avec leurs « domestiques ». Dans la route transversale qui allait de l'Orient à l'Occident, se trouvaient les autres tentes des comtes, au nombre de sept de chaque côté. Ceci porterait donc le nombre des comtes à trente, exactement

---

1. Append. I, p. 940.
2. Cependant ou c'est le nombre de 7 qui est fautif ou c'est le total des hommes. Il fallait évidemment qu'un même nombre d'hommes fût groupé sous chacune des divisions militaires.
3. Uspenskij, *op. cit.*, p. 171, note 5.
4. De Gœje, *Biblioth.*, vi, p. 81. Gelzer, *op. cit.*, p. 125.

un par bande puisque le manuscrit donne précisément le chiffre de trente pour les bandes de ce tagme [1].

Comme tout corps constitué, les scholes avaient leur chartulaire, chef de la chancellerie des scholes.

Aux côtés des comtes, se trouvaient dans le tagme, les *domestiques* (οἱ δομέστικοι). Ces officiers faisaient partie de la quatrième classe de noblesse. Ils avaient sans doute le commandement d'une subdivision de la bande. Dans les audiences de l'Empereur, ils étaient les derniers officiers reçus, au « huitième voile » [2].

Le *Proeximos* (προέξημος) devait probablement, à examiner son rôle dans les Cérémonies, être le chef des mandatores que la Notice indique parmi les officiers de la προέλευσις du domestique des scholes. Il servait d'intermédiaire entre le commandant en chef des scholes et ses subordonnés. Il apparaît, dit M. Uspenskij, comme exécuteur des commandements du maître.

Les *Protictores* (προτίκτορες) ne nous sont connus que par cette mention. C'étaient sans doute des chefs subalternes, commandant de groupes militaires restreints.

Les *Eutuchophoroi* (Εὐτυχοφόροι) paraissent être les porte-drapeaux des scholes, quelque chose comme des enseignes. Le livre des Cérémonies [3] les place avec les « Βανδοφόροι » des autres tagmes.

Des *skeptrophoroi* (σκηπτροφόροι) et des *axiomatikoi* (ἀξιωματικοί) nous ne savons rien.

Le fait le plus important à signaler au sujet de ce tagme des scholaires est le rapport qui existe entre son chef et les habitants de Constantinople. Comme le domestique des Excubiteurs, le domestique des Scholes, en effet, est à la tête d'une des factions de la ville, celle des Bleus : c'est donc qu'il existe quelque lien entre les scholaires et cette faction. Nous avons déjà remarqué que les scholaires ne sont pas à proprement parler des soldats. Ils ne vont en guerre que lorsque l'Empereur y va. Pour l'ordinaire, ils résident à Constantinople et font un service de parade. Or, il peut se faire que l'on ne choisissait les scholaires que parmi la faction des bleus et c'est ce qui expli-

---

1. Uspenskij, *op. cit.*, p. 173.
2. *Cerem.*, p. 245.
3. *Ibid.*, 1353.

querait le rôle du domestique. M. Uspenskij a imaginé une assez curieuse hypothèse pour rendre compte de ce fait. Elle est intéressante et mériterait d'être plus solidement étayée. Il croit que le peuple, dans le sens où nous l'avons employé à propos de la question financière, se trouvait groupé, politiquement, comme il l'était économiquement, en corporations ou factions. En certaines circonstances, aux grandes processions, aux jeux du cirque, le peuple était officiellement présent, représenté qu'il était par les chefs de sa faction et, tout d'abord, par le démarche, domestique des Scholes, « porte-parole des droits politiques de sa faction. » D'autre part, ces factions eurent, de temps à autres, comme sous l'Empereur Maurice, une sorte d'organisation militaire. Elles eurent sous le règne de cet Empereur à défendre un instant, en l'absence des tagmes, la ville et ses habitants. Il n'est donc pas impossible qu'aux ixe et xe siècles cette organisation se soit maintenue et cette hypothèse rendrait assez bien compte de la présence du domestique des Scholes à la tête d'une des grandes factions de la ville[1].

II. — Le second tagme, composé lui aussi de cavaliers, était *celui des Excubiteurs*. Son chef, le domestique des Excubiteurs, était, en même temps, démocrate des Prasinoi. Comme les Scholaires, les Excubiteurs faisaient le service du Palais dont ils avaient spécialement la garde[2]. D'après la Vie de saint Joannice[3], le tagme des Excubiteurs était divisé en dix-huit bandes. Ainsi que tous les grands officiers de la couronne, le domestique pouvait avoir les titres de proconsul et de patrice, et, semble-t-il, d'après la Notice de Philothée[4], celui de stratège : « ὁ ἀνθύπατος, πατρίκιος καὶ στρατηγὸς καὶ δομέστικος τῶν ἐξκουβιτόρων ». Il marchait dans les cérémonies après les stratèges d'Orient, mais avant ceux d'Occident. Sa « procleusis » était à peu près semblable à celle du domestique des scholes. Comme lui, il avait sous ses ordres des topotérètes, des chartulaires, des mandatores. Les seuls titres qui différaient étaient ceux de protomandatores — remplacés chez lui par le proeximos, — de scribones qui devaient correspondre aux domestiques, de

---

1. Uspenskij, *op. cit.*, p. 175.
2. De Boor, *Niceph. Patri. op. hist.*, XXVIII.
3. *A. A. S. S.* Nov. II, 334.
4. *Cerem.*, p. 1344.

draconarioi, de skeuophoroi, de signophoroi et de sinatores, termes sans doute correspondants à ceux de protiktores, d'eutuchophoroi, de skeptrophoroi, d'axiomatikoi et qui devaient désigner vraisemblablement les commandants des diverses divisions militaires du tagme. Nous connaissons pour l'époque qui nous occupe le nom de deux domestiques des Excubiteurs, tous deux patrices, Léon et Palatinos [1].

III. — Le troisième tagme est désigné par les Arabes sous un terme qu'on a cru pouvoir assimiler aux « φοιδεράτοι »[2]. C'est sans doute celui que la Notice de Philothée et les sources grecques appellent généralement les « Arithmi » οἱ Ἀριθμοί. Ce tagme avait à sa tête, non pas un domestique, mais un drongaire, celui-là même qui est souvent désigné dans la Notice[3] sous le titre de drongaire de la veille « τῆς Βίγλης »[4]. Lui aussi, comme ses collègues, peut être proconsul et patrice ; mais il semble de rang un peu inférieur car il ne marche dans les cérémonies qu'après les stratèges d'Occident. Nous connaissons le nom de deux drongaires de la veille à l'époque de Basile. C'est celui de Constantinos qui était en fonction à la mort de Bardas[5] et celui de Jean, frère de l'higoumène Nicolas que Basile éleva à cette dignité lors de son avènement[6]. Les fonctions du drongaire nous sont assez bien connues. C'est lui qui a la surveillance générale des rondes de nuit au palais ou au camp, lui qui accompagne la cour partout où elle va. Il était, en effet, parmi les rares officiers privilégiés qui avaient jusqu'à l'époque de Basile le droit de monter avec l'Empereur sur le yacht privé du souverain[7]. En campagne, il ne s'éloignait jamais du camp impérial. Il avait sous ses ordres les conducteurs « ὁδηγοί » de chaque thème et les représentants « παραμοναί » des stratèges car c'était par lui que l'Empereur donnait ses ordres aux stratèges[8]. Chaque soir il allait chercher chez l'idikos le « φατλίον » ou

1. Mansi, *Concil.*, t. XVI, p. 18 et 158.
2. Gelzer, *op. cit.*, p. 19.
3. *Cerem.*, p. 1344.
4. « δρουγγάριος τοῦ ἀριθμοῦ ἤτοι τῆς βασιλικῆς βίγλης », dit Genesios, p. 1093. Cf. *Cerem.*, p. 1112.
5. Theoph. Cont., *Vit. Mich.*, ch. XI, p. 221.
6. Léon Gramm., 1089.
7. *De Admin.*, ch. LI, p. 385.
8. *Cerem.*, 840.

flambeau qui servait à ses rondes. Avec les cent hommes qu'il avait sous ses ordres, en possession du mot de passe donné par l'Empereur lui-même, il faisait les rondes à l'extérieur du camp et tout le monde lui était soumis. Quelqu'un voulait-il sortir du camp, il devait en avoir connaissance et c'était lui qui avait mission de faire rapport à l'Empereur de toutes les irrégularités qui pouvaient être commises à ce sujet [1].

La constitution de sa « proeleusis » était sensiblement la même que celle des autres domestiques. Il a sous ses ordres des topotérètes, un chartulaire, un acolouthos sur lequel nous n'avons aucun détail, des comtes, des kentarches, des bandophoroi, des labourisioi, des semeiophoroi, des doukiniatores, des mandatores.

IV. — Enfin le dernier tagme à cheval de Constantinople était celui des *Icanates*. C'était un corps de cavaliers qui avait été créé par le général Nicéphore et avait lui aussi, pour but, le service de garde du Palais, et de la personne impériale. Le premier domestique en fut, sans doute, le petit-fils de Nicéphore, devenu empereur, Nicétas, qui fut élevé à cette dignité à l'âge de dix ans. On sait que ce Nicétas n'est autre que le futur patriarche Ignace. En 869 cette charge avait pour titulaire le protospathaire Oreste [2]. La « proeleusis » du domestique des Icanates était la même que celle des autres domestiques. Il avait sous ses ordres des topotérètes, un chartulaire, des comtes, un protomandator, des kentarches, des bandophoroi, des doukiniatores, des semeiophoroi, des mandatores.

I. Parmi les tagmes de fantassins, Ibn Hordadbeh cite les Optimates et les Noumeroi. La liste de Philothée ajoute la Garde des murs. *Les Optimates* avaient, on le sait, rang de thème, mais leur organisation était en tout semblable à celle d'un tagme ordinaire. Ils avaient à leur tête un domestique dont la « proeleusis » était absolument semblable à celle de ses confrères de la cavalerie. Les Optimates, nous dit Constantin VII au Livre des Thèmes, servaient de valets aux soldats des scholes, des icanates et autres tagmes impériales en campagne. Il y avait alors un optimate par cavalier. Mais, comme

1. *Cerem.*, p. 920.
2. Mansi, xvi, 18.

les tagmes n'allaient en guerre que lorsque l'Empereur y allait, ce corps pouvait être considéré lui aussi comme une troupe impériale [1]. C'est, du reste, une question de savoir s'il est tout à fait légitime de placer les Optimates parmi les troupes de pied. Sans doute le géographe arabe le fait. Cependant, il faut remarquer que la Notice donne à ces troupes une organisation de cavalerie. Auprès du domestique des Optimates point d'officiers ayant caractère de fantassin comme nous allons en rencontrer auprès du domestique des Noumeroi et des Murs.

II. *Les Noumeroi* sont commandés par un domestique comme les autres tagmes. Moins que les cavaliers, les fantassins paraissent avoir été créés pour la parade. C'était bien à eux que revenait le soin de protéger la ville et ses habitants, de veiller à la sûreté de l'enceinte du côté de la mer aussi bien que du côté de la terre. Ils avaient, en outre, à Constantinople, la garde de la prison des Noumeroi. Il n'est pas bien sûr, au surplus, que leur rôle se soit uniquement borné à défendre le territoire de la ville. Si c'était là leur principal office, tellement que lorsque les tagmes s'en allaient avec l'Empereur, Noumeroi et Gardes des Murs demeuraient à Constantinople, ils paraissent bien aussi avoir été employés dans des affaires d'ordre politique. Durant le premier pontificat de Photius, il y avait un domestique des Noumeroi, Léon Lalacôn, qui fut connu pour sa brutalité à l'égard du patriarche Ignace [2]. Enfin, il est une chose à remarquer, c'est que parfois la charge de « comte ou domestique des Murs [3] » pouvait être donnée au domestique des Noumeroi qui ainsi cumulait les deux commandements. Théophilitzès qui fut stratège du Péloponèse à l'époque où Basile était encore à son service, était « comte des Noumeroi et des Murs » [4]. Naturellement, ce personnage pouvait être décoré des premiers titres de l'Empire. Il marchait de pair avec les grands officiers de la couronne. Sa proeleusis était un peu différente de celle des commandants de troupes à pied. S'il avait, comme

1. *De Them.*, p. 85.
2. *Vit. Ign.*, p. 513.
3. La liste des officiers qui peuvent être « proconsuls et patrices », ch. II, p. 1344 de la *Notice* de Philothée, porte aussi mention du titre de « κόμης τῶν τειχέων ».
4. τῶν Νουμέρων τότε καὶ τοῦ τείχους κόμης (Sym. Mag., *Vit. Theod. et Mich.*, ch. x, p. 716.

eux, à son service, des topotérètes, un chartulaire. un protomandator, et des mandatores, trois classes d'officiers lui sont propres : ce sont les tribuni (τριβοῦνοι), les vicarii (βικάριοι) et les portarioi (πορτάριοι) qui devaient comme les comtes, les domestiques, les enseignes, commander des détachements de la cohorte,

III. *Le comte ou domestique des Murs* n'est pas cité par les géographes arabes. Cette omission s'explique sans doute par le fait que sa fonction étant la garde des grands murs qui entouraient la ville, il a été pris par Ibn Hordadbeh pour le chef du thème qu'il appelle Tafra et qui n'était autre que celui de Constantinople. Que ce thème comme thème ait véritablement existé, c'est là — on le sait — une question. Ce qui est certain, c'est que le domestique des Murs et sa cohorte, eux, existaient. Cette cohorte était organisée comme celle des Noumeroi. Elle comptait les mêmes officiers.

A ces officiers, il importe de joindre l'Hétériarche (ἑταιρειάρχης). Qu'était ce personnage ? Nous remarquons tout d'abord que le Clétorologe ne lui donne aucun ministère et ne le compte pas au nombre des grands dignitaires de la couronne. Nulle part nous ne voyons qu'il ait une proeleusis et des titres de noblesse, même de troisième ou quatrième classe, accordés cependant à tous ceux qui avaient une fonction officielle. Est-ce une lacune, un oubli ? La chose est assez difficile à admettre. Cependant, d'autre part, M. Schlumberger a publié quelques sceaux d'hétériarches qui portent mention de la dignité de spatharocandidat et de spathaire. Mais, il faut remarquer que ces sceaux sont d'une époque postérieure (x° ou xi° siècle), époque précisément où grandit la dignité de l'hétériarche. C'est sous Constantin Porphyrogénète qu'il est fait mention pour la première fois du titre de « grand hétériarche ». On voit alors ce personnage décoré du titre de magistros. Il est vrai que ce fut en faveur de Romain Lécapène [1]. Et pourtant, malgré ce silence d'une liste officielle, nous savons par les chroniqueurs et les historiens que le rôle de l'hétériarche était grand dans l'Empire. Plus d'une fois il fut mêlé aux révolutions de Palais et parfois, comme Romain Lécapène, arriva au pouvoir. Basile

---

1. Léon Gramm., 1133.

lui-même, au sortir du service qu'il faisait chez Théophilitzès, fut inscrit parmi les subordonnés de l'hétériarche. En fait, la raison probable du silence de la source officielle, c'est que l'hétériarche était chef d'un tagme d'étrangers. Ibn Hordadbeh compte parmi les quatre tagmes à cheval les « skoutarioi », qu'on a mieux lu « φοιδεράτοι », les fédérés, garde qui « accompagnait l'Empereur dans ses voyages, » dit l'auteur arabe. L'hétériarche était le chef suprême de cette garde étrangère qui se divisait probablement en trois : la grande, la moyenne, la petite hétérie et comptait un certain nombre de païens[1]. Nous savons, contrairement au dire du géographe arabe, par le Livre des Cérémonies que l'hétériarche avait une fonction déterminée au Palais, avec les maglabites qui étaient probablement des civils et le papias ou grand portier. Pour se rendre compte de la chose, il suffit de parcourir le chapitre I du IIe Livre des Cérémonies[2] dans lequel toute la fonction de l'hétériarche est longuement expliquée. Nous voyons qu'il a sous ses ordres des « archontes » ou officiers, lesquels avaient à leur tour, sous leur autorité, des « ἑβδομάριοι » ou soldats chargés du service pendant la semaine et de « παρεβδομάριοι. » Dès que l'office du matin, l'ὄρθρος, était achevé, l'hétériarche et le papias allaient ouvrir les portes du Palais et chacun, avec ses subalternes — l'hétériarche avec les gens de la moyenne et de la grande hétérie — occupait sa place. Ce passage nous fait donc voir que l'hétérie était une sorte de tagme militaire ayant au Palais un service de garde. Un autre passage du même Livre[3], postérieur, il est vrai, à l'époque de Basile puisqu'il est daté du règne de Constantin Porphyrogénète, complète ces renseignements en nous apprenant que la grande et moyenne hétérie étaient composées de Macédoniens, de Fargans et de Chazares. Ces soldats portaient épée et bouclier d'or et d'argent[4]. On remarquera que ces données, quoique

---

1. Cf. Schlumberger, Sigillo. 347. Ces « φοιδεράτοι » sont nommés parmi les soldats par le *Prochiron* (xi, 19, p. 81). Le livre des *Cérémonies*, p. 916, a l'air de dire qu'il y avait 200 hommes dans l'hétérie et 100 païens. En tous cas, il y avait des païens. En dehors de cette mention les sceaux suffisent à le prouver.
2. *Cerem.*, 976. Cf. Beljajev, II, 7.
3. *Cerem.*, p. 1072.
4. D'où, sans doute, le nom de Skoutarioi donné par les Arabes à ce corps.

tardives pour nous, répondent cependant assez bien aux détails de l'histoire de Basile tels que nous les ont transmis les chroniqueurs comme Syméon Magister et le continuateur de Georges Moine [1]. L'un et l'autre, en effet, ne nous disent-ils pas que c'est tout d'abord dans l'hétérie commandée alors par un certain André que lui, Basile, Macédonien de naissance, entra au sortir de chez Théophilitzès et que là il eut à s'occuper spécialement de l'écurie impériale, alors qu'en fait, s'il avait été byzantin il eût été sous l'autorité du protostrator. Enfin le récit de Constantin VII sur le « navire impérial [2] », confirme tous ces renseignements en nous montrant l'hétériarche seul admis avec ceux qui ont du service direct auprès de l'Empereur sur la galère de Basile. Ce service, en outre, était fait aussi bien en campagne qu'en ville. A l'hétérie revenait l'obligation de monter la garde à l'intérieur du camp et près de la tente impériale [3].

« Thèmes », troupes de province, « tagmes », troupes de Constantinople, telles étaient donc les deux grandes divisions de l'armée byzantine. Certains thèmes fournissaient surtout la cavalerie, d'autres surtout l'infanterie. Des six tagmes, quatre étaient des troupes de cavalerie, deux des troupes d'infanterie. Mais entre ces deux divisions de l'armée, il n'y avait pas, semble-t-il, séparation complète. Il est assez difficile, en vérité, de savoir s'il existait, comme le suppose M. Uspenskij, dans chaque thème des tagmes organisées sur le modèle de celles de Constantinople. Ce qui est, en tous cas, certain, c'est que thèmes et tagmes se rencontraient lorsque l'Empereur allait lui-même en campagne et qu'à chaque division de l'armée une place fixe était assignée, suivant sa dignité [4].

Comme pour toutes les autres administrations, les affaires militaires avaient leur centre à Constantinople. Là, sous la surveillance de l'Empereur, quelques hauts fonctionnaires dirigeaient les ministères où venait converger tout ce qui avait trait à l'armée. La chancellerie de l'armée était aux mains

1. Sym. Mag., ch. x, p. 717 ; Georg. Moine, Cont., 1037.
2. *De Adm.*, ch. LI, p. 385. Cf. plus bas « la Marine »
3. *Cerem.*, p. 920.
4. D'où, évidemment, entre ces deux armées, des jalousies et des haines invétérées. Jusqu'en face de l'ennemi il y avait parfois des disputes violentes sur les mérites respectifs des uns et des autres, thèmes contre thèmes, thèmes contre tagmes (Cf, *Vit. Basil.*, ch. XLII, p. 288-289).

du *logothète de l'armée* (ὁ λογοθέτης τοῦ στρατιωτικοῦ). Ce fonctionnaire avait un très haut rang. Il venait le 35ᵉ dans la liste de Léon, par conséquent le 31ᵉ du vivant de Basile et pouvait porter les grands titres de noblesse habituelle. Marin, logothète de l'armée en 869, est, en effet, patrice [1]. Son bureau était naturellement composé comme pouvait l'être une chancellerie faisant en même temps fonction de bureau des finances pour l'armée. Il avait sous ses ordres les chartulaires « τοῦ σεκρέτου », c'est-à-dire, on le sait, les chanceliers propres à chaque ministère; puis des chartulaires des thèmes, chargés de conserver les actes faits par l'autorité du stratège dans sa province, d'envoyer et de signer les pièces nombreuses concernant chaque corps militaire, de garder et de vérifier les comptes de l'armée ; des chartulaires des tagmes, chargés des mêmes obligations pour les cohortes de Constantinople; des legatarioi (λεγατάριοι) qui allaient dans les provinces examiner l'administration du stratège et porter aux chanceliers particuliers les ordres de la chancellerie générale et se mettre ainsi constamment au courant de l'état du thème. C'est la raison pour laquelle une femme, mariée à un soldat, doit s'adresser à lui ou aux « tribuni » de l'infanterie pour savoir si son mari est mort ou encore vivant. Sur le rapport du legatarios on dresse alors, s'il y a lieu, un acte authentique de décès qui permettra à cette femme de se remarier [2]. Quant aux optiones (ὀπτίονες), ils paraissent avoir été chargés de l'administration financière de la chancellerie [3]. Enfin un protochancelier et des chanceliers complétaient ce bureau.

Nous ne savons pas si le logothète de l'armée était un militaire ou un civil. Il était, en tous cas, compté dans la classe des « secretikoi » avec le grand chancelier de l'Empire et les hauts fonctionnaires d'ordre financier, comme le sacellaire et les logothètes des trésors [4]. Les autres ministères de l'armée, par contre, étaient, eux, en tous cas, confiés à des militaires, à des « stratarches », comme dit le Livre des Cérémonies. Ces ministères étaient au nombre de cinq. Indépendamment du ministère de la marine que nous retrouverons plus bas, de l'hétériarche et du

1. Mansi, XVI, p. 158.
2. Proch., XI, xx, p. 81.
3. Cf. Du Cange, au mot ὀπτίων.
4. Cerem., p. 1313.

protospathaire des basiliques, que nous avons cru devoir placer plus logiquement parmi les officiers en chef des tagmes, résidaient à Constantinople :

1º *Le logothète* τῶν ἀγελῶν ou des troupeaux et 2º *le comte* τοῦ στάβλου ou de l'étable. Ces personnages, tous deux du nombre des soixante grands fonctionnaires de l'Empire, paraissent avoir dirigé les services généraux d'intendance. Une lacune du manuscrit de Leipzig, le seul exemplaire que nous possédions du Livre des Cérémonies, nous empêche de savoir de quelle façon était organisé le ministère du comte de l'étable. Cet officier était très probablement chargé de la direction générale des haras impériaux et devait avoir sous ses ordres les « ἄρχοντες τῶν στάβλων », comme le chartulaire de l'étable [1] : mais, à son sujet, nous n'avons pas d'autre détail. C'est seulement par le ministère du logothète des troupeaux que nous pouvons conjecturer quels pouvaient être ses officiers. Ce ministre avait, en effet, un bureau parfaitement adapté aux nécessités de son commandement. Deux grands chefs de bureaux se partageaient le travail. C'étaient tout d'abord les protonotaires d'Asie et de Phrygie chargés du personnel occupé à ces nombreux troupeaux dont parle Kodama [2]; puis les diœcètes des stations (μετάτα) dans lesquels l'armée s'arrêtait pour se reposer et s'adjoindre les contingents de certains thèmes. Nous connaissons le nom de ces stations : Malagina, Dorylée, Kaborkion, Kolonée, Césarée, Dazimon [3]. Dès que la guerre était déclarée, le logothète devait, d'après une juste répartition et un exposé public, établir ce que les chefs des stations d'Asie et de Phrygie étaient obligés de fournir comme contribution de guerre, c'està-dire en général 200 mulets valant chacun 15 nomismes et 200 chevaux de la valeur de 12 nomismes : ce qui faisait 5424 nomismes, soit 76 livres d'or [4]. C'étaient naturellement les protonotaires qui avaient mission d'établir les calculs et de

---

1. *Cerem.*, p. 852.
2. De Gœje, *Biblioth.*, vi, 199-200.
3. *Cerem.*, p. 825. A Malagina se trouvaient « les écuries du roi, les dépôts de munitions et les magasins d'approvisionnement », dit Ibn Hordadbeh. (*Biblioth.*, vi, p. 86). Chacune de ces villes avait sans doute, comme Malagina, un stratopédarche ou chef de l'intendance militaire à sa tête, lequel portait parfois le titre de duc. (Cf. Sceau de Manuel Lykaïtes, stratopédarche et duc de Malagina, Ech. d'Ori., 1901-02, 162.)
4. *Ibid.*, p. 849.

transmettre aux intéressés la cote de l'impôt. Des comtes et des épisckeptites ou inspecteurs étaient enfin attachés au bureau du logothète et visitaient les stations.

Telle était donc, autant que nous pouvons le savoir, l'organisation générale de l'armée à l'époque de Basile Ier. Voyons maintenant comment fonctionnait ce système. C'était évidemment l'Empereur, qui seul pouvait déclarer la guerre et décider s'il y prendrait part ou non. Les Byzantins avaient pour exprimer la chose un verbe spécial « φυσσατεύειν » et un signal que chacun devait bien connaître et qui remontait à Basile lui-même. On suspendait au sommet des portes de la Chalcé une cuirasse, une épée et un bouclier[1]. Immédiatement le logothète des troupeaux et celui de l'étable étaient avertis ainsi que le protovestiaire et on se mettait à faire les préparatifs nécessaires. Lorsque l'Empereur n'allait pas lui-même en campagne, un stratilate, chef de tous les thèmes et de tous les stratèges, était, en général, nommé[2]. Lorsque tout était prêt, que la garde de la ville et l'administration de l'Empire étaient confiées à qui de droit, l'Empereur avec ses tagmes et l'effroyable suite de ses bagages, franchissait le Bosphore pour s'en aller à Chalcédoine prendre la grande et magnifique route que l'on voit encore aujourd'hui et qui le conduisait à Malagina[3]. Chaque thème averti et sous les armes avait ordre de rejoindre l'Empereur à la station la plus voisine de son cantonnement afin que les soldats et les bêtes ne se fatiguassent pas inutilement. A Malagina, l'Empereur trouvait le domestique des Scholes et le stratège de l'Opsikion ; à Dorylée, celui des Thracésiens ; à Kaborkion, celui des Anatoliques et celui de Séleucie. Ce point stratégique était probablement la dernière étape qu'on faisait, quelle que fût la guerre entreprise. De là, suivant l'ennemi qu'on voulait atteindre, Pauliciens ou Arabes, on prenait une route différente et les stations étaient autres. Allait-on guerroyer contre Tarse ? Les stratèges de Cappadoce, de Charsian, des Boukellaires

---

1. *Cerem.*, p. 848.
2. Cedrenus, I, 1137-1141. L'Empereur était grand chef de l'armée. Il donnait le commandement suprême à qui bon lui semblait, sans s'occuper du titre que pouvait porter le futur stratilate. Les principaux généraux en chefs de l'armée sous Basile, furent son gendre Christophore, domestique des scholes, le stratège André qui était Scythe ; le protovestiaire Procope, enfin Nicéphore Phocas.
3. *Cerem.*, 825.

rejoignaient l'Empereur à Colonée ; les stratèges d'Arméniaque, de Paphlagonie et de Sébaste à Césarée. Allait-on, au contraire, combattre les Pauliciens à Téphrice, les troupes de l'Arméniaque seules, en général, levées, trouvaient l'Empereur à Vathy-Ryax [1].

A chaque station, il y avait pour recevoir l'Empereur tout un cérémonial. L'armée du thème qui venait rejoindre son souverain, se tenait à une petite distance de la route. Dès que le Basileus était arrivé, le stratège, le protonotaire du thème, les officiers de la proeleusis se présentaient à lui ; puis, accompagné de ces chefs, il passait en revue les troupes en marchant devant le front du thème. Les officiers secondaires mettaient pied à terre, tandis que les soldats restaient à cheval [2].

Le repos achevé, le Basileus reprenait sa marche en avant. Il se plaçait en tête de l'armée, à la distance d'un « triple vol de flèche ». L'armée suivait derrière d'après un ordre déterminé. Le centre était occupé par les tagmes, suivant leur ordre de dignité — la plus noble formant exactement le milieu de l'armée. Sur les côtés se trouvaient les thèmes, eux aussi placés suivant leur ordre « κατὰ τὰ θέματα αὐτῶν », dit le Livre des Cérémonies, les plus élevés près des tagmes [3]. Nous connaissons par plusieurs passages du Livre des Cérémonies l'ordre de dignité des tagmes. L'un d'eux entre autres est intéressant. Il expose quel doit être l'ordre adopté quand l'armée passe un pont ou une rivière. Les tagmes marchaient les premiers, ensuite les thèmes ; mais parmi les tagmes, les scholes avaient le pas sur tous les autres ; les excubiteurs, les arithmoi et les icanates suivaient [4]. On arrivait ainsi, généralement, en un endroit central, à proximité relative de l'ennemi. On dressait alors le camp en ayant soin de placer autant que possible la tente impériale sur un lieu élevé et les stratèges attendaient l'ordre de l'Empereur. Il était rare que celui-ci prît une part plus active aux opérations, surtout quand il s'agissait d'aller assiéger une ville.

Nous savons que Basile restait au quartier général et envoyait les troupes à l'assaut. C'était ce qui s'appelait aller à la guerre.

1. Gelzer, *op. cit.*, p. 108-109.
2. Uspenskij, *op. cit.*, p. 156.
3. *Ibid.*
4. *Cerem.*, p. 840.

Néanmoins, le fait n'est pas rare dans les annales byzantines de voir l'Empereur prendre plus directement part à la guerre en payant de sa personne. Plusieurs fois, les basileis manquèrent d'être pris ; plusieurs fois il y en eut qui trouvèrent une mort honorable sur le champ de bataille.

Le retour de l'Empereur s'effectuait sans doute comme à l'aller. Après la guerre, il revenait à Constantinople recevoir les honneurs du triomphe. C'étaient toujours pour Byzance de grandes journées, d'autant plus joyeuses que son souverain était plus véritablement vainqueur. Le Livre des Cérémonies nous a conservé la description des fêtes qui furent données lors du retour de Basile à Constantinople après la victoire de ses généraux sur Téphrice [1]. Ces fêtes se reproduisirent plusieurs fois : en 872 après Téphrice ; en 873 après la campagne de Mélitène ; en 882 après la seconde campagne de Basile contre Mélitène. Le récit du Livre des Cérémonies correspond très probablement aux fêtes de 872. L'Empereur se trouvait au Palais d'Hieria sur la côte d'Asie, en face de Constantinople. Il revint immédiatement dans sa capitale et descendit à l'Hebdomon. Là, toute la ville l'attendait portant des couronnes de roses. Il fut reçu par le sénat et, après les compliments habituels, le cortège se dirigea vers l'église du Prodrome où eut lieu la prière. On alluma les cierges et Basile, accompagné de Constantin revêtu du « scaramangion » et monté sur un cheval de parade, s'en alla à l'église des Abramites dédiée à la Très Sainte Mère de Dieu, précédé du sénat et du peuple. Là, après une courte prière, le cortège s'arrêta. Par ordre du préfet de la ville, la cité, de la Porte d'Or à la Chalcé, était brillamment décorée de lauriers, de romarin, de tamaris, de roses et autres fleurs ainsi que d'étoffes précieuses et de lustres (polykandala). Les rues, soigneusement nettoyées, étaient jonchées de fleurs. Au delà de la Porte d'Or se trouvaient les prisonniers de marque pris aux ennemis avec les plus riches dépouilles de la guerre, armes et autres objets, toutes choses dignes de paraître au triomphe qui allait suivre la « μέση », le grand corso byzantin. A un moment donné les battants de la Porte d'Or s'ouvrirent et le cortège impérial se remit en marche. Les Empereurs ayant quitté le scaramangion, revêtus, Basile du manteau impérial

---

1. *Cerem.*, p. 942.

— l'imation — brodé d'or et de perles du plus haut prix, l'épée au côté, le diadème (καισαρίκιον) en tête. Constantin portant une cuirasse d'or (κλιβάνιον), l'épée et les souliers d'or, tenant à la main une lance d'or, enrichie de perles, la tête ceinte d'un bonnet (φακιόλον) blanc et or et sur le front une couronne d'or, montèrent sur deux chevaux blancs, magnifiquement harnachés. Au couvent des Abramites les deux démarches et leurs factions en habits de fête vinrent recevoir et complimenter les souverains. Les acclamations d'usage « gloire à Dieu, gloire à la Très Sainte Trinité » retentirent chantées par les deux factions du cirque, tandis que le cortège se rendait à la Porte dorée. L'éparche de la ville et ses ministres s'y trouvaient déjà. Dès que l'Empereur fut arrivé, ils se jetèrent à genoux pour l'adorer et lui présenter des couronnes d'or et d'autres de laurier que Basile reçut en remettant à l'éparche une belle somme d'argent. Cette cérémonie achevée, le cortège se dirigea d'abord vers le Sigma et de là à l'Exokionion pour rejoindre la « Μέση », par le Xérolophos, au forum d'Arcadius. Suivant dès lors la voie triomphale, le cortège passa par le Forum bovis, le Capitole, le Philadelphion, le Forum Tauri, l'Artopoleion, pour aboutir enfin au forum de Constantin, non loin de Sainte-Sophie. Là, les Empereurs descendirent de cheval et entrèrent dans l'église de la Mère de Dieu où se trouvaient le patriarche et tout le clergé de Sainte-Sophie. On alluma les cierges et, après une rapide prière, on se remit en marche, non sans avoir changé d'habits. Les costumes militaires firent place aux costumes impériaux civils, manteau, chlamyde, diadème et c'est dans ce nouvel appareil que précédé des troupes [1], des dépouilles prises aux Arabes et de la croix, le cortège arriva au milliaire d'or situé sur le Forum Augusteum en face de Sainte-Sophie. Pénétrant alors à l'intérieur de la « belle porte » (ὡραία πύλη) les Empereurs déposèrent leur couronne et entrèrent dans le narthex par la porte centrale, celle qui conserve encore aujourd'hui sur son tympan une mosaïque représentant très vraisemblablement Basile. Ils tenaient un cierge allumé à la main et avaient à leur côté le patriarche. La liturgie solennelle se déroula alors. Une fois achevée, les Empereurs rentrèrent au Palais avec le cérémonial des grands jours. Un dîner fut servi dans le triclinium de

---

1. Nous retrouvons là l'énumération des divers groupements militaires cités plus haut : skeuai, labouroi, signoi, bandes, etc.

Justinien et après diverses réjouissances, Basile, heureux de l'incomparable spectacle qu'il avait donné à son peuple, distribua aux membres du Sénat argent et riches habits.

Mais, comme en tous temps, une armée coûte cher à la nation et la guerre est toujours chose fort onéreuse. Comment à Byzance payait-on les soldats, par quels impôts faisait-on face aux nombreuses dépenses qu'entraînaient les longues campagnes, les triomphaux retours, les généreuses largesses de l'Empereur[1]? Le bien-fonds donné aux familles de soldats n'était pas seulement destiné à obliger ces familles à fournir l'armée de recrues nouvelles. Sur les revenus de la terre, elles devaient aussi entretenir le soldat, c'est-à-dire l'équiper et le nourrir. Si la parcelle de terre était de trop maigre rendement, le propriétaire se cotisait avec d'autres pauvres pour armer le soldat ; mais jamais le trésor ne se chargeait de la chose. C'est ce qu'explique fort bien un auteur arabe : « Il n'y a pas de marché dans le camp romain. Chaque soldat est obligé d'amener de chez lui, le biscuit, l'huile, le vin et le fromage dont il aura besoin[2]. » Mais, s'il n'est ni équipé, ni entretenu, le soldat reçoit, indépendamment de certaines gratifications exceptionnelles et de sa part de dépouilles, une paie dont Ibn Hordadbeh nous donne en gros le résumé : « La paie des officiers est, au maximum, de 40 livres d'or ; elle descend à 36, à 24, à 12, à 6 et jusqu'à 1 livre. La paie des soldats varie entre 18 et 12 dinares par an. Mais ordinairement elle n'a lieu que tous les trois ans. Il arrive même qu'on paie en une fois la somme représentant quatre, cinq ou six années de service »[3]. Une autre source arabe, nous donne encore à ce sujet quelques renseignements : « Une personne qui connaît très bien le pays des Romains dit que la paie des officiers varie entre 3 et 1 livre d'or. Or, chaque livre vaut 90 mithkâl. Les Romains admettent dans le rôle de leur armée les jeunes gens imberbes. Ceux-ci reçoivent 1 dinare la première année, 2 dinares la seconde, 3 la troisième et ainsi de suite jusqu'à leur douzième année de service, lorsqu'ils touchent la paie complète de 12 dinares »[4]. Dans leur ensemble, ces données correspondent assez

---
1. *Cerem.*, p. 925.
2. Cité par Gelzer, *op. cit.*, 115.
3. De Gœje, *Biblioth.*, p. 84. Gelzer, *op. cit.*, 114.
4. Gelzer, *op. cit.*, p. 115.

bien avec ce que nous dit le Livre des Cérémonies [1]. A l'époque de Léon VI, en effet, les stratèges des Anatoliques, des Thracésiens, des Arméniaques, recevaient quarante livres d'or. C'étaient les stratèges de première classe. Les stratèges de l'Opsikion, des Boukellaires, de Macédoine en recevaient trente : ils étaient de seconde classe. A la troisième classe, avec 20 livres, appartenaient les stratèges de Cappadoce, de Charsian, de Paphlagonie, de Thrace, de Colonée. Le stratège de Chaldée ne recevait que 10 livres ; mais, comme nous l'avons dit, il touchait 10 autres livres sur le commerce qui se faisait dans sa province. C'était, on s'en souvient, le dernier thème d'Orient. Les stratèges des Kibyrrhéotes, de Samos, de la mer Egée qui appartenaient tous aux thèmes d'Occident, ne touchaient que 10 livres ; ceux qui faisaient réellement partie de l'Occident ne touchaient rien. Ils vivaient du droit de « coutumes » que leur payait, chaque année, la province. On le voit donc, les chiffres donnés par Ibn Hordadbeh et l'auteur anonyme du chapitre L sont à peu près concordants. Sous Basile, comme sous Léon, les bénéficiers de la dernière classe, ceux qui touchaient 5 livres étaient, sans doute, les clisurarches. Les autres officiers, dans chaque thème, devaient recevoir des annuités allant de 5 à 1 livre l'an.

Nous pouvons, d'autre part, tirer un certain nombre de renseignements intéressants de la solde fournie par Léon VI aux officiers inférieurs et aux soldats lors de l'expédition entreprise en 910 contre la Crète. Nous voyons qu'un tourmarche des Mardaïtes, par exemple, était payé 36 nomismes, c'est-à-dire 1/2 livre ou 440 francs à peu près ; un drongaire, 12 nomismes ; un comte, 6 ; un soldat, 4. Par contre, s'il n'y a pas d'erreurs de chiffres dans l'unique manuscrit que nous possédons, un tourmarche de Sébaste, au thème d'Arménie, n'avait que 12 nomismes, un drongaire, 6, un comte, 5, un soldat, 4 [2]. Ces chiffres pris isolément ne donnent pas par eux-mêmes une idée suffisante des dépenses qu'occasionnait l'armée, surtout en temps de guerre. Le récit des distributions d'argent que dut faire l'Empereur Léon, lors de son expédition en Crète en 910, est peut-être plus suggestif parce qu'il nous présente un

---

[1]. *Cerem.*, ch. L, p. 1286. Le texte date du règne de Léon VI, ce qui prouve que les choses n'avaient pas changé entre l'époque où écrivait Ibn Hordadbeh et celle où écrivait l'auteur de ce chapitre.

[2]. *Cerem.*, p. 1212-1217.

tableau d'ensemble des sommes fournies aux soldats. La flotte reçut 29 kentenaria, 13 livres, 66 nomismes, ce qui représente une somme de 3,147,330 francs. L'armée de terre, beaucoup moins nombreuse en cette expédition maritime, reçut 439,890 francs : ceci pour une seule expédition et sans compter les « rogai » habituelles des stratèges et soldats qui ne prirent pas part à l'expédition. Or, ces rogai montaient à un chiffre encore assez élevé puisque Théophane nous raconte [1] que sous Nicéphore, par exemple, le stratège des Arméniaques, Léon, fut un jour arrêté alors qu'il apportait en son thème la solde des soldats et que cette solde se montait à 1,300 livres, c'est-à-dire 432,000 francs. Une autre fois ce furent les Bulgares qui arrêtèrent le porteur. Les rogai montaient à 1.100 livres [2].

C'était là la paie ordinaire des armées byzantines. Mais parfois, officiers et soldats avaient des suppléments. Lorsque la guerre avait été heureuse, qu'on avait enlevé aux ennemis un nombreux butin, les thèmes en profitaient. On prélevait un sixième en faveur du fisc ; le reste était partagé également entre les chefs et les soldats [3]. Même la sixième partie réservée au fisc pouvait être donnée par les stratèges, en certaines circonstances, à un chef qui s'était particulièrement fait remarquer pour sa bravoure pendant la guerre [4].

Les géographes arabes, on l'a remarqué, nous donnent un détail qui, lui aussi, se trouve confirmé par les sources byzantines. Ils nous disent que la paie n'avait lieu que tous les trois ans. « Il arrive même qu'on paie en une fois la somme représentant quatre, cinq ou six années de service. » Or, l'appendice II du Livre des Cérémonies [5], nous relate le même fait. La seule différence que nous puissions relever entre les deux sources est de peu d'importance. Tandis que les Arabes répartissent sur trois années la paie des soldats, « l'ancien mode » byzantin, le « παλαιὸς τύπος » le répartissait sur quatre. Au cours de la première année de ce cycle financier, on payait les thèmes des Anatoliques, des Arméniaques, des Thracésiens ; au cours du second l'Opsikion, les Boukellaires, la Cappadoce ; au cours

1. Theoph., p. 981.
2. Ibid., p. 973.
3. Prochir., XL, § 1, 258.
4. Ibid.
5. Cerem., p. 936.

du troisième, le Charsian, Colonée, la Paphlagonie; au cours du quatrième, la Thrace, la Macédoine, Chaldée. Les stratèges, probablement, s'en allaient à Byzance chercher l'argent que les fonctionnaires financiers du thème répartissaient ensuite, suivant la liste établie dans leurs bureaux.

C'étaient là, on le comprend, de très lourdes charges pour le trésor. Aussi y avait-il pour faire face à tant de dépenses, des impôts spéciaux affectés à la guerre. D'abord, en temps de guerre, toutes les provinces de l'Empire, par l'intermédiaire de leur stratège, étaient tenues de fournir les choses essentielles à l'armée. Il en allait de même de tous les titulaires de hautes charges. C'est ainsi, d'une part, que les stratèges des Anatoliques, des Arméniaques, de Thrace, de l'Opsikion, des Boukellaires donnaient chacun cinq mulets à l'Empereur; les autres, trois ou un, suivant leur rang; de même, le domestique des scholes donnait cinq mulets, tandis que les autres domestiques n'en fournissaient qu'un. D'autre part, le comte de l'étable, par exemple, devait quatre mulets et quatre chevaux; l'éparche un mulet, le sacellaire deux, etc.[1]. Les métropolitains, les archevêques, les monastères eux-mêmes, étaient mis à contribution[2]. C'est que tous ces troupeaux de chevaux et de mulets, les uns marqués, les autres non, ne servaient pas seulement à l'armée. Ils étaient donnés à l'Empereur qui en faisait l'usage qu'il voulait et souvent les offrait en cadeaux à des gens qu'il voulait gagner ou récompenser[3]. D'autres charges pesaient souvent, en outre, sur les stratèges. L'auteur anonyme qui nous a laissé le récit de l'expédition d'Himerius en Crète sous Léon le Sage, le montre très bien. Certains thèmes étaient chargés de fournir des flèches, d'autres du bois de vaisseaux, en un mot, toutes choses nécessaires à l'armée. C'était donc là une source de revenus assez importante et qui permettait d'alléger le budget de la guerre. De plus, il y avait des impôts militaires qui, se payant en nature, étaient prélevés sur tous les habitants, riches et pauvres, comme sur tous les lieux, villes et villages. C'étaient les redevances en blé, en victuailles, connues sous le nom d'ὀψώνιον, de σιτηρέσιον, primitivement de συνώνη et qui étaient données aux soldats et aux officiers par les habitants des lieux

1. *Cerem.*, 849-853.
2. *Ibid.*, 857.
3. *Ibid.*, 856.

où passait l'armée ; le μετάτον ou droit de gîte qui était imposé, autrefois comme aujourd'hui, aux gens du pays ; l'obligation de prêter aide et secours pour la construction des camps (καστροκτισία), des ponts et l'entretien des routes [1] ; enfin, si la contrée était maritime, l'obligation de contribuer à la construction des vaisseaux (κατεργοκτισία) [2].

L'armée impériale, enfin, se composait d'une flotte dont l'importance était grande pour la défense de l'Empire et de ses possessions maritimes. A cette époque lointaine, Byzance était même à peu près seule, avec les Arabes, à avoir des vaisseaux qui s'en allaient partout sur la Méditerranée, défendre ses droits, ses sujets, ses possessions. De cette marine, elle avait droit d'être fière : « Navigantium fortitudo mihi soli inest », fait dire Liutprand à Nicéphore Phocas, et c'était vrai [3]. Pour longtemps encore la flotte restera la gloire de la « Romanie » Ὁ στόλος ἐστὶ ἡ δόξα τῆς Ῥωμανίας [4].

Comme pour l'armée, deux flottes composaient la marine byzantine : la flotte impériale et les flottes provinciales auxquelles il faut ajouter la flottille privée de l'Empereur. Le Livre des Cérémonies est, à ce sujet, très formel et corrobore en tous points ce que nous savons par ailleurs. Lors de l'expédition de Crête sous Léon VI, il est question d'abord de la flotte impériale « τὸ βασιλικὸν πλώϊμον », puis des flottes de provinces [5]. Ces provinces maritimes — ces thèmes — étaient organisés sur le modèle des autres thèmes militaires. Situés sur les côtes de la mer Méditerranée, ils donnaient tout naturellement des marins, comme les autres donnaient des soldats. C'étaient les thèmes des Kibyrrhéotes, de la mer Égée, de Samos et de Grèce. Chacun avait sa flotte qui se recrutait ainsi que l'armée de terre. Des biens-fonds étaient distribués à certaines familles, en échange de quoi ces familles devaient le service sur mer. Comme les autres fonds de terre, les propriétés des marins étaient d'inégales valeurs et donnaient des droits, prescrivaient des devoirs différents. C'est ainsi qu'un fonds de 3 livres était requis pour faire partie de la flotte impériale [6]. La marine byzantine se com-

1. *Tactika*, xx, 71. p. 1032.
2. Skabalanovic, *op. cit.*, p. 276.
3. Cité par Neumann, *Die byzantinische Marine*, p. 3.
4. *Ibid.*, p. 22.
5. *Cerem.*, 1213.
6. *Ibid.*, 1284.

posait, elle aussi, de divers éléments. Il y avait d'abord les marins du thème, puis les Mardaïtes de Grèce qui paraissent avoir eu une organisation spéciale, enfin des soldats étrangers, à la solde de l'Empire. Au xe siècle, quand des relations amicales uniront Byzance et les Russes, ces derniers prendront souvent part aux expéditions maritimes des empereurs.

Le commandant en chef de chaque flotte provinciale était le stratège. Il avait sous ses ordres les mêmes officiers que les stratèges de l'armée de terre, avec en plus, des kentarches et des protokaraboi (πρωτοκάραβοι)[1]. Le commandant de la flotte impériale était le *drongaire* ( ὁ δρουγγάριος τῶν πλοΐμων). Ce drongaire des flottes faisait naturellement partie des 60 grandes dignités de l'Empire et pouvait être patrice. Il était assimilé, à l'époque de Léon VI, aux 5 stratarches. Les stratèges des thèmes maritimes avaient donc le pas sur lui ; mais, chose curieuse, la composition même de son ministère est bien plutôt celle d'un domestique des tagmes que d'un officier d'intendance. Il a, comme tout commandant en chef, sous ses ordres, des topotérètes, un chartulaire, un protomandator, des comtes, des kentarches, des mandatores. Il a, en outre, comme les stratèges, des comtes de l'hétérie à la tête des détachements étrangers. Il est probable, par conséquent, qu'il n'y avait pas de ministère de la marine à proprement parler. Les affaires matérielles des thèmes maritimes étaient de la compétence des bureaux de l'armée. — Nous connaissons le nom du drongaire de la flotte impériale à l'avènement de Basile. C'était le protospathaire Elie, celui-là même qui fut chargé de ramener le patriarche Ignace à Constantinople. Un autre drongaire nous est connu pour cette époque, le patrice Nasar.

Le rôle de la flotte impériale paraît avoir été le même que celui des tagmes. Sans doute, elle allait en guerre, même quand l'Empereur restait à Constantinople, — telle la flotte qui partit pour la Crète. — Néanmoins, il est bien sûr qu'elle était mise à contribution surtout et tout d'abord pour défendre la ville et faire la police de la mer, pour être au service immédiat de l'Empereur, peut-être même pour les cérémonies impériales. Le Livre de *l'Administration de l'Empire*[2] nous apprend, en effet,

---

1. *Cerem.*, 1316.
2. *De Admin.*, LI, p. 385.

qu'entre le Palais et la Corne d'Or, au Πέραμα, il y avait toujours une dizaine de chelandia montés par des marins spéciaux. C'étaient les stationnaires de l'Empereur. Ils lui permettaient, en cas d'émeute, de prendre le large ; ils devaient aussi, probablement, surveiller, du côté de la mer, les entrées du Palais. Rien d'étonnant dès lors que le drongaire prît place dans l'habituelle proeleusis de l'Empereur lorsqu'il se rendait dans ses Palais de la côte d'Asie, à Hieria, à Bryas ou ailleurs. Il y avait doublement droit, comme chef de la marine et comme chef des marins chargé, au même titre que le domestique des scholes, de la garde du Basileus.

Quant à la flottille impériale, son organisation se trouva modifiée pour la première fois précisément à l'époque de Basile. Primitivement, les vaisseaux qui composaient cette flotte réunie à Constantinople, étaient de modeste dimension. On les appelait des ἀγράρια. Il y en avait des rouges et des noirs. Les uns étaient au service de l'Empereur, les autres au service de l'Impératrice. Trirèmes ou dromons étaient uniquement employés pour la flotte proprement dite. Basile, le premier, au cours de ses voyages, commença à abandonner ces agraria pour se servir du dromon plus commode et plus solennel. Il fit faire le service par les marins attachés aux chaloupes impériales et par les marins du Stenon qui montaient les chelandia. Après lui, cet usage se généralisa. Léon VI ordonna de construire à son usage des dromons et abandonna tout à fait les anciens bateaux [1].

A la tête de cette flottille se trouvait le *protospathaire de la phiale* (ὁ πρωτοσπαθάριος τῆς φιάλης). Il avait sous ses ordres tous les marins de la ville, sauf ceux de l'Impératrice qui avaient pour chef l'intendant de la table [2]. Au protospathaire de la phiale revenait le droit de juger chaque jour les marins et de leur donner les ordres convenables. Il avait son bureau — son tribunal — près de la Phiale du grand Palais : d'où son nom. Sous Léon VI sa situation ne se trouva pas changée du fait de la transformation de son service. Au lieu des matelots des agraria, il eut sous ses ordres les matelots des dromons.

Naturellement, faire partie de la flotte impériale devait être le

---

1. *De Admin.*, ch. LI, pp. 385 et seq.
2. *Ibid.*, p. 388.

plus grand désir de tous les marins. Nous en avons une preuve dans ce même chapitre LI du *De administrando* dans lequel Constantin nous raconte l'ascension progressive de deux protospathaires de la phiale. Ils étaient « protélates », c'est-à-dire les premiers des matelots, chefs d'équipes sous les ordres de Nasar, drongaire de la flotte [1] ; ils s'appelaient Podarôn et Léon. Au cours du règne de Basile, ils passèrent, à cause de leur habileté, de la flotte, sur les yachts impériaux, avec le même grade. Puis, sous Léon VI, lors de la création des dromons, il fallut un personnel plus nombreux. L'Empereur eut un équipage semblable à celui des stratèges. Les deux protélates devinrent donc « protokaraboi » ou chefs des timoniers. C'est alors qu'en 902 éclata la guerre de Sicile. La flotte impériale, commandée par le drongaire Eustathe, avait besoin de matelots. L'Empereur ordonna donc que tous les marins iraient prendre du service sur les chelandia, les protokaraboi en tête. Podarôn, à son retour, fut créé protospathaire de la phiale. Etant illettré, on lui adjoignit pour juger un juge de l'hippodrome.

Mais, cependant, pour honorable que fut cette dignité, elle ne pouvait marcher de pair avec les grandes charges de l'Empire. Un protospathaire de la phiale n'avait pas rang, semble-t-il, parmi les officiers qui allaient à la cour. Aussi, pour avancer, fallait-il rentrer dans le service actif. De protospathaire de la phiale Podarôn et Léon furent nommés topotérètes de la flotte impériale, charge beaucoup plus importante. Le premier acheva sa carrière comme stratège des Kibyrrhéotes [2].

Cet exemple le montre donc. Il y avait, en réalité, à Byzance, trois flottes : la flotte des thèmes, la flotte impériale, la flotte privée de l'Empereur. Cette dernière était la plus brillante. Les marins pouvaient arriver à de hautes situations. A grades égaux avec les marins des autres flottes, ils passaient les premiers ; puis venaient les marins de la flotte impériale, enfin ceux des thèmes. Le « curriculum honoris » est donc bien nettement défini. D'un grade quelconque de la flotte ordinaire, on passait au grade correspondant dans la flottille impériale ; puis, on rentrait dans la flotte impériale avec un grade supérieur ; enfin de la flotte impériale on s'en allait dans celle d'un thème

---

1. Nous connaissons aussi des « deuteroélates », tel ce Michel qui remplissait cette fonction sur l'agrarion de Basile. (*Ibid.*, 392).

2. *De Admin.*, ch. LI, p. 392.

prendre un grand commandement. Aux grades de la flottille correspondaient, évidemment, des titres nobiliaires. Un protélate pouvait être candidat, strator, spathaire, même spatharocandidat, mais c'était rare [1], car un protokarabos n'était guère élevé, à l'époque de Basile, à une plus haute dignité que celle de spathaire [2].

Ces quelques renseignements sur la flottille impériale nous permettraient déjà à eux seuls de nous rendre compte de ce qu'était l'organisation de l'unité navale, le dromon. Mais, heureusement, nous avons, pour mieux connaître la marine byzantine entre la fin du IX$^e$ siècle et le commencement du X$^e$, une autre source importante : les Taktika de Léon VI. Les Taktika nous apprennent, en effet, ce qu'était le dromon. C'était un vaisseau d'assez grande dimension. S'il ne devait pas être trop lourd et trop difficile à manœuvrer, il ne devait pas être non plus tellement rapide et léger qu'un premier choc pût le mettre hors de service [3]. Il devait être muni à double de tous les engins nécessaires aux manœuvres comme aux combats. Il y avait des timons de rechange, des avirons, des rames, des cordes et des agrès de tous genres. En outre, le dromon devait porter toujours du bois de construction en abondance, de l'étoupe, de la poix, tout ce qui était nécessaire à la construction et à la réparation du vaisseau. Un constructeur de vaisseau se trouvait à bord [4]. La proue d'avant était munie d'un instrument que les Byzantins appelaient « siphon, ὁ σίφων » et qui était recouvert de bronze. Il servait à jeter sur l'ennemi ce feu qu'Arabes et Occidentaux redoutèrent tant. Au-dessus du siphon se trouvait une sorte de plancher mobile (ψευδοπάτιον) sur lequel se tenaient pour combattre soldats et matelots [5]. Les plus grands dromons portaient au milieu du pont une sorte de tour en bois d'où l'on jetait sur l'ennemi des projectiles : pierre, fer, etc., et qui faisaient beaucoup de mal aussi bien aux vaisseaux qu'aux soldats qui

---

1. Le protospathaire de la phiale était naturellement protospathaire ; mais ce n'était pas là chose obligée. Sous Romain Lécapène il y eut un protospathaire de la phiale qui ne fut protospathaire qu'après avoir été nommé à cette charge. *De Adm.*, ch. LI, p. 392.
2. *Ibid.*, 393.
3. *Tactika*, XIX, § 4., p. 992.
4. *Ibid.*, § 5.
5. *Ibid.*, § 6.

se trouvaient dessus[1]. Le dromon, lui-même, de forme longue était à deux bancs de rameurs superposés, les uns à droite, les autres à gauche[2]. En général, il y avait vingt-cinq bancs à chaque étage, c'est-à-dire donc cinquante places pour les matelots chargés du service des rames. Cinquante soldats pouvaient également prendre place sur les dromons. Le commandement du dromon était confié à un kentarche. Il avait sous ses ordres, outre les rameurs, un porte-enseigne, deux timoniers — les protokaraboi — un « siphonator » et un soldat préposé à l'ancre du vaisseau.

Tous les dromons de la flotte n'étaient pas, cependant, exactement faits sur le même modèle. Il y avait quelques vaisseaux de plus grande importance pouvant porter deux cents hommes. D'autres, au contraire, étaient plus légers, à un seul banc de rameurs et servaient aux courses rapides[3]. Enfin, la flotte comptait pour le service d'intendance un certain nombre de vaisseaux destinés aux provisions, aux bagages, aux chevaux quand la guerre devait être faite en partie sur terre comme ce fut le cas en Sicile et en Crète.

Au-dessus du kentarche, chef d'un dromon, se trouvait le « comte » qui commandait plusieurs vaisseaux, trois ou cinq[4]. C'était, pour la flotte impériale, l'équivalent de ce qu'était dans le thème maritime, le drongaire[5], tandis que les topotérètes correspondaient aux tourmarches.

Le stratège et le drongaire de la flotte avaient à leur service un « vaisseau-amiral », le « πάμφυλον » plus grand et plus rapide que les autres[6]. Au sommet d'une haute lance, flottait le pavillon de l'amiral, « φοινικίν[7] » qui faisait les signaux nécessaires pour le commandement.

Les armes habituelles aux marins étaient les mêmes que celles dont faisaient usage les soldats de terre : tous avaient des lances, des boucliers, des javelots.

---

1. *Tactika*, § 7.
2. *Ibid.*, § 7 et 8.
3. *Ibid.*, § 9 et 10, p. 993.
4. *Ibid.*, § 22, p. 997.
5. *Ibid.*, § 23.
6, *Ibid.*, § 37, p. 1004.
7. *Ibid.*, § 41.

Telle était l'organisation de l'armée et de la marine au IXe siècle, à Byzance. On voit que tout était fixé avec autant de précision que d'intelligence. Ce système dont, évidemment, les origines doivent aller se chercher à Rome et à l'époque impériale, s'est développé et modifié au cours des siècles. En somme, il pouvait se mesurer sans paraître démodé et sans infériorité, avec les systèmes plus jeunes, et plus souples peut-être, de l'Empire arabe et de l'Empire d'Occident.

# LIVRE IV

## LA CIVILISATION BYZANTINE

### CHAPITRE PREMIER

LA CONDITION DES TERRES. — ESCLAVES ET AFFRANCHIS

Trois choses semblent essentiellement caractériser la civilisation byzantine aux $IX^e$ et $X^e$ siècles : l'organisation sociale de l'Empire, la renaissance artistique et littéraire du moment, l'expansion commerciale, enfin. L'étude de ces trois éléments distincts de la vie byzantine achèvera de nous donner une idée de ce que pouvait être la « Romanie » sous l'autorité du premier des Macédoniens.

Comme nous l'avons remarqué déjà au chapitre concernant les finances de l'Empire, à l'époque où vivait Basile $I^{er}$, une grave question se posait alors qu'il fallait essayer de résoudre au plus vite, la question des riches et des pauvres, la question sociale. Nous avons vu les remèdes que l'Empereur essaya d'apporter au mal qui ruinait la société et qui restèrent insuffisants. Il faut maintenant examiner sur quelles bases reposait cette société. A Byzance, comme partout au Moyen-Age, c'est la terre qui donne à ceux qui la possèdent fortune, puissance. De l'organisation du régime des terres dépend donc la forme dont se revêt la civilisation. Si elle est morcelée, la petite propriété, très répandue, d'acquisition facile, permettra à l'homme de vivre librement sur son bien, sans beaucoup se soucier de son puissant voisin ; si, au contraire, elle ne se répartit qu'entre de grands seigneurs très riches, si elle forme les vastes latifundia de l'époque impériale, forcément les hommes libres de la classe moyenne tendront à disparaître, à devenir serfs ou vassaux et l'esclavage sera tout naturellement une des formes caractéristiques de cette civilisation. Or, c'est précisément ce que nous remarquons à Byzance au temps qui nous occupe. La grande propriété un instant désagrégée et appauvrie par le régime de la responsabilité des curiales, se reforma dès que ce régime fut abandonné [1] et nous voyons, sous le règne de Basile, de grands propriétaires comme Daniélis vivre dans l'Empire sur un pied tout royal. Qu'est, en effet, cette femme, maîtresse d'une fortune territoriale immense ? C'est une véritable souveraine. Elle a en pleine propriété des champs, des villes, des esclaves en grand nombre. Sur ses terres, on travaille à tous les métiers. Elle a des paysans pour la culture, elle a des ouvriers pour tisser les belles étoffes qu'elle envoie à Basile ; elle a des esclaves pour son service personnel. Or, Daniélis, n'est pas seule de son espèce. Les parents de saint Euthyme le Jeune paraissent bien avoir eu, eux aussi, une fort grande situation à Ancyre [2]. Dès lors, une question se pose. Quelle est dans cet état social la situation de ceux qui ne sont pas grands propriétaires ? Comment la propriété est-elle organisée ?

Nous n'avons pas, à ce sujet, pour le règne personnel de Basile, de renseignements précis. Ce que nous connaissons le mieux par le Prochiron, c'est la condition légale des esclaves. On dirait, à première vue, que le législateur macédonien a pris à tâche de nous cacher toute la législation sociale de son temps. Or, à ce fait, il y a une raison qui n'a peut-être pas encore été donnée. La voici : Jusqu'à l'époque de l'avènement des Isauriens, il existait à Byzance deux sortes de paysans. Les uns vivaient dans les villages en propriétaires communs du sol ; les autres étaient établis sur des biens seigneuriaux [3]. Les premiers (χωρίται) étaient des gens libres, payant leur cote-part de l'impôt fixé pour la commune, pouvant avoir recours à la justice civile. Suivant une ancienne coutume, cette commune (χωρία ἐλευθερικά) avait son patron, choisi parmi les dignitaires de l'Empire, homme de haute situation et de grande influence, chargé de représenter la commune et de la défendre à l'occasion [4], quand il ne profitait pas de son patronage pour commettre lui aussi

1. Rambaud, *op cit.*, p. 280.
2. *Vit. Euthym.*, p. 170.
3. Zachariæ von Lingenthal, *Geschichte*, p. 218.
4. *Ibid.*, p. 219.

d'injustes usurpations [1]. Les seconds habitaient sur des terres seigneuriales appartenant soit à l'Empereur, soit à des grands dignitaires de la cour, soit surtout à des particuliers, ecclésiastiques ou laïques [2]. C'étaient les vrais cultivateurs du sol. A l'époque de Justinien, ils se divisaient en deux classes : d'une part les colons libres (μισθωτοί), de l'autre les colons qui ne l'étaient pas (ἐναπόγραφοι), et dont la condition était très voisine du servage [3]. Les colons libres étaient des fermiers qui, avec leurs propres ressources, faisaient fructifier des terres qu'ils affermaient contre un droit en nature ou en argent. Un contrat d'une durée déterminée sanctionnait la location et liait les parties contractantes jusqu'à complète échéance. Naturellement, ces paysans avaient la charge de toutes les corvées et ne pouvaient quitter la propriété avant la fin du bail; mais sur cette terre ils étaient libres et disposaient de leur fortune personnelle. Toute autre était la condition des « ἐναπόγραφοι ». A l'origine c'étaient des hommes libres. La pauvreté les avait obligés à se remettre entre les mains d'un propriétaire foncier qui les avait installés sur ses terres qu'ils travaillaient avec l'argent de ce propriétaire. Dès lors, leur situation devint assez semblable à celle des serfs, à quelques différences près. Ainsi, par exemple, s'ils sont liés à la terre et si toujours le seigneur peut les y ramener, le propriétaire de son côté, n'a pas le droit de les arracher de la terre pour les transplanter ailleurs: ce qu'il peut faire pour les esclaves [4]. De plus, à la différence des colons, ils n'ont rien en propre. Leurs biens et leur gain revenaient au propriétaire qui leur donnait l'habitation et l'entretien en échange d'un travail qui devait être, en principe, exclusivement agricole [5]. Cette absence de tout bien constituait la véritable caractéristique de leur état. Cette situation juridique resta telle, officiellement, jusqu'à l'avènement des Isauriens. Mais correspondait-elle encore à un état social en vigueur ou les choses avaient-elles changé, de fait, sinon de droit? C'est ce qu'il est impossible de savoir. La seule chose pour nous certaine, c'est que les Empereurs iconoclastes modifièrent com-

1. Rambaud, *op. cit.*, p. 278.
2. Zachariæ, *op. cit.*, p. 226.
3. *Ibid.*, 220, 221.
4. *Ibid.*, p. 223.
5. *Ibid.*, p. 225.

plètement le droit byzantin d'alors et, par l'« Ἐκλογή » et le
« Νόμος γεωργικός » sanctionnèrent une législation nouvelle qui
supprimait tout servage et ne reconnaissait que deux sortes de
personnes, les libres et les esclaves [1]. Mais si, documentairement,
cette transformation officielle est la seule chose que nous puissions saisir avec certitude, la raison même de cette révolution
— car c'en fut bien une — se laisse cependant conjecturer. La
chose a son importance, parce qu'elle explique les efforts de
Basile. Il est certain, en effet, que la législation isaurienne fut
de courte durée. Dès le x$^e$ siècle et jusqu'à la fin de l'Empire
byzantin, nous retrouvons un état social assez semblable à celui
qu'avait sanctionné Justinien. Si les Empereurs du vIII$^e$ siècle
et du commencement du IX$^e$ modifièrent un instant le droit sur
un point aussi essentiel que la question sociale, c'est qu'ils
avaient pour cela une raison autre que la simple confirmation
d'une réforme devenue nécessaire. Cette raison était tout simplement la lutte iconoclastique qu'ils avaient entreprise. Pour
s'assurer une popularité dont ils avaient besoin, pour briser
l'influence de l'Eglise et des moines, tous grands propriétaires,
ils essayèrent de créer un nouvel état social dans lequel les liens
de servage n'existeraient plus. Qu'il y eût encore des esclaves,
c'est ce qu'il leur était impossible d'empêcher dans l'état des
choses d'alors, mais en supprimant la condition des paysans
et en leur rendant leur liberté, ils abattaient du coup la puissance territoriale de l'Eglise. De là l'idée de toute la législation
isaurienne et la raison pour laquelle Basile — nous l'avons vu
— la maltraita si fort. Comme le fait remarquer Zachariæ, en
effet, cette révolution juridique peut se caractériser en deux
mots : suppression du servage et droit de libre établissement [2].
Désormais, il ne devait donc plus y avoir sur les terres
d'Empire, en dehors des esclaves, que des paysans, libres de
s'établir pour leur travail où ils le désiraient, libres aussi des
corvées et des devoirs attachés au servage. Cette législation eut
les résultats que les Empereurs en attendaient. Elle fit baisser
les revenus des grands propriétaires, les appauvrit et les gêna.
Aussi, dès que l'orthodoxie fut proclamée, de nouveau, maîtres
de l'Etat, églises et monastères commencèrent à travailler pour

1. Zachariæ von Lingenthal, *Geschichte*, p. 251. C'est aussi la doctrine
du *Prochiron*, XXXIV, p. 192.
2. *Ibid.*, p. 251.

faire retirer les lois impies qui les avaient si gravement atteints[1]. Michel ne fit pas grand'chose en ce sens : il n'en avait pas le temps ; mais Basile I<sup>er</sup>, dans un esprit de justice et de conciliation, se mit à l'œuvre et au commencement du x<sup>e</sup> siècle, avec l'apparition des Basiliques, avec les Novelles de Romain Lécapène et celles de Constantin Porphyrogénète, nous voyons que les efforts de Basile pour remettre en vigueur le droit justinien n'ont pas été vains et que la situation est redevenue ce qu'elle était avant l'apparition des lois isauriennes. De tout cela nous pouvons donc tirer une conclusion : c'est que, pratiquement, à l'avènement de Basile, la condition des terres et celle des paysans étaient encore définies par l' « Ecloga » et le « Nomos georgicos ». Or, c'est précisément ce que confirme, par son silence même, le Prochiron[2]. Si le manuel de Basile connaît bien la condition des esclaves, il ne souffle mot de celle des paysans. Nulle part, il n'est fait mention de serfs « ἐναπόγραφοι » et nulle part nous ne voyons indiquées les charges et obligations qui liaient les fermiers aux propriétaires. Bien plus, le passage de la *Vie de Basile*[3] que nous avons déjà cité, nous montre avec évidence un peu partout les grands propriétaires tendant à revenir au système social primitif, bien plus avantageux pour leurs intérêts que celui qu'avaient mis en vigueur les auteurs du *Nomos georgicos*. Basile chercha à ménager les intérêts de tous. S'il travailla, d'une part, au rétablissement du droit justinien, il entendit, de l'autre, laisser au paysan la liberté dont il avait besoin. La *Vita Basilii* est, à ce sujet, très claire. Quand elle dit que Basile s'efforça de faire que chaque paysan pût cultiver sa propre motte de terre et jouir du fruit de sa propre vigne, interdisant à quiconque d'oser s'emparer de l'huile ou de la figue du pauvre, elle est, tout à la fois, en parfait accord avec les lois des Empereurs iconoclastes et avec les tendances nouvelles de la grande propriété qui, plus fortes que tous les palliatifs, rétablirent au x<sup>e</sup> siècle l'ancien système féodal.

Cette longue explication était nécessaire, ce semble, pour faire comprendre pourquoi le règne de Basile fut une époque de

---

1. Zachariæ von Lingenthal, *Geschichte*, p. 257.
2. Mortreuil, I, p. 368, croit que ce silence vient uniquement du fait que le droit coutumier régissait la condition des serfs. Cette explication paraît peu probable et bien insuffisante.
3. *Vit. Basil.*, ch. xxx, p. 273.

transition au point de vue social. La période qui précéda son avènement avait été un temps de révolution sociale et religieuse. Arrivé au souverain pouvoir grâce un peu à cet état de choses, son premier devoir était naturellement de rétablir l'ordre en s'inspirant du passé tout en conservant du présent ce qui lui paraissait légitime. Et c'est ce qu'il fit.

Ainsi donc, d'après les quelques rares renseignements que nous avons sur ce sujet, nous pouvons dire qu'à cette époque, la terre, source de toute richesse, était la propriété de deux grands seigneurs : la commune et le puissant. La commune était la réunion des habitants d'un lieu. Cette commune avait la terre qu'elle habitait en pleine propriété. Lorsque les Slaves, dès le VIIe siècle, vinrent s'établir sur le territoire de l'Empire avec leurs femmes et leurs enfants ; lorsqu'au VIIIe et au IXe siècle, les Grecs, chassés de leur patrie par les guerres et l'invasion arabe, se réfugièrent sur les terres d'Empire inhabitées et incultes ; lorsque les Empereurs voulurent coloniser de vastes étendues de terre en friche et délaissées, chaque fois ce fut la « commune » qui prit officiellement possession du pays. Les chefs de famille se partagèrent la terre en parties égales. Chacun eut une parcelle, une « μερίς » qu'il put cultiver en toute liberté. Ce fut une des formes de la propriété, une de celles qui avant comme après les Iconoclastes, demeurèrent toujours dans l'Empire byzantin. Mais, comme nous venons de le voir, la grande innovation législative des Empereurs hérétiques fut celle qui modifia la condition du paysan qui travaillait sur la terre d'autrui, du fermier en un mot. L'« Ἐκλογή » connaît, en effet, des fermages à prix fixes et annuels [1]. On mettait en location soit une propriété entière, soit des parcelles séparées, comme des vignes. Ces fermiers étaient de deux sortes : ou bien ils cultivaient la terre du seigneur avec leurs instruments et leur argent : c'étaient les « μορτίται ». Ils devaient, dans ce cas, le dixième de la récolte au propriétaire (une gerbe sur dix) [2], ou bien ils cultivaient la terre avec l'argent et les outils du seigneur : c'étaient les « ἡμισειασταί » fermiers qui devaient à leurs propriétaires la moitié des revenus qu'ils récoltaient [3]. On comprend que ce système n'était pas

1. Zachariæ von Lingenthal, *op. cit.*, 255.
2. *Ibid.* Skabalanovic, *op. cit.*, 241.
3. *Ibid.*, 256 ; *ibid.*, 241.

fait pour enrichir les grands propriétaires. Le mince revenu payé par le colon à son seigneur suffisait à peine à ce dernier pour l'acquittement de l'impôt. Bien plus, il y eut désormais dans la location de la terre de grands aléas. Le colon pouvait changer de domicile et laisser, par conséquent, les terres du seigneur en friche : grave préjudice pour lui puisqu'il était toujours obligé de payer l'impôt. Ce fut la raison de la lutte entreprise dès le rétablissement de l'orthodoxie par les « puissants » pour le recouvrement de leurs anciens privilèges, lutte qui se trahit à l'époque de Basile, au travers des quelques textes dont nous avons parlé et qui, dès le début du $x^e$ siècle, arrive à la victoire enregistrée dans les Basiliques par la reprise du Code justinien et qui peut se caractériser par ees deux faits : on essaya, de nouveau, de lier le colon à la terre du seigneur ; on essaya d'élever les revenus agricoles. Les Basiliques et les textes juridiques, contemporains et postérieurs, en effet, connaissent de nouveau deux sortes de paysans, souvent appelés « πάροικοι » : ceux qui sont libres et paient l'impôt et ceux qui dépendent d'un seigneur[1]. A son tour, le « patrocinium » reparaît dans une novelle de Romain Lécapène et dès lors l'Empire byzantin vivra plusieurs siècles encore sur le droit justinien plus ou moins modifié ou altéré.

Telle était donc dans la seconde moitié du $ix^e$ siècle la situation du paysan par rapport à son seigneur. Reste à dire comment la terre se trouvait répartie. La couronne possédait, nous l'avons vu, des domaines considérables. Basile, par achats et confiscations, augmenta encore les revenus soit du fisc, soit de sa cassette privée et contribua, sans peut-être s'en rendre bien compte, à hâter la lente disparition de la petite propriété privée. Mais ce furent surtout les églises et les couvents qui accaparèrent les plus grands lots de terre. Des donations nombreuses leur étaient faites ; souvent les moines en entrant au couvent remettaient à leur nouveau supérieur la fortune qu'ils tenaient de leurs parents ; les misères du temps aussi — famines, guerres, maladies — favorisèrent d'injustes empiètements et permirent aux églises et couvents la constitution de fortunes foncières tellement considérables que la petite propriété privée en eut beaucoup à souffrir. De leur côté, grands et puissants seigneurs

---

[1]. Zachariæ .v. Lingenthal, *op. cit.*, 260.

imitaient ce qu'ils voyaient faire à l'Empereur et aux églises et par d'incessantes rapines augmentaient au détriment du pauvre leurs grandes propriétés. Enfin, il y avait des terres soumises à deux sortes de régime foncier : les terres des soldats et celles des communes libres. Toutes ces terres, qu'elles fussent à l'Empereur, aux moines, aux grands, étaient cultivées par les « paroikoi », les fermiers, et souvent, sur les terres d'églises, par les moines, ou bien elles étaient louées en emphyteuse à de petits propriétaires qui, un jour, faute de pouvoir payer et le fisc et le propriétaire, ne pouvant plus cultiver ce qu'ils ont loué, passeront au rang de serfs. Quant à la petite propriété libre, dès l'époque de Basile, elle tend à se faire de plus en plus rare. Leurs tenanciers étaient les « πένητες » les pauvres, ceux qui, suivant le Prochiron[1], n'avaient pas cinquante nomismata de fortune.

Au dernier degré de l'échelle sociale se trouvaient les esclaves (οἱ δοῦλοι). Ce n'est pas, dit pompeusement Basile, la nature qui a créé l'esclavage. La nature ne fait que des hommes libres ; mais c'est la guerre qui engendre l'esclavage parce que la loi de la guerre veut que les vaincus soient la chose (κτῆμα) du vainqueur[2]. Dès lors, ne pouvaient être esclaves que ceux qui, en guerre, tombaient aux mains du vainqueur et ceux qui, dans la suite, naissaient d'esclaves devenus domestiques[3]. Mais c'était là de la théorie. Il suffit, en effet, de parcourir les règles que Basile décrète au sujet de l'état légal auquel doit appartenir un enfant à sa naissance pour se rendre compte qu'en fait, on pouvait devenir esclave, même en temps de paix. Sans doute, par ces règles[4], il entend favoriser l'enfant et invariablement il le déclare libre ; mais qu'on examine les hypothèses qu'il établit et l'on verra par quelles fluctuations la condition des parents pouvait passer. Libre sera l'enfant né d'une mère libre et d'un père esclave ; libre, l'enfant qui naît d'une mère libre au moment de la conception et qui devient esclave avant la naissance[5] ; libre enfin l'enfant qui naît d'une mère redevenue esclave si au temps de la conception elle était affranchie[6]. Entre

1. *Prochiron*, XXVII, § 22, p. 152.
2. *Ibid.*, XXXIV, § 2, 193.
3. *Ibid.*, § 3.
4. *Ibid.*, § 5, 6, 7, p. 194, 195.
5. *Ibid.*, § 6.
6. *Ibid.*, § 7.

esclaves, il n'y avait pas de classe. « L'esclavage est indivisible. » Par conséquent, ils ne pouvaient être plus ou moins en servitude[1] suivant leurs qualités ou leurs talents. Néanmoins, si c'est là la lettre de la loi, il est assez difficile d'admettre que dans la pratique aucune différence ne séparait le pauvre esclave domestique, de l'esclave de luxe qu'on avait payé très cher qui rapportait beaucoup à son maître ou qui remplissait quelque importante fonction. Car le prix de vente des esclaves lui aussi était fixé par la loi. Le Prochiron nous en donne plusieurs exemples assez intéressants. Un ouvrier ordinaire, par exemple, se payait vingt nomismes, s'il avait plus de dix ans ; dix nomismes s'il était moins âgé. Un ouvrier habile coûtait trente nomismes. Suivant les fonctions de l'esclave les prix montaient davantage encore. Un notaire se payait jusqu'à cinquante nomismes ; un médecin jusqu'à soixante ; un eunuque sachant un métier valait soixante-dix nomismes[2]. De tels esclaves, on le voit, pouvaient parfois représenter un capital important. C'était, en outre d'un excellent rendement, car ce que gagnait l'esclave appartenait au maître. Toutefois, il semble bien que l'esclave avait le droit de se constituer une petite fortune. C'était son « pécule, πεκούλιον » que le maître pouvait, du reste, toujours revendiquer puisque le fait d'acheter un esclave ne comportait pas pour autant la propriété du pécule[3]. Cependant, il est probable, qu'en règle générale, le pécule était laissé à l'esclave. Nous voyons, en effet, que la loi attribue au « patron » d'un affranchi qui meurt intestat et sans enfant ainsi qu'à ses héritiers, même collatéraux jusqu'au cinquième degré, le tiers de l'avoir du défunt[4], preuve qu'elle reconnaissait au maître un droit permanent quoiqu'inemployé sur la fortune d'un esclave même après son affranchissement. D'autre part, l'esclave ne semble jamais avoir perdu le droit de posséder du fait seul de sa situation légale puisqu'il peut hériter[5].

Nous n'avons pas de renseignements précis sur la façon dont

1. *Prochiron,* XXXIV, § 3, p. 193.
2. *Ibid.,* § 11, p. 196. Il serait imprudent de prendre ces chiffres à la lettre attendu que le § est pris tout simplement, comme beaucoup d'autres, au Code, VII, 7. Const. I. Mais il montre bien que la distinction entre esclaves subsistait au IXe siècle malgré les dires de Basile. (Cf. id., XXXVII, 8, p. 194).
3. *Ibid.,* XIV, § 7, p. 90.
4. *Ibid.,* XXIII, § 2 et 3, p. 132.
5. *Ibid.,* XXX, § 20, 21, 22, p. 164.

les esclaves étaient traités. Il est probable qu'au ix⁰ siècle leur condition matérielle devait s'être sensiblement améliorée et que, de l'autorité du maître telle qu'on l'avait autrefois conçue, il ne restait guère au patron que la libre disposition de son esclave, c'est-à-dire le droit de le vendre comme de l'envoyer où bon lui semblait [1]. C'est, on le sait, ce que fit Léon VI lorsqu'il hérita des nombreux esclaves de Daniélis. Il les envoya en Italie coloniser d'immenses domaines [2]. Mais si les mœurs se sont adoucies à l'égard des esclaves qui se conduisent bien, la loi est particulièrement dure pour eux quand ils commettent quelque crime, surtout si le crime est commis sur la personne du patron. Qu'un esclave ne s'avise pas, par exemple de favoriser le rapt de sa maîtresse parce que la peine qu'il encourt est le feu [3]; qu'il ne s'avise pas non plus d'attenter à la vie de ses maîtres parce qu'il sera brûlé [4]. Dans un autre ordre de choses, plus intime celui-là, la loi n'est pas moins sévère pour l'esclave. S'il se laisse aller à avoir de coupables relations avec sa maîtresse encore mariée, il est puni du glaive tandis qu'on roue de coups sa maîtresse, qu'on lui coupe les cheveux, le nez et qu'on la chasse de la ville sans aucune espèce de ressources [5]. Si sa maîtresse est veuve et qu'elle n'a pas eu d'enfants de son commerce avec lui, on se contente de frapper l'esclave, de le tondre et de le vendre. L'argent revenait au fisc [6].

A côté des esclaves, Byzance connaissait les affranchis (ἀπελεύθεροι). L'affranchissement, à l'époque de Basile, paraît avoir été grandement facilité. Il était, en effet, permis d'affranchir sans nombreuses formalités, à l'église, par devant les magistrats, entre amis, par lettres, par testament [7]. En outre certains faits accomplis par un esclave l'affranchissaient : tel le fait d'entrer dans l'armée avec le consentement de son

---

1. L'Epanagoge déclare que le maître qui frappe son esclave ou lui fait subir de mauvais traitements entraînant la mort de l'esclave doit être regardé et traité comme homicide (*Epanag.*, XL, 81, 217).
2. *Vit. Basil.*, ch. LXXVII, p. 337.
3. *Prochiron*, XXXIX, § 36, p. 241.
4. *Ibid.*, § 37. — C'est ce qui arriva aux esclaves d'Asyleon, frère de Basile. La cruauté du maître avait, paraît-il, suscité une révolte des esclaves. Ils tuèrent Asyleon. L'Empereur alla les châtier. Il les fit prendre, couper en morceaux et brûler (Sym. Mag., III, p. 749).
5. *Ibid.*, § 43, p. 244.
6. *Ibid.*, § 44, p. 245.
7. *Ibid.*, XXXIV, § 8, p. 195.

maître[1] ; tel celui d'entrer, sous la même réserve, au couvent. Etait affranchi aussi tout esclave dont héritait le fisc par suite de la mort sans testament d'un patron, à condition que celui-ci n'eût pas d'héritier[2]. Bien plus, le Prochiron facilite si bien l'affranchissement qu'en certains cas, il devenait obligatoire. En voici un assez curieux. Un esclave pouvait être la propriété de plusieurs maîtres à la fois. Chaque propriétaire avait donc sur l'esclave une part donnée. Or, si l'un des maîtres voulait affranchir son serviteur, les autres patrons ne pouvaient s'y opposer. La loi les obligeait à vendre leur part, soit à celui qui voulait affranchir, soit à son héritier, si l'affranchissement était fait à la mort du propriétaire. Et l'affranchissement avait lieu même au cas où les co-propriétaires refusaient de vendre leur part. Ils n'avaient droit dans ce cas qu'à leur part du pécule[3].

L'affranchissement ne détruisait pas tout lien entre le patron et son esclave. Vraisemblablement, comme autrefois à Rome, l'affranchi restait dans la maison de son maître, continuant en toute liberté de remplir les fonctions qu'il exerçait esclave ; mais si, par le fait de son affranchissement, il pouvait, théoriquement, jouir de tous les droits d'un homme né libre, pratiquement, la loi l'empêchait de faire certains actes. Ainsi jamais un affranchi ne pouvait témoigner en justice contre son patron ou le fils de celui-ci[4], pas plus qu'il n'était reçu qu'il épousât la veuve de son ancien maître[5], tant il est vrai que l'affranchissement ne brisait pas tous les liens passés. On comprend bien dès lors que favorisant d'aussi large façon l'affranchissement, le législateur ait été sévère à l'égard de ceux qui perpétuaient l'esclavage en vendant comme serfs des gens de condition libre. Si un esclave, un affranchi, voire même un homme libre, se permettait de faire ce commerce, il était pris, rasé et amputé de la main[6].

1. *Prochiron*, xxxiv, § 15, p. 200. — *Epanag.*, xxxvii, § 10, p. 195.
2. *Ibid.*, xxxiv, § 17, 200. — Cette disposition ne se retrouve plus dans les Basiliques.
3. *Ibid.*, § 9, p. 195.
4. *Ibid.*, xxvii, § 23, p. 152.
5. *Ibid.*, vii, § 20, p. 56.
6. *Ibid.*, xxxix, §. 5, p. 234 ; § 22, p. 237.

## CHAPITRE II

### LE COMMERCE A BYZANCE AU IX$^e$ SIÈCLE

Si la révolution sociale que nous entrevoyons à travers les textes semble avoir au vIII$^e$ siècle et durant la première moitié du IX$^e$ singulièrement modifié la condition des classes pauvres ; si l'incurie du gouvernement de Michel fit perdre à l'Empire quelque chose de son prestige extérieur, ce ne fut pas, sans doute, le commerce qui souffrit le plus de cet état d'abaissement momentané. Déjà très « internationalisé » il n'avait guère que deux ennemis redoutables : la mer et les pirates. Aussi voyons-nous par les rares allusions des chroniqueurs et le récit des géographes arabes, que malgré les agitations religieuses et politiques de Byzance, le commerce ne chôma pas entre l'Orient et l'Occident.

Nous savons déjà que les douanes continentales et maritimes étaient une des grandes ressources financières de l'Empire. Commises à la surveillance des « commerciaires » qui pouvaient être revêtus de titres de noblesse [1], elles servaient tout d'abord à alimenter la caisse provinciale, parfois à payer le stratège, plus généralement à subvenir aux multiples nécessités de l'administration du thème. Le reste allait dans les caisses de l'Empire. L'impôt qui se payait ainsi paraît avoir été du dixième sur la valeur des marchandises [2]

Les douanes les plus importantes se trouvaient, naturellement, à l'entrée de l'Hellespont d'une part, pour le commerce venant d'Occident ; à l'entrée du Bosphore de Thrace, du côté du Pont, d'autre part, pour le commerce venant d'Orient [3]. Les princi-

---

1. Nous avons, par exemple, le sceau d'un commerciaire qui est « candidat ». Schlumberger, *Sigillog.*, p. 114.
2. Ibn Hordadbeh, de Goeje, *Biblioth.*, 115, 116.
3. Schlumberger, *Sigillog.*, 193.

paux centres des « douanes de l'Hellespont » étaient Gallipoli, Cyzique, Abydos[1] ; les douanes du Pont avaient leur centre au pied du Hiereion, en face de Rouméli-Kavak actuel[2]. Indépendamment de ces douanes maritimes qui commandaient le grand commerce international, il y avait aux frontières du pays, comme aux ports de l'Empire, d'autres douanes de moindre importance pour le commerce qui se faisait par terre et pour l'exportation. Là aussi, il y avait des commerciaires qui, comme ceux des grandes douanes, apposaient la bulle de plomb aux marchandises au moment de leur entrée et de leur sortie[3]. Enfin, de province à province, il existait des douanes intérieures, sorte d'octrois sans doute, destinées à favoriser le commerce à l'intérieur de la province comme à augmenter les revenus municipaux.

Le grand marché de l'Empire était naturellement Byzance. C'est là qu'arrivaient par le Pont et le Bosphore les marchands de Cherson. Ils apportaient de leur pays de la pourpre, des ceintures, des étoffes de soie, des vêtements brodés, du poivre, des peaux[4]. Les Russes, à leur tour, vinrent prendre place, à cette époque, sur le marché byzantin. Eux aussi apportaient les peaux destinées à faire des fourrures, peaux de castor et de renard noir très recherchées à cause de leur rareté et de leur aspect soyeux. Ils vendaient aussi des épées, du miel, etc[5]. Les marchands russes étaient établis dans le quartier de S.-Mamas[6] ; des règlements très sévères fixaient le temps de leur séjour à Constantinople, l'époque de leur arrivée, comme celle de leur retour en Russie. — Alors, comme aujourd'hui, les Juifs de tous pays faisaient avec Byzance un commerce actif. Ces marchands, nous dit Ibn Hordadbeh, parlent l'arabe, le persan, le « romain », — c'est-à-dire le grec et le latin — les langues franque, espagnole et slave. Ils voyagent de l'Occident en Orient et de l'Orient en Occident, tantôt par terre, tantôt par mer. Ils apportent de l'Occident des eunuques, des esclaves femelles, des garçons, du brocard, des peaux de castor, des pelisses de

1. Schlumberger, *Sigillog.*, 196.
2. *Ibid.*, 198.
3. *Ibid.*, p. 11.
4. *De Admin.*, ch. vi, p. 166.
5. Ibn Hordadbeh, de Gœje, *Bibliotheca*, 115.
6. Heyd, *Geschichte des Levantehandels*, p. 79.

martre et autres pelleteries et des épées. Ils s'embarquent dans le pays de Firandja (France) sur la mer occidentale et se dirigent vers Al-Faramâ ; là, ils chargent leurs marchandises sur le dos des chameaux et se rendent par terre à Al Kolzom, à une distance de 25 parasanges. Ils s'embarquent sur la mer orientale et se rendent d'Al Kolzom, à Al-Djâr (le port de Médine) et à Djodda (le port de la Mecque), puis ils vont au Sind, au Hind et à la Chine. A leur retour de la Chine, ils se chargent de musc, de bois d'aloès, de camphre, de cannelle et des autres productions des contrées orientales... Quelques-uns font voile pour Constantinople afin d'y vendre leurs marchandises aux Romains, d'autres se rendent à la résidence du roi des Francs pour y placer leurs articles [1].

On comprend qu'il devait être, en effet, difficile à ces marchands au long cours d'éviter Byzance. La grande ville était tout à la fois pour eux, une escale commode au milieu de leur voyage, un excellent débouché pour leurs marchandises, un lieu de repos et d'approvisionnement. Là ils trouvaient tout ce qu'ils pouvaient désirer et si les règlements sur l'exportation étaient sévères, il est bien probable cependant qu'habiles comme l'étaient les Juifs, ils pouvaient arriver à se procurer ces marchandises prohibées, — telles les belles étoffes de soie — que les souverains d'Occident aimaient à porter [2].

Byzance, toutefois, n'était pas la seule place commerçante de l'Empire. Nicée, par exemple, était un centre important. C'était par là qu'arrivaient les légumes qui approvisionnaient la ville [3] ; par là aussi qu'arrivaient au Stratégion et au Tauros, les animaux de boucherie que les μακελάριοι, les bouchers, les χοιρεμπόροι, les charcutiers, achetaient pour l'approvisionnement de la grande cité [4]. Plus loin dans les terres, Adana était une grande ville industrielle [5] ; Tarse avec son port sur la Méditerranée, Trapézonte avec son trafic sur le Pont, Thessalonique, la seconde ville de l'Empire, comptaient parmi les lieux de com-

1. Ibn Hordadbeh, de Gœje, *Bibliotheca*, p. 114.
2. Schlumberger, *Sigillog.*, p. 11. Cf. à ce sujet l'histoire racontée par Liutprand sur les ennuis de douane qu'il eut lors de son départ à cause des riches étoffes qu'il avait reçues ou achetées et qu'il ne put pas passer. Heyd, *op. cit.*, I, p. 63.
3. Ibn Hordadbeh, de Gœje, *Bibliotheca*, p. 74. *Edrisi*, II, 302.
4. *Livre du Préfet*, xv, § 1 et 3, p. 50.
5. *Edrisi*, II, 134.

merce les plus importants de l'Empire, en relations constantes avec les grands marchés d'Antioche et d'Alexandrie. D'autre part, nous savons par les dons que Daniélis offrit à Basile qu'on fabriquait sur ses terres des soieries, des draps d'or, des tapis de soie. Corinthe brillait encore d'un grand éclat. Son commerce de soie était actif. Au surplus, il y avait dans le Péloponèse des fabriques de parchemins et d'armes, des teintureries de pourpre[1] ; à Thessalonique comme en Proconèse et dans la vallée du Sangarios on travaillait le marbre[2], toutes choses qui prouvent combien actif était alors le commerce byzantin. C'est qu'en effet dans la Byzance des ixe et xe siècles, le luxe, celui de la table, des demeures, des habillements était très grand et les produits étrangers très recherchés. Il fallait pour les cérémonies officielles, civiles et religieuses, des bois de senteur (ξύλα ἰνδικά) qui venaient de l'Orient musulman ; il fallait, pour le service, des esclaves, qu'on faisait venir des pays étrangers ; puis, sous l'influence des Arabes, la médecine s'était développée et c'était chez eux qu'on se procurait les remèdes et les recettes qu'ensuite on employait[3].

Naturellement, les marchands étaient groupés en corporations sous la haute juridiction de l'éparche et des lois très spéciales leur étaient imposées. Le *Livre du Préfet* nous montre bien quels étaient les principaux commerces établis à Byzance et quelles précautions on prenait pour éviter que ces étrangers venus de tous pays ne fomentassent ni révoltes, ni dangers. Voici d'abord les « vestiopratai » « βεστιοπράται ». Ce sont les marchands qui font le commerce des étoffes de soie. A ceux-là il est interdit de faire un autre commerce que le leur, par exemple d'être en même temps marchands d'étoffes et marchands de soie[4]. Ils ne peuvent vendre aux étrangers les étoffes de pourpre de grande dimension[5], pas plus que certaines sortes d'habits à moins que ce ne soit pour leur usage personnel et encore, faut-il que les habits ainsi achetés par les hôtes de Constantinople aient été faits à Constantinople[6]. Bien plus, lorsque les marchands eux-mêmes achètent ces

1. Rambaud, *op. cit.*, 238.
2. *Cerem.*, 1201. Thessalonique avait en outre de florissantes fabriques de verrerie (Labarte, *Hist. des arts industriels*, IV, 539).
3. Heyd, *op. cit.*, I, p. 60.
4. *Livre du Préfet*, iv, § 7, p. 28.
5. *Ibid.*, § 1, p. 27.
6. *Ibid.*, § 8, p. 28.

sortes d'étoffes pour une somme supérieure à dix nomismes, ils doivent en avertir l'éparche [1], et une chose leur est toujours défendue, c'est de passer à un autre commerçant le surplus de leurs marchandises [2].

A une autre corporation appartenaient les « prandiopratai, πρανδιοπράται » marchands d'étoffes provenant de Syrie. Ces marchands-là étaient probablement des Arabes et comme tels étaient soumis à des règlements très sévères, car il ne fallait pas que, sous prétexte de commerce, ils s'introduisissent en espions dans la ville. Aussi vivaient-ils à Constantinople sous l'autorité d'un exarche nommé par l'éparche [3]. Ils semblent avoir été partagés en deux classes : ceux qui habitaient Constantinople et résidaient à l'Embolon [4] et ceux qui apportaient les marchandises de leur pays. Ces derniers ne devaient pas demeurer plus de trois mois à Constantinople [5]. A l'arrivée comme au départ, ils étaient tenus de faire à l'éparche déclaration de leurs marchandises. Quant à ceux qui vivaient à Constantinople, défense leur était faite d'exercer le métier de vestiopratai. Ils ne pouvaient faire que le trafic des étoffes et des soies venues de Syrie et de Séleucie [6]. Dès que leur marchandise était arrivée, elle devait être déposée dans un seul entrepôt. Là, les commerçants se réunissaient et se partageaient les ballots [7]. On faisait de même pour les étoffes de diverses sortes qui arrivaient de Bagdad ainsi que pour les parfums qui venaient d'Arabie, choses que les Arabes avaient le droit de vendre eux aussi [8]. Distincte des deux premières corporations était celle des marchands d'écheveaux de soie (μεταξοπράται). Ce commerce devait être fait au grand jour et en un lieu déterminé [9]. De minutieux règlements lui étaient imposés, très jalousement surveillé qu'il était à Byzance. C'est ainsi, par exemple, que les metaxopratai ne pouvaient employer un ouvrier que pendant un mois ; ils ne devaient lui donner que le travail qu'un ouvrier peut accomplir en trente jours et ne

1. *Livre du Préfet*, IV, § 2, p. 27.
2. *Ibid.*, § 9, p. 28.
3. *Ibid.*, V, § 1, p. 29.
4. *Ibid.*, § 2, p. 30.
5. *Ibid.*, V, § 5, p. 30.
6. *Ibid.*, § 1, p. 29.
7. *Ibid.*, § 2.
8. *Ibid.*, § 4, p. 30.
9. *Ibid.*, VI, § 1 et 13, p. 31, 33.

le payer qu'en conséquence [1]. Défense leur était faite, en outre, d'embaucher un nouvel ouvrier avant d'avoir payé le premier [2]. Des taxes spéciales étaient levées sur ces marchandises et comme on pouvait facilement tromper en ces matières, les marchands ne devaient se servir que de poids et de balances approuvés par l'éparche qui y mettait son poinçon [3]. La vente des écheveaux était, naturellement, étroitement surveillée et des peines sévères étaient infligées à ceux qui transgressaient les ordonnances de l'éparche : c'étaient le renvoi de la corporation, les lourdes amendes, les verges, etc. Comme pour les autres corporations, il était défendu aux métaxopratai de faire un autre commerce que le leur. Le règlement était à cet égard si sévère qu'ils ne pouvaient même pas se servir de leurs écheveaux pour un autre usage que celui de l'achat et de la vente [9] et encore, interdiction leur était-elle faite de livrer leur marchandise aux Juifs et aux marchands qui pourraient aller la revendre hors de la ville [4].

A côté des marchands de soie brute, se trouvaient ceux qui utilisaient les écheveaux pour divers usages. C'étaient les « καταρτάριοι ». Ils « confectionnaient » la soie brute qui leur arrivait du dehors [5] ou, s'ils étaient pauvres, l'achetaient des metaxopratai [6]. Mais, il ne leur était pas loisible d'acheter à leur gré leur marchandise. Bien au contraire. Ils devaient pour cela s'entendre avec les metaxopratai [7] et les uns et les autres s'en tenir au prix fixé. Chose assez curieuse : les catartarii ne pouvaient pas être esclaves et les gens tout à fait pauvres n'avaient pas le droit de faire ce commerce regardé comme très aristocratique. Aussi, les bavards, les turbulents, les gens de peu de considération ne pouvaient-ils entrer dans la corporation ou, s'ils y étaient déjà, ils devaient en être chassés [8]. Défense était faite à tous de broquanter la soie.

Enfin, parmi ceux qui faisaient commerce de soie, il faut mentionner les « σηρικάριοι » ou tisserands en soie. Pour eux,

1. *Livre du Préfet*, vi, § 2.
2. *Ibid.*, § 3.
3. *Ibid.*, § 4.
4. *Ibid.*, § 15 et 16, p. 33.
5. *Ibid.*, vii, § 1, p. 34.
6. *Ibid.*, § 2.
7. *Ibid.*, § 4.
8. *Ibid.*, § 5 et 6, p. 35.

les prescriptions deviennent draconiennes car il s'agit d'empêcher la confection de ces manteaux et habits de pourpre, symbole du souverain pouvoir, dont l'usage était réservé à l'Empereur[1] et qui se tissaient dans les ateliers impériaux. Les tisserands ne pouvaient confectionner que des soies où la pourpre s'unissait à des couleurs variées, et encore la dimension des étoffes était-elle rigoureusement fixée. Aussi le « βουλλωτής » impérial chargé de l'examen des marchandises et surtout de la vérification des mesures, le « μιτωτής » ou inspecteur des ateliers de tissage ont-ils toujours le droit d'aller contrôler le travail et, à vouloir empêcher l'un quelconque de ces fonctionnaires d'accomplir son mandat, on risquait les verges et la tonsure[2], comme on risquait sa main à essayer de vendre au dehors les étoffes fabriquées à Constantinople[3]. Quant à la matière première, obligation était faite aux « siricarii » de l'acheter aux métaxopratai à l'exclusion de tous autres commerçants étrangers[4]. On le voit donc. L'industrie de la soie tenait à Byzance le haut de l'échelle commerciale et un protectionnisme à outrance commandait ce genre de marchandise.

Il n'en allait plus de même, heureusement, des autres genres d'étoffes. Le *Livre du Préfet* nous apprend que le lin, le fil, les étoffes de toile, la lingerie, en un mot, venait spécialement du Pont, du Strymon, de Kérasonte[5] et que souvent les Bulgares eux-mêmes en importaient avec du miel[6], échangeant leurs produits contre ceux qu'ils trouvaient sur le marché, spécialement les vêtements de pourpre[7]. Toutes ces marchandises confectionnées à Byzance, se vendaient aux jours de foire sur la place. Il était interdit, en effet, aux « othoniopratai » de vendre en magasin ou d'étaler leurs tissus sur des tables. Comme les forains orientaux d'aujourd'hui, ils devaient porter leurs marchandises sur le dos[8].

Après la soie, un des commerces les plus importants de Byzance était celui des parfums. Sur les bancs des parfumeurs

1. *Livre du Préfet,* VIII, § 1 et 2, p. 35, 36.
2. *Ibid.,* § 3, p. 37.
3. *Ibid.,* § 4, p. 37.
4. *Ibid.,* § 8, p. 37.
5. *Ibid.,* IX, § 1, p. 39.
6. *Ibid.,* § 6, p. 40
7. *Ibid.,* § 6.
8. *Ibid.,* § 7.

qui s'échelonnaient entre la Chalcé et le Milliaire — le seul endroit où pouvaient se vendre les parfums parce qu'il convevait « qu'ils embaumassent de bonne odeur l'image du Christ de la Chalcé et qu'ils donnassent un nouvel agrément aux palais impériaux [1] » — les clients trouvaient ces mille produits qui arrivaient spécialement par Trébizonte et le thème de Chaldée, de l'Orient musulman et de la Russie : le poivre, le cinname, l'aloès, l'ambre, le musc, l'encens, la myrrhe, le baume, l'hysope, etc [2]. Et parce que ces matières venaient des terres arabes, Byzance eut grand soin d'exiger que les marchands ne restassent pas plus de trois mois en ville [3]. Les parfumeurs, de leur côté, vu le grand usage des parfums, devaient acheter ce dont ils avaient besoin pour leur commerce immédiat et ne pas faire de grandes provisions pour ensuite hausser les prix d'une façon exagérée [4]. A la parfumerie se rattache la fabrication de la cire et du savon, D'après le *Livre du Préfet*, ces produits paraissent avoir été surtout fabriqués à Byzance. Il y avait, entre autres, des fabriques de cire près de Sainte-Sophie [5]. Des règlements de police fixaient la distance qui devait séparer les ateliers entre eux, sans doute à cause de la concurrence, mais peut-être plus encore à cause des dangers d'incendie que cette fabrication occasionnait. La preuve en est que des règlements analogues régissaient les boulangers « διὰ τὴν αὐτῶν εὔπρηστον ὕλην [6] ». Les matières qui servaient à fabriquer cire et savon se trouvaient sur place. Les marchands pouvaient acheter au dehors leurs produits, si cela leur convenait, mais comme ils avaient le droit de faire emplette d'huile, de cire, etc. dans les églises [7], il est probable que le commerce avec le dehors ne devait pas être considérable. Il faut noter qu'il était interdit de faire de la cire et du savon avec de la graisse d'animal [8].

Le livre du Préfet nous donne enfin quelques renseignements curieux sur le petit commerce à Byzance. Sur toutes les places, dans toutes les rues, il y avait des boutiques d'épiciers (σαλδα-

1. *Livre du Préfet*, x, § 1, 41, 42.
2. *Ibid.*, x, § 1.
3. *Ibid.*, § 2.
4. *Ibid.*, § 3.
5. *Ibid.*, xi, § 1, 43.
6. *Ibid.*, xviii, § 3, p. 54.
7. *Ibid.*, xi, § 3, p. 44.
8. *Ibid.*, xi, § 4 ; xii, § 8, p. 47.

μάριοι) où l'on trouvait tout ce qui était nécessaire dans la vie journalière : viande, poissons, fromage, huile, miel, légumes, beurre, voire même de la ficelle, des clous, etc. Il était seulement interdit aux épiciers de vendre les savons, les parfums, le vin et tout ce qui relevait spécialement de corporations établies pour un commerce exclusif [1]. Naturellement les poids et mesures de ces commerçants étaient soigneusement vérifiés et des peines sévères leur étaient infligées quand ils contrevenaient aux règlements de leur corporation [2]. Deux de ces règlements sont particulièrement intéressants : l'un [3] défend de faire les dimanches et jours de fêtes un étalage devant la boutique ; l'autre [4] ordonne de ne pas gagner plus de deux miliarisia par nomisme sur la chose vendue.

Au commerce des épiciers correspond celui des marchands de vin, des « καπήλοι ». Pour la vente, les cafetiers avaient deux mesures, le σταθμόν, qui valait trente livres, la mine (μίνα), qui en valait trois [5]. L'assesseur de l'éparche et le chef de la corporation présidaient, lors de l'arrivée des vins, à leur vente et à la vérification des mesures [6]. Le principal règlement de la corporation était celui qui fixait l'heure d'ouverture et de fermeture des cafés. Les dimanches et jours fériés, il était défendu d'ouvrir les débits pour vendre du vin ou des aliments avant huit heures (μέχρις ἀρχῆς δευτέρας ὥρας τῆς ἡμέρας). Le soir, on devait fermer à la même heure [7].

1. *Livre du Préfet*, XIII, § 1, p. 47.
2. *Ibid.*, § 2, et 3, p. 48.
3. *Ibid.*, § 3.
4. *Ibid.*, § 5.
5. *Ibid.*, XIX, 1, p. 55.
6. *Ibid.*, § 1 et 4.
7. *Ibid.*, § 3.

## CHAPITRE III

L'ART A BYZANCE SOUS LE GOUVERNEMENT DE BASILE

A tout grand règne correspond forcément dans chaque pays une renaissance artistique et littéraire d'autant plus brillante et d'autant plus féconde qu'elle est plus encouragée par le souverain lui-même. Cette renaissance devient alors un des traits distinctifs du moment ; elle travaille à un renouveau de civilisation et se présente ainsi comme un des facteurs importants de l'évolution historique d'une race et d'une nation. Plus durable que la puissance militaire, plus influente sur l'âme d'un peuple que la diplomatie et la législation, elle seule, en vérité, marque aux empires leur place définitive dans l'histoire générale du monde. Le règne de Basile, tout à la fois pacifique et guerrier, succédant à une époque de troubles et d'agitation peu favorable aux arts, allait renouer la tradition ancienne et faire éclore sur les terres « romaines » et particulièrement à Byzance, une très riche production artistique qu'il nous faut donc étudier, en examinant, tour à tour, l'art religieux, l'art civil et les arts mineurs.

Le règne de Michel III, comme, du reste, tous ceux qui l'avaient précédé au cours du IXe siècle, avait été assez pauvre en constructions nouvelles dans l'ordre des monuments religieux[1]. Les empereurs iconoclastes étaient occupés à trop d'autres choses pour trouver le temps et l'argent nécessaires à l'édification de somptueuses églises. Les luttes intérieures, les conséquences pratiques de leur théologie, les guerres bulgares aussi, leur défendaient de se livrer à ces coûteux et esthétiques plaisirs. S'ils favorisèrent parfois les arts, comme Théophile, ce ne fut pas l'art religieux qui profita de leurs libéralités. Celui-là

---

1. L'église de la Mère de Dieu, appelée « τὸ Καραβίτζιν », date probablement du règne de Michel (Cf. Du Cange, l. IV, p. 25 ; Richter, *Quellen der byz. Kunstgeschichte*, 221.

était pour eux trop entaché d'idolâtrie. Ce fut l'art civil et surtout les arts secondaires : l'orfèvrerie et l'ivoirie. Aussi, quand Basile monta sur le trône, se trouva-t-il en présence d'une œuvre immense à accomplir. La vétusté, l'intempérie des saisons, les tremblements de terre[1] avaient fort endommagé les édifices existants. Il fallut tout d'abord les réparer. Après quoi, du reste, Basile s'empressa d'en élever de nouveaux, « l'abîme de sa générosité n'étant jamais à sec[2]. »

Il serait fastidieux et inutile de relever ici le nom de tous les édifices que Basile, au dire de Constantin, fit réparer ou construire. Le plus souvent, le panégyriste se contente de raconter que l'église était en mauvais état et que Basile lui rendit sa première splendeur, sans nous donner les détails qui pourraient nous faire entrer plus avant dans la connaissance de l'architecture byzantine. Cependant, il est quelques travaux qu'il importe de signaler.

Sainte-Sophie faisait toujours, tout à la fois, la gloire et le désespoir des architectes. Le moindre affaissement du sol, le plus léger tremblement de terre risquait d'ébranler la prodigieuse coupole aérienne et de la faire crouler. A tout instant, il fallait renforcer les contre-forts et surveiller les fissures. A l'époque de Basile, c'était l'arc occidental sur lequel reposait un des points de l'immense coupole qui menaçait ruine[3]. L'empereur le fit refaire et le décora d'une mosaïque représentant la Vierge tenant sur ses genoux son divin Fils, entourée des apôtres Pierre et Paul[4].

De ces réfections de temples, le nombre fut considérable. Tantôt l'empereur faisait consolider l'édifice, les fondements

---

1. Au début du règne de Basile il y eut un grand tremblement de terre qui détruisit nombre d'églises et de demeures privées. Il avait été si violent — quarante jours et quarante nuits, dit Syméon Magister — qu'on le rappelait le 9 janvier dans le Synaxaire (*Syn.*, p. 380; Sym. Mag., ch. v, 749).

2. *Vit. Basil.*, ch. LXXVIII, p. 337. Brinckmann, *op. cit.*, 160, 163. Il est intéressant de noter que les constructions religieuses de Basile avaient, elles aussi, un caractère philanthropique. C'est autant pour donner un abri aux gens qui venaient du dehors et qui n'avaient pas où aller que pour les besoins religieux de son peuple qu'il fait, par exemple, construire une église au Forum dédiée à la mère de Dieu (*Vit. Basil.*, ch. XCIII, p. 353, 356).

3. *Ibid.*, ch. LXXIX, p. 337; Du Cange, *Const. christ.*, l. III, p. 27; Lethaby a. Swainson, p. 123; Salzenberg, xxx, pl. XXXII.

4. *Ibid.*

ou les murs, tantôt il en améliorait les matériaux ; le plus souvent, il les décorait somptueusement. Beaucoup d'églises avaient encore au ixe siècle leur toiture de bois. C'était non seulement pour l'édifice, mais pour la ville, un grave danger en cas d'incendie. Aussi l'empereur s'efforça-t-il de remplacer le bois par la pierre. C'est ce qu'il fit entre autres à Sainte-Anastasie[1]. La charpente disparut pour faire place sans doute à une toiture d'un tout autre aspect. Une couverture de bois suppose, en effet, une église de forme basilicale[2], sans voûtes, sans coupoles, sans lanternes. Or, il est peu probable, d'après les rares exemples de constructions du ixe siècle qui soient parvenus jusqu'à nous, que transformant la toiture, on ait simplement recouvert en pierre l'ancienne église. On la modifia très vraisemblablement, suivant le type adopté depuis l'érection de Sainte-Sophie, en la dotant d'une ou de plusieurs coupoles telles qu'il en existe encore, par exemple à Saint-André et à la Chalkoprateia, toutes deux également refaites par Basile. Ces transformations avaient, du reste, leur raison d'être. De telles églises étaient, en effet, très sombres. L'empereur en modifia donc l'architecture. Il fit construire de tous côtés, comme à la Chalkoprateia, des « apsides », c'est-à-dire des arcs destinés à soutenir une toiture beaucoup plus élevée qui permit de donner plus de jour à l'église[3]. C'est là, évidemment, l'histoire de la coupole du ixe siècle. Mais cette coupole n'est plus la large et haute demi-sphère de l'époque de Justinien. Si elle n'a pas encore la grâce, la délicatesse et la fine ornementation des petites coupoles du xiie et du xiiie siècle qui sont presque de vastes lanternes, elle se rapproche déjà néanmoins de celles-ci. Plus large et plus massive que ces dernières, encore très surbaissée, généralement sans les hauts et sveltes tambours des époques suivantes, elle est encerclée à sa base par un mur épais qui lui sert tout à la fois de point d'appui et de contrefort, percé de fenêtres à formes régulières qui l'entourent comme d'une couronne et par où passe la lumière. C'est au ixe siècle, à

1. *Vit. Basil.*, ch. LXXXII, p. 340.
2. On trouvera un exemple d'une de ces basiliques reproduit d'après le man. de saint Grégoire de Nazianze (Parisinus 510) dans Beylié, *l'Habit. byzant.*, p. 82.
3. *Vit. Basil.*, ch. XCIII, p. 356. Cf. Beljajev, *Annuaire de l'Université impériale russe d'Odessa*. Partie byzantine, p. 85-106. Année 1892. Wulff, *Die Koimesiskirche in Nicäa*, p. 109 et 110 et note 109[3].

l'époque même de Basile, que cette architecture semble avoir été adoptée, intermédiaire entre la grande coupole de Sainte-Sophie et les lanternes postérieures[1]. Une autre innovation, que Justinien ne connut pas, fut aussi en usage à cette date. Ce sont les toits dorés comme à Saint-Elie le Thesbite[2]. Malheureusement cette décoration ne pouvait être de longue durée et déjà, au xe siècle, les neiges, les pluies, le froid avaient endommagé considérablement d'aussi délicats travaux.

Mais la grande œuvre de Basile, celle qui frappa surtout les contemporains, fut la construction de l'église dédiée à saint Michel[3], à Elie le Thesbite, à la Theotokos et à saint Nicolas et qu'on appela de bonne heure la « Nea ». Située dans l'enceinte du palais, à l'est de la demeure impériale, non loin de la mer, elle résumait à elle seule toute la magnificence de l'époque qui la vit construire. C'est que Basile avait toujours les yeux fixés sur son grand modèle, Justinien. Comme lui il voulut avoir sa Sainte-Sophie, qui perpétuerait à travers les âges le souvenir de son nom et de sa splendeur. Peut-être aussi chercha-t-il à effacer la tache originelle qui souillait les débuts de son règne, comme à remercier cet Elie le Thesbite qui avait si bien prédit son avenir. Quoi qu'il en soit des raisons qui décidèrent Basile à commencer cette fastueuse construction, aujourd'hui malheureusement disparue, il est certain qu'il atteignit le but qu'il s'était proposé, celui d'étonner ses contemporains et ses successeurs. Commencée en 876, elle fut consacrée solennellement le 1er mai 880[4]. Comme il était d'usage alors, l'empereur pilla pour sa construction les anciennes églises, voire même les maisons privées, fondant d'anciennes pièces d'orfèvrerie, arra-

1. Cf. p. e. les reproductions de Saint-André in Crisi, Sainte-Anastasie et Skripù (Paspati, 318, 364 ; Strzygowski, *Byz. Zeit.* III, 1894, taf. I, p. 16).
2. *Vit. Basil.*, LXXXVII, p. 345.
3. Le texte reçu de Constantin VII porte « Gabriel » ; mais c'est là une erreur de transcription. Le chef de la milice angélique, l'archistrategos était saint Michel.
4. Sym. Mag., XVI, p. 753. Tous les chroniqueurs donnent la date du 1er mai. Il ne peut y avoir doute que pour l'année. Hergenröther (Photius, II, 581) opine pour 881. Je crois cependant que 880 est préférable, d'abord parce que les chroniqueurs byzantins paraissent dire que ce fut très peu de temps après la mort de Constantin et ensuite parce que, vraisemblablement, une telle solennité dut avoir lieu un dimanche. Or le 1er mai 880 était précisément un dimanche. — On sait déjà que ce fut pour cette construction que Basile, un instant, réquisitionna flotte et armée (Contin. de Georg. Moine, p. 1080. Cedrenus, 1120).

chant à leur primitive destination les colonnes, les pierres et les marbres [1]. Dans les fondements de l'édifice, il fit jeter, paraît-il, une statue de Salomon comme symbole de l'offrande qu'il faisait de sa personne à Dieu [2]. On sait aussi que la vieille Daniélis se plut à enrichir cette église qu'elle put admirer déjà à moitié construite lors de son séjour à Constantinople [3] et sans doute, elle ne fut pas seule dans l'empire à rivaliser de générosité avec l'empereur lui-même pour enrichir et orner ce temple magnifique. Aussi est-ce en toute vérité que Constantin pouvait dire de la « Nea » que « l'art et la richesse, la foi ardente et la plus généreuse volonté s'unirent pour créer cette merveille [4] ».

La « Nea » fut construite sur l'emplacement qui servait jusque-là aux exercices hippiques de l'empereur, le « Τζουκανιστήριον [5] ». C'était un édifice à cinq coupoles, orienté comme toute église grecque, du côté de l'orient [6]. Le narthex se trouvait donc situé à l'occident. On y accédait en traversant un atrium (προαύλια) décoré de deux fontaines ou « phiales », ornées de leurs traditionnelles pommes de pin. L'une — celle qui se trouvait du côté sud — était faite de marbres d'Egypte. Des dragons sculptés ornaient l'extérieur du bassin, tandis qu'autour de la pomme de pin des colonnettes à chapiteaux envoyaient l'eau dans le bassin par un jeu que nous nous figurons aisément. L'autre phiale, celle du nord, était en pierre de Sangaros. Sur le bassin se trouvaient des coqs, des boucs, des béliers de bronze, lançant avec la pomme, mais en sens inverse, l'eau dans le bassin [7]. Tout autour, on avait placé des coupes dans lesquelles jaillissait, à certains jours de fêtes, du vin que pouvaient boire les passants. Cet atrium était entouré de portiques (προπύλαια) qui, probablement, partaient du narthex et se trouvaient sans doute continués par les galeries dont nous allons parler, si du moins il faut traduire par « portiques » le passage

---

1. Sym. Mag., xi et xii, p. 753.
2. Salomon était pour les Empereurs byzantins, bâtisseurs d'églises, le grand modèle qu'ils voulaient imiter et surpasser. Justinien, déjà, se flattait, en contemplant Sainte-Sophie, d'avoir éclipsé Salomon.
3. *Vit. Basil.*, lxxvi, p. 336.
4. *Ibid.*, lxxxiii, p. 341.
5. *Vit. Theoph.*, xliii, p. 157.
6. *Vit. Basil.*, lxxxvi, p. 344. *Cerem.*, p. 348. Cf. Labarte, *op. cit.*, p. 200.
7. *Vit. Basil.*, lxxxv, p. 344.

de Photius décrivant l'entrée de la basilique[1]. Du côté nord comme du côté sud, l'édifice était flanqué de deux promenoirs de forme cylindrique, égaux entre eux, ayant chacun une porte qui donnait directement dans l'édifice. Le promenoir sud aboutissait sur une place du palais située à l'est de l'église. Cette place terminait probablement les domaines impériaux et par là devait passer sans doute l'enceinte du palais. Au-delà se trouvaient des maisons privées appartenant à l'aristocratie byzantine. L'empereur acheta ces maisons, fit niveler la place et construisit le « ταμιεῖον » et l' « οἰκονομεῖον » de son église [2]. Les deux promenoirs d'égale longueur formaient derrière l'abside de la basilique un long espace rectangulaire. C'est là que l'empereur fit planter « un nouvel Eden », un paradis aux arbres et aux plantes variés, à l'eau abondante, le « Mésokipion ».

De l'atrium, on pénétrait dans l'église par le narthex, vaste vestibule où aux grands jours de fêtes, la cour recevait l'empereur. Un escalier intérieur permettait de monter sur la terrasse (ἡλιακόν) formée par le haut du narthex. Cette terrasse était en relation directe avec le palais. L'église elle-même devait probablement avoir la forme d'une croix aux branches égales enfermée dans un carré. Au centre de la croix s'élevait la grande coupole. Quatre autres coupoles plus petites entouraient cette coupole centrale, mais nous ignorons de quelle façon elles étaient placées : aux extrémités des bras de la croix ou dans les carrés formés par les bras. Le fond de l'édifice était, comme de coutume, caché aux regards des fidèles par l'iconostase derrière lequel se trouvait le sanctuaire. Celui-ci formait comme trois chapelles de forme absidiale ayant chacune son autel, dédié à l'un des patrons de l'église. Une porte spéciale pouvait très probablement conduire des nefs latérales à l'intérieur du chœur. L'église ne paraît pas avoir eu d'étage supérieur. Le « gynécée » se trouvait, suivant l'usage d'alors, du côté nord [3].

2. Migne, cii, p. 568. Le passage, en effet, peut fort bien être entendu dans un sens plus général. Les « προπύλαια » de Photius ne seraient alors que les προαύλια de Constantin dont nous avons parlé.
3. *Vit. Basil.*, ch. lxxxvi, p. 344.
4. Labarte, *op. cit.*, croit, au contraire, que le gynécée se trouvait au premier étage comme à Sainte-Sophie. Il appuie son dire sur ces mots du *Livre des Cérém.*, p. 352 : « εἰσέρχονται ἐν τῷ ἐκεῖσε προσευχαδίῳ, κἀκεῖθεν ἐκβαίνοντες εἰς τὸν πρὸς τὴν θάλασσαν νάρθηγα ». Mais l'argument ne paraît pas

Ce qui faisait l'incomparable beauté de ce monument, c'était sa décoration tant intérieure qu'extérieure. C'était bien vraiment, comme le disait Constantin : « Une belle fiancée tout ornée de perles, d'or et d'argent, de marbres aux mille couleurs, de mosaïques et de tissus de soie, qui s'avançait vers son immortel Époux, le Christ »[1]. Les galeries dont nous avons parlé, avaient leur plafond tapissé de fresques « ἐξ ἐνύλων γραφῶν κατηγλαϊσμένος τὴν ὀροφήν »[2] représentant les combats des martyrs, tandis que les parois avaient un revêtement de marbre blanc agencé avec tant d'art que la juxtaposition des plaques et la jonction des côtés étaient tout à fait dissimulées et faisaient croire — chose que Photius trouve incomparable — à une seule pierre sillonnée de lignes droites. L'intérieur de l'église ne le cédait naturellement en rien à l'extérieur. A l'éblouissante dorure des coupoles qu'on voyait de partout au dehors, correspondaient au dedans dans ces mêmes calottes l'or et la couleur des icones en mosaïque. La coupole centrale était ornée d'une image du Christ « Pantocrator ». « On dirait, dit Photius, que le Christ regarde le monde et qu'il en médite l'ordonnance et le gouvernement ». Tout autour de cette mosaïque, l'artiste avait placé une foule d'anges[3]. Quant aux parois du temple, elles étaient revêtues d'une décoration de marbres polychromes, alternant soit avec des placages d'or et d'argent, soit avec des mosaïques. Ces mosaïques faisaient probablement le tour des parois de l'édifice à la façon d'une frise, car Photius dit qu'elles remplissaient le temple. Elles formaient un grand ensemble représentant le chœur des apôtres, des martyrs, des prophètes et des patriarches avec, sans doute, des inscriptions tirées de l'Écriture et adaptées à la sainteté du lieu[4]. Mais l'œuvre admi-

probant car d'une part on ne dit en nul endroit que les souverains soient montés pour parvenir à l'oratoire et, de l'autre, l'expression « ἐκϐαίνοντες » semble la même que la nôtre lorsque nous disons : « ils descendirent du sanctuaire dans le narthex, en bas de l'église. »

1. *Vit. Basil.*, ch. LXXXIII, p. 341.
2. *Ibid.*, ch. LXXXVI, p. 344.
3. Photius, *op. cit.*, p. 572.
4. Photius, *ibid.*, dit que ces personnages, tout en se taisant, criaient des paroles bien connues, par exemple : « qu'elles sont aimables tes tentes, Seigneur des puissances. » On a donc ici une disposition que nous allons retrouver plus loin au Kenourgion. Les fresques ne commencent qu'à une certaine hauteur. Au-dessous d'elles, faisant soubassement, des revêtements de marbres polychromes.

rable par excellence était le sanctuaire. Les colonnes de l'iconostase, comme l'architrave qui les unissait, étaient d'or et d'argent rehaussé de pierres précieuses et de perles. Il en allait de même des portes, des sièges qui se trouvaient à l'intérieur du sanctuaire, des degrés placés devant eux, des tables qui servaient à la préparation du sacrifice. Quant à l'autel surmonté d'un ciborium à colonnes d'argent doré il était fait d'une matière plus précieuse que l'or. Il était probablement enrichi d'émaux et de pierres précieuses. Comme nous l'avons dit, il semble que le sanctuaire était composé de trois absides. Chacune était vraisemblablement décorée de fresques. Néanmoins Photius ne nous parle que de l'abside centrale au fond de laquelle resplendissait l'image de la Vierge « étendant sur nous ses mains pures et donnant à l'Empereur le salut et la victoire sur ses ennemis. »

De son côté, le pavement de l'église était lui aussi une véritable œuvre d'art, fait de plaques de marbres aux mille nuances, représentant des animaux et autres choses diverses enfermés dans des compartiments habilement agencés. Des bandes de mosaïques à dessins variés formaient la bordure extérieure de l'ornementation. En somme ce devait être un travail assez analogue au magnifique pavement du Louvre rapporté par Renan. C'est ce pavement qui faisait dire à Constantin qu'on eût dit un tapis de soie ou un travail de Sidon [1].

Enfin, du haut des voûtes descendaient de nombreux « polykandela » d'argent ciselé dont à certains jours et en certaines circonstances on ornait le palais impérial. Ces lustres éblouissants devaient admirablement compléter l'ornementation de l'église.

Le « Livre des Cérémonies » [2] en nous conservant le souvenir des fêtes qui se célébraient chaque année au jour anniversaire de la Dédicace de la « nouvelle église » nous apprend qu'il y avait à l'intérieur du temple plusieurs sanctuaires. L'un était dédié à saint Elie. L'Empereur, une fois l'an, y venait faire ses dévotions. Après avoir baisé les portes saintes, il entrait dans le sanctuaire, baisait l'autel et vénérait la relique du prophète. En sortant, il passait devant les autres « βημάτα », allumait un

---

1. *Vit. Basil.*, LXXXIII, p. 341.
2. *Cerem.*, 345, 348.

cierge devant chacun, baisait la couverture de l'autel et se dirigeait de là par le gynécée jusqu'à l'image de l'empereur Basile auprès de laquelle il allumait des cierges. Que faut-il conclure de là ? Il est peu probable que la nouvelle basilique ait eu, comme en Occident, des chapelles distinctes. Cet usage était tout à fait inconnu des Grecs d'autrefois, comme il l'est encore des Grecs modernes. Dans les églises, il n'y avait qu'un autel sur lequel on célébrait la messe. Le plus vraisemblable, c'est que le sanctuaire de la « Nea » comptait outre l'autel central, plusieurs autels secondaires — probablement deux — servant pour l'ordinaire à la préparation liturgique. Chacun était, sans doute, dédié à l'un des saints sous le vocable desquels se trouvait l'église et comme l'autel de saint Elie possédait une relique qu'on vénérait beaucoup, le manteau du prophète Elie, une fête spéciale avait été instituée à ce sujet [1]. L'empereur, ainsi que tout le peuple, venait y faire ses dévotions. En partant, il passait devant le maître-autel et l'autre table sainte pour gagner le gynécée et le narthex. Rien ne permet donc de supposer plusieurs sanctuaires indépendants les uns des autres.

Un autre temple construit par Basile dans l'enceinte du grand palais et dont Constantin Porphyrogénète nous a donné la description [2] achève de nous faire connaître avec quelle incroyable richesse l'empereur ornait les églises qu'il construisait : l'oratoire du Saint-Sauveur. Il se trouvait directement au-dessous du grand palais, vers l'est, près du sanctuaire de Saint-Elie et de Saint-Clément. Comme à la Nea, l'or, l'argent, les pierres précieuses avaient été répandus à profusion dans l'édifice. Le pavé tout entier était d'argent massif travaillé au marteau. Les parois des murs, à droite et à gauche, elles aussi, étaient recouvertes de plaques d'or et d'argent, ornées de pierres précieuses et de perles. Les colonnes de l'iconostase étaient d'argent comme leur soubassement, tandis que l'architrave était d'or pur. L'image du Christ « Théandrique » se voyait en plusieurs endroits exécuté « μετὰ χυμεύσεως », c'est-à-dire en

---

[1]. On sait qu'aujourd'hui encore, sans doute par tradition, chaque année le sultan s'en va vénérer au vieux Seraï le manteau du prophète. Seul le nom a changé. Autrefois c'était Elie, aujourd'hui c'est Mahomet,

[2]. *Vit. Basil.*, ch. LXXXVII, p. 345.

émail [1], ce qui convenait à merveille à une pareille œuvre d'orfévrerie.

Enfin il semble bien que ce sont les grandes restaurations entreprises par Basile aux Saints-Apôtres que Constantin le Rhodien a racontées dans son poème sur les merveilles de cette église. Les Saints-Apôtres, en effet, étaient un lieu particulièrement vénérable pour les Basileis, puisque c'était là que la plupart d'entre eux dormaient leur dernier sommeil. Basile lui-même y devait être enterré un jour et ce fut là qu'il conduisit la dépouille mortelle de sa femme et de son fils Constantin. Et cependant, cette église si resplendissante de beauté à l'époque où Justinien et Théodora la construisirent était tombée dans le plus complet délabrement. La solidité laissait beaucoup à désirer ; certaines parties étaient même détruites ; partout elle portait des traces de la plus grande vétusté [2]. Basile la fit donc réparer de fond en comble. Il consolida les parties qui menaçaient ruine, reconstruisit celles qui avaient disparu et lui rendit tout son éclat premier [3]. Or, il se trouve que la description enthousiaste de Constantin le Rhodien est en parfait accord avec tout ce que nous connaissons des habitudes, du goût et du style artistique du règne de Basile. L'église, comme la Nea et le Kenourgion dont nous allons parler, était tapissée de mosaïques. Elles prenaient à une certaine hauteur au-dessus du sol, l'espace laissé libre entre le pavé et les mosaïques étant occupé par une décoration de marbres polychromes, et garnissaient les cinq coupoles. Dans le dôme central, l'artiste avait représenté la figure du Christ et autour de lui, la Vierge et les Apôtres [4]. Dans les coupoles secondaires et sur les pendentifs [5], d'autres mosaïques à fond d'or resplendissaient magnifiquement. Les murs enfin étaient ornés de tableaux (θαύματα) représentant, comme d'usage à cette époque, des sujets religieux à allure historique. C'était la vie terrestre du Christ qui se déroulait sous les yeux du spectateur depuis l'Annonciation jusqu'à la Passion. Il y avait sans doute dix à douze tableaux de ce genre [6] groupés proba-

1. Labarte, *op. cit.*, p. 92.
2. *Vit. Basil.*, ch. LXXX, p. 337.
3. *Vit. Basil.*, ch. LXXX, p. 337, 340.
4. *Constantin le Rhod.*, v, 739, p. 58.
5. *Ibid.*, 744, p. 58.
6. *Ibid.*, p. 98 et seq.

blement d'une façon symétrique de manière à orner toutes les parties de l'édifice.

Malheureusement, de toutes ces richesses artistiques il ne reste plus rien aujourd'hui et Constantinople ne possède plus une seule église datée avec certitude du règne de Basile. Pour trouver un monument de l'art religieux élevé à cette époque, c'est en Grèce qu'il faut aller, à deux heures et demie de Liwadhia, au village de Skripù [1]. L'église du petit couvent est, en effet, datée de 873 à 874. A ce moment, sous l'impulsion artistique donnée par la capitale, par suite de la conversion des peuples encore païens, après les dévastations iconoclastiques, l'empire, et spécialement la Grèce, se couvrirent de monastères et d'églises qui devinrent rapidement des centres de civilisation. Construites sur des hauteurs abruptes ou à l'entrée des gorges, solidement fortifiées pour résister aux attaques du dehors, ces « saintes maisons » furent dès leur fondation le lieu de rendez-vous des populations. C'est là qu'on venait prier, se réfugier en cas de danger, chercher aide et protection. Aussi, Basile, au lendemain de la querelle iconoclastique, à l'heure où il rêvait de grouper autour de son trône tout l'Orient chrétien et d'inaugurer une grande politique religieuse et militaire, avait-il intérêt à ménager les moines, à les favoriser et à travailler à leur établissement. De là l'origine de la plupart des couvents du IXe siècle signalés en Grèce, comme celui de Pyrsos, fondé en Etolie par Théophane, ceux de Béotie fondés par Basile [2]. Actuellement, du couvent de Skripù il ne reste que l'église. Cet édifice d'assez modeste allure a cependant pour l'archéologue aussi bien que pour l'historien un grand intérêt. Les trois inscriptions qui en décorent l'intérieur nous apprennent que cette église fut construite entre 873 et 874 par le protospathaire Léon. Evidemment nous n'avons pas de renseignements précis sur ce personnage. Toutefois, l'une des trois inscriptions publiées par M. Strzygowski donne en dernière ligne une curieuse indication. Léon était un « dunatos » possesseur du territoire d'Orchomène. Or, ce Léon, protospathaire, assez riche pour construire une grande église, maître de ce pays

---

1. Pour tout ce qui suit, cf. Strzygowski. Inedita des Architektur und Plastik aus der Zeit Basilios I. (*Byz. Zeit.*, III, 1894, pp. 1-16, avec les planches).
2. Strzygowski, *op. cit.*, p. 3.

d'Orchomène, était peut-être quelque parent de Daniélis, en tous cas un assez grand seigneur.

L'église qu'il construisit se ressent très visiblement des influences anciennes et nouvelles qui agissaient sur l'art de cette époque. Comme toujours, la construction fut faite de matériaux pris à d'anciennes constructions. M. Strzygowski a compté au-dessus de la première frise extérieure 37 morceaux de colonnes encastrés dans le mur et recouverts de maçonnerie. Les pierres de taille qui forment la première assise extérieure de l'église furent elles aussi, de leur côté, prises à des monuments plus anciens. Le plan de l'église lui-même est conçu tout à la fois d'après les traditions du vi$^e$ siècle et d'après les modifications que les architectes du ix$^e$ siècle apportaient pour lors dans la construction des monuments religieux. L'église de Skripù, en effet, a la forme d'une croix dite latine. Au centre de la croix, à l'intersection des deux nefs centrales, s'élève, portée sur une voûte en berceau, l'unique coupole de pierre. Celle-ci est déjà construite sur le modèle de celles de Constantinople. La demi-calotte repose, à l'extérieur, sur un tambour de forme polygonale comptant seize côtés, tambour peu élevé et de base assez large comme celui qui décore l'église de Saint-André-in-Crisi, par exemple, et qui est probablement son contemporain. Vue de l'intérieur, la coupole est ronde. D'autre part, ici, comme dans les églises de la ville construites par Basile, nous avons des chapelles latérales avec leur table sainte pour le service de l'autel. Tandis que la nef centrale, terminée par une abside, est dédiée à la Panaghia et à son divin Fils, de chaque côté de la nef nous avons une nef latérale plus étroite et plus basse que la nef centrale, terminée elle aussi par une petite abside. L'une est dédiée à l'apôtre saint Paul, l'autre à l'apôtre saint Pierre [1]. Au devant des trois nefs, s'ouvre le narthex avec ses trois portes, chacune correspondant à un des « naoi ». Si maintenant, de la construction elle-même nous passons aux ornements qu'elle conserve, nous retrouvons des influences analogues. Les frises qui, à l'extérieur et à l'intérieur, la décorent, ont gardé de l'époque iconoclastique un caractère « laïque » assez déterminé. Ce sont des bandes

---

1. Chacun des deux « naoi » conserve encore aujourd'hui son inscription dédicatoire.

de briques bordées en haut et en bas d'une décoration de perles. Le champ de la frise est rempli par des dessins réguliers représentant des palmes, des feuillages, des rubans entrelacés. La frise extérieure de l'abside centrale porte dans des rosaces à feuillages assez grossiers, alternant avec d'autres rosaces à dessins géométriques, des animaux, lion à tête humaine passant sur un quadrupède plus petit, vautour courant derrière un cerf. Les frises intérieures portent, de même, des palmes, des oiseaux, des raisins. Aux angles des piliers qui soutiennent la coupole, au lieu des anges et des saints que d'autres époques peignent, il y a ici des aigles aux ailes éployées [1]. Les murs sont aujourd'hui simplement blanchis. Nulle trace de peintures antérieures. Il est probable, cependant, qu'il dut y en avoir car, à l'époque de Basile, la décoration intérieure des églises reprit une grande importance. Nous avons vu déjà ce qu'il fit pour certaines églises de sa ville impériale. Il est très vraisemblable que la mode dut passer en province et que Skripù posséda des mosaïques représentant quelques sujets d'allure tout à la fois historique et dogmatique comme les aimait le premier Macédonien et comme les demandait l'Eglise [2].

L'activité artistique de Basile ne resta pas seulement confinée au sein de l'art religieux. Elle s'étendit à l'art profane et créa les merveilles un peu lourdes peut-être, mais incontestablement somptueuses qu'abritait le grand Palais. Constantin VII nous a raconté avec d'abondants détails les constructions que son grand-père entreprit et qu'il orna ensuite avec splendeur. Par là Basile continuait l'œuvre de ses prédécesseurs, particulièrement de l'empereur Théophile, dont en pleine crise iconoclastique l'effort artistique fut considérable.

Le Palais impérial situé à l'intérieur d'une enceinte spéciale, n'était pas une construction unique composée d'un corps de bâtiment central réservé au souverain et accompagné de demeures accessoires pour le service et les gens de la cour.

---

1. Cf. sur l'évolution de ces motifs, Millet, *Art byzantin*, p. 152, 153.
2. L'Eglise, en effet, demanda par le 3e canon du Concile de 870 que l'on recommençât à faire de la peinture dogmatique. « De même que par les paroles qui sont renfermées dans le livre (Evangile) tous obtiennent le salut, de même par le travail des images en couleur, tous, sages et illettrés, tirent profit. » (Mansi, XVI, 161).

C'était bien plutôt un ensemble d'édifices de diverses époques, construits au fur et à mesure des goûts et des besoins du jour, quelque chose comme un Kremlin solidement fortifié, vraie ville au sein de la ville [1]. Une des plus magnifiques demeures que Basile y fit construire fut le Kenourgion [2]. Ce Palais touchait au Chrysotriclinium ou salle du trône par l'abside méridionale [3]. C'était la demeure privée de Basile. Il comprenait plusieurs salles dont deux, le salon et la chambre à coucher, sont longuement décrites par Constantin. Le salon, grande et merveilleuse pièce voûtée, à coupoles [4] par où, sans doute, passait la lumière, était orné de seize colonnes. Huit étaient en marbre vert de Thessalie, six en onyx. La décoration de ce salon, telle que nous le rapporte Constantin VII, est très intéressante. Les chapiteaux des colonnes étaient de même style que celui des églises. Comme à Skripù, les artistes représentèrent des ceps de vigne au milieu desquels couraient des animaux de toutes espèces. Seuls, les chapiteaux des deux dernières colonnes étaient ornés différemment, de stries obliques. Les murs, la voûte et la coupole orientale étaient revêtus de mosaïques représentant des sujets historiques. Sur les murs, Basile trônant au milieu de ses généraux qui lui présentent les villes qu'il a prises ; sur la voûte les grands faits de la vie du prince, surtout ses faits d'armes. Une décoration du même genre, à tendance nettement historique et didactique, se retrouvait dans la chambre à coucher de Basile séparée seulement du salon par un petit vestibule. Là, contre les murs, étaient représentés sur fond d'or, Basile et Eudocie en grands costumes impériaux ainsi que leurs enfants eux aussi en costumes de cour. Princes et princesses tenaient en leurs mains des livres religieux, sans doute l'Evangile, pour indiquer, nous dit Constantin, que si Basile « à cause des vicissitudes de sa vie, n'a pu s'adonner de bonne heure aux lettres, il a voulu du moins que sa progéniture reçut la sagesse en partage ». Le pavement

1. « Constantinopolitanum palatium non pulcritudine solum, verum etiam fortitudine omnibus, quæ umquam perspexerim, munitionibus præstat, quod etiam iugi militum stipatione non minima observatur. » Liutpr., *Antap.*, III, 21, 332).
2. *Vit. Basil.*, LXXXIX, p. 348.
3. Labarte, *op. cit.*, 77.
4. Il semble bien qu'il devait y avoir au moins deux coupoles puisque Constantin parle de la coupole orientale.

de cette chambre était particulièrement remarquable. Au milieu du sol s'étalait un paon magnifique[1] renfermé dans un cercle de marbre de Carie. Des rayons du même marbre formaient au dehors un second cercle plus grand d'où partaient « quatre ruisseaux » de marbre vert de Thessalie s'en allant aux quatre angles de la pièce. Dans les compartiments formés par ces ruisseaux se trouvaient quatre aigles admirables et d'une imitation si parfaite qu'on les eût dit vivants et prêts à s'envoler. Les soubassements des murs représentaient, en mosaïques, des fleurs variées. Le plafond, enfin, qui était de forme carrée était probablement en bois tout lamé d'or. Au milieu la croix gemmée en verre de couleur verte, entourée d'étoiles et l'Empereur au milieu de sa famille, dans la position d' « orant », avec diverses inscriptions pieuses.

Indépendamment de ces constructions affectées à son usage personnel, Basile fit encore, à l'intérieur du grand Palais, élever d'autres édifices dont nous ne connaissons pas l'ordonnance, comme le trésor impérial, le garde meuble, les bains du Palais[2] et un triclinium près des galeries de Marcien, le Pentacoubouklon. Il fit enfin réparer la Chalcé tombée en ruine, l'orna magnifiquement et installa dans ce nouveau palais le tribunal « beaucoup plus auguste que l'Aréopage et l'Héliée[3] ». De même, en dehors de la ville, il reconstruisit et embellit d'autres demeures impériales, à Mangana, à Pigi, à Hieria. Mais sur tous ces travaux, nous n'avons d'autre détail que la brève mention qu'en fait Constantin VII[4]. Malgré ces lacunes, on le voit donc, l'œuvre artistique de Basile a été immense. Prenant l'art au point où l'avaient laissé les princes iconoclastes, il lui a donné une nouvelle impulsion. De l'époque qui précéda son avènement, il garda les sujets d'ornementation profane que cette époque avait créés pour remplacer les motifs purement religieux, mais sous son influence, là comme ailleurs, la religion rentra triomphante et unit bientôt son inspiration propre à celle qu'elle rencontrait. L'inspiration profane, loin de disparaître, donna tout au contraire naissance aux grands sujets d'histoire qui s'en iront orner les demeures impériales et parti-

1. On sait que le paon était le symbole de l'immortalité.
2. *Vit. Basil.*, ch. xc, p. 352.
3. *Ibid.*, ch. xxxi, p. 276.
4. *Ibid.*, ch. xci-xcii, p, 353.

culières de l'Empire, tandis que l'inspiration religieuse, profitant de la leçon, reproduira dans les églises et dans les monastères, avec les scènes de la vie du Christ. celles de la Vierge et des saints. Au point de vue du développement architectural, le règne de Basile est aussi une époque importante. De plus en plus on va abandonner la forme basilicale avec son toit de bois pour adopter l'église à coupoles qui restera dans l'histoire de l'art la caractéristique de l'art proprement byzantin. Mais cette renaissance artistique qui aura son plein développement au $x^e$ siècle ne s'est pas fait seulement sentir en architecture et en peinture. Elle a agi sur les arts mineurs dont, en terminant, il faut dire quelque chose.

Un des plus beaux exemples de la miniature du $ix^e$ siècle est le fameux manuscrit de saint Grégoire de Naziance auquel on peut ajouter un manuscrit du même Père qui se trouve à Milan, un Psautier en onciale daté de 862 actuellement à Pétersbourg, ainsi qu'un manuscrit des opuscules ascétiques de saint Basile daté de 880 et conservé dans la Bibliothèque du saint Synode à Moscou [1]. Le premier est orné de quarante-six pages illustrées dont quelques-unes, malheureusement, sont aujourd'hui fort endommagées. Sur ces quarante-six pages, dix sont illustrées en forme de tableaux tenant toute la page. C'est tout d'abord le Christ triomphant assis sur un trône et « donnant sa paix » ; c'est ensuite Eudocie avec Léon Alexandre. « Comme au Kenourgion, les jeunes princes tenaient à la main le rouleau des lettres saintes [2]. » C'est Basile avec Elie et Gabriel. L'empereur était, sans doute, peint suivant les méthodes en usage chez les mosaïstes. Il porte une longue tunique de violet pourpre et le manteau impérial, le loron d'or, enrichi de pierreries et de perles. Ses pieds sont chaussés des brodequins rouges, signes de la toute puissance [3] ; sa tête porte le stemma. La parenté des compositions du Parisinus et des mosaïques du Kenourgion paraît donc ici comme assez probable. L'auteur

---

1. Parisinus, 510 ; Ambrosianus, 49-50 (Porphyre, 216 ; Amphil., 2-3. — 254 (CCXLI) Sabas 5 ; Amphil., 4-8.) Cf. Montfaucon, *Paléogr. grecq.*, VIII, 250 ; Labarte, *Histoire des Arts industriels au Moyen-Age*, III, 35 et seq. Omont, *Fac-similés des miniatures des plus anciens manuscrits grecs de la Biblioth. nationale* ; Tikkanen, *Die Psalter Illustration im Mittelalter*.

2. Millet, *op. cit.*, p. 240.

3. L'héritier présomptif avait le droit de porter une bottine rouge et l'autre noire (Ibn Hordadbeh, p. 81).

s'est sans doute inspiré de ces peintures fameuses pour composer ses portraits. — Indépendamment des tableaux en pleine page, le Parisinus porte au début de chaque sermon, avant le texte, une miniature qui se déroule en plusieurs compartiments, formant ainsi 118 compositions très diverses. Les sujets ont toujours quelque attache plus ou moins saisissable avec le texte publié et là aussi, comme dans les mosaïques, les nouvelles tendances artistiques sont parfois très nettement marquées [1]. Le miniaturiste a voulu peindre en historien les scènes qu'il illustre : historien de la vie de S$^t$ Grégoire, historien des faits les plus saillants de l'Ancien et du Nouveau Testament. Certaines de ces miniatures, comme la Transfiguration et la Pentecôte, semblent, au dire de M. Millet [2], copiées sur des mosaïques ou des icones et corroborent par là l'idée qu'on peut se faire de la peinture au $IX^e$ siècle.

En tous cas, une chose est hors de doute : c'est la merveilleuse venue de quelques-uns de ces grands tableaux. Si les portraits du début sont trop effacés pour que nous puissions juger convenablement de l'expression que l'auteur avait su leur donner, du moins telle page comme la Transfiguration, ou le tableau de Moïse frappant de sa verge le rocher sont d'un grand effet. Nous sommes loin ici des traditionnelles attitudes hiératiques tant reprochées aux Byzantins. Par la noblesse, l'élégance, le naturel de certains maintiens, par la beauté et la vivacité des couleurs — tel un guerrier portant superbement son manteau rouge flottant au vent — nous sommes obligés d'admettre, ou que l'artiste a copié avec le plus grand talent une œuvre antérieure appartenant à une époque plus classique, — ce qui serait peu probable — ou que les traditions du grand art sans cesse vivifiées au contact de la nature n'étaient point complètement perdues à la fin du $IX^e$ siècle.

Au point de vue du « métier » ce manuscrit a, en outre, un très grand intérêt, car nous saisissons sur le vif, grâce aux

---

1. Il faut, dans l'étude de ce manuscrit, bien distinguer les artistes qui ont travaillé à l'enluminure. L'un, le plus habile, un véritable artiste, s'inspire visiblement de modèles antérieurs, nous l'allons voir ; l'autre ou les autres ont moins de science, de finesse et de talent, mais paraissent plus attentifs à copier ce qu'ils voient autour d'eux : costumes, meubles, etc.

2. Millet, *op. cit.*, p. 241.

dégradations actuelles des images, la façon de travailler des miniaturistes byzantins. L'artiste qui peignit le S$^t$ Grégoire avait, en effet, commencé par coller sur le parchemin une feuille d'or et sur cette feuille qui devenait ainsi le fond de son tableau, il avait d'abord dessiné corps et figures à la plume, puis les avait ensuite peints à la gouache. C'est ainsi, par exemple, que le corps du Christ dans la scène de la crucifixion fut dessiné, au pinceau, avec une couleur brun rouge très légère avant d'être revêtu de sa tunique violette. Enfin, chose intéressante, l'inspiration de certaines pages semble nettement avoir ses origines dans l'art syriaque du vi$^e$ siècle. On sait qu'il existe actuellement une grave question : celle de savoir si tout l'art byzantin ne dérive pas de l'art oriental. M. Strzygowski s'est fait dernièrement encore, à propos du Psautier serbe de Münich, l'ardent défenseur de cette théorie [1]. Sans entrer dans la discussion de cette difficile question, on peut remarquer, néanmoins, qu'au ix$^e$ siècle, l'artiste qui peignit le Parisinus 510 s'inspire visiblement de cette tradition. La crucifixion semble, en effet, une réplique, à quelques détails près, de la crucifixion du manuscrit cyriaque du vi$^e$ siècle conservé actuellement à la Laurentienne à Florence. Dans l'une et l'autre œuvre, le Christ est vêtu d'une longue tunique violette qui lui descend jusqu'au milieu des jambes ; les bras sont dans la même position horizontale et Longin porte le même vêtement rouge. Seuls certains détails ont changé. Les pieds du Christ, par exemple, reposent, dans le Parisinus, sur une tablette, tandis que dans le manuscrit syriaque, ils pendent sans appui, cloués directement sur le bois de la croix. La Vierge et S$^t$ Jean sont, de même, dans une position légèrement différente : ils se trouvent de chaque côté de la croix. Ces détails étaient, ce semble, curieux à noter. Ils montrent bien, je crois, les ressemblances fondamentales qui existent entre la conception des deux œuvres et les modifications que les habitudes et les traditions iconographiques apportèrent en l'espace de trois siècles [2].

De la tendance que nous avons signalée, de faire de la peinture d'histoire, tendance qui a, sans nul doute, son origine

---

1. Strzygowski, *Die Miniaturen des serbischen Psalters* ; cf. Diehl, *L'illustration du Psautier dans l'Art byzantin*, écrit à ce sujet.
2. Labarte, *Hist. des Arts industr.*, III, 37 et seq. Album, II, LXXX, LXXXI.

dans les prohibitions et les essais de l'art iconoclastique, nous avons, en miniatures, d'autres exemples parvenus jusqu'à nous. Le manuscrit de Paris 923 du IX⁰ siècle qui est un recueil de morceaux choisis et de parallèles des Pères de l'Eglise, reproduit, à côté de sujets religieux, des scènes de genre, comme le travail du médecin ou du peintre, des exercices athlétiques, etc. Mais l'exemple le plus curieux est assurément le Psautier dit Chludov conservé aujourd'hui à Moscou[1] et sur lequel, l'auteur, avec un pinceau très alerte, une verve parfois très comique, a esquissé « sans fond, ni sol » au hasard d'un espace blanc, de caractéristiques silhouettes, pleines de vie et de mouvement qui rappellent, à côté de scènes religieuses, quelques faits d'histoire contemporaine : le pseudo-Concile de 815 ; Léon l'Arménien faisant couvrir de chaux une image du Christ ; le patriarche Nicéphore triomphant qui foule du pied le chef des Iconoclastes ; le faux patriarche Jean, etc[2]. Dans ce Psautier d'aspect et de but tout religieux, les haines, les idées, les partis d'un jour s'entrechoquent et combattent comme en pleine vie et en pleine réalité. Or, cet exemple si curieux n'est pas unique. Nicétas nous raconte, en effet, dans son panégyrique de Sᵗ Ignace qu'on trouva chez Photius, après sa déposition, des livres admirablement reliés en soie avec des ornements d'or et d'argent. Ecrits en superbes lettres, ces livres relataient les sept sessions apocryphes du Concile qui condamna Ignace. L'œuvre était de la main du fameux Grégoire Asbestas de Syracuse, et devait être, sans doute, exécutée comme les miniatures du Psautier Chludov. Asbestas avait représenté, en couleur, le patriarche Ignace sous divers aspects. A la première session répondait une miniature figurant le patriarche pris et frappé de verges. Au-dessus, le peintre avait écrit « ὁ διάβολος » le diable. A la seconde session, on voyait Ignace couvert de crachats et tiré violemment, avec cette sentence : « Commencement du péché. » A la troisième, Ignace était jeté à bas de son trône, avec cette mention : « Fils de perdition » et ainsi pour chaque session[3]. Là donc, comme au Psautier pré-

---

1. Le Psautier Chludov est reproduit intégralement dans la collection des Hautes Etudes.
2. Bayet, Art byzantin, p. 113.
3. Vit. Ign., p. 540-541. De ce genre historique et humoristique on peut rapprocher les amusantes illustrations du manuscrit de Skylitzès conservé

cédent, nous avons une œuvre d'histoire contemporaine, traitée par un homme de parti qui dut, sans doute, unir le ridicule à la haine et composer ainsi quelque chose de très vivant et de très personnel, qualités que les peintres des âges suivants oublièrent trop vite.

Toutes ces miniatures « par les formes pleines, les carnations riches, les larges têtes aux yeux bien fendus, au nez droit, sans recherche du caractère » trahissent souvent, comme nous l'avons remarqué déjà, l'influence de plus anciens modèles [1]. C'est que la Renaissance du $ix^e$ siècle, dans les meilleurs morceaux parvenus jusqu'à nous, semble, par certains côtés, s'être déjà retrempée, par delà le $vi^e$ siècle, aux sources de l'art antique, tout comme le fera chez nous, plus tard, la Renaissance du $xv^e$ siècle. A Thèbes, par exemple, nous avons, sculptés sur le marbre, des motifs antiques bien connus, comme les deux colombes buvant dans une coupe ; à Skripù, ce sont des paons accostés près d'un vase d'où sort une tige, motif que connaît l'art chrétien des catacombes [2]. Cette analogie, nous la retrouvons aussi, dans les miniatures. Le Parisinus 510, traite par exemple, le motif de la multiplication des pains comme le firent les peintres des catacombes d'Alexandrie [3]. Bien plus, dans le $S^t$ Grégoire de Naziance de l'Ambrosienne, à côté de scènes de l'ancien et du nouveau Testament, à côté de scènes tirées de l'histoire de l'Eglise, nous avons des illustrations de la mythologie et de la poétique païenne [4], qui, en vérité, se rapportent au texte même, mais laissent deviner jusque dans leurs transformations, la connaissance des modèles anciens. Enfin, cette influence de l'antiquité, nous pouvons la saisir maintes fois dans l'ordonnance des scènes, dans certains types, dans l'attitude des personnages, dans les costumes, souvent plus romains que byzantins, dans les encadrements enfin de certaines peintures du Parisinus comme celle qui illustre, par exemple, le chapitre xxxvii d'Ezéchiel

à Madrid et dont la Collection des Hautes-Etudes possède des reproductions. (Cf. Beylié, *l'Habitation byzantine*).
1. Millet, *op. cit.*, 242-243.
2. Strzygowski, *op. cit.*, planche III.
3. Millet, *op. cit.*, 242.
4. *Ibid.*, 243.

Les arts graphiques ne furent pas la seule spécialité des artistes byzantins. Si la peinture et la miniature eurent un assez grand succès à Constantinople parce que, sans doute, elles furent des arts volontiers cultivés dans les cloîtres, nous savons assez, par les richesses de la cour impériale, que l'orfèvrerie, la sculpture, le tissage eurent aussi un grand développement. Les ateliers de Constantinople, de Corinthe et d'ailleurs dont nous avons parlé, fabriquaient, au ix⁰ siècle, les « vela » des grandes réceptions, les tapisseries historiées avec leurs lions affrontés ou fantastiques imités peut-être de la Perse et de l'art arabe, leurs oiseaux stylisés, leurs grands sujets représentant des chasses ou des courses [1], les parements d'église comme ceux qui furent envoyés à Rome par Michel III, comme ceux qui servaient à S^te-Sophie et au Palais. La description des riches présents offerts à Nicolas I nous montre bien, en effet, quel art toujours un peu chargé, mais singulièrement riche, possédait alors Constantinople. Il y avait, entre autres choses, un tapis d'autel orné de bandes d'or et de pierres précieuses « d'une grandeur et d'une beauté merveilleuse, » dont les broderies racontaient l'histoire du Sauveur et représentaient les apôtres Pierre et Paul et autres, ainsi que des plantes et des roses [2].

L'orfèvrerie, de même, était artistiquement travaillée à Byzance. Au Palais impérial, tout était d'or : la table sur laquelle l'Empereur prenait ses repas, le siège sur lequel il s'asseyait, la vaisselle dans laquelle il mangeait [3]. On a souvent raconté, à la suite de Liutprand, les merveilles d'art que décrit dans l' « Antapodosis » l'évêque de Crémone. Il alla à la cour byzantine, en effet, à une époque particulièrement brillante, alors que sur le trône était assis un artiste habile, Constantin VII ; mais le récit de Liutprand ne doit pas faire oublier que ce luxe inouï était déjà connu au siècle précédent [4]. Au « velamen » qu'il envoyait au Pape, Michel III ajouta

---

1. Millet, *op. cit.*, 256.
2. Cf. Héfélé-Delarc, V, 446, note 1. On sait que M. Lauer a découvert au Sancta Sanctorum du Latran, parmi divers objets dont quelques-uns remontent probablement au ix⁰ siècle, une soie représentant sur fond pourpre une scène de la Nativité (Lauer, *Monuments et Mémoires de la fondation Piot*, XV, fasc. 1 et 2).
3. *Cerem. passim.* Cf. par exemple, 309.
4. M. Molinier, dans son ouvrage sur *l'Histoire des Arts appliqués à*

des objets d'orfèvrerie : une patène en or, enrichie de brillants, d'émeraudes, d'hyacinthes, avec le calice, lui aussi, en or et entouré de pierres précieuses et portant des hyacinthes attachées à des fils d'or ; deux éventails (ῥιπίδια) en forme de queues de paons et ornés, pour imiter les yeux, de diamants et d'hyacinthes. Et ces cadeaux n'étaient pas rares. Lorsque St Théodore d'Edesse alla à Constantinople, sous le règne de Théodora et de Michel, l'Empereur, à son départ, lui remit une boîte en or, garnie de pierres précieuses et de perles, avec une clef en or [1]. Sainte-Sophie, elle aussi, reçut de Michel III de somptueux cadeaux. N'est-ce pas lui qui offrit un jour, à la vénérable église, un calice et une patène d'une beauté, d'une élégance et d'une richesse incomparables ainsi qu'un polykandelon d'or [2]? De même, enfin, à la mort de Michel III, quand Basile fit ouvrir le trésor, il trouva les restes d'œuvres d'art admirables que l'Empereur avait fait fondre : un platane d'or, deux griffons et deux lions d'or, travaillés au marteau, un orgue en or, de la vaisselle plate [3]. On connaît, par ailleurs, les fameux lustres d'argent qui servaient, tour à tour, aux cérémonies religieuses de la Nea et aux fêtes profanes du Palais, comme le célèbre pavement de St-Paul en mosaïques de marbres aux compartiments bordés d'argent.

De son côté la joaillerie était très en honneur. On faisait grand usage de bagues, de bracelets, de médailles de dévotion chez les Byzantins de toutes les époques et pour le ixe siècle quelques spécimens sont arrivés jusqu'à nous. M. Schlumberger croit même posséder une fort belle bague ayant appartenu à Basile, bague en or, enchâssant une pâte verte sur laquelle est gravée la tête de face du Christ crucigère. Les deux monogrammes bien connus formant les mots KYRIE BOHΘEI..... sont gravés sur l'anneau, entourés de rinceaux finement travaillés. Ce bijou serait, par l'inscription qui entoure la tête du Christ, de l'époque où Basile était parakimomène. Deux autres bagues de la collec-

---

*l'industrie*, t. IV, p. 45, nie la réalité de tout ce luxe et spécialement l'existence des fameux lions d'or. Cependant tous ces objets, pour pouvoir être monnayés, devaient forcément être d'un autre métal que de bronze et d'une autre matière que de bois doré.

1. *Vit. S. Theod. Edess.*, LXXXV, p. 89.
2. *Vit. Mich.*, XLIV, XLV, p. 225.
3. *Vit. Basil.*, XXIX, p. 272 ; Sym. Mag. *Vit. Mich. et Theod.*, XV, p. 721.

tion Schlumberger et publiées par ce savant [1] nous peuvent donner une assez bonne idée de ce genre de travail byzantin. Le trésor de Saint-Marc à Venise, enfin, possède une couronne d'or votive qui selon toute probabilité fut commandée par Léon VI. Cette couronne, formée d'un bandeau circulaire orné de deux rangées de perles, porte quatorze médaillons représentant des bustes de saints, en émail cloisonné. L'un de ces médaillons est le portrait de Léon VI [2]. Elle est surmontée de paons. C'est que vers cette époque, à la joaillerie s'unit, avec éclat, l'art de faire les émaux (ἐργα χυμευτικὰ). Déjà au vi<sup>e</sup> siècle, Justinien employa l'émail uni à l'or pour l'autel de Sainte-Sophie et aujourd'hui encore, nous avons à Saint-Ambroise de Milan un bel exemple de l'art du ix<sup>e</sup> siècle commençant ; mais ce fut surtout entre 850 et l'an 1000 que l'émaillerie eut son plus brillant apogée [3]. Basile en fit grand usage. A l'oratoire du prophète Elie, il donna une image en émail du Sauveur. A la Nea il orna l'architrave d'or d'émaux représentant des sujets religieux [4].

Un des luxes les plus répandus à Byzance était celui des objets en ivoire. On se servait de l'ivoire pour confectionner ces coffrets et ces boîtes conservés en si grand nombre dans nos musées d'Europe ; on s'en servait comme reliures de livres, comme plaques patriciennes, probablement aussi comme meubles. Malheureusement, très peu nombreux sont les objets datés avec certitude de la fin du ix<sup>e</sup> siècle qui sont parvenus jusqu'à nous. Un des plus sûrs monuments de cette époque est l'ivoire publié par M. Schlumberger [5] et qui représente le couronnement de Léon VI. D'un côté se trouve l'empereur recevant de la Vierge, assistée de l'archange Gabriel, la couronne impériale. De l'autre côté se trouve le Christ bénissant, entouré des apôtres Pierre et Paul. Ce travail encore dur, avec ses personnages secs, mais expressifs, revêtus d'habits sculptés à grands traits, sans beaucoup de finesse et de recherche, nous fait assister aux efforts tentés vers la fin du ix<sup>e</sup> siècle pour rendre à

---

1. Schlumberger, *Mélanges d'archéol. byz.*, p. 39, 40, 42 et 68.
2. Labarte, *Histoire des arts industriels*, II, 79 et 80. Molinier, *op. cit.*, IV, 42.
3. Schulz, *Der byzant. Zellenschmelz*; Millet, *op. cit.*, 275 ; Bock, *Die byzant. Zellenschmelze der Sammlung Alex. v. Swenigorodsko*.
4. Millet, *op. cit.*, 275.
5. Schlumberger, *Mélanges d'archéol. byz.*, p. 111.

l'ivoirerie comme aux autres arts leur éclat d'autrefois. A comparer cet ivoire avec celui du Louvre publié lui aussi par M. Schlumberger[1] et qui date de la seconde moitié du $x^e$ siècle, on s'aperçoit aisément du progrès accompli. Avec une technique et une composition en réalité identiques, mais singulièrement plus habiles, les deux artistes, à cent ans de distance, ont créé deux œuvres dont l'une est le brillant couronnement de l'autre[2].
— Nous possédons, en outre, trois plaques d'ivoire qui paraissent appartenir à cette époque et qui représentent les bustes du Christ, l'ange de saint Mathieu et l'aigle de saint Jean, d'un travail assez analogue mais qui semble plus fini, plus délicat déjà que l'ivoire de M. Schlumberger. Un encadrement de feuillage du plus joli effet complète la sculpture[3]. Enfin deux couvertures de livres sont généralement attribuées à l'art byzantin du $ix^e$ siècle. L'une de ces plaques d'ivoire appartient à la Bibliothèque nationale[4]. Elle porte en son milieu un Christ en pied, bénissant de la main droite, tenant l'évangile de la gauche. Un joli portique, composé de deux colonnettes cannelées, encadre le Christ. De chaque côté de l'arcade reliant les deux colonnettes se trouve un paon, le tout du plus gracieux effet. Là aussi, du reste, comme dans l'ivoire de M. Schlumberger, il y a encore beaucoup de dureté. Les plis de la robe sont droits, sans grâce et sans flexibilité. Pieds et mains sont grossièrement traités ; mais l'ensemble de l'œuvre dénote un véritable effort. La sculpture qui recouvre le sacramentaire de la cathédrale de Monza[5], elle, ne reproduit aucun sujet. Ce sont des entrelacs entourant une croix qui se trouve au centre de la plaque d'ivoire, sur l'un des deux ais; des enroulements finement travaillés au milieu desquels se jouent des animaux, sur l'autre ais. A comparer ces sculptures avec celles de Skripù, on voit de suite la ressemblance. Les motifs sont les mêmes, l'inspiration est identique. A ces différents exemples, nous pouvons ajouter une plaque d'ivoire conservée aujourd'hui au musée civique de Bologne. Cette plaque devait sans doute

1. Schlumberger, *Mélanges d'archéol. byz.*, p. 71-72.
2. Cependant, il pourrait se faire, comme le remarque M. Molinier, que ce travail n'ait pas été exécuté à Constantinople, mais bien en province par un artiste obscur et moins habile que ceux qui travaillaient dans la capitale.
3. Molinier, *op. cit.*, I, 86.
4. Labarte, *Album*, I, pl. VII.
5. *Ibid.*, pl. VIII.

servir à ornementer une petite boîte de bois. Ce dessin est d'ordre religieux. Il représente Moïse revêtant Aaron et ses fils de l'habit sacerdotal — c'est du moins ce que nous dit l'inscription. — Là comme dans les autres exemples de l'art du ix⁰ siècle que nous avons signalés nous trouvons unis à une certaine gaucherie de composition toute de symétrie quelques-unes des qualités artistiques qui distingueront l'époque suivante. Le centre de la plaque est occupé par un des fils d'Aaron auquel Moïse remet le manteau. Le geste de ce dernier accrochant le vêtement est déjà plein de naturel comme l'expression de celui qui le reçoit est pleine de vie et de mouvement [1].

Quant aux coffrets deux spécimens qui paraissent bien appartenir au ix⁰ siècle sont arrivés jusqu'à nous. L'un se trouve au musée du Louvre. Il représente sur sa face antérieure, au dire de Labarthe, Hérode en présence des rois mages. Le bas-relief du côté gauche est plus clair. C'est l'Annonciation. Au côté droit, la Visitation. La face postérieure nous retrace deux scènes : la Nativité et la Présentation. Tous ces sujets sont traités avec aisance. Les personnages ont de l'expression, une attitude souvent vraie. Le feuillage qui encadre ces scènes a beaucoup d'analogie avec celui qui entoure l'ange de saint Mathieu. On sent, à n'en pas douter, une main qui travaille d'après des motifs souvent reproduits et qu'elle a l'habitude de traiter [2].

L'autre coffret, beaucoup plus intéressant, appartient à la collection Kircher à Rome, et est attribué par Graeven à la fin du ix⁰ siècle et par M. Schlumberger, qui le premier l'a décrit, au ix⁰ ou x⁰ siècle. Les parois de ce coffret, présent de mariage fait à une basilissa, sont divisées en deux séries longitudinales. Sauf deux exceptions, les sujets se rapportent tous à l'histoire de David, de son enfance à sa mort. Les quatre arêtes du coffret sont décorées de rinceaux, d'arabesques et de fruits. Le sommet du couvercle, formé d'un petit panneau long, représente en son centre le Christ bénissant le couple impérial en grands habits de cérémonies. Au-dessous, dans un petit compartiment, deux personnages en prière, sans doute l'Empereur et son épouse.

5. Graeven, II, photogr. 1.
6. Labarthe, *Album*, pl. IX.

Ce coffret est très curieux. L'art est le même que celui des autres plaques d'ivoire. S'il y a, comme le remarque M. Schlumberger, beaucoup de vie et de relief dans les scènes, les personnages restent courts et trapus, les diverses scènes sont encore souvent gauchement composées quoique singulièrement vives et variées ; mais déjà on saisit le progrès constant et, ce qui paraît plus intéressant, des procédés pris à l'antique. Le coffret, en effet, porte encore des traces de peinture faites sans doute pour donner plus d'éclat et de relief à la sculpture ; c'était la méthode hellénistique. — A qui appartint ce royal bijou ? M. Schlumberger a essayé de faire plusieurs hypothèses qu'il a lui-même abandonnées. Serait-il téméraire de supposer que ces scènes de David, intentionnelles à coup sûr, furent sculptées pour Basile qui, lui aussi, de pâtre devint roi, lutta victorieusement contre ses ennemis et dut combattre avant d'être reconnu par Israël, la maison de Saül [1] ?

Cet art de l'ivoirerie si répandu à Byzance, a eu dans l'Italie méridionale au $IX^e$ siècle d'assez nombreux imitateurs dont les œuvres sont représentées aujourd'hui, entre autres, par quelques beaux coffrets de la collection Carrand au Bargello à Florence. Plusieurs de ces coffrets sont de véritables œuvres d'art, par la composition, la fantaisie, l'imagination qu'a su déployer l'artiste comme par la façon souvent très finie avec laquelle les sujets sont rendus. Sur l'un, par exemple [2], l'artiste a représenté Marie au sépulcre et sur le tombeau vide l'ange lui annonçant la grande nouvelle de la Résurrection. Cette œuvre fait déjà penser, par la vie, la simplicité et la grandeur du tableau, à la fresque assez semblable que quelques siècles plus tard l'Angelico peindra dans l'une des cellules de Saint-Marc. Sur un autre coffret [3], nous avons une ascension aussi superbement enlevée que finement travaillée et qui prouve bien l'heureux et rapide développement de l'art byzantin au $IX^e$ siècle jusque dans ces pays d'Italie et de Sicile pourtant si troublés et si profondément bouleversés [4].

---

1. Schlumberger, *Un coffret byzantin d'ivoire du musée Kircher à Rome* (*Monuments Piot*, t. VI, 2. Paris, 1900).
2. N° 36.
3. N° 37.
4. Cet ivoire est reproduit par Labarte, *Album* I, pl. IX.

# CONCLUSION

### FIN DU RÈGNE DE BASILE

Depuis la mort de Constantin en 879, la vie de Basile ne fut plus qu'une longue souffrance. Brisé par ce coup du sort qui lui enlevait son véritable enfant et allait permettre à Léon VI, le fils de Michel III, sa victime, de régner et de cueillir les fruits de ses persévérants efforts, vieilli et usé par les fatigues qu'il avait assumées, Basile se laissa circonvenir par Photius et Santabarenos et il perdit la raison. Les souvenirs du passé, de ce passé maculé de tant de taches, reprenaient à ses yeux corps et vie et semblaient se lever devant lui comme un spectre pour lui rappeler ses crimes d'autrefois et les lui faire expier. Les conjurations de Photius et de Santabarenos, comme celle du domestique des Icanates Jean Kourkouas, étaient là, du reste, pour donner à ses craintes l'apparence trop fondée de la réalité. Se croyant entouré d'ennemis, prêt à succomber sous leurs coups, Basile redevint l'homme violent et cruel qu'il avait été à certaines heures de sa vie. Léon, un instant compromis dans une imaginaire révolte, fut rudement châtié ; les partisans de Kourkouas furent tondus et exilés. L'affaire de Léon eut, du moins, un épilogue. Les plans de Photius et de Santabarenos ayant échoué, ce dernier dut s'exiler dans son évêché et Photius perdit le peu d'autorité qui lui restait. A leur place, dans la confiance de Basile, un habile homme vint se glisser. C'était le futur beau-père de Léon VI, Stylianos Zaoutzès. Déjà, grâce à son intervention, Basile avait pardonné à son futur successeur et lui avait rendu la liberté. Quand Santabarenos se fut retiré, Stylianos devint tout puissant. Il était Arménien comme Basile, rusé comme tous les gens de sa race ; il avait, peut-être après Photius, été précepteur d'Alexandre et d'Etienne[1]. Il n'en fallait pas davantage pour que l'esprit affaibli de l'Empereur acceptât cette seconde tutelle. C'était pour le grand parti aristocratique, resté fidèle à la mémoire de Michel, la définitive victoire. Désormais, il était sûr de voir Léon VI régner après Basile. C'est ce qui ne tarda pas à arriver,

L'Empereur, rongé par l'inquiétude, la souffrance, la tristesse, passait son temps à chasser et c'est là que la mort vint, un jour, le chercher. Le 20 août 886, il se trouvait, en effet, dans une résidence impériale, à Apamée, non loin de Rhegion[2], pour y courir le cerf. Il était accompagné de Stylianos, du protovestiaire Procope[3] et d'un certain nombre de personnages de la cour. La chasse avait débuté sans incidents quand, tout à coup, un cerf d'une grandeur extraordinaire apparut. L'Empereur, à cheval, voulut se précipiter à sa suite. Il était seul. En entendant le bruit du cavalier, le cerf qui buvait à une source se retourna subitement et de ses bois accrocha la lance de l'Empereur et la fit tomber. Basile, à ce moment, fit-il un mouvement pour rattraper sa lance? c'est ce qu'il est impossible de savoir. Ce qui est certain, c'est que les bois du cerf vinrent se loger dans sa ceinture, l'arrachèrent de son cheval et le portèrent, paraît-il, jusqu'à Katasyrtae, tandis que le cheval revint seul au milieu des chasseurs. Aussitôt, naturellement, on se mit à la recherche de l'Empereur. Finalement, après bien des battues inutiles, un phargan de l'hétérie aperçut le cerf, put le rejoindre et couper de son épée la ceinture de l'Empereur qui tomba par terre inanimé. Mal en prit au pauvre soldat. Sa noble conduite ne fut guère récompensée car, revenu à lui, Basile, convaincu qu'il avait été l'objet d'un complot — et cela peut-être non sans raisons — ordonna de faire enfermer son sauveur et de le décapiter[4], sous prétexte qu'il avait voulu non le sauver, mais le tuer ! L'Empereur n'en était pas moins irrémédiablement condamné. Transporté à Constantinople, il vécut encore neuf jours dans les plus horribles souffrances, perdant son sang, en proie à la fièvre et au délire, accusant Photius et Santabarenos de l'avoir éloigné de

---

1. *Vit. Euthym.*, p. 2.
2. *Ibid.* p. 1 et 30.
3. *Ibid.*, p. 1.
4. Sym. Mag., XXIII, p. 761.

Dieu et de son devoir[1]. Il laissait en mourant la direction générale des affaires tant politiques qu'ecclésiastiques à Stylianos qui devenait, par sa volonté, tuteur de ses enfants. C'était le 29 août 886. Son règne avait duré dix-neuf ans. Il avait environ soixante-quatorze ans d'âge.

Dès qu'il eut expiré, suivant l'antique usage, Basile fut conduit au Triclinium des dix-neuf lits pour y être exposé aux regards de tous, revêtu des insignes de la toute-puissance : couronne, tunique d'or, débetesion. Clergé et dignitaires auliques entrèrent alors, chantèrent l'office et lorsque la cérémonie fut achevée, le maître des cérémonies s'avançant répéta par trois fois la parole d'usage : « Sors, Empereur, le Roi des Rois et le Seigneur des Seigneurs t'appelle ». Les basiliques, à ce commandement, prirent le corps sur leurs épaules pour le transporter à la Chalcé où dignitaires et fonctionnaires ecclésiastiques et civils vinrent le baiser et le saluer une dernière fois. Après quoi le maître des cérémonies ayant de nouveau répété l'ordre de Dieu, les protospathaires impériaux s'approchèrent, enlevèrent le corps et le cortège se mit en marche, par la Mesé, jusqu'aux Saints-Apôtres où l'Empereur devait reposer pour toujours dans un sarcophage de marbre vert[2], aux côtés d'Eudocie et de son fils Constantin. Arrivé à l'église, le cortège s'arrêta. On dit les dernières prières et lorsque l'office fut achevé, une fois encore le maître des cérémonies s'approcha du corps en disant : « Entre, Empereur, le Roi des Rois et le Seigneur des Seigneurs t'appelle. Dépose la couronne de ta tête ». Et aussitôt ayant pris la couronne, le préposite coiffa d'un simple bonnet de pourpre celui qui avait été Basile le Macédonien[3]. Tout était fini. Quelques jours plus tard, Léon se souvenant qu'il était fils de l'Empereur Michel III et voulant renouer par un acte officiel et public la tradition dynastique, un instant brisée, fit ramener de Chrysopolis le corps de son malheureux père et l'enterra solennellement aux SS[ts]-Apôtres dans un sarcophage qui avait autrefois servi à l'Empereur Justin[4]. La mémoire de Basile subissait en ce jour l'outrage qui

---

1. *Vit. Euthym.*, 2 et 3.
2. *Cerem.*, 1196.
3. *Cerem.*, 541 et seq. Cf. Theoph. Cont., *Vit. Constant. Porphyr.*, ch. LII, p. 485.
4. *Cerem.*, 1193. Il est, en effet, plus probable, comme le croit Reiske,

attend à travers tous les âges, les parvenus impériaux si grands qu'ils aient pu être. Morts, la postérité les oublie pour ne se souvenir que de ceux qu'ils ont dépossédés.

———

Arrivé au terme de cette longue étude sur la vie de l'Empereur Basile et sur le gouvernement impérial vers la fin du IXe siècle, il est possible, ce me semble, de dégager sans trop de peine, une conclusion assez intéressante. En somme, Basile I — tout comme Napoléon — a été l'homme d'un moment. A l'heure où il s'empara du pouvoir la Révolution iconoclastique venait d'expirer. Celle-ci n'avait point été, comme on le croit trop aisément, une simple querelle théologique, non pas même une simple lutte politique. Ce fut une véritable révolution, tout à la fois religieuse, politique et sociale qui naquit, comme tous les grands mouvements historiques, d'une idée et d'un besoin. Malheureusement, cette Révolution, ainsi que beaucoup d'autres, avait détruit d'un seul coup les anciens cadres dans lesquels se mouvait la société d'alors et n'avait pas su les remplacer. Au lieu d'une lente transformation des choses, elle avait essayé d'un brusque bouleversement et par là, tant à l'intérieur qu'à l'extérieur, jeté l'Empire dans les plus redoutables aventures. Aussi quand Basile monta sur le trône, dut-il, pour faire œuvre durable, chercher avant tout à rattacher le nouveau régime à l'ancien, faisant revivre les traditions passées tout en gardant de la période révolutionnaire ce qui pouvait et devait être gardé. Ce fut toute la raison de son retour au gouvernement de Justinien. Mais cela seul eût été encore insuffisant. La Révolution avait faussé tous les rouages administratifs, jeté dans les esprits le trouble et l'inquiétude, laissé grandir partout l'arbitraire et l'illégalité et fait péricliter au dehors l'honneur du nom romain. Malgré le règne, à certains égards bienfaisant du dernier Iconoclaste, Théophile, malgré les efforts de Théodora, il restait une œuvre immense à accomplir. Ce fut le but que s'assigna

que ce fut le sarcophage de Justin que celui de Justinien qui servit de dernière demeure à Michel.

Basile. Par la réforme des finances et du droit, par la solution du conflit religieux et la sévère administration de son gouvernement, il rendit à l'Empire le calme et le bien-être dont il avait besoin. Par l'organisation militaire qu'il imposa à ses sujets et les victoires qu'il remporta, il rétablit le prestige extérieur de Byzance. Par l'impulsion nouvelle, enfin, qu'il imprima au développement artistique de son temps, il ajouta un nouvel anneau à la chaîne qui unit, par delà les siècles et les transformations politiques et sociales, la civilisation antique à la civilisation moderne. Sur un seul point son œuvre fut vaine et ses efforts stériles : ce fut son œuvre personnelle. Il paya le crime qu'il commit pour arriver au pouvoir, de la vie de Constantin, son fils unique. Par là s'éteignait sa véritable famille ; par là Byzance, durant deux siècles, allait avoir pour la gouverner, une maison impériale fondée sur un bâtard.

# APPENDICE

## LA CHANCELLERIE IMPÉRIALE

Il m'a paru utile de résumer en cet appendice les divers renseignements diplomatiques que nous possédons sur les habitudes de la Chancellerie impériale aux ix$^e$ et x$^e$ siècles, renseignements, malheureusement, assez incomplets par suite du peu de diplômes, chartes et actes qui nous sont jusqu'ici parvenus.

Il importe, tout d'abord, de distinguer nettement les documents d'ordre administratif, tels que novelles, diplômes, chrysobulles, etc., des lettres officielles adressées aux souverains en relations avec Byzance. Tandis qu'à la confection des premiers il ne semble pas qu'un formulaire de chancellerie, fixe et intangible, ait présidé, il n'en va pas de même de la correspondance impériale. Celle-là a ses règles, ses formules, ses usages qui nous sont connus par le *Livre des Cérémonies*. Cependant, il ne paraît pas douteux que certains éléments, toujours les mêmes, n'entrassent aussi dans la confection des documents d'ordre législatif. En tous cas, nous les retrouvons à peu près constamment.

A) *Novelles et documents législatifs.* — Ces documents portent, généralement ;

1° *une suscription* composée de trois parties :

*a)* Une invocation : « ἐν ὀνόματι τοῦ πᾶσιν ἀνθρώποις νομοθετήσαντος τὰ σωτήρια Χριστοῦ τοῦ ἀληθινοῦ Θεοῦ ἡμῶν[1]... ἐν ὀνόματι τοῦ δεσπότου Ἰησοῦ Χριστοῦ τοῦ Θεοῦ ἡμῶν[2] » par exemple ;

---

1. *Nov. de Léon VI*, Zachariæ, *Jus græco. roman.*, III, 67.
2. Suscript. du *Prochiron*.

*b)* Une indication du nom de l'Empereur : « Ἀυτοκράτωρ καῖσαρ Φλάβιος Λέων, εὐσεβὴς εὐτυχὴς ἔνδοξος νικητὴς τροπαιοῦχος ἀεισέβαστος αὔγουστος πιστὸς βασιλεύς[1]. »

*c)* Une adresse, s'il y a lieu : « Στυλιανῷ, τῷ περιφαναστάτῳ μαγίστρῳ τῶν θείων ὀφφικίων ἡμῶν[2]. »

2° *Un préambule* le plus souvent à allure religieuse au début, puis explicatif des raisons qui font édicter la loi.

3° *Le dispositif.* Il est tout à fait remarquable que dans ces sortes de documents la date est rarement indiquée. Peut-être, l'était-elle, originairement, à la fin de la pièce, mais cela n'est pas certain. Quand la date est indiquée, en effet, elle l'est plutôt au début, comme dans l'Eclogue. Si donc le texte de l'adresse nous est parvenu sans date, c'est que, probablement, elle ne figurait pas dans l'original.

B) *Documents d'ordre privé.* — Les chrysobulles qui, jusqu'ici, ont été publiés, donnent une idée plus complète de la forme des actes byzantins. En général, ils forment un tout qui révèle davantage le travail de chancellerie et sont, par là, plus instructifs pour nous que les novelles. Du règne de Basile I<sup>er</sup> on a signalé l'un ou l'autre chrysobulle conservé à l'Athos, mais jusqu'ici aucun document de cette nature n'a été publié. Cependant, nous avons de l'année 924 un excellent exemple de chrysobulle qui nous renseigne suffisamment sur les habitudes de la Chancellerie. Il est de Romain Lécapène. Le document débute par une *a) invocation :* « εἰς τὸ ὄνομα τοῦ πατρὸς καὶ τοῦ υἱοῦ καὶ τοῦ ἁγίου πνεύματος » et la *b) suscription :* « Ῥωμανὸς πιστὸς βασιλεὺς καὶ αὐτοκράτωρ Ῥωμαίων. » Puis, le texte commence avec un long *c) préambule* théologique que continue *d)* l'*exposé* dont les premiers mots sont : « Διὰ ταῦτα δὴ καὶ ἡ εὐσεβὴς βασιλεία μου. » *e)* Le *dispositif* termine le corps

---

1. *Nov. de Léon VI et Prochiron.* — Il ne faudrait pas conclure, je crois, du fait que l'adresse n'existe pas ou se trouve incomplète dans nos éditions, qu'elle n'existait pas dans l'original. Il est bien probable que les copistes auxquels nous devons, le plus souvent, ces documents, les laissèrent tomber ou, de leur autorité propre, ajoutèrent des textes explicatifs qui ne se trouvaient pas dans la pièce quand elle fut expédiée. Il suffit, pour se rendre compte de la chose, de parcourir les novelles des Empereurs du x<sup>e</sup> siècle, publiées par Zachariæ, avec les notes qui les illustrent.

2. *Nov. de Léon VI.*

même du texte. Il est suivi de *f)* *clauses comminatoires* en forme d'anathème et d'imprécation et le tout est validé par *g)* la *date*, — mois, indiction, année du monde, — *h)* la *signature* de la pièce : « Ῥωμανὸς ἐν Χριστῷ τῷ θεῷ πιστὸς βασιλεὺς καὶ αὐτοκράτωρ Ῥωμαίων » [1] et la *bulle d'or* qui y appendait.

C) *Les lettres*. — Les formules de lettres employées par la Chancellerie et qui nous sont parvenues sont d'un autre et plus général intérêt parce qu'elles nous montrent bien distinctement deux choses : quels étaient les souverains le plus habituellement en relation avec Byzance et de quelle façon Byzance comprenait ces relations. Il y a dans ces formules toute une gamme de nuances très curieuses à observer. Le mieux, pour s'en rendre compte, est de mettre en parallèle les formules qui nous sont parvenues en les classant suivant un ordre méthodique.

### *A)* LETTRES A DES SOUVERAINS D'ORDRE ECCLÉSIASTIQUE

#### *Pape de Rome.*

Ἐν ὀνόματι τοῦ πατρὸς καὶ τοῦ υἱοῦ καὶ τοῦ ἁγίου πνεύματος τοῦ ἑνὸς καὶ μόνου ἀληθινοῦ Θεοῦ ἡμῶν (ὁ δεῖνα) πιστὸς ἐν αὐτῷ τῷ Θεῷ βασιλεὺς Ῥωμαίων πρὸς (ὁ δεῖνα) τὸν ἁγιώτατον πάπαν Ῥώμης καὶ πνευματικὸν ἡμῶν πατέρα.

Bulle d'or d'une valeur égale à un nomisme, puis probablement à l'époque de Constantin et Romain bulle d'or d'une valeur égale à deux nomismes, « μονοσολδία » δισολδία [2].

*Pape d'Alexandrie.* — *Archevêques d'Antioche* [3] *et Jérusalem.*

Même formule à l'exception de πνευματικὸν ἡμῶν πατέρα.

Bulle d'or « τρισολδία ».

*Catholicos d'Arménie,* — *d'Ibérie,* — *Albanie* [4].

Κέλευσις ἐκ τῶν φιλοχρίστων δεσποτῶν πρὸς (ὁ δεῖνα) τὸν εὐλαβέστατον καθηγητὴν τῆσδε.

L'indication du poids de la bulle n'est pas indiquée.

1. Zachariæ, *Jus græco, roman.*, III, xxvii.
2. Cerem., ii, ch. xlviii, p. 1272,
3. *Ibid.*, p. 1264.
4. *Ibid.*, pt 1269.

## B) LETTRES AUX SOUVERAINS ARABES

### Khalife de Bagdad.

La formule adressée au khalife de Bagdad était très solennelle. Elle se composait de deux adresses, l'une extérieure, l'autre intérieure. Au khalife de Bagdad, appartenait le titre de « πρωτοσύμβουλος » et vraisemblablement, tant parce que chef de la famille arabe que parce que voisin redoutable de l'Empire, les Basileis avaient pour lui de particuliers égards. « Τῷ μεγαλοπρεπεστάτῳ εὐγενεστάτῳ καὶ περιβλέπτῳ (ὁ δεῖνα) πρωτοσυμβούλῳ καὶ διατάκτορι τῶν. Ἀγαρηνῶν ἀπὸ (ὁ δεῖνα καὶ ὁ δεῖνα) τῶν πιστῶν αὐτοκρατόρων Αὐγούστων μεγάλων βασιλέων Ῥωμαίων. — Puis à l'intérieur : (ὁ δεῖνα καὶ ὁ δεῖνα) πιστοὶ ἐν Χριστῷ τῷ Θεῷ αὐτοκράτορες Αὔγουστοι μεγάλοι βασιλεῖς Ῥωμαίων τῷ μεγαλοπρεπεστάτῳ εὐγενεστάτῳ καὶ περιβλέπτῳ (ὁ δεῖνα) πρωτοσυμβούλῳ καὶ διατάκτορι τῶν Ἀγαρηνῶν. »

Bulle d'or « τετρασολδία ».

### Khalife « émir » d'Afrique.

« (Ὁ δεῖνα, καὶ ὁ δεῖνα) πιστοὶ ἐν Χριστῷ τῷ Θεῷ αὐτοκράτορες Αὔγουστοι μεγάλοι βασιλεῖς Ῥωμαίων, πρὸς τὸν ἐνδοξότατον καὶ εὐγενέστατον ἐξουσιαστὴν τῶν Μουσουλημιτῶν. »

Bulle d'or « διοολδία ».

### « Emir » d'Egypte.

« (Ὁ δεῖνα καὶ ὁ δεῖνα) ἐν Χριστῷ εὐσεβεῖς αὐτοκράτορες μεγάλοι ὑψηλοὶ Αὔγουστοι βασιλεῖς Ῥωμαίων, πρὸς τὸν ἠγαπημένον ἡμῶν φίλον τὸν εὐγενέστατον Ἀμηρᾶν Αἰγύπτου. »

Sous Constantin et Romain on apposa une bulle de quatorze « ἐξάγια », plus tard on mit une bulle « τετρασολδία ».

## C) LETTRES AUX SOUVERAINS D'ARMÉNIE

Deux de ces souverains avaient le titre d'ἄρχων τῶν ἀρχόντων[1]. Aussi la chancellerie leur adressait-elle ses lettres avec une formule spéciale. C'était l'archonte des archontes de la

---

1. Le prince des princes de l'Arménie avait cette dignité depuis 859.

grande Arménie et l'archonte des archontes de Vaspouracan (Βασπαρακᾶν). Le premier reçoit, en outre, un titre spécial : « Κωνσταντῖνος καὶ Ῥωμανός, πιστοὶ ἐν Χριστῷ τῷ Θεῷ αὐτοκράτορες Αὔγουστοι μεγάλοι βασιλεῖς Ῥωμαίων, πρὸς (ὁ δεῖνα) τὸν περιφανέστατον πρῶτον τῆς μεγάλης Ἀρμενίας καὶ πνευματικὸν ἡμῶν τέκνον ». L'autre n'obtient qu'une adresse plus brève : « ... πρὸς (ὁ δεῖνα) τὸν περιφανέστατον ἄρχοντα τῶν ἀρχόντων. » Tous deux ont une bulle d'or « τρισολδία ».

En outre sept princes arméniens, vassaux de l'Empire, sont en relations avec Byzance. A tous la Chancellerie consacre la même adresse : « Κέλευσις ἐκ τῶν φιλοχρίστων δεσποτῶν πρὸς τὸν (ὁ δεῖνα) ἄρχοντα τοῦδε. » Ces princes sont les archontes de Kogovit (Κοκοβίτ), de Dâron (Ταρώ), de Moex (Μῶεξ), d'Autzoun (Αὔτζαν), de Siounie (Συνή), de Vetzor (Βαιτζώρ, peut-être Sisagan), de Khatchen (Χατζιένης). Enfin à ces archontes d'Arménie il faut peut-être rattacher les trois archontes « τῶν Σερβοτιῶν » ou Serbotes qui recevaient la même suscription.

## D) LETTRES AUX SOUVERAINS D'IBÉRIE

Comme les souverains d'Arménie les souverains d'Ibérie étaient vassaux de l'Empire. Ils avaient à leur tête le Curopalate d'Ibérie, personnage de marque à la cour de Byzance. A ce titre les lettres qui lui étaient adressées étaient scellées d'une bulle « δισολδία », mais aussi parce que davantage sous la dépendance du Basileus qui lui avait conféré, à titre honorifique, une des plus hautes dignités du palais, la suscription qu'il recevait était ainsi libellée : « Κέλευσις ἐκ τῶν φιλοχρίστων δεσποτῶν πρὸς (ὁ δεῖνα) τὸν ἐνδοξότατον κουροπαλάτην », tandis que les quatre princes soumis à sa juridiction, les archontes de Βεριασάχ, de Καρνατακής, de Κούελ et d'Ατζαρᾶ n'avaient droit qu'à une formule plus simple : « Κέλευσις ἐκ τῶν φιλοχρίστων δεσποτῶν (ὁ δεῖνα). »

## E) LETTRES AUX SOUVERAINS DU CAUCASE

En Caucasie le plus important souverain, vassal de Byzance, était l' « ἐξουσιοκράτωρ » d'Alanie. La bulle qui scellait ses lettres était « δισολδία » et la suscription complète : « Ἐν ὀνόματι τοῦ πατρὸς καὶ τοῦ υἱοῦ καὶ τοῦ ἁγίου πνεύματος, τοῦ ἑνὸς καὶ μόνου ἀληθινοῦ Θεοῦ ἡμῶν, Κωνσταντῖνος καὶ Ῥωμανὸς πιστοὶ ἐν αὐτῷ τῷ Θεῷ βασιλεῖς Ῥωμαίων, πρὸς (ὁ δεῖνα) τὸν ἐξουσιαστὴν[1] Ἀλανίας καὶ πνευματικὸν ἡμῶν τέκνον. »

L'exousiaste d'Abasgie avait aussi droit à une bulle « δισολδία » mais la formule est plus courte et plus impérative : « Κέλευσις ἐκ τῶν φιλοχρίστων δεσποτῶν πρὸς (ὁ δεῖνα) τὸν περιφανῆ « ἐξουσιαστὴν Ἀβασγίας. »

Quant aux autres, aux archontes des Krébats (Κρεβατάδων), de Kidonia (Κηδωνία), de Tzanarie (Τζαναρίας), de Sarban (Σαρβᾶν), d'Asie (Ἀζία), de Vretza (Βρέτζα), de Chrysa (Χρύσα) et de Môkan (Μωκᾶν), la suscription est des plus simples : « Κέλευσις ἐκ τῶν φιλοχρίστων δεσποτῶν πρὸς (ὁ δεῖνα) τὸν ἄρχοντα τῆσδε. »

### F) LETTRES AUX SOUVERAINS D'OCCIDENT

La chancellerie byzantine était en relation avec cinq rois d'Occident. A chacun elle donne la même suscription avec sans doute une bulle d'or dont on n'a pas indiqué le poids. Ce sont les rois de Saxonie, de Bavière, de Gaule, de Germanie et de Francie : « Ἐν ὀνόματι τοῦ πατρὸς καὶ τοῦ υἱοῦ καὶ τοῦ ἁγίου πνεύματος, τοῦ ἑνὸς καὶ μόνου ἀληθινοῦ Θεοῦ ἡμῶν, Κωνσταντῖνος καὶ Ῥωμανός, πιστοὶ ἐν αὐτῷ τῷ Θεῷ βασιλεῖς Ῥωμαίων, πρὸς (ὁ δεῖνα) τὸν πεποθημένον πνευματικὸν ἀδελφὸν τὸν περίβλεπτον ῥῆγα. » Le roi de France, cependant, a une formule encore plus solennelle. Elle commence de même jusqu'à ἐν αὐτῷ τῷ Θεῷ, puis elle s'allonge : « ὑψηλοὶ Αὔγουστοι αὐτοκράτορες μεγάλοι βασιλεῖς Ῥωμαίων, τῷ ἠγαπημένῳ, πεποθημένῳ καὶ πνευματικῷ ἡμῶν ἀδελφῷ (ὁ δεῖνα) τῷ εὐγενεστάτῳ περιβλέπτῳ ῥηγί Φραγγίας », preuve de l'estime particulière en laquelle on tenait ce souverain. Pour le roi d'Italie nous n'avons pas la suscription.

Quant aux nombreux princes vassaux d'Italie la suscription était très brève : « Κέλευσις ἐκ τῶν φιλοχρίστων δεσποτῶν πρὸς τὸν ἄρχοντα. » Elle était employée pour les archontes de Sardaigne, d'Amalfi et de Gaëte, pour les princes (πρίγκιψ) de Capoue et de Salerne, pour les ducs de Venise et de Naples. Un seul faisait exception, à cause de sa grande et indépendante situation : c'est le prince de Rome. A lui on envoie une lettre cachetée

---

1. On trouve les deux expressions « ἐξουσιοκράτωρ ἐξουσιαστής ».

d'une bulle « δισολδία » avec cette suscription : « Κωνσταντίνος καὶ Ῥωμανός... πρὸς (ὁ δεῖνα) τὸν ἐνδοξότατον πρίγκιπα Ῥώμης. »

Enfin un souverain avait une formule toute particulière. C'était le roi de Bulgarie. Jusqu'au moment où Byzance se décida, par la force des choses, à reconnaître son titre de βασιλεύς, la formule fut la suivante : « Ἐν ὀνόματι τοῦ πατρὸς καὶ τοῦ υἱοῦ καὶ τοῦ ἁγίου πνεύματος, τοῦ ἑνὸς καὶ μόνου ἀληθινοῦ Θεοῦ ἡμῶν, Κωνσταντῖνος καὶ Ῥωμανός, πιστοὶ ἐν αὐτῷ τῷ Θεῷ βασιλεῖς Ῥωμαίων πρὸς τὸν πεποθημένον καὶ πνευματικὸν ἡμῶν τέκνον καὶ ἐκ Θεοῦ ἄρχοντα τοῦ χριστιανικωτάτου ἔθνους τῶν Βουλγάρων. » Plus tard, elle fut légèrement modifiée. On ajouta le titre de βασιλεύς en laissant subsister le « πνευματικὸν τέκνον. »

### RUSSES ET SCYTHES

Parmi les chefs scythes en rapports avec Byzance, un seul le « chagan » (χαγάνος) de Chazarie avait droit à une formule développée. De plus ses lettres étaient scellées d'un sceau « τρισολδία ». La formule était du type solennel : « Ἐν ὀνόματι... πρὸς (ὁ δεῖνα) εὐγενέστατον περιφανέστατον χαγάνον Χαζαρίας. » Les trois autres, l'archonte de Russie, les archontes des « Turcs » ou magyars et les archontes des Patzinakitoi ou Petchenègues avaient droit à une bulle « δισολδία » et à une formule un peu spéciale : « Γράμματα Κωνσταντίνου καὶ Ῥωμανοῦ τῶν φιλοχρίστων βασιλέων Ῥωμαίων πρὸς τὸν ἄρχοντα Ῥωσίας, Τούρκων, Πατζινακίτων. »

### CROATES ET SERBES

Les « archontes » de Croatie, de Serbie, de Zachlumie, de Kanalé, de Terbunie, de Dioclée et de Moravie ne recevaient que la formule impérative : « Κέλευσις ἐκ τῶν φιλοχρίστων δεσποτῶν πρὸς τὸν (ὁ δεῖνα) τὸν ἄρχοντα (τῆσδε) ; mais cette keleusis était scellée d'une bulle « δισολδία ».

### SOUVERAINS ORIENTAUX

Enfin deux souverains indépendants étaient en relations avec Byzance. C'était le « κύριος » de l'Inde et le « κύριος » de l'Arabie Heureuse (ὁ κυριεύων τῆς Εὐδαίμονος Ἀραβίας). Pour tous deux la formule était à peu près semblable : « Κωνσταντίνος καὶ Ῥωμανὸς πιστοὶ ἐν Χριστῷ τῷ Θεῷ μεγάλοι αὐτοκράτορες βασιλεῖς τῶν Ῥωμαίων πρὸς (ὁ δεῖνα) τὸν ὑπερέχοντα κύριον τῆς Ἰνδίας τὸν ἠγαπημένον ἡμῶν φίλον ou ... πρὸς (ὁ δεῖνα) τὸν κυριεύοντα τῆς Ἀραβίας. »

Telles sont les formules qui nous sont parvenues de la Chancellerie byzantine pour une époque, en vérité, postérieure au IXe siècle, mais qui cependant nous font bien voir avec quel soin étaient établis les rapports diplomatiques et avec quelle minutie étaient indiqués les rapports plus ou moins étroits qui unissaient les divers états du monde à Byzance. Nul doute qu'au IXe comme au Xe siècle ce protocole n'existât déjà et ne se trouvât le même.

L'empereur signait toujours les pièces émanant de la Chancellerie ; mais comme tous — tel Basile — n'avaient pas eu d'instruction et ne savaient pas écrire, ainsi qu'en Occident, il leur arrivait de signer simplement avec une croix[1]. Croix ou signature impériale se faisait à l'encre rouge[2] et si le Basileus était en tutelle c'était le tuteur qui signait mais avec de l'encre verte[3]. Quant au sceau, il pouvait être d'or (χρυσόβουλλον), de plomb (μολυβδόβουλλον) ou de cire (κηρόβουλλον)[4]. Il arrivait même, qu'en certaines circonstances, l'empereur faisait écrire des lettres en caractères d'or. Ce fut le cas de Michel III pour la lettre qu'il écrivit au roi de Perse et qui fut remise à saint Théodore d'Edesse[5].

1. *Anon. de Combefis*, CVIII, p. 1024, 1025.
2. C'était le cinabre (κιννάβαρις).
3. Montfaucon, p. 3.
4. *Ibid.*, p. 379.
5. *Vit. Theod.*, § 86, p. 90.

Vu,

Le 21 Juillet 1907,

*Le Doyen de la Faculté des Lettres*
*de l'Université de Paris,*

A. CROISET.

Vu et permis d'imprimer.

*Le Vice-Recteur de l'Académie de Paris,*

Pour le Vice-Recteur,

*L'Inspecteur de l'Académie,*

FONTENÉ.

# INDEX ALPHABÉTIQUE

## A

Abasgie (exousiaste), 432.
Abdalah Ibn Rachid Ibn-Kaous, 332.
Abramites, 361, 362.
Abu'l Abbas Mohammed I, 17.
Abu Dinar, 18.
Abydos, 117, 186, 387.
Achmet Ibn Touloun, 254, 318, 332.
Achmed Ibn Muhammed al Kabuc, 326.
Adana, 332, 388.
Adata, 334.
Adelchis, 327, 329.
Adramytte, 186.
Aetius, 175.
Agapetos (S$^t$), 180.
Agrana, 324.
Akarkous, 178.
Al-Alamain, 180.
Alanie (ἐξουσιογράτωρ), 431.
Al Djâr, 388.
Alexandre (de Macédoine), 22.
Alexandre, (fils de Basile I), 56, 61, 75, 120, 134, 156, 158, 257, 410, 422.
Alexandre de Lycopolis XXIII.
Alexandrie, 389.
Alexis, (stratège de Chypre), 190.
Alexis Comnène, 66.
Al Faramâ, 388.
Al Kolzom, 388.
Al Lames, 181.
Al Musala, 332.

Amalfi, 19, 189, 330, 432.
Amantea, 336.
Amara, 182.
Amasie, 182.
Amastris, 179, 270, 271.
Ambroise (S$^t$) (Eglise de Milan), 417.
Amorion, 179, 180.
Anastase (le bibliothécaire), XXII, 213, 218, 226, 229, 230, 320, 321.
Anastasie, (fille de Basile I), 59.
Anastasie (Eglise S$^{te}$), 398.
Anatoliques (Thème et stratège des), 69, 175, 177, 178, 179, 180, 181, 182, 185, 199, 297, 334, 342, 347, 359, 364, 366.
Anchialos, 269, 270.
Ancyre, 178, 376.
Andala, 332.
André, (domestique des scholes), 155, 359.
André (stratilate), 152.
André (hétériarche), 29.
André (patrice), 333, 334, 335.
Saint-André (Eglise), 28, 397, 398, 406.
Andrinople, 19, 21, 24, 175.
Anne, (fille de Basile I), 59.
Anne de Byzance, 22.
Anne de Russie, 22.
Antibari, 188.
Antigone (domestique des scholes), 6, 8, 28, 29, 34, 36, 38, 64, 347.
Antioche, 389.
Antoine (saint), 295.
Apabdèle (émir d'Anazarbe), 332.

Apamée, 422.
Aphrazeia, 180.
Apôtres (SS.), 1, 62, 206, 207, 404, 423.
Apostyppis, 83, 335.
Arcadius (forum d'), 362.
Apros, 270,
Ardabasde (hétériarche), 42
Argaous, 182.
Argos, 188.
Arkadia, 188.
Ariarathis, 271.
Arméniaques (Thème et stratège des), 178, 179, 181, 182, 183, 199, 324, 360, 364, 366.
Artopoleion, 362,
Aschod I$^{er}$, 310, 316, 335.
Arsacides, 22, 233.
Arsavir, (protospathaire), 203.
Artabasdos, 67.
Asie (Archonte), 432.
Aspalato, 189.
Aspar (citerne à Cple), 5, 106.
Aspona, 178.
Astakos, 176.
Asyléon, 41, 152, 384.
Athanase (juriste), 133.
Athanase (évêque de Naples), 337.
Athanase (S$^t$), 187.
Athènes, 17, 157, 188, 269.
Athos, 187, 284, 428.
Attalie, 295.
Avara, 324.
Autzoun (Archonte d'), 431.

## B

Baanès, 78, 159, 160, 218, 219, 220, 222.
Bagdad, 390.
Baïanos, (protostrator de Basile), 83.
Balbadon, 178.
Baléares, 17.
Baltimer, 24, 25.
Bardas, (stratège de Macédoine), 176.

Bardas (César), vii, xx, 4, 6, 7, 8, 10, 14, 15, 17, 29, 30, 31, 32, 33, 34, 35, 36, 37, 38, 39, 40, 41, 42, 60, 64, 67, 68, 70, 79, 131, 151, 152, 154, 165, 179, 207, 209, 211, 212, 347, 351.
Bareta, 178.
Bargello (musée de Florence), 420.
Bari, 17, 19, 318, 319, 320, 321, 327, 329, 335, 336, 337.
Basile II, 22, 89, 91, 114, 116, 183, 188, 189, 209, 210, 211, 212, 213.
Basile, (protospathaire eunuque), 88.
Basile (Saint), 311.
Basile (de Néo-Patras), 303.
Basiliskianos, 40, 41.
Bathyrrhyax, 324.
Bavière (roi de), 432.
Beclas, 233.
Bénévent, 19, 327, 330, 337.
Béotie, 405.
Blachernes, 70, 106.
Blasios, 265.
Bologne, 418.
Boris, 25, 228, 304.
Bosphore (Thème du), 174, 359.
Boukellaires (Thème et stratège des), 29, 178, 179, 180, 182, 183, 198, 359, 364, 366.
Bradano, 337.
Brazza, 327.
Brescia, 327.
Brousse, 91, 113, 284.
Bryas, 369.
Bulgarie, 188, 306, 433.

## C

Calabre (Duché de), 189, 335, 337.
Capitole, 362.
Capoue, 432.
Cappadoce, 178, 180, 181, 332, 334, 359.
Carrand (Collection), 420.
Carie, 185.
Cattaro, 318.
Cedrenus, xix.

Cenchrée, 328.
Césarée, 271, 334.
Chalcé (prison), 142.
Chalcé (palais), 128, 347, 359, 361, 393, 423.
Chalcédoine (Concile et ville), 309, 310, 359.
Chalcidique (la), 187.
Chalcis, 188.
Chaldée (Thème et stratège de), 182, 183, 326, 364, 366.
Chaldos (Jean), 41, 152, 183.
Charsian, (Thème et stratège de), 178, 180, 182, 183, 199, 324, 332, 359, 634, 366.
Chazarie (Chagan de), 433.
Chelidonia, 18.
Cherson, 119, 123, 190, 387.
Chine, 388.
Chio, 186.
Chludov (psautier), 413.
Chonae, 270, 271.
Christophore, (gendre de Basile I). 59, 324 325, 359.
Christophore, (magistros), 68.
Christopolis, 73, 176.
Chrysa (Archonte de), 432.
Chrysobalantos, 284.
Chrysoboullon, 334.
Chrysochir, 183, 323, 324, 325, 336.
Chrysopolis (monastère), 42, 62.
Chrysostome (S*t*-Jean), 311.
Chypre et Chypriotes, 295, 328.
Claudiopolis, 178.
Clément (S*t*), 403,
Colonée, 183, 358, 360, 364, 366.
Colosse, 186.
Constantin (Empereur), 22, 94, 114, 309.
Constantin IV. Pogonat, 175.
Constantin V, Copronyme, 16, 67, 106, 133, 177, 178.
Constantin VI, 117.
Constantin VII, Porphyrogénète, VI, VII, VIII, IX, X, 56, 157, 183, 185, 189, 234, 302, 303, 304, 306, 339, 342, 354, 355, 379, 403, 406, 408, 415.

Constantin IX, Monomaque, 127.
Constantin, (fils ainé de Basile I), 51, 56, 58, 59, 60, 61, 78, 120, 132, 134, 142, 153, 154, 155, 332, 333.
Constantin (drongaire), 38.
Constantin, (logothète du Trésor public), 96.
Constantin Martinakios, 64.
Constantin (patrice), 21.
Constantin Toxaras, 41.
Constantin le Rhodien, 404.
Corcyre, 270.
Cordoue, 17.
Corinthe, 16, 188, 269, 328, 389.
Cos, 185.
Crati, 337.
Crète, 4, 17, 18, 37, 38, 179, 185, 327, 328, 364.
Croates, 306, 307, 316.
Croatie (Archonte de), 433.
Cvjatogorec (Georges), 295.
Cyclades, 186.
Cyrille et Méthode (Saints), 7, 15, 36, 295, 301, 308.
Cyzique, 186, 387.

**D**

Dadybra, XXI, 179.
Dalmates, 306, 316.
Dalmatie, 113, 189, 318.
Damianos, 6, 34, 35, 56, 70, 79.
Daniélis, 16, 17, 27, 71, 89, 90, 118, 158, 376, 384, 389, 399, 406.
Daphné (palais), 80.
Dâron (Archonte de), 431.
Dazimon, 182.
Démétriade, 188.
Démétrios (antigraphe), 147.
Déveltos, 176.
Diaconitzès, 325, 336.
Diadora (Zara), 188.
Dindymos (Mont), 178.
Dioclée (archonte), 433.
Dioclétien, 94, 114.
Diomède (S*t*), 26, 104.
Divreky, 11.

Djodda, 388.
Domagoi, 230.
Donat d'Ostie, 216, 249.
Dorothée (archimandrite), 288.
Dorylée, 178, 358, 359.
Drster, 25.
Dulcigno, 188.
Dyrrachion (Thème de), 188, 189, 270.

# E

Egée (Thème et stratège de la Mer), 177, 185, 186, 187, 367.
Egine, 188.
Eleuthère (Palais d'), 102.
Elie le Thesbite, 26.
Elie (S$^t$), 398, 403.
Elie (prêtre et syncelle du Patriarche de Jerusalem), 218, 254, 263.
Elie (protospathaire et drongaire de la flotte impériale), 368.
Embolon, 390.
Endelekone, 332.
Ephèse, 117, 185, 186.
Epire, 188.
Erimosykea, 332.
Etienne V, 157, 235, 245, 252.
Etienne, (fils de Basile I, patriarche de Cple), 12, 61, 158, 249, 263, 422.
Etienne de Byzance, VIII.
Etienne le Jeune (S$^t$), 278.
Etienne Maxentios, 336.
Etienne de Nepi, 216.
Etienne (sacellaire), 159.
Etolie, 405.
Eubée, 188.
Euchaïte, 157, 236, 269.
Eudocie (belle-fille de Bardas), 32.
Eudocie (femme de Michel III), 7, 57, 209.
Eudocie Ingerina (impératrice, femme de Basile I), VII, XV, 7, 57, 58, 59, 60, 80, 120, 268, 408, 411, 423.
Eudokias, 180.
Eugène d'Ostie, 238.
Eulampios d'Apamée (évêque schismatique), 224.

Eulogios, 42.
Euphémie (S$^{te}$), monastère, 59.
Euphrosyne (mère de Théodora), 2.
Eustathe (drongaire), 370.
Eustrathios, (questeur), 147.
Eustratios (S$^t$), 91, 99, 113, 284, 291, 293, 298.
Euthyme (Saint), XX, 291, 376.
Euthymios de Césarée (évêque schismatique), 224.
Euthymios (patriarche de Cple), 56, 214.
Euthymios (spathaire), 214.
Exokionon, 362.
Ezérites, 16, 17, 306, 316.
Exi Marmara, 106.

# F

Firandja, 388.
Florence (la Laurentienne), 412.
Formose, 228.
Francie (roi de), 432.

# G

Gaète, 19, 189, 432.
Gaideris, 337.
Gallipoli, 186, 387.
Gangres, 179.
Garella, 269, 270.
Gastria (couvent de Cple), 2, 32, 38.
Gaule (roi de), 432.
Genesios, XIII, XVIII.
Georges Le Moine, XVI, XVII, XVIII.
Georges, (Orphanotrophe, 171).
Georges Piganis, 40, 50, 153, 178.
Germanicopolis, 181.
Germanie (roi de), 432.
Germanikia, 58, 334.
Grèce (Thème de), 367.
Grégoire Asbestas, XX, 205, 297, 413.
Grégoire de Naziance (S$^t$), 410, 411, 412, 414.
Grégoire, (protonotaire de Sicile), 72, 190.

Grégoire, (bajulus et stratège), 327, 328, 330, 336.
Gryllos, 8.
Guaimar de Salerne, 337.
Gumer, (logothète du drôme), 165.
Guy de Spolète, 337.

## H

Hadrien II, xxii, 214, 215, 216, 217, 218, 220, 223, 230, 232, 244, 322.
Hadrien III, 245, 251.
Hadrien, 330, 331.
Halys, 180.
Halicarnasse, 185.
Harsana, 183,
Hebdomon, 361.
Hellade (Thème d'), 185, 187.
Hélène, (fille de Basile I), 59.
Hélias (drongaire), 213.
Helenopolis, 176.
Henri I de France, 22.
Héraclée du Pont, 178, 271.
Héraclius, 15, 106, 172, 173, 179, 190, 306, 309.
Hexamilion, 186.
Hierapolis, 179.
Hiereion, 387.
Hieria, 106, 325, 369, 409.
Hieroklès, viii.
Hieros, 117.
Hilarion (archimandrite), 286, 295.
Himerius, 366.
Hind, 388.
Hormisdas (Palais d'), 102.
Hypatios, (strator et tourmarche de Marmaritzion), 73.

## I

Iafac Ibn Muhamed, 330.
Ibn-Abd-Allah, (Emir de Mélitène), 11, 182.
Ibrahim Ibn Achmed, 330.
Icarie, 185.
Ignace (patriarche), xviii, xxi, 7, 12, 32, 33, 43, 48, 64, 203, 204, 205, 206, 207, 208, 209, 211, 212, 213, 214, 216, 218, 223, 228, 230, 231, 235, 236, 238, 241, 246, 247, 248, 249, 250, 250, 251, 258, 259, 265, 286, 306, 352, 353, 413.
Ignace, (cubiculaire), 41.
Ionopolis, 179.
Irène, (impératrice), 102, 116, 175, 186, 260, 283.
Irène (S$^{te}$), 206.
Irmengard, 58.
Isker, 25.
Italie (roi d'). 432.

## J

Jacobitzès, 41, 152.
Jaroslav, 22.
Jean VIII, 232, 235, 238, 240, 241, 242, 243, 244, 245, 249, 251, 329, 330, 336.
Jean, (métropolitain de Sylaeum,) 214.
Jean, (candidat et archòn de Christopolis), 73.
Jean, (chef du clergé des Blachernes), 70.
Jean, (logothète du drôme), 165.
Jean, (l'Orphanotrophe), 115.
Jean (protospathaire, fils de Daniélis), 28, 71, 188.
Jean (protospathaire), 259.
Jean (patriarche hérétique), 1, 3, 4, 10.
Jean (higoumène), 351.
Jean, (stratège de Hellade), 188.
Joannice (S$^t$), 259, 284, 286, 291, 293, 340, 350.
Joseph, (protospathaire, candidat et commerciaire de Thessalonique, 73.
Joseph, (vestitor, épopte de Nicopolis et préfet du Péloponèse), 97.
Joseph, (représentant du Patriarche d'Alexandrie), 254, 263.
Julien (port), 106.
Justin (empereur), 423.

Justinien VIII, 3, 15, 52, 94, 104, 107, 116, 117, 126, 129, 130, 133, 136, 142, 145, 162, 187, 266, 268, 273, 279, 309, 377, 378, 397, 398, 399, 404, 417, 424.
Justinien II, 187.

## K

Kaborkion, 358, 359.
Kamachos, 269, 270, 271.
Kadoi, 178.
Kanalé (archonte), 433.
Kaphadja, 319.
Καραϐτίζιν (Eglise de la mère de Dieu), 395.
Karbeas (protomandator), 297, 323.
Karianos (couvent), 30, 32.
Karydion, 332.
Kases, 181.
Katasyrtæ, 422.
Katabatala, 331.
Katasamas, 332.
Khatchen (Archonte de), 431.
Kauleas (Antoine), patriarche de Cple, 94, 259, 289.
Kenourgion, 408, 410.
« Κῆποι », 37, 40, 179.
Keomanòn, 271.
Kerasonte, 392.
Keroularios (patriarche de Cple), 12, 245, 253.
Kesta Stippiotis, 334.
Keramision, 326.
Kiborkion, 180.
Kibyrrha, 185.
Kibyrrhéotes, 18, 181, 185, 364, 367, 370.
Kios, 270.
Kidonia (Archonte de), 432.
Kircher (Collection Rome), 419.
Kogovit (Archonte de), 431.
Koptos, 324.
Kordé, 270.
Kordylès, 24, 25.
Kotyaion, 178, 270, 271.

Koukousos, 334.
Karba, 332.
Koura, 332.
Kaoukaba, 332.
Kourkouas, 50, 153, 156, 421,
Krébats (Archonte des), 432.
Krum, 22, 23, 24, 174.
Ktenas, (clerc), 71.

## L

Lacédémone, 188.
Laodicée, 179, 295.
Larisse, 188.
Laryma, 185.
Lausiacon (galerie), 71.
Lazare (Le Moine), 301.
Lekton, 186.
Lemnos, 186.
Léon III l'Isaurien, 99, 107, 115, 119, 131, 133.
Léon V l'Arménien, XIII, XV, XVII, 22, 24, 105, 413.
Léon VI (Emper.), XI, XV, XXIII, 45, 50, 55, 56, 58, 59, 61, 64, 67, 71, 75, 89, 94, 96, 118, 119, 120, 122, 124, 127, 132, 134, 135, 153, 154, 155, 156, 157, 158, 173, 174, 183, 190, 192, 196, 258, 262, 265, 269, 270, 271, 293, 338, 340, 342, 343, 364, 367, 368, 369, 370, 384, 410, 417, 421, 422.
Léon (antigraphe), 147.
Léon Castor, 39, 169.
Léon (Grammairien), XVII, XVIII.
Léon Lalacôn, 353.
Léon, (logothète du drôme), 165.
Léon, (monostratège de Thrace et Macédoine), 176.
Léon (protospathaire d'Orchomène), 405.
Léon (protélate), 370.
Léon, (le philosophe), 33, 45.
Léon Phocas, 180.
Léon, (stratège de Nicopolis), 188.
Léontios, 187.
Leros, 185.
Lipari, 331.

Lipôn, 271.
Liutprand, 367, 415.
Longobardie, 89, 190.
Louis le Pieux, 19.
Louis II, 19, 58, 218, 226, 316, 318, 319, 320, 321, 322, 327, 329.
Loulon, 331.
Louvre (Musée du), 419.
Lydie, 185.

## M

Macédoine, (thème de), 175, 179, 186, 364.
Malée, 328.
Magnaure, 80, 106, 128. 158, 213, 260.
Maïna, 270, 306.
Maïnotes, 306.
Malagina, 178, 358, 359.
Malatia, 183.
Mamas (St), 23, 41, 42, 43, 45, 58, 60, 387.
Mangana, 102, 213, 409.
Manuel (évêque d'Andrinople), 23, 24.
Manuel (magistros), 4, 5, 8, 9, 10, 45, 68, 106.
Manuel (xénodoche de Nicée), 198.
Marc (S$^t$) (de Venise), 417.
Marcien (Les galeries de), 409.
Mardaïtes, 185, 188, 364, 368.
Marianos, (éparche de Cple), 140, 152.
Marianos (frère de Basile), 41, 87.
Marie (fille de Basile I), 59.
Marie (première femme de Basile I), vii, 56, 57, 59.
Marie (S$^{te}$) de Chalkopratia, 37, 397.
Marin (logothète), 357.
Marin (protoasecretis), 169.
Marin (diacre), 228, 245, 249, 292.
Markianoupolis, 270, 271.
Marmaritzion, 73.
Martin (S$^t$), 250.
Martinakioi, 57, 64.

Mathieu Blastarès, 279.
Maurice (empereur), 172, 350.
Mauropotamos, 18.
Maximianopolis, 269.
Mélitène 11, 18, 34, 270, 271, 297, 325, 326, 333, 334, 361.
Melouos (Mélistépé), 331.
Menembasie, 188,
Meros, 178.
Messine, 17, 330.
Méthode. Cf. Cyrille.
Méthode (patriarche), 10, 19, 33, 205, 220, 259.
Méthode (métropolitain de Gangres), 203, 205, 207.
Metrios, 122.
Métrophane, 206, 244.
Michel II d'Amorion (empereur), xiii, 2, 18, 24.
Michel III (empereur), vii, xiii, xiv, xv, xvi, xvii, xviii, xx, 1, 3, 5, 6, 7, 13, 14, 16, 19, 20, 29, 30, 31, 35, 36, 38, 39, 40, 41, 42, 43, 44, 45, 46, 47, 48, 53, 56, 57, 58, 59, 60, 61, 62, 66, 87, 88, 99, 119, 140, 151, 152, 153, 154, 155, 156, 169, 179, 180, 181, 183, 188, 207, 209, 210, 211, 212, 213, 222, 228, 253, 259, 284, 302, 308, 309, 318, 338, 379, 386, 395, 415, 416, 421, 422, 434.
Michel de Bulgarie, 25, 36, 301, 303.
Michel (deuteroélate), 370,
Michel (patriarche d'Alexandrie), 254.
Michel Rhangabé, xxi, 21, 22, 64, 67, 257.
Michel (syncelle), 140.
Midaion, 178.
Milan, 410.
Milet, 185.
Milinges, 16, 17, 316.
Mitylène, 270, 271.
Moex (Archonte de), 431.
Môkan (Archonte de), 432.
Mokios (S$^t$), (citerne), 106.
Monza, 418.

Moravie (Archonte de), 433.
Mortagon, 24.
Moscou (St-Synode de), 410, 413.
Motawakkel Billah, ou Mutawakkil, 308, 316.
Mupharih Ibn Salim Kalphun, 318.
Myra, 185.
Myriokephaloi, 178.

## N

Nakolia, 269.
Naples, 19, 119, 189, 190, 330, 432.
Nauplie, 188.
Narentans, 306, 307.
Nasar, 29, 178, 331, 335, 368, 370.
Nea (Nouvelle Eglise), 158, 398, 403, 404, 416, 417.
Neacomites, 118.
Néo-Césarée, 157.
Nicée, 178, 388.
Nicéphore (Empereur), 22, 64, 65, 110, 116, 117, 118, 259, 352, 365.
Nicéphore Phocas, xvi, xviii, 91, 122, 328, 336, 337, 359, 367.
Nicéphore (Patriarche), 259, 413.
Nicéphore, (logothète du drôme), 165.
Nicéphore, (Orphanotrophe), 171.
Nicétas, 67.
Nicétas David, xx.
Nicétas Oryphas, 50, 153, 318, 319, 328.
Nicétas, (préfet de la table impériale), 51, 80, 268.
Nicolas Ier, xxii, 203, 204, 205, 207, 209, 210, 214, 215, 217, 218, 220, 222, 228, 244, 245, 250, 251, 252, 253, 259, 260, 286, 415.
Nicolas (higoumène), 26, 27, 161, 264, 268, 351.
Nicolas (patriarche), 257.
Nicolas Stoudite (Saint), 289.
Nicomédie, 176.
Nicomédie (xénodoche), 102.
Nicopolis (Thème de), 188.
Noumeroi (prison), 142.

Nouveau Corinthe (Κάστρον Κορίνθου). 188.

## O

Odyssos, 270.
Olympe (l'), 259, 283, 284, 286, 295.
Omniades d'Espagne, 318.
Omortag, 24.
Opsara (Absari), 189.
Opsikion, (thème et stratège) 153, 175, 177, 178, 179, 180, 359, 364, 366.
Optimate (Thème et stratège), 176, 177, 178, 185, 346, 352, 353.
Oria, 337.
Osman, émir de Tharse, 327, 329.
Otrante, 189, 190, 270, 328.

## P

Paleos (Le), 185.
Palerme, 17, 189, 331.
Pamphylie, 185.
Pankalo, xii, 23.
Pansélinos, 94.
Paphlagonie (Thème et stratège), 178, 179, 182, 199, 360, 364, 366.
Paramocastelloh, 332.
Pardos, 76.
Parthenopolis, 176.
Patmos, 185.
Patras, 16, 17, 27, 89, 188, 269, 328.
Patrinus, 330.
Paul d'Ancône, 238.
Paul (patriarche), 260.
Paul (chartul. du sacellàire), 161.
Paul, (cubiculaire), 42.
Paul, (éparche de la Ville), 140.
Paul (chartophylax), 265.
Pauliciens, 10, 11, 18, 183, 297, 299, 317, 322, 323, 324, 325, 327, 332, 333, 359, 360.
Péloponèse (Thème et stratège du), 14, 16, 27, 188, 328.
Pentacoubloukon, 409.
Pergame, 186.
Pergé, 185.

Petchenègues, 433.
Pétronas, 5, 6, 8, 11, 14, 34, 36, 45, 68, 140, 146, 147, 179.
Phalacron, 332.
Phanaraki, 106.
Phasis, 270, 271.
Phiale du Grand Palais, 369.
Philadelphie, 179.
Philadelphion, 362.
Philippe de Macédoine, 22.
Philippe, 270.
Philippopolis, 175.
Philothée (notice de) xi.
Photius, xvii, xviii, xx, xxi, xxii, xxiii, 12, 22, 33, 39, 43, 50, 61, 97, 134, 154, 155, 156, 157, 169, 188, 190, 200, 203, 204, 205, 206, 207, 208, 209, 210, 211, 213, 214, 215, 218, 219, 220, 221, 222, 223, 224, 225, 227, 228, 230, 231, 232, 233, 234, 235, 236, 237, 238, 239, 240, 241, 242, 243, 244, 245, 246, 247, 248, 249, 250, 251, 252, 253, 254, 257, 258, 260, 276, 286, 288, 296, 297, 300, 301, 302, 303, 310, 312, 320, 321, 336, 353, 400, 401, 402, 413, 421, 422.
Photius, 328.
Pierre, (bulgare au service de Basile), 41.
Pierre de Galatie (Saint), 283, 295.
Pierre (moine de l'Olympe), 386.
Pierre (évêque de Sardes), 214.
Pierre de Sicile, 299, 323.
Pigi, 102, 286, 409.
Platon (ascète de l'Olympe), 259.
Podaron, 370.
Polyeucte (patriarche de Cple), 12.
Pompeiopolis, 179.
Pouladis, 325.
Prainetos, 176.
Preslav, 25.
Prétoire (prison), 142.
Proconèse, 186, 389.
Procope (protovestiaire de Basile I) 79, 335, 359,
Propontide, 186, 286.
Prusias, 178.
Psilocastellon, 332.

Psellos, 160, 169.
Pylæ-Cilicæ, 181,
Pylai (xénodoche), 102.
Pylos, 328.
Pyrgon, 270.
Pyrsos, 405.

R

Radelgarius, 337.
Raguse, 113, 189, 318.
Rapsakion, 326.
Rastiz, 308.
Reggio, 190, 269.
Rhodes, 185.
Rinòn, 270.
Rodoald (évêque de Porto), 204, 207, 219, 248, 249.
Romain I, xvii, 17, 104, 110, 181, 354, 371, 379, 381, 428.
Romain II, ix, xv, 121, 141.
Rome (prince de), 432.
Rosà, 318.
Rouméli-Kavak, 387.
Roussion, 269, 270.

S

Saba, 318.
Salerne, 330, 432.
Samos (Thème et stratège de), 177, 179, 185.
Samuel (évêque de Chonae), 203.
Sangaros (xénodoche), 102.
Saniana (tourme), 178, 342.
Santabarenos (Cf. Théodore).
Sarban (Archonte de), 432.
Sardaigne, 17, 72, 432..
Sardes, 179.
Saros, 334.
Sauveur (S$^t$), 403.
Saxonie (roi de), 432.
Sébastée, 182, 364.
Sebastopolis, 270.
Séleucie (clisure), 185.
Séleucie (Thème et stratège de), 180, 181, 185, 332, 359, 390.
Séleucie, 270.

Serbotes (archonte des), 431.
Serge (S$^t$), 252.
Severina (Santa), 336.
Sigma, 362.
Sinni, 337.
Siounie (Archonte de), 431.
Sirica, 334.
Silistria, 25.
Sicile, 17, 72, 189, 190.
Sind, 388.
Sinope, 181, 182.
Sisinnios (protospathaire), 217.
Skepi (Couvent de), 232.
Skripù (Couvent), 398, 405, 406, 407, 408, 414, 418.
Smyrne, 185, 271.
Sophie (S$^{te}$), 104, 105, 213, 235, 256, 260, 261, 264, 266, 267, 278, 281, 286, 301, 302, 331, 362, 393, 396, 397, 398, 399, 400, 415, 416, 417.
Sophie (Port), 106.
Sora, 179.
Spathi, 324.
Staurakios (spatharocandidat et éparche), 191, 200.
Staurakios (logothète du drôme), 165.
Staurakios (Emper.), 22.
Stavros, 178.
Stilo, 335.
Strategion, 388.
Strymon (Thème et stratège du), 186, 392.
Stoudion, 154.
Stylianos (évêque de Néo-Césarée), XXII, 157, 235, 236, 240, 244.
Stylianos Zaoutzès, 51, 64, 65, 156, 157, 164, 165, 421, 422, 423.
Syllion (tourme), 179.
Symbatios, 34, 36, 38, 39, 40, 50, 152, 153, 165, 179.
Symbatios (frère de Basile), 41.
Syméon, 25, 233.
Syméon Magister, XVI, XVIII.
Synade, 269.
Syracuse, 189, 317, 330, 331, 332, 335.

## T

Tafla, Tafra, Talaka, 174, 354.
Taormine, 189, 190, 317, 330, 335.
Tarasius (patriarche), 260.
Tarente, 329, 335, 337.
Tarse, 327, 331, 334, 359, 388.
Tauri (forum), 362, 388.
Téphrice, 11, 110, 182, 183, 297, 323, 324, 325, 331, 347, 360, 361.
Terbunie (Archonte de), 433.
Térébinthe (Ile), 33.
Thèbes, 270, 414.
Thécla (sœur de Basile I), 51, 58, 118.
Thélélée, 133.
Théoctista (mère de Théodora), 68.
Théoctistos (logothète), 3, 4, 5, 6, 7, 8, 10, 13, 14, 15, 18, 20, 29, 30, 34, 39, 57, 65, 160, 164, 165, 170.
Théoctistos Bryennios, 16, 17.
Théoctistos (stratège), 188.
Théodora (impératrice, femme de Justinien), 3, 404.
Théodora (Impératrice), 1, 2, 3, 4, 5, 6, 7, 8, 9, 10, 11, 12, 13, 14, 15, 18, 19, 20, 29, 32, 33, 38, 44, 64, 68, 91, 100, 105, 122, 160, 164, 182, 209, 259, 282, 296, 322, 347, 416.
Théodora (S$^{te}$) de Thessalonique, 286, 289.
Théodore (asecretis), 169, 219.
Théodore de Carie (métropolitain), 222.
Théodore Crithinus, 297.
Théodore d'Edesse (Saint), 272, 273, 291, 296, 311, 416, 434.
Théodore (juriste), 133.
Théodore (magistros), 68.
Théodore (ascète de l'Olympe), 259.
Théodore (préposite), 78.
Théodore Santabarenos, XX, 50, 51, 61, 154, 155, 156, 157, 236, 239, 269, 334, 421.
Théodore (abbé de Stoudion), 22, 247.

Théodore (archevêque de Thessalonique), 286.
Théodose (patriarche de Jérusalem), 218.
Théodose (spathaire), 230.
Théodote Mélissenos, 180.
Théodote, diœcète de Sicile, 72.
Théodote, duc de Sardaigne, 72.
Théodote Kassiteras (patriarche), 260.
Théognoste (higoumène), 217, 231, 247, 286.
Théophane (Continuation de), xv, xviii.
Théophane (Le clerc), 233, 234, 293, 365.
Théophane (stratège de la mer Egée), 64, 73.
Théophano (impératrice), 3.
Théophano ($S^{te}$), 50, 57, 61, 64, 156, 158.
Théophile d'Amorion, 203.
Théophile, 220, 221, 222, 223.
Théophile, 8.
Théophile, (juriste), 133.
Théophile (Empereur), xiii, 1, 2, 3, 4, 5, 9, 10, 13, 14, 19, 20, 31, 33, 44, 45, 68, 100, 126, 140, 146, 174, 309, 317, 395, 407, 424.
Théophylacte, (stratège des Arméniaques), 182, 258, 324.
Théophylitzès, 8, 14, 17, 27, 28, 29, 47, 353, 355.
Théopiste, 287.
Thessalie, 188.
Thessalonique (Thème et Ville), 186, 187, 188, 388, 389.
Tetrangurium (Trau), 189.
Thomas (patrice), 21.
Thomas (archevêque de Tyr), 218, 254.
Thomas (moine), 293.
Tomis, 270.
Thrace (Thème et stratège de), 174, 175, 178, 364, 366.
Thracésiens (Thème et stratège des), 14, 37, 39, 152, 177, 179, 180, 181, 185, 359, 364.

Tiridate, 233.
Tralles, 185.
Trapézonte, 270, 388.
Tropea, 336.
Turos (Archonte des), 433.
Tzanarie (archonte de), 432.
Tzantzès (stratège de Macédoine), 25, 176.
Tzoukanisterion, 399.
Tzimiscès (Jean), 109, 115.

## V

Valens (aqueduc), 106.
Vaspouracan (Archonte de), 431.
Vaty-Rhyax, 360.
Vecla (Veglia), 189.
Venise, 432.
Venosa, 319.
Verinopolis, 178.
Versinicia, 22.
Vetzor (Archonte de), 431.
Vladimir, 25.
Voutora, 318.
Vretza (Archonte de), 432.

## X

Xérolophos, 362.

## Y

Yasaman, 334, 335.

## Z

Zacharie d'Amorion, 203, 204, 207, 210, 219, 220, 221, 223, 248, 249.
Zacharie d'Anagni, 204.
Zacharie de Chalcédoine (évêque schismatique), 224, 250.
Zacharie (catholicos d'Arménie), 310.
Zachlumie (Archonte de), 433.
Zapetra, 326.
Zeliks, 10, 297.
Zoé (impératrice), 3.
Zôgoloenos, 324.

# CORRECTIONS ET ADDITIONS

Pages 25, (note), *lire :* 888.
» 41, ligne 28, — Chaldos.
» 50, » 26, — Oryphas.
» 81, » 21, — silentiaires.
» 83, » 24, — harmophylakes
» 89, » 6, — novelle.
» 131, (note 2), — des.
» 133, (note 4), — des.
» 178, ligne 34, — Nasar.
» 236, (note 2), — Euchaïte.
» 261, » 26, — Théodose.
» 276, » 26, — agitaient.
» 280, » 31, — Elle avait.
» 291, » 26, — zélés.
» 291, » 32, — Eustratios.
» 293, » 29, — Eustratios.
» 294, » 9, — tout entiers.
» 306, » 20, — Ezérites.
» 308, (note 2), — Leger.
» 308, (note 3), — Ginzel.
» 316, ligne 19, — Ezérites.
» 324, » 29, — Bathyrrhyax.
» 335, ligne 22, — Apostyppis.
» 365, » 35, — de la seconde, de la troisième, de la quatrième.
» 412, (note 1), *ajouter :* A ces travaux on peut joindre le tout récent article de M. Millet: « Byzance et non l'Orient », paru dans la *Revue archéologique* de Mars-Avril 1908.

# TABLE DES MATIÈRES

Introduction . . . . . . . . . . . . . . . . . . . . . . . . . . . . . . . . . . . . . . . .     i
Etude critique des Sources . . . . . . . . . . . . . . . . . . . . . . . . . . . .     v
Sources et Bibliographie. . . . . . . . . . . . . . . . . . . . . . . . . . . . . .     xxiv

## LIVRE I

Chapitre I. — L'Empire byzantin, de la mort de Théophile à la retraite de Théodora (842-846) . . . . . . . . . . . . . . . . . .     1
Chapitre II. — Origines de Basile. — Son histoire jusqu'à son avènement. — Ses rapports avec Bardas et Michel III . . . . . . .     21
Chapitre III. — La personne de l'Empereur. — Son caractère. — Ses idées. — La famille impériale. — La cour. . . . . . . . . .     47

## LIVRE II
### Le gouvernement intérieur de Basile I$^{er}$.

Chapitre I. — Les premiers actes publiques. — L'administration financière . . . . . . . . . . . . . . . . . . . . . . . . . . . . . . . . . . .     87
Chapitre II. — L'œuvre législative. — L'organisation judiciaire . . .     126
Chapitre III. — L'administration intérieure de l'Empire. — Evènements divers d'ordre intérieur. . . . . . . . . . . . . . . . . . . . .     151
Chapitre IV. — Administration de l'église . . . . . . . . . . . . . . . .     202

## LIVRE III
### Politique extérieure de Basile.

Chapitre I. — Les guerres. . . . . . . . . . . . . . . . . . . . . . . . . . . . .     315
Chapitre II. — L'administration militaire. . . . . . . . . . . . . . . . .     338

## LIVRE IV
### La Civilisation byzantine.

Chapitre I. — La condition des terres. — Esclaves et affranchis . .     375
Chapitre II. — Le commerce à Byzance au ix$^e$ siècle . . . . . . . . .     386
Chapitre III. — L'art à Byzance sous le gouvernement de Basile . .     395

Conclusion. — Fin du règne de Basile. . . . . . . . . . . . . . . . . . . .     421
Appendice. — La chancellerie impériale . . . . . . . . . . . . . . . . . .     427
Corrections et Additions . . . . . . . . . . . . . . . . . . . . . . . . . . . . .     446

---

Abbeville. — Imprimerie F. Paillart.